Peter Schildknecht

Die biblischen Geschichten: Wahr oder Fiktion?

Bibelstudien

Band 23

LIT

Peter Schildknecht

Die biblischen Geschichten: Wahr oder Fiktion?

Eine kritische Auseinandersetzung mit der Heiligen Schrift

Gedruckt auf alterungsbeständigem Werkdruckpapier entsprechend
ANSI Z3948 DIN ISO 9706

Bibliografische Information der Deutschen Nationalbibliothek
Die Deutsche Nationalbibliothek verzeichnet diese Publikation in der Deutschen Nationalbibliografie; detaillierte bibliografische Daten sind im Internet über http://dnb.dnb.de abrufbar.

ISBN 978-3-643-14295-5 (br.)
ISBN 978-3-643-34295-9 (PDF)

Verlagskontakt:
Fresnostr. 2 D-48159 Münster
Tel. +49 (0) 2 51-62 03 20
E-Mail: lit@lit-verlag.de http://www.lit-verlag.de

Auslieferung:
Deutschland: LIT Verlag, Fresnostr. 2, D-48159 Münster
Tel. +49 (0) 2 51-620 32 22, E-Mail: vertrieb@lit-verlag.de

E-Books sind erhältlich unter www.litwebshop.de

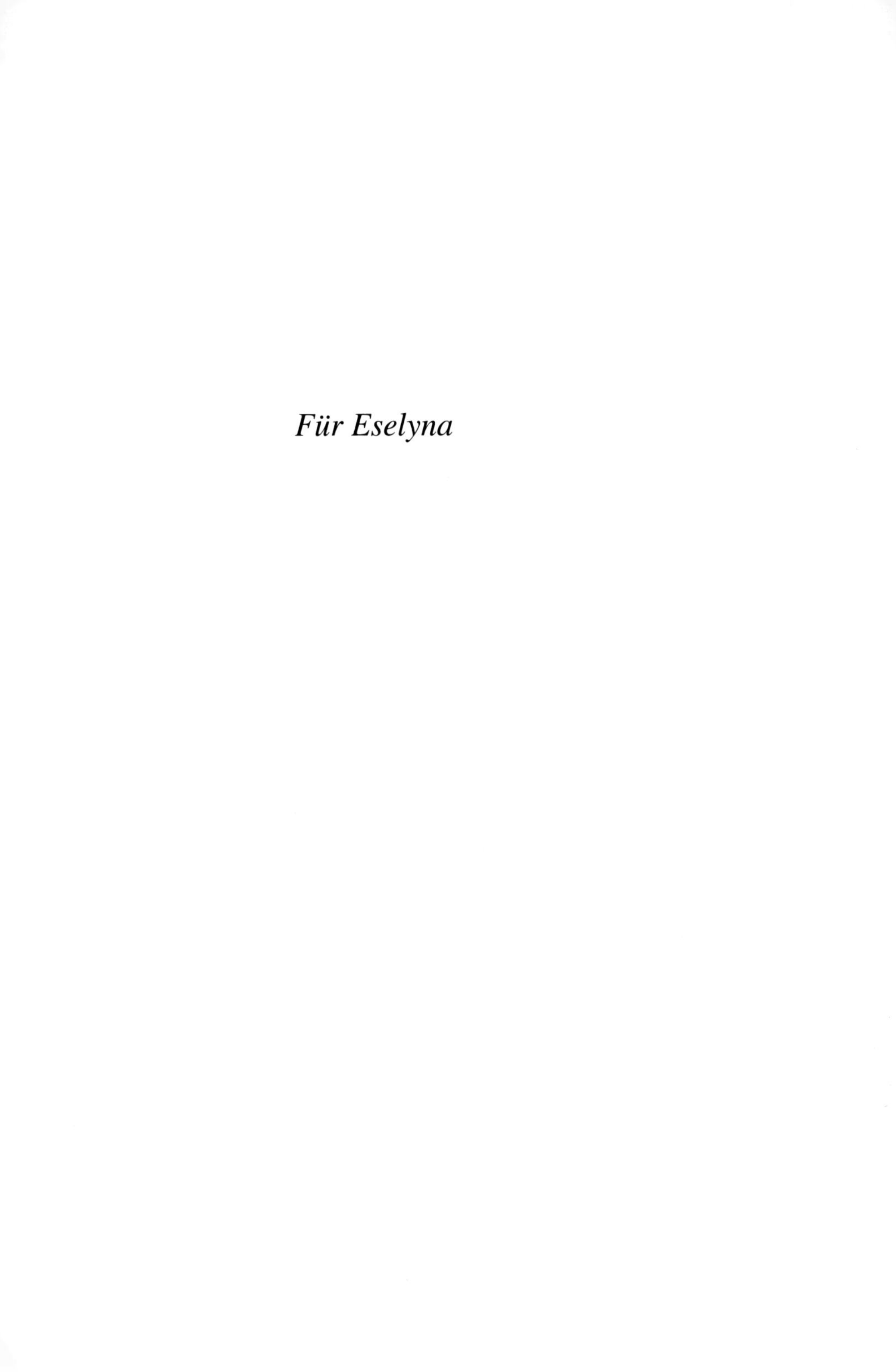

Für Eselyna

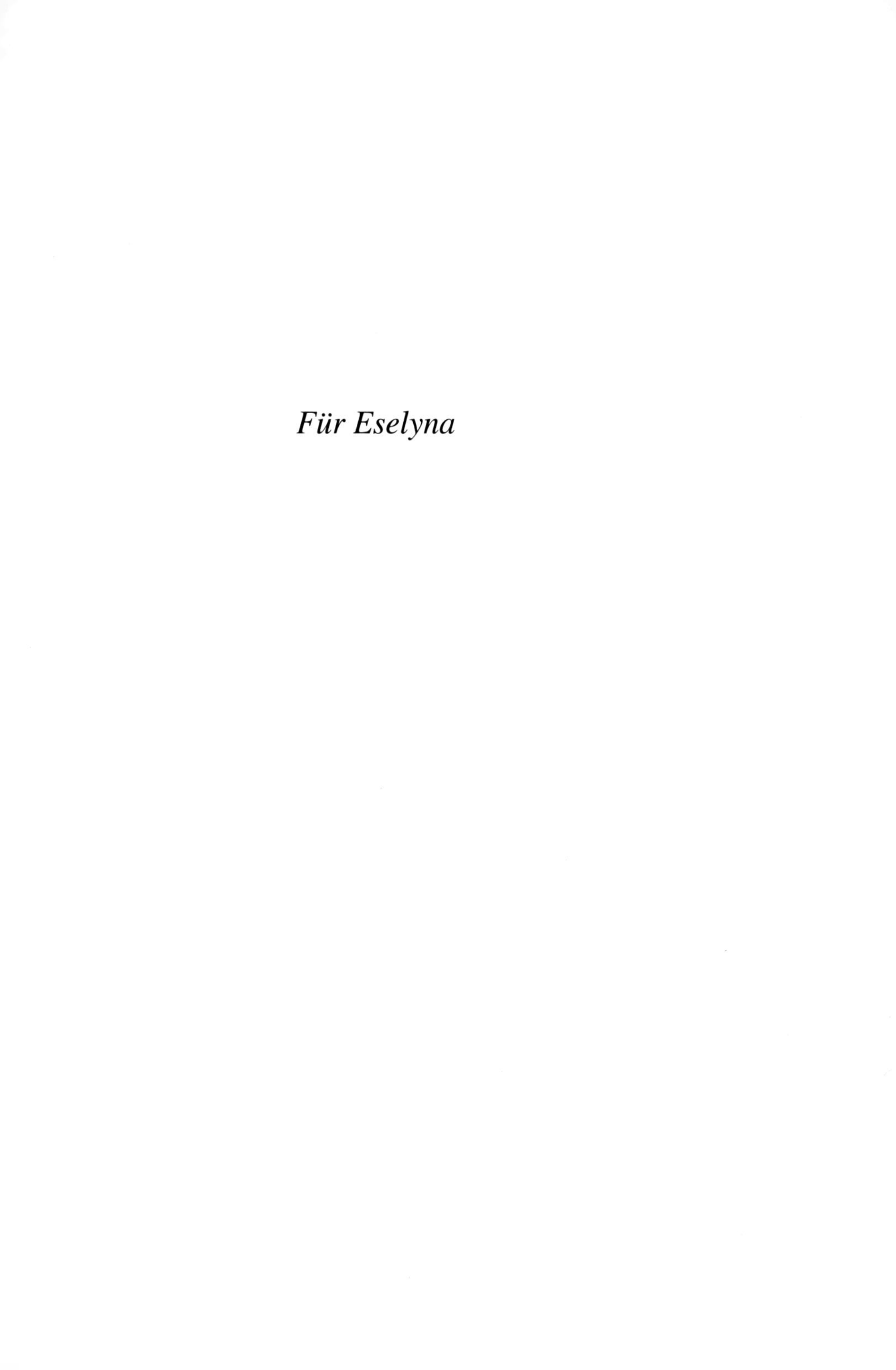

Für Eselyna

Inhalt

ANHANG

Nicht die Wahrheit, in deren Besitz irgendein Mensch ist oder zu sein vermeint, sondern die aufrichtige Mühe, die er angewandt hat, hinter die Wahrheit zu kommen, macht den Wert des Menschen. Denn nicht durch den Besitz, sondern durch die Nachforschung der Wahrheit erweitern sich seine Kräfte, worin allein seine immer wachsende Vollkommenheit besteht.

Gotthold Ephraim Lessing

Kapitel 1:
Wahrheit und Erkenntnisfindung

Alles, was in der christlichen Bibel steht, ist wahr. Davon waren und sind Millionen von Menschen überzeugt und richten ihr Leben danach. In der Tat, gäbe es eine Möglichkeit, zweifelsfrei diese Aussage zu beweisen, dann käme das nicht weniger als einer Revolution gleich. Nicht nur, dass alle anderen konkurrierenden Glaubenssysteme und Ideologien wie auch der Atheismus erledigt wären, wir hätten zum ersten Mal zuverlässiges Wissen über die Existenz eines Wesens jenseits von Zeit und Raum, dessen Macht alle unsere Vorstellungskräfte übersteigt. Diese Gewissheit würde zu einer völligen Neuordnung der menschlichen Beziehungen führen und unseren Lebensinhalt mit einem ganz neuen Sinn erfüllen.

Doch solch einen Beweis gibt es nicht und er wird wohl auch nie zu führen sein. Allerdings verhalten sich viele Gläubige, als stünde die Wahrheit der Bibel außer Zweifel und akzeptieren damit ungefragt auch die phantastischsten biblischen Erzählungen als historische Begebenheiten, sei es z.B. Gottes Abendspaziergang im Garten Eden oder Marias Empfängnis durch den heiligen Geist. Diese Vorstellungen erscheinen den meisten von uns heute absurd. Wie hätte z.B. die Befruchtung Marias, d.h. die Übertragung der genetischen Informationen, auf physischem Wege stattfinden können? Wer kann heute noch glauben, dass auf ein Wort hin Tote auferstehen konnten oder dass Jesus auf dem Wasser wandelte? Nach dem Glaubensbekenntnis der Kirche soll Jesus zum Reich des Todes hinabgestiegen sein und sich dort drei Tage bei den Geistern aufgehalten haben. Von diesem Ort ist er dann wieder zurückgekommen, um danach in den Himmel aufzusteigen. War das ein Ereignis, dass man hätte photographisch festhalten können?

Umfragen belegen, dass Christen heute Kernaussagen des von der Kirche verkündigten Glaubens nicht mehr für sich akzeptieren. Ist dem aber so, dann ist für viele wenn nicht die meisten Kirchenbesucher das Aufsagen des Glaubensbekenntnisses zu einem entleerten Ritual geworden. Falls sie sich aber nicht wirklich mit seinem Inhalt identifizieren können, und sie sprechen es doch nach, dann sagen sie mit den Worten ‚ich glaube an … ‘ im Grunde genommen die Unwahrheit.

Standen die Menschen Gott früher näher? Glaubt man der Bibel, dann waren z.B. alttestamentliche Patriarchen und Erzväter wie Noah, Abraham und Mose mit Gott praktisch auf Du und Du, ja Abraham soll Gott sogar einmal zu Gast bei sich bei seinem Zelt gehabt haben. Doch mit der Zeit scheint sich Gott zurückgezogen haben, jedenfalls gibt es diese Art von direkten Kontakten nicht mehr. Haben wir nicht mehr die richtige Antenne für ihn oder gibt es eine andere Erklärung für das göttliche Schweigen? Ist es vielleicht so, dass mit unserem zunehmenden Wissen über Naturvorgänge eine andere Form der Wahrheit den Glauben als überholt erscheinen lassen und dass uns Kirchen mehr und mehr wie Relikte aus einer vergangenen Zeit vorkommen?

Andererseits, wenn nicht der Glaube, was soll unser Dasein mit Sinn erfüllen? Gibt es einen Ersatz für die Religion, deren vornehmste Aufgabe es doch ist, Antworten auf essentielle Fragen menschlicher Existenz zu geben wie: Woher komme ich und wohin gehe ich? Ferner, führt ein Verlöschen des Glaubens nicht auch zu einem Rückgang gesellschaftlicher Bindungskräfte? Einen Glauben wird man sicherlich nicht aufgrund seiner vermuteten sozial wertvollen Funktionen verordnen können, er muss ja auch Überzeugungskraft besitzen und die scheint sich in unserer säkularisierten Welt zunehmend abzuschwächen.

Das Wesen des Glaubens reflektiert das Wesen unseres Menschseins, im Guten als auch im Schlechten. Menschen fühlten sich durch ihren Glauben beflügelt, für ihre Freiheit zu kämpfen, sich für andere in Not einzusetzen. Im Namen des Kreuzes wurden aber auch Kriege geführt und Andersgläubige verfolgt. Der christliche Glaube soll den Menschen Heil bringen, aber so oft hat er Unheil über andere gebracht. Christen glauben an die heilsame Botschaft des Jesus von Nazareth, die durch die Heilige Schrift vermittelt und durch die Heilige Christliche Kirche verkündigt wird. Heil ist hier gleichbedeutend mit Erlösung von Schuld und Sünde und meint die Aufhebung der Entfremdung des Menschen von Gott. Der Theologe Rudolf Otto (1869–1937) assoziiert mit dem Begriff ‚Das Heilige', also mit Gott, ein Anderssein, dass er mit Ausdrücken wie Ehrfurcht, Schaudern, Faszination, Furcht und Ekstase umschreibt. Wenn aber die Bibel vom ‚Heiligen Land' spricht, dann impliziert es ein Eigentumsrecht Gottes. Und die Israeliten, die sich als ein von Gott erwähltes Volk sahen, überfielen dieses ‚Heilige Land' und verjagten oder töteten die früheren Einwohner, glaubten sie sich doch im göttlichen Recht. So liest es sich zumindest in der Bibel. Wenn auch viele Gläubige dieses Geschehen als einen Akt der Befreiung verstehen, so würde man es doch aus heutiger Sicht wohl eher als einen Genozid verurteilen.

Im Namen ihres Glaubens begehen auch heute wieder fundamentalistische islamische Gotteskrieger die abscheulichsten Gräueltaten. Daran zeigt sich einmal wieder, wie leicht ein Glaube zu einer Ideologie degenieren kann, zur Weltanschauung eines totalitären Systems. Der Kommunist glaubt an die Utopie einer klassenlosen Gesellschaft, der Faschismus ist eine auf dem Führerprinzip basierende völkisch-rassistische Ideologie. Wie sehr während der Hitlerzeit die Trennlinie zwischen Glauben und Ideologie verschwamm belegen Auszüge aus dem Tagebuch des Friedrich Kellner (Vernebelt, verdunkelt sind alle Hirne). Kellner schrieb, dass der einfache Bürger glaubte, Hitler wäre „von Gott gesandt" bzw. „ein Gesandter Gottes ist, der uns den Endsieg bringen würde". Ein Professor Walter Frank bezeichnete in seiner Rede am 10.8.1944 die „Errettung des Führers ... als ein Wunder Gottes". Und wen soll es da überraschen, dass Hitler selbst in einer Rede an das Volk zum Neujahrstag 1944 „ein Gebet an den Herrgott" richtete. Man begrüßte sich mit ‚Sieg Heil' oder ‚Heil Hitler' und schon im Kindergarten hieß es „Händchen falten, Köpfchen senken, immer an den Führer denken". Über die bestialischen Verbrechen während der Nazizeit sind wir bestens informiert, so dass wir uns es hier ersparen können, darauf weiter einzugehen.

Im Glauben steckt die inhärente Gefahr, dass er in Intoleranz und Gewalt abgleiten kann. Je verfestigter dieser Glaube ist, je leidenschaftlicher er vertreten wird, desto mehr steigt das Risiko, dass Kritik am Glauben allzu persönlich genommen wird und Aggression auslöst. Hitler beförderte den Glauben an ihn durch Indoktrination, die Erwartung blinden Gehorsams, durch Gleichschaltung der Medien und Unterdrückung jeglicher Kritik. Hatte sich die Kirche im Mittelalter nicht oft ähnlich verhalten, indem sie ihre Gegner unterdrückt, verfolgt und ausgemerzt hat und ihre Schäfchen mit der Drohung mit und Angst vor der Hölle bei der Stange zu halten versucht hatte? Ist es da nicht recht, dass auch die Heilige Schrift, der Nährboden des christlichen Glaubens, nach seinem Wahrheitsgehalt abgeklopft und es auf sein mögliches Potential für ideologische Brandstiftung untersucht wird? Schon die Volksweisheit rät uns, dass der prüfe, der sich ewig bindet. Gebunden aber ist der Glaube an die Bibel.

Wie aber soll die Untersuchung ablaufen? Wie sollen wir die Wahrheit über die Bibel herausfinden können? Es existieren die unterschiedlichsten Urteile über die Bibel. Für die einen ist sie das unfehlbare Wort Gottes, bei der nach dem Verständnis lutherischer Theologen aus der Zeit der Reformation Gott selbst die Feder geführt haben soll. Ein Atheist wie Richard Dawkins (Der Gotteswahn) bezeichnet sie als grotesk und gewann den Eindruck „einer chaotisch zusammengestoppelten Anthologie zusammenhangloser Schriften". Nun ist auch der Atheismus eine Form des Glaubens, nämlich des an die Nicht-Existenz Gottes. Wer aber nun überwiegend durch das Prisma eines Glaubens wie aus einer festen und verschlossenen Burg heraus auf die Welt blickt, dem muss die Sicht auf die Realität verstellt bleiben und verzerrt sein. Man sieht nur das, was man sehen will nach dem Prinzip was nicht sein darf, das kann nicht sein. Aber ist es überhaupt möglich, die Scheuklappen seines Glaubens abzulegen und einen völlig neutralen Blick auf die Welt zu richten, eine Art jungfräuliches Schauen?

Es muss von vornherein zugegeben werden, dass eine völlig wertneutrale Sicht nicht möglich ist; denn unser Denken wird gefiltert durch unsere Erfahrungen, unsere Emotionen, unsere Überzeugungen, den sozialen Kontext, also durch unsere persönliche Biographie. Wir können uns zwar dessen Einwirken auf unser Denken bewusst machen, aber ganz ausschalten können wir es nicht. Doch allein schon von moralischen Prinzipien her, denke man an die gefährliche Verführungsmacht einer Ideologie, sollten wir uns verpflichtet fühlen, das Ideal der Wahrheit anzustreben, auch wenn wir es nie ganz erreichen werden. Die Wahrheit wird ja nicht nur an der Übereinstimmung mit Fakten gemessen, sondern sie hat auch eine sittliche Qualität indem sie Wegbereiter einer wahren Humanität sein kann, im Einstehen für Menschenrechte wie Gerechtigkeit und Freiheit oder Tugenden wie Güte, Toleranz und Hilfsbereitschaft.

So liegt ein Wert des Erkennens in der Förderung des wahren Menschseins. Für den Einzelnen ist es aber auch eine Bereicherung des Lebens; denn ist die wachsende Einsicht in Zusammenhänge des Lebens nicht eine Art Abenteuer des Geistes? Es ist doch gerade die Fähigkeit zum Denken, das Bewusstsein seiner Selbst, das den Menschen vom Tier unterscheidet. Verfehlen wir dann nicht unser Menschsein, wenn wir nicht Informationen und uns selbst kritisch hinterfragen? Nur dadurch realisieren wir doch auch das in uns angelegte Potential, durch wachsende Selbsterkenntnis den eigenen Geist zu erweitern. Sokrates fand, dass ein Leben, das sich nicht selbst prüft, nicht wert wäre, gelebt zu werden. Das ist zwar in der Tendenz richtig, aber in seiner Ausschließlichkeit geht es dann doch zu weit. Konfuzius drückte es anders aus: „Lasst die Menschen nach objektivem Wissen streben, und ihr Denken wird aufrichtig werden". Goethe bezeichnete die Liebe zur Wahrheit als eine Form der charakterlichen Selbsterziehung, die auch die soziale Entwicklung begünstigt.

Wir wollen der Heiligen Schrift ohne Vorverurteilung, in der Haltung eines suspendierten Glaubens begegnen. Unsere Vorgehensweise soll also die des ‚methodischen Zweifels' sein, ein Begriff aus der Soziologie. Wir werden dabei folgendermaßen vorgehen: Nach einer Einführung in die Bibel werden wir sie schrittweise prüfen. Wir beginnen zunächst immer mit einer Zusammenfassung eines bestimmten Abschnitts der Bibel, durchsetzt mit Originalzitaten, was dem Text einen gewissen Anklang von Authentizität verleihen soll. Vorangestellt sei schon mal, dass die drei Evangelien des Matthäus, Markus und Lukas in ein neues Evangelium umgeschrieben werden, da sie sich vielfach überschneiden. Nach dem Text folgt der kritische Kommentar. Kriterien der Kritik sind Übereinstimmung mit historischen Fakten, logische Konsistenz und moralisch-sittliche Maßstäbe. Wert soll vor allen auf den sozialen Kontext gelegt werden; denn vielfach erschließt sich ein Bibeltext nur zufriedenstellend, wenn man zuvor den historischen Hintergrund ausgeleuchtet hat.

Abschliessend präsentieren wir die Kernaussagen unserer eigenen Überzeugung:

1. Der Wahrheit ist im Prinzip der höchste Wert zuzuerkennen.
2. Die Wahrheit lässt sich oft nur annäherungsweise bestimmen.
3. Die Suche nach der Wahrheit setzt Offenheit und Unvoreingenommenheit voraus. Wer sich weigert, seinen Standpunkt zu durchdenken oder Kritik nicht zulässt, der hat im Grunde bereits seine Überzeugung, seinen Glauben verfehlt.
4. Wer nicht die Wahrheit sucht, der wird sie auch nicht finden. Wer aber die Wahrheit liebt, wem es um die wahre Religion, den wahren Glauben geht, der fürchtet sich nicht vor neuen Erkenntnissen, sondern wird sie begrüßen.
5. Es ist besser seinen Glauben zu verlieren als seine persönliche Integrität.

Kapitel 2:

Die Bibel: Ihr Ursprung

2.1. Die Frage nach dem Autor

Im Sprachgebrauch hat sich statt ‚Heilige Schrift' das Wort Bibel eingebürgert. Abgeleitet ist dieser Begriff von dem lateinischen ‚biblia' (Bücher) bzw. dem griechischen ‚biblios' was so viel wie ‚Papierrolle' bedeutet. Die Griechen importierten seinerzeit aus der phönizischen Hafenstadt Byblos (heute Dschubail im Libanon) den Bast, der aus der Papyrusstaude gewonnen und zu Papierrollen verarbeitet wurde.

Wer hat die Bibel geschrieben? Die Frage wird auch von Theologen ganz unterschiedlich beantwortet. Für die einen ist sie das Wort Gottes, für die anderen enthält sie das Wort Gottes. Der Theologe Peter Steinacker lehnt es sogar ab, die Bibel als ein Buch zu bezeichnen; denn das Wort Gottes „ist lebendiges Geschehen". Die katholische Kirche betrachtet sich natürlich als die einzig legitime Autorität, die Frage nach dem Verfasser zu beantworten. Für sie ist der „Verfasser der Heilige Geist und (seine) Erklärerin die (katholische) Kirche".

Ist nun Gott oder der Heilige Geist der Verfasser, darf man dann überhaupt noch die Wahrheit der Bibel anzweifeln? Woher aber weiß das die Kirche? Schließlich ist das nicht irgendwo urkundlich festgehalten. Auch der Koran soll ja direkt von Gott stammen. Aber die im Koran und die in der Bibel vertretene Wahrheit ist jeweils eine andere. Warum sollte Gott zwei so unterschiedliche Versionen, die sich auch noch widersprechen, geschrieben haben? Bei dieser Sachlage dürfte es doch legitim sein, sich zu fragen, ob es sich wirklich alles so zugetragen hat, wie es in der Bibel berichtet wird.

Ganz konkret zu fragen wäre, wer war dabei, um von der Schöpfung der Welt und des Menschen durch Gott berichten zu können. Wie ist es möglich, dass sogar die Gedanken Gottes überliefert werden konnten? Hat Noah ein Tagebuch über den Ablauf der Sintflut geführt? Wer hat die Gespräche, die Jakob am Brunnen führte oder seine Träume aufgezeichnet? Vor allen Dingen überrascht immer wieder die Detailtreue. Als Jakob nach seiner Flucht aus seines Vaters Hause bei seinen Verwandten in Mesopotamien eintraf, da kam er zuerst zu einem Brunnen auf dem Felde, mit einem großen Stein davor, und es wurden gerade drei Herden Schafe zur Tränke geführt (Gen. 29,3). Man vergegenwärtige sich, all das soll sich vor Tausenden von Jahren abgespielt haben, lange bevor man überhaupt die Schrift in Israel kannte. Wenn überhaupt, müssen solche Berichte auf mündlichen Überlieferungen beruhen und deren Zuverlässigkeit darf bezweifelt werden.

In afrikanischen Kulturen gibt es fast unendlich viele Variationen ähnlicher Erzählungen, deren Kern immer neu ausgedichtet wurde. Gäbe es wirklich so was wie einen Urtext in der Bibel, dann wäre er heute wohl verloren. Nach Auffassung von Robin Lane Fox (The unauthorized Version) verringert sich der Informationsgehalt des in einer oralen Tradition wiedergegebenen Geschehens schon drastisch innerhalb von nur zwei Generationen und tendiert dann dazu, mythologisiert zu werden. Andererseits ist das Erinnerungsvermögen in früheren Kulturen auch nicht zu unterschätzen; ihre Erzähler sollen über ein erstaunliches Gedächtnis verfügt haben. So wird von dem Bänkelsänger und Dichter Homer (8. Jh. vor Chr.) gesagt, dass er die über 40.000 Verse der Ilias und der Odyssee wortgetreu zitieren konnte.

In der Bibel steht nicht der Name des Verfassers. Setzt man einmal die Behauptung beiseite, es ist Gott, bleibt die Frage nach dem wirklichen Verfasser offen. Nun beginnt die Bibel mit der Genesis, auch als das erste Buch Mose bezeichnet. Es folgen Exodus, das zweite Buch Mose usw. Die ersten fünf Bücher der Bibel werden in der Tat Mose zugeschrieben und das Buch des Predigers einem Kohelet. Allerdings hält heute kaum jemand Mose noch für den Autor. Fox meint, hinter der Tatsache, dass der wirkliche Autor anonym bleibt, steckt System. Wenn eine Schrift einem bekannten Namen wie Mose, David oder Salomo zugeordnet wird, dann besitzt sie eine größere Autorität und damit bessere Aussicht, für wahr gehalten zu werden.

Nun ist die Bibel, die ja außer Geschichtsbücher auch philosophische Traktate, erotische Liebeslyrik, Weisheitssprüche und prophetische Visionen umfasst, unter einem bestimmten Blickwinkel des Glaubens geschrieben, nämlich des Glaubens an einen Gott, der das Volk Israel erwählt hat und immer wieder helfend und strafend in den Lauf der Geschichte eingreift. Eine Geschichtsschreibung aber, die Ereignisse im Interesse eines Glaubens auswählt und erzählt, kann nicht objektiv und damit zuverlässig sein. Geschichte ist ja nicht nur eine Aneinanderreihung von Fakten sondern auch Deutung des Geschehens und das Erkennen von Zusammenhängen. Die Probleme der Geschichtsdeutung lassen sich am Beispiel des Historikerstreits aus dem letzten Jahrhundert belegen. Damals wurden Ereignisse, die noch nicht allzu lange zurückliegen und faktisch gut belegt sind, kontrovers diskutiert. Geschichte läuft nun mal nicht nach naturgesetzlicher Regelmäßigkeit ab, sondern Ereignisse werden von einer komplexen Vielfalt von Faktoren beeinflusst, nicht zuletzt den subjektiven Entscheidungen von Menschen. Die griechischen Historiker Herodotus und insbesondere Thukydides (ca. 435–398 v. Chr.) waren die ersten, die eine Methodik der historischen Forschung entwickelt hatten. So beschränkte sich Thukydides auf das, was gesagt wurde, eruierte und sammelte Fakten auf seinen vielen Reisen, gewonnen durch Interviews und abgestimmt mit eigenen Erfahrungen. Die Ergebnisse seiner Forschung bewertete er auf ihre Glaubwürdigkeit hin sodass sie nachvollziehbar waren. Anders die Bibel. Nicht Wahrheitssuche an sich ist ihr Leitprinzip sondern die Bekräftigung des Glaubens durch die Erkenntnis Gottes und seinem Wirken.

Es wäre allerdings auch verfehlt, von unserem heutigen Standpunkt aus der Bibel Geschichtsklitterung oder Fälschung vorzuwerfen und ihren Autoren somit böse Absicht unterstellen zu wollen. In der Zeit vor etwa 2.500 Jahren als die Bibel bzw. das Alte Testament zum größten Teil bereits geschrieben war, gab es noch keine entwickelte Lehre der Erkenntnis. Doch nun in das andere Extrem zu fallen, dass die Israeliten nicht zwischen wahr und falsch unterscheiden konnten, wäre herablassend von uns. Man hatte bereits eine Gesetzgebung, Gerichte und beamtete Richter. Doch in dem kulturellen Umfeld war es üblich, Ereignisse aus der Perspektive des Glaubens und zum Gefallen der jeweiligen Führer des Landes zu deuten. Das war bei den Ägyptern der Fall wie auch bei den Assyrern und den Babyloniern. Und so wie in Israel wurden auch in diesen Ländern Annalen und Königslisten geführt, positive Ereignisse zur Ehre eines Gottes und Königs ausgemalt und Rückschläge als Bestrafung durch die Götter gedeutet.

Wenn auch mit wenigen Ausnahmen wie das Buch Daniel die jüdische Bibel 400 bis 500 Jahre vor Christus im Wesentlichen als abgeschlossen gelten konnte, endete damit ihr Entwicklungsprozess nicht. Texte wurden seinerzeit noch mit größerer Freiheit verändert, da es noch keine normativ festgelegte Richtschnur, also einen Kanon, gab. Die Bibel selbst gab es nicht als ein zusammenhängendes Buch, sondern Texte waren auf Papyrus Rollen festgehalten, die wiederum als Vorlagen für weitere Abschriften dienten. Dabei schlichen sich nicht nur Fehler ein, sondern Texte wurden oftmals vorsätzlich umgeschrieben. Noch zu Jesu Zeiten waren solche Rollen im Umlauf und man weiß heute, dass Texte mit dem vorgeblich gleichen Inhalt sich von Rolle zu Rolle in Länge und Wortlaut unterschieden, je nachdem welche religiöse Gruppe dahinter stand. Dieser Tatbestand ergibt sich aus der Entschlüsselung von über 2.000 Jahre alten Fragmenten biblischer Texte, die man Mitte des vergangenen Jahrhunderts in Qumran/Israel fand. Dieser Fund bestätigt, dass zu der Zeit in der Tat verschiedene Versionen von biblischen Schriften im Umlauf waren. Bestimmte Schriften wurden dabei als besonders autoritativ angesehen, so der Pentateuch (die ersten fünf Bücher des Alten Testaments), der um 400 v. Chr. als eigenständiges Werk herausgehoben und von Esra feierlich als die ‚Tora' promulgiert wurde. Um 95 n. Chr. erklärte ein jüdischer Schriftsteller 22 Schriften (was mit der Zahl der hebräischen Buchstaben korrespondiert) als göttlich inspiriert und nannte als Kriterium dafür die prophetische Eingebung. Damit sollte die Überzeugung befestigt werden, dass die in der Bibel geschilderten Ereignisse sich genauso zugetragen hatten, wie darin erzählt. Zu dieser Zeit setzte sich eine Textfassung durch, die man auch als protomasoretischen Text bezeichnet. Weitere Jahrhunderte arbeitete man an der Fixierung der überlieferten Schriften, insbesondere auch an der Festlegung der Vokale; denn das Hebräische basiert nur auf Konsonanten und dieser Umstand führte immer wieder zu Übersetzungs- und Abschreibefehlern. Das Ergebnis dieser Arbeit war dann der masoretische Text von dem die älteste erhalten gebliebene Handschrift aus dem Jahre 1009 n. Chr. stammt, auch als Leningrad Manuskript bekannt.

Ein Problem blieb, dass um die Jahrtausendwende nicht nur verschiedene hebräische Texte im Umlauf waren, sondern es auch eine griechische Übersetzung gab, die durch die Initiative des ägyptischen Königs Ptolemaios II (3. Jh v. Chr.) vorangetrieben worden war. Der Legende nach war die Übersetzung des Pentateuch von 72 Ältesten aus Jerusalem innerhalb von 72 Tagen angefertigt worden, daher der Name ‚Septuagint' (gr. = siebzig). Die anderen Bücher der Bibel wurden in den folgenden 150 Jahren nach und nach übersetzt. Die Transkription war dabei manchmal wortwörtlich und manchmal recht frei wobei sogar hellenistische Konzepte Eingang fanden. Die Unterschiede zeigen sich im Vergleich mit den in Qumran gefundenen Texten als auch dem Masoretischen Text, wobei sich die Septuaginta vom letzteren u.a. durch seinen Umfang unterscheidet. So enthält sie eine Reihe Bücher, die in der hebräischen Bibel fehlen. Die Bücher Daniel und Esther sind erheblich länger während Jeremia kürzer ist und ein Vergleich mit in Qumran gefundenen Schriftrollen zeigt erhebliche Textabweichungen im Buch Samuel.

Es gab immer wieder Versuche, diese Unterschiede zu erklären und zu glätten, doch sie waren weitgehend erfolglos. Ende des vierten nachchristlichen Jahrhunderts begann der Kirchenlehrer Hieronymus eine Übersetzung des Alten Testaments nach Vorlage des hebräischen und griechischen Textes in das Lateinische. Diese Bibelfassung, als ‚Vulgata' bekannt, blieb dann mehrere Jahrhunderte im Gebrauch, während eine andere Übersetzung, die ‚Vetus Latina', gleichzeitig im Umlauf war. Den nachfolgend erstellten Handschriften liegen beide Versionen zugrunde, sodass die Originalfassungen heute nicht mehr bekannt sind. Erst ab dem 9. Jahrhundert wurde die Vulgata als einzig gültige Bibelfassung akzeptiert, doch musste sie wegen vieler Übersetzungsfehler mehrere Male revidiert werden. Zuletzt wurde sie im Jahre 1979 überarbeitet. Während die Vulgata noch heute in der katholischen Kirche im Gebrauch ist, ist es in der lutherischen Kirche die sog. Lutherbibel, die vom Reformator Martin Luther nach der verfügbaren hebräischen Vorlage und im Zugriff auf eine griechische Ausgabe des Erasmus von Rotterdam erarbeitet worden war.

Damit herrscht im Christentum alles andere als Einigkeit im Gebrauch des Alten Testaments. In der syrischen Kirche verwendet man eine auf einer älteren, aramäischen Übersetzung beruhende Version. Allgemein ist in den Ostkirchen immer noch die Septuaginta im Gebrauch. So sind die Unterschiede von Kirche zu Kirche eklatant. Die sind zum Teil auf Textvariationen, zum Teil auf falsche Übersetzungen zurückzuführen. So wurde z.B. aus Jes. 7,14 ‚junge Frau' irrtümlich mit ‚Jungfrau' übersetzt, was dem Text eine völlig andere Bedeutung gibt. Viele Schriften wie unter anderem die Makkabäer Bücher, die nicht Eingang in den hebräischen Kanon gefunden hatten, waren Teil der Septuaginta und diese Bücher wurden von der katholischen Kirche als rechtsgültig befunden, aber nicht von Luther weil der sich an die hebräische Vorgabe hielt. Es sollte auch vermerkt sein, dass die christliche Bibel eine andere Anordnung befolgt als das hebräische Original. Während der hebräische Kanon einem geschichtlichen Verständnis folgt und dabei die Lehrschriften ans Ende stellt, stehen in der christlichen Bibel die Propheten vor diesen Lehrschriften. Das soll den Brückenschlag vom Alten zum Neuen Testament bezwecken.

Diese Unterschiede sollten eigentlich klar machen, dass man nicht so ohne weiteres von der biblischen Wahrheit sprechen kann. Unbestreitbar aber hat die Bibel eine enorm wichtige Rolle in der Entwicklung der westlichen Kultur gespielt. Verwiesen sei auf ihre Wirkmächtigkeit hinsichtlich von Literatur, Kunst und Umgangssprache. Redewendungen wie ‚ein Dorn im Auge', ‚ein Buch mit sieben Siegeln' oder ‚unrecht Gut gedeihet nicht' belegen wie sehr die Bibel unser Denken geprägt hat. Mit der Lutherbibel entstand die deutsche Hochsprache. Die Bibel ist das meistgedruckte und am weitesten verbreitete Buch in der Welt und ist in fast 400 Sprachen übersetzt und teilweise verfügbar in 2.000 anderen. All dies ist unleugbar. Trotzdem, wie verlässlich ist die Bibel als das Wort Gottes? Um das herauszufinden, werden wir sie auf den Prüfstand setzen müssen. Zunächst aber muss seine Entwicklungsgeschichte, soweit wie möglich, geklärt werden

2.2. Die Entstehung der Bibel

Im Zuge der Aufklärung begann sich, wenn auch zunächst zögerlich, eine kritische Haltung zur Bibel durchzusetzen. So bezweifelten z.B. der englische Philosoph Thomas Hobbes (1588–1679) und der niederländische Philosoph Baruch de Spinoza, der einer jüdischen Familie entstammte und wegen seiner Kritik fast einem Mordkomplott zum Opfer fiel, dass Mose der Autor des Pentateuch, also der ersten fünf Bücher des Alten Testaments, war. Man begann darüber zu rätseln, warum in der hebräischen Bibel sich Gott mit verschiedenen Namen wie YHWH, El, Elohim oder El Schaddai vorstellt. Es fiel auf, dass die Schöpfungsgeschichte zweimal erzählt wird und es in der Erzählung von der Sintflut Doppelungen gibt oder dass die Episode von Abrahams bzw. Isaaks Frau, die als seine Schwester ausgegeben wurde, sich dreimal wiederholt.

Solcherlei Ungereimtheiten führten zur Annahme, dass hinter der Bibel mehrere Autoren oder Autorenkreise stecken müssten und man vermutete, dass die Bibel nicht aus einem Guss ist sondern sich aus mehreren

Erzähltraditionen verschiedener Sippen zusammensetzt. In einer späteren Zeit, so folgerte man, hatten dann Redaktoren die Einzelgeschichten angepasst und zu einer Einheit zusammengefügt. So musste es Rettererzählungen, solche von Gotteserscheinungen, Genealogien und Schöpfungsmythen als auch rudimentäre gesetzliche Regelungen gegeben haben. Wenn auch im Einzelnen der Ursprung dieser Traditionen nicht mehr nachvollziehbar ist, dürfte ihnen doch ein historischer Kern zugrunde liegen. Herausragend sind dabei insbesondere die Erzählblöcke, die sich um die Erzväter Abraham und Jakob drehen. Sie sind wohl regional unterschiedlich entstanden und wurden später im Zuge der Stammesentwicklung überarbeitet und zu einer Familiengeschichte verbunden. Die stärksten Impulse für eine Redaktion der überlieferten Geschichten kamen allerdings von katastrophalen Ereignissen, die das Selbstverständnis der Nation erschütterte, zum einen der Untergang des Nordreiches Israel im Jahre 722 v. Chr. und zum anderen die Zerstörung Jerusalems und des Tempels 597/587 v. Chr. durch die Babylonier mit der nachfolgenden Deportation der jüdischen Oberschicht. Immer wieder stellte man sich die Frage, wie das geschehen konnte und warum Gott das zugelassen hatte. Die Erklärung, zu der man schließlich fand, lautete, Gott bestrafte das Volk weil sich die Menschen von ihm abgewandt hatten und andere Götter verehrten. Entsprechend dieser Erklärung, so vermutet man, wurden dann die alten Geschichten umgeschrieben, erweitert und umgedeutet.

Noch bis in die jüngste Zeit vertraten Historiker die sog. Quellenhypothese, der zufolge die Entstehungsgeschichte der jüdischen Bibel auf vier Autoren oder Autorenkreise zurückgeführt werden kann. Dazu zählt z.B. der Jahwist (J), der wohl in der Zeit Salomos ca 950 v. Chr. lebte, sich durch den Gebrauch des Gottesnahmen Jahwe hervorhebt und dem unter anderen die Paradiesgeschichte und die Moseserzählung zugeschrieben werden. Im Deuteronomium (D) steht der Ungehorsam Israels und der Exodus im Vordergrund. Ein Priesterkreis (P) soll vor allem die kultischen Vorschriften ausgearbeitet haben.

Dieses Erklärungsmodell wurde seit den 70iger Jahres des vorigen Jahrhunderts noch weiter verfeinert. Man ist heute davon überzeugt, dass jeder Themenbereich und bestimmte Personen je ihre eigene Wachstumsgeschichte haben. Erich Zenger (Einleitung in das Alte Testament) vermutet drei wesentliche Entwicklungsschübe in der Entstehung der jüdischen Bibel. Der erste setzt mit dem Untergang des Nordreiches und dem Auftreten von Propheten wie Amos und Hosea ein. Judäa trat aus dem Schatten seines großen Bruders Israel (das Nordreich) heraus und bildete zunehmend Formen der Staatlichkeit aus wie ein Rechtswesen und eine Schreiberkaste, die protokollarisch Details der Regenten und ihrer Feldzüge festhielten. Judäa war ein Vasall Assyriens und musste Bündnisverpflichtungen eingehen. Dessen Terminologie spiegelt sich in der Bundestheologie wieder, welche die vertragsähnlichen Beziehungen zwischen Jahwe und seinem Volk regelt. Jahwe sichert dem Volk seine Verheißungen zu, solange es seine Gebote achtet und ihm die Treue wahrt. Damit wurde klar, warum das Nordreich von der Assyrern überrannt werden konnte. Es hatte seine Bündnisverpflichtungen gebrochen, war von Jahwe abgefallen und somit stellvertretend durch die Assyrer von Gott bestraft worden.

Aber dann erlitt Judäa etwa 125 Jahre später ein ähnliches Schicksal, diesmal aber durch den Einfall der Babylonier. Die jüdische Oberschicht musste ins Exil nach Babylon gehen. Die Erfahrung des Verlustes von Staatlichkeit und des kulturellen Zentrums im Tempel zu Jerusalem war außerordentlich traumatisch. In der Dialektik von Heil und Unheil, Gehorsam und Ungehorsam wurde die ganze Geschichte Israels neu erzählt und dabei die vorliegende Quelle des Deuteronomiums, das etwa 700 v. Chr. erschaffen wurde, mit integriert. Das Schicksal Judäas wurde als gerecht empfunden. Jahwe hatte die Nation bestraft, weil sie die gleiche Ursünde wie das nördliche Brudervolk begangen hatte, nämlich den Abfall von Jahwe. Die einzige Hoffnung für die Zukunft lag in der erneuten Zuwendung zu ihrem Gott.

Die Hoffnung auf eine bessere Zukunft sollte sich knapp hundert Jahre später erfüllen als die neue Großmacht Persien die Rückkehr aus Babylonien und den Wiederaufbau des Tempels in Jerusalem gestattete. Auf der Grundlage der Theologie des Propheten Hesekiel entstand ein neuer Entwurf zur Heilsgeschichte Israel. Die sachliche Mitte des revidierten Erzählbogens ist die Einrichtung des Heiligtums am Sinai mit all den kultischen Vorschriften. Auffallend sind die „Wiederholungen, formelhafte Sprache und stereotype Formulierungen“. Auf die Priesterschaft geht auch der erste Schöpfungsbericht zurück. Um 400 v. Chr. lag das Alte Testament im Wesentlichen mit dem uns heute bekannten Inhalt vor.

Diese Deutung der biblischen Entwicklungsgeschichte hebt insbesondere den Einfluss geschichtlicher Faktoren auf die Gestaltung der Bibel hervor, d.h. biblische Erzählungen weisen über sich hinaus, indem sie die Erfahrungen, die Israel mit seinem Gott gemacht hat, zu erklären suchen. Geschichtsschreibung wird so in den Dienst einer geglaubten höheren Wahrheit gestellt. Wenn Wahrheit als „Übereinstimmung mit der Sache über die eine Aussage gemacht wird", definiert wird, dann sind Zweifel an der Zuverlässigkeit von biblischen Aussagen angebracht. Inwieweit diese Zweifel berechtigt sind, soll nun die nachfolgende Prüfung der biblischen Schriften ergeben.

TEIL I:
ALTES TESTAMENT:
MYTHOS UND NATIONENBILDUNG

Kapitel 3:

Was die Bibel über die Geschichte Israels erzählt

Von der Schöpfung bis zu Mose

3.1. Die Urgeschichte

Gleich zu Anfang beim Lesen der Bibel fühlt man sich unwillkürlich an ein grossartiges Theaterstück erinnert. Wie ein Bühnenredner kommentiert die Bibel das Schöpfungswerk Gottes mit mächtigen Worten. „Am Anfang schuf Gott Himmel und Erde. Und die Erde war wüst und leer, und es war finster auf der Tiefe; und der Geist Gottes schwebte auf dem Wasser." In einem siebentägigen Takt schuf Gott die Erde einschliesslich der Gestirne und schied auch noch die Wasser über und unter der Feste. Nachdem Gott schliesslich auch noch „den Menschen zu seinem Bilde" geschaffen hatte, befand er sein Werk als gut und bestimmte den siebenten Tag zur heiligen Ruhe.

Der Mensch Adam wurde aus Erde erschaffen und Gott blies ihm seinen Odem ein, dass er lebte. Er pflanzte einen Garten Eden und liess einen Baum der Erkenntnis von gut und böse und einen Baum des Lebens mitten darin aufwachsen. Der Mensch wurde zum Hüter des Gartens bestellt und Gott gab ihm zur Seite eine Gehilfin, Eva, die er aus Adams Rippe baute. „Und sie waren beide nackt, der Mensch und sein Weib, und schämten sich nicht".

Die Frau aber wurde von der Schlange verführt, dass sie von der verbotenen Frucht vom Baum der Erkenntnis esse und auch ihrem Gatten davon gebe; denn ihr hatte die Schlange eingeflüstert, dass sie dann wie Gott sein werden. Als die beiden von der Frucht assen, da erkannten sie ihre Nacktheit und suchten, sich mit Feigenblättern zu bedecken. Aber vor Gott konnten sie sich nicht verbergen. Der Mann beschuldigte zwar seine Frau und diese die Schlange, doch Gott teilte einem jeden seine Strafe zu und vertrieb sie aus dem Paradies, das von nun an von einem Cherubin bewacht wurde.

Eva, von Gott mit der Erschwernis der Schwangerschaft geschlagen, gebar zwei Söhne, Kain und Abel. Der eine wurde ein Ackermann, der andere ein Schäfer. In Kain stiegen Neid und Hass auf, da Gott nur auf das Brandopfer des Abel gnädig herabsah, sein eigenes aber verschmähte. Er erschlug eines Tages seinen Bruder und auf die Frage Gottes, wo denn Abel sei, antwortete er: „Ich weiss nicht, soll ich meines Bruders Hüter sein?" Gott aber belegte ihn mit einem Fluch und verdammte ihn zu einem unsteten Leben, allerdings geschützt durch ein Mal auf der Stirn, dass ihn niemand erschlüge. Fortan wohnte er „jenseits von Eden', nahm sich ein Weib und zeugte Nachkommen. Einer von diesen erschlug aus Rache zwei Menschen und so hatte die Gewalt in der Menschheit Einzug gehalten.

Die Bosheit der Menschen wurde so gross, dass es Gott „reute", den Menschen gemacht zu haben. So beschloss er, alles Lebendige von der Erde zu vertilgen. Nur Noah und seine Familie fanden Gnade vor dem Herrn. Nach Anweisung Gottes baute Noah eine Arche und liess von allen Tieren je ein Paar hineinbringen. Da ließ Gott es auf Erden vierzig Tage und Nächte regnen und auch die Brunnen der Tiefe taten sich auf. Derweilen trieb die Arche auf dem Wasser. Schließlich ließ Noah eine Taube ausfliegen, die ihm in ihrem Schnabel einen Ölzweig brachte. Dies war der Beweis, dass die Wasser sich weitgehend zurückgezogen hatten. Die Arche war auf dem Berg Ararat gelandet. Dem Leben war von Gott ein neuer Anfang gewährt worden. Zum Zeichen seines Bundes mit den Menschen setzte Gott einen Regenbogen in den Himmel.

Ham, einer der Söhne Noahs, hatte sich ungehörig verhalten, als er eines Tages seinen Vater nackt und betrunken entdeckte. Er wurde daher fortan zur Knechtschaft verflucht und seine Nachkommen waren die Heiden, die sich z.B. Babel und Assur erbauten und sich bis hin nach Sodom und Gomorra ausbreiteten. Ansonsten gehen alle Geschlechter und Sprachen der Erde auf die anderen beiden Söhne Noahs zurück.

Als „alle Welt (noch) einerlei Zunge und Sprache" hatte, beschlossen die Menschen, einen hohen Turm zu bauen, um sich damit einen Namen zu machen. Doch Gott schritt ein, verwirrte ihre Sprache und zerstreute sie in alle Länder. Die Stadt des Turmbaus aber wurde Babel genannt, „weil der HERR daselbst verwirrt hat aller Länder Sprache".

Die Patriarchen, die auf Noah folgten, hatten alle eine sehr lange Lebensspanne. Sogar Terach sollte noch 205 Jahre alt werden. Terach aber war der Vater von Abram.

Kommentar

Man mag darüber erstaunt sein, dass ein Erzbischof Ussher aus dem England des 17. Jahrhunderts den Beginn der Schöpfung auf das Jahr 4004 v. Chr. zu berechnen vermochte und ihm sogar dessen Tag und Stunde bekannt waren, aber vielleicht noch mehr sollte man sich verwundern, dass auch heute noch fundamentalistisch eingestellte Christen an dieser Mär festhalten. Sollen wir heutzutage noch daran glauben, dass Gott wie ein älterer Herr im Garten Eden seinen Abendspaziergang machte, sich von Abraham am Lagerfeuer bewirten ließ oder die Schlange eine Unterhaltung mit Eva führte? Wer dies alles für historisch wahr hält, der möchte doch bitte die folgenden Widersprüche erklären:

Schon mit der Schöpfungsgeschichte, von der es zwei Versionen gibt, beginnen auch die Unstimmigkeiten. Im ersten Schöpfungsbericht wird die Vegetation vor dem Menschen geschaffen, im zweiten kam sie erst später. Wieso hat man das Paradies noch nicht ausfindig gemacht, muss es doch gemäss der Bibel noch existieren? Wo kamen die Leute her, unter die sich Kain nach dem Mord an seinem Bruder Abel gemischt hatte und die Frau, mit der er Nachkommen zeugte? Sogar eine Stadt mit einer dann wohl auch entsprechenden Bevölkerung soll Kain gegründet haben (Gen. 4,17). Wie anders als eine Fiktion oder einen Mythos kann man eine derart mit Unwahrscheinlichkeiten gespickte Geschichte verstehen?

Einmal heisst es, dass Noah von allen Tieren je nur ein Paar in die Arche nehmen solle, dann aber wird nachgebessert und nun dürfen es von den reinen je sieben und den unreinen nur eins sein (Gen.6,19–20; 7,2). Gott entschied, dass den Menschen nur noch eine Lebensspanne von 120 Jahren beschieden sein soll, doch Noah und die späteren Nachkommen des Shem wurden alle wesentlich älter (Gen.6,3; 9,29 und 11,10–26). Hatte Gott seinen Beschluss vergessen oder geändert?

Es können noch Einwände ganz anderer Art gegen die Darstellungen in der Bibel gemacht werden. Lassen wir die ansonsten gut belegten Theorien der Kosmologie über die Entstehung des Universums zunächst beiseite. Allein der gesunde Menschenverstand hilft uns, allerlei Ungereimtheiten insbesondere bei der Sintflutgeschichte aufzudecken. Man berechne z.B. die tägliche Regenmenge in der Annahme, dass es 40 Tage lang regnet und die allerhöchsten Berge der Erde durch die Fluten bedeckt sein müssen. In diesem Zeitraum müsste der Wasserpegel jeden Tag um 225 Meter ansteigen und zwar überall auf der Erde, da ja sonst das Wasser abfliessen würde. Dann ergebe sich noch das kleine Problem, eine Erklärung für den Verbleib der Wasser danach zu finden. Man könnte sich auch fragen, wo wohl die Dinos untergebracht worden waren oder wie die Kängurus und Panther den Sprung über den Ozean geschafft hatten.

Schon im frühen Mittelalter waren natürlich Theologen in Erklärungsnot geraten. Kirchenlehrer Augustin hatte sich z.B. ernsthaft Gedanken darüber gemacht, ob nicht der böse Kain bereits im Paradies gezeugt worden war. Überlegungen führten ihn u.a. zur Einsicht, dass im Zustand der Gnade die Menschen ihre Schamglieder willentlich steuern konnten, so wie wir ja auch mit den Ohren wackeln können und „andere erzeugen mit ihrem After ... so mannigfaltige Geräusche“. So einfach will sich der Geologe Manfred Stephan (Sintflut und Geologie) aus den von ihm erkannten Schwierigkeiten nicht herausreden, so zum Beispiel was das Problem des Riffwachstums oder die Entstehung mächtiger Sedimentfolgen betreffen. Aber wenn sich partout keine natürlichen Erklärungen finden lassen, dann muss man eben die Allmacht Gottes bemühen. Ihm muss man auch zutrauen, Wunder zu wirken. Kann man Gott vorschreiben, dass er sich an Naturgesetze binde?

Nun, es gibt Erklärungen, ohne dass man dafür den Bruch von Naturgesetzen in Kauf nehmen muss. Die ungeheuren Massen von Schmelzwasser der Gletscher hatten seit dem Ende der letzten Eiszeit vor etwa 12000 Jahren den Meeresspiegel über die Jahrhunderte oder Jahrtausende geschätzte sagenhafte 130 Meter ansteigen lassen. Dies dürfte u.a. den Durchbruch bei den Dardanellen und dem Bosporus bewirkt haben und es hat den ehemals trockenen persischen Golf überfluten lassen. Westlich davon aber befand sich Babylon. Dramatische Szenen müssen sich abgespielt haben. Wer nicht flüchten konnte, war verloren. Ganze Städte und Dörfer gingen in den Fluten unter. Das Tosen der Wassermassen muss auf die Menschen damals wie die Begleiterscheinung eines Weltuntergangs gewirkt haben.

Und so entstanden Mythen und Legenden. Die älteste Niederschrift solcher Menschheitserinnerungen ist das babylonische Gilgamesch Epos, das etwa 4100 Jahre alt ist und damit wesentlich älter als die Bibel, deren Sintfluterzählung diesem Epos aber auffallend ähnelt. Der Held der Sage ist der halbmythische sumerische König Gilgamesch, der sich nach dem tragischen Tod seines Freundes auf die Suche nach dem ewigen Leben macht. Auf der langen Suche stößt er auf den Urahnen Utnapischtim, der mit seiner Familie die grosse Flut überlebt hat. Die Flut war von den Göttern geschickt worden, da diese sich von dem Lärm der Menschen belästigt gefühlt hatten. Ein mitfühlender Gott weihte den Ahnen, der babylonische Noah, in die Pläne der Götter ein und dieser baute nach dessen Anweisung eine Arche, auf die er allerlei Getier mitnahm. Ein gewaltiger Regen überflutete das Land sieben Tage lang. Als ‚Noah' nacheinander Taube und Rabe aussandte, die nicht wieder zurückkamen, erkannte er, dass die Flut nachgelassen hatte. Das Schiff aber war auf einem Berg gelandet und die Insassen konnten heraustreten. Als die Götter das Ausmaß der Katastrophe erkannten, weinten sie und die Göttin schalt den Hauptverantwortlichen mit den Worten: „Wie konntest du nur unbedachtsam eine Sturmflut erregen? Den, der Sünde tut, lass seine Sünde tragen". Hätte man eine solche Zurückhaltung nicht auch von Jahwe erwarten können? Wie ist es moralisch zu rechtfertigen, dass gleich alles Leben vernichtet wird?

Es ist einigermassen plausibel nachzuvollziehen, wie diese Erzählung ihren Weg nach Israel gefunden hatte und zwar durch Migration und Handel. Schon von Abraham wird in der Bibel berichtet, dass er und seine Vorfahren von Ur, einer sumerischen Stadt, ausgewandert waren. Bereits in dieser frühen Zeit waren die Länder in Vorderasien durch Handelswege miteinander verbunden und so fanden Ideen, Erfindungen und Erzählungen wie auch Waren durch Austausch Aufnahme in vielen Ländern. Nicht, dass immer kulturelle Diffusion eine hinreichende Erklärung für die Entstehung von Legenden ist, sondern gerade Erzählungen über die große Flut dürften auch unabhängig voneinander entstanden sein. Man erzählte sich darüber in Indien, in Griechenland und selbst in Britannien. Es existieren etwa 250 Flutsagen in allen Teilen der Welt. Hier standen wohl auch historische Erfahrungen dahinter.

Auch für die Kain und Abel Geschichte gibt es Parallelen anderswo, so im germanischen Mythos das Paar Balder und Hoeder. Aus Ägypten kennen wir Osiris und Seth und aus Kanaan Baal und Mot. Die grundlegende Thematik ist die Tötung eines lichten, guten Gottes durch seinen neidischen Widersacher. Sie verbindet sich mit einem Fruchtbarkeitskultus, der

Vorstellung, dass Tod und Leben in einem immerwährenden Zyklus einander bedingen. Wenn es heißt, dass das Blut des Abel von dem ‚Maul' der Erde empfangen wird, so sind daran noch Reste einer solchen Assoziation erkennbar.

Der siebente Tag, der Sabbatruhetag, hat gleichfalls seinen Ursprung in Babylonien und selbst der Turmbau zu Babel. So heisst es in einer sumerischen Schrift: „Enki, der Herr der Weisheit ... wandelte die Sprache in ihren Mündern und brachte Streit hinein".

Interessant sind auch die Überlegungen, die Joseph Campbell (Myths to live by) angestellt hat:

- Ein Tag des Gottes Brahman währt laut indischem Mythos 4 320 000 000 Jahre.
- Aus der isländischen Edda erfahren wir, dass die Burg Walhalla 540 Türen hat, durch die am Ende der Welt 800 Krieger treten werden, aber 540x800 = 432 000.
- In Babylon, so der Mythos, waren zwischen der Krönung des ersten sumerischen Königs und der Flut 432 000 Jahre vergangen.
- Der Zeitraum zwischen Schöpfung und der Flut lässt sich aus der Bibel mit 1 656 Jahren berechnen. Darin sind 86 400 Sieben-Tage Wochen enthalten. Die Hälfte aber von 86 400 ist 43 200.

Man kann diese Parallelen immer weiter ausspinnen wie z.B. die Rolle der Ur-Schlange in der Bibel, die sich auch im babylonischen Epos der Schöpfung findet. Klar dürfte sein, dass solcherlei Ähnlichkeiten nicht als Zufall zu erklären sind. Es gibt gewisse Symbole, von Jung Archetypen genannt, die sich tief in das kollektive Unterbewusstsein der Menschheit gegraben haben. Dazu gehören das Bild vom Wasser, der Schlange, des Kreuzes und des Baumes. So verbindet der Baum in der Mitte des Paradieses in der mythischen Vorstellung Himmel und Erde und das Essen von der verbotenen Frucht, so H. Halbfas (Die Bibel), gleicht einer Störung der kosmischen Kräfte. Sie spiegelt sich im Wagen des Menschen, ein Leben in selbstbestimmter Freiheit zu führen, mit all den Konflikten, Gefahren und dem möglichen Scheitern, welches damit verbunden ist. Unser Leben ist nun der Nützlichkeit unterworfen, das Sakrale hat sich in das Profane gewandelt und die Ganzheit ist zerstört. So ist der Garten Eden kein geographischer Ort, sondern er repräsentiert das, was zwar als Potential in unserem Inneren existiert, jetzt aber nicht mehr zugänglich ist. Wir sind erwachsen geworden und haben unsere Unschuld verloren. Symbolisch gesehen, stehen hinter Paradiesgeschichte und dem ersten Brudermord die Problematik unserer gefallenen Existenz.

Will man den Entstehungsprozess kultureller Phänomene einigermaßen zufriedenstellend deuten wollen, dann wird man nicht umhin kommen, eine Reihe von Faktoren zu berücksichtigen, die in komplexen Wegen der Interaktion und Rückkoppelung miteinander verflochten sind. Unter diese Faktoren zu nennen wären die von C G Jung (1875–1961) benannten Archetypen, kollektive Symbole unseres Unterbewusstseins, entstanden in grauer Vorzeit der Menschwerdung als Millionen von Jahren der Daseinsbewältigung unserer Psyche seinen Stempel aufdrückten. Der Kampf ums Überleben, die Erfahrungen von Geburt, Pubertät, Leiden und Tod mussten jeweils auch psychisch und kulturell verarbeitet werden. Weiterhin befördern Migration, Handel und Krieg den kulturellen Austausch. Hinzu kommt, dass mündlich überliefertes Traditionsgut von Generation zu Generation verändert wird. Letztlich hat sich auch die Umwelt prägend auf Mythen und Erzählungen ausgewirkt, deren Grad an Differenziertheit wiederum die Komplexität der ihr zugrunde liegenden sozialen Ordnung widerspiegelt. Das soll nachstehend an einigen Beispielen von Schöpfungsmythen anschaulich gemacht werden.

Afrika war durch Meer, Wüste und tropischen Regenwald von den Zentren der Kultur in Vorderasien und Europa weitgehend isoliert geblieben. Es ist wohl fair zu sagen, dass der Mangel an kulturellen Austausch und die insulare Existenz der meisten Stämme die kulturelle Entwicklung des Kontinents behindert haben. Die Buschleute, die auch heute noch vielerorts im südlichen Afrika eine Existenz als Jäger und Sammler führen, befinden sich wohl auf der niedrigsten Zivilisationsstufe, womit keine Abwertung ihres Menschseins verbunden sein soll. Ihrem Entwicklungsstand korrespondiert wie zu erwarten ein Bestand einfachster Geschichten, die man sich am Lagerfeuer erzählt und die ständig variiert werden. In diesen Geschichten spielen die Tiere ihrer Umwelt wie das Eland eine herausragende Rolle. Sie sind oft logisch bizarr so wie wenn die Entstehung des Mondes auf eine hochgeworfene Straussenfeder zurückgeführt wird. Die Ashanti in Ghana erzählen sich, dass Gott und die Menschen ursprünglich zusammenlebten. Ihrem Mythos zufolge hing der Himmel bzw. Gott tief über der Erde. Kinder wischten sich daran ihre Hände ab und Frauen brachen Stücke für ihre Suppe daraus. Als eine alte Frau wiederholt mit ihrem Stößel an den Himmel stiess, zog sich der Gott verärgert zurück. Um den Gott wieder zu erreichen baute man einen Turm, indem man Stein auf Stein legte. Als der Himmel fast erreicht war, fehlte nur noch ein Stein. So zog eines der Kinder den untersten Stein heraus, um ihn oben drauf zu legen, mit der Folge, dass der Turm zusammenbrach. Die Luya in Kenya hatten schon eine Art Kosmologie entwickelt. Sie glaubten an einen Schöpfergott, der Himmel, Erde, Sonne und Mond erschuf und zum Schluss den Menschen als Mann und Frau. Die geringere Leuchtkraft des Mondes erklärte man sich damit, dass nach einem Streit zwischen Sonne und Mond letzterer im Dreck landete und sich daher verdunkelte.

Die Germanen glaubten, dass in der Urzeit ein unergründlicher Abgrund klaffte, getrennt durch Eis im Norden und Feuer im Süden. Es setzte die Eisschmelze ein. Aus dem Schweiss der Achselhöhlen des Eisriesen wurden ein Riese und eine Riesin geboren. Diese zeugten die ersten Götter wie Odin, den Schöpfer der Welt. Odin erschlug den Urzeitriesen und erschuf aus seinen Körperteilen Himmel und Erde. Die ersten Menschen wurden von Odin am Strand als leblose Baumstämme entdeckt. Ihnen hauchte er mit seinem Odem das Leben ein. Menschen und Götter lebten zunächst in friedlicher Eintracht zusammen bis durch das Begehren Neid, Hass und Streit aufkam. Die Götter trennten sich von den Menschen, in deren Existenz der Tod einzog. Die Göttin Iduna waltet als Hüterin des paradiesischen Gartens, insbesondere des Apfelbaums in der Mitte, deren Frucht das ewige Leben verheisst.

Ägypten ist nebst Mesopotamien die älteste Zivilisation der Welt. Ihr Jahrtausende alter Mythos stellt an den Anfang der Welt das Urmeer Nun, aus dem der selbst-geborene Schöpfergott Amun-Re entsteigt und ein Bewusstsein herausbildet. Er erzeugt das erste Götterpaar, welches Luft und Feuchtigkeit repräsentiert. Aus ihrer geschlechtlichen Vereinigung gehen Himmel und Erde als auch alle anderen Götter hervor. Das Paar ging zeitweise verloren und als es wiedergefunden wurde, vergoss Amun-Re Freudentränen, aus denen die ersten Menschen entstanden.

In Babylon wurde jährlich rituell die Urschlacht zwischen dem Göttersohn Marduk und der Schlange Tiamat, welche sich aus dem Chaosmeer heraushob, gefeiert. Von der Einhaltung des von Priestern genau vorgeschriebenen Ablauf der Riten hing, so war man überzeugt, die Ordnung der Welt, ja ihre ganze Existenz ab. Jahr für Jahr, so glaubte man, würden diese Zeremonien den Kosmos, welcher im Himmel die soziale Ordnung auf Erden widerspiegelt, erneuern.

Der Götterhimmel in Griechenland war total übervölkert, ein Resultat von Völkerwanderung und kultureller Diffusion. Der Literat Hesiod (8. Jahrhundert vor Christus) war der erste, der etwas Ordnung in das Chaos parallel laufender und sich teilweise widersprechender Mythen brachte. Ihm zufolge war der Kosmos anfangs eine gähnende Leere. Dann erscheinen wie aus dem Nichts die Götter der Urzeit. Zunächst gebiert Gaia (die Erde) Uranos, den Himmel. Aus ihrer Vereinigung entstehen die Titanen, u.a. Kronos. Kronos überwältigt und entmannt seinen Vater, den Uranos, und übernimmt zeitweise die Macht. Er verschlingt seine Sprösslinge, da er fürchtet, dass diese ihm seine Macht streitig machen könnten. Doch durch die List seiner Gattin überlebt der Letztgeborene, Zeus. Dieser entthront Kronos, wirft ihn in den Abgrund und richtet nun seine Herrschaft auf. Er etabliert den Götterrat auf dem heiligen Berg Olymp und übernimmt selbst den Vorsitz.

Über die Entstehung des Menschengeschlechts gibt es diverse Mythen. Nach einer Version soll es aus der Vermischung der Asche der Titanen mit der des sterbenden und wiederaufstehenden Gottes Dionysos hervorgegangen sein. Nach einer anderen Version ist das Schicksal der Urahnen mit dem verhängnisvollen Wirken des Gottes Prometheus und der Pandora verbunden, welche das goldene Zeitalter als Folge von Neid und Zwietracht beendete. Zuvor waren die Menschen, die dem Getreide entsprossen, ewig jung geblieben. Götterwelt und Menschenwelt blieben aber eng verbunden. So wurde der Abstieg in und der Aufstieg aus der Unterwelt der Göttin Demeter und ihrer Tochter Persephone mit den Jahreszeiten assoziert. Solcherlei Fruchtbarkeitskulte wurden in den sogenannten Mysterien gefeiert von denen das bekannteste das zu Eleusis war.

Wenn man sich die Rolle der Mythen vergegenwärtigt, dann wird festzustellen sein, dass sie durchaus eine positive soziale Rolle spielen. Indem sie überzeugende Antworten auf Grundfragen der menschlichen Existenz und der Beschaffenheit der Welt geben, fungieren sie als Orientierungshilfe für das menschliche Verstehen und als Garant der sozialen Ordnung. Wenn man denn auch weithin die Urgeschichten der Bibel als Mythos begreift, dann soll sie dadurch nicht ins Lächerliche gezogen werden. Sie eröffnen uns Einblick in die Kinderstube der Menschheit. Man täte der Bibel unrecht, wenn man diese Geschichten ausschliesslich an Logik und Fakten misst und sie als kurioses Sammelsurium von Aberglaube und Fantasie abtut. Anscheinend archaische Symbole wie Paradies, Baum des Lebens oder die Urwasser haben eine entscheidende Rolle in der menschlichen Entwicklung gespielt und können noch heute in neuer Form auf Vorgänge in unserem Unterbewusstsein hinweisen.

Wir sind mit den Mythen und Märchen unserer Vorfahren stärker verbunden als wir vielleicht wahrhaben wollen. Sie sind Teil einer Entwicklungslinie an deren Ende unsere heutige Zivilisation steht und das manche Völker noch nicht erreicht haben. C G Jung setzt diesen Prozess in Vergleich zu unserem Erwachsenwerden. So wie der Urmensch aus dem Dämmerzustand des Bewusstwerdens aufgetaucht ist, so erwacht auch das Bewusstsein des Kleinkindes erst durch eine zunehmende Ichbezogenheit von einer „insulären Diskontinuität" hin zu einer voll entwickelten Kontinuität des Denkens. Dieses Bewusstsein ist anfangs noch von einer „phantasieerfüllten Apperzeption der Wirklichkeit gekennzeichnet". Gleichsam ist das Bewusstsein des ‚primitiven' Menschen, gerade aufgewacht aus den Urwassern seiner Seele, noch einem magischen Weltbild verhaftet, das ihm aber anfangs zufriedenstellende Lösungen für die Grundfragen seiner Existenz bietet. Wenn nun aber eine Diskontinuität überkommener Symbolik mit der sozialen Wirklichkeit eintritt und dabei Symbole wörtlich verstanden werden, dann wird nach Paul Tillich ein Glaube zum Götzenglauben. Authentizität heute bedeutet auch, die erfahrene Wirklichkeit in den Symbolen eines reifen Bewusstseins zu deuten.

3.2. Die Erzväter: Von Abraham bis Josef

Abraham ist der Stammvater Israels und gilt auch als Vater des Glaubens. Sein Vater Terach war mit der Familie aus Ur in Chaldäa (Mesopotamien) nach Haran (türkisch-syrische Grenzregion) ausgewandert. Dort ereilte Abraham die Aufforderung Gottes, sich wieder auf den Weg zu machen: „Geh aus deinem Vaterland … in ein Land, das ich dir zeigen will. Und ich will dich zum großen Volk machen, … und in dir sollen gesegnet werden alle Geschlechter auf Erden". So zog Abraham mit Frau Sarah und Neffe Lot im Alter von fünfundsiebzig Jahren nach Kanaan. Schon bald nötigte ihn eine Hungersnot, nach Ägypten weiterzuziehen. Aus Furcht, der Pharao könnte ein Auge auf seine Frau werfen, gab er Sarah als seine Schwester aus. Doch der Pharao kam hinter seine Täuschung und verwies ihn des Landes.

Da die Weideplätze knapp waren, trennten sich Abraham und Lot, der nach Sodom zog. Einige Zeit später bekämpfte Abraham ein Bündnis der Könige des Landes, besiegte es und konnte Lot aus der Gefangenschaft befreien. Nach seinem Sieg wurde Abraham von Melchisedek, dem König von Salem und „Priester Gottes des Höchsten", gesegnet. In einer weiteren Offenbarung wurde Abraham eine zahlreiche Nachkommenschaft verheißen und „Abram glaubte dem HERRN, und das rechnete er ihm zur Gerechtigkeit". „An diesem Tage schloss der HERR einen Bund mit Abram und sprach: 'Deinen Nachkommen will ich dies Land geben'".

Hagar, seine Nebenfrau, gebar Abraham einen Sohn, den er Ismael nannte. Abraham war nun schon fast hundert Jahre alt, doch als Gott ihm wieder erschien, erhielt er ein weiteres Mal die Zusicherung, dass ihm eine zahlreiche Nachkommenschaft beschert werden würde. Zum Zeichen des Bundes zwischen Gott und ihm als auch den ihm folgenden Generationen sollen von nun an am achten Tage alle Knaben beschnitten werden.

Eines Tages suchte Gott mit zwei Begleitern Abraham persönlich auf. Abraham bewirtete seine Besucher mit Speis und Trank und es wurde ihm zugesagt, dass seine Frau Sara übers Jahr einen Sohn haben werde. Sara überhörte es und sie musste heimlich lachen; denn schließlich war sie auch bereits an die neunzig Jahre alt. Gott war darüber ungehalten und sagte: „Warum lacht Sara?... Sollte dem HERRN etwas unmöglich sein?"

Die Besucher machten sich auf dem Wege nach Sodom, um die Menschen dort wegen ihrer Sünden zu bestrafen. Abraham feilschte mit Gott, dass der Stadt Gnade gewährt werde und die Gerechten nicht mit den Gottlosen umgebracht werden. Doch anscheinend fanden sich keine guten Menschen; denn der HERR wandte sich ab. So begab es sich, dass zwei Engel Lot in seinem Haus in Sodom aufsuchten. Als die Männer der Stadt ihn bedrängten, seine beiden Besucher herauszugeben, bot er ihnen stattdessen seine beiden Töchter an, mit denen sie machen könnten, was sie wollten. Auf Geheiss der Engel floh Lot schließlich mit seiner Familie aus der Stadt und Gott ließ Feuer und Schwefel auf sie herabregnen. Lots Frau wurde in eine Salzsäule verwandelt, da sie sich trotz des Verbotes der Engel umgedreht hatte, um das Unheil zu besehen. Lot und seine beiden Töchter aber zogen sich in die Einsamkeit des Gebirges zurück. Die Mädchen sorgten sich, dass sie nun keinen Mann mehr bekommen würden. So machten sie ihren Vater betrunken und schliefen mit ihm. Sie wurden schwanger und empfingen je einen Sohn, von denen die Moabiter und Ammoniter abstammen.

Auch Sara war schwanger geworden und gebar einen Sohn, genannt Isaak. Auf Drängen seiner Frau vertrieb Abraham Hagar in die Wüste. Sie und ihr Sohn Ismael wurden dort durch göttlichen Eingriff vor dem Verdursten gerettet.

Mehrere Jahre vergingen bis Abraham wieder Gottes Rufen vernahm. Abraham antwortete: „Hier bin ich". Und Gott weiter: „Nimm Isaak, deinen einzigen Sohn, den du lieb hast, und geh hin in das Land Morija und opfere ihn dort zum Brandopfer auf einem Berge, den ich dir sagen werde". In aller Frühe machte Abraham sich mit seinem Sohn und zwei Knechten auf den Weg. Am dritten Tage sah er die Stätte in der Ferne. Da wies Abraham die Knechte an, zurückzubleiben, und ging allein mit seinem Sohn weiter. Isaak aber fragte: „Mein Vater! Abraham antwortete: Hier bin ich mein Sohn. Und er sprach: Siehe, hier ist Feuer und Holz; wo ist aber das Schaf zum Brandopfer? Abraham antwortete: Mein Sohn, Gott wird sich ersehen ein Schaf zum Brandopfer". Und Abraham bereitete den Altar, band seinen Sohn und legte ihn auf das Holz und erhob hoch die Hand mit dem Messer, „dass er seinen Sohn schlachte". Doch ein Engel des HERRN bot ihm Einhalt mit den Worten: „Nun weiß ich, dass du Gott fürchtest und hast deines einzigen Sohnes nicht verschont um meinetwillen". Da erschien ein Widder und Abraham opferte diesen an seines Sohnes statt. Und Abraham wurde gesegnet wegen seines Gehorsams gegen Gott.

Als Abraham schon hochbetagt war, schickte er einen Knecht nach Mesopotamien, der dort aus seiner Verwandtschaft eine Frau für seinen Sohn Isaak finden sollte. Es war wohl Vorsehung, die den Knecht zu einem Brunnen führte, an dem er Rebekka traf, die ihn mit ihrer Familie bekannt machte. Als er ihnen den Grund seines Kommens erklärt hatte, war es schon bald beschlossene Sache, dass Rebekka die erwählte Braut des Isaak werde. Sie zog bereitwillig mit und Isaak nahm sie sich zur Frau.

Rebekka gebar Zwillinge, Esau und Jakob. Rebekka hatte den Jüngeren, Jakob, lieber während Isaak Esau bevorzugte. Als nun Isaak alt und blind geworden war, da wollte er den Segen der Erstlingsgeburt über den Älteren, Esau, aussprechen. Doch Rebekka ersann eine List und Jakob täuschte seinen Vater, indem er sich als Esau ausgab während dieser das vom Vater gewünschte Wildbret erjagte. Um der Rache seines Bruders zu entgehen, ergriff Jakob die Flucht nach Haran, zu seinen Verwandten. Auf dem Weg dorthin erschien ihm ein Engel in einem Traum und der HERR verhieß ihm und seinen Nachkommen das Land, auf dem er ruhte. Als er in die Stadt des Bruders seines Großvaters Abraham kam, begegnete er Rachel, die er zur Frau begehrte. Jakob aber musste zunächst sieben Jahre dienen, erhielt dann aber nur Rachel's ältere Schwester zur Frau und wurde gezwungen, noch weitere sieben Jahre zu arbeiten, um auch Rachel als Braut heimführen zu können. Es schien, als ob der Vater sein Versprechen nicht einhalten wolle und so entschied sich Jakob zusammen mit seinen beiden Frauen, den ihm geborenen Kindern und dem Vieh zur Flucht. Der Vater Rachels setzte ihnen nach, insbesondere weil er seinen Hausgott vermisste. Den aber hatte Rachel entwendet und als ihr Vater mit Jakob aufschloss und alle Zelte durchsuchte, vermochte Rachel ihren Vater zu überlisten, indem sie auf dem Hausgott saß und vorgab, ihre Tage zu haben. Da die Suche ergebnislos verlief und Jakob seine Unschuld beteuerte beschloss man, durch einen Bund dem Streit ein Ende zu setzen und sie schworen: „Der Gott Abrahams und der Gott Nahors sei Richter zwischen uns".

Jakob aber sah der Begegnung mit seinem Bruder Esau mit Bangen entgegen. In der Nacht rang er mit einem Mann bis zur Morgenröte und ließ diesen erst gehen, nachdem der ihn gesegnet hatte. Sein Kontrahent sprach zu ihm: „Du sollst nicht mehr Jakob heißen, sondern Israel; denn du hast mit Gott und mit Menschen gekämpft und hast gewonnen". Esau selber hegte keinen Groll mehr gegen seinen Bruder und hieß ihn herzlich willkommen. Danach ließ sich Jakob in Sichem in Kanaan nieder.

Doch in dieser Stadt sollte ein großes Unglück geschehen. Eine von Jakobs Töchtern war geschändet worden und Jakobs Söhne rächten ihre Schwester, indem sie die friedliche Stadt überfielen, deren Bewohner sie vorher mit einer Scheineinigung sich haben in Sicherheit wiegen lassen, und sie töteten alles was männlich war. Nach Entdeckung dieser Bluttat konnten Jakob und seine Familie ihr Leben nur durch eine schnelle Flucht retten. Jakob verdammte die Tat und war überzeugt, dass die fremden Götter an allem schuld seien, und so ordnete er an, diese aus seinem Umfeld zu entfernen.

Jakobs zwölf Söhne begründeten die Geschlechter der zwölf Stämme Israels. Viele Jahre waren nun ins Land gegangen und seine Söhne hatten das Mannesalter erreicht. Isaak als auch Rachel waren längst verschieden. Jakob aber bevorzugte Josef vor allen anderen Söhnen. Als Josef den Brüdern von seinen Träumen erzählte, in denen er ihnen als übergeordnet erschien, da wurden sie ihm feind und beschlossen, ihn zu töten. Doch der Älteste, Ruben, verhinderte einen Mord und so verkauften sie Joseph an eine Karawane. Dem Vater aber täuschten sie mit einem blutigen Rock vor, dass er von einem wilden Tier zerrissen worden war. Nichts konnte Jakob über den Verlust seines Sohnes hinwegtrösten.

In der Zwischenzeit hatte Juda, einer der zwölf Brüder, seinen erstgeborenen Sohn mit einer Frau namens Tamar verheiratet. Doch dieser starb und so auch sein Bruder, der die Frau nach israelischem Brauch übernommen hatte. Seinem letzten Sohn gestattete Juda es nicht, Tamar zur Gattin zu nehmen, da er fürchtete, auch ihn zu verlieren. Doch Tamar ersann eine List, verkleidete sich als Hure und richtete es so ein, dass Juda ihr begegnen musste. Er erkaufte ihre Dienste gegen einen persönlichen Pfand und sie wurde schwanger. Juda wollte sie daraufhin dem Tod durch Verbrennen übergeben, doch Tamar gab sich durch das Pfand zu erkennen und beschämte so Juda.

Josef kam nach Ägypten und wurde dort an den Kämmerer des Pharao verkauft. Dessen Frau begehrte ihn, doch er entzog sich ihr. Sie verklagte ihn daraufhin der versuchten Vergewaltigung, und man warf ihn ins Gefängnis. Dort machte er die Bekanntschaft mit Bediensteten des Königs, ein Mundschenk und ein Bäcker, die wie er inhaftiert worden waren. Er legte deren Träume aus und wie er ihnen vorhersagte, so kam es auch.

Nun hatte der Pharao zwei Träume. Ihm träumte, da wären sieben fette Kühe, die von sieben mageren Kühen gefressen wurden und ein anderes mal erschienen ihm im Traum sieben volle Ähren, die von sieben dünnen verschlungen wurden. Kein Wahrsager konnte die Bedeutung der Träume entschlüsseln. Josef aber, den der Pharao auf Rat des Mundschenks hatte holen lassen, erkannte, dass Ägypten sieben gute und sieben schlechte Jahre bevorstanden und riet dem Pharao, beizeiten Vorräte anzulegen und einen Aufseher für die Sammlung des Korns zu bestellen. Da sich kein besserer fand, wurde Josef selbst als Vorsteher für diese Aufgabe ernannt und mit Vollmachten ausgestattet, die ihn nur wenig geringer machten als den Pharao. Der gab ihm auch die Tochter des Priesters zur Frau.

Als nun die Hungerjahre kamen und auch in Kanaan die Not groß war, da schickte Jakob seine Söhne nach Ägypten, um dort Korn zu kaufen. Nur der Jüngste, Benjamin, blieb zu Hause. In Ägypten wurden sie höchst demütig bei Josef vorstellig, erkannten ihn aber nicht. Josef, der sehr wohl wusste, wer diese waren, ließ sich von ihnen über ihre Familie berichten. Sie durften zwar mit dem Korn wieder heimwärts ziehen, mussten aber einen der Brüder als Geisel zurücklassen, der nur durch den Jüngsten ausgelöst werden konnte.

Da die Hungersnot anhielt, musste Jakob seine Söhne wieder nach Ägypten schicken und schweren Herzens Benjamin, den Jüngsten, mit ihnen ziehen lassen. Josef war zutiefst gerührt als er sie wieder erkannte, bewirtete sie und liess sie dann mit vollen Säcken gehen. Doch hatte er in einen der Säcke einen silbernen Becher legen lassen. Er befahl, die Brüder zu verfolgen und ihre Säcke zu durchsuchen. Der Becher fand sich in Benjamins Sack und so kamen die Brüder zurück zu Josef. In ihrer Not und Angst fielen sie nieder vor seinem Angesicht; denn Josef hatte entschieden, dass derjenige, bei dem der Becher gefunden wurde, sein Sklave sein solle. Da trat Juda vor, berichtete vom Herzensleid des Vaters und bot sich selber an Benjamins statt als Sklave an. Josef aber konnte seine Tränen nicht mehr zurückhalten und gab sich seinen Brüdern zu erkennen. Nach ihrer Rückkehr zu ihrem Vater berichteten die Söhne ihm alles, was sich zugetragen hatte. Doch konnte der erst glauben, dass Josef tatsächlich noch am Leben war, als er die Wagen sah, die dieser hatte mitschicken lassen.

In der Nacht kam der Geist Gottes über Jakob und sprach zu ihm: „Ich bin Gott, der Gott deines Vaters, fürchte dich nicht, nach Ägypten hinabzuziehen; denn daselbst will ich dich zum großen Volk machen.“ So machte sich Jakob mit seiner ganzen Sippe, die sechsundsechzig Seelen umfasste, auf nach Ägypten und der Pharaoh „gab ihnen Besitz am besten Ort des Landes, im Lande Ramses“.

Als nun die Zeit kam, dass Jakob sterben sollte, ließ er Josef schwören, dass er ihn in seiner Väter Grab in Kanaan begraben werde. Er segnete daraufhin Josefs’ Söhne und sprach dann ein persönliches Wort über einen jeden seiner eigenen Söhne. Als Jakob verschieden war, zog das ganze Haus Israel nach Kanaan, um ihn dort zu begraben. Seine Brüder, die sich sorgten, dass Josef nun Rache an ihnen nehmen würde, beruhigte er mit den Worten: „Ihr gedachtet es böse mit mir zu machen, aber Gott gedachte es gut zu machen". Fortan lebte Josef im Frieden mit seiner Familie in Ägypten und verstarb im reifen Alter von hundertundzehn Jahren.

Kommentar

Mit diesem Abschnitt beginnt der eigentliche geschichtliche Teil der Bibel, etwa auf Beginn des zweiten vorchristlichen Jahrtausends festzusetzen. Wird man die Urgeschichte noch als Mythos zu verstehen haben, haben wir es jetzt mit Legenden zu tun, die ihren Ursprung in den Erzähltraditionen verschiedener Sippen haben und später, vielfach überarbeitet, zu einer Familiengeschichte zusammengefügt worden waren. Dieser Prozess hat zu Unstimmigkeiten und Brüchen geführt, so wenn die Geschichte von Abrahams Frau, die als Schwester ausgegeben wird, dreimal erzählt wird (Gen 12,12f; 20,2; 26,7). In Folge der Redaktion haben sich auch einige historische Fehler eingeschlichen. So soll Terach, Abrahams Vater, von Ur in Chaldäa nach Haran ausgewandert sein, doch die Chaldäer sind erst im ersten Jahrtausend vor Christus historisch nachzuweisen. Abraham kann nicht Kamele als Reittiere besessen haben (Gen 24,11); denn diese sind erst knapp tausend Jahre später domestiziert worden. Unmöglich ist es, dass Isaak in Konflikt mit Philistern geraten war (Gen 26). Diese waren die Nachfahren der Seevölker, die sich um 1200 v. Chr. an der Küste Kanaans angesiedelt hatten.

Solcherlei Ungereimtheiten sind gegen den Hintergrund des Entstehungsprozesses der Bibel verständlich. Die Erzählungen können kaum als eine Art protokollarisch detailgetreue Wiedergabe tatsächlicher Geschehnisse verstanden werden. Man hat sich wohl ursprünglich in Familienverbänden Geschichten über die Ahnen erzählt und sie dabei immer wieder variiert und ergänzt. Inwieweit sich da ein historischer Kern erhalten hat, wird im Einzelnen nicht mehr zu belegen sein. Die Geschichten haben aber auch einen Wert an sich, indem sie uns Einblick in die Existenzweise des vorstaatlichen, halb-nomadischen Lebens in Israel gewähren. Sie sind auch geschickt konstruiert worden indem sie miteinander auf manchmal überraschende Weise verschachtelt sind. Da ist z.B. der manchmal arrogant auftretende Joseph, vor dem auch ein Juda nur einen demütigen Kniefall machen kann. Doch wenn Jakob an seinem Lebensende diesem Juda den herrscherlichen Stab und Zepter überreicht deutet sich bereits eine Änderung des Status an. Und tatsächlich, aus dem Geschlecht des Juda entstammt König David und es ist ein Shimei aus dem Hause Joseph, der vor David kriecht (2 Sam 19,21).

Interessant sind die Erzählungen auch aufgrund der Charakterbeschreibungen, die sie uns bieten. Sie stellen ihre Helden nicht wie damals in der Antike üblich als strahlende und über alle Zweifel erhabene Sieger dar, sondern zeichnen sie als wirkliche Menschen mit zuweilen recht krummen Eigenschaften. Abraham schmuggelt seine Frau in Ägypten unter falschen Vorwand ein. Er macht seine Profite aber Sara leidet. Jakob ist ein zwielichtiger Gauner, der lügt und betrügt. Esau wird als ein recht oberflächlicher Mensch beschrieben, der nur um eines Linsengerichts wegen sein Erstgeburtsrecht verschleudert. Joseph tritt vor seinen Brüdern mit kaum verhohlener Arroganz auf, wenn er ihnen aufträgt, dem Vater bei ihrer Rückkehr von seiner Herrlichkeit zu erzählen.

Man erkennt in den Erzählungen allerdings noch andere, weitaus weniger schmeichelhafte Züge. Da bietet Lot den Männern seine Töchter an, dass sie ihre Lust an ihnen austoben können und die gleichen Töchter begehen wenig später Inzest mit ihrem Vater. Die Söhne des Jakob nehmen eine fürchterliche Blutrache an den Bewohnern der Stadt, die ihnen Gastrecht gewährt hatte. Wegen der Tat eines Einzelnen wird die gesamte männliche Bevölkerung dahingemordet. Diese Mörder aber sind die Söhne, auf die die zwölf Stämme Israels zurückgeführt werden.

Man mag noch auf die naiven Darstellungen hinweisen, in denen sich Gott als Person den Menschen offenbart, so wenn er als Gast bei Abraham erscheint oder wenn er mit Abraham wie auf einem Marktplatz um das Schicksal der Gerechten feilscht. Allerdings beschrieben die Griechen ihre Götter auf noch viel phantastischere Art und Weise. Diese ritten auf Pferden und saßen bei Tisch, logen und betrogen und hatten zahlreiche Affären, insbesondere Vatergott Zeus, der immer mal wieder fremdging. Der wirklich dramatische Höhepunkt dieser Episode aber ist die Versuchung Abrahams.

Die Situation war wie folgend: Abraham war von Gott eine zahlreiche Nachkommenschaft als auch Land verheißen worden. Der Garant dafür aber, dass diese Verheißungen auch in Erfüllung gehen konnten, war sein einziger Sohn Isaak. Den aber forderte Gott Abraham auf, ihm zu opfern.

Abrahams Rolle in diesem Geschehen wird ganz unterschiedlich gesehen. Für die einen wie Kierkegaard ist er der Ritter des Glaubens, der durch seine Handlung seinen Gehorsam gegen Gott unter Beweis stellt. Für andere wie Urban (Die Bibel. Eine Biographie) ist er schlicht eine Art Fanatiker, der bereit ist, in „mörderischen Gehorsam“ über Leichen zu gehen wie z.B. Eichmann sich mit Leib und Seele einem Hitler verschworen hatte. So beklagt Urban denn auch die „Wirkungsgeschichte der Legende Abraham“ mit den bekannten Folgen, die sich in den Erwartungen eines Opfertods für Kaiser, Führer, Volk und Vaterland konkretisiert hatten. Andererseits mag man dem Opfergang Abrahams durchaus eine positive Seite abgewinnen; denn man kann ihn als einen Übergang von Menschenopfern zu Tieropfern deuten. Diese Interpretation wird eher verständlich wenn man die Geschichte im historischen Kontext sieht.

Jegliche Religion war mit einem Opferwesen verbunden. In den Jäger- und Sammlerkulturen wurde die Pflanzen- und Tierwelt mit Respekt behandelt, hing man doch davon für die eigene Existenzsicherung ab. Man hielt die Tiere für beseelt, erbat sich von der Gottheit Erlaubnis, sie für ihre Nahrung zu töten und ordnete ihre Überreste nach dem Verzehr wieder im Grundgerüst des ursprünglichen Körpers an, weil man glaubte, dass dann das Leben in ihn zurückkehren würde. Auf dieser Stufe einer prämythischen Gedankenwelt und der einfachsten religiösen Struktur opferte man nur Tiere. Die ihr in einer aufsteigenden Reihe von zunehmender sozialer Komplexität folgende frühe Agrarkultur repräsentiert eine völlig andere Daseinsform. Hier dreht sich alles um die Sicherung der Fruchtbarkeit der Erde. Mit der Sesshaftigkeit des Menschen setzt eine Vorratshaltung und ein Wachsen des Besitzstandes an, den es in zunehmend kriegerischen Auseinandersetzungen zu verteidigen gilt. Das Werden und Vergehen der Natur wird symbolisch in Fruchtbarkeitszeremonien widergespiegelt, die zumeist nach dem Handlungsablauf eines Urmythos gestaltet sind und die Fruchtbarkeit von Mensch und Erde vergewissern sollen. A. Jensen (Das religiöse Weltbild einer frühen Kultur) veranschaulicht dies anhand verschiedener Beispiele, insbesondere solcher aus Papua-Neuguinea. Der Kult involviert das Töten eines Menschen, oft ein Mädchen, die Zerstückelung der Leiche und das Vergraben ihrer Teile in der Erde. Eine solche Zerstückelung wird auch in der Bibel geschildert (Richter 19), wohl ein Nachhall früherer Fruchtbarkeitsriten, die aus Kanaan in die jüdische Gesellschaft eingedrungen waren. Von der Agrarkultur heben sich die staatlich organisierten Gesellschaften wie das spätere Israel, Ägypten und Mesopotamien ab. Diese hatten bereits ein Gesetzwesen, ein Beamtentum und eine Art institutionalisierte Religion. Das Opferwesen variiert stark. Während z.B. die Azteken in großer Zahl Menschen opferten, um ihrem Glauben gemäss den Weitergang der Sonne zu sichern, gab es in Griechenland nur noch vereinzelt Menschenopfer und aus Babylon sind sie nicht bekannt. Hier diente der Kultus der Aufrechterhaltung der sozialen Ordnung.

Die blutigen Opferriten nun als moralisch schlecht zu verurteilen, ist nicht gerechtfertigt; denn damit verkennt man den historischen Kontext. Man ermordete ja nicht einen Menschen aus niedrigen Motiven sondern glaubte, ein dem Gott wohlgefälliges Opfer zu bereiten, und so sollten wir auch vorsichtig sein, den Opfergang Abrahams an unseren Maßstäben messen zu wollen. Während das Abraham-Geschehen nun in eine vorstaatliche Zeit Israels projiziert worden ist, in der vielleicht Menschenopfer noch üblich waren, ist die Geschichte selbst redaktionell im sechsten vorchristlichen Jahrhundert bearbeitet worden. Vielleicht wollten die Redaktoren damit zwei Botschaften verbinden. Einerseits ist das Menschenopfer nun als eine verabscheuungswürdige Praxis anzusehen, andererseits ist der Wille Gottes, dem zu gehorchen ist, als absolut zu stellen. Somit wird Abraham in der Tat zum Vorbild des Glaubens. Die Opferpraxis hingegen verschob sich von der Hoffnung auf göttliche Daseinssicherung mehr und mehr auf Sühne- und Dankopfer, die immer die Trennung von etwas Wertvollem beinhalteten.

Kann man denn heute noch Abrahams Handlung als vorbildhaft für die Gläubigen bezeichnen? Lässt man die Geschichte als solche auf sich wirken, dann könnte einen schon das nackte Entsetzen packen; denn hier plante ja ein Vater, seinen eigenen Sohn zu töten. Lässt sich eine solche Tötung für ein höheres Ziel rechtfertigen? Die Tragödie des griechischen Dichters Aischylos (Agamemnon) handelt von der verhängnisvollen Verkettung menschlicher Schicksale. König Agamemnon opfert seine Tochter Iphigenie auf Rat seines Sehers, da sonst die griechische Flotte durch ungünstige Winde verhindert sein würde, gen Troja zu segeln. Die Bibel erzählt die Geschichte des Jephthah (Richter 11,30–31), der dem HERRN versprach, ihm seine einzige Tochter zu opfern, wenn er einen Sieg erringen sollte. In beiden Fällen ist der Ausgang tragisch, doch kann der Trost für die Beteiligten darin liegen, dass sie zum Wohle der Allgemeinheit gehandelt hatten und ihre Handlung im Einvernehmen mit dem sittlichen Gebot stand. Darauf kann sich Abraham nicht berufen. Keiner konnte ihn verstehen, nicht einmal seine Frau. Was Gott ihm mitteilte, blieb privat und für andere unzugänglich.

Lässt sich eine solch einsame Entscheidung, wie sie Abraham traf, überhaupt rechtfertigen? Kierkegaard (Furcht und Zittern) meint ja und behauptet, dass auch ein Mord eine heilige Handlung sein kann. Im Glauben kann Abraham „die ethische Verpflichtung dem Sohn gegenüber ... suspendieren", weil hier der absolute Wille Gottes die menschliche Ethik relativiert. In diesem Glauben handelt Abraham dank der Kraft des Absurden, nämlich, „dass er als der Einzelne höher ist als das Allgemeine". Der Glauben, so Kierkegaard, fängt dort an, „wo das Denken aufhört", eine sehr fragwürdige Einstellung, die nun Tür und Tor öffnet für alle möglichen Schandtaten, die im Namen eines Glaubens begangen werden können, ohne dass sich der Mensch dafür moralisch zu rechtfertigen hätte. Aus solcher Glaubensgewissheit heraus gab der Prophet Elisa dem Offizier Jehu die Anordnung, die ganze Dynastie des König Ahab auszurotten, was der auch nur zu bereitwillig tat (2 Kön 9,6–8; 10,6–7). Fanatische Muslime vermögen die Tötung eines Ungläubigen als ein heiliges Werk zu sehen und einige Evangelikale scheuten sich nicht, Abtreibungskliniken zu bombardieren und ihr Personal zu ermorden.

Wir können daher heute keinen Glauben mehr akzeptieren, der es als sittlich geboten hält, einen anderen Menschen zu töten. Es gibt keine ewigen Wahrheiten und jegliche Ethik wird im Rahmen des zeitlichen und kulturellen Kontextes zu relativieren sein. So ist die Sklaverei abgeschafft worden, wird heute Homosexualität weithin akzeptiert, ist die Gleichstellung der Frau ein angestrebtes Ideal und ist der Schutz des Kindes gesetzlich verankert worden.

Wer immer noch darauf besteht, Abraham als Vorkämpfer des Glaubens glorifizieren zu wollen, sollte sich doch mal in die Situation des Kindes versetzen. In dem Augenblick wo Abraham mit erhobener Hand und gezücktem Messer sich über seinen Sohn beugte, da musste dieser in einem Moment unendlichen Grauens erkennen, dass der eigene Vater ihn töten wollte, der gleiche Vater, in den er als Kind sein vollstes Vertrauen gesetzt hatte. Man kann diesen gewollten Kindesmord aus heutiger Sicht nur als schändlich beurteilen. Ein Kind soll geopfert werden nur eines Glaubenstestes wegen. Wie kann man eine solche Handlung nur positiv beurteilen, auch wenn sie angeblich einem Gehorsam gegenüber einem höheren Befehl entspringt?

3.3. Mose und der Exodus

Viele Jahre waren seit dem Tod Jakobs ins Land gegangen und seine Nachkommen hatten sich so zahlreich vermehrt, dass die Ägypter deswegen Sorge trugen und so die Israeliten zu verstärkter Fronarbeit in den Städten Pitom und Ramses einsetzten. Der Pharao gebot, dass alle männlichen Neugeborenen des Volkes Israel in den Nil zu werfen seien. Eine hebräische Frau gebar einen Sohn und als sie ihn nicht länger verstecken konnte, setzte sie ihn in einem Kästchen im Schilf des Flusses aus. Dort wurde das weinende Kind von einer Tochter des Pharaos entdeckt. Sie ließ das Kind holen und im Hause des Pharao aufziehen. Sie nannte das Kind Mose. Mose war der Urenkel des Levi, Sohn des Jakob.

Als Mose erwachsen geworden war, nahm er Kontakt mit seinen Brüdern auf. Es geschah, dass er im Zorn einen Ägypter erschlug, der einen Hebräer misshandelte. Doch er war beobachtet worden und so musste er fliehen. In Midian befreundete er einen Hirten, dessen Tochter Zippora er heiratete und die ihm einen Sohn gebar.

Eines Tages erschien ihm der HERR in dem Feuer eines Busches, der doch nicht von den Flammen verzehrt wurde. Gott sprach: „Tritt nicht herzu, zieh deine Schuhe von deinen Füssen; denn der Ort, darauf du stehst, ist heiliges Land.“ Mose fürchtete sich, doch Gott sagte ihm, dass er sein Volk retten und es in ein Land bringen wolle, wo Milch und Honig fließt. Mose aber solle sein Führer sein. Und Gott sprach weiter: Wer immer dich auch fragen möge, welcher Gott dich gesandt habe, dem antworte: Es ist „Ich werde sein, der ich sein werde“.

Zum Zeichen, dass das Volk ihm glaube, erhielt Mose einen Stab, den er in eine Schlange verwandeln konnte. Sein Bruder Aaron würde ihm zur Seite stehen. So zog Mose mit Frau und Kind nach Ägypten. Gott forderte ihn auf, vor dem Pharao all die Wunder zu tun und ihn zu warnen, dass, wenn er sich weigern solle, das Volk ziehen zu lassen, auch sein erstgeborener Sohn getötet werden würde. Gott aber werde „sein Herz verstocken, dass er das Volk nicht ziehen lassen wird.“

Der Pharao liess sich nicht von den Worten des Mose beeindrucken und bedrückte das Volk sogar noch mehr. Doch der HERR sprach, dass er dem Pharao seine starke Hand zeigen werde. Und so schickte der HERR Plagen über das Land. Mose ließ mit seinem Stab alle Wasser sich in Blut verwandeln und danach Frösche über das Land kommen. Der HERR sandte Mücken, Stechfliegen und eine Viehpest, schlug die Menschen mit bösen Blattern, ließ Hagel fallen und Heuschrecken alles kahl fressen und schließlich sich auch noch Finsternis über das Land senken. Doch jedesmal, wenn eine Plage vorüber war, verhärtete sich wieder das Herz des Pharao und er ließ das Volk nicht ziehen.

Erst als der Engel des HERRN alle Erstgeburt der Ägypter erschlug, da wurden die Israeliten regelrecht aus dem Land geworfen. Israel aber war vom Engel verschont geblieben, da es wie von Gott geheißen, seine Häuser mit Blut bestrichen hatte. Dieser Tag der Errettung solle hinfort jährlich im Passafest wieder in Erinnerung gebracht werden. Auch solle dem HERRN alle Erstgeburt bei den Israeliten geheiligt, beim Menschen jedoch ausgelöst werden. „Die Zeit aber, die die Israeliten in Ägypten gewohnt haben, ist vierhundertdreißig Jahre".

Der Herr begleitete nun das Volk bei seinem Zug durch die Wüste, am Tag in einer Wolkensäule und bei Nacht in einer Feuersäule. Den Pharao aber hatte es inzwischen gereut, dass er die Israeliten hatte ziehen lassen und jagte ihnen hinterher. Als das Volk die Ägypter sahen, da verzagten sie und sprachen zu Mose: „Warum hast du uns das angetan, dass du uns aus Ägypten geführt hast?" Mose entgegnete: „Fürchtet euch nicht ... Der HERR wird für euch streiten". Als Mose seine Hand ausstreckte, da blies ein starker Ostwind und teilte das Meer, so dass sie es trockenen Fusses durchqueren konnten. Das Heer der Ägypter aber, das ihnen folgte, wurde von den zusammenstürzenden Wassermassen begraben.

Nach dieser wundersamen Errettung pries das Volk Gott in einem Loblied: „Der HERR ist meine Stärke und mein Heil ... Der HERR ist der rechte Kriegsmann." Doch schon bald gab es Anlass zum Klagen; denn in der nächsten Oase fand sich nur bitteres Wasser. Auf Geheiß des HERRN warf Mose ein Stück Holz in das Wasser und da wurde es süß. Eine Weile später hungerte dem Volk und es sehnte sich nach den Fleischtöpfen Ägyptens. Daraufhin sandte Gott Wachteln und Manna. Als es nichts mehr zu trinken gab, da schlug Mose mit seinem Stab gegen den Felsen, wie es ihm von Gott gesagt worden war, und heraus lief Wasser.

Auf ihrem Weiterzug trafen die Israeliten auf die Amelekiter und nach einem lange hin und her wogenden Kampf konnten sie ihren Feind schließlich besiegen. Der HERR wies Mose an, über diesen Sieg einen Bericht anzufertigen und fuhr fort, dass sich Josua des HERRN Versprechen merken soll: „Ich will Amalek unter dem Himmel austilgen, dass man seiner nicht mehr gedenke“.

Mose befolgte den Rat seines Schwiegervaters, der sich inzwischen dem Lager der Israeliten angeschlossen hatte, und erwählte Leute seines Vertrauens, sodass er sich nur noch mit schwierigeren rechtlichen Dingen zu befassen hatte. Im dritten Monat ihres Auszugs aus Ägypten erreichten die Israeliten die Ausläufer des Berg Sinai. Mose stieg auf den Berg, den HERRN zu treffen und Gott sprach zu ihm: „Werdet ihr nun meiner Stimme gehorchen und meinen Bund halten, so sollt ihr mein Eigentum sein vor allen Völkern; denn die ganze Erde ist mein. Und ihr sollt mir ein Königreich von Priestern und ein heiliges Volk sein.“

Das Volk bereitete sich auf das Kommen des HERRN vor und reinigte sich. Am dritten Tag stieg der HERR unter gewaltigem Getöse, Donner und Blitzen den rauchenden Berg herab. Die Erscheinung versetzte das Volk in Angst und Schrecken. Mose aber stieg wieder den Berg herauf und empfing von Gott die Zehn Gebote. Ein weiteres Mal nahte sich Mose „dem Dunkel, darinnen Gott war“ und der HERR gab ihm diesmal Rechtsordnungen und Opfervorschriften. Das Volk verpflichtete sich, alle Gebote Gottes zu erhalten. Damit der Bund zwischen Gott und dem Volk auch rechtskräftig wurde, hielt Mose eine Opferzeremonie ab während der er aus dem Buch, in dem er alle Worte Gottes eingetragen hatte, dem Volk vorlas und das Buch des Bundes und die Leute mit Opferblut bespritzte. Danach bestiegen Mose und Aaron, zwei Begleiter und siebzig der Ältesten Israels den Berg „und sahen den Gott Israels“. „Und als sie Gott geschaut hatten, aßen und tranken sie“.

Mit seinem Begleiter Josua bestieg Mose wieder den Berg, um die Gesetzestafeln von Gott in Empfang zu nehmen. Auf dem Berg gab der HERR Mose detaillierte Anweisungen zum Bau der Stiftshütte und dem Inventar. Auch überreichte er ihm die zwei Gesetzestafeln, „beschrieben von dem Finger Gottes“. Vierzig Tage und Nächte blieben die beiden auf dem Berg.

Das Volk aber wurde des langen Wartens überdrüssig und drängte Aaron, ihnen ein goldenes Kalb als ihren Gott zu machen. Gott war so erbost über das Verhalten des Volkes, dass er sie alle vertilgen wollte. Mose erbat Schonung und erklärte, dass dann doch alles umsonst gewesen wäre und die Ägypter einen falschen Eindruck von Gott gewinnen könnten. „Da gereute es dem HERRN das Unheil, das er seinem Volk zugedacht hatte." Mose aber zerbrach in seinem Zorn die Tafeln Gottes, ließ das Kalb zerschmelzen und dem Volk mit Wasser verrührt zu trinken geben. Auch befahl er den Söhnen des Levi, mit dem Schwerte den Abfall des Volkes zu strafen „und erschlage seinen Bruder, Freund und Nächsten". Es starben dreitausend Mann.

Gott sprach zu Mose: „Ich will den aus meinem Buch tilgen, der an mir sündigt". Mose wies er an, sich zwei neue Tafeln zu machen, „dass ich die Worte darauf schreibe, die auf den ersten Tafeln standen." Als der HERR in einer Wolke hernieder kam, da pries Mose den Gott der Barmherzigkeit und Gnade, der aber „die Missetat der Väter heim(sucht) an Kindern und Kindeskindern bis ins dritte und vierte Glied". Gott erklärte sich bereit, den Bund mit Israel zu erneuern und die fremden Völker vor ihnen auszustossen. Er befahl ihnen: „Deren Altäre sollst du umstürzen und ihre Steinmale zerbrechen und ihre heiligen Pfähle umhauen".

Die Stiftshütte und alles was darin ist, wurde erbaut. Nachdem sie eingeweiht worden war, „da bedeckte die Wolke die Stiftshütte, und die Herrlichkeit des HERRN erfüllte die Wohnung". In der Stiftshütte erhielt Mose von Gott Verordnungen über das Opferwesen und er weihte Aaron und seine Söhne zum Priesteramt. Als zwei dieser Söhne die Ordnung missachteten, da verbrannte sie Gott durch ein Feuer.

Als Mose wieder mit dem HERRN redete, da erhielt er weitere Bestimmungen und Gesetze, darunter solche über die Reinheit und die Feste, als auch Regelungen für Bestrafung im Falle schwerer Übertretungen. Der HERR ließ das Volk ermahnen, seine Gebote zu halten. Tun sie das, dann wäre ihnen die Fülle des Lebens gewiss. Werden sie ihm aber ungehorsam, dann würde sie sein voller Fluch treffen und sie werden seine Rache spüren. Wilde Tiere werden ihre Kinder zerreissen, die Pest wird sie schlagen und ihre Ernte vernichtet. Ihre Städte werden zerstört, das Volk zerstreut und zuletzt „sollt (ihr) eurer Söhne und Töchter Fleisch essen". Wenn sie sich aber von ihren Missetaten abwenden, dann wird der HERR ihrer wieder gedenken.

Anfang des zweiten Jahres seit dem Auszug aus Ägypten führte Mose auf Anordnung des HERRN eine Zählung aller wehrfähigen Männer durch. Die Zahl betrug 603 550, ausgenommen den Leviten, die für den Dienst an den HERRN freigestellt waren. Auch gab er Anweisung, in welcher Ordnung die Stämme marschieren sollten. Wann immer sich nun die Wolken- oder Feuersäule von der Stiftshütte erhob, brachen die Israeliten auf und der HERR führte sie.

Als sich die Israeliten, angestachelt von Fremden unter ihnen, mal wieder über den Mangel an Fleisch beschwerten wandte sich Mose an Gott und klagte bitterlich über die Last, die er wegen dieser Leute zu tragen hatte. Der HERR ordnete an, siebzig Älteste auszuwählen auf die er seinen Geist ausgießen werde. Als aber der Geist über sie kam, da „gerieten sie in Verzückung“. Auch sandte der HERR so viele Wachteln, dass das Volk überreichlich mit Fleisch versorgt war. Doch als sie noch am Essen waren, reizte es den HERRN zum Zorn und er schlug sie „mit einer großen Plage“.

Derweil hatte der HERR Mirjam, die Schwester des Aaron, mit Aussatz geschlagen. Sie und Aaron hatten sich gegen Mose gestellt, weil der sich eine Kuschiterin zur Frau genommen hatte, obwohl doch seine Familie mit ihm im Lager war. Auch hatten sie seine Rolle als Mittelsmann zwischen Gott und Volk in Frage gestellt. Da sich nun der Aufbruch der Israeliten verzögerte, sandte Mose Männer aus, die das Land Kanaan erkunden sollten. Nach vierzig Tagen kehrten sie mit einer Riesentraube zurück und berichteten, dass in der Tat dies ein Land wäre, wo Milch und Honig fließt. Nur, so warnten sie, waren die Städte befestigt und es wohnten dort Riesen. Diese Nachricht verstörte das Volk über alle Massen und es drängte, nach Ägypten zurückzukehren. Nur Josua und Kaleb hielten dagegen, dass mit Hilfe des HERRN man das Land in Besitz nehmen könne. Fast wären sie gesteinigt worden, wäre da nicht plötzlich der HERR in seiner Herrlichkeit erschienen. Er vernichtete die Kundschafter mit Ausnahme des Josua und Kaleb und ließ das Volk wissen, dass keiner, der ihm nicht gehorsam gewesen war, das gelobte Land sehen werde und sie vierzig Jahre die Wüste zu durchwandern hätten.

Trotz der Warnung des Mose war das Volk so vermessen, ein Heer der Amalekiter und Kanaaniter anzugreifen, musste jedoch eine vernichtende

Niederlage einstecken. Einige rebellierten gegen Mose, doch der HERR vertilgte die Aufrührer durch ein Feuer und die Erde verschlang deren Sippe. Als das Volk nun Mose beschuldigte, Unglück über sie gebracht zu haben, versetzte es den HERRN derart in Rage, dass er gleich die ganze Gemeinde „im Nu vertilgen" wollte. Nur die Sühnehandlung des Mose und Aaron konnte das Schlimmste abwenden, wenn auch die vom HERRN gesandte Plage immerhin noch 14 700 Menschenleben forderte.

Der HERR bestätigte Aarons Wahl ins Priesteramt indem er dessen Stab ergrünen ließ, doch die der Stammesführer überging. Der HERR selbst wies nun Aaron in seine Pflichten und Rechte als Priester ein. Ihm und seinen Nachkommen sollten Teile der Opfergaben als ewiges Anrecht gelten und der von den Israeliten gegebene Zehnte ihnen als Erbgut für die Ausübung ihres Amtes gehören.

In der Wüste Zin haderten die Israeliten einmal mehr mit Mose, weil es an Wasser fehlte. Mose versammelte das Volk vor dem Felsen, schlug mit seinem Stab dagegen und schon floss eine große Menge Wasser aus. Der HERR hatte ihm aber geboten, nur zu dem Felsen zu sprechen. So wird er nun wegen seines mangelnden Glaubens das verheißene Land selbst nicht sehen dürfen. Als das Volk einmal mehr murrte, weil es wegen der Edomiter einen längeren Umweg machen musste, bestrafte der HERR es, indem er giftige Schlangen unter sie sandte, deren Biss viele dahinraffte. Erst als sich die Israeliten demütigten und um Vergebung für ihre Sünden baten, erbarmte sich ihrer der HERR und hieß Mose eine eherne Schlange errichten, deren Anblick vom Biss einer Schlange heilte.

Auf ihrem Weiterweg setzten sich die Israeliten gegen das Heer der Amoriter durch, die ihnen den Durchzug verweigert hatten. Dann erreichten sie das Jordantal, wo die Moabiter ansässig waren. Balak, der König der Moabiter, ergriff Furcht angesichts der Heerscharen der Israeliten und sandte nach einem Bileam, dass dieser Israel verfluchen solle. Gott aber stellte sich Bileam in den Weg, einmal durch eine Warnung im Traum und ein anderes Mal, als er aus dem Esel des Bileam sprach. Der Engel des HERRN erschien Bileam und wies ihn an, weiterzuziehen aber nur das zu reden, was er ihm sagen werde. Und so kam es, dass zum Ärger des Balak der Bileam das Volk Israel segnete anstatt es zu verfluchen.

Die Israeliten aber hatten sich Moabiterinnen als Geliebte geholt und angefangen, deren Götter anzubeten. In seinem Zorn sprach Gott zu Mose:

„Nimm alle Oberen des Volkes und hänge sie vor dem HERRN auf im Angesicht der Sonne". Auf Befehl des Mose setzte ein grosses Schlachten ein, und am Ende waren 24 000 Menschen tot. Der Sohn Aarons setzte den Schlusspunkt, als er einen israelitischen Mann und seine midianitische Frau mit dem Spiess durchbohrte.

Sodann sprach der HERR zu Mose: „Übe Rache für die Israeliten an den Midianitern, und danach sollst du versammelt werden zu deinen Vätern". Also zogen die Israeliten in den Kampf, verbrannten ihre Städte, raubten Frauen, Kinder, ihr Vieh und alle ihre Habe. Aber Mose wurde zornig: „Warum habt ihr alle Frauen leben lassen? Siehe, haben nicht diese die Israeliten durch Bileams Rat abwendig gemacht, dass sie sich versündigen am HERRN durch Baal ... So tötet nun alles, was männlich ist unter den Kindern, und alle Frauen, die nicht mehr Jungfrauen sind". Nachdem diese Aufgabe erfüllt war, reinigten und entsühnten sich die siegreichen Kämpfer wie es Mose befohlen hatte.

Die Söhne aber der Stämme Ruben, Gad und Manasse erbaten sich schon jetzt das Ostjordanland als ihr künftiges Siedlungsgebiet. Mose willigte ein, nachdem die Männer zugesichert hatten, dass sie erst noch mit den anderen in den Kampf gegen die Kanaaniter ziehen würden. Diese Zeit war nun gekommen, und der HERR gab Anweisungen wie vorzugehen war: „Wenn ihr über den Jordan gegangen seid in das Land Kanaan, so sollt ihr alle Bewohner vertreiben vor Euch her und alle ihre Götzenbilder und alle ihre gegossenen Bilder zerstören und alle ihre Opferhöhlen vertilgen und sollt das Land einnehmen und darin wohnen; denn euch habe ich das Land gegeben". Ihr Land solle reichen vom Meer im Westen bis zum Jordan im Osten, im Süden bis zum Ende des Salzmeeres und im Norden bis über den Berg Hor hinaus. Der HERR gab Mose auch die Namen der Männer, die das Land unter den Stämmen austeilen sollten. Die Leviten aber sollten zu ihren Erbteilen Städte erhalten mit Weideland rings herum, sechs davon als Freistädte bestimmt wohin sich diejenigen flüchten können, die einen Totschlag begangen haben.

Der Tag des Abschieds für Mose war gekommen und er redete noch einmal zu dem Volk Israel. Er zog dabei Rückblick über die Geschehnisse der vergangenen vierzig Jahre und ermahnte die Israeliten, die Gebote Gottes zu halten und seine Worte an die nachfolgenden Generationen weiterzugeben. Obwohl Israel das kleinste unter den Völkern sei, hatte Gott es doch erwählt, „weil er euch geliebt hat“. Die Heiden aber wird „Er, der HERR, dein Gott ... ausrotten vor dir, einzeln nacheinander ... und du sollst ihren Namen auslöschen unter dem Himmel“. Dem HERRN sollten sie in Demut und Barmherzigkeit dienen. Sollten sie aber den mit Gott geschlossenen Bund verlassen, dann werde es ihnen ergehen wie Sodom und Gomorra. „Denn der HERR, dein Gott, ist ein verzehrendes Feuer und ein eifernder Gott“. Und Mose endete: „Ich habe euch Leben und Tod, Segen und Fluch vorgelegt, damit du das Leben erwählst und am Leben bleibst, du und deine Nachkommen“.

Josua wird das Volk mit Gottes Hilfe nun weiter führen. Der HERR aber prophezeite Mose, dass Israel nicht treu bleiben werde, obwohl Er ihnen alles für ein gutes Leben gegeben hatte. Verlassen sie ihn für andere Götter, so verlässt Er auch sie. Verderben wird über sie kommen und dann werden sie erkennen: „Hat mich nicht dies Übel alles getroffen, weil mein Gott nicht mit mir ist?“ Als nun Mose das Buch des Gesetzes fertig geschrieben hatte gebot er den Leviten, es in die Bundeslade zu legen. Dieses Buch wird ein Zeuge gegen euch sein, sagte er, „denn ich kenne deinen Ungehorsam und deine Halsstarrigkeit“. Mose rezitierte dem Volk sein Lied und redete von der Größe des HERRN, davon, wie er sein Volk behütet hatte und wie es ihn doch immer wieder zur Eifersucht gereizt hatte und er es verworfen hätte wenn er „nicht den Spott der Feinde gescheut hätte“. Doch er wird sich seines Volkes erbarmen und sich an seinen Feinden rächen; denn „die Rache ist mein“. „Ich will meine Pfeile mit Blut trunken machen, und mein Schwert soll Fleisch fressen, mit Blut von Erschlagenen und Gefangenen, von den Köpfen streitbarer Feinde“, so sagte der HERR. Und darum „preiset, ihr Heiden, sein Volk: denn er wird das Blut seiner Knechte rächen“.

Mose, nun hundertundzwanzig Jahre alt, segnete die Stämme Israels und stieg auf den Berg Nebo von wo aus ihm der HERR das gelobte Land zeigte, dass er seinen Vorfahren geschworen hatte zu geben. Als Mose das alles gesehen hatte starb er und wurde vom HERRN begraben. „Und es stand hinfort kein Prophet in Israel auf wie Mose, den der HERR erkannt hätte von Angesicht zu Angesicht“.

Kommentar

Das also ist das große Vorbild Mose und so erkannten die Israeliten ihren Gott, eher ein jähzorniger Rachegott als ein Gott des Erbarmens und der

Liebe. Mose und Jahwe gelten aber auch als Befreier und Retter des Volkes Israel. Bereits Akt eins dieser Befreiung, der Auszug aus Ägypten, war mit Machtdemonstrationen des HERRN verbunden, die er ja auch gewollt und provoziert hatte. Der Weg dann zum gelobten Land war mit Leichen gepflastert und die Aussagen des HERRN, wie er bei der Ankunft gegen die Heiden vorzugehen gedenke, lassen nichts Gutes ahnen.

Wie nun sind die Israeliten zu ihrem Gott Jahwe gekommen? Darüber gibt es diverse Theorien. Auffallend ist zunächst einmal, dass es in der hebräischen Bibel verschiedene Gottesnamen gibt, wie El, Elohim, El Eljon usw.. Übersetzt werden diese Namen allerdings alle mit ‚Gott‘, so dass einem deutschen Bibelleser diese Unterschiede gar nicht bewusst werden. Exodus 6,2–3 würde sich z.B. so lesen: „Und Gott (Elohim) redete mit Mose und sprach zu ihm. Ich bin der HERR (Jahwe) und bin erschienen Abraham, Isaak und Jakob als der allmächtige Gott (El Shaddai), aber mit meinem Namen ‚HERR‘ (Jahwe) habe ich mich ihnen nicht offenbart“.

Warum nun wurden Gott all diese verschiedenen Namen gegeben? Man wird annehmen dürfen, dass hier der Einfluss des Stadtstaates Ugarit (im heutigen Libanon) eine entscheidende Rolle gespielt hatte. Dieser erlebte seine Blütezeit zwischen 1500 – 1200 v. Chr. und war die wirtschaftlich, politisch und kulturell dominierende regionale Macht. Seine religiösen Vorstellungen hatten sich in ganz Kanaan durchgesetzt. Sprachlich war das Ugaritische mit dem Hebräischen verwandt. Der Hochgott dieses Staates hiess ‚El‘ und galt in der ugaritischen Mythologie, wie Bernhard Lang (Jahwe, der biblische Gott) ausführt, als Eigentümer des Kosmos. Ihm waren andere Gottheiten wie ‚Jahwe‘ oder ‚El Shaddai‘ untergeordnet. Ein Gott ‚jw‘ wird auf ugaritischen Tafeln als Sohn des ‚El‘ genannt. Verständlich, dass der Gott der dominierenden Macht auch den Gottheiten kleinerer Mächte wie der des damaligen Israel überlegen sein musste. Nun heisst es in der Bibel: „Als der Höchste (El Eljon=El) den Völkern Land zuteilte und der Menschen Kinder voneinander schied, da setzte er die Grenzen der Völker nach der Zahl der Söhne Israels. Denn des HERRN (Jahwe) Teil ist sein Volk, Jakob ist sein Erbe“ (Dtn 32,8–9). Mit anderen Worten, der ugaritische Hochgott El hatte dem untergeordneten Gott Jahwe sein Einflussgebiet zugeteilt. Später stieg Jahwe im biblischen Verständnis selber zum Hochgott („Ich bin Gott=El ... “; Gen 46,3), Schöpfer und Eigentümer der Erde (Ex 19,5) auf und konnte daher im Selbstverständnis dieser Rolle Israel als neuen Erben des Landes Kanaan einsetzen.

Wenn man auch auf die Frage nach der Herkunft der verschiedenen Gottesnamen eine zufriedenstellende Antwort gefunden hat, so ist der Ursprung und die Bedeutung des Namen ‚Jahwe' bis heute nicht völlig geklärt. Hinweise dazu aber gibt es in der Bibel selbst. So heisst es in Richter 5,4: „HERR (Jahwe), als du, von Seir auszogst und umhergingst vom Gefilde Edom … " Seir ist eine Bergregion in Edom und die Edomiter sind ein Brudervolk Israels (Stammvater von Edom=Esau). Oder war Jahwe früher eine midianitische Gottheit gewesen? Mose Schwiegervater, der auch Priest war und Jahwe verehrte (Ex 18,9–12), stammte aus Midian. Die Midianiter und Edomiter waren benachbarte Völker.

Mose und seine Anhänger könnten mit den Edomitern und Midianitern in Ägypten in Kontakt gekommen sein. Doch hatte Mose je gelebt? Auf jeden Fall ist sich die Fachwelt einig, dass der Exodus, so wie er in der Bibel beschrieben ist, niemals stattgefunden hat. Schon die historische Zuordnung in der Bibel ist widersprüchlich. Nach Kön. 6,1 verstrichen 480 Jahre zwischen dem Exodus und dem vierten Jahr der Herrschaft König Salomos. Dann hätte der Exodus im späten 15. Jahrhundert v. Chr. stattgefunden, doch nach Ex. 1,11 wurden die Israeliten zum Frondienst in der Vorratsstadt Ramses eingesetzt. In der Tat, Ramses II liess grosse Bauvorhaben durchführen, regierte aber erst zwei Jahrhunderte später, von 1279–1213 v. Chr. Auch die in der Bibel genannte Zahl von 600,000 wehrfähigen Männern (Num. 26,51), was einer Gesamtbevölkerung von über zwei Millionen entspräche, gehört in das Reich der Fabel. Woher sollen wohl all die Menschen in nur vier Generationen (Mose war der Urenkel des Levi=Ex. 6,16–20: Levi-Kohath-Amram-Mose; übrigens, nur vier Generationen in 400 Jahren?) bei einem Grundstock von nur 70 Menschen hergekommen sein? Dann die logistischen Probleme: Die Marschkolonne, so hat man berechnet, wäre dann 560 km lang gewesen. Und wie hätte man eine so grosse Menschenmenge in der Wüste versorgen können? Gleichfalls ist es nicht vorstellbar, dass in der Wüste eine Stiftshütte mit Inventar aus erlesenstem Material gebaut und prachtvolle Gewänder für die Priester geschneidert hätten werden können. Archäologisch ist jedenfalls eine Massenbewegung in der Wüste nicht nachweisbar.

Das bedeutet aber noch lange nicht, dass es Mose nie gegeben hat. Nachweisbar wurden Kriegsgefangene nach Ägypten verschleppt, die sich ‚Hapiri' nannten. Diese hatten sich zu Banden zusammengeschlossen, die mit Raubzügen und Plünderungen ihr Unwesen trieben. Von ‚*Hapiri*' mag der Begriff ‚Hebräer' abgeleitet sein. Daneben hielten sich sogenannte ‚Schasu' Leute zur Zeit Ramses II in Ägypten auf und unter ihnen gab es eine Sippe, die auf Pharaonenlisten als ‚*Schasu-jhw*' benannt sind. Belegt ist auch der Ausbruch eines Hungerstreiks im Jahre 1156 v. Chr. wenn auch sonst sich in den Annalen der Ägypter nirgendwo Hinweise auf einen Exodus der Israeliten finden lässt. Vorstellbar aber ist es, dass unter den repressiven Verhältnissen eine Rebellion entstand und es einer zahlenmäßig kleinen, zusammengewürfelten Gruppe – nach Ex. 12,38 soll viel fremdes Volk unter den ausziehenden Israeliten gewesen sein – von vielleicht hundert Mann unter der Führung eines Mose die Flucht gelang. Dieser Mose wird sich dann in das Siedlungsgebiet der Proto-Israeliten durchgeschlagen und dort seinen Gott Jahwe eingebracht haben. Diesem Gott wurde das Gelingen der Flucht zugeschrieben und fand daher wachsende Anerkennung unter den Siedlern. Endgültig durchsetzen konnte sich Jahwe aber erst nach einer Jahrhunderte dauernden Auseinandersetzung mit Göttern anderer Religionen, insbesondere dem Baal.

Mose aber dürfte aufgrund der erfolgreichen Flucht später als Gründer und Gesetzgeber der Nation idealisiert worden sein, um dessen Person sich dann auch Legenden zu ranken begannen, so wie es ja auch bei anderen religiösen Stiftern wie Buddha oder Mohammed der Fall war. So erinnert Mose wundersame Errettung aus dem Schilfmeer an die Geburtslegende des sagenumwobenden Gründers des altakkadischen Reiches, Sargon I (um 2250 v. Chr.), die uns aus assyrischen Quellen überliefert worden ist. Ähnlich wie in der Bibel wird erzählt, wie Sargons Mutter ihn im Verborgenen zur Welt gebracht hatte, in einem mit Pech verklebten Binsenkörbchen aussetzte, er dann von einem gewissen Akki gerettet wurde, der ihn als seinen eigenen Sohn aufzog. Die Götter waren dem Sargon wohlgesonnen und er stieg zu einem großen Herrscher seines Volkes auf.

Diese Mose-Legenden wurden später umgearbeitet und mit anderen Erzählungen zu einer in sich geschlossenen biblischen Geschichte verknüpft. Die Spuren dieser Bearbeitung lassen sich gerade in diesem Abschnitt der Bibel identifizieren weil er viele Ungereimtheiten enthält. Diese sind wohl darauf zurückzuführen, dass hier zwei Erzählstränge verbunden wurden, die des Jahwisten und die des Priesterkreises. So ist es in Ex. 12,31 der Pharao selbst, der die Israeliten ausser Land treibt, doch in Ex. 14,5 erfährt er nur von ihrer Flucht. Bereits gleich zu Anfang ihrer Wanderung scheint Gott den Israeliten Gesetz und Recht gegeben zu haben (Ex. 15,25) während dies doch gemäss Ex. 19ff erst am Berge Sinai geschah. Da weist Gott das Ansinnen des Mose, sein Antlitz schauen zu dürfen, als nicht möglich zurück (Ex. 33,20), doch einige Zeilen davor steht, dass der HERR mit Mose von Antlitz zu Antlitz redete (Ex. 33,11). Merkwürdig ist auch die Schilderung der Plagen. Da „starb alles Vieh der Ägypter" (Ex. 9,6), doch dasselbe Vieh muss noch einmal die Blattern erdulden (Ex. 9,10), um ein weiteres mal erschlagen zu werden, diesmal durch Hagel (Ex. 9,25). Auch sonst ging es nicht mit rechten Dingen zu. Da war Mose mit einer Midianiterin verheiratet und nahm sich dann noch eine Kuschiterin (heutiges Sudan), also eine schwarze Fremde, zur Frau. Gott, dem sonst so viel an Absonderung und dem Halten der Gebote lag, nahm ihm dies anscheinend nicht übel. Und gerecht war er auch nicht. Miriam wurde bestraft, Aaron aber nicht, obwohl sie doch beide Mose Führerschaft bestritten hatten. Aaron, der das goldene Kalb gebaut hatte, ging auch da frei aus während dreitausend andere über die Klinge springen mussten.

Überhaupt, was für einen Gott hatte sich hier der Glaube erschaffen? Einer, der schon beim geringsten Anlass jähzornig reagiert, Tausende der Israeliten dahinrafft, die rebellisch aufmucksten oder Jahwe die Verehrung verweigerten. Einer, der in nachtragender Rache die Sünden der Väter bis in die vierte Generation verfolgt. Ja, er entpuppt sich als wahrer Blutsäufer, der die Heiden ausrotten will (Dtn. 32,41), die nun mal den falschen Glauben haben. Zum Schluss von Mose ‚Dienstzeit' entwirft er schon mal für die Zeit nach dem Einfall ins gelobte Land wahre Vernichtungsorgien. Doch Jahwe hat auch seine guten Seiten. Er ist ja nicht nur Kriegsherr, sondern auch Schöpfer und Befreier. Er ist ein weiser Herrscher, gerechter Richter und Gesetzgeber (Dtn 4,8; Psalm 7,9; Sprüche 8,12–20) und er ist ein Bewahrer und Spender des Lebens; denn er gewährt die Fülle des Lebens und er ist der Schutzherr der Tiere (Psalm 104,10–18). Wir haben es also mit einem janusköpfigen Gott zu tun, einerseits grausam und andererseits barmherzig.

Und Mose? Den Anflug von Humanität bei seinen eigenen Leuten kritisiert er scharf und drückt es durch, dass auch die Frauen und Kinder umgebracht werden (Num. 31,14–18). Und war er nicht bereits ein Mörder gewesen bevor ihn Gott überhaupt berufen hatte? Doch sollte unsere Kritik statt Mose und Jahwe nicht eher den Verfassern ihrer Geschichten gelten, deren Kontext aber auch zu beachten ist? Der Niedergang Israels, die Zerstörung von Jerusalem und Tempel, die Verschleppung in die babylonische Gefangenschaft, all das hatte zu einem Neudenken der Jerusalemer Priesterkreise im Exil während des 6. vorchristlichen Jahrhunderts geführt. Da bot es sich an, die Moseerzählung ins rechte Licht zu rücken, so dass die Tat der Befreiung und die Erwählung Israels durch Jahwe dem Volk neue Impulse für Nationalstolz und Identität geben konnte. Der Zusammenbruch Israels wurde als gerechte Strafe Jahwes wegen Abfalls vom wahren Glauben interpretiert doch die Hoffnung genährt, dass bei Umkehr von der Abgötterei sich auch Jahwe wieder den Menschen zuwenden wird.

Wenn denn auch die grausamen und blutrünstigen Details in einen Erklärungsrahmen eingebettet werden können, schönreden sollte man sie auch nicht. Man könnte höchstens noch auf die gleichsam barbarischen Methoden der Assyrer und Perser hinweisen – alles muss eben aus seiner Zeit heraus verstanden werden –, doch wie kann man die Planung der Ausrottung ganzer Völker als eine operative Entfernung „bedrohlicher Krankheitsherde", so Mahnke (Kein Buch mit sieben Siegeln), beschreiben? Der Bibelleser kann zu solch fragwürdigen Deutungen kommen, wenn sein Glauben ihn diese Geschichten nicht anders als historische Geschehen verstehen lässt und er so die Handlungen des Gottes, und seien sie noch so grausam, als gerechtfertigt verteidigen muss.

3.4. Gesetzgebung am Sinai

RECHTSORDNUNGEN UND GEBOTE

Jahwe ist der Gesetzgeber und weil die Gesetze somit göttlich legitimiert sind, ist auch ihr Anspruch absolut und sie gelten daher als unabänderlich. Die Mitte der Gesetzgebung sind die Zehn Gebote, von denen wiederum die ersten beiden die wichtigsten sind. Sie lauten:

1. „Du sollst keine anderen Götter haben neben mir. Du sollst dir kein Bildnis noch irgendein Gleichnis machen".
2. „Du sollst den Namen des HERRN, deines Gottes, nicht missbrauchen".

Dann heisst es, dass du den Sabbattag heiligen und Vater und Mutter ehren sollst. Weiter, du sollst nicht töten, nicht ehebrechen, nicht stehlen, nicht falsch Zeugnis reden und nicht begehren deines Nächsten Weib als auch sein Gut.

Strafbestimmungen: Die Todesstrafe gilt für folgende Vergehen:
- Wer einen anderen Menschen totschlägt;
- Wer seine Eltern schlägt oder verflucht;
- Wer der Zauberei für schuldig befunden wird;
- Wer Unzucht mit Tieren treibt;
- Wer geschlechtlichen Umgang mit Blutsverwandten hat;
- Wer den Sabbat nicht heiligt;
- Wer Sodomie treibt und Ehebruch begeht;
- Sterben soll der ungeratene und widerspenstige Sohn als auch der Prophet oder Träumer, der auf den Abfall des Volkes hinwirkt: „Wenn dich dein Bruder, deine Mutter Sohn, oder dein Sohn oder deine Tochter oder deine Frau in deinen Armen oder dein Freund, der dir so lieb ist wie dein Leben, heimlich überreden würde und sage ‚Lass uns hingehen und anderen Göttern dienen‘, die du nicht kennst noch deine Väter ... so willige nicht ein ... Auch soll dein Auge ihn nicht verschonen, und du sollst dich seiner nicht erbarmen und seine Schuld nicht verheimlichen, sondern sollst ihn zum Tod bringen. Deine Hand soll die erste wider ihn sein, ihn zu töten“ (Dtn 13,6–9).

Übliche Formen der Todesstrafe sind Steinigung oder Verbrennen. Wer gehängt worden ist, dessen Leichnam muss noch am selben Tag begraben werden, denn „ein Aufgehängter ist verflucht bei Gott“. Um aber jemanden eines todeswürdigen Verbrechens zu überführen, braucht es mindestens zwei Zeugen. Für mindere Vergehen wird eine Entschädigung verlangt, z.B. die Erstattung des Arztgeldes bei einer Verwundung. Wer einer Jungfrau beischläft, der muss dem Vater den Brautpreis zahlen und sie zur Frau nehmen.

Schutzbestimmungen: Wird ein Hebräer als Sklave verkauft, so soll er im siebenten Jahr, dem Ablassjahr, freigelassen werden. Grundsätzlich soll ein Sklave aber aus den umliegenden Völkern erworben werden. Durch den Kauf wird er erbliches Eigentum des Käufers. Ein Fremdling soll nicht bedrängt werden und dasselbe Recht haben; „denn ihr seid auch Fremdlinge in Ägypten gewesen“. Auch für die Witwen, Armen und Waisen ist zu sorgen.

Wenn ein Bruder verstirbt, so soll der andere dessen Frau zu sich nehmen und der erste Sohn aus dieser Ehe soll als Sohn des Verstorbenen gelten. Gerechtigkeit soll für alle walten, sei er arm oder reich und keiner übe Druck auf die Rechtsfindung durch Bestechlichkeit oder Lügen aus.

Wer unabsichtlich einen Totschlag begeht, der kann in einer der Freistädte Asyl suchen und sich vor dem Bluträcher retten, bis ein Gericht zusammengekommen ist. Es gilt aber: „Das Land kann nicht entsühnt werden vom Blut, das darin vergossen wird, ausser durch das Blut dessen, der es vergossen hat“.

All fünfzig Jahre ist ein Erlassjahr angeordnet. In diesem Jahr soll der Tagelöhner frei ausgehen und alle aus Not verkaufte Habe wird vom Käufer als frei erlöst.

Reinheitsgebote: Jede Sache, jeder Organismus kann unrein sein, sei es wegen seiner Natur oder durch Kontakt, Übertragung und Ansteckung. Nur reine Tiere sind zum Verzehr geeignet.

Wer einen Ausschlag hat und vom Priester als unrein erkannt wird, der muss sich absondern, zerrissene Kleidung tragen und rufen: Unrein, unrein. Gleichermassen gelten ein Mann mit einem Ausfluss und eine Frau mit einem Blutfluss als unrein. Eine Frau gilt sieben Tage nach der Geburt eines Knaben, aber zwei Wochen nach der Geburt eines Mädchen als unrein.

Der Genuss von Blut ist mit dem Tode zu bestrafen; „denn des Leibes Leben ist im Blut“ und das Blut ist für die Entsühnung bestimmt.

Ehegesetze und Erbrecht: Wird bei einer jungen Frau nach ihrer Hochzeit festgestellt, dass sie schon zuvor ihre Jungfräulichkeit verloren hatte, dann soll sie zu Tode gesteinigt werden. Wird sie aber fälschlich von ihrem Gatten beschuldigt, dann soll er von den Ältesten der Stadt gezüchtigt werden.

Wenn ein Mann zwei Frauen hat, dann wird der Sohn der ersten Frau, auch wenn er sie weniger liebt, als der Erstgeborene gelten und in sein Erbe treten. Wenn der Mann stirbt und er hatte keine Söhne, dann erbt die Tochter. Eine erbberechtigte Tochter aber darf nur innerhalb des Stammes ihres Vaters heiraten.

Kriegsgesetze: Ein junger Mann wird vom Kriegsdienst befreit wenn er z.B. jung verheiratet ist oder gerade ein neues Haus gebaut hat. Zieht das

Volk gegen eine andere Stadt, dann ist dieser vorher der Frieden anzubieten. Nimmt sie es an, sollen die Bewohner fronpflichtig werden. Lehnen sie es ab, dann soll alles was männlich ist, erschlagen werden. Und „in den Städten dieser Völker hier, die dir der HERR, dein Gott zum Erbe geben wird, sollst du nichts leben lassen, was Odem hat, sondern sollst an ihnen den Bann vollstrecken ... damit sie euch nicht lehren, all die Greuel zu tun, die sie im Dienst ihrer Götter treiben".

Verschiedenes: Die Alten soll man ehren „und vor einem grauen Haupt sollst du aufstehen". In allem gilt: „Du sollst deinen Nächsten lieben wie dich selbst".

KULTISCHE ORDNUNGEN

Sabbat, Versöhnungstag und Jahresfeste: An sechs Tagen soll man arbeiten, aber am siebenten Tag ruhen. Wer den Sabbat durch eine Arbeit entheiligt, „der soll des Todes sterben".

Einmal im Jahr findet der grosse Versöhnungstag zur allgemeinen Entsühnung statt. Mit dem Blut eines Ziegenbockes wird der Altar besprengt und auf den Kopf eines anderen Bockes wird der Hohepriester seine Hand legen und über ihn all die Übertretungen des Volkes bekennen. Danach wird der Bock in die Wüste getrieben, dass er die Missetaten hinwegträgt.

Israel soll hinfort drei grosse Jahresfeste begehen. Das *Passafest* zelebriert die Erinnerung an die Befreiung aus der Sklaverei in Ägypten. An den Passatag schließt sich das Fest der ungesäuerten Brote an. Sieben Tage lang soll dieses zur Nahrung dienen; denn ein solches hat das Volk auch beim Auszug aus Ägypten gegessen. Am *Wochenfest* sollen dem HERRN die Erstlinge der Ernte geopfert werden und das *Laubhüttenfest* wird nach dem Abschluss der Ernte gefeiert. Während der Festtage wohnen die Israeliten in provisorisch gebauten Hütten. Alle sieben Jahre, zur Zeit des Erlassjahrs, soll auf diesem Fest allen Israeliten, einschliesslich Frauen und Kindern, das ganze Gesetz wieder verkündigt werden, damit sie Gottes Wort hören und lernen, es zu halten und Gott zu fürchten.

An all diesen Jahresfesten sind dem HERRN Opfer in der vorgeschriebenen Form zu bringen, nebst den täglichen Brandopfern, zusätzlichen Opfern am Sabbattag und den Opfern zu jedem Monatsanfang, zum Neumond.

Von den Opferstätten und Opfern: Mose wurde von Jahwe angewiesen, einen aus Stein behauenen Brandopferaltar und einen mit Gold verzierten

Räucheraltar zu bauen. Auf letzterem wurde abends allerlei Räucherwerk verbrannt. Alle geopferten Tiere sollen dem HERRN vor die Stiftshütte als Dankopfer gebracht werden. Wer dies versäumt, dem wird es als Blutschuld angerechnet und er sei des Todes. Wenn die Israeliten das gelobte Land für sich erobert haben, dann wird der HERR eine Stätte wählen, zu der die Israeliten ihre Opfer, Zehnten und sonstigen Abgaben zu bringen haben. Ausnahmen werden für die weit entfernt Wohnenden geregelt. Bei der Opferung ist darauf zu achten, dass das Tier männlich und ohne Fehl ist. Ein Dankopfer wird zu bestimmten Anlässen erwartet. Im Falle einer versehentlichen Sünde soll dem HERRN ein Sündopfer dargebracht werden. Hat er sich aber schuldhaft versündigt, dann muss er zunächst das Unrecht wieder gutmachen und dann dem HERRN ein Schuldopfer weihen.

Von Amt und Anrecht der Priester und Leviten: Die Angehörigen der Leviten haben kein gesondertes Erbrecht. Sie sollen in den ihnen zugewiesenen Städten mit angegliederten Weideland leben und ansonsten nur im Dienste des HERRN stehen. Sie haben Anrecht auf die Opfergaben und ihnen gehört der Zehnte. Der Priester muss sich heilig, d.h. rein halten und darf nicht mit einem Makel behaftet sein. Wer blind, lahm oder entstellt ist, ist von dem Amt ausgeschlossen.

Kommentar

Es ist besonders schwierig, sich von der Rechtsordnung und den Zeremonialgesetzen der Israeliten ein anschauliches Bild zu machen, sind sie doch über die vier Bücher Mose verstreut (Exodus, Levitikus, Numeri und Deuternonomium). Darüber hinaus kommen manche Bestimmungen mehrfach in verschiedenen Kontexten vor. So wird zum Beispiel der Dekalog zweimal wiederholt (Ex 20,2–7 und Dtn 5,6–21). Die Abweichungen sind zwar geringfügig, so wenn in der zweiten Fassung das Gebot neun umgestellt wird und damit die Frau nicht mehr unter die Sachgüter eingereiht wird, doch wird zu fragen sein, inwieweit dies mit dem Anspruch der Unveränderlichkeit der göttlichen Gesetze zu vereinbaren ist.

In der Bibel lässt sich sonst kaum etwas über die Rechte der Frau finden. Israel war eben wie die meisten anderen antiken Völker eine patriarchalische Gesellschaft. Die Frau war der Vormundschaft des Mannes unterworfen, erst dem Willen des Vaters und dann dem des Gatten. Sie wurde vielfach wie eine Sache behandelt, so z.B. in der Feststellung des Brautpreises oder in der Regelung ihrer Schändung, was als eine Art Wertminderung der Frau begriffen wurde. Die Frau wurde für Untreue bestraft, der Mann aber nicht (Num 5,12ff). Nur der Mann auch hatte das Recht zur Scheidung, für die sich leicht Gründe finden ließen. Starb der Gatte, war die Situation der Witwe oft erbärmlich, war sie doch von der Erbfolge ausgeschlossen. Vorausgesetzt, sie war nicht zu alt, dann verblieb ihr die Prostitution, um zu überleben, ansonsten nur das Betteln. Doch so ganz rechtlos wird die Frau nicht gewesen sein. Immerhin ist da das Beispiel in der Bibel von einer Richterin Debora, die also Amtsgeschäfte durchführen konnte und die sich durch ihre Führungsqualitäten Anerkennung in Israel verschaffte. Man nannte sie ‚Mutter in Israel'. Auch hing das Ansehen der Frau stark davon ab, ob sie dem Manne Nachkommen gab. Dann sind da u.a. die Geschichten von der treuen Moabiterin Ruth und Königin Ester, die Retterin ihres Volkes Israel. Eher ambivalent ist die Rolle der ersten Frau der Bibel, Eva. Ihr wurde die Hauptverantwortung für den Sündenfall aufgebürdet und damit der Frauenfeindlichkeit insbesondere in der Kirche Tür und Tor geöffnet. So bezeichnete Kirchenlehrer Tertullian (160–225) die Frau schon mal als eine ‚Pforte des Teufels' und als einen ‚Tempel über der Kloake'.

In anderen antiken Gesellschaften war die Stellung der Frau manchmal besser, manchmal aber auch schlechter. In *Ägypten* war die Frau dem Manne rechtlich gleichgestellt. Die Eheschliessung beinhaltete auch eine Zahlungsvereinbarung im Falle einer Scheidung. Die ägyptische Frau war nicht auf häusliche Pflichten begrenzt sondern vielfach auch beruflich tätig, sei es als Bäckerin oder als Weberin. Im alten *Kreta* (vor 1500 v. Chr.) hatte sich noch eine mutterrechtliche Gesellschaft erhalten. Die Frau war hoch geachtet und nahm an der ganzen Breite des öffentlichen Lebens teil. Auch die *keltische* Frau konnte ihr eigenes Gut bewirtschaften. Sie war weder Lustobjekt des Mannes – das sexuelle Leben war kaum Tabus unterworfen – noch war sie ihm untergordnet. Sie war frei, ihren Gatten zu wählen und konnte nach einer Scheidung den von ihr eingebrachten Anteil plus Zuwachs zurückfordern. Bei den *Germanen* besass die Frau eine ähnlich gute Stellung. Freja war ihrem Gatten, dem höchsten Germanengott Odin, an Weisheit und Wissen ebenbürtig. Die kriegerischen Walküren bestimmten über den Ausgang von Kämpfen. Frauen waren allgemein von ihren Männern geschätzt und geachtet. Der römische Literat Tacitus zeigte sich von dem heldenhaften Einstehen der germanischen Frauen in Zeiten der Bedrängnis schwer beeindruckt. Alas, im doch so demokratischen *Griechenland* war das Los der Frauen traurig. Es war eine reine Männergesellschaft. Der Vater hatte praktisch die Allmacht über seine Familie und konnte auch schon mal seine eigenen Kinder dem Tod aussetzen. In Athen waren die Frauen geradezu in ihren Häusern eingesperrt. Sie waren juristisch nicht handlungsfähig. Die Heirat war eine Sache geschäftsmäßiger Konvenienz. Die Gattin, von der sich der Mann leicht scheiden lassen konnte, diente lediglich der Zeugung von Nachkommen. Der Gatte aber vergnügte sich derweilen mit Hetären (eine Art Edelprostituierte).

Der Glaube, dass die Gesetze und Bestimmungen direkt von Gott stammen und von ihm an Mose weitergeleitet worden waren, ist frommes Wunschdenken. Sie werden ihre Wurzeln wohl ausserhalb Israels haben. So ist anzunehmen, dass das Passafest auf den Brauch halbnomadischer Stämme, die mit Tieropfern und deren Blut ihre Herden vor bösen Mächten zu beschützen trachteten, zurückzuführen ist. Weit wichtiger aber ist wohl wieder einmal Babylonien/Mesopotamien als Urquelle so mancher biblischer Verordnungen. Es gibt auffallend viele Parallelen zwischen der Bibel und dem viel älteren Kodex des Hammurabi (1792–1750 v. Chr.). So heisst es z.B. in einem der Rechtssätze:

> „Gesetzt, ein Mann hat das Auge eines Freigeborenen zerstört, so wird man sein Auge zerstören. Gesetzt, er hat einem anderen einen Knochen zerbrochen, so wird man seinen Knochen zerbrechen. Gesetzt, ein Mann hat einem anderen ihm gleichstehenden Mann einen Zahn ausgeschlagen, so wird man ihm einen Zahn ausschlagen".

In Ex 21,24 heisst es: „Auge um Auge, Zahn um Zahn, Hand um Hand, Fuss um Fuss".

Im Vergleich mit der Bibel ahndet der Kodex des Hammurabi Eigentumsdelikte wesentlich härter. Während die Bibel nur Schadensersatz vorsieht fordert der Kodex die Todesstrafe. Auch wird bei der Bibel die Fürsorge für die Schwächeren der Gesellschaft wie die Armen und Witwen stärker betont. Doch ist Hammurabi wesentlich toleranter in religiösen Angelegenheiten. Die Bibel fordert, dass schon derjenige, der Gott lästert, des Todes sein soll (Lev 24,16) während der Kodex für ein ähnliches Vergehen eine Bestrafung durch das Scheren des Haupthaares vorsieht. Jahwe fordert die erbarmungslose Ausrottung der Heiden, bestraft Glaubensabfall mit dem Tode und droht dem Volk mit grauenhaften Fluchworten (Lev 26,14ff), sollte es seine Gebote missachten. Jahwe duldet eben keine Rivalen. Er ist ein eifernder Gott. Hier wird deutlich, dass sich im Monotheismus ein weitaus größeres Potential von Gewalt und Agression verbirgt als im Polytheismus. Im Ausschliesslichkeitsanspruch liegt in der Tat eine Wurzel der Religionskriege.

Wenn auch die Mosaischen Gesetze vom Einfluss ausserbiblischer Quellen zeugen, so sind sie doch den eigenen Bedürfnissen angepasst worden und haben einen Jahrhunderte währenden Entwicklungsprozess durchschritten. Das Deuteronomium sollte dabei als seine Mitte eine Schlüsselrolle in der jüdischen Bibel spielen. Eine erste Fassung, eine Art Ur-Deuteronomium, war wahrscheinlich bereits zu Zeiten des Königs Hiskaja (725–697 v. Chr.) verfertigt worden, dies unter dem Eindruck des Zusammenbruchs des Nordreiches Israel 722 v. Chr. unter dem Ansturm der Assyrer. Die wundersame Auffindung des Bundesbuches etwa hundert Jahre später, wie sie in 2 Kön. 23,3 geschildert wird, ist in Wirklichkeit wohl von dem Redaktor des Deuteronomiums unter Einbeziehung neuer Überzeugungen eingefügt worden. Es begann sich zum Kristallisationspunkt theologischer Reflektionen zu entwickeln, wobei insbesondere im 6. Jahrhundert in der Erfahrung von Zerstörung und Exil Themen wie Glaube und Unglaube, Gehorsam und Verheißung die biblische Neuausrichtung bestimmten. Grundüberzeugung war, dass, weil die Israeliten die Gebote Gottes missachtet hatten, Gott das Volk züchtigte, indem er die Babylonier als sein Werkzeug benutzte. So fanden z.B. die Segens- und Fluchworte Eingang in die Bibel. Dabei drehte sich alles um das rechte Verhältnis zu Jahwe (Lev 26,1–2). War auch der Abfall von Jahwe unverzeihlich, konnten doch zumindestens einzelne Verfehlungen durch angemessene Opferrituale gesühnt werden.

Wie sind diese Gebote nun heute zu bewerten? Sind sie überhaupt noch zeitgemäß? Dazu ein Auszug aus einem im Internet kursierenden Leserbrief, der an die Moderatorin eines religiösen Radioprogramms in den USA gerichtet war. Die Dame hatte die Homosexualität mit Hinweis auf Mose verurteilt. Der Leser schrieb dazu u.a. wie folgend: „Mein Onkel hat einen Bauernhof. Er verstößt gegen Vers 19 im 19. Kapitel des 3. Mose-Buches, weil er zwei verschiedene Saaten auf ein- und demselben Feld anpflanzt. Darüber hinaus trägt seine Frau Kleider, die aus zwei verschiedenen Stoffen gemacht sind (Baumwolle und Polyester). Er flucht und lästert außerdem recht oft. Meine Frage: Ist es wirklich notwendig, dass wir den ganzen Aufwand betreiben, das komplette Dorf zusammenzuholen, um sie zu steinigen (3. Buch Mose 24,10–16)? Genügt es nicht, wenn wir sie in einer kleinen familiären Zeremonie verbrennen, wie man es ja auch mit Leuten macht, die mit ihrer Schwiegermutter schlafen (3. Buch Mose 20,14)?"

Dieser Leserbrief entblößt die Absurdität, Gesetze und Verordnungen, die vor tausenden von Jahren mal ihre Gültigkeit besessen haben, als auch heute noch angemessen zu bezeichnen. Nicht anders ist auch der Versuch, die Scharia in modernen Gesellschaften einzuführen, zu bewerten. Schon Paulus hatte ja Abstand von dem Prinzip der ewigen Gültigkeit der Gesetze genommen, schreibt er doch in Röm. 7,6: „Nun sind wir vom Gesetz frei geworden und ihm abgestorben, das uns gefangen hielt, so dass wir dienen im neuen Wesen des Geistes und nicht im alten Wesen des Buchstabens". Bis zum Kommen Christi sollte das Gesetz lediglich als eine Art Zuchtmeister fungieren (Gal 3,24). Nun aber hat es seine Erfüllung in der Liebe gefunden (Röm. 13,8).

Zumindest die kultischen Bräuche sind seit der Zerstörung Jerusalems 70 n.Chr. erledigt und sind in Synagogen verlagert worden, wo die Opferriten durch gottesdienstliche Konventionen wie Lesung und Gebet ersetzt wurden. Was die Rechtsordnungen betrifft, sollte die Faustformel gelten: Je spezifischer ein Gesetz an konkrete Lebensformen gebunden ist, umso eher wird es durch die soziale Entwicklung, die auch ein Wachsen des moralischen Bewusstseins einschliesst, als überholt zu gelten haben und nur noch von historischem Interesse sein. Erweist es sich doch am Wachsen der Bibel, dass diese selbst wiederholt aktualisiert und an neue Verhältnisse angepasst worden ist. Einzig der Dekalog kann sich heute noch als gesellschaftlich tragfähig erweisen, so zumindest die Meinung von M. Schreiber (Die Zehn Gebote), und gegen den Trend der kulturellen Beliebigkeit eines allesgeht-Prinzips eine klare normative Grundrichtung setzen. Nur, zum einen ist es höchst fragwürdig, Gott selber als eine absolute Leitinstanz in einer multikulturalen Gesellschaft zu verordnen, in der manche atheistisch sind und andere einer anderen Religion anhängen. Man wird ja wohl nicht allen den gleichen Gott zu ihrer Verehrung vorschreiben wollen. Dann hätte man bald wieder die Situation wie die im biblischen Israel mit seinem eifersüchtigen Gott. Auf der Ebene des Einzelnen zumindest wird jeder Gläubige den Spagat zwischen Glaubensgewissheit und Toleranz zu machen haben.

Andererseits, gerade weil die Gesetze so allgemein gehalten sind, bedürfen sie der inhaltlichen Ausfüllung je nach gesellschaftlichen Kontext. So wird man sich z.B. zu fragen haben, wie das Gebot ‚Du sollst nicht töten' nach Motiv und Tatumständen auszulegen ist. Wie sind hier z.B. Abtreibung und der Verzweiflungsmord einer brutal unterdrückten Frau an ihrem Gatten einzuordnen? All diese ethische Problematik kann nur in einem kommunikativen Miteinander im Sinne des Philosophen Habermas gelöst werden. Für den Einzelnen gilt nach M. Schreiber: „Entscheidend ist das Bewusstsein dessen, der die Norm verletzt. Indem er unter der Verletzung leidet und dies auch reflektiert, hat er die Norm eigentlich anerkannt". In diesem Satz erkennt man das Widerstreiten der Gefühle wie es Paulus in Römer 7,7ff beschreibt.

Kapitel 4:

Was die Bibel über die Geschichte Israels erzählt

Von der Eroberung Kanaans bis zur Zeitenwende

4.1. Eroberung und Besiedelung Kanaans (Die Bücher Josua und Richter)

Nachdem Mose gestorben war sprach der HERR zu Josua: „Mach dich nun auf und zieh über den Jordan, du und dies ganze Volk, in das Land, das ich ihnen, den Israeliten gegeben habe". Der HERR versicherte Josua, dass er in allem, was er tun wird, mit ihm sein werde. Und so traf Josua mit seinen Amtleuten die nötigen Vorbereitungen für den Einzug in das gelobte Land. Er sandte zwei Kundschafter nach Jericho aus, doch der König der Stadt bekam Wind davon. Eine Hure namens Rahab versteckte die beiden, doch erwartete im Gegenzug, dass sie und ihre Angehörigen beim kommenden Angriff der Israeliten verschont werden. Dies wurde ihr von den Kundschaftern eidlich verbürgt.

Josua, dem alles von den Kundschaftern berichtet worden war, gab seinen Leuten Anweisung, sich für das bevorstehende Durchschreiten des Jordan zu heiligen; denn der HERR würde ein Wunder tun. Die Priester zogen mit der Bundeslade voran und als sie den Jordan erreichten, da standen die Wasser des Flusses still, so dass sie trockenen Fusses das andere Ufer erreichen konnten.

Nachdem Josua noch ein Engel des HERRN erschienen war, ließ er die Belagerung der Stadt beginnen. Mit den Priestern voran, die ihre Posaunen und die Bundeslade trugen, marschierte das Kriegsvolk sechs Tage lang um die Mauer. Am siebenten Tag bliesen die Priester ihre Posaunen und die übrigen Kämpfer stimmten ein Kriegsgeschrei an, woraufhin die Stadtmauern zusammenstürzten. Die Israeliten eroberten Jericho, brannten die Stadt nieder und vollstreckten den Bann „mit der Schärfe des Schwerts, an Mann und Weib, jung und alt, Rindern, Schafen und Eseln". Nur Rahab und ihre Angehörigen wurden verschont.

Doch der nächste Angriff auf die Stadt Ai schlug fehl. Es stellte sich heraus, dass ihnen der Beistand Jahwes versagt worden war, weil sich jemand persönlich an der Beute in Jericho bereichert hatte. Der HERR würde sich ihnen erst wieder zuwenden, wenn der Übeltäter aus ihrer Mitte entfernt sei. Dieser wurde dann auch überführt „und ganz Israel steinigte ihn" und verbrannte ihn mit seinen Angehörigen samt Eigentum. Nachdem die Lage bereinigt worden war, gelang es auch mit Hilfe einer List, die Stadt einzunehmen. Die Israeliten erschlugen alle Einwohner Ais, zwölftausend Männer und Frauen, und teilten sich die Beute untereinander auf. Den König hängten sie auf und warfen den Leichnam abends zum Stadttor hinaus.

Die Gibeoniter entkamen ihrer Vernichtung durch eine List. Mit zerschlissener Kleidung und kümmerlichen Essensresten täuschten sie vor, Fremdlinge auf langer Wanderschaft zu sein. Josua liess sich auf einen Friedensbund mit ihnen ein, doch als er später entdeckte, dass er einer List aufgesessen war, zwang er sie in den Dienst der Israeliten. Als Gibeon wenig später von Feinden bedrängt wurde, kam er ihnen zu Hilfe und schlug das gegnerische Heer in die Flucht. Auch ließ der HERR noch „große Steine vom Himmel auf sie fallen". Als nun Josua sprach: „Sonne, steh still zu Gibeon, und Mond, im Tal Ajalon ... da stand die Sonne still, und der Mond blieb stehen, bis sich das Volk an seinen Feinden gerächt hatte".

Josua und sein Kriegsvolk eroberte nach und nach viele andere Städte. Und er „vollstreckte den Bann an allem, was Odem hatte, wie der HERR, der Gott Israels, geboten hatte" und „er ließ niemand übrig". So unterwarf er „alle diese Könige mit ihrem Lande; denn der HERR ... stritt für Israel". Mit dem HERRN an seiner Seite nahm er auch das Territorium der einunddreissig Könige ein und rottete ihre Bewohner aus. Nur Gaza und einige andere Städte konnten Josua standhalten.

Als Josua schon alt war, blieb allerdings vom Lande „noch sehr viel einzunehmen", so die Gebiete der Philister und Sidonier, während andere Fremde „mitten unter Israel bis auf diesen Tag" wohnen blieben. Da der HERR Josua aber beschieden hatte, dass er alle Bewohner vor ihnen vertreiben werde, wurde bereits jetzt das Los über die Verteilung des Landes geworfen und die Stämme aufgefordert, das ihnen zugewiesene Land für sich einzunehmen. Nachdem auch noch die Freistädte und die Wohnstätten für die Leviten bestimmt worden waren, kehrte nun „Ruhe ringsumher" im Lande ein. Alles war so gekommen, wie „der HERR dem Hause Israel verkündet hatte“. Keiner ihrer Feinde hatte sich gegen die Israeliten behaupten können; denn der HERR kämpfte für sie.

Josua, der nun sein Ende nahen fühlte, erinnerte das Volk noch einmal daran, wie der HERR für sie gestritten hatte und ermahnte sie, sich nicht mit den anderen Völkern zu vermischen; „denn sie werden euch zum Fallstrick und Netz werden“. „Wenn ihr übertretet den Bund des HERRN ... und anderen Göttern dient“, so redete Josua in eindringlichen Worten, dann „wird der Zorn des HERRN über euch entbrennen und ihr werdet bald ausgerottet sein aus dem guten Land, das er euch gegeben hat“. Josua warnte, der HERR „ist ein heiliger Gott, ein eifernder Gott, der eure Übertretungen und Sünden nicht vergeben wird.“ Das ganze Volk war sich einig, nur dem HERRN folgen zu wollen und alle Götter wegzutun. So schloß Josua „einen Bund für das Volk ... (und) schrieb dies alles ins Buch des Gesetzes Gottes“.

Nach dem Tode des Josua beschloß man, die verbliebenen Landesteile zu erobern. Doch dieses Ziel wurde verfehlt; denn einige Städte, darunter Gaza, konnten sich behaupten. Es gelang dem Stamm Benjamin auch nicht, die Jebusiter aus Jerusalem zu vertreiben und ebenso mussten andere Stämme es zulassen, dass die Kanaaniter unter ihnen wohnen blieben. So beschuldigte ein Engel das Volk, dem Gebot des HERRN nicht gehorsam gewesen zu sein. Folglich wird der HERR sie durch die Bewohner des Landes einer harten Prüfung unterziehen.

Nachdem nun ein anderes Geschlecht aufgekommen war, „taten die Israeliten, was dem HERRN missfiel“ und dienten den Baalen. Dies aber erzürnte den HERRN und er sandte ihnen Feinde zu ihrem Unheil. Wenn der HERR ihnen nun Richter gab, um sie zu erretten weil ihr Wehklagen ihn jammerte, taten sie sich wieder unter seine Gebote. War aber der Richter gestorben, „so fielen sie wieder ab und trieben es ärger als ihre Väter“. Da die Israeliten unter den anderen Völkern lebten, „nahmen sie deren Töchter zu Frauen und gaben ihre Töchter deren Söhnen und dienten deren Göttern“.

Unter Führung des Richters Otniel vermochten die Israeliten die Herrschaft des Königs von Mesopotamien abschütteln und in späterer Zeit verhalf ein Richter Ehud ihnen zum Sieg über die Moabiter nachdem dieser dessen König mit Hilfe einer List hatte erstechen können. Doch schon bald wandten sich die Israeliten wieder den fremden Göttern zu und so kam es, dass sie achtzig Jahre später unter die Gewalt des Königs von Kanaan kamen. Endlich wurde das Flehen der Israeliten zum HERRN erhört. „Zu der Zeit war Richterin in Israel die Prophetin Debora … (die) ihren Sitz unter der Palme hatte“. Ihre Entschlossenheit und ihr Mut stärkten die Kampfeskraft des israelitischen Heeres und nachdem der HERR noch seinen Schrecken unter das Heer der Kanaaniter gesandt hatte, zerstreute sich dieses und ihr Anführer Sisera musste zu Fuß fliehen. Er fand Aufnahme im Zelt einer Keniterin und ließ sich im Vertrauen auf den Frieden, der zwischen seinem und ihrem Volk herrschte, zum Schlafe nieder. Doch ihr Volk war auch mit Mose verschwägert. So nahm sie dann Pflock und Hammer, „zerschlug Siseras Haupt und zermalmte und durchbohrte seine Schläfe“. Dieser Triumph inspirierten Deborah und den Hauptmann zu einem Loblied auf den HERRN. Doch die Mutter Siseras spähte vergeblich aus nach ihrem Sohn, denn „so sollen umkommen, HERR, alle deine Feinde“.

Vierzig Jahre lang herrschte Ruhe in dem Lande, doch als die Israeliten wieder die fremden Götter anbeteten ließ der HERR sie in die Hand der Midianiter geben, welche Jahr auf Jahr ihre Ernte vernichteten. Auf das Flehen der Israeliten hin sandte der HERR dem Gideon einen Engel, der ihn aufforderte, Israel zu erretten. Der Geist des HERRN erfüllte Gideon und nachdem Gott ihm noch ein Zeichen gegeben hatte, ließ er zum Angriff blasen, doch begrenzte er die Zahl seiner Kämpfer auf dreihundert Mann, damit sich nicht Israel des Sieges rühmen konnte, sondern dahinter die Hand des HERRN erkennen musste. Mit Posaunen, Fackeln und Krügen, die man zerschlug, wurde das feindliche Heer in die Flucht geschlagen und auch der Rest völlig aufgerieben, nachdem bereits „hundertundzwanzigtausend“ gefallen waren.

Einer der Söhne Gideons namens Abimelech ließ sich zum König ausrufen, nachdem er seine Brüder getötet hatte. Nur der Jüngste entkam dem Gemetzel. Nach drei Jahren der Herrschaft „sandte Gott einen bösen Geist zwischen Abimelech und die Männer von Sichem“ und entzweite sie; denn das Blut der Ermordeten forderte seine Rechenschaft. Zunächst aber setzte sich Abimelech gegen die Aufrührer durch, tötete viel Volk und ließ einen Tempel in Brand stecken, in dem sich etwas tausend Männer und Frauen verschanzt hatten. Als er sich dann aber einer Burg näherte, in die sich Einwohner der Nachbarstadt geflüchtet hatten, da warf eine Frau ihm einen Mühlstein „auf den Kopf und zerschmetterte ihm den Schädel“. Sterbend bat er seinen Waffenträger, ihn zu töten, damit man nicht sagen könne, „ein Weib hat ihn erschlagen".

Ein anderes Mal, nachdem Israel sich wieder reumütig gegen Gott gezeigt hatte, stieg Jeftah, der Sohn einer Hure, zum Hauptmann von Israel auf. Er zog gegen die Ammoniter ins Feld und tat dem HERRN ein Gelübde, dass er im Falle eines Sieges dasjenige als Brandopfer geben werde, das ihm entgegenkommt. Er siegte und auf dem Weg nach Hause da kam ihm seine einzige Tochter „mit Pauken und Reigen" entgegen. Jeftah war tief betrübt, aber das Gelübde konnte er nicht widerrufen. Nach Ablauf von zwei Monaten, die er der Tochter als Aufschub gewährt hatte, damit sie ihre „Jungfernschaft beweine", tat er ihr dann, „wie er gelobt hatte".

Dann musste er sich noch in einem harten Kampf gegen den Bruderstamm von Ephraim durchsetzen, der sich beklagt hatte, nicht zum Feldzug gegen die Ammoniter hinzugezogen worden zu sein. Es fielen von Ephraim zweiundvierzigtausend Mann. Nach Jeftah standen dem Volk noch drei weitere Richter vor. Wegen fortgesetzter Untreue gab der HERR Israel schließlich in die Hände der Philister. In dieser Zeit des Unheils erschien einer unfruchtbaren Frau ein Engel, der ihr die Geburt eines Sohnes verhieß, der als Geweihter Gottes bestimmt war. Und die Frau gebar einen Sohn, den sie Simson nannte. Der Knabe aber wuchs unter dem Segen des HERRN heran.

Simson erwählte sich zum Kummer seiner Eltern ein Mädchen der Philister zur Frau. Auf dem Weg zur Familie des Mädchens kam ihm ein Löwe brüllend entgegen, doch „der Geist des HERRN geriet über ihn, und er zerriss ihn". Während des Hochzeitsgelages versprach Simson den Geladenen prachtvolle Gewänder, sollten sie sein Rätsel zu lösen vermögen. Unter dem Druck der Gäste gab Simsons Frau schließlich die Lösung preis. Um sein Versprechen halten zu können, besorgte sich Simson die versprochenen Gewänder, indem er dreißig Männer erschlug. Von seiner Frau aber trennte er sich.

Simson war den Philistern ein Stachel im Fleisch. Mal erschlug er tausend von ihnen. Ein anderes Mal schickte er dreihundert zusammen gebundene Füchse mit Fackeln zwischen ihren Schwänzen auf ihre Felder, so dass ihr Korn verbrannte. Dann verliebte sich Simson in Delila. Das sollte ihm zum Verhängnis werden; denn Delila verriet den Philistern, dass Simsons' Kraft in seinen langen Haaren lag. Die wurden ihm während des Schlafes abgeschnitten und er selbst wurde in Ketten gelegt. Doch ein letztes Mal erbat er sich die Kraft von Gott und während eines Freudenfestes der Philister, bei dem er als Gefangener vorgeführt wurde, brachte er die Säulen des Hauses zum Einsturz. Er selbst und dreitausend Philister kamen dabei ums Leben.

Eine Kriegsschar des Stammes Dan entwendete aus einem Gotteshaus den Hausgötzen und ging dann zusammen mit dem Priester des Hauses davon. Der Eigentümer war diesen Eindringlingen gegenüber wehrlos. Die Daniter überfielen dann „ein Volk, das ruhig und sicher wohnte, und schlugen es mit der Schärfe des Schwerts und verbrannten die Stadt mit Feuer". Später bauten sie die Stadt wieder auf und errichteten darin „für sich das Schnitzbild".

Ein Levit, der mit seiner Nebenfrau auf dem Rückweg zu seinem Haus war, kehrte bei einem Fremdling ein, der auf dem Gebiet der Benjamiter wohnte. Die Leute forderten den Mann auf, seinen Gast herauszugeben, doch er bot stattdessen seine Tochter und die Nebenfrau des Leviten an. „Die könnt ihr schänden und mit ihnen tun, was euch gefällt". Die Männer trieben es mit der Nebenfrau die ganze Nacht hindurch. Sie starb auf der Schwelle des Hauses wo der Levit sie fand. Er zerstückelte den Leichnam in zwölf Teile und sandte je eins an die Stämme Israels. Die Israeliten entschieden sich für einen Rachefeldzug gegen die Benjamiter, da diese sich weigerten, die Schuldigen herauszugeben. Anfangs lief es gar nicht gut für die Israeliten, doch der HERR griff mal wieder ein. „So schlug der HERR die Benjamiter vor den Männern von Israel, dass die Israeliten an dem Tag umbrachten fünfundzwanzigtausendeinhundert Mann von Benjamin".

Leider waren fast alle umgekommen, als man ihre Stadt in Brand gesteckt hatte und so fanden die wenigen überlebenden Männer von Benjamin keine Frauen mehr für sich. Das tat den Israeliten nun auch wieder leid und so überlegte man, wie diesem Mißstand abzuhelfen sei. Da verfiel man auf die Idee, eine Gemeinde in Gilead zu überfallen, die dem Aufgebot Israels gegen die Benjamiter ferngeblieben war. An den Einwohnern der Stadt wurde der Bann vollstreckt und nur die Jungfrauen am Leben gelassen, die man den Benjamitern gab. Ein weiterer Raubzug sorgte dafür, dass die nötige Zahl von Mädchen zusammenkam. „Zu der Zeit war kein König in Israel; jeder tat, was ihn recht dünkte".

Kommentar

Das Buch Josua schildert die Landeinnahme als einen grausamen, etwa fünf Jahre dauernden Vernichtungsfeldzug (Jos 14,10) gegen die ansässigen Völker während das Buch Richter die Ereignisse der Zeit danach schildert und den Eindruck einer eher friedlichen Koexistenz vermittelt, gekennzeichnet von Mischehen und religiösen Synkretismus, nur gelegentlich unterbrochen von kriegerischen Auseinandersetzungen. Es gibt allerdings einige Überlappungen der beiden Bücher, die zu Widersprüchen geführt haben. So schlägt Josua nach Jos 10,42 den König von Jerusalem während es in Ri 1,8 heißt, dass nur Juda Jerusalem erobert hatte.

Überhaupt muss die Historizität der in der Bibel geschilderten Ereignisse stark bezweifelt werden. Dagegen sprechen schon mal die archäologischen Befunde, die sich dank Radiokarbondatierung und kultureller Zuweisung von Hinterlassenschaften wie Keramik und Gebrauchsgegenständen zeitlich ziemlich genau einordnen lassen. So wurde Jericho bereits 1400 v. Chr. zerstört und war nach 1300 v. Chr. lange Zeit nicht mehr bewohnt gewesen. Josuas Überfall müsste aber um 1200 v. Chr. stattgefunden haben. Die Stadt Ai war bereits ca. 2350 v. Chr. vernichtet worden während Lachisch anscheinend unbeschadet seine Zerstörung (Jos 10, 31–33) überstanden hatte, existierte es doch noch während der Zeit des Ramses III (1194–1163 v. Chr.).

Hinzu kommt der fabelhafte Charakter der Wundererzählungen von der Aufdämmung des Jordan hin bis zum Stillstand von Sonne und Mond. Letztere Legende ist der sog. ‚Ballade von Jascher‘ entnommen. In Gibeon, wo die Bibel den Stillstand der Sonne verortet (Jos 10,12), wurde in früherer Zeit der Sonnengott ‚Shamash‘ verehrt, dem diese Ballade gewidmet war. Sie wurde dann später umgedeutet auf Jahwe, wohl um dessen Macht über andere Götter herauszustreichen.

In die Welt der Fabel gehören auch die aufgebauschten Zahlen von z.B. 120 000 erschlagenen Midianitern (Ri 8,10) und 42 000 getöteten Kriegern aus dem Stamme Ephraim (Ri 12,6). Die Gesamtbevölkerung Israels zu der Zeit wird von Historikern auf gerade mal 40 000 Menschen geschätzt.

Wir können also von der Bibel keine zuverlässige Geschichtsschreibung erwarten. Der einzige außerbiblische Hinweis auf die Existenz Israels stammt vom Pharao Meriptah (1213–1204 v. Chr.), der auf einer Stele seinen erfolgreichen Palästinafeldzug wie folgend vermerkte: „Israel liegt wüst und hat keinen Namen". Nimmt man nun an, dass Moses Rebellion in die Regierungszeit des Ramses II (1279–1213 v. Chr.) fällt, so lässt sich die Entstehung Israels in etwa auf den Zeitraum von 1250–1200 einkreisen.

Wenn auch die historische Datierung vage bleiben muss und Israels Beginn weitgehend im geschichtlichen Dunkel verhüllt ist, so gibt es doch einige Indizien, die einen plausiblen Werdegang des Volkes Israel nahelegen, den u.a. B. Schmitz (Geschichte Israels) und E. Zenger (Einleitung in das Alte Testament) nachgezeichnet haben. Am Anfang der Entstehungsgeschichte Israels stehen dabei vor allem drei ethnisch miteinander verwandte Gruppen. Die kanaanitischen Stadtstaaten beklagten sich in ihrer im 14. vorchristlichen Jahrhundert geführten Korrespondenz mit dem ägyptischen Pharao über die räuberischen Einfälle von ‚Hapiru' genannten Banden, die aus der Berg- bzw. Wüstenregion Palästinas stammten. Zwischen Küste und Bergland siedelten ferner semitisch-kanaanitische Bauern. Hinzu stießen nun um Mitte des 13. Jahrhunderts die Anhänger Moses, die Träger der Tradition von Befreiung und Verheißung waren und Jahwe verehrten. Aus der Vermischung dieser drei Gruppen entwickelte sich allmählich ein Zusammengehörigkeitsgefühl und eine Art vorstaatlicher, gesellschaftlicher Identität, getragen von familiären Beziehungen, gemeinsamen Sitten, kultischen Bräuchen und religiösen Überzeugungen, wobei Jahwe eine zentrale Bedeutung zukam.

Die Entwicklung Israels wurde begünstigt durch ein Machtvakuum in der Levante, das durch den Einfall der Seevölker um 1250 v. Chr. verursacht worden war. Die Stadtstaaten erlebten einen kulturellen Niedergang und Ägypten war trotz seines Sieges gegen die Seevölker, deren Reste sich später in der südlichen Levante niederließen und von da an als Philister bezeichnet wurden, stark geschwächt worden. Rivalitäten zwischen den Stadtstaaten und der Zusammenbruch des internationalen Handels führten zu Verarmung und einem teilweisen Rückfall in die Subsistenzwirtschaft. So verzeichnet man auch historisch ein Anwachsen vieler kleiner Siedlungen, deren materielle Kultur sehr einfach war.

In diesem Prozess gesellschaftlicher Umschichtungen entstand Israel, anfangs als ein lockerer Verbund von Sippen, die angeführt von Ältesten, durch den Brauch exogamer Heirat vielfach miteinander verwandtschaftlich verknüpft waren. Durch wachsende Verpflichtungen und auf der Basis einer gemeinsamen Kultur bildete sich langsam eine Art von Gruppensolidarität heraus, ein Prozess, der schließlich im Aufbau einer Föderation von Stämmen mündete, die sich besonders in Krisensituationen zur Abwehr einer gemeinsamen Gefahr enger zusammenschlossen. Diese bäuerliche Kultur stand unter starkem Einfluss von kanaanäischen religiösen Praktiken, die eng mit dem Feldanbau verbunden waren. Man huldigte dem Fruchtbarkeitskult und verschiedenen Sitten, weil man sich davon eine gute Ernte erhoffte. In Kriegszeiten war es allerdings üblich, sich einem Hauptgott zuzuwenden, von dem man sich am ehesten Hilfe versprach. War die Krise vorüber, kehrte man von dieser zeitweisen Alleinverehrung wieder zur allgemeinen Götterverehrung zurück. Im Buch Richter wird dieser Zyklus theologisch als Abfall und Reue ausgedrückt. In solchen Zeiten der Bedrängnis traten charismatische Einzelgänger als Führer Israels auf. Einer von ihnen war der Kraftprotz Simson, der der griechischen Sagenfigur des Herakles auffällig ähnelt. Ein anderer war Jeftah, der seine Tochter opferte wie der Grieche Agamemnon die Iphigenie. Man fragt sich nur, warum Jahwe nicht wie beim Opfergang Abrahams eingeschritten war. Ist diese Erzählung ein Indiz dafür, dass auch im Israel dieser Zeit Menschenopfer noch üblich waren?

Die Bibel gibt uns natürlich eine völlig andere Darstellung der Geschichte Israels. Das liegt allein schon daran, dass sie die Beziehung zwischen Jahwe und seinem Volk in den Mittelpunkt stellt. Was die Bibel mit ihren Erzählungen bietet, ist in der Tat weitgehend Fiktion und doch lassen sich anhand ihrer Schilderungen bestimmte Rückschlüsse ziehen, z.B. dass die Abwendung vom Götterglauben hin zur Alleinverehrung Jahwes ein Jahrhunderte dauernder Prozess war. Erst mit der Kultreform des König Josia im Jahre 622 v. Chr. setzte sich die Jahwe-allein Bewegung und damit ein Vorläufer des Monotheismus schließlich durch, wenn auch die Existenz der anderen Götter nicht geleugnet wurde. Im Exil, in der Erfahrung der Zerstörung von Jerusalem und Tempel 597/586 v. Chr. und dem damit einhergehenden Verlust der Staatlichkeit, setzte eine Radikalisierung des Denkens ein. Die Frage stellte sich, warum geschah das alles? War Jahwe doch nicht so mächtig wie es geglaubt worden war und anderen Göttern unterlegen? Die nach Babylon deportierte Oberschicht Israels, insbesondere Priester und Propheten, suchten nach Antworten, um Gründe für das Los Israels zu finden, um die demoralisierte Nation wieder aufzurichten und ihr Hoffnung für die Zukunft zu geben, um die nationale Identität zu bewahren und die Glaubwürdigkeit des Priestertums zu verteidigen. Schon vorher hatten ja Propheten vor der Abgötterei gewarnt. So befand man, dass nicht Jahwe sondern das Volk versagt hatte. Die Israeliten hatten durch ihren Abfall von Jahwe den Bund mit ihm gebrochen, ihm den Gehorsam verweigert. So hatte Jahwe die Babylonier gesandt, um das Strafgericht an den Israeliten zu vollziehen. Nötig war nun eine radikale Umkehr von der Abgötterei und aufrichtige Reue.

Mit dieser Einsicht in die Ursache des von ihnen erlittenen Unheils ging man daran, das verfügbare Material zu sichten und neu unter den Leitgedanken von Gehorsam und Ungehorsam, Verheißung und Strafe umzugestalten und zu ordnen. Verschiedene Erzählungen und Stadteroberungsgeschichten wurden unter diesem Gesichtspunkt redaktionell bearbeitet und zu einer Kampagne der Landnahme zusammengefügt. Die dabei eingebauten Übertreibungen wie die Zahl der erschlagenen Feinde oder die der wehrfähigen Männer sollten Eindruck machen. Die Menschen sollten sich ein Bild ihrer ruhmreichen Vergangenheit als das eines von Sieg zu Sieg eilenden Israels machen können und Zuversicht schöpfen, dass in der Hinwendung zu Jahwe wiederum eine glorreiche Zukunft in Aussicht steht.

Das biblische Bild aber, das sich uns bietet, ist das einer Vernichtungsorgie, von blutrünstiger Gewalt, das Assoziationen an den Holocaust oder den Völkermord der Hutus weckt. Soll uns vielleicht der Gedanke beruhigen, dass diese Schilderungen ja weitgehend Fiktion sind? Kann nicht auch Propaganda eine ungeheure Wirkmacht entfalten? Lässt sich z.B. nicht eine Linie vom Glauben der Israelis als das durch die Erwählung Jahwes gesegnete Volk hin zum rassischen Überlegenheitsdünkel der Nazis oder zu der Apartheidspolitik Südafrikas ziehen? Theologen finden sich da oft in Erklärungsnot, insbesondere solche, die davon ausgehen, dass die Bibel historisch glaubwürdig ist. So kommentiert eine evangelikale Theologin, die der Bibel Irrtumslosigkeit bescheinigt, das Exodusgeschehen wie folgend und befindet, dass

- die anbefohlene Vernichtung der Völker mit der Heiligkeit Israels begründet ist;
- der Bannbefehl (Auslöschung der Bevölkerung und Stadt) eine Weihe Gottes ist und darauf zielte, die Religion der Kanaaniten zu vernichten, da sie eine geistliche Gefahr für die Israelis darstellte;
- der Bann übrigens auch von anderen Völkern praktiziert wurde;

- Gott absolut souverän handelt und wir seine Beweggründe oft nicht verstehen können;
- das Gericht über Kanaan ein notwendiger Teil von Gottes Heilsgeschichte ist;
- anstatt die Toten zu beklagen wir doch Gott dankbar sein sollten, dass er so viele am Leben gelassen hat.

Ein solch menschenverachtender Zynismus kann einem direkt die Sprache verschlagen. So wird also Gewalt, Unrecht und Mord gerechtfertigt. Mit dem Hinweis auf Jahwes souveränes Handeln lässt sich eben auch Landnahme, Vertreibung und Vernichtung als eine Art Gottesdienst beschönigen, ist Jahwe doch der Eigentümer des Landes und kann somit rechtmäßig das Land neu zuteilen. Auf diese Weise wird tausendfacher Mord als eine gottbefohlene und somit gottgefällige Tat dargestellt.

Nun stelle man sich aber mal die Kanaaniter als Menschen wie du und ich vor, als Frau und Mann mit ihren täglichen Sorgen, Nöten und Ängsten. Man sehe das kleine Kind, das sich vertrauensvoll an die Mutter schmiegt. Und diese, jung und alt, sollen bestialisch dahingemetzelt werden, weil es eben Gottes Heilplan so erfordert. Da nun Gott Israel als heiliges Volk erwählt hat, damit es zum Segen der Menschheit wird, muss notwendigerweise auch ein heiliges Land erobert und entsprechend gereinigt werden. Diese euphemistische Sprechweise lässt angenehm das dahinter stehende Grauen überdecken, die erbarmungslose, verabscheuungswürdige Logik, für die ein Menschenleben, zumindest das des Feindes, nicht zählt.

Richtig allerdings ist die Einlassung Dittmanns, dass zu der Zeit die Völker eben eine grausame Kriegsführung betrieben, insbesondere die Assyrer, die ihre Gefangenen gern bei lebendigem Leibe häuteten. Und über die Göttin Anat, der Gemahlin des Baal, wird folgendes berichtet (aus Mahnke: Kein Buch mit sieben Siegeln): „Es kämpfte Anat in der Ebene, sie metzelt nieder die Städter, sie zerschmettert die Bewohner der Küste, sie vernichtet die Menschen des Sonnenaufgangs ... Das Innere Anats jubelt, als sie ihre Knie eintaucht in das Blut der Soldaten ... Bis sie satt ist, mordet sie im Hause, metzelt sie zwischen den Tischen“. Hier ist also eine Geistesverwandtschaft des Denkens festzustellen, doch das Ziel der Ausrottung eines ganzen Volkes hat schon einzigartigen Charakter, wenn man von dem Holocaust absieht.

Überhaupt der Holocaust, das Menschheitsverbrechen per definitionem. Gibt es also Parallelen zum Exodusgeschehen? Es erscheint schon makaber, in Israel ein Volk der Täter zu sehen, vergleichbar mit den Nazis, die doch gerade Millionen derer Nachfahren ermordet hat. Wenn sich nun alles, so wie in der Bibel geschildert, zugetragen hätte, würde dies dann den Tatbestand des Genozids erfüllen? Die wissenschaftliche Forschung hat einige für den Genozid charakteristische Kriterien zusammengetragen. Dabei sind Grausamkeit und Brutalität lediglich Begleiterscheinungen, die sich auch in anderen Kontexten finden, z. B. in den Dynastiemorden zur Zeit des Königtums Israels oder vergleichbar damit die Epoche der römischen Soldatenkaiser im 3. nachchristlichen Jahrhundert, als kaum einer der Kaiser eines natürlichen Todes starb.

Die Besonderheit eines Völkermords ergibt sich aus dem sozialpolitischen Kontext. Es beginnt zumeist mit einer Krise, für deren Entstehung ein Sündenbock gesucht wird. So machten die Nazis die Juden verantwortlich für den Niedergang Deutschlands. Im Falle Israels ist es nicht so eindeutig. Die angebliche Versklavung durch Ägypten erscheint nur vordergründig als Krise, aber ein Staat existierte ja zu der Zeit noch nicht. Den Mittelpunkt des Geschehens nimmt überhaupt zunächst die Befreiung Israels ein. Die nachfolgende Landnahme wird dann als Rachefeldzug des Jahwe geschildert (z.B. Dtn. 32,39–42), aber warum vollzieht sich die Rache an den Kanaanitern und nicht an den Ägyptern? Verständlich wird dies nur, wenn man dieses Ereignis als eine Rückprojektion aus einem anderen Kontext heraus interpretiert. Die eigentliche Krise war der Untergang Jerusalems und die anschließende babylonische Gefangenschaft 587 v. Chr.. Wie man diese Situation seinerzeit empfand geht z.B. aus Psalm 137 hervor: „An den Wassern zu Babel saßen wir und weinten ... Wohl dem, der deine jungen Kinder nimmt und sie am Felsen zerschmettert". Diesen Hass auf Babel reflektiert in ähnlichen Worten auch der Prophet Jesaja (Jes. 13,1.16). Nur erlaubte es die Situation politischer Ohnmacht nicht, diesen Worten Taten folgen zu lassen. Aber war es nicht eigentlich der Gott Kanaans, Baal, der durch seine Verführungskraft Israel immer wieder hat von Jahwe abfallen lassen wofür Israel nun bestraft wurde? Der eigentliche Übeltäter saß also in Kanaan, Babylon war quasi nur der Erfüllungsgehilfe Jahwes. Die Sprache ist eindeutig. Jahwe wird Rache an seinen Feinden nehmen, seine Pfeile mit dem Blut der Erschlagenen tränken (Dtn. 32,39–

42). Somit lässt die Schilderung des fiktiven Genozids erkennen, wie Israel unter priesterlicher Führerschaft gegen die Kanaaniten vorgegangen wäre, hätten sie die Macht dazu gehabt.

Mit solchen Feinden ist ein Zusammenleben nicht möglich. Entweder sie oder wir. Sie müssen ausgegrenzt und vernichtet werden. Die gnadenlose Ausrottung der Heiden ist angesagt (Dtn. 12,29; 18.12). Mit ihnen haben wir nichts gemein. Sie haben eine andere Kultur, eine andere Religion und zudem besetzen sie das gelobte Land. Dieses Land muß von seinen Feinden gesäubert werden, alles Leben ausgelöscht und ihre Städte müssen zerstört werden (Dtn. 7,1.16; 20,16f). Man nannte es die Gottesweihe oder den Bann, was soviel bedeutet wie Brandopfer oder Holocaust.

Es ist das Prinzip der Gleichheit, das ein weiteres Kriterium für den Auslöser eines Völkermords ist. Die Israeliten bestimmten ihre Identität durch Glauben und Abstammung, untermauert durch soziale Marker wie Beschneidung und Speisegebote. Mischehen waren verboten bzw. wurden zwangsweise aufgelöst (Esra 10, 10f). Die Reinheit der Rasse musste gewahrt bleiben, das Fremde ausgeschieden werden. Diese Obsession mit Reinheit ist auch aus den verschiedenen gesetzlichen Bestimmungen erkennbar (Lev. 11–15).

Auch für die Nazis war die Reinheit der Rasse oberstes Gebot. Die Gleichheit der Deutschen, ihre Einheit unter einem Führer in einem Reich war nur durch die Reinheit des Blutes, durch die arische Abstammung gewährleistet. Dieses Volk war von Hitler ausersehen, die Welt zu regieren, ähnlich wie auch die Israeliten sich als ein erwähltes Volk betrachteten. Es ist diese Art von Ideologie, die sich mit der Mentalität der Menschen deckte, in Israel wie auch in Nazideutschland. Auf Linie gebracht wurden die Leute durch eine Dauerbeschallung mit Propaganda, hier vorangetrieben durch eine Priesterkaste, dort durch Göbbels und seine Helfershelfer. Die Parallelen sind jedenfalls so auffallend, dass man mit einiger Rechtfertigung von der biblischen Landnahme in Kanaan als einen wenn auch fiktiven Vorläufer des Holocausts sprechen kann.

E. Zenger (Einführung in das Alte Testament) meint, dass „die Radikalität der dabei geschilderten Kriege … ein narratives Symbol für die Radikalität des Gottvertrauens Israels“ ist. Gott fordert die Hinwendung des ganzen Menschen, in seinem Denken als auch in seinem Handeln und fordert Gehorsam und Liebe, die durch Befolgung seiner Sozialordungen verwirklicht wird. Wozu bedingungsloser Gehorsam allerdings führt, kennen wir aus der Geschichte und diese Art der Liebe scheint nicht gerade vorbildhaft zu sein. Es läuft doch alles wieder auf Schönfärberei hinaus und verkennt die wahren Wurzeln dieser grauenhaften Eroberungspolitik. Diese sind der Anspruch auf die allein selig machende Wahrheit und der Alleinvertretungsanspruch eines Gottes, der keine Rivalen duldet.

Aber ist der Monotheismus wirklich der Kern des Übels? Ein Vergleich mit der Geschichte Griechenlands könnte bei der Beantwortung dieser Frage vielleicht weiterhelfen. Die erste nachweisbare Kultur auf griechischem Boden ist Mykenien ab 1600 v. Chr., das aber in Folge des dorischen Einfalls etwa 1200 v. Chr. unterging, wenn auch seine Kultur nicht schlagartig verschwunden war. In diesen Zeitraum fallen auch die Wanderbewegungen der sog. Seevölker im Mittelmeerraum. Weitflächige Zerstörungen und Verwüstungen führten zu einem Rückfall in die Schriftlosigkeit und der Rückentwicklung zu einer einfachen bäuerlichen Sozialstruktur. Einerseits gab es wie in Israel eine gleichmässige Verteilung der Urvielfalt der Stämme wie die der Dorer, Achaier und Thessalier. Andererseits war Griechenland in kleine Königtümer zersplittert während die wahre Macht bei der Volksversammlung lag, die den Kern einer demokratischen Entfaltung darstellte. Im Vergleich mit Israel lässt sich feststellen, dass beide Völker etwa um 1200 v. Chr. ihren geschichtlichen Anfang nahmen und beide sich auf einer ähnlich niedrigen Entwicklungsstufe befanden. Diese Phase nannte man sowohl bei den Israeliten als auch bei den Griechen die heroische.

Gibt es gewisse Parallelen, so sind doch auch die Unterschiede im Werdegang der beiden Völker signifikant. Das homerische Leben war geprägt von gelegentlichen freibeuterischen Raubzügen, die allerdings als ehrbare Beschäftigung galten, wie es die Odysseus charakterisiert. Von zentraler Bedeutung waren die regelmäßigen Wettkämpfe, die der Erprobung der Mannhaftigkeit dienten, und in denen Ruhm und Ehre winkten. Um Ehre ging es vorgeblich auch beim trojanischen Krieg, der von Historikern auf 1194–1184 v. Chr. datiert wird. Es handelte sich dabei wohl um zeitliche gestaffelte Attacken, die in der Ilias – komponiert von Homer um 730 v. Chr. – zu einem Großereignis zusammengefasst worden sind. Ähnlich wie die jüdische Bibel für Israel so ist dieser Mythos „der große allgemeine geistige Lebensgrund der (griechischen) Nation“ (Burckhardt) und praktisch die „Voraussetzung des griechischen Denkens“. Einige Historiker wollen den trojanischen Krieg sogar mit dem biblischen Exodus verglichen haben und verweisen dabei auf die Armada von hunderten von Schiffen. Sie sind überzeugt, dass der wahre Grund für den Angriff Landnahme und nicht Rache wegen der Entführung der schönen Helena war.

Die Götter sind in der Ilias mit höchst menschlichen und nicht immer angenehmen Zügen ausgestattet. Sie essen, trinken und schlafen. Sie streiten sich, betrügen und begehen Ehebruch. Insofern erscheinen sie sehr viel nahbarer als der allmächtige, unergründliche und Furcht einflössende Jahwe. Sie mischen sich immer wieder in die Kämpfe ein, die Streiter antreibend und unter ihnen Zwietracht säend. Auch sind sie parteiisch was sogar zum Kampf der Götter untereinander führt.

Nur an einer Stelle in der Ilias ist von der totalen Vernichtung des Feindes die Rede als Agamemnon spricht: „Keiner davon entfliehe nun grausen Verderben, keiner nun unserm Arm! Auch nicht im Schosse das Knäblein, welches die Schwangere trägt, auch das nicht. Alles zugleich nun sterbe, was Ilios nährt, hinweggerafft und vernichtet“. Es ist dies aber die Stimme eines Einzelnen, der seinen Bruder Menelaos schilt, weil dieser einem Feind Gnade gewähren will. Zwar werden immer wieder auch Wege des Friedens und der Versöhnung gesucht, doch die Götter wollen den Kampf.

In diesem Kampf geht es oft grausam zu, so als wenn Peneleos den Troer Ilioneus niedersticht: „Unter der Brau ihm stach der die hinterste Wurzel des Auges, dass ihm der Stern ausfloss und der Speer, durchs Auge gebohret, hinten den Schädel zerbrach; und er saß ausbreitend die Hände beide. Peneleos drauf, das geschliffene Schwert sich entreißend, schwang es grad auf den Nacken und schmetterte nieder zur Erde samt dem Helme das Haupt“.

Die furchtbare Episode mit der Zerstückelung der Leiche der Nebenfrau des Leviten hat ihre Parallele in der Tragödie ‚Agamemnon‘ des Aischylos. Darin wird geschildert wie der Vater des Agamemnon aus Rache, weil sein Bruder seine Frau verführt hatte, dessen Kinder tötet, sie zerstückelt, das Fleisch zubereitet und es dem nichtsahnenden Bruder zum Mahl vorsetzt. Damit wird eine unheilsvolle Verkettung von Mord und Rache in Gang gesetzt.

Bei aller Grausamkeit dieser schrecklichen Schilderungen, die Sicht der Griechen auf ihre Feinde ist eine andere als die der Bibel. In der Ilias treten namentlich genannte Zweikämpfer gegeneinander an während die Bibel das Feindesheer als eine amorphe Masse zeichnet, die es wie eine Plage auszumerzen gilt. Aus der biblischen Perspektive erscheinen die Kanaanäer als verabscheuungswürdige, widerwärtige, götzendienerische Kreaturen, die es zu vernichten gilt, eine anonyme Verfügungsmasse, an denen der Bann zu vollstrecken ist. Im Debora-Lied wird nur Häme über die Mutter des erschlagenen Sisera ausgegossen. Ganz anders bei den Griechen. Im ‚Perser' des Aischylos wird das Leiden der persischen Königin mit viel Sympathie erzählt, so wie die Sorge an ihrem Herzen nagt und wie sie das Traumbild ihres erschlagenen Sohnes beklagt. Trauer und Schwermut der Mutter werden hier ihren angemessenen Ausdruck gegeben. In der ‚Ilias' finden sich Triamos, der Vater des Hektor, und Achilleus, der dessen Sohn im Kampf erschlagen hatte, zu einem versöhnlichen Gespräch zusammen: „Aber nachdem sich gesättigt des Grams der edle Achilleus … sprang er vom Sessel empor, bei der Hand den Alten erhebend, voll Mitleid mit dem grauenden Haupt und dem grauenden Barte. Und er begann zu jenem und sprach die geflügelten Worte: Armer, fürwahr, viel hast du des Wehs im Herzen erduldet." Gewalt und Leid werden durch die Erfahrung des gemeinsam-menschlichen im Miteinander transzendiert. Einen derartigen Sinn für einfache Mitmenschlichkeit und Empathie sucht man bisher vergebens in der Bibel. Ist es vielleicht so, dass religiöser Hass die Sicht auf den Anderen verstellt und so das Gemeinsame des Menschseins zur Unkenntlichkeit verzerrt wird?

4.2. Die ersten drei Könige Israels (Saul, David und Salomo) (Die Bücher 1 + 2 Samuel, 1 Könige 1–11, 1 + 2 Chronik 1–9)

Der HERR erhörte das Flehen einer kinderlosen Frau und sie gebar einen Sohn, den sie Samuel nannte. Wie sie es gelobt hatte, übergab sie den Knaben, nachdem er entwöhnt worden war, einem Priester, dass er dem HERRN diene. Das Haus des Priesters aber sollte der Fluch des HERRN treffen; denn seine Söhne waren ruchlose Menschen und der Vater wehrte ihnen nicht. Auf Samuel jedoch lag der Segen des HERRN, und als er heranwuchs, da erkannte ganz Israel, dass der HERR ihn als Prophet erwählt hatte. Als der Priester nun alt und schwach geworden war, offenbarte der HERR Samuel, dass er nun sein Haus richten werde. Und so kam es denn auch. Die Söhne verloren während einer Schlacht der Israeliten gegen die

Philister ihr Leben. Dem Vater brach es das Herz als er von ihrem Tod hörte und er verschied.

In dieser kriegerischen Auseinandersetzung, die dreißigtausend Israeliten das Leben kostete, entwendeten die Philister auch die Bundeslade. Doch die brachte ihnen nur Unglück und so entschieden sie sich, diese den Israeliten zurückzugeben. Sie wurde zunächst einem Mann, der in der Nähe Jerusalems wohnte, anvertraut. Samuel übernahm das Amt des Richters und gebot den Israeliten, all die fremden Götter wegzutun und nur noch dem HERRN zu dienen. Mit Gottes Hilfe vermochten die Israeliten die Philister zu besiegen und viel verlorenes Gebiet wieder zurück zu erobern. Sein ganzes Leben lang richtete Samuel das Volk und „zog Jahr für Jahr umher".

Da er bereits im fortgeschrittenen Alter stand war es der Wunsch Samuels, dass seine beiden Söhne die Nachfolge als Richter antraten, doch diese waren nicht gut geraten, und die Ältesten des Volkes verlangten daher nach einem König, dass er über sie herrsche und Recht spreche. Der HERR beschied Samuel, dass er Volkes Stimme gehorchen solle; „denn sie haben nicht dich, sondern mich verworfen, dass ich nicht mehr König über sie sein soll". Doch er solle ihnen die Rechte des Königs verkünden und ihnen deutlich machen, was für große Opfer sie dann zu ertragen hätten. Würden sie später ihr Leid beklagen werde er sie nicht erhören. Doch das Volk beharrte darauf, dass sie wie die Heiden auch einen König bekommen sollten.

Nun trug es sich eines Tages zu, dass ein junger, stattlich anzusehener Mann namens Saul auf der Suche nach seinen Eseln in das Gebiet des Samuel kam und ihn in der Hoffnung aufsuchte, dass er ihm helfen könne, seine Esel zu finden. Samuel war diese Begegnung bereits vom HERRN offenbart worden und erhielt göttlichen Auftrag, Saul zum Fürsten über Israel zu salben. Als Saul nun im Rahmen von Festlichkeiten von Samuel gesalbt worden war und sich dann auf den Rückweg machte, da kam ihm eine Prophetenschar entgegen und der Geist Gottes kam über ihn, „dass er mit ihnen in Verzückung geriet". Samuel aber berief das Volk zusammen, dass sie sich für einen König entscheiden und das Los fiel auf Saul.

Saul widmete sich weiterhin der Feldarbeit bis ihn die Nachricht erreichte, dass Israel von den Ammonitern bedroht war. Da kam wieder der Geist Gottes über ihn. Er zerriss zwei Ochsen und verteilte die Stücke im

Lande mit der Warnung, dass wer sich ihm nicht anschließe, dem blühe ein ähnliches Schicksal wie den Tieren. Die Drohung fruchtete und Israel zog aus „wie ein Mann“. Die Ammoniter wurden geschlagen und Saul wurde als König bestätigt. Daraufhin legte Samuel sein Richteramt nieder.

Sauls Sohn Jonatan erschlug einen Hauptmann der Philister, die sich daraufhin zu einem Rachefeldzug rüsteten. Die Israeliten waren verängstigt und begannen, sich von Saul abzuwenden. So opferte dieser dem HERRN, um dessen Gunst zu erhalten. Für Samuel aber, der später hinzukam, war Sauls Handlung ein Bruch von Gottes Gebot und so prophezeite er ihm, dass sein „Königtum nicht bestehen“ werde. Die Sache stand schlecht für die Israeliten, hatten sie doch ausser Saul und dessen Sohn weder Schwert noch Spiess, da die Philister den Israeliten keine Schmieden erlaubten. Der Krieg nahm seinen Anfang als Jonatan eine Wache der Philister tötete. Es kam zum Kampf und „da ging eines jeden Schwert gegen den andern“. Der HERR war mit den Israeliten und so vermochten sie die Philister in die Flucht schlagen. Jonatan aber kam unter den Fluch seines Vaters, weil er gegen dessen Anordnung Nahrung zu sich genommen hatte. Da dies aber unwissentlich geschah und das Volk Fürsprache für ihn einlegte, wurde sein Leben verschont.

Saul fiel schon bald wieder in Ungnade bei Samuel, hatte er doch seinen Auftrag, den Bann an den Amelekitern zu vollstrecken und dabei keinen zu verschonen, weder „Mann und Frau, Kinder und Säuglinge“ noch das Vieh, nur unvollständig ausgeführt und Agag, den König von Amelek gefangen genommen. Dies war für Samuel Ungehorsam gegen den HERRN und er sagte: „Widerstreben ist wie Abgötterei“. Den HERRN reute es, Saul zum König gemacht zu haben; „denn er hat ... meine Befehle nicht erfüllt“ und so wird er ihn verwerfen. Samuel aber „hieb den Agag in Stücke vor dem HERRN“ und blieb Saul fortan fern.

Samuel derweilen wurde vom HERRN zum Bethlehemiter Isai gesandt, dessen jüngsten Sohn David er als künftigen König Israels salbte. Auf Saul aber kam ein böser Geist, der ihn ängstigte. Auf Ratschlag einer der Männer ließ er David an seinen Hof holen, da dieser sich mit seinem Harfespiel einen Namen gemacht hatte. Die Musik vertrieb seinen bösen Geist und Saul gewann David lieb.

Der Tag für Davids Bewährung sollte kommen, als die Philister wieder einmal Israel bedrängten. Er wurde vom Vater zu seinen Brüdern ins Lager der Israeliten geschickt, um ihnen Essen zu bringen und vernahm dabei die Herausforderung des Philisters Goliat, ein Riese von Gestalt, dass sich ihm ein Israelit zum Zweikampf stelle. Trotz seiner Unerfahrenheit machte David sich zum Kampf bereit, auch weil der König demjenigen, der den Riesen erschlägt, seine Tochter zur Frau versprochen hatte. Der Riese musterte ihn nur verächtlich. David aber nahm seine Steinschleuder und traf mit einem Stein die Stirn des Philisters. Der fiel zu Boden und David hieb ihm mit dessen eigenen Schwert den Kopf ab woraufhin die Philister in Panik die Flucht ergriffen. Man brachte David vor Saul, der ihn fragte, wessen Sohn er sei; denn keiner kannte ihn. Von dem Tag an blieb David im Hause des Saul und befreundete seinen Sohn Jonatan.

David wurde von den Frauen bejubelt, die seine Heldentaten besangen. Das regte den Argwohn des Saul und er begann, nach seinem Leben zu trachten. Als es dann noch David gelang, zweihundert Philister zu erschlagen und deren Vorhäute als den von Saul geforderten Brautpreis darzubringen, fürchtete er ihn und wurde sein Feind.

Eines Tages konnte David nur knapp einem von Saul unter dem Einfluss des bösen Geistes geworfenen Speeres ausweichen. Durch die List seiner Frau Michal, der Tochter des Königs, gelang ihm die Flucht nach Samuel. Saul wollte ihm nachsetzen aber schon auf dem Weg dorthin kam ihm wie auch seinen Boten vor ihm der Geist Gottes über ihn. Er geriet in Verzückung, „fiel hin und lag nackt den ganzen Tag und die ganze Nacht“.

David und Jonatan waren aber wie ein Herz und eine Seele, sehr zum Verdruss des Saul, der seinen Sohn darob als „Sohn einer ehrlosen Mutter“ beschimpfte. Für ihn war David „ein Kind des Todes“, aber Jonatan warnte David über die Pläne seines Vaters. So nahmen sie weinend Abschied voneinander und küssten und herzten sich.

Als David seines Weges ging, hungerte ihn und ein Priester gab ihm von dem heiligen Brot aus dem Tempel. Als Saul davon erfuhr packte ihn die Wut, ließ die Priester des Ortes holen und sie erschlagen. David hielt sich eine Weile am Hof eines Königs der Philister auf. Da man ihn dort erkannte, ergriff ihn Furcht und er „stellte sich (daher) wahnsinnig“. So floh er weiter und fand Unterschlupf in einer Höhle. Hier sammelte er unter sein Kommando seine Brüder und allerlei Männer, die in Not und verbittert waren.

Saul verfolgte David weiter bis in die Berge der Wüste. Es war aber David, der es in seinen Händen hielt, den anderen zu töten als er sich eines Nachts unbemerkt an den schlafenden Saul heranschleichen konnte. Als David sich bei Tagesanbruch ihm zu erkennen gab musste Saul weinend eingestehen, dass dieser gerechter war als er. Nachdem David dem Saul geschworen hatte, seinem Geschlechte Barmherzigkeit zu erweisen, wenn er selbst König wird, gingen beide ihres Weges.

Samuel starb „und ganz Israel ... hielt ihm die Totenklage“. Während David sich nun in der Wüste aufhielt, befahl er einigen seiner Männer, Verpflegung von einem reichen Viehzüchter zu erbitten. Doch dies wurde ihnen verweigert und David entschloss sich, für diese Schmach Vergeltung zu üben. Die Frau des Reichen, Abigail, schaltete sich ein, brachte reichlich Wegzehrung und bat ihn um Verschonung. David versprach es ihr. Als der Reiche kurz darauf verstarb, nahm er Abigail zu seiner Frau.

Ein zweites Mal ließ David eine Gelegenheit, Saul zu töten, der wieder seine Verfolgung aufgenommen hatte, ungenutzt verstreichen. Kein Wunder, dass er dessen versöhnenden Worten nicht traute und wieder in das Land der Philister zog. Der dortige König wies ihm einen Wohnsitz zu von dem aus er regelmäßig Raubüberfälle gegen die Amalekiter machte und dabei nichts am Leben ließ was Odem hatte. Dem König gegenüber gab er vor, seine eigenen Landsleute zu berauben und so gewann er mit dieser Lüge dessen Vertrauen.

Trotzdem trauten die Oberen der Philister David nicht und wollten ihn bei einem neuerlichen Kriegszug gegen Israel nicht dabei haben. Saul war verzagt ob deren Übermacht und da er auch vom HERRN keinen Rat erhielt, suchte er eine Geisterbeschwörerin auf und hieß sie, den Geist Samuels aus der Tiefe zu holen. Dieser aber beschied ihm, dass der HERR nicht mehr mit ihm sei, weil er dessen Zorn an den Amelekitern nicht vollstreckt hatte und prophezeite ihm und seinen Söhnen den baldigen Tod. „Da stürzte Saul zur Erde... und geriet in große Furcht über die Worte Samuels.“ In der Tat, Saul und drei seiner Söhne fanden am nächsten Tag den Tod im Kampf gegen die Philister. Der tödlich verwundete Saul hatte sich dabei in sein eigenes Schwert gestürzt.

David aber wurde von einem Söldner berichtet, dass dieser Saul auf dessen Bitten hin getötet habe. David reagierte erzürnt: „Wie, du hast dich nicht gefürchtet, deine Hand zu erheben gegen den Gesalbten des HERRN, um ihn zu töten!". Er befahl einem seiner Leute, den Söldner zu erschlagen. Sodann hielt er mit seinen Männern Totenklage und beweinte Saul und seinen Sohn Jonatan.

Nachdem David in Hebron von den Männern Judas zum König gesalbt und im Gegenzug ein Sohn Sauls zum König von Israel gemacht worden war kam es Jahre später zum Bruderkrieg zwischen Israel und Juda, den schliesslich David zu seinen Gunsten entscheiden konnte, insbesondere auch, weil Abner, der Feldhauptmann der gegnerischen Seite, zu ihm überging. Man hatte sich bereits abgesprochen, das Volk Israel zu versammeln, um das Königreich unter David zu einen, da wurde Abner von Joab, dem Heerführer Judas, aus Rache für den Tod seines Bruders meuchlings erstochen. David klagte um den Tod Abners, hatte jedoch noch nicht die Macht, Joab für die Tat zur Rechenschaft zu ziehen.

In Hebron wurde David zum König über Israel gesalbt. Von den Jebusitern eroberte er die Burg Zion in Jerusalem, „das ist Davids Stadt". Nachdem er noch mit Hilfe taktischer Anweisungen durch den HERRN die Philister schlagen konnte, ließ er die Bundeslade aus Juda holen. Ein Mißgeschick führte zwar zu einer vorübergehenden Verzögerung, doch schließlich traf die Lade Gottes in Davids Stadt ein. „Und David tanzte mit aller Macht vor dem HERRN her und war umgürtet mit einem leinenen Priesterschurz". Seine Frau Michal verachtete ihn, weil er sich vor den Männern derartig entblößt hatte aber David erwiderte, dass er damit dem HERRN huldigte, der ihn erwählt hatte, und sich zu dessen Ehre noch mehr erniedrigen würde. Michal aber blieb zeit ihres Lebens unfruchtbar.

David trug sich mit dem Gedanken, dem HERRN ein Haus zu bauen, doch durch den Propheten Nathan ließ ihn der HERR wissen, dass dafür noch nicht die Zeit gekommen sei, aber sein Nachkomme, „der soll meinem Namen ein Haus bauen … Ich will sein Vater sein, und er soll mein Sohn sein". Seine Gnade soll nicht von ihm weichen und „dein Haus und dein Königtum sollen beständig sein in Ewigkeit vor mir".

Nach und nach unterwarf David alle seine Feinde. Auch wollte er sich mit den Ammonitern freundschaftlich stellen aber seine Botschafter wurden gedemütigt und so kam es zum Krieg mit den Ammonitern und dessen Verbündeten, den Aramäern. Die Ammoniter ergriffen schon bald die Flucht und von den Aramäern erschlugen die Israeliten vierzigtausend Mann während der Rest floh.

Während noch der Krieg mit den Ammonitern tobte erblickte eines Tages David, der in Jerusalem geblieben war, vom Dach seines Könighauses eine schöne Frau bei ihrem Bad. Man sagte ihm, dies wäre Batseba, die Frau eines Söldners. Er ließ sie zu sich holen und schwängerte sie. Um den Ehebruch zu vertuschen, hieß er ihren Ehemann kommen, dass er bei sich zu Hause einkehre. Als dieser Plan fehlschlug, ließ er ihn an die Spitze seines Heeres stellen, wo er den sicheren Tod finden würde. Auf die Nachricht, dass der Söldner im Kampf erschlagen wurde, reagierte David mit Gleichmut während Batseba Totenklage hielt. Nach Ablauf der Trauerzeit machte er sie zu seiner Frau. „Aber dem HERRN missfiel die Tat, die David getan hatte".

„Und der HERR sandte Nathan zu David". Der Prophet erzählte ihm die Fabel vom armen Mann dessen einziges Schaf von einem reichen Mann weggenommen wurde. David machte diese Geschichte sehr zornig und wünschte dem Manne, der das getan hatte, den Tod. Nathan aber sprach: „Du bist der Mann" und er hielt ihm seine eigene Schande vor Augen. So wird nun Unheil über das Haus David kommen, prophezeite Nathan. David gestand seine Sünde doch das Kind, das Batseba gebar, erkrankte und starb. David, der gefastet hatte, nahm wieder Speise zu sich, tröstete seine Frau und schlief mit ihr. Sie schenkte ihm Monate später einen Sohn, den er Salomo nannte.

Und es begab sich, dass Amnon, der Sohn Davids, sich in seine Halbschwester Tamar verliebte. Er stellte sich krank und bat seinen Vater, dass Tamar ihn pflegen möge. Als sie sich ihm näherte, ergriff er sie, zog sie auf sein Bett und vergewaltigte sie trotz ihrer heftigen Gegenwehr. Schon kurze Zeit später war er ihrer überdrüssig geworden und er schickte sie weg. Das Mädchen war außer sich ob dieses doppelt erlittenen Unrechts und ihr Bruder Absalom plante heimlich, Rache dafür zu nehmen. Diese Gelegenheit kam zwei Jahre später. Anläßlich eines Festes zu dem auch seine Brüder eingeladen waren, ließ er Amnon erschlagen. Vater David „trug Leid um seinen Sohn alle Tage". Absalom aber flüchtete sich in eine Asylstadt. Drei Jahre später durfte er nach Jerusalem zurückkehren, doch David weigerte sich zunächst, ihn von Angesicht zu Angesicht zu sehen.

In Jerusalem wusste Absalom schon bald sein Ansehen bei den Leuten zu mehren indem er sich königliche Vorrechte anmaßte. Vier Jahre später ging er mit dem Segen seines Vaters nach Hebron, doch plante er, sich dort zum König ausrufen zu lassen. David erkannte wohl die Absicht seines Sohnes, unternahm aber weiter nichts gegen ihn sondern ging wie ein Büßer barfüssig und mit verhülltem Haupt auf den Ölberg, dort, „wo man Gott anzubeten pflegte“. Auf seinem weiteren Weg kam ihm ein Mann namens Schimi aus dem Hause Saul entgegen, der ihn mit Steinen und Schmutz bewarf. Er ließ es geschehen. Absalom aber kehrte nach Jerusalem zurück und vergnügte sich in aller Öffentlichkeit mit Davids Nebenfrauen.

Absalom rüstete sich für den Krieg, doch David erhielt davon Mitteilung und organisierte seine Streitmacht für einen Gegenschlag. Seine Männer gewannen die Schlacht und Absalom musste fliehen. Doch verfing er sich dabei mit seinem langen Haarschopf in den Zweigen eines Baumes und der Heerführer Joab, entgegen der Bitte des Davids, den Absalom zu verschonen, erstach ihn und warf die Leiche in eine Grube. David war untröstlich doch Joab warf ihm vor, das Leben seiner eigenen Leute gering zu achten weil er den, der ihn hasste, liebte. Sollte er sich nicht dem Volk zeigen, so wird es sich von ihm abwenden. So ging der König zum Tor der Stadt und es „kam alles Volk vor den König“.

Auf dem Weg zurück nach Jerusalem kam ihm wieder Schimi, der dem Stamme Joseph angehörte, entgegen. Zuvor hatte er ihn noch wie Dreck behandelt doch nun bettelte er unterwürfig um sein Leben. David zeigte sich gnädig und gewährte ihm Verschonung. Nun aber wiegelte ein Benjaminiter namens Scheba seine Landsleute mit der Anschuldigung auf, David bevorzuge Juda über Israel. Als nun Israel vom König abfiel, gab David den Befehl, die Aufständischen zur Rechenschaft zu ziehen. Seinem Heerführer Joab gelang es, ihren Führer, der sich in eine Stadt geflüchtet hatte, aufzuspüren. Auf die Zusicherung hin, die Stadt zu verschonen wenn sie ihm den Rebellen herausgäben, wurde ihm dessen Kopf über die Mauer zugeworfen.

Auf dem Lande lastete eine drei Jahre währende Hungersnot und David befragte den HERRN nach dem Grund des Unheils. Der HERR antwortete: „Auf Saul und auf seinem Hause liegt eine Blutschuld, weil er die Gibeoniter getötet hat“. Nachdem den Gibeonitern Sühne getan war indem man ihnen sieben Männer aus dem Hause Saul übergab, die sie aufhängen konnten, „wurde Gott dem Lande wieder gnädig“.

„Und der Zorn des HERRN entbrannte abermals gegen Israel, und er reizte David gegen das Volk und sprach: Geh hin, zähle Israel und Juda“.

Gegen die Bedenken des Joab ließ David eine Zählung aller wehrfähigen Männer durchführen – es waren über eine Million –, bekannte danach aber seine Schuld vor dem HERRN. Dieser forderte ihn auf, zwischen drei Formen der Strafe zu wählen und ließ dann eine Pest über Israel kommen, der siebzigtausend Menschen zum Opfer fielen. Da „reute den HERRN das Übel, und er sprach zum Engel, der das Verderben anrichtete im Volk: Es ist genug“. David aber wandte beim HERRN ein, dass er allein verantwortlich sei, wessen aber hatte sich das Volk schuldig gemacht? Nachdem nun David auf der Höhe, die er einem Jebusiter abkaufte, einen Altar errichtet und dem HERRN geopfert hatte, wich die Plage von dem Volk.

Als nun David alt geworden war, ließ sich sein Sohn Adonija, der nächst in der Erbfolge stand, zum König ausrufen. Doch auf die Intervention des Propheten Nathan und der Batseba hin, erneuerte David seine Zusage, dass Salomo König sein solle. Der Prophet und der Priester Zadok salbten daraufhin Salomo und ließen ausrufen: „Es lebe der König Salomo“. Das Geschrei des Volkes alarmierte Adonija und seine Vertrauten. In seiner Furcht flüchtete er sich zum Altar des HERRN. Dort wurde Adonija ergriffen, ihm aber das Leben zugesichert.

David war nun dem Tode nahe. Er ließ Salomo zu sich rufen und ermahnte ihn noch einmal, dem HERRN zu dienen und seine Gebote zu halten, auf dass es ihm wohl ergehe. Er erinnerte ihn an die Bluttaten des Joab und sprach: „Tu nach deiner Weisheit, dass du seine grauen Haare nicht in Frieden hinunter zu den Toten bringst“. Auch Schimi solle wegen seines üblen Verhaltens nicht frei ausgehen. Nachdem David verstorben und begraben worden war, hielt Adonija um die Hand der Jungfrau Abischag an, die David in seinen letzten Tagen gewärmt hatte. Salomo, dem die Bitte durch seine Mutter Batseba zugetragen worden war, reagierte höchst unwillig; denn er vermutete dahinter wohl das Streben Adonijas, sich als rechtmäßiger Erbe durchzusetzen. So ließ Salomo Adonija töten und Joab, den Heerführer, als auch Schimi eine Zeit später ereilten das gleiche Schicksal.

Salomo nahm sich die Tochter des Pharaos zur Frau, um sich mit dem Königshaus Ägyptens zu verbinden. Als er eines Tages auf den Höhen zu Gibeon opferte hatte er einen Traum, in dem der HERR ihn aufforderte zu sagen, was er sich erbitte. Salomo wünschte sich ein gehorsames Herz, „damit er dein Volk richten könne und verstehen, was gut und böse ist.“

Den HERRN erfreute diese Antwort und sagte, dass, weil er so bescheiden war, er ihm Verstand, Reichtum und Ehre geben werde.

Einige Zeit später kamen zwei Huren zu ihm. Die eine beschuldigte die andere, ihr Neugeborenes gegen ihr totes Kind, das sie im Schlaf erdrückt hatte, ausgetauscht zu haben. Da sich nun die Wahrheit nicht anders herausfinden ließ sprach Salomo: „Teilt das lebendige Kind in zwei Teile und gebt dieser die Hälfte und jener die Hälfte.“ Da regte sich das mütterliche Herz in der einen Frau und sie sagte, man solle der anderen das Kind geben. Daraufhin entschied Salomo: „Gebt dieser das Kind lebendig und tötet's nicht; die ist seine Mutter“. Und das Volk fürchtete den König; denn es sah die Weisheit Gottes in ihm.

„So war Salomo Herr über alle Königreiche, vom Euphratstrom bis zum Philisterland und bis an die Grenze Ägyptens; die brachten ihm Geschenke und dienten ihm sein Leben lang“. Und die Weisheit des Salomo wurde über die Grenzen Israels hinaus bekannt. Nun, da Ruhe im Reich herrschte, konnte Salomo dem HERRN ein Haus bauen. Der Tempel aber sollte auf der Höhe gebaut werden, die bereits von David dem Jebusiter abgekauft worden war. Auch hatte David dem Salomo einen Entwurf für den Tempel gegeben und aus seiner Kriegsbeute „für das Haus des HERRN hunderttausend Zentner Gold und tausend mal tausend Zentner Silber“ und anderes mehr hinterlassen. Salomo erbat sich vom König von Tyrus Zedernholz und ließ den Bau von dreißigtausend Fronarbeitern ausheben. Hinzu kamen hundertfünfzigtausend Lastträger und Steinhauer, die aus den Fremdlingen im Volk bestimmt worden waren. Verzierungen wie Gitterwerk und Standbilder wurden unter der Anleitung eines Kupferschmieds aus Tyrus angefertigt. Der Bau des Tempels dauerte sieben Jahre und der der Königshäuser mit Thronhalle und Gerichtshäuser nahm dreizehn Jahre in Anspruch.

Zur Einweihung des Tempels wurde die Bundeslade feierlich von den Priestern zu dem Haus des HERRN heraufgetragen und es wurde daraufhin von der Herrlichkeit des HERRN erfüllt. Der König wandte sich an sein Volk: „Nun Gott Israels, lass dein Wort wahr werden, das du deinem Knecht, meinem Vater David zugesagt hast. Aber sollte Gott wirklich auf Erden wohnen? Siehe, der Himmel und aller Himmel Himmel können dich nicht fassen – wie sollte es dann dies Haus tun, das ich gebaut habe?“ Und Salomo erbat sich vom HERRN, dass, sollte das Volk von Unheil geschlagen werden, weil es gesündigt hat und Hungersnot oder Gefangenschaft erleide, dann, wenn es sich bekehrt „so wollest du hören im Himmel ... und gnädig sein.

Der HERR erschien Salomo und versprach, dass er wohl sein Gebet und Flehen vernommen habe und wenn er seinen Geboten folge, dann wird er ihm auch den Thron auf Ewigkeit bestätigen. Sollte er sich aber von ihm abwenden und anderen Göttern dienen, dann „werde ich Israel ausrotten ... und dies Haus wird eingerissen werden".

Es kam nun die Königin von Saba auf Besuch nach Jerusalem, um sich selbst von der Weisheit und dem Reichtum des Salomo zu überzeugen. Zum Abschied überhäufte er sie mit Geschenken. Alles im Hause Salomo war aus feinstem Gold und der Thron aus Elfenbein. Er hatte zwölftausend Gespanne und seine Kaufleute handelten mit Pferden aus Ägypten. Doch der König Salomo liebte auch viele ausländische Frauen. Es waren an die tausend Frauen in seinem Harem und er baute ihnen Tempel, damit sie ihren Göttern dienen konnten. Das erzürnte den HERRN, hatte sich Salomo doch nicht an seine Gebote gehalten. So wurde ihm verheißen, dass nach seinem Ableben sein Königtum geteilt werden würde.

Gegen ihn erhob sich ein ehemaliger Fronvogt namens Jeroboam, ein Ephraimiter. Diesem begegnete ein Prophet, der seinen Mantel in zwölf Stücke zerriss. Er sagte ihm von dem HERRN, dass ihm die Herrschaft über zehn Stämme Israels gegeben werde weil Salomo der Abgötterei verfallen war. Da Salomo ihm nach dem Leben trachtete floh Jeroboam nach Agypten und blieb dort bis zu dessen Tod. Salomo starb „und sein Sohn Rehabeam wurde König an seiner Statt."

Kommentar

Der Beginn des Königtums, der auf das Jahr 1012 v. Chr. geschätzt wird, bedeutet eine neue Phase in der Entwicklung Israels. Sie markiert den Übergang von Legende in das Licht der Geschichtlichkeit. Eher aber noch im geschichtlichen Dunkel steht die Figur des **Samuel**. Samuel nimmt eine Mittlerposition in dieser Zeit des Wandels ein. Er ist gleichzeitig der letzte Richter, Gottesmann und der erste Prophet Israels. In seiner Person wird diese Phase als eine Zeit der Zerrissenheit erkennbar, zwischen den Göttern der Umwelt und Jahwe als auch zwischen dem Beharren auf Freiheit und der Schutzsuche unter einem neuen Herrschaftssystem. Ein wachsender Teil der Israeliten war bereit, mit den freiheitlichen Überzeugungen der halb-nomadischen Richterzeit zumindest teilweise zu brechen und einen König über sich zu dulden, wenn damit ein wirksames Bollwerk gegenüber den Bedrohungen durch die Umwelt errichtet werden konnte. Offensichtlich war die Mobilisierung der Stämme in Zeiten der Gefahr zu umständlich und langwierig und so mancher Stamm weigerte sich, einem solchen Aufruf zu folgen. Doch blieb die Gesellschaft anfangs in ihrer Haltung zum Königtum gespalten. In 1 Sam 8,7 kritisiert Jahwe das Verlangen des Volkes nach einem König während in 1 Sam 9,16 das Königtum in einem positiven Licht gesehen wird. Es bedeutet aber die Ablösung des göttlichen Führertums im Stämmeverband durch eine königliche Dauerherrschaft und damit einen Machtverlust für die Stämme. Kein Wunder, dass sich in Folge dieser Änderung der Machtkonstellation einzelne Stimmen Unzufriedener erheben (1 Sam 10,27).

Sauls Königtum war allerdings wohl nur eine Art gehobenes Häuptlingtum gewesen, arbeitete er doch noch wie ein Bauer auf dem Felde obwohl er bereits zweimal zum König ernannt worden war. Mit dem Aufstieg **Davids** zur Macht hatte sich das Königtum in Israel endgültig etabliert. Folgt man der Bibel, dann hatte sich David im Gegensatz zu Saul diesen Erfolg planmässig erarbeitet. Er begann seine Karriere als Waffenträger unter Saul und stellte in dieser Rolle seine militärische Tüchtigkeit unter Beweis. Nachdem Saul ihm seine Gunst entzogen hatte, baute er sich als Anführer einer Gruppe von Outlaws eine eigene Machtbasis auf und machte sich durch Beute aus regelmässigen Raubüberfällen wirtschaftlich autark. Dabei unterhielt er gute Beziehungen zu den Philistern und verschaffte sich Gunst unter den Südstämmen, indem er ihnen Beutegut zuschanzte (1.Sam 30,26). Diese Taktik zahlte sich aus; denn nach dem Tode Sauls erhoben die Männer Judas David zu ihrem König. Nachdem sein zeitweiliger Rivale einem Mordanschlag zum Opfer gefallen war konnte er auch die Stämme des Nordens für sich gewinnen und so verband er in Personalunion praktisch zwei Königreiche. Er eroberte mit seinen Söldnern das noch von Jebusitern beherrschte Jerusalem und machte es zu seiner, Davids Stadt. Durch erfolgreiche Eroberungszüge dehnte er sein Herrschaftsgebiet von Syrien im Norden bis hin zur Grenze Ägyptens im Süden aus.

Doch es wuchs auch die Zahl der Unzufriedenen. Die reichte von den Priestern, die mit der Zentrierung des Jahwekultes in Jerusalem um ihre Pfründe bangten, über die Stammesältesten, die ihren Einfluss schwinden sahen bis hin zu den Bauern, die durch Abgaben vielfach in Armut getrieben worden waren. Ein erster Aufstand wurde durch Davids Sohn Absalom inszeniert, der die wachsende soziale Empörung, geschürt durch Hofintrigen und Rechtsbrüche Davids, geschickt für sich zu nutzen wusste. Der Aufstand scheiterte zwar, sollte dann aber unter Scheba eine noch radikalere Fortsetzung finden. Mit ihm kündigten die Nordstämme ihre Gefolgschaft auf und das hätte zum Auseinanderbrechen des Königtums führen können, doch auch diese Revolte wurde niedergeschlagen. Damit war nun der Weg frei für die Einsetzung eines sakralen Königtums nach orientalischem Vorbild wie in Ägypten.

Die davidische Krönungsliturgie wie sie in Psalm 2 dargestellt wird, ist eng an die ägyptische Krönungstheologie angelehnt. David ist der Gesalbte des HERRN, eingesetzt von Jahwe auf „meinem heiligen Berg Zion“. Und so wie der Pharao Sohn des Re ist, so ist es auch David unter Jahwe: „Du bist mein Sohn, heute habe ich dich gezeugt“. Der davidische König ist zur Rechten Gottes eingesetzt (Psalm 110,1) und ist gleichfalls „Priester ewiglich nach der Weise Melchesideks“ (Psalm 110,4). Damit schwingt sich der König zum Mittler zwischen Himmel und Erde auf und macht gleichsam den „Herrschaftsbereich Jahwes auf Erden sichtbar“ (Zimmerli, W.: Grundriss der alttestamentlichen Theologie), ein Herrschaftsbereich, der sich nun auf alle Völker erstreckt (Psalm 2,8). Deutlich wird dabei, dass der König Israels wie andere orientalische Herrscher auch eine gottähnliche Stellung einnimmt. Diese Vergöttlichung Davids ist durch Jahwes Zusage abgesichert, dass sein „Thron beständig sei ewiglich“ (1 Chr. 17,14). Mit dieser Zusicherung wird zum einen die Thronfolge von der Zustimmung des Volkes abgekoppelt und zum anderen wird damit der Nährboden für die später einsetzende messianische Erwartung gelegt.

Eigenartig quer dazu liegen die Berichte über Davids moralische Verfehlungen, völlig ungewöhnlich für orientalische Verhältnisse. Erstaunlich ist auch, wie direkt im Buche Samuel die bisexuelle Neigung Davids herausgestellt wird – seine Liebesbeziehungen zu Jonatan und den Frauen. Es ist bezeichnend, dass gerade diese Elemente menschlicher Schwächen aus den Berichten des Chronisten, der die Bücher Samuel und Könige aus einem anderen Blickwinkel wiedererzählt, herausgenommen worden sind; denn solches konterkariert die Vorstellungen einer Theologie, die in David den idealen irdischen König einer göttlichen Weltregierung sieht. In soweit reiht sich der Chronist ein in die Reihe orientalischer Annalen, die die Taten und Erfolge der Könige lobhudelnd preisen und gleichzeitig damit die Gottheit für das Gelingen königlicher Unternehmungen rühmen.

Unter **Salomo** kommt das sakrale Königtum zu seiner vollen Prachtentfaltung. Mit der ostentativen Demonstration seines Reichtums, den ausgedehnten Palast- und Tempelanlagen, der zeremoniellen Aufmachung von Staatsbesuchen, den diplomatischen Verbindungen, dem internationalen Handel und einem aufwendigen Hofstaat einschliesslich eines Harems von hunderten von Frauen ähnelt Salomo mehr und mehr einem orientalischen Despoten. Dabei erscheint er uns janusköpfig: einerseits als Weiser, andererseits als Tyrann (1 Kön. 12,4). Der Aufstand von Jerobeam lässt keinen Zweifel daran, dass dieser sich gegen Salomos Unterdrückungsmassnahmen richtet. Aufwendige Hoffführung und Baumaßnahmen verschlingen viel Geld und erfordern somit hohe Abgaben. Hinzu kommt die Bedrückung durch Fronarbeit. All dies entfacht insbesondere den Unmut der Nordstämme, denn ihnen scheint die höhere Last aufgebürdet zu sein (1 Kön. 4,7–19).

Salomos Aufstieg zur Macht war eine taktische Meisterleistung, geschickt durch ein von Nathan inszeniertes Rollenspiel in Absprache mit Batseba eingefädelt, das David überzeugte, Salomo als seinen Nachfolger einzusetzen und damit eine Dynastie des davidischen Hauses zu begründen, die sich etwa vier Jahrhunderte im Südreich Juda halten konnte. Dabei war Salomo aufgrund seines Alters eigentlich gar nicht erbberechtigt gewesen und zum anderen entstammte er einer anrüchigen Beziehung. Dieser Makel wurde vertuscht durch die nachträgliche Legitimation der Beziehung zwischen David und Batseba und indem man das erste Kind der Sünde sterben ließ. Eine weitere Legitimation für seine Machtergreifung erhielt Salomo auf göttlichem Wege, indem Jahwe seine Erwählung ausdrücklich bestätigte; denn „der HERR liebte ihn" (2. Sam 12,24).

Womit sich Salomo aber nachhaltigen Ruhm gesichert hat, ist der Bau des Tempels. Schon die Wahl des Ortes auf dem Berg Morija (2 Chr. 3,1), der Stelle, die David dem Jebusiter abgekauft hatte, lässt mythische Vorstellungen ahnen. Nach einem in der Völkerwelt weit verbreiteten Glauben manifestiert der Tempel auf dem Berg den „Nabel der Welt" (Ri 9,37), von dem die Schöpfung ihren Ursprung nahm. Der ägyptischen Mythologie ist zu entnehmen, dass der Urhügel mit dem Tempel den Schlammwassern der

Urflut entstieg. Der Tempel besetzt somit die Weltachse zwischen Himmel und Erde.

Mit der Ernennung des Jebusiters Zadok zum Hauptpriester ist eine Verknüpfung des ursprünglichen Jahweglaubens mit kanaanitischen Vorstellungen erreicht worden und damit zum Angelpunkt einer zunehmend synkretistischen Theologie. Jahwe wird nun auch Herr Zebaoth (z.B. Psalm 24,10) genannt, Herr der Heerscharen, was sich auf den himmlischen Hofstaat bezieht. In diesem Hofstaat ist Jahwe den Göttern anderer Völker vorgesetzt, sie sind praktisch in seinen Dienst getreten (Psalm 82,1; 89,7–8), und somit herrscht Jahwe nun ähnlich wie Salomo.

Das biblische Portrait von Davids und Salomos Regentschaft entspricht allerdings nicht den archäologischen Befunden. Danach bleibt wenig übrig von Salomos legendärem Reichtum und prachtvollen Bauten. Der einzige ausserbiblische Beleg von Davids Existenz ist eine Stele des aramäischen Königs Hasael (ca 845–803 v. Chr.), in dem ein Hinweis auf das ‚Haus David' zu finden ist. Aber auch wenn David und sein Nachfolger sich in der politischen Szene einen Namen gemacht hatten, werden sie doch wenig mehr als Provinzfürsten gewesen sein. Der archäologischen Forschung lässt sich entnehmen, dass das jüdische und samaritanische Hügelland dünn besiedelt war und die materielle Kultur einen sehr bescheidenen Standard aufwies. Wie B. Schmitz (Geschichte Israels) es beschreibt, war Jerusalem zu der Zeit ein kleines Dorf von ca 4 ha Fläche mit geschätzten 1000 Einwohnern. Auch Hinweise auf Schriftlichkeit lassen sich nicht finden und somit ist es unwahrscheinlich, dass sich bereits ausdifferenzierte Staatsorgane gebildet hatten. Zwar sind in den in der Bibel genannten Orten wie Megiddo Ruinen von Vorratshallen, Stallungen und Toranlagen gefunden worden, doch werden diese in eine weitaus spätere Zeit als die Salomos datiert.

Die biblischen Berichte von einem Großreich Davids und Salomos sind nichts als Legende, bestenfalls kann man von einem weitergehenden, ein über Juda hinausreichendes Einflussgebiet eines charismatischen Führers wie David sprechen, und die erwähnten administrativen Provinzen könnten eventuell die Einbindung von lokalen Eliten reflektieren. Auch aus historischer Sicht ist der biblischen Darstellung von der Macht, dem Prunk und der Glorie der Zeit der ersten israelitischen Könige zu widersprechen. Der Besuch der Königin von Saba hat nie stattgefunden. In der Zeit wurde das

Sabatäerreich von Fürsten regiert. Es gab wohl später Könige, aber von einer Königin ist nichts bekannt (Urban, M.: Die Bibel. Eine Biographie). Internationale Kontakte wird es kaum gegeben haben. Der Kupferhandel wurde nicht von Salomo sondern von den Philistern kontrolliert und einen Pferdehandel wie von der Bibel konstatiert gab es erst im späten 8. Jh v. Chr., „jedoch ohne maßgebliche Beteiligung Palästinas“ (Zenger, E.). Das Bild, welches die Bibel vom Königtum des Salomo entwirft, spiegelt die Situation im ausgehenden 7. Jahrhundert wieder, also mindestens 300 Jahre später.

Offensichtlich also sind überlieferte Erzählungen im Exil unter den Themen Gehorsam/Ungehorsam, Verheißung/Strafe zu einem zusammenhängenden Erzählbogen eingefasst worden. Dabei ist es verschiedentlich zu Brüchen gekommen. So ist wohl z.B. der Widerspruch in 1 Sam. 16 und 17 zu erklären. Demnach hatte sich David bereits einen Namen im Königshaus des Saul gemacht, doch dann wenig später heißt es nach dem Kampf Davids gegen Goliat, dass keiner den David kennt. Oder man nehme die Episode des Kampfes gegen die Philister. Erst wird gesagt, dass die Israeliten wegen des Eisenmonopols der Philister keine Schwerter hätten (1 Sam. 13,22), danach sind aber plötzlich alle mit Schwertern bewaffnet (1 Sam 14,20). Weitere grobe Fehler sind den Redakteuren unterlaufen. So wird erst in 1 Sam. 17 geschildert, wie David den Goliat erschlägt, doch dann soll es Elhanan gewesen sein (2 Sam, 21,19) oder hat dieser Lachmi, den Bruder Goliats, erschlagen (1 Chr. 20,5)? Laut 1 Sam. 31,4 begeht Saul Selbstmord, während es in 2 Sam. 1,10 heißt, ein Amalekiter hätte Saul getötet. Und so geht es weiter.

Vergewissert man sich Bibeltexte wie 1 Sam. 15, in dem der von Jahwe angeordnete Vernichtungsfeldzug gegen die Amalekiter beschrieben wird, oder 2 Sam. 24, wonach der von Jahwe selbst befohlene Zensus den Tod von 70 000 Israeliten nach sich zog – eine der üblichen Übertreibungen in der Bibel wie auch die Zahl der angeblich 1.3 Millionen wehrfähigen Männer oder die 100 000 Zentner Gold, die in den Bau des Tempels gesteckt sein sollen (1 Chr. 22,14) – so steht einem wieder das Bild eines nach Rache dürstenden, jähzornigen und blutrünstigen Gottes vor Augen. Aber war es bei anderen Völkern besser? Was wir aus dem orientalischem Umfeld wie z.B. Assyrien oder Kanaan (man erinnere sich an die Göttin Anat) wissen, lassen da Zweifel aufkommen. Werfen wir daher einen Blick auf das antike Griechenland.

Die Griechen hatten mit den Israeliten die Sehnsucht nach Freiheit und das Streben nach Selbstbestimmung gemeinsam. Die Erringung der Freiheit, wie im Exodus beschrieben, ist geradezu ein konstituierendes Element des israelitischen Nationalbewusstseins. Doch ein Teil dieser Errungenschaften ging verloren, als die reale Macht von den Stämmen an das Königtum überging. In Griechenland sammelten sich die Stämme unter der Führerschaft von Häuptlingen, die sich Könige nannten, in Stadtstaaten; eine geschlossene Nation bildete sich nicht. Die Macht dieser Könige war von vornherein begrenzt, was sich z.B. aus dem Epos des Homer herauslesen lässt. So konnten die Könige in den Volksversammlungen überstimmt werden. Infolge von Auflösungserscheinungen im Königstum trat später die Aristokratie an die Spitze des Gemeinwesens, aus der sich wiederum eine Clique herauslöste, welche die Alleinherrschaft an sich riss was so zur Oligarchie führte. Die weitere Entwicklung war dann von hier über die Tyrannis hin bis zur voll entfalteten Demokratie.

In dieser Zeit des frühen Griechenlands tat sich insbesondere Solon – einer der sieben Weisen der Antike –, der im Jahre 594 v. Chr. als Archon oder Führer Athens gewählt wurde, hervor. Er milderte die harschen Gesetzesbestimmungen des Drakon, führte weitgehende Reformen durch und hob die Schuldknechtschaft auf. Solon blieb bescheiden. Nie hatte er behauptet, dass ein Gott ihm die Gesetze eingegeben hatte. Geradezu revolutionär erscheint seine Einsicht in den kausalen Beziehungskomplex, indem er soziale Wirren nicht als göttliche Strafen versteht sondern als Folge kollektiven menschlichen Fehlverhaltens. Seine Gesetzgebung führte zu einer Art Wirtschaftswunder. Handel, Handwerk, Kunst und die Wissenschaften blühten auf.

Die Griechen sahen die Nationen überall noch in Despotie und dumpfen Aberglauben verfangen. Was diesen Völkern fehlte war gerade das, was sie so überaus zu schätzen wussten, die Freiheit zu denken, sagen und zu handeln. Sie nannten die anderen deshalb ‚barbaroi' was bedeutet: „Ein Mann, der sich mit einem Glauben ohne Vernunft und einem Leben ohne Freiheit zufrieden gibt" (Durant, W.: Der ferne Osten und der Aufstieg Griechenlands). Doch pflegten die Griechen einen Aberglauben besonderer

Art, nämlich das Orakelwesen. Orakel waren unerlässlich und wurden zu besonderen Ereignissen wie Hochzeiten oder Reisen befragt.

Die Griechen, befruchtet durch kulturellen Austausch mit Ägypten, Mesopotamien und Phönizien, trieben die Höherentwicklung des Geistes voran. Thales von Milet (geb. 640 v. Chr.) berechnete die Höhe der Pyramiden und sagte für den 28.5.585 v. Chr. eine Sonnenfinsternis voraus, was allgemeines Erstaunen auslöste. Herakleitos (geb. 530 v. Chr.) glaubte, dass Sinn und Ordnung in der Welt durch einen Logos, eine unpersönliche Weisheit, geschaffen und erhalten wird. Pythagoras (geb. 580 v. Chr.) entwickelte die Lehrsätze der Geometrie und errichtete eine Art kommunistische Gütergemeinschaft, die aus sich vegetarisch ernährenden Mitgliedern bestand.

Die Kunst fand ihre Anregungen vor allem in den anthromorphen Vorstellungen der Griechen von ihren Göttern. Deren üppige Menschlichkeit drängte nach Manifestation in Skulptur, Malerei, Poesie und Musik. Gerade bei den Griechen, die ihre ägyptischen und babylonischen Vorbilder weit übertrafen, fand die Kunst zu einer bis dahin unerreichten Schönheit, die sich vor allem in ihrer Individualität und perfekten Proportionalität ausdrückte.

Die Israeliten hatten auch wegen des Bilderverbots einen Kunstsinn nicht wirklich entwickeln können. So überrascht es dann auch nicht, in der Bibel zu lesen, dass ein Phönizier mit der Oberaufsicht des Tempelbaus beauftragt worden war. Erstaunlich aber scheint, dass in Griechenland die Künstler nicht gerade in hohem Ansehen standen. Dort galt ein Handwerker als Banause. Der Grieche der gehobenen Schicht widmete sich der Muße und des Wettkampfes. Das wetteifernde Streben setzte sich in allen Lebensbereichen der Griechen durch, von der Rhetorik bis hin zur sportlichen Disziplin. Sein Dasein konzentrierte sich auf die noble Betätigung des Geistes. Im Schweiße seines Angesichts arbeiten zu müssen, wie furchtbar und entehrend. Da überließ man lieber Gewerbe und Ackerbau den Zugesiedelten und Sklaven. Durant meint, dass die wahre Religion der Griechen ein Kult der Gesundheit, Schönheit und Kraft gewesen sei. Diesem könnte man hinzufügen, der Sinn für Freiheit.

Dieser Hang zur eifersüchtig bewahrten Freiheit auf Selbstbestimmung wirkte sich allerdings oft auch verhängnisvoll aus. Ähnlich wie zur Richterzeit die israelitischen Stämme sich zur Abwehr von Gefahr zeitweise verbündeten, so gingen auch die griechischen Stadtstaaten zeitlich begrenzte Bündnisse ein, doch da man einander oft mißtraute, waren solche Koalitionen nicht immer erfolgreich. Da man sich nicht einigen konnte, wurden z.B. die ionischen Städte in Kleinasien relativ mühelos von den Persern überwältigt. Während nun der Freiheitsgedanke in Griechenland zu seiner vollsten Entfaltung kam, wurde er in Israel abgewürgt. Das lag nicht nur an der Machtausübung der Könige sondern auch an dem Zwang der Unterwerfung unter eine von Jahwe selbst diktierte Gesetzgebung, von deren Befolgung das Wohl und Wehe des Einzelnen wie auch das des Volkes abhing. Neues Denken und kulturelle Kreativität kann sich in einem solchen Umfeld oktroyierten Kadavergehorsams kaum entwickeln. So bemißt sich denn auch die Kritik der hebräischen Propheten vorwiegend am theologischen Gesichtspunkt. Individuelles und gesellschaftliches Versagen wird mit der Nichtbefolgung der mosaischen Gesetze verbunden.

Im krassen Gegensatz zum Monotheismus der Israeliten stand der übervölkerte griechische Pantheon, deren Götter eine moralisch oft fragwürdige Existenz führten. Die Griechen hatten nicht einen Leitfaden wie die Zehn Gebote welche den Rahmen einer allgemeinen Sittlichkeit vorgab. Dieser musste erst mühsam erarbeitet werden; denn es gab weder eine Offenbarungsreligion noch eine Theologie im engeren Sinne. Es existierte keine in sich abgeschottete Priesterkaste, die ihr Monopol auf Realitätsdefinition eifersüchtig verteidigte. Somit gab es auch keine auf ewig festgezurrten Wahrheiten, die dazu tendieren, den gesellschaftlichen Wandel zu behindern. In der griechischen Gesellschaft war somit öffentlicher Diskurs möglich, wenn auch die Leugnung der Existenz der Götter einem das Leben kosten konnte, wie es Sokrates erfahren musste. Wie die Propheten Israels, so waren in gewisser Weise die Philosophen Griechenlands das moralische Gewissen der Nation, nur dass diese nicht an göttliche Eingebung sondern an die menschliche Vernunft appellierten. So ist das Vermächtnis Griechenlands an die Menschheit diese Freiheit des Geistes, welche Kunst, Literatur und Wissenschaft zu ungeahnter Höhe emporführte. Die Leistung Israels aber liegt im Durchbruch vom zyklischen Denken zur Vorstellung einer Geschichtlichkeit, wodurch die Demarkationslinien von Vergangenheit, Gegenwart und Zukunft klar voneinander abgesteckt wurden. In dieser Hinsicht gehört der Bibel unsere höchste Würdigung.

Doch dieses Freiheitsstreben der Griechen und ihr Hang, sich immerzu messen zu müssen, hatte auch ihre Schattenseiten. Anstatt auch dem Anderen seine Freiheit zum Emporstreben zu gönnen, herrschten eher Mißgunst, Neid, ja Hass. Die griechischen Poleis waren im Verlauf ihrer Geschichte in immer verbisseneren Auseinandersetzungen um Macht und Ehre verwickelt. Insbesondere Sparta und Athen rangen jahrhundertelang bis zu ihrer völligen Ausblutung in unversöhnlicher Feindschaft um Einfluß miteinander. Der Haß der Hellenen richtete sich gegen den Landsmann, Jahwe haßte die Abgötterei; denn er ist ein eifersüchtiger Gott. So war es nur folgerichtig, dass die Träger des fremden Glaubens, die Kanaaniten, ausgerottet werden mussten. Der Haß der Griechen führte auch zu Mord und Totschlag, Krieg und Verwüstung, doch verneinte er nicht kategorisch das Lebensrecht des anderen.

Anders bei den Israeliten. Hier zielte der Haß auf die Auslöschung der Kanaaniten da ihre bloße Existenz eine Bedrohung des wahren Glaubens darstellte. Doch so ein Haß stellt sich nicht automatisch ein; er muss erst geschürt werden. Die Massen lebten ja zumeist – wie aus der Bibel ersichtlich – in friedlicher Koexistenz mit den anderen Völkern und eigneten sich deren Sitten, Gebräuche und religiösen Überzeugungen an. Nun gelingt es führenden Kräften oftmals relativ leicht, mit ihrer Haßpropaganda die wenig gebildeten Schichten zu überzeugen und zu mobilisieren. Auf diese Weise wurden die Serben gegen die Bosnier, die Hutus gegen die Tutsis und die Deutschen gegen ihre jüdischen Mitbürger aufgehetzt. Und so geschieht es auch heute wieder, wenn islamistische Fundamentalisten die Naivität der noch ungefestigten jungen Persönlichkeiten und ihre Verführungsanfälligkeit aus Gründen ungesicherter Existenz oder sozialer Isolierung für ihr mörderisches Treiben ausnutzen. Gehören dann nicht etwa auch Jahwes Aufrufe zur Rache an den Heiden und deren Ausrottung in die Kategorie ‚hatespeech'?

Es steckt aber wohl mehr dahinter als blindwütiger Haß. Zumindest die angestrebte Vernichtung der Kanaaniten erscheint wie ein wohl organisierter und von langer Hand vorbereiteter Feldzug. Und vom sprachlichen Gebrauch her und gemessen an seiner emotionalen Tiefe könnte genauso gut auch von der Ausmerzung von Ungeziefer auf dem Ackerfeld die Rede sein. Das erweckt schon Assoziationen an die gefühlslose Arbeitsdurchführung von Schreibtischtätern wie Eichmann. Allerdings, während die Nazis ihre Ausrottungskampagnen in der kaltblütigen Gewißheit des Unrechts durchgeführt hatten, sollte man ein solches den biblischen Redakteuren im Exil nicht unterstellen. Sie dachten völlig in der Gewißheit des Glaubens und waren sich keiner moralischen Verfehlung bewußt. Aber die Priesterkaste sah nebst der Bedrohung der nationalen Identität auch ihre Pfründe und ihr Wahrheitsmonopol in Gefahr. Um somit ihrer Autorität und ihrer persönlichen Überzeugung durch den Aufweis der Macht Jahwes festen Grund zu verschaffen war eine Neu-definition der Ereignisse erforderlich. Die Forderungen nach absoluten Gehorsam auf der einen Seite und nach Abgrenzung zur Umwelt auf der anderen waren im Grunde nur eine Radikalisierung bereits vorhandenen Gedankenguts. Dies gipfelte dann in der fiktiven Vernichtung der Andersgläubigen.

4.3. Von der Reichsteilung bis zum Exil (1 Kön. 12–22 – 2 Kön. und 2,10–36 Chr.)

Das Nordreich Israel

Nach Salomos Tod wollte sich sein Sohn **Rehabeam** als König bestätigen lassen. Die Ältesten Israels beklagten sich bei Rehabeam über den schweren Frondienst, doch anstatt das Volk schonend zu behandeln wie ihm seine eigenen Berater empfohlen hatten, ließ er es nur noch ärger drangsalieren. Daraufhin fiel Israel mit seinen Nordstämmen vom Hause David ab. So regierte Rehabeam nur noch über Juda.

Der ehemalige Fronvogt Salomos, **Jerobeam**, war von Ägypten, wohin er sich geflüchtet hatte, zurückgekehrt und wurde von seinen Landsleuten zum König über Israel berufen. Er richtete zwei Heiligtümer mit je einem goldenen Kalb ein, damit das Volk nicht nach Jerusalem zum Tempel zu pilgern hatte. Der HERR aber beschuldigte ihn der Abgötterei und stellte seinem Haus großes Unheil in Aussicht. Nach einer langen Regierungszeit, die von kriegerischen Auseinandersetzungen mit Juda geprägt war, verstarb Jerobeam, doch sein Sohn fiel bereits kurz darauf einer Verschwörung zum Opfer. Dessen Mörder Basha erschlug „das ganze Haus Jerobeam; er ließ auch nicht einen übrig vom Hause Jerobeam, bis er ganz vertilgt hatte nach dem Wort des HERRN … um der Sünden Jerobeams willen“.

Wie schon seine Vorgänger, tat auch **Basha** „was dem HERRN mißfiel“ und also beschloß der HERR auch Basha und sein Haus auszurotten. Basha selbst verstarb zwar viele Jahre später eines natürlichen Todes doch wurde sein Sohn schon kurz nach seiner Amtseinführung als König von einem seiner Obersten erschlagen, und mit ihm sämtliche Verwandten des Hauses als auch die Freunde. Dies geschah, um das Wort des HERRN zu erfüllen. Der Oberst blieb nur ein paar Tage an der Macht, als er, von dem Feldhauptmann Omri in die Enge getrieben, Selbstmord beging. Auch er starb „um seiner Sünden willen … , dadurch, dass er tat, was dem HERRN mißfiel“. Nachdem **Omri** sich gegen seine Widersacher durchgesetzt hatte, erbaute er eine neue Stadt und nannte sie Samaria. Doch sehr zum Mißfallen des HERRN war auch er den fremden Göttern zugeneigt. Als er verstarb, übernahm sein Sohn **Ahab** die Königsherrschaft.

Ahab trieb es noch ärger mit der Abgötterei als alle anderen, die vor ihm gewesen waren. Er nahm die Heidin Isebel zur Frau und bekannte sich zu Baal, dem er einen Tempel in Samaria einrichtete. Zudem verehrte er die Göttin Aschera. Es erhob sich aber in Israel ein Prophet namens **Elia**. Der weissagte, dass Israel von einer Dürre verheert werden würde. Auf Anraten des HERRN verbarg Elia sich eine Weile in der Einöde im Osten wo er morgens und abends von einem Raben mit Nahrung versorgt wurde. Im Hause einer armen Witwe wirkte er sein erstes Wunder. Nicht nur, dass ihr Mehl und Öl von nun an nie mehr zur Neige ging, auch rief er ihren Sohn ins Leben zurück.

Als die Hungersnot in Israel wütete, suchte Elia König Ahab auf. Als der ihn als einen Unheilbringer bezichtigte, entgegnete Elia, dass das Unglück über das Land gekommen sei, weil er sich vom HERRN abgewandt habe. Wer war der rechte Gott? Elia wollte allein gegen achthundertfünfzig Propheten des Baal in einer Feuerprobe beweisen, dass die wahre Macht bei Jahwe liegt. In der Tat, die Propheten des Baal versagten aber als Elia den HERRN anrief, „da fiel das Feuer des HERRN herab“ und vertilgte alles auf seinem Altar. Auf Geheiß des Elia ergriff man nun die anderen Propheten und Elia „tötete sie daselbst“.

Als Isebel von dem Geschehen hörte, schwor sie Rache und so entzog sich Elia ihren Nachstellungen durch die Flucht. In der Wüste war ihm sterbenselend zumute, doch ein Engel ermutigte ihn und wieder wurde er auf wundersame Weise mit Brot und Wasser versorgt. Als er abermals verzagen wollte, da richtete der HERR ihn durch Zeichen seiner großen Macht auf, indem er nacheinander einen starken Wind, „der die Berge zerriß“, ein Erdbeben und Feuer schickte, dem ein „sanftes Sausen“ folgte. Auf ein Wort des HERRN ging er nun nach Damaskus, um dort Hasael zum König über Aram zu salben, Jehu zum König über Israel und **Elisa** zu seinem Nachfolger. Durch diese drei wird sich die Rache des HERRN vollziehen. „Und ich will übriglassen siebentausend in Israel, alle Knie, die sich nicht gebeugt haben vor Baal“. Auf seinem Weg traf er Elisa beim Pflügen an. Er warf ihm seinen Mantel über und Elisa „folgte Elia nach und diente ihm“.

Isebel war auch die treibende Kraft, die ihren Gatten Ahab in Besitz des von ihm gewünschten Weinbergs brachte als sie angesichts der Unentschlosssenheit ihres Mannes den Besitzer Nabot durch bestochene Männer wegen Gotteslästerung anklagen ließ und dieser daraufhin gesteinigt wurde. Elia aber klagte Ahab des Raubes und Mordes an. Dafür werden er und seine Frau mit ihrem Leben zahlen und „wo Hunde das Blut Nabots geleckt haben, sollen Hunde auch dein Blut lecken“. Als sich Ahab auf diese Worte hin demütigte wurde der HERR ihm gnädig und sicherte ihm zu, dass er dieses Unheil erst zur Zeit der Regentschaft seines Sohnes eintreffen lassen werde.

Israel und Juda verbündeten sich für einen Feldzug gegen den König von Aram. Während Ahabs Propheten einen großen Sieg weissagten, sah der Prophet Micha voraus, dass sich Israel zerstreuen werde. Ja, er hätte den HERRN zu seinem himmlischen Heer sprechen hören: „Wer will Ahab betören, dass er hinaufzieht und vor Ramot in Gilead fällt?“ Ein Geist trat hervor, willens der Lügengeist im Munde aller Propheten zu sein, und Jahwe sprach: „Du sollst ihn betören“. Voller Zorn ob dieser Rede ließ Ahab den Micha in den Kerker werfen und zog in die Schlacht. Doch auf dem Kampffeld wurde er tödlich verwundet und das von ihm abtropfende Blut leckten die Hunde. Neuer König in Israel wurde **Ahasja**.

Nach dem Tode Ahabs fielen die Moabiter von Israel ab. Ahasja, der wie schon sein Vater den Baalen diente, starb schon bald an den Folgen eines Unfalls. An seiner statt wurde nun **Joram** König. Es war um diese Zeit, als der HERR Elia gebot, an den Jordan zu gehen; denn er wollte ihn in den Himmel holen. Als er mit seinem Jünger Elisa an den Fluss kam, schlug er die Wasser mit seinem Mantel, so dass sie trockenen Fusses ans andere Ufer gelangen konnten. Sie redeten noch miteinander, da kam ein feuriger Wagen, mit feurigen Rossen, die schieden die beiden voneinander. „Und Elia fuhr im Wetter gen Himmel“.

Elisa erwies sich schon bald als ein wahrer Wundermacher. Wie schon Elia vor ihm vermochte er die Wasser des Jordan zu teilen und schlechtes Wasser in gutes zu verwandeln. Kleine Knaben, die ihn als Kahlkopf verspotteten wurden daraufhin von zwei Bären zerrissen. Auch half er König Joram einen Krieg gegen die abtrünnigen Moabiter zu gewinnen. Er legte beim HERRN ein gutes Wort für ihn ein, allerdings hauptsächlich, weil er dessen Bundesgenossen, den König von Juda, achtete. Der HERR täuschte die Moabiter, so dass sie ein leichtes Opfer für die Krieger von Israel und Juda wurden, die sie besiegten und ihr Land verwüsteten.

Elisa vollbrachte Wunder auf Wunder. So ließ er das Öl einer Witwe mehren und rief ihren Sohn ins Leben zurück. Er vermochte, Brot zu vermehren, so dass über hundert Mann gesättigt werden konnten. Er heilte einen Feldhauptmann der Aramäer von Aussatz und ließ Eisen auf dem Fluss schwimmen. Auf ein Wort des Elisa hin schlug der HERR das Heer der Aramäer mit Blindheit und der Prophet selber führte die Aramäer in die Irre.

Als die Aramäer wieder einmal Samaria belagerten, da war die Hungersnot groß. In ihrer Verzweiflung aßen die Menschen sogar ihre eigenen Kinder. Der König, dem eine Frau ihre Not klagte, zerriss seine Kleider und wandte sich an Elisa: „Dies Übel kommt von dem HERRN“. Elisa aber erwiderte, der HERR werde am folgenden Tage das Volk aus seiner Bedrängnis befreien. In der Tat, er spiegelte den Aramäern das Kommen einer großen Heeresmacht vor und sie ergriffen in ihrer Furcht die Flucht.

Im Auftrag Elisas salbte einer der Prophetenjünger den Hauptmann **Jehu** zum neuen König von Israel und ließ ihm im Namen des HERRN bestellen: „Du sollst das Haus Ahabs, deines Herrn schlagen, dass ich das Blut meiner Knechte, der Propheten, und das Blut aller Knechte des HERRN räche, das die Hand Isebels vergossen hat“. So begann eine Verschwörung des Jehu gegen den König Joram. Jehu tötete zunächst den Joram, der ihm im Frieden entgegenkam; gleichfalls seinen Bundesgenossen, den König von Juda, Ahasja, der zu der Zeit in Israel weilte. Isebel wurde auf seinen Befehl hin aus dem Fenster gestürzt und ihr Leichnam den Hunden zum Frass überlassen.

Und das Töten ging weiter. Auf einen Brief des Jehu hin schlugen die Oberen in Samaria den siebzig Söhnen des Ahab den Kopf ab und sie schickten die Köpfe in einem Korb an Jehu. Daraufhin trat Jehu an das Volk und er sprach: „So erkennt denn, dass kein Wort des HERRN auf die Erde gefallen ist, das der HERR geredet hat gegen das Haus Ahab. Der HERR hat getan, wie er geredet hat durch seinen Knecht Elia“. Jehu ließ nicht locker bis er in Samaria alle aus dem Hause Ahab erschlagen hatte. Die Propheten des Baal wurden von seiner Leibwache getötet und alles zerstört, was der Verehrung der fremden Götter diente. Nach vollbrachter Tat sprach der HERR zu Jehu: „Weil du willig gewesen bist, zu tun, was mir gefallen hat, und am Hause Ahab alles getan hast, was in meinem Herzen war, sollen dir auf dem Thron Israels sitzen deine Söhne bis ins vierte Glied“. Aber auch Jehu verfiel den Sünden seiner Vorgänger und so ermächtigte der HERR die Aramäer, grosse Teile Israels zu besetzen. Als Jehu nach achtundzwanzig Jahren verstarb, wurde sein Sohn **Joahas** König an seiner Statt.

Auch Joahas tat, „was dem HERRN missfiel“. So entbrannte der Zorn des HERRN und er ließ Israel in die Hand des Königs von Aram geben, erhörte dann aber das Flehen des Joahas und verschaffte dem Volk Rettung. Doch Joahas sündigte weiter. Auch **Joasch**, der nach dem Tod seines Vaters das Königtum geerbt hatte, war dem HERRN untreu.

Der Prophet Elisa derweil vermochte noch in seinem Tod weiter Wunder wirken. Ein von den Moabitern getöteter Mann, der in sein Grab geworfen wurde, kam wieder ins Leben zurück „als er die Gebeine Elisas berührte“.

Die Regierungszeit von Joasch gestaltete sich recht erfolgreich. Nicht nur konnte er verloren gegangene Städte wieder zurück erobern, er vermochte auch Juda zu schlagen, dessen König ihn keck herausgefordert hatte, sich mit ihm zu messen. Er nahm Judas König Amazja gefangen, riss die Mauer Jerusalems ein, plünderte Tempel und Königshaus und zog dann wieder ab nach Samaria. Als er nach sechzehn Jahren Regierungszeit verstarb, folgte ihm sein Sohn **Jerobeam** nach.

Auf Jerobeam folgte in kurzen Zeitabständen eine Reihe von Königen, die fast allesamt einer Verschwörung zum Opfer fielen. Zunächst konnte sich Israel nur durch Tributzahlung an den König von Assyrien seine Unabhängigkeit bewahren, doch es verlor nach und nach weite Teile seines Landes an Assyrien. Mit **Hoschea** kam der letzte König Israels an die Macht. Unter ihm wurde Israel zum Vasall Assyriens. Als sich Hoschea noch einmal gegen dessen Vorherrschaft auflehnte und sogar versuchte, ein Bündnis mit Ägypten zu schmieden, wurde er von Assyriens König gefangengenommen und kurzerhand ins Gefängnis geworfen. Nach einer dreijährigen Belagerung Samarias kam das Ende. Israel wurde besetzt und seine Bevölkerung deportiert.

Israel war von dem HERRN verworfen worden; denn sie hatten den Baals und der Aschera gedient. „Dazu verachteten sie seine Gebote und seinen Bund ... und ließen ihre Söhne und Töchter durchs Feuer gehen und gingen mit Wahrsagen und Zauberei um". So wurde der HERR zornig und „riss Israel vom Hause David los".

Das Südreich Juda

Es war das fünfte Regierungsjahr des Königs von Juda, **Rehabeam** (922 v. Chr.), als der Pharao Schischak gegen Jerusalem zog; „denn sie hatten sich am HERRN versündigt". Als sich die Obersten aber vor dem HERRN demütigten, da fanden sie Gnade und Schischak zog wieder ab, allerdings nicht bevor er Jerusalem geplündert hatte. Rehabeam starb und sein Sohn **Abija** wurde König an seiner Statt.

Abija wie zuvor schon sein Vater sündigte gegen den HERRN. Er zog mit einem Heer von vierhunderttausend Mann gegen Israel. Sein Gegner hingegen bot achthunderttausend Mann gegen ihn auf. Von einem Berg hinab wandte sich Abija an Israel und warf ihnen vor, Gott verlassen zu haben. In Juda hingegen hält man seine Gebote. Der HERR war auf Judas Seite und in der Schlacht verlor Israel „fünfhunderttausend erlesene Leute". Abija regierte nur drei Jahre und als er starb folgte ihm sein Sohn **Asa** auf den Thron.

Asa war Gott wohlgefallen. Er jagte die Tempelhuren aus dem Lande und tat die Götzen hinweg. Auch seine Mutter setzte er ab; denn sie hatte der Aschera gehuldigt. Die Kuschiter, die mit einem Heer von einer Million Krieger gegen ihn zogen, konnte er bis auf den letzten Mann niedermachen. Mit dem König von Israel, Bascha, führte er fast unentwegt Krieg. Er bestach den König von Aram, sich gegen Israel zu wenden, um sich selbst aus der Umklammerung Israels lösen zu können. Doch ein Seher schalt ihn, sein Vertrauen auf irdische Macht statt Jahwes gesetzt zu haben. Wegen seiner vorwitzigen Worte ließ der erzürnte Asa den Seher ins Gefängnis werfen. Er selbst erkrankte bald und starb, ohne den HERRN um Heilung ersucht zu haben. Sein Sohn **Joschafat** folgte ihm nach.

Auch Joschafat war wohlgeraten; denn er wandelte in den Geboten des HERRN. Mit dem „Gesetzbuch des HERRN" ließ er das Volk unterweisen.

Seine Macht wuchs, und er konnte sich auf ein Heer von über einer Million streitbarer Männer stützen. Doch dann geriet er auf Abwege. Er verschwägerte sich mit Ahab, dem König Israels, und ließ sich von diesem bereden, gegen die Aramäer zu ziehen. Der Kriegsausgang war unglücklich. Ahab verlor sein Leben und Joschafat musste unverrichteterdinge nach Jerusalem zurückkehren. Zudem hatte er durch seine Hilfeleistung für den gottlosen Ahab die Gunst des HERRN verloren. Nur weil er zuvor die Götzenbilder hatte entfernen lassen, sollte seine Strafe milder ausfallen.

Joschafat ordnete die Rechtsprechung und bestellte Richter. Priestern fiel die Aufgabe zu, Streitfälle am Gericht des HERRN zu schlichten. Fünfundzwanzig Jahre später und nach Erfolgen auf dem Kampffeld starb er und sein Sohn **Joram** kam auf den Thron. Der aber geriet schon bald beim HERRN in Misskredit; denn „er erschlug alle seine Brüder mit dem Schwert ... Aber der HERR wollte das Haus David nicht verderben um des Bundes willen, den er mit David geschlossen hatte“. Es kam aber schlimm für Joram. Die Edomiter wurden abtrünnig und die Philister als auch Araber überfielen Jerusalem, plünderten sein Haus und entführten ausser einem alle seine Söhne wie auch die Frauen. Er selbst wurde vom HERRN mit einer üblen Krankheit geschlagen woran er starb. Sein Sohn **Ahasja** folgte ihm nach.

Ahasja wurde schon kurz nach seiner Thronbesteigung vom Verräter Jehu ermordet. Daraufhin brachte seine Mutter Atalja „alle aus dem königlichen Geschlecht um“. Nur der Jüngste, **Joasch**, konnte dem Gemetzel entkommen und wurde jahrelang von einem Priester versteckt gehalten. Schließlich fand der Priester Verbündete unter den Soldaten. Joasch wurde in aller Öffentlichkeit gesalbt und zum König gekrönt während seine Mutter von den Männern des Priesters getötet wurde. Daraufhin zerstörte das Volk die Altäre des Baal und die Götzenbilder.

Joasch kam im zarten Alter von acht Jahren an die Macht. Solange der Priester lebte, tat er recht vor dem HERRN und organisierte sogar Ausbesserungsarbeiten am Tempel. Nach dem Tode des Priesters dienten Joasch und seine Oberen wieder den Baalen. Da ergriff der Geist Gottes den Sohn des Priesters und er sprach die warnenden Worte Gottes, dass wenn sie den HERRN verlassen, dann wird er auch sie verlassen. Joasch wurde von seinen empörten Oberen erschlagen, als er sich mit Gaben aus Tempel und Palast den Abzug des König von Aram erkaufte.

Sein Sohn **Amazja** zog gegen die Männer von Seir und erschlug viele von ihnen. Doch brachte er die Götter von Seir mit, „betete sie an und opferte ihnen“. So entbrannte der Zorn des HERRN gegen ihn und er fiel einer Verschwörung zum Opfer.

Das Volk machte seinen Sohn **Asarja** zum neuen König. Er erfreute sich zwar eines langen Lebens doch da er an Aussatz litt – eine Strafe des HERRN, da er am Altar den Priestern vorbehaltene Handlungen vollzogen hatte – übernahm sein Sohn **Jotam** für ihn die Regentschaft. Ihm folgte dessen Sohn **Ahas** auf den Thron.

Dem Ahas war der HERR wegen seiner Abgötterei nicht wohlgesonnen. Juda wurde von Aram und Israel belagert und musste Gebietsverluste hinnehmen. In seiner Not wandte sich Ahas an den assyrischen König und erwarb mit Geschenken dessen Gunst. Der besetzte Aram und tötete den König des Landes. Auch sonst tat Ahas vieles, um die gute Beziehung zum König der Assyrer zu pflegen. Im Jahre 725 v. Chr. verstarb er und sein Sohn **Hiskia** wurde König.

Hiskia war aus ganz anderem Holz geschnitzt. Er „vertraute dem HERRN“, „hielt seine Gebote“ und unterband alle Formen der Abgötterei im Lande. Des HERRN Heiligtümer wurden gereinigt und neu geweiht, der Opferdienst wieder aufgenommen und das Passafest erneuert. Als er aber die Vasallenschaft zum assyrischen König aufkündigte, reagierte dieser augenblicklich und zog gegen Jerusalem. König Sanherib stellte ihm seine aussichtslose Lage vor Augen, bot aber Juda seine Freundschaft an. Er wandte sich an das Volk und rief es auf, sich nicht länger von Hiskia betrügen zu lassen. „Das Volk aber schwieg“. Der Prophet **Jesaja** sprach Hiskia Mut zu und prophezeite, dass der assyrische König sich durch die Intervention des HERRN zurückziehen werde. Hiskias Flehen zum HERRN wurde erhört. „In dieser Nacht fuhr aus der Engel des HERRN und schlug im Lager von Assyrien hundertfünfundachtzigtausend Mann’ ... Sanherib zog sich daraufhin zurück nach Ninive.

Nachdem Hiskia durch den HERRN von einer ernsthaften Krankheit geheilt worden war, empfing er eine Gesandtschaft aus Babel. Da sah der Prophet Jesaja sich veranlasst zu weissagen: „Siehe, es kommt die Zeit, dass alles nach Babel weggeführt werden wird, was in deinem Haus ist“. Doch zu Hiskias Zeiten blühte das Land auf. Grosser Reichtum wurde im Könighaus angesammelt, Vorratshäuser für die Ernte gebaut und die obere Wasserquelle nach Jerusalem umgeleitet.

Manasse, der seinem Vater nachfolgte, wurde dem HERRN abtrünnig und verehrte die Baale. Zwischenzeitlich hatte ihn der König von Assur sogar als Gefangenen nach Babel gebracht. Erst als er sich vor dem HERRN demütigte, hatte dieser ein Einsehen und „brachte ihn wieder nach Jerusalem in sein Königreich" zurück. Dort entfernte er die fremden Götzen und erneuerte den Altar des HERRN. **Amon** übernahm nach dem Tod seines Vaters die Regentschaft, fiel aber schon bald einem Komplott zum Opfer woraufhin das Volk die Verschwörer erschlug. Hernach wurde sein Sohn **Josia** zum König gekrönt.

Josia wandelte in den Wegen des HERRN. Er befahl, die Tempeleinnahmen für Ausbesserungsarbeiten am Tempel zu verwenden. Der Hohenpriester fand „das Buch des Gesetzes des HERRN, das durch Mose gegeben war" und ließ es dem König überbringen. Was darin geschrieben stand entsetzte diesen und er sprach: „Geht hin und befragt den HERRN für mich, für das Volk und für ganz Juda über die Worte dieses Buches, das gefunden ist; denn groß ist der Grimm des HERRN… weil unsere Väter nicht den Worten dieses Buches gehorcht haben". Die Prophetin Hulda sprach im Namen des HERRN und weissagte Unheil, das aber erst nach Lebzeiten des König Josia eintreffen werde. Vor dem versammelten Volk ließ Josia das Gesetzbuch verlesen, und er und das Volk erneuerten den Bund mit dem HERRN und sie gelobten, alle seine Gebote zu halten. Was immer sich noch von den alten Götzen auffinden ließ wurde entfernt. „Und er ließ alle Priester der Höhen, die dort waren, schlachten auf den Altären und verbrannte Menschengebeine darauf". Auch wurde der Dienst der Sonne eingestellt und stattdessen das Passafest wieder eingeführt.

Wenn auch Josia sich mit ganzem Herzen dem Dienst des HERRN widmete, so war dessen Grimm doch nicht mehr zu stillen; denn zuviel Unrecht war begangen worden, und dies konnte nur durch Strafe gesühnt werden. So ließ der HERR verlauten, dass er Juda und Jerusalem verwerfen werde. Josia aber fand den Tod auf dem Schlachtfeld, als er sich dem Pharao in den Weg stellte.

Josias Nachfolger regierten zumeist nicht lange und waren eher von der Gnade Ägyptens oder Babylon abhängig. Der letzte König Judas, **Zedekia**, war wie sein Bruder **Joachin** vor ihm von Nebukadnezar, dem König von Babel eingesetzt worden. Joachin und mit ihm zehntausend der Obersten, Kriegs- und Werkleuten kamen in die babylonische Gefangenschaft.

Als Zedekia dem König von Babel abtrünnig wurde, da zog dieser gegen Jerusalem, plünderte die Stadt aus und riss seine Mauern nieder. Zedekia, der geflohen war, wurde gefasst, seine Söhne vor seinen Augen getötet und er selbst danach geblendet. Noch mehr Einwohner gerieten in Gefangenschaft, nur die Geringen ließ man zurück. Ein Statthalter wurde in Juda eingesetzt, doch wurde der schon bald von Aufrührern erschlagen, die sich daraufhin aus Furcht vor der Rache der Chaldäer nach Ägypten absetzten. Joachin aber wurde nach langer Kerkerhaft begnadigt, und der König von Babel ließ ihm eine bevorzugte Behandlung angedeihen. Siebzig Jahre lang wird Juda nun wüst liegen, bis Kyrus, der König von Persien, durch den HERRN dem Volk die Rückkehr nach Jerusalem gestatten sollte.

Kommentar

Es mehren sich nun außerbiblische Belege, die der biblischen Geschichte eine gewisse Historizität verbürgen. So wird z.B. König Jehu auf dem sog. ‚Schwarzen Obelisk von Kalah' in unterwürfiger Haltung gegenüber dem assyrischen König gezeigt. Omri und sein Sohn Ahab werden auf der 840 v. Chr. datierten Mescha-Stele genannt und die aramäische Steleninschrift kennt Joram als König von Israel.

Wiederum werden im Alten Testament ins Phantastische aufgeblähte Zahlen von Toten und Kriegern genannt. Historiker schätzen die Einwohnerzahl Judas im 7. Jahrhundert v. Chr. auf etwa 70 000, der Chronist kommt auf über eine Million wehrfähiger Männer (2 Chr 17,14ff). Ähnlich stark soll die Armee der Kuschiter gewesen sein (2 Chr 14,9).

Die Angaben über die Zahl der aus Jerusalem nach Babylon Deportierten schwanken. Der Prophet Jeremia beziffert sie mit 3023 bzw. 832 (Jer 52,28f), das Buch der Könige hingegen zunächst mit 10.000 und schließt dann das ganze übrige Volk (2 Kön. 24,14; 25,11f) ein. Schwerwiegender sind die Diskrepanzen in der Darstellung der Beziehung zwischen König Ahas von Juda und dem König von Assyrien. Folgt man dem Buch der Könige, so tat der assyrische König dem Ahas den Gefallen, gegen Damaskus zu ziehen (2 Kön. 16,9). Der Chronist stellt es umgekehrt dar. Ihm zufolge wandte sich der assyrische König gegen Ahas (2 Chr. 28,20). Das ist nicht weniger als Geschichtsklitterung und der Chronist liefert selbst die Gründe dafür. König Ahas hatte sich gegen Jahwe gestellt und den Göttern in Damaskus geopfert (2 Chr. 28,19.22f). Weil er sich so versündigt hatte, musste er eine Niederlage erleiden obwohl es dem tatsächlichen Geschichtsverlauf widerspricht, zumindest wie ihn das Buch der Könige darstellt.

Immer wenn die Bibel sich den beiden Propheten Elia und Elisa zuwendet, weiten sich ihre Erzählungen ins Legendenhafte, gespickt mit Märchenmotiven und Wundern. So erinnert die wundersame Versorgung Elias durch einen Raben an das Märchen Tischlein-deck-dich. Auferstehungsgeschichten finden sich verbreitet in der Antike. So hatte der griechische Heiler Asklepios so viele Tote zum Leben erweckt, dass er das Missfallen der Götter erregte. Am Ende seines irdischen Daseins wird Elia auf einem feurigen Wagen, gezogen von einem feurigen Ross, zum Himmel erhoben (2 Koen 2,11). Die Ilias erzählt, wie der mythische Held Bellerophontos mit seinem geflügelten Pferd Pegasus in den Himmel aufsteigt um den Sitz der Götter zu erkunden. Und auch Mohammed soll ja eine ähnliche Himmelsreise von Jerusalem aus unternommen haben.

Es dürfte nun klar sein, dass die Bibel uns keine zuverlässige Geschichtsschreibung liefert. Zum einen ist ihre Darstellung fehlerhaft, zuweilen legendarisch, und sie neigt zu Übertreibungen. Zum anderen ist sie mit Vorurteilen behaftet; denn die Bewertung der Könige richtet sich allein danach, inwieweit sie den Jahwe-Kult gefördert haben. In teilweiser Korrektur der biblischen Darstellung soll daher nachfolgend ein Abriss der israelitischen Geschichte gegeben werden, wie ihn die historische Forschung nahelegt.

Entgegen der Sicht der Bibel war Israel nur eine Kleinmacht im Konzert der Großen wie Assyrien, Babylonien und Ägypten. Erwartungsgemäß folgt politischer Dominanz kulturelle Dominanz was in Israels Fall die Anerkennung fremder Götter bedeutet. Wenn somit z.B. König Ahas den Kult und die Götter Assyriens einführte so war dies lediglich ein Stück Realpolitik, für die Bibel aber war es eine durch Jahwe zu bestrafende Verfehlung.

Während nun die Geschichte Israels und Judas in etwa parallelen Bahnen verlief, da sie sich ähnlichen Herausforderungen durch ihre Umwelt gestellt sahen, so war doch Israel dem Bruderstaat Juda in seiner Entwicklung etwa hundert Jahre voraus. Allerdings waren die Verhältnisse in den Jahren folgend auf Salomos Herrschaft auch in Israel noch prekär. Israels Herrschaftsgebiet war auf das zentralpalästinische Bergland (die heutige Westbank) beschränkt wobei sich sein Einfluss zeitweise darüber hinaus noch auf die angrenzenden Gebiete erstreckte. Die Wirtschaftsform war überwiegend bäuerlich und die im Lande lebenden Sippen und Familien besaßen ihre je eigenen Gebräuche und Sitten. Die familiäre Frömmigkeit wurde in Hauskulten praktiziert. Daneben existierten zwei zentrale Heiligtümer (Bet-El und Dan) was aus Jerusalemer Sicht ein Sakrileg darstellte, untergrub es doch dessen Monopolstellung. Dieser Standpunkt diente später als Vorwand für ihre Zerstörung. Jedoch waren sie stammesgeschichtlich gesehen nur eine Fortsetzung vorstaatlicher Ordnung und Tradition.

Der von der Bibel wenig gewürdigte König Omri (882–871 v. Chr.) war in Wirklichkeit der mit Abstand bedeutendste Monarch des Nordreiches. Mit ihm beginnt der Territorialstaat Konturen anzunehmen. Er gründete Samaria als Hauptstadt Israels, vermochte Moab seinem Reich einzugliedern und dem Druck ausländischer Mächte erfolgreich widerstehen. Unter seinem Sohn Ahab setzte sich der wirtschaftliche Aufschwung fort und der internationale Handel blühte auf. Die Bibel bewertet die Regentschaft Ahabs wegen seiner Heirat der sidonesischen Prinzessin Isebel und des damit verbundenen Eindringens fremder Bräuche äußerst negativ, doch Eheschließungen waren wie auch anderswo üblich, z.B. im christlichen Europa, ein Instrument der Diplomatie, um Allianzen zu schmieden. In diesem speziellen Fall diente die Gleichstellung von Jahwe- und Baalkult staatlichen Interessen in der Form eines Ausgleichs zwischen den israelitischen und kanaanitischen Bevölkerungsteilen. Eine einseitige Bevorzugung des Jahwekultes hätte zu Intoleranz und Verhärtung geführt, wie es uns in der Bibel am Beispiel der Ermordung der Baalpriester durch den Propheten Elia und das Mordkomplott des Jehu selbst vorgeführt wird. Auf Glaubensabfall stehen Tod und Ausrottung.

Jehu, der ein unsägliches Blutbad anrichtete und dafür noch von Jahwe belobigt wurde, war außenpolitisch eine Niete. Er musste sich dem assyrischen König in demütiger Weise unterwerfen und verlor Territorium an Aram. All dies führte zu einem Verfall der Machtposition Israels. Sein Nachfolger, Jerobeam II, konnte verloren gegangene Gebiete wieder zurückerobern und einen wirtschaftlichen Aufschwung einleiten. Die Schattenseite wirtschaftlicher Properität war allerdings die Konzentration von Land und Reichtum in der Hand weniger Großgrundbesitzer und in Konsequenz die Verarmung der Landbevölkerung, die großenteils in Schuldknechtschaft geriet. Soziales Unrecht rief Propheten wie Amos und Jesaja auf den Plan, die scharfe Kritik an den bestehenden Zuständen übten.

Von nun an ging es bergab mit Israel. Es folgte eine politisch instabile Phase mit Monarchen, die fast allesamt mörderischen Intrigen zum Opfer fielen. Dann, 722 v. Chr., war es soweit. Weite Teile seines Territoriums waren bereits nach und nach in Assyrien eingegliedert worden und nun folgte quasi der Todesstoß und der Untergang des Nordreiches war besiegelt. Ein großer Teil der Bevölkerung wurde deportiert und durch neue Siedler ersetzt, die mit ihren eigenen Bräuchen kamen. So entstand eine Mischbevölkerung, Samaritaner, die aus Judas Sicht Fremde waren obwohl dem Jahwekult noch weitgehend gehuldigt wurde.

Viele Israeliten flüchteten sich nach Juda und dessen Kenntnisse und Fähigkeiten trugen wesentlich dazu bei, dass sich von nun an auch der Südstaat wirtschaftlich und kulturell entwickelte. Schon am Ausgang des 8. Jahrhunderts besaß Jerusalem eine Bevölkerung von etwa 15.000 Einwohnern und seine Fläche hatte sich gegenüber dem 10. Jahrhundert verzehnfacht. Hiskias (725–697 v. Chr.) Regentschaft läutete zunächst eine Zeit allgemeiner Prosperität ein was sich schon anhand seiner Nachlassenschaft in Form von Keramikwaren nachweisen lässt. Doch dann griff der assyrische König Sanherib an. Er belagerte Jerusalem, zog aber 701 v. Chr. überraschend ab, was die Bibel auf die Intervention Jahwes zurückführt. Doch der Einflußbereich des Königs war nun auf lediglich Jerusalem beschränkt und er wurde gegenüber dem assyrischen König tributpflichtig.

Der von der Bibel arg zerrupfte Manasse betrieb den Wiederaufbau des Landes und bescherte den Menschen viele Jahre des Friedens und Wohlstands, auch wenn er weiterhin Vasall der Assyrer blieb und erwartungsgemäß das Eindringen fremder Kulte und Götter zuließ. Jedoch nahm unter ihm der internationale Handel an Bedeutung zu, und er konnte verloren gegangene Gebiete zurückgewinnen.

Ab Mitte des 7. Jahrhunderts schwächelte das assyrische Reich was Ägyptens Machtstellung in Palästina stärkte und dem König von Juda, Josia, Freiräume verschaffte, um seinen Einfluss zum Norden hin auszudehnen. Schon träumte man wieder von einem davidischen Großreich. Kein Wunder, dass deswegen und wegen der von ihm eingeleiteten Reformen er für die Bibel als idealer König gilt. Unter ihm vermochte die Jahwe-allein-Bewegung ihren entscheidenden Durchbruch erreichen. Nach der Bibel gab die Auffindung des mosaiischen Gesetzbuches den Anstoß für die Reformen, doch ist es eher plausibel, dass nach dem Untergang des Nordreiches tiefgreifende Reflexionen über dessen Ursache eingesetzt hatten. Überliefertes biblisches Material wurde überarbeitet und eine erste Urform des Deuteronomiums bildete sich heraus, die dann praktischerweise ‚gefunden' wurde. Dieses Deuteronomium wurde als eine Art Staatsverfassung angenommen und bildete somit den Grundstein für eine theokratische Ordnung. Wesentlich war auch die Zentralisierung des Jahwekultes auf Jerusalem und logisch konsequent die Zerstörung der Heiligtümer im ehemaligen Nordreich. Jerusalem aber erwarb den Status einer heiligen Stadt und wurde geradezu zum Wallfahrtsort der Nation. Selbstverständlich hatten sich die Priester mit den damit verbundenen Opfergaben auch zusätzliche Privilegien und eine nie versiegende Einnahmequelle verschafft.

Nachdem eine Koalition der Meder und Neu-Babylonier 612 v. Chr. Assyrien besiegt hatte und wenig später auch Ägypten von Babylonien geschlagen wurde, konnte Babylon seine Suprematie im Vorderen Orient befestigen. Trotz seiner politischen Machtlosigkeit provozierte Juda das Imperium mit der Einstellung seiner Tributzahlungen und so zog der babylonische König Nebukadnezar 597 v. Chr. gegen Jerusalem, das sich schon bald kampflos ergab. Eine erste Deportationswelle folgte. Als der letzte König Judas, Zedekia, sich zehn Jahre später gegen die Fremdherrschaft auflehnte, leitete dies den Untergang des jüdischen Staates ein und Jerusalem wurde zerstört. Abgesehen von einer relativ kurzen Phase der Unabängigkeit unter den makkabäischen Königen im 2. vorchristlichen Jahrhundert wird Israel erst 1948 wieder ein eigener Staat.

Die Geschichte von Israels Königtum ist praktisch eine Abfolge von Mord und Intrige. Ist sie damit einzigartig im historischen Kontext? Sicher nicht, sie ähnelt z.B. sehr der Zeit der Soldatenkaiser im römischen Reich des 3. Jahrhundert. Dass Israels Königsgeschichte von einer solch breiten Spur von Blut, Gewalt und Zerstörung durchzogen ist, erklärt sich wohl weniger vom Monotheismus her als vom typischen Machtstreben ihrer Herrscher. Doch weder in Assyrien, das für seine Unmenschlichkeit und Grausamkeit in der Kriegsführung bekannt war, noch in Ägypten scheint der Thron derartig umkämpft gewesen zu sein wie gerade in Israel. Nun stellt die Bibel es so dar, als ob bei den Machtkämpfen in Israel und Juda die Religion eine grosse Rolle gespielt hatte. Man weiss ja, Jahwe ist ein eifersüchtiger Gott, der keine Rivalen duldet. Wer sich von ihm abwendet, dem droht er mit Vergeltung, ja Tod. So erging es nicht nur dem Haus Ahab, sondern auch dem des Jerobeam, Bascha und Amazja. Ahab verhielt sich human, als er das Leben seines syrischen Gegners verschonte, doch Jahwe war darob erzürnt: „Weil du den Mann, auf dem mein Bann lag, von dir gelassen hast, so soll dein Leben für sein Leben einstehen“ (1 Kön. 20,42). Der blutrünstigste aller Könige aber, Jehu, wird ausdrücklich vom HERRN für seine mörderischen Taten gelobt, hatte der HERR diese doch selbst angeordnet.

Es ist dies eine unbarmherzige Logik, mit der sich die Jahwe-allein-Bewegung in der Bibel eingeschrieben hat. Ihre Spur ist nur allzu deutlich, so z.B. in 1 Kön. 9,6: „Werdet ihr euch aber von mir abwenden ... und anderen Göttern dienen und sie anbeten, so werde ich Israel ausrotten“. In 2 Kön. 17,7–23 wird eine ähnliche Begründung für die Verwerfung Israels noch einmal nachgeliefert. Ganz allgemein sind die Bücher ‚Könige‘ nach dem Deutungsschema Abfall und Verwerfung strukturiert. Da hat alles seine gefühllose, grausame und kalte Folgerichtigkeit, dessen Nährboden Intoleranz ist. Man findet nicht die Spur von Humor. Der Prophet Elisa konnte den Spott zweier Knaben nicht ertragen und so „verfluchte er sie im Namen des HERRN“ (2 Kön. 2,24), der daraufhin Bären auf die Kinder jagte und sie zerfleischen ließ. Eine solche Gesinnung ist ein Charakterzug totalitärer Denkweise wie sie sich wieder bei den christlichen Inquisitoren finden lässt, die Häresie mit dem Tod auf dem Scheiterhaufen bestrafen ließen.

Die josianische Reform findet ihren vollsten Ausdruck im Deuteronomium, dem ‚Gesetz Mose‘. Das Vergeltungsprinzip ist sein ideeller Überbau, reflektiert in der Maxime ‚Auge um Auge, Zahn um Zahn‘ als Grundlage der Rechtsprechung. Die Ankündigung von Segen- und Fluchworten bildet den krönenden Abschluss. Gehorsam wird gesegnet, wer aber nicht gehorcht, den werden „alle diese Flüche ... verfolgen und treffen, bis du vertilgt bist“ (Dtn. 28,45). Der jahweverfügte Befehl zur Ausrottung der Kanaaniter ist eine Sonderform des Vergeltungsgedankens, ist es doch die Präsenz und Verführungskraft deren Götter und Rituale, die Israel immer wieder von Jahwe abfallen lässt, aber „ihre Trauben sind Gift“ und „ihr Wein ist Drachengift“ (Dtn. 32,32f). Doch „die Rache ist mein, ich will vergelten zur Zeit, da ihr Fuss gleitet; denn die Zeit ihres Unglücks ist nahe ... denn der HERR wird seinem Volk Recht schaffen ... und er wird sagen‘Wo sind ihre Götter, ihr Fels, auf den sie trauten‘“ (Dtn. 32,35–37). Nun war diese Aufforderung zur Rache, zum Genozid eines Volkes nur Propagandamaterial, doch wenn auch die Ausführung unterblieb, so ist sie doch immer Potential, das sich jederzeit im Rahmen der herrschenden Möglichkeiten realisieren kann.

Juda traf das gleiche Schicksal wie Israel und als Ursache wird die gleiche Erklärung herangezogen. Aus der Perspektive der Priesterschaft im Exil lässt sich rückwirkend auf die Zeit Salomos die folgende Voraussage projezieren: „Warum hat der HERR diesem Lande und diesem Haus das angetan? Dann wird man antworten; weil sie den HERRN, ihren Gott, verlassen haben ... und andere Götter angenommen und sie angebetet und ihnen gedient haben“ (1 Kön 9,8–9). Doch die Hoffnung stirbt zuletzt. So kennen die Priester natürlich auch die Bedingungen für die Errettung des Volkes: „Wenn sie sich von den fremden Göttern bekehren und ihre Sünde eingestehen, dann sollen sie Vergebung und Erbarmen finden“ (1 Kön. 8,46–51).

Der Geschichtsablauf in Israel vermittelt also nicht gerade einen guten Eindruck, aber wie erging es dem so hochgelobten Griechenland? Für den Dichter Hölderlin waren die Griechen geradezu ein göttlich begnadetes Menschengeschlecht gewesen und er schreibt im Hyperion: „So war der Athener ein Mensch ... so musst er es werden. Schön kam er aus den Händen der Natur, schön an Leib und Seele ... vollendete Menschennatur“. Das hört sich aber bei dem griechischen Historiker Thukydides (454–399/6 v. Chr.), der sich der Wahrheitsfindung mittels wissenschaftlicher Methodik verpflichtet fühlte, ganz anders an. Er schrieb vom Aufstand in Kerkyra (Korfu) im Jahre 427 v. Chr. wie folgend: „Die meisten (der unterlegenen Aristokraten) gaben sich im Heiligtum gegenseitig den Tod, manche hängten sich dort an den Bäumen auf oder nahmen sich auf andere Weise das Leben. Sieben Tage brauchten die Korkyräer, um alle umzubringen, die sie für ihren politischen Gegner hielten. Die Schuld, die sie ihnen vorwarfen, lautete: Sturz der Demokratie. Es mussten aber auch manche um persönliche Feindschaft willen oder als Gläubiger unter den Händen ihrer Schuldner sterben. In all seinen Gestalten trat der Tod auf. Der Vater brachte den Sohn um, von den Altären riss man sie und tötete sie auf den Stufen“ (in Rubel, Alexander: Die Griechen).

Thukydides hatte sich die Aufgabe gesetzt, dem Kausalitätsgeflecht politisch-historischer Prozesse nachzuspüren. Er glaubte, Gesetzmäßigkeiten wie Machtstreben in der menschlichen Natur erkannt zu haben, die immer wieder aufs Neue zu Krieg führen. Es ist diese Art der nüchternrationalen und objektiven Beobachtung und Analyse, die uns mehr Vertrauen in die Erklärung kultureller Phänomene gibt als die leidenschaftliche Stimme des Romantikers oder die visionäre Verkündigung des Propheten, für den die Wahrheit von vornherein gottgesetzt ist.

Die romantisch verklärte Sicht passt am ehesten noch auf das frühe Griechenland, eine zumeist friedliche Zeit. Doch ab dem ausgehenden 6. Jahrhundert gab es fast unablässig Kriege, zum einen geschürt durch den Haß der Poleis aufeinander und zum anderen von außen hereingetragen durch die Expansionspolitik der Perser. Den Griechen gelang das fast Unmögliche, der Sieg 490 v. Chr. zu Lande und einige Jahre später auf See gegen eine zahlenmäßig weit überlegene persische Streitmacht. Ausnahmsweise standen hier Athen und Sparta zusammen. Es war ein Sieg der freiheitlichen Griechen über eine orientalische Despotie. Hier nahm Europa seinen Anfang. Doch mit diesen militärischen Erfolgen wurde auch der Keim zum Konflikt zwischen Athen und Sparta um die Vormacht in Griechenland gelegt. Insbesondere der Machtzuwachs verführte Athen, nach Hegemonie im 478 v. Chr. gegründeten Attischen Seebund gegen kleinere Inselpoleis zu streben. So forcierte z.B. Athen den Beitritt von Melos zum Seebund und begründete seinen Druck mit dem Recht des Stärkeren. Nachdem der Widerstand der Melier 415/6 gebrochen war ließen die Athener alle erwachsenen Männer töten und Frauen und Kinder in die Sklaverei führen.

Nach dem äußerst verlustreich und bis zur Erschöpfung der beiden Kriegsparteien geführten sog. Peloponnesischen Krieg (431–404 v. Chr.) zwischen Athen und Sparta verschlechterte sich die Situation in Griechenland immer weiter. Kriegerische Auseinandersetzungen zwischen den griechischen Poleis waren praktisch an der Tagesordnung. Neid und Mißgunst vergiftete die Stimmung nach innen und aussen. In offener Feindschaft und Haß fiel man übereinander her. In Mytelene (Lesbos) ermordeten die Schuldner ihre Gläubiger, in Argos brachte man über tausend Reiche um und konfizierte ihr Vermögen. Ab Mitte des 4. Jahrhunderts mischte sich der makedonische König Philipp II vermehrt in die Geschicke des griechischen Festlandes ein und vermochte 338 v. Chr. ein von Athen gegen ihn geschmiedetes Bündnis entscheidend schlagen. Zwei Jahre später wurde er ermordet und auf den Thron folgte ihm sein Sohn Alexander. Eine neue Ära begann, die des Hellenismus.

Bis ins 5. Jahrhundert hinein hatte sich die Demokratie in Athen kontinuierlich entwickelt und erreichte wohl im Goldenen Zeitalter unter dem Staatsführer Perikles (461–429) ihre Vollendung. Zum erstenmal in der Menschheitsgeschichte wurde das Volk an der politischen Willensbildung beteiligt. Unter Perikles reifte auch die Kunst zu Schönheit und Vollkommenheit. Das Parthenon in Athen ist eine meisterhafte Konstruktion, die noch im 21. Jahrhundert Rätsel aufgibt. In ausgeklügelter Weise wurden optische Illusion, Präzision und klassische Einfachheit zu einem Gesamtkunstwerk vereint. Weitere berühmte Kunstwerke waren der Artemistempel zu Ephesos und der 20 m hoch sitzende Zeus in Olympia. Beide zählten zu den sieben antiken Weltwundern. Malerei und Bildhauerei gingen zur Porträtierung über. In den Tragödien behandelten Aischylos und Sophokles den Konflikt zwischen Religion, Sitte und staatlicher Ordnung während ein Euripides den Konflikt ins Innere des Menschen verlagerte. Medeia ist in tiefer Seelenqual, hin und her gerissen zwischen ihrem Verlangen nach Vergeltung und der Liebe für ihre Kinder. Euripides macht den Menschen, nicht mehr die Götter für Gewalttaten verantwortlich. Er wendet sich gegen die Sklaverei und setzt sich für Frauenrechte ein.

In der Philosphie stritten sich Verfechter des Idealismus, die eine spirituelle Basis des Universums postulieren, mit denen des Materialismus, die alle Existenz auf Materie reduzieren. Es bildeten sich Schulen der Rhetorik aus, die sich dem Streben nach logischen und klaren Denken verschrieben hatten. Die Sophisten, die von der Relativität allen Seins überzeugt waren und davon, dass Moral letztlich auf gesellschaftlicher Konvention beruht, sollten sich später einen üblen Ruf von Spitzfindigkeit und Käuflichkeit zuziehen. Ein Sokrates machte Ethik zum Kernpunkt aller Philosophie. Er führte ein einfaches Leben und glaubte an das inhärent Gute. Platon (428–347) gründete die Staatslehre auf seiner Theorie der Formen nach der alles den Sinnen Zugängliche nur ein schwaches Abbild der wirklichen Idee ist. Nur der Philosoph kann durch zielgerichtete Wissensmehrung wahre Weisheit erlangen und ist daher der ideale Staatsführer.

Im 4. Jahrhundert waren die Zeichen des Niedergangs offensichtlich. In der Literatur sank das Niveau ab. Menschen strebten nach teilweise vulgärer Unterhaltung in den Komödien auch wenn ein Aristophanes durchaus noch Witz und untergründige Kritik zu verbinden wusste. In seinem „Die Vögel“ wurden die Götter der Lächerlichkeit preisgegeben. Indem die Vögel in ihrem Wolkenkuckucksheim die Kontrolle über die Opfer erlangten, konnten sie die Götter von ihrer Nahrung abschneiden und sie so zum Einlenken zu ihren Bedingungen zwingen. Überhaupt hatten die Götter einen Abstieg bei den Eliten zu verzeichnen. Schon Herakleitos (geb. 530 v. Chr.) glaubte an die ordnende Kraft des Logos und Anaxagoras an einen vernunftgebenden Weltgeist. Xenophanes (geb. 562 v. Chr.) war zwar von der Existenz eines höheren Wesens überzeugt, doch könne man nichts über dieses wissen. Die Menschen schaffen sich ihre Götter nach ihrem eigenen Abbild. Protagoras glaubte sowieso, dass kein objektives Wissen möglich sei.

Es ist nicht verwunderlich, dass der Zweifel am Fundament des Glaubens nagte. Der ideelle Überbau war ins Wanken geraten. Hinzu kam das sich immer weiter ausbreitende Sykophantentum – eine degenerierte Form des Sophismus –, das die Launenhaftigkeit und Begehrlichkeit des Volkes zur persönlichen Bereicherung ausnutzte. Ketzerische Propaganda konnten zur vorschnellen Verurteilung und Hinrichtung Unschuldiger führen. Der Demo führte mit der Einführung von Sondersteuern und immer neuen Formen von Abgaben wahre Beutezüge gegen die Reichen. Die Prozesswut der Griechen und das Denunziantentum verbanden sich zu einer einträglichen Einnahmequelle für die Sykophanten. Lüge, Fälschung und Raub wurden gut geheißen, solange es dem eigenen Land diente. Haß, Verleumdung und Furcht vor Anklage zerstörten das Gefühl sozialer Sicherheit. Keiner mochte dem anderen mehr trauen. Der wohl begabteste Redner Griechenlands, Demosthenes (384–322 v. Chr.), beschrieb die Situation seiner Zeit wie folgend: „Woran Hellas jetzt krankt: Neid, wenn einer etwas bekommen habe, Gelächter, wenn er es zugebe … Haß, wenn jemand dergleichen schelte und was alles sonst sich an Bestechlichkeit knüpfe“ (Burckhardt, Jacob: Griechische Kulturgeschichte). Schwermut und Pessimismus nahmen zu und man hielt das Nichtgeborensein für das Beste.

Ach, wie tief bist du gesunken, du stolzes Griechenland, möchte man angesichts dieses Verfalls klagen. Dies muss man Israel bescheinigen. Es vermochte seine nationale Identität und ein starkes Gemeinschaftsgefühl bewahren, das den Griechen mehr und mehr abgegangen war. Korruption, Neid, Ausbeutung und Unterdrückung gab es auch in Israel, und die Propheten erhoben darob ihre Stimme ein um das andere Mal, aber soziale Konflikte zerrissen nicht die Nation. Ihr Anker blieb ein unerschütterlicher

Glaube an den alleinigen Gott während griechische Intellektuelle dem Götterglauben zunehmend skeptisch gegenüber standen.

Wie auch die Israeliten, so führten die Griechen Kriegszüge und diese mit zunehmender Brutalität, doch in ihrer Zielsetzung unterschieden sie sich. Den Griechen ging es um Ehre, Prestige und Macht und ihr Antrieb war Neid, Mißgunst und Haß. Die Religion spielte dabei kaum eine Rolle. Auch den Königen Israels ging es wohl vorwiegend um Machtzuwachs. Doch darüber hinaus benennt die Bibel noch einen anderen Faktor, nämlich die Durchsetzung von Jahwes Alleinvertretungsanspruch und das mit unerhörter Gewalt und Grausamkeit. Eine Kriegsführung im Namen des einzigen Gottes zielt auf die Auslöschung des Anderen, auf totale Vernichtung. Eine Kriegsführung der Macht wegen zielt auf die Unterwerfung des Feindes, aber nicht seine Ausrottung. Dies legt den Schluss nahe, dass dem Monotheismus ein höheres Potential für Gewalt innewohnt als dem Polytheismus. Er ist sicherlich nicht der einzige Grund für Kriege, aber ein potenter. Hinzu kommt, dass ein fanatischer Monotheismus als eine Art Brandbeschleuniger wirken mag, indem es die Kriegsführung intensiviert, grausamer gestaltet und ausweitet, wird doch dem Feind sein Menschsein abgesprochen nur weil er sich dem falschen Gott verschrieben hat.

4.4. Vom Exil bis zur Zeitenwende (Esra, Nehemia, 1 + 2 Makkabäer)

Der Wiederaufbau von Tempel (Esra) und Stadtmauer (Nehemia) in Jerusalem

Esra

„Im ersten Jahr des Kyrus, des Königs von Persien, erweckte der HERR ... den Geist des Kyrus ... dass er in seinem ganzen Königreich ... verkünden ließ: So spricht Kyrus, der König von Persien: Der HERR, der Gott des Himmels, hat mir alle Königreiche der Erde gegeben und er hat mir befohlen, ihm ein Haus zu Jerusalem in Juda zu bauen". Der König ließ ferner bekanntmachen, dass das Volk Israel nach Jerusalem ziehen und dort den Tempel errichten solle. So zogen denn diejenigen, „deren Geist Gott erweckt hatte" hinauf nach Jerusalem. Sie wurden mit allem Notwendigen für ihr Werk ausgerüstet und zusätzlich gab der König ihnen die von Nebukadnezar im Tempel geplünderten Geräte heraus.

Die Priester, Leviten und einige weitere ließen sich in Jerusalem nieder, die übrigen in anderen Städten Israels. Man richtete den Altar wieder her, brachte die vorgeschriebenen Opfer und hielt das Laubhüttenfest. Die Errichtung des Tempels wurde im zweiten Jahr nach ihrer Ankunft unter priesterlicher Leitung begonnen, doch musste wegen Widerstands einiger im Lande und nachdem auch noch der neue König Xerxes einer Klage gegen sie stattgegeben hatte, der Bau abgebrochen werden. Die Arbeiten am Tempel sollten „bis ins zweite Jahr des Darius, des Königs von Persien," liegenbleiben.

Es war dann zur Zeit des Serubabbel und Jeschua, dass man, gestärkt durch die Propheten, anfing, den Bau fortzusetzen. Einwände des hiesigen Statthalters wurden diesmal abgewiesen, nachdem König Darius selbst anhand einer Schriftrolle vom ursprünglichen Auftrag des König Kyrus hatte Einsicht nehmen können. Darius unterstützte nun selber die Arbeit am Tempel, die vier Jahre später beendet werden konnten. Ein Einweihungsfest wurde begangen, das Passafest von den Exilanten gefeiert und die Leviten für den Dienst im Tempel eingewiesen.

Im siebenten Jahr des König Artaxerxes zog Esra mit anderen Israeliten von Babel herauf. Esra, ein Schriftgelehrter und in der Nachfolge von Ahnen wie Aaron und Zadok, war von Artaxerxes beauftragt worden, „nachzuforschen, wie es in Juda und Jerusalem steht". Weiterhin sollte er nach eigenem Ermessen, handelnd in der Weisheit Gottes, Richter und Rechtspfleger einsetzen, die über die Einhaltung der Gesetze Gottes und des Königs zu wachen und zu urteilen haben. Für seinen Bedarf wurde er mit Gold und Silber aus der Schatzkammer des Königs versorgt.

Als Esra nun zusammen mit Sippenhäuptern aus Israel in Jerusalem angekommen war, wurde er von Oberen aufgesucht, die sprachen: „Das Volk Israel und die Priester und die Leviten haben sich nicht abgesondert von den Völkern des Landes mit ihren Greueln". Esra war tief bestürzt „wegen des Treuebruchs derer, die aus der Gefangenschaft gekommen waren". Er breitete seine innere Not vor Gott aus, aber einige Gefolgsleute sprachen ihm Mut zu und meinten, dass trotz dieses Treuebruchs weiterhin Hoffnung bestünde, wenn man nur die fremden Frauen aus ihrer Mitte entfernen würde. Und Esra nahm von ganz Israel den Eid ab, „dass sie nach diesem Wort tun sollten". Auch wenn nicht alle diesen Beschluss befürworteten, entschied man doch, die fremden Frauen und ihre Kinder zu entlassen.

Nehemia

Nehemia war der Mundschenk des persischen Königs. Im zwanzigsten Jahr des König Artaxerxes besuchten ihn Männer aus Juda, die ihm Bericht über die Situation in Jerusalem gaben. Immer noch lag die Stadt in Trümmern. Im Gebet an den HERRN bekannte er die Schuld des Volkes, für die es im Exil zu büßen hatte, erinnerte aber auch an das Versprechen des HERRN, im Falle ihrer Reue sich ihnen gnädig zu erweisen. Der König, dem die Traurigkeit des Nehemia aufgefallen war, bewilligte ihm seinen Wunsch, sich dem Aufbau der Stadtmauer zu widmen. In Jerusalem ging er dann auch gleich zu Werke, ließ einen Teil der Arbeiter aber Waffen tragen und andere Wache stehen; denn Widersacher planten, sein Werk zu sabotieren.

Einige im Volk erhoben Klage über die Ungerechtigkeit, die sie von ihren eigenen Brüdern erlitten hatten, waren doch etliche gezwungen, aus schierer Not ihre Söhne, Töchter und Häuser zu verpfänden. Nehemia redete den Oberen ins Gewissen und diese versprachen, das Eigentum den Leuten zurückzugeben und ihre Schuld zu erlassen. Nehemia selbst hatte auf seinen Anspruch auf Zahlung für seinen Dienst als Statthalter verzichtet und sogar viele Leute aus seinem eigenen Vermögen täglich beköstigen lassen.

Er ließ sich auch von weiteren Anschuldigungen und Gerüchten nicht beeindrucken und vermochte den Bau der Mauer in zweiundfünfzig Tagen fertigstellen. Dieser Tag wurde festlich begangen, mit Speis und Trank und einer Lesung aus dem Gesetz Mose durch Esra, den Schriftgelehrten.

„Am vierundzwanzigsten Tag dieses Monats kamen die Israeliten zu einem Fasten zusammen, in Säcke gehüllt und mit Erde auf ihren Häuptern.“ Sie bekannten ihre Sünden und hörten eine Lesung aus dem Gesetz Mose. Die Leviten priesen Gott und erinnerten an Israels Erlösung aus der Sklaverei in Ägypten und wie Gott ihnen ein Leben in Fülle geschenkt hatte. Doch Israels wiederholter Ungehorsam führte schließlich dazu, dass es „in die Hand der Völker“ gegeben wurde bis der HERR in seiner großen Barmherzigkeit sein Flehen wieder erhört hatte. Und nun sollten sie sich eidlich verpflichten, „alle Gebote, Rechte und Satzungen des HERRN … zu halten und zu tun“. Vor allem sollten sie den Sabbat ehren, sich nicht mit fremden Völkern mischen und auf Schuldforderungen in jedem siebenten Jahr verzichten.

Als Nehemia nach längerer Abwesenheit wieder nach Jerusalem zurückkehrte, musste er erst wieder Mißstände im Tempel beseitigen. Er ordnete die Ämter der Priester und Leviten neu und unterband die wieder aufgekommene Sitte einiger jüdischer Männer, sich ausländische Frauen zu nehmen.

1 + 2 Makkabäer: Kampf um die Freiheit

Als Alexander der Grosse 323 v. Chr. starb, teilten seine Nachfolger das von den Persern eroberte Reich unter sich auf und machten sich zu Königen. „Und die Schlechtigkeit nahm immer mehr zu auf der Erde". Juda/Israel war nun unter den Einfluß der Griechen bzw. Hellenen geraten. Nach 200 v. Chr., als Palästina von den Seleukiden besetzt worden war, vermochte der fromme Hohenpriester Onias den Tempelschatz noch dem Zugriff des Königs zu entziehen. Sein Nachfolger Jason aber, der sich sein Amt durch Bestechungen erworben hatte, führte griechische Sitten ein. Doch schon bald wurde er von einem Widersacher namens Menelaus, der sich beim König einzuschmeicheln wusste, aus dem Amt verstoßen und er starb später in der Fremde. Menelaus ließ Onias ermorden und sein Bruder raubte Teile des Tempelschatzes, wurde aber von dem wütenden Volk erschlagen.

Diese Vorfälle nahm der König zum Anlass, in Jerusalem einzumarschieren. Er ließ Tausende Männer, Frauen und Kinder abstechen und verkaufte andere in die Sklaverei. Zudem raubte Antiochus IV Epiphanes den Tempelschatz. Doch es sollte noch schlimmer kommen. Als seine Krieger ein weiteres Mal Jerusalem überfielen, da wurde die Stadt niedergebrannt und geplündert, eine Burg errichtet und diese mit einer Garnison Soldaten besetzt. Die Juden wurden gezwungen, heidnische Gebräuche anzunehmen und ihre Sitten wie Sabbatbefolgung, Speisegebote und Beschneidung waren bei Todesstrafe verboten. Und dann begingen die Invasoren ein in den Augen der Juden ungeheuerliches Sakrileg: Im Dezember des Jahres 168 v. Chr. „ließ König Antiochus das Greuelbild der Verwüstung (NB: wohl ein Götzenbild) auf Gottes Altar setzen".

Viele aus dem Volk wurden abtrünnig, doch andere blieben standhaft. So z.B. der Priester Mattatias. Er weigerte sich, den fremden Göttern zu opfern, und als er im eifernden Zorn einen Juden tötete, der opfern wollte, da flüchtete er mit seinen fünf Söhnen in die Wüste. Vielen zogen ihm mit Frauen und Kindern nach.

Der Tempel war entheiligt worden und nun dem Zeus Olympios gewidmet. Prostitution war gang und gäbe. Der greise Eleasar wählte lieber den Freitod als sich den fremden Sitten zu unterwerfen. Sieben Brüder und ihre Mutter wurden unter entsetzlichen Qualen hingerichtet, da sie sich weigerten, Schweinefleisch zu essen. Sie gingen in den Tod, im Glauben, dass der HERR sie „wieder erwecken (wird) in der Auferstehung zum ewigen Leben".

Diejenigen, die sich in die Wüste geflüchtet hatten, wurden verfolgt und aufgespürt. Auch das Versprechen, dass sie ihr Leben retten könnten, wenn sie sich nur des Königs Gesetzen beugen würden, änderte nicht ihre Einstellung. Es war aber ein Sabbat und so wehrten sie sich nicht. Sie alle samt Frauen und Kindern wurden von ihren Feinden niedergemacht. Mattatias und seine Freunde aber beschlossen, auch am Sabbat zu kämpfen. Sie sammelten ein Heer und erschlugen viele derjenigen, die abtrünnig geworden waren. Die Führung über die Aufständischen übernahm nun der Sohn des bereits betagten Mattatias, Judas.

Judas gewann großes Ansehen im Volk; denn er konnte viele Schlachten gegen das Heer des Königs gewinnen. Auch konnte er Galiläa und das Ostjordanland befreien und sich gegen die Idumäer, Ammoniter und Philister in mehreren Kämpfen durchsetzen. Er tötete viele Feinde, zerstörte, plünderte und brannte ihre Städte nieder.

Antiochus IV Epiphanes erlitt auch in Persien eine demütigende Niederlage und verstarb kurz darauf an einer schrecklichen Krankheit. Sein Nachfolger stellte ein riesiges Heer, verstärkt mit Söldnern und Kriegselefanten, zusammen und zog nach Juda. Vor dieser Übermacht mussten Judas Männer zunächst weichen, doch das königliche Heer war gezwungen, ohne dass es sich hatte entscheidend durchsetzen können, sich schon bald wieder zurückzuziehen, da die Regierung anderswo im Lande bedroht war. Der König zog es daher vor, mit den Juden Frieden zu schließen und ihnen Religionsfreiheit zu gewähren.

Als ein anderer König auf den Thron der Hellenen folgte, setzte neuerliche Bedrückung der Juden ein. Noch einmal konnten sich Judas und seine Streiter gegen das königliche Heer durchsetzen. Ferner schloss er mit den Römern ein Bündnis. Doch dann ereilte ihn selbst das Schicksal. Er und seine Männer unterlagen schließlich einer feindlichen Übermacht. Judas wurde getötet und sein Bruder Jonatan als neuer Anführer gewählt. Jonatan aber gewann an militärischer Stärke, vermochte sich auf dem Schlachtfeld durchsetzen und mit den Abgesandten des Königs Frieden schließen.

Als der Thron der Seleukiden-Könige wieder einmal umstritten war, machten zwei Parteien den Juden Zugeständnisse, um sie als Bundesgenossen zu gewinnen. Da Jonatan es lieber „mit Alexander halten" wollte, nahm er dessen Angebot von Krone und dem Amt des Hohenpriesters an. Ihm wurde viel Ehre erwiesen, waren er und sein Gefolge doch sogar 150 v. Chr. zur Hochzeit des Alexanders mit der ägyptischen Prinzessin Kleopatra eingeladen. Alexander konnte sich nicht lange auf dem Thron halten und wurde schon fünf Jahre später von einem Widersacher verjagt.

Der neue König war den Juden anfangs wohlgesonnen und Jonatan schickte ihm sogar kriegstüchtige Männer, die dem König aus seiner Bedrängnis halfen. „Sie erschlugen an diesem Tag hunderttausend Männer und zündeten die Stadt an". Der König aber brach seine Versprechen und wandte sich gegen Jonatan, der sich trotz einer geringen Zahl von Streitern gegen ein starkes königliches Heer behaupten konnte. Der hellenistische Nachfolger auf dem Thron, Antiochus VI, bestätigte Jonatan in seinem Hohenpriesteramt und bewilligte auch den Anschluß der samaritanischen Gebiete.

Jonatan erneuerte das Bündnis mit Rom und schloß auch einen Vertrag mit Sparta ab. Sein Heer zog bis nach Syrien und er nahm mehrere Städte ein. Dann aber wurde er das Opfer eines hinterlistigen Planes. Er und seine Begleiter wurden von einem aufrührerischen hellenischen Heerführer gefangen genommen. Simon, des Jonatans Bruder, gab auf ein Versprechen hin seine zwei Söhne als Geisel und zahlte Lösegeld. Doch sie alle wurden ermordet wie auch der junge König Antiochus.

Im Jahre 142 v. Chr. „wurde Israel befreit vom Joch der Heiden". Simon übernahm das Amt des Hohenpriesters und war auch gleichzeitig Fürst und Feldhauptmann der Juden. Er befreite die Burg in Jerusalem von der fremden Besatzung und ließ alles Unreine ausrotten. Nachdem er sich mit den Römern arrangiert und seine Landerwerbungen konsolidiert hatte wurde Simon wegen seiner Verdienste feierlich durch das Volk in all seinen Ämtern bestätigt.

Noch einmal musste er die Freiheit seines Landes, das er als väterliches Erbe betrachtete, gegen einen hellenischen König verteidigen. Nach einem verlustreichen Krieg während dessen weite Teile des Landes verheert wurden, konnte er schließlich den Feind in die Flucht schlagen.

Im Jahre 135 v. Chr. wurde Simon von seinem eigenen Schwiegersohn dahin gemeuchelt und mit ihm auch zwei seiner Söhne. Der überlebende Sohn, Johannes, konnte dem Mordanschlag gegen ihn entkommen und den Attentäter zur Rechenschaft ziehen. Er selbst übernahm nun das Amt des Hohenpriesters.

Kommentar

Esra und Nehemia (Aufbau von Tempel und Stadtmauer in Jerusalem)

Es wird angenommen, dass die Bücher Esra und Nehemia im 4. Jahrhundert v. Chr. von dem Chronisten, der Zugriff auf königliche Dokumente, Listen und persönliche Eintragungen des **Nehemia** hatte, geschrieben worden waren. Allerdings ist dem Schreiber dabei einiges durcheinander geraten. So ist z.B. die innere Chronologie konfus. Esra 4,6–23 gehört zu Nehemia 6 und Nehemia 8–9 gehört zu Esra. Außerdem ist die Abfolge von Artaxerxes (Esra 4,7) und Darius (6,1) historisch inkorrekt. Wegen dieser und anderer Schwierigkeiten ordnet die historische Forschung die beiden Bücher anders ein. Gegenwärtig favorisiert man das Jahr 445 v. Chr. für **Nehemias** Eintreffen und das Jahr 398 v. Chr. für **Esras** Kommen, d.h. **Nehemia** traf vor **Esra** ein, der eine während der Regierungszeit von Artaxerxes I, der andere während der von Artaxerxes II.

Stark bezweifelt wird auch, ob das Kyrus-Edikt authentisch ist. In der Tat erließ Kyrus II nach seinem Sieg über die Babylonier ein Edikt, welches die Rückkehr von deportierten Völkern anordnete, doch auf Juda lässt sich dieses nicht beziehen. Ferner unterscheiden sich die beiden Fassungen des Ediktes in Esra 1,2–4 und 6,3–5 so sehr, als dass man von dem gleichen Dokument sprechen könnte.

Die Deportierten wurden ab 597 v. Chr. gruppenweise in Babylon angesiedelt, was somit ihr Gemeinschaftsgefühl bewahren half. Sie durften ihren Glauben praktizieren und einer Tätigkeit nachgehen. Einige waren mit der Zeit zu Wohlstand gekommen und zeigten daher kein Interesse mehr an einer Rückkehr nach Juda.

Ob sich die Gelegenheit zur Rückkehr bereits 539 v. Chr. ergab, als den Persern kampflos Babylonien in die Hände fiel, ist historisch unsicher. Zwar wird in Esra 1 Kyrus als derjenige hochgejubelt, der im Auftrage Jahwes die Rückführung der Exulanten und den Bau des Tempels in Jerusalem anordnete, doch in Wirklichkeit fanden gar keine Bauarbeiten statt (Esra 4,24). Es hat wohl erst unter Darius I, der sich tolerant zeigte und lokale Bräuche und Kulte förderte, signifikante Rückkehrbewegungen gegeben. Dafür spricht auch, dass in 2 Chr. 36,21 die Länge des Exils mit 70 Jahren angegeben wird und 597/587–70 würde die Jahre 527/517 bedeuten. Der Tempelbau wurde sodann im Jahre 522 v. Chr. in Angriff genommen und 515 v. Chr. beendet. Der Prophet Haggai, der die Arbeiten propagandistisch unterstützt hatte, fand jedoch den fertiggestellten Tempel enttäuschend (Hag 2,3).

Es bestanden erhebliche Spannungen zwischen den Judäern und den Samaritanern, eine Mischbevölkerung aus Israeliten und anderen Volksgruppen. Letztere suchten Tempel- und Mauerbau zu behindern, wohl auch weil sie eine Schmälerung ihres politischen Einflusses befürchteten. Die Feindschaft vertiefte sich und um 300 v. Chr. kam es zum endgültigen Bruch woraufhin die Samaritaner ihr eigenes Heiligtum auf dem Berg Gerazim bauten, das während der Regentschaft der Makkabäer zerstört wurde. Auch noch zu Jesu Zeiten war die Animosität zwischen diesen beiden Volksgemeinschaften sehr stark.

Ein anderes Problem erwuchs aus dem Verhältnis zwischen den Zurückgebliebenen und den Rückkehrern. Man war sich in der langen Zeit der Trennung einander fremd geworden. Die einen, praktisch führerlos, da die Oberen ins Exil verschleppt worden waren, hatten eine zumeist kümmerliche Existenz gefristet. Den anderen war es nicht unbedingt schlecht in Babylon ergangen und nun forderten sie auch noch ihre früheren Häuser von den jetzigen Besitzern zurück. Somit herrschte eine Mischung von Argwohn und Neugier.

Die im Lande Verbliebenen hatten ihre vertrauten Traditionen und Bräuche fortgesetzt was auch die Anbetung fremder Götter einschloss. Die Exulanten dagegen hatten in der Diaspora eine radikale Erneuerung ihrer Theologie erarbeitet und zudem soziale Identitätsmarker wie Beschneidung, Sabbat- und Speisegebote eingeführt. Sie konnten ihre Neuerungen nur mit Mühe durchsetzen und auch nach dem Bau des Tempels kam es immer wieder zu Rückfällen, die **Nehemia** und **Esra** nötigten, in Judäa nach dem Rechten zu sehen.

Nehemia war ab 445 v. Chr. 12 Jahre lang der erste Statthalter der persischen Provinz Juda/Jehud. Er beaufsichtigte den Wiederaufbau der Stadtmauer und führte eine Art Sozialfürsorge ein, um der Verelendung der Massen entgegenzuwirken. Die Reformmaßnahmen des **Esra**, des ersten Schriftgelehrten Israels, zielten auf die Rückgewinnung der Kontrolle über den Tempel und die Durchsetzung der Gottesordnung.

Der Provinz Jehuda war weitgehende Autonomie gewährt worden. Die Macht in der Region war auf drei Institutionen verteilt: Statthalter, Ältestenrat und Priesterschaft. Der Tempel, der auch als Schatzkammer fungierte, wurde zum sozio-politischen und religiösen Mittelpunkt des Lebens und das mosaiische Gesetz das zentrale Regelungswerk der gesellschaftlichen Existenz. Israel wurde somit eine Glaubensgemeinschaft.

Priester erlangten umfassende Autorität. Der Hohenpriester, ausgestattet mit religiösen und weltlichen Aufgaben, leitete auch den Ältestenrat (Sanhedrin), genannt das ‚Hohe Haus'. Mit der Tora als Fundament der Gemeinschaft war es erforderlich geworden, Kundige in diesem Gesetz, also Schriftgelehrte, zu bestellen. Diese lehrten in der aus der Diaspora in Juda eingeführten Synagogen.

Die Diaspora war wohl die fruchtbarste Phase in der Entwicklung der israelitischen Theologie gewesen und bereitete die Geburtsstunde des Judentums vor, wobei Nehemia und Esra als ihre Geburtshelfer bezeichnet werden können. Wenn im Buch Nehemia die Mitglieder des Volkes als ‚Brüder' (Neh 5,1) bezeichnet werden, dann soll dies eine Exklusivität ausdrücken, die durch eine gemeinsame Sprache, Gesetz, Geschichte und kulturelle Praxis vergewissert wird.

In der Diaspora hatte man das Schicksal des Volkes und die Ursachen für den Untergang des Staates neu durchdacht. Die meisten waren der Auffassung, dass Jahwe das Volk wegen seiner Abgötterei gestraft hatte. Es gab jedoch auch andere Stimmen, die meinten, dass gerade die Abwendung von den alten Göttern deren Zorn hervorgerufen hatte (Jer. 44,17). Auf jeden Fall war es ein langer Lernprozess gewesen wobei verschiedene Fraktionen um die Deutungshoheit rangen. Die Reformpartei konnte auf die Propheten als ihre Verbündeten zählen und ihre Argumente konnten sich schließlich durchsetzen. In dieser Zeit erst brach sich die revolutionäre

Vorstellung Bahn, dass es gar keine anderen Götter gibt, sondern nur Jahwe allein (Jes. 44,6; 45,5). Aus der Einsicht, dass Gott der alleinige Herr des Kosmos ist, folgt daher, dass die Götter anderer Völker nur Götzen ohne jegliche Realität sein können (Jes. 45,6–8; 41,29). Israel aber wurde vom HERRN erwählt nicht zu herrschen, sondern zu dienen. Es soll im Auftrage Jahwes bezeugen, dass der HERR der einzige, wahre, erlösende Gott ist (Jes. 43,9).

Im Lichte dieser Erkenntnis wird nun in einem längeren Zeitraum „schöpferischer Glaubensbesinnung" (Mahnke) das vorliegende Material über Israels religiöse und weltliche Geschichte unter Leitgedanken wie Schuld und Sühne, Untreue Israels und Treue Jahwes, Segen und Fluch usw. neu gedeutet und überarbeitet und es ist in dieser Phase, in der die jüdische Bibel wie wir sie kennen Gestalt annahm.

Esra, setzte das ‚Gesetz Mose', gleichsam die Gründungsurkunde Israels, mit der Kompromißlosigkeit eines bigotten Schriftgelehrten durch, indem er zum Beispiel die Scheidung von Mischehen befahl, etwas, worauf **Nehemia** selbst nicht insistiert hatte. Diese Verordnung steht im Zusammenhang mit der Absonderungspolitik, die aus Gründen der Identitätswahrung rigoros betrieben wurde. Aus der Perspektive eines kleinen Volkes wie Israel, immer bedroht von Großmächten, ist die Notwendigkeit einer Abgrenzung durchaus verständlich. Doch das Verstoßen von Frauen und Kindern erscheint als die unbarmherzige Tat eines religiösen Eiferers. Bedenklich ist auch, dass eine derartige Ausgrenzung später als Vorbild für andere Völker diente wie das der Buren in Südafrika mit ihrer Apartheidspolitik. Hinter dieser Politik steckte allerdings nicht nur der Wunsch, seine eigene Kultur zu fördern und zu pflegen, sondern sie wurde überlagert von Rassedünkel und der Abwertung von Menschen anderer Hautfarbe. Auch der Erwählungsgedanke war von den Apartheidsideologen mißbraucht worden; denn Israel war zum Dienen bestimmt (Jes. 41,8–9). Das erforderte Demut, nicht hochmütige Anmaßung, die als Möglichkeit jedoch immer schon in der Idee der Erwählung bestand; denn Hochmut entspringt dem Gefühl, etwas Besonderes zu sein.

1 + 2 Makkabaeer: Kampf um die Freiheit

Die beiden Makkabäer Bücher sind von der katholischen Kirche erst 1546 auf dem Trienter Konzil als kanonisch erklärt worden, während Martin Luther sie lediglich als Anhang benutzte. Sie reflektieren eine unverhohlene

Symphatie für die Dynastie der Hasmonäer (Hasmon=Ahnvater der Makkabäer). In den Augen des Verfassers waren sie Werkzeuge Jahwes, der durch sie sein Volk Israel errettete, ähnlich wie Gott ja auch zu der Zeit der Richter charismatische Führer in Zeiten der Not erweckt hatte. Das erste Makkabäerbuch ist eine Art Biographie der Söhne des Mattatias, das zweite erzählt die Auseinandersetzungen um das Hohenpriesteramt und die Taten des Judas, der den Beinamen ‚Makkabäus' (der Hammerartige) erhielt. Beide Bücher neigen zu Übertreibungen, typischerweise bei der Zahl der Kriegstoten und Kämpfer und bauschen die Erfolge der Makkabäer auf. Besonders das 2. Buch führt die Erfolge auf dem Schlachtfeld auf göttliche Interventionen zurück, so z.B. in 2 Makk. 8,24: „Aber der allmächtige Gott stand ihnen bei, so dass sie Nikanors ganzes Heer in die Flucht schlugen". Und nicht unerwartet „erschien den Feinden am Himmel her fünf strahlende Gestalten auf Pferden ... neben Makkabäus und beschützten ihn mit ihren Waffen, so dass ... die Feinde ... geblendet, verwirrt und niedergeschlagen wurden".

Die beiden Makkabäerbücher beleuchten ausschnittweise einen Zeitraum von etwa vierzig Jahren (ca 175–135 v. Chr.), eine Periode während der die Judäer sich erst ihre religiöse Freiheit und dann die politische Unabhängigkeit von den Hellenen erkämpften. Dagegen sind das vierte und dritte vorchristliche Jahrhundert weitgehend im geschichtlichen Dunkel verhüllt und auch aus der Zeit ab 135 v. Chr. bis zur Zeitenwende sind nur wenige historische Fakten bekannt. Nach Alexander des Großen Tod im Jahre 323 v. Chr. hatten sich nach langen Kämpfen seiner Nachfolger (Diadochen) vier hellenische Teilreiche gebildet, darunter das Ptolomäereich in Ägypten und das der Seleukiden, das Mesopotamien mit Syrien und Teile Kleinasiens umfasste. Das Ringen dieser beiden Reiche um Vorrang hatte auch großen Einfluss auf das Schicksal der jüdischen Nation.

Anfangs wurde Judäa von den Ptolomäern beherrscht. Den Juden wurde wie schon unter den Persern weitgehende Religionsfreiheit und Autonomie gewährt, doch mussten sie Abgaben leisten. So konnte der Hohenpriester seine weltlichen und geistlichen Befugnisse unter Mitwirkung des Sanhedrin relativ ungestört ausüben. Was aber das jüdische Leben von nun an prägte war der Hellenismus.

Der Hellenismus war im Grunde das Erbe Alexander des Großen. Er war bestrebt gewesen, die griechische Zivilisation mit Elementen der orientalischen Kultur auf friedliche Weise durch Assimilierung zu verschmelzen und in der gesamten antiken Welt durchzusetzen. Das Resultat war eine neue Kultur, der Hellenismus, in dem allerdings das griechische Element dominierte. Griechische Sprache, Philosophie, Literatur, Architektur und Lebensweise verbreiteten sich über Länder im südlichen Europa, nördlichen Afrika und weiten Teilen Asiens. Das schuf Gemeinsamkeiten. Hinzu kam, dass Sprachbarrieren und Handelsschranken beseitigt wurden. So entstand eine globale, kosmopolitische Kultur wie wir sie erst heute wieder kennen. Schon Alexander hatte zahlreiche Städte im von ihm beherrschten Reich gegründet, von Ägypten bis hin zu Nordwest Indien. Viele weitere Städte wurden erbaut bzw. bestehende umgebaut und zwar nach Prinzipien der griechischen Polis, d.h. mit Marktplatz (Agora), umgeben von Tempel, Theater, Gericht und Gymnasion. Diese Bauweise vermittelt einen Eindruck von Eleganz und Weitläufigkeit im Gegensatz zu dem bedrückenden Elend vieler orientalischer Städte. An dieser hellenistischen Kultur sollten sich aber auch Widerstand und Uneinigkeit unter den Juden entzünden.

Der gebildete Orientale sprach meist nur Griechisch, auch sein Lebensstil war stark hellenisiert. Die indigenen Völker allerdings, die Masse der Bevölkerung auf dem Lande, blieb von dem hellenistischen Kulturdruck relativ unberührt. Sie sprachen weiterhin ihre angestammte Muttersprache und verehrten wie eh und je die altehrwürdigen Gottheiten. Ihre Priester wurden sogar von den neuen Herrschern mit Privilegien hofiert, um sie als Kollaborateure gegen revolutionäre Bestrebungen zu gewinnen. Man erkannte in den Göttern der Einheimischen seine eigenen Götter wieder. So wurde Zeus mit Osiris, mit Baal und Jahwe gleichgesetzt. Die Durchdringung dieser verschiedenen Kulturen führte zu einem Synkretismus, also der Vermischung von Komponenten vieler Religionen. Während ansonsten das griechische Element tonangebend war, erwies sich im Falle der Religion der Orient als stärker, als der gebende Partner. Aus Ägypten importierte man das Götterpaar Osiris/Isis, aus Kleinasien den Kybelekult und aus Persien drang der Mithraskult ein, in dem teilweise die Lehren des Zarathustra eingegangen waren.

Kein Wunder, dass für den konservativen Juden, dem Jahwe als der alleinige Herrscher des Kosmos galt, diese Art von Religionsvermischung nicht nur problematisch sondern geradezu anstößig erscheinen musste. Anfänglich war den Juden noch die freie Religionsausübung gestattet, aber der hellenistische Kulturdruck nahm zu als Antiochus III etwa 200 v. Chr. die Vorherrschaft über Syrien-Palästina gewann. In der Folge brachen im Judentum mehr oder weniger offene Gegensätze aus. Der pro-ägyptischen Partei stand eine pro-seleukidische Partei gegenüber und liberale Kreise befanden sich im Konflikt mit religiös-konservativen. Das Amt des Hohenpriesters war nun käuflich vom Seleukidenkönig zu erwerben; denn der brauchte Geld. Die finanziellen Nöte des Antiochus hatten sich nach mehreren verlorenen Schlachten, die auch Gebietsverluste nach sich zogen, vertieft.

Das Hohenpriesteramt wurde nun in einen Strudel von Bestechlichkeit und Verleumdung hineingezogen. Der dem konservativen Onias nachfolgende korrupte Hohenpriester Jason trieb, unterstützt von der wirtschaftlichen Elite, die Hellenisierung voran. Ein großer Teil der Jerusalemer Priesterschaft zeigte sich dem Hellenismus gegenüber aufgeschlossen und insbesondere die sadduzäischen Priester gaben sich griechischer Lebensweise hin. Die Priester auf dem Lande hingegen hielten an ihren überlieferten Traditionen fest und sonderten sich zunehmend ab; viele von ihnen zogen sich in die Wüste zurück. Zu der kulturellen Spaltung kam die soziale. Dem Reichtum der wenigen stand die Armut und Schuldknechtschaft der vielen gegenüber. „Palästina wurde Exportland für den großen Sklavenbedarf in der hellenistischen Welt“ (Halbfas, Hubertus.: Die Bibel).

Die Spannungen verschärften sich und führten zu gelegentlichen Unruhen. Nach einem gescheiterten Putschversuch des früheren Hohenpriesters Jason herrschten in Jerusalem bürgerkriegsähnliche Zustände. Dies nahm der seleukidische König Antiochus IV Epiphanes zum Vorwand, in Jerusalem einzumarschieren, die Bevölkerung zu massakrieren und den Tempel zu plündern. Im Jahr darauf erließ der König ein Religionsedikt, welches den Juden die Befolgung ihrer Traditionen (z.B. Beschneidung, Sabbat, Reinheit- und Speisegebote) unter Todesstrafe untersagte. Damit sollte der vollständigen Hellenisierung Judäas der Weg geebnet werden. Jerusalem wurde besetzt, die Stadtmauer geschleift und eine Zwingsburg (Akra) mit hellenistischer Besatzung gebaut.

Als dann auch noch der König das Allerheiligste des Tempels entweihte, war das Fass voll und der makkabäische Aufstand (168 v. Chr.) begann. Er wurde von der Priesterbewegung der Hasidäer (die Frommen), von der sich später die Pharisäer und Essener abspalten sollten, unterstützt. Judas führte einen Partisanenkrieg und ihm gelang die Rückeroberung Jerusalems (außer der Zwingsburg) und nach der Weihe des Tempels am 14.12.164 v. Chr. wurde der Jahwekult wieder aufgenommen.

Die Aufständischen erreichten eine Aufhebung des Religionsedikts und ein Hohenpriester, der dem korrekten Priestergeschlecht entstammte, wurde eingesetzt. Daraufhin beteiligten sich die Hasidäer nicht länger an den Kämpfen. Die Makkabäer aber wollten auch die politische Unabhängigkeit erreichen und setzten den Krieg fort. Im Jahre 153 v. Chr. nutzte Jonatan geschickt Thronstreitigkeiten der Seleukiden aus, um zum einen mehr Zugeständnisse für Juda und zum anderen das Hohenpriesteramt für sich zu erlangen. Da aber Jonatan nicht von einem legitimen Geschlecht abstammte, empfanden viele Juden das als Amtsanmaßung. Volle Unabhängigkeit wurde im Jahre 140 v. Chr. unter dem letzten Makkabäerbruder Simeon erreicht. Mit der Gewährung völliger Steuerfreiheit war Judäa de facto ein unabhängiger Staat geworden.

Nach diesen politischen Erfolgen und der Sicherung ihrer Führerschaft begann die Hasmonäer Dynastie in eine Diktatur und schließlich in eine typisch orientalische Despotie abzugleiten. Johannes Hyrkan (ab 134 v. Chr.) legte sich griechische Namen zu und ließ Münzen prägen, die seinen Namen und ein Fruchtbarkeitssymbol trugen. Er zerstörte den samaritanischen Tempel auf dem Berg Gerazim und erweiterte die Landesgrenzen durch agressive Kriegszüge. Judäa erreichte bald die vermutete Größe des Davidreichs und schon glaubten viele daran, dass sich die messianischen Verheißungen in der Hasmonäer Dynastie zu erfüllen begannen. Aber unter seinem Sohn Alexander Jannäus (103 – 76 v. Chr.), der auch noch den Königstitel annahm, wandelte sich der Staatsapparat zu einem Unterdrückungsmechanismus, sodass sich weite Kreise der Bevölkerung erbittert und hasserfüllt von seiner Regierung abwandten. Auch betrieb er eine unbarmherzige Politik der Zwangsjudaisierung der umliegenden Völker. Als die Opposition, angeführt von Pharisäern, ihn mit Hilfe des Seleukidenkönigs stürzen wollte, doch auf dem Schlachtfeld unterlag, da rächte sich Alexander grausam an seinen pharisäischen Widersachern, indem er – wie vom Historiker Josephus (37–100 n. Chr.) berichtet – 600 von ihnen kreuzigen ließ. Unter der ihm nach seinem Tod nachfolgenden Witwe Salome gelingt eine Aussöhnung dadurch, dass sie den Pharisäern Sitz und Stimme im Sanhedrin verschafft.

Als auch Salome verstirbt, versinkt die Dynastie in Mord und Terror. Der römische Prokonsul Pompejus schreitet ein, löst das Königtum auf und macht Judäa im Jahre 63 v. Chr. zu einer römischen Provinz. In den Folgejahren kommt es zu weiteren Unruhen und Aufständen, an denen auch die Söhne des letzten Hasmonäerkönigs beteiligt sind. Der Haß gegen die römischen Besatzer wächst und so auch die Hoffnung auf den kommenden Messias. Nun steigt aus dem von den Hasmonäern gewaltsam judaisierten Volk der Idumäer ein gewisser Antipater in der Gunst der Römer auf. Für seine Loyalität im Kampf gegen die Aufständischen wird er mit dem Rang des Prokurators belohnt während sein Sohn Herodes zum Strategen von Galiläa ernannt wird. Im Jahre 37 v. Chr. wird Herodes vom römischen Senat der Königstitel verliehen. Herodes, genannt der Große, (37–4 v. Chr.), betreibt die Hellenisierung des Landes insbesondere durch Bauten wie Amphitheater, Gymnasion und Hippodrom voran. Zu seinen beeindruckendsten Hinterlassenschaften gehört der Jerusalemer Tempel, den er erneuern und vergrößern ließ. Herodes wird als Halbjude im Lande nicht wirklich akzeptiert obwohl er sich als gläubiger Jude zeigt und die jüdischen Traditionen befolgt. Er gilt gleichzeitig als fähiger Politiker und als brutaler Despot, der mehrere Familienmorde zu verantworten hat. Als Herodes 4 v. Chr. stirbt, wird seine Macht, die doch von Rom abhängt, auf seine vier Söhne aufgeteilt.

Eine neue Zeit bricht an. Ein Kind namens Jesus wird geboren. Zu dieser Zeit haben sich bereits drei verschiedene religiöse Parteiungen gebildet. Die **Essener** zogen sich in die Wüste zurück, wo sie eine Gemeinschaft namens Qumran gründeten. Die **Pharisäer** zeichneten sich durch eine strikte und gesetzestreue Lebensführung aus. Ihre religiösen Gegner, die **Sadduzäer**, waren liberal, dem Hellenismus zugeneigt und lehnten den Glauben an die Auferstehung ab.

Das 2. Makkabäerbuch ist ein frühes Zeugnis des Auferstehungsglaubens. Der Glaube an eine Auferstehung der Toten ist eng mit einer apokalyptischen Vision verbunden, d.h. die Gläubigen erwarten eine von Gott herbeigeführte Zerstörung der Welt nach der von Ihm ein ewiges Heil von Frieden und Glück geschaffen wird. Gerade das Buch des Propheten Daniel, dessen Entstehung in diesen Zeitraum fällt, bezieht sich erkennbar auf die Ereignisse im Jahre 168/7 v. Chr. In dem Buch werden die Vorstellungen einer kommenden katastrophalen Zeit „großer Trübsal“ am Ende der Tage, die zu einem allumfassenden himmlischen Gericht und einer Auferstehung der Frommen vom Tode führen wird, entwickelt. Es ist dieser Glaube an das ewige Leben, der Menschen zu Märtyrern werden und sie ihre Qualen ertragen lässt. Man glaubt an eine Belohnung der Kinder Gottes und die Bestrafung derjenigen, die sich gegen ihn erheben (2 Makk. 7,32–37).

Und dann hat Daniel noch diese Vision: „Es kam einer mit den Wolken des Himmels wie eines Menschen Sohn und gelangte zu dem, der uralt war… Der gab ihm Macht, Ehre und Reich, dass ihm alle Völker dienen sollten… und sein Reich hat kein Ende“ (Dan 7, 13–14).

TEIL II: NEUES TESTAMENT: JESUS CHRISTUS – ZWISCHEN GLAUBEN UND WIRKLICHKEIT

Kapitel 5:

Jesu Zeit im historischen Kontext

Wenn wir die Evangelien oder die Briefe des Neuen Testaments lesen, dann sollten wir uns klar machen, dass deren Autoren Kinder ihrer Zeit gewesen waren. Somit erschließt sich ein Verständnis der Schrift auch erst, wenn man Kenntnis von der damaligen Umwelt nimmt, d.h. von der Politik, Kultur und Sozialstruktur als auch der Gedankenwelt der Menschen in dieser Zeit. Ein summarischer Überblick über die gesellschaftliche Dynamik des ersten Jahrhunderts soll im folgenden Kapitel gegeben werden.

Das römische Reich

Als Jesus geboren wurde, da herrschte in Rom immer noch Oktavian, der adoptierte Großneffe Caesars. Er hatte sich 31 v. Chr. in einem mörderischen Bürgerkrieg gegen seine beiden Hauptkontrahenten durchgesetzt. War er zunächst noch wegen seiner zuweilen brutalen Methoden der Machtergreifung gefürchtet worden, so erwarb er sich nun die Verehrung seines Volkes, indem er mit taktischem Geschick und kluger Amtsführung geordnete Verhältnisse schuf und dem Reich eine lange Zeit des Friedens bescherte. Auf Grund dieser Verdienste wurde ihm vom römischen Senat der Ehrentitel ‚Augustus' (der Erhabene) verliehen. Es beliebte ihm zwar, sich als ‚der erste Bürger' zu bezeichnen, hatte aber in seiner Hand so viel Macht angehäuft, dass er de facto wie ein Monarch regierte.

Er betrieb eine Heeresreform, indem er die Dienstzeit der Soldaten begrenzte und ein festes Jahreseinkommen einführte. Die Steuereintreibung in den Provinzen wurde in die Hände der von ihm bestallten Statthalter gelegt. Er bekämpfte mit öffentlichen Bauvorhaben die Arbeitslosigkeit, ermutigte Investitionen und Handel und bewirkte damit eine enorme Belebung der Wirtschaft. Seine Außenpolitik war vornehmlich auf Sicherung der Grenzen gerichtet. Er schloss mit den Parthern im Osten, die Teile des vormaligen Seleukidenreiches beherrschten, einen Friedensvertrag und beschränkte sich nach verlustreichen Kämpfen mit germanischen Stämmen darauf, die nördliche Grenze mit Befestigungen zu sichern.

Augustus inneren Reformen war ein eher mäßiger Erfolg beschieden. Der zunehmende Wohlstand und dic Muße hatte viele insbesondere in den wohlhabenden Kreisen zu einer lustbetonten und dekadenten Lebensführung verleitet was zu einem Verfall von Sittlichkeit und einem Absinken der Moral führte während der alte Glaube langsam seine Bindungskraft verlor. Augustus selber führte ein einfaches Leben und war dem Volk ein Vorbild der Mäßigung und des Großmuts. Als er 14 n. Chr. starb, hinterließ er seinem Nachfolger ein wohlgeordnetes Reich und einen Frieden, der als Pax Romana in die Geschichte einging.

Tiberius hatte die Staatsführung eher aus einem Gefühl der Verantwortung für sein Land übernommen. Er war ein düsterer, zurückgezogener Charakter, dem jegliche Schmeichelei zuwider war und der allen Versuchen widerstand, ihn zu vergotten. Angefeindet vom Senat, verfolgt von Klatsch, in Furcht vor Intrigen und Mordkomplotten zog er sich schließlich verbittert in die Einsamkeit der Insel Capri zurück wo er bis zu seinem Tode 37 n. Chr. mit zuweilen äußerst harter Hand regierte.

Caligula, der ihm auf den Thron nachfolgte, verschaffte sich anfangs durch Steuervergünstigungen, die allerdings zu Lasten des zuvor von Tiberius aufgefüllten Staatssäckels gingen, Sympathien im Volk. Die Politik des leichten Geldes führte zu Verschwendung und Vergnügungssucht und sein Regime artete zuletzt zu einer wahren Terrorherrschaft aus, die alle Züge des Irrsinns trug. Er ließ wohlhabende Bürger hinrichten und ihr Vermögen der Staatskasse zuführen, verlangte Verehrung wie ein orientalischer Despot, führte den ägyptischen Isiskult ein, besprach sich mit den Göttern und ernannte sein Lieblingspferd zum Konsul und Priester. Schließlich wird der Tyrann 41 n. Chr. von einem Tribun der Prätorianergarde ermordet und sein Onkel Claudius übernimmt eher gegen seinen Willen die Regierungsgeschäfte.

Die Regentschaft des Claudius, der von seiner Verwandtschaft wegen eines Sprachfehlers als geistig zurückgebliebener Tölpel eingestuft worden war, stellte sich als unerwartet erfolgreich heraus. Er reformiert das Finanz- und Verwaltungswesen, begünstigt die alte Religion und erobert 43 n. Chr. Britannien. Doch geriet er in die Fangnetze seiner machtbesessenen Gattin und fiel zuletzt einer Vergiftung zum Opfer.

Im Jahre 54 n. Chr. besteigt der Sohn seiner Gattin, Nero, den Thron. Nero, der schon bald der ständigen Einmischung seiner Mutter in die Regierungsgeschäfte leid ist, lässt sie erdolchen nachdem er seinen Stiefbruder schon vorher hat umbringen lassen. Auch der mäßigende Einfluss seines Beraters, des Philosophen Seneca, vermag seinen despotischen Zug und seine Triebnatur nicht zu zügeln. Er eifert der griechischen Kultur nach, lässt sich als Künstler und Sänger feiern und versucht sich als Athlet in Olympia. Er stürzt sich in sexuelle Abenteuer, beseitigt seine treue Gattin Octavia und präsentiert ihr Haupt seiner neuen Favoritin. Vollends dem Wahn verfallen, lässt er ein vierzig Meter hohes Kolossalbild des Apollon, das seine Züge trägt, anfertigen und sich selbst als Gott anbeten. Dann bricht ein Feuer in Rom aus, das große Teile der Stadt in Schutt und Asche legt. Um den Verdacht von sich abzulenken, beschuldigt Nero die Christen der Brandstiftung und lässt sie als brennende Fackeln durch die Straßen Roms treiben. Über dem zerstörten Gebiet lässt er auf einer Fläche von 100 000 Quadratmetern einen Palast bauen, ausgeschmückt mit Gold, Marmor und Elfenbein, umgeben von Lustgärten, Wasserfällen und Wildgehegen. Neros Rachsucht, die einer Terrorkampagne gleicht, die zahlreichen Hochverratsverfahren und die Ausplünderung von Tempel und Staatskasse schaukeln den Hass auf den Tyrannen hoch, so dass er zuletzt, geächtet als Staatsfeind, in den Selbstmord getrieben wird.

Das Todesjahr Neros, 68 n. Chr., war gezeichnet von politischen Wirren und blutigen Kämpfen um die Nachfolge zwischen drei Prätendenten auf den Thron, bis sich schließlich im folgenden Jahr der militärische Haudegen Vespasian, der vom Krieg gegen Judäa nach Rom geeilt war, sich durchsetzen kann. Er lenkte den Staat mit militärischer Disziplin und nüchternem Denken, verbesserte die öffentliche Ordnung und Sittlichkeit, restaurierte die Tempel, bekämpfte die Korruption und vollendete den Wiederaufbau Roms. In seinem Sterbejahr 79 n. Chr. hinterließ er seinem Sohn Titus, der nur zwei Jahre regierte, einen restaurierten Staat.

Titus erwies sich als ein ehrenhafter, vorbildlicher und weise regierender Kaiser, um den das ganze Volk nach seinem unerwarteten Tod trauerte. Sein Bruder Domitian, der die Regierungsgeschäfte von ihm übernahm, begann zwar mit einigen guten Vorsätzen, hob das Niveau der öffentlichen Moral und unterband das Denunziantentum, dann aber brach bei ihm sein grausamer Charakterzug durch. Er forderte göttliche Verehrung, vertrieb die Philosophen aus Italien und ließ Christen, die seiner Forderung nach Anbetung nicht Folge leisteten, verfolgen und hinrichten. Es hagelte nun

Prozesse und Todesurteile. Im Jahre 96 n. Chr. fiel er einer Verschwörung zum Opfer, der sich seine eigene Gattin angeschlossen hatte. Der Hass auf ihn war schließlich so groß geworden, dass man alles Andenken an ihn, Statuen und Inschriften, zerstören ließ.

*

Die lange Regierungszeit des Augustus war nicht nur eine Periode des Friedens sondern auch eine Epoche der kulturellen Blüte gewesen, weswegen man sie auch das Goldene Zeitalter nennt. Begeisterung für die Literatur ergriff sogar das einfache Volk; die Produktion von Büchern nahm ungeahnte Ausmaße an, was wiederum den Bau zahlreicher Bibliotheken nach sich zog. Allerdings dominierten griechische Sprache und Themen aus der griechischen Mythologie. Vergil (70 – 19 v. Chr.) schrieb mit seiner ‚Aeneis' praktisch eine Fortsetzung des Trojanischen Krieges und entwarf einen weiteren Gründungsmythos Roms. Das literarische Schaffen des Horaz (65 – 8 v. Chr.) umfasste bukolische Schriften bis hin zu den meisterhaften Oden. Ovid (43 v. Chr. – 18 n. Chr.) verfasste elegische Liebesgedichte, schrieb ein Handbuch der Verführungskunst und gab Tipps zur Verschleierung des Ehebruchs. Augustus nahm schließlich Anstoß an dem provokanten Stil und Inhalt seiner Literatur und schickte ihn in die Verbannung. Livius (59 v. Chr. – 17 n. Chr.) schrieb ein mehrbändiges Werk über die Geschichte Roms. Sein Interesse richtete sich auf die Förderung der alten Tugenden Roms und selbst hatte er sich dem stoischen Ideal der sittlichen Selbstbeherrschung und Pflichterfüllung verschrieben.

Die stoische Philosophie hatte sich zur beherrschenden geistigen Strömung entwickelt. Seine Lehre von dem Wert und Vorzug eines tugendsamen, moralisch gefestigten Lebens und seine Kritik an der sittlichen Verwahrlosung einiger Teile der Gesellschaft hatte ihm viele Anhänger verschafft. Die Forderung der Stoa zu Gehorsam und nach Bindung an das göttliche Gesetz als auch ihre Betonung auf Verantwortung und Pflichterfüllung begründete ein neues Staatsethos. Mit Seneca (4 v.Chr. – 65 n. Chr.) erreichte die stoische Philosophie ihren Höhepunkt. Er profilierte sich als Lehrer der Weisheit wenn auch sein eigenes Leben nicht frei von Widersprüchen war. Über einige Jahre diente er als Berater des Nero, der ihn schließlich aufgrund dessen Forderung nach sittlicher Strenge zum Feind erklärte und in den Selbstmord trieb. Senecas Streben nach einem einfachen, anständigen und gerechten Leben, welches sich auch in Nachsicht gegenüber den Fehlern anderer übt, verbunden mit einer Überzeugung des Lebens nach dem Tode, beeindruckte auch Christen und Kirchenlehrer Augustin urteilte über ihn: „Was könnte ein Christ noch sagen, was dieser schon gesagt hätte".

Besonders aber in der späten Stoa, mit der Lehre des Epiktet (50 – 138 n. Chr.) kommen sich griechisch-römische Philosophie und Christentum sehr nahe. Epiktet, ein ehemaliger Sklave, schöpfte aus dem Gedankengut Platons und Sokrates und sah in dem Kyniker Diogenes von Sinope ein praktisches Vorbild für das Ideal eines einfachen Lebens. Wenn er auch nicht an ein individuelles Weiterleben nach dem Tode glaubte, so nahm er die Existenz einer unsterblichen Seele an, in dem sich ein Funke der göttlichen Existenz manifestiert. Schon aufgrund dieses göttlichen Kerns in jedem von uns ergibt sich seiner Meinung nach die Verpflichtung zur Nächsten- und Feindesliebe. Epiktet glaubte an das schöpferische und vernunftgemäße lenkende Wesen Gottes, den er zuweilen mit Zeus gleichsetzte. Die nur dem Menschen eigene Vernunft ermöglicht ihm innere Freiheit und moralische Autonomie, die ihn verpflichtet, ein Leben in Selbstverantwortung zu führen. Die Anklänge an die Ethik Jesu sind so offensichtlich, dass so mancher in Epiktet eine Art verborgenen Christen vermutet hat.

Wie schon Literatur und Philosophie so stand auch die römische Kunst unter starkem griechischem Einfluss und hatte wenig Eigenständiges hervorgebracht. Aber in der Baukunst, in der Konstruktion seiner Thermen, Aquädukte, Brücken und Theater schufen die Römer Hervorragendes. Das Kolosseum (fertiggestellt 80 n. Chr.) umfasste 50 000 Sitzplätze und der Circus Maximus bot sogar 180 000 Zuschauern Platz. Einzigartig ist auch das gepflasterte römische Straßennetz, welches eine Gesamtlänge von 100 000 Km aufwies. Während die Römer in den Naturwissenschaften wenig Fortschritte machten, leisteten sie Vorbildliches in der Gesundheitspflege. Die römische Ärzteschaft wies bereits einen hohen Grad der Spezialisierung in Gynäkologen, Zahnärzte, Ophthalmologen, Urologen usw. auf und sie verfügte über eine breite Palette von chirurgischen Instrumenten.

Der größte Teil der landwirtschaftlichen Nutzfläche war Weideland und in der Hand von Großgrundbesitzern. Es wurde zumeist von Sklaven zur Aufzucht von Rindern, Schweinen und Schafen bewirtschaftet. Der Standard der Technisierung in größeren Fabriken der Töpfer- und Metallindustrie sollte in Europa erst wieder nach Einsetzung der Industrialisierung im

19. Jahrhundert erreicht werden. Daneben gab es kleinere Handwerksbetriebe, dessen Betreiber eher zum Proletariat gehörten. Unter den handeltreibenden Geschäftsleuten und Bankiers gab es allerdings recht vermögende Leute, die zusammen mit der Geburtsaristokratie die Elite des Volkes bildete.

Der eigentliche Beitrag Roms an die Menschheit ist aber die Ausreifung ihres Rechtswesens. Die römische Jurisprudenz, die auf Präzedenzfällen und Kommentaren aufbaut, erreichte ihre Blütezeit im dritten nachchristlichen Jahrhundert und verblieb bis in das 19. Jahrhundert die wichtigste Rechtsquelle der meisten europäischen Staaten. Insbesondere Cicero (106 – 43 v. Chr.) hatte viel dazu beigetragen, das Rechtswesen zu systematisieren und es in eine logische Form zu bringen. Ihr Grundsatz ‚Im Zweifel für den Angeklagten' und die Ahndung von Vergehen wie Körperverletzung mit einer Geldbuße bezeugen ihre Fortschrittlichkeit im Vergleich z.B. mit alttestamentarischen Gesetzen, die auf dem Prinzip der Gegenseitigkeit beruhten. Ebenso waren Strafverfahren im Rechtswesen geregelt. Es gab Einzelrichter, Geschworene und Juristen. Die Verhandlungen wurden öffentlich geführt, mit einer Garantie der Freiheit der Rede. Wie aus der Apostelgeschichte hervorgeht, vertraute Paulus eher auf das römische Rechtswesen als auf das jüdische Gesetz und Recht.

Ein funktionierendes Rechtswesen reichte aber nicht aus, um den Menschen einen tieferen Sinn zu vermitteln. Die alte Religion hatte abgewirtschaftet und die Philosophie mit ihrem kühlen, rationalen Denken konnte nicht das Herz der Menschen erwärmen. Mit dem Schwinden religiöser Bindungskraft schien in manchen Kreisen auch der Sinn für Moral und Ehre verloren gegangen zu sein, doch wäre es übertrieben, von einer durchgreifenden Verderbtheit der Gesellschaft zu reden. So wurden von den meisten Bürgern familiäre Werte weiterhin gepflegt und Frauen blieben ihren Ehemännern in Treue verbunden wie z.B. Paulina, die ihrem Gatten Seneca in den Tod folgen wollte.

Das Bedürfnis nach Frömmigkeit wurde nun zunehmend durch fremde, orientalische Kulte wie der Isis- und der Mithraskult befriedigt. Mit den Juden kam auch der Jahwekult in das Land und vermochte, in Rom Fuß zu fassen. Mitte des ersten Jahrhunderts erreichte ein neuer Glauben Rom und gewann schnell an Popularität, der Glaube an einen gestorbenen und wieder auferstandenen Gott, Jesus Christus. Die Christen überzeugten viele mit ihrer diakonischen Praxis und ihrem sittlich ernstem Auftreten. Sie konkurrierten insbesondere mit Anhängern des Mithraskultes und konnten sich nach anfänglichen Rückschlägen durchsetzen. Als die Kirche gesiegt hatte, erklärte sie den Geburtstag des Mithras, den 25. Dezember, als den Geburtstag ihres Herrn und Erlösers Jesus Christus. Das erste Weihnachtsfest wurde im Jahre 360 n. Chr. gefeiert.

Politik und Gesellschaft in Palästina

Die Bibel charakterisiert Herodes den Großen als einen verschlagenen Despoten und unmenschlichen Kindesmörder. Wird ihm das gerecht? Herodes, ein Halbjude, hatte sich mit Unterstützung der Römer in bürgerkriegsähnlichen Wirren gegen die letzten Vertreter der Hasmonäer Dynastie und deren Verbündete, die Parther, durchsetzen können und empfing 37 v. Chr. die Königskrone aus der Hand seiner Gönner, den Römern.

Seine erste Amtshandlung war die Konsolidierung des Sanhedrin (Hohe Rat). Er ließ viele seiner alten Widersacher, die aristokratischen Sadduzäer, die sich auf die Seite seiner hasmonäischen Gegner geschlagen hatten, hinrichten. Damit war die Vormachtstellung der Pharisäer gesichert und der Sanhedrin beschäftigte sich fortan nur noch mit religiösen Aufgaben.

Herodes gesamte Amtszeit hindurch war durch familiäre Konflikte belastet. Er ging zehn Ehen ein und jede neue Gattin betrieb ihre eigenen Intrigen und Komplotte, angestachelt durch Hass, Neid und Misstrauen. Herodes, der überall und zum Teil zu Recht Verschwörungen und Umsturzversuche witterte, ließ mehrere Familienmitglieder über die Jahre umbringen, darunter seine Frau, Schwiegermutter und drei seiner Söhne. Angehörige der Guerilla, die das Land unsicher machten, wurden dahingemetzelt. Aus all dem ließe sich schließen, dass Herodes wohl durchaus keine Skrupel gehabt hätte, den in der Bibel berichteten Kindesmord in Bethlehem zu begehen. Allerdings lässt sich dieser historisch nicht belegen.

Nun ist dieses Bild eines anscheinend willkürlich mordenden Despoten einseitig; denn er hatte ja im Grunde genommen auf Bedrohungen seines Lebens und der öffentlichen Ordnung reagiert wenn er sich auch manchmal in einen Verfolgungswahn hineingesteigert hatte. Doch sollte man ihm auch sein Organisationstalent und geschickte Politik im Schatten Roms zugute halten. Während Herodes Regierungszeit wurden keine Kriege geführt und die Wirtschaft blühte auf. Herodes drückte dem Land seinen Stempel auf.

So ließ er Caesarea am Mittelmeer zu einer Hafenstadt im hellenistischen Stil ausbauen und er befahl den Neubau des Tempels zu Jerusalem.

Testamentarisch hatte Herodes verfügt, dass nach seinem Tode das Reich unter seinen drei überlebenden Söhnen Archelaus, Herodes Antipas und Philippus aufgeteilt werden sollte, doch als er 4 v. Chr. verstarb, brachen sofort Konflikte um sein politisches Erbe aus. Der Aufruhr im Lande veranlasste schließlich den syrischen Statthalter, der die Oberhoheit über die Region besaß, einzugreifen und in Jerusalem einzumarschieren wo er zweitausend Aufständische kreuzigen ließ. Archelaus war Judäa, Samaria und Idumäa (nördlich und südlich von Judäa) zugesprochen worden, doch erwies er sich als ein unfähiger und tyrannischer Regent, der auf Intervention von jüdischen Gesandten in Rom 6 n.Chr. abgesetzt und verbannt wurde. Sein Territorium wurde römische Provinz. Die Regierungsgeschäfte übernahm der im Lukasevangelium erwähnte römische Statthalter Quirinius, der als erstes eine Steuerschätzung und damit verbunden, eine Volkszählung anordnete. Dies entzündete den Widerstand der Juden, doch die Revolte, angeführt von Judas den Galiläer, wurde niedergeschlagen.

Herodes Antipas wurde Ethnarch von Galiläa und Peräa (westlich des Jordan) während Philippus die weniger bedeutenden Gebiete im Nordosten erhielt. In Galiläa hatte sich Herodes eine neue Hauptstadt, Tiberias, am See Genezareth erbaut. Er entfachte einen Skandal als er Herodias, die Frau seines Halbbruders entführte und ehelichte. Seine erste Frau, eine arabische Prinzessin, verstieß er. Ihr königlicher Vater unternahm einen Rachefeldzug gegen ihn und fügte ihm eine empfindliche Niederlage bei. Einen seiner ärgsten Kritiker, Johannes den Täufer, ließ er festnehmen und später hinrichten (um 29 n. Chr.). Als sich Herodes auf Drängen seiner Gattin 37 n. Chr. in Rom um die Königswürde bewarb, setzte der unberechenbare Caligula ihn kurzerhand ab und schickte ihn in die Verbannung, wohin ihn Herodias folgte.

Auf Philippus folgte 34 n. Chr. der ehrgeizige Agrippa I, der sich bei Caligula einzuschmeicheln wusste. Ihm wurde nicht nur der Königstitel verliehen, er beerbte auch noch Herodes Antipas. Dem Sohn, Agrippa II, der 50 n. Chr. den Thron übernahm, war zwar eine lange Regierungszeit vergönnt, doch die wahre Macht im Lande lag nun bei den römischen Statthaltern, die sich auch Prokurator nannten.

Einer von ihnen war Pontius Pilatus (26 – 36 n. Chr.). Als Präfekt hatte Pilatus die oberste Gerichtsgewalt bei Kapitalverbrechen und die Befugnis, den Hohenpriester zu ernennen und zu erlassen. Pontius Pilatus, dem man Judenhass nachsagte, galt als grausam und habgierig. Er provozierte die Juden, indem er in Jerusalem Feldzeichen mit dem Kaiserbildnis aufstellen ließ. Er entwendete Geld aus dem Tempelschatz um eine Wasserleitung zu bauen und die aufgebrachte Menge wurde auf seinem Befehl hin niedergeknüppelt. Etwa 30 n. Chr. ließ er, wohl auf Drängen der jüdischen Autoritäten, Jesus, den man den Christus nannte, hinrichten. Als sich sechs Jahre später in Samaria eine von einem Propheten angefachte Aufregung immer weiter steigerte, griff Pilatus brutal ein und richtete ein Blutbad unter der Menge an. Er wurde schließlich von Rom abgesetzt.

In der Zeit nach Jesu Kreuzigung war die Stimmungslage im Lande äußerst gespannt. Überall erhoben sich nationalistische und messianische Bewegungen, wobei der Unterschied zwischen ihnen oft nicht auszumachen war. Der Hass auf die Römer hatte sich mit der Zeit immer mehr gesteigert und das nicht nur wegen der drückenden Steuerlast. Für die Juden waren die Römer gottlose Heiden, denen man sexuelle Perversion und allgemeine sittliche Unmoral nachsagte. Ihrer Überzeugung nach machte jeglicher Kontakt mit ihnen sie unrein. Gerade aber diejenigen, die ihren Glauben am fanatischsten vertraten und das Gesetz am strengsten auslegten, fanden sich auch Seite an Seite mit den nationalistischen Rebellen. So hatte sich am äußersten Flügel der Pharisäer die Gruppe der Zeloten gebildet, von denen sich eine noch extremere, terroristische Vereinigung, die der Sikarier (Dolchmänner), abspaltete. Diese mischten sich unter die Menschen und erdolchten diejenigen, die sie für Verräter hielten.

Caligula hatte bereits Öl ins Feuer der nationalistisch-religiösen Bewegung gegossen als er 41 n. Chr. anordnete, eine Statue mit seinem Bildnis im Jerusalemer Tempel aufzustellen. Das Land war in Aufruhr und auch wenn sein Befehl nicht mehr zur Ausführung kam, da er einem Mordanschlag zum Opfer fiel, war die Erregung in der Bevölkerung nicht mehr zu zügeln. Es reihte sich in den nächsten Jahren Aufstand an Aufstand. Routinemäßig erschien ein neuer Messias und routinemäßig wurde dieser hingerichtet, zumeist ans Kreuz geschlagen. Ein Prophet hatte seinen Anhängern erklärt, dass er wie Elia den Jordan teilen werde. Ein anderer wollte nach dem biblischem Vorbild von Jericho Jerusalems Mauern zu Fall bringen. Wenn die Römer einschritten kam es zu Kämpfen, die in Blutbädern endeten. Banden fanatischer Zeloten durchwanderten das Land, riefen zur Revolte auf, plünderten, mordeten und brannten Dörfer ab. Ein rasender und auf Rache sinnender Mob aus Galiläa, angeführt von Zeloten, fiel in Samaria ein, verwüstete das Land und schlachtete ihre Einwohner ab. Als der römische Prokurator Festus unerwartet verstarb, nutzte der Hohenpriester, ein erbitterter Feind der Zeloten, die Gelegenheit, das Land von wie er meinte, gefährlichen Elementen zu säubern. Im Zuge dieser Aktionen wurde auch Jesus Bruder Jakobus im Jahre 62 n. Chr. hingerichtet. Der neue Prokurator Albinus war völlig korrupt. Er ließ Gefangene gegen Geldzuwendungen frei, andere aber töten. Derweilen waren rivalisierende Hohenpriester in Machtkämpfen gegeneinander verwickelt.

Im Jahre 64 n. Chr. kam wieder ein anderer Prokurator, Florus, der alle anderen an schierer Boshaftigkeit übertraf, ins Amt. Er verbündete sich mit räuberischen Banden, plünderte Städte aus und trieb die Juden nun endgültig in offene Rebellion, die durch die grassierende Arbeitslosigkeit noch weitere Nahrung erhielt. Überall wiegelten Fanatiker die Massen auf und 66 n. Chr. entluden sich schließlich die Spannungen in einem mörderischen Krieg, der die gesamte antike Welt erschüttern sollte. Der Anlass dazu war trivial genug. Um die nötigen Steuern einzutreiben, die Nero für die Finanzierung seiner Extravaganzen einforderte, versuchte sich der Prokurator gewaltsam Zutritt zum Tempelschatz zu verschaffen. Tumultartige Szenen auf der einen Seite, Veralberung des Prokurators durch zwei jüdische Spaßvögel auf der anderen Seite, forderten Florus zu einem erbarmungslosen Durchgreifen heraus. Dabei verloren dreitausend Unschuldige das Leben und die Aufständischen wurden ans Kreuz geschlagen. Nun geriet die Rebellion vollends außer Kontrolle und jeglicher mäßigende Einfluss wurde in den Wind geschlagen.

Wie ein Waldbrand griff der Aufstand immer weiter um sich. Florus und seine Soldaten wurden aus der Stadt vertrieben wobei viele von ihnen niedergemetzelt wurden. Überall im Lande erhoben sich die Massen. Festungen wurden gestürmt und die römischen Garnisonen dahingemeuchelt während die Rebellen das Kommando übernahmen. Kämpfe zwischen Gemäßigten und Radikalen brachen aus; der lange aufgestaute Hass brach sich Bahn. Sikarier setzten Wohnhäuser der Wohlhabenden in Brand und vernichteten die öffentliche Bibliothek. Der Hohenpriester wurde ermordet.

Ein Galiläer, der mit seinen Anhängern die Festung Antonia in Jerusalem erobert hatte, erklärte sich selbst zum König, wurde aber kurz darauf von Zeloten getötet. Ein Prophet namens Jesus, den der Prokurator für verrückt erklärt und freigelassen hatte, stieß unablässig Tag und Nacht Weherufe über die Stadt aus. Viele griechische Städte wurden geplündert und niedergebrannt während in anderen die Griechen über die Juden herfielen. Es war eine Stimmung wie im Tollhaus, in die sich die düstere Ahnung eines heraufziehenden Weltuntergangs mischte. Auch der syrische Statthalter konnte nicht mehr Herr der Lage werden. Seine Truppen wurden in einen Hinterhalt gelockt, Tausende römischer Soldaten abgeschlachtet während die jüdischen Widerständler sich deren Waffen bemächtigte. Rom war nun herausgefordert und Rom reagierte.

Rom konnte allein schon deshalb nicht tatenlos bleiben weil eine Vertreibung aus Palästina den Zusammenbruch des gesamten östlichen Teils des Reiches, der durch die Parther bedroht war, zur Folge haben konnte. Nero ernannte Vespasian zum Oberbefehlshaber des Militärs und dieser setzte im Jahre 66/67 nach Syrien über und bereitete sich dort auf den Krieg vor.

In Jerusalem liefen zur gleichen Zeit die Vorbereitungen für den erwarteten Abwehrkampf. Josephus, der spätere Historiker und Priester aus vornehmen Haus, war einer derjenigen, der die Dorfbewohner auf militärische Disziplin einübte, dabei aber fast einem Mordanschlag durch Radikale zum Opfer gefallen wäre. Vespasian marschierte zunächst in Galiläa ein, brannte Städte, die sich nicht ergaben, nieder und tötete ihre Einwohner. Ihm fiel Josephus, der sich mit seiner Truppe heldenhaft gewehrt hatte, in die Hände, begnadigte ihn aber. Nachdem jeglicher Widerstand in Galiläa erloschen war, wandte sich Vespasian 68 n. Chr. in Richtung Jerusalem.

In Jerusalem, wohin sich viele Widerstandskämpfer geflüchtet hatten, herrschte das Chaos. Verschiedene Fraktionen hatten sich gebildet, die sich gegenseitig bekämpften und eine wahre Schreckenskampagne entfachten und die Stadt verwüsteten. Führende Bürger wurden hingerichtet, von allen Fraktionen ausgeraubt. Der Hohenpriester und sein Gefolge wurden unbarmherzig niedergemetzelt und man suchte die gegnerische Seite wo man konnte, zu schädigen, z.B. indem man deren Nahrungsvorräte verbrannte. Am Ende, als Vespasians Armee vor den Toren Jerusalems stand, versöhnten sich die beiden übriggebliebenen Fraktionen zum gemeinsamen Abwehrkampf gegen die Römer.

Vespasian aber musste auf die Nachricht vom Tode Neros hin erst einmal den Feldzug abbrechen und er selbst nach Rom eilen, wo er sich den Kaiserthron erkämpfen sollte. Den Oberbefehl über die Truppen übertrug er seinem Sohn Titus. Im Jahre 70 n. Chr. rüstete man sich zum Endkampf. Titus ließ Belagerungstürme bauen, setzte Rammböcke ein, versuchte es mit psychologischer Kriegsführung, die auf der akuten Hungersnot in Jerusalem aufbaute – dort hatte man ja vorher gegenseitig seine Nahrungsvorräte vernichtet – und als die Juden immer noch nicht auf Friedensangebote der Römer eingehen wollten, und nachdem viele ihrer eigenen Taktiken fehlschlugen, ließ Titus eine 8 Km lange Ringmauer um Jerusalem bauen, welche die Stadt vollkommen umschloss. Endlich gelang es den Angreifern, den Widerstand zu brechen und die Stadt zu erstürmen. Der Tempel, in den sich Tausende geflüchtet hatten, wurde Stück für Stück in Brand gesetzt, das Dach stürzte ein und die Eingeschlossenen fanden ihren Tod.

Nun gab es kein Halten mehr, und die römischen Soldaten ließen ihrem Hass freien Lauf. Überall wurde gemetzelt und geplündert. Viele wurden zu Tode getrampelt und das Schreien und Stöhnen der sterbenden Menschen erfüllte die engen, blutbesudelten Gassen. Wer nicht getötet wurde, endete entweder als Sklave oder Gladiator in einer römischen Arena. Den Überlebenden hielt Titus noch eine Rede und warf ihnen vor, ihre Vergünstigungen ausgenutzt und den Frieden gebrochen zu haben.

Die Stadt wurde vollständig zerstört. Von ihrer Mauer blieb nur ein Rest erhalten, die sogenannte Klagemauer. Zwei Jahre später war auch die Festung Masada eingenommen, auf die sich die Sikarier zurückgezogen hatten. Die fast tausend Verteidiger begingen kollektiven Selbstmord, um der Versklavung zu entgehen. Jerusalem lag öde und als ein neuer Messias 132 n. Chr. noch einmal zu einem Aufstand aufrief, der innerhalb von drei Jahren niedergeschlagen wurde, da wurde den Juden auf Todesstrafe verboten, Jerusalem, welches die Römer jetzt wieder aufbauten, zu betreten. Ihr altes Reichsgebiet nannte man nach ihren vormaligen Erbfeinden, den Philistern, Palästina. Die Juden waren heimatlos geworden.

*

Es ist offensichtlich, dass religiöser Extremismus, verbunden mit einem fanatischen Nationalismus, geschürt durch Unterdrückung und Ausbeutung, ursächlich zum Ausbruch des jüdisch-römischen Krieges geführt hatte. War es nicht der fanatische, intolerante und doktrinäre Glaube, der, nicht unähnlich wie im heutigen Nahostkonflikt, Gräben der Unversöhnlichkeit und des Hasses gezogen hatte?

Die Gesellschaft zu Jesu Zeiten war gespalten gewesen. Vereinfacht gesprochen, den moderaten Sadduzäern standen die zum religiösen Fanatismus neigenden Pharisäer gegenüber. Im Gegensatz zu den Pharisäern lehnten die Sadduzäer den Glauben an die Wiederaufstehung der Toten als auch den Engel- und Dämonenglauben ab. Sie beharrten allein auf die Gültigkeit der Tora und den Mosaischen Gesetzen. Sie beherrschten das öffentliche Leben und die Politik, sahen sich als Bewahrer von Recht und Ordnung und pflegten den Tempelkult. Im Umgang mit den Heiden erwiesen sie sich als pragmatisch und flexibel und pflegten zuweilen selbst einen hellenistischen Lebensstil.

Anders die Pharisäer. Sie teilten die Welt praktisch in rein und unrein ein. So hielten sie denn auch die Heiden als moralisch durch und durch verdorben. In ihren Augen waren das verabscheuungswürdige Kreaturen von denen man sich fernhalten musste. Ihre Auffassung von Absonderung trieb sie dazu, ihre Frömmigkeit in den kleinsten Details des Alltags zu praktizieren und sie machten es sich zur Aufgabe, die Erfordernisse der 613 mosaischen Gesetze durch ihren Lebensstil zu verwirklichen. Ihre religiöse Überzeugung, nach welcher das tägliche Leben dem Diktat der Religion unterworfen werden musste, resultierte in einem stetig wuchernden Gestrüpp von Vorschriften, deren spitzfindige Kasuistik den religiösen Sinn zuweilen schwer zu erkennen ließ. So gab es eine Reihe von Regeln, wie das Sabbatgebot auszulegen sei. Es war verboten, am Sabbat zu arbeiten. Was aber war Arbeit? Darunter fielen z.B. alle Tätigkeiten im Haushalt wie Kochen und Wasserholen. Die Länge der Wege, die man gehen durfte, waren vorgeschrieben. Das Schlachten eines Tieres war nicht gestattet, durfte man aber einen Floh töten? Ein großzügigere Auslegung erlaubte, „dass man dem Floh die Beine abschnitt“. Religion artete mit solch einer Auffassung von Praxis in Formalismus und Ritualismus aus.

Andererseits kann man den Pharisäern eine gewisse Flexibilität im Umgang mit den überlieferten Gesetzen auch nicht absprechen; denn die immer neuen Vorschriften dienten ja auch dazu, die Tora den Erfordernissen der Zeit anzupassen. Allerdings, ihr messianischer Fanatismus, der Glaube an ein endliches Gericht und an die Aufrichtung der Gottesherrschaft mit Israel als dem erwählten Volk barg auch den Keim eines gefährlichen Nationalismus in sich. Die Zeloten stellten mit ihren Forderungen, durch Gewalt das Kommen des Messias zu beschleunigen, den extremen Flügel des Pharisäertums dar. Die Essener hingegen, die wie die Pharisäer aus den Chassidim (die Frommen) in der Makkabäerzeit hervorgegangen waren, hatten sich nach Qumran in der Wüste zurückgezogen, um sich hier als verschworene Gemeinschaft auf den Endkampf gegen die Söhne der Finsternis vorzubereiten. Sie widmeten sich dem Studium der Tora und lebten nach strengen Regeln, die auf den Gehorsam gegen Jahwes Gebote gebaut waren.

Überhaupt war die Religion bestimmend in der Lebensführung der Menschen. So besuchten die Söhne ab dem fünften Lebensjahr eine der Synagoge angegliederte Grundschule, wo praktisch nur die Tora gelehrt wurde. Mädchen wurden zumeist nur in häuslichen Tätigkeiten unterwiesen. Der Unterricht der Jungen endete mit 13 Jahren, wenn er das Mannesalter erreicht hatte. Seine Volljährigkeit wurde festlich begangen (Bar Mitzvah). Danach konnte er sich um Aufnahme in der Höheren Schule bemühen und sich zum Schriftgelehrten ausbilden lassen. Ansonsten erlernte er ein Handwerk von seinem Vater.

Wenn sich sogar in der Erziehung alles um Religion drehte, wen sollte es da verwundern, dass die Juden weder in der Literatur, noch in der Kunst oder der Wissenschaft Nennenswertes leisteten. Krankheit galt als gottgesandt und als Ausdruck einer verdorbenen Seele. Das medizinische Wissen dieser Zeit könnte eher als eine Sonderform von Aberglauben gelten und war von Dämonenfurcht bestimmt. Die medizinische Praxis erschöpfte sich zumeist auf Gebete und Geisteraustreibung. Krankheiten wie Malaria, Tuberkulose und Lepra grassierten und in Folge erreichten die meisten kaum ein Lebensalter von mehr als 40 Jahren. Das Vakuum, das durch das offensichtliche Versagen der herkömmlichen Medizin entstand, füllten viele Wunderheiler, die das Land tourten und göttliche Heilkräfte beschworen.

Die Geisteshaltung der Juden war jeglicher wissenschaftlicher Erforschung wie sie die Griechen betrieben, entgegengesetzt. Gelehrte waren für sie die Kenner der Tora, der Quell der Weisheit. Das Wesen der Welt war aus der Heiligen Schrift zu erlernen. Logische Gedanken- und Beweisführung war unvereinbar mit einem doktrinären Glauben. Daran erweist sich, dass sich Dogmatismus lähmend auf den menschlichen Geist legt, dass er die natürliche Neugierde des Menschen erstickt und somit den kulturellen Fortschritt behindert. Das hat Folgen. So war Palästina wirtschaftlich rückständig und konnte nur wenig Produktives in den Handel einbringen und ihre Händler hatten es schwer gegen die griechische Konkurrenz.

Das Rückgrat der jüdischen Wirtschaft war der Ackerbau. Körperliche Arbeit war bei den Juden im Gegensatz zu den Griechen hoch geehrt, Faulheit wurde verachtet. Der überwiegende Teil der männlichen Bevölkerung war entweder als Bauer, Hirte oder Handwerker tätig. Auf dem Feld arbeitete man nach wie vor nach uralter Tradition mit Holzpflug und Sichel. Viele Erzeugnisse wurden noch im Hause angefertigt aber daneben hatten sich auch Berufe wie Gerber, Töpfer, Schmied und Zimmermann herausgebildet, doch ihre Produktivität blieb bescheiden. Es waren praktisch nur landwirtschaftliche Erzeugnisse, die ihren Weg zum Markt fanden, aufgekauft en gros zumeist von griechischen Händlern oder wenigen hellenisierten Juden.

Wer unter den Juden wirtschaftlich reüssieren wollte, musste sich der hellenischen Kultur anpassen, die Regeln des Handels beherrschen, der griechischen Sprache mächtig sein und Kontaktpflege mit ausländischen Partnern betreiben. Kein Wunder, dass Juden wie die Sadduzäer sich mit der Zeit an die hellenistische Lebensführung gewöhnten. Da nun der von den Juden erreichte Standard auf allen Gebieten weit unter dem der Römer und Griechen lag und sie daher in allen Belangen unterlegen waren, konnte das Judentum dem Druck der griechischen Kultur nur durch Absonderung widerstehen, ein Weg, den die Pharisäer forderten. Es waren also nicht nur religiöse Differenzen sondern auch deren Verhältnis zur Kultur der Besatzer, welche Sadduzäer und Pharisäer einander zu Gegnern machte.

Die Sadduzäer und Pharisäer erlitten über die Jahre ein wechselndes Geschick, abzulesen an ihrem Einfluss in der Gesellschaft, zumal dem Sanhedrin oder Ältestenrat. Mal beherrschten die Sadduzäer den Sanhedrin, mal waren es die Pharisäer. Zur Zeit Jesu waren es die den Pharisäern nahestehenden Schriftgelehrten oder Rechtskundigen, die zusammen mit den oberen Priestern und Angehörigen der Reichen, also Vertretern der sadduzäischen Strömung, die 70 Mitglieder des Rates stellten. Im Hohen Rat zu Jerusalem versammelte sich die politische, richterliche und die gesetzgebende Gewalt, die letzlich der Religion untergeordnet war. Der Rat, gleichzeitig auch Appellationsgericht, urteilte über Mord und Verstöße gegen die

Religion wie Gotteslästerung, worauf die Todesstrafe stand. Geringere Delikte wurden an dezentral eingerichteten und von Priestern besetzten Gerichtshöfen verhandelt. Wohl um 30 n. Chr. wurde dem Sanhedrin die Zuständigkeit für Kapitalverbrechen entzogen.

Die Sadduzäer waren die wirtschaftlich und politisch führende Klasse, deren Wohlstand sich zumeist auf Grundbesitz gründete. Zu ihnen gehörten die alten aristokratischen Familien, die auch die Spitze des Priesteradels stellte. Dieses obere Priestertum monopolisierte praktisch die Einnahmen aus dem Tempelkult zu Jerusalem während das niedere Priestertum besonders in den ländlichen Regionen oftmals ums Überleben kämpfte. Aus der Schicht der wohlhabenden Familien kamen aber auch die höheren Beamten und Kaufleute, die sich im Großhandel ihren Reichtum erwarben und von denen viele Nutznießer des römischen Steuerwesens waren. Die Oberschicht, allen voran der Hohenpriester, zog im Auftrag des römischen Prokurators die direkten Steuern ein, die zum einen als Kopfsteuer und zum anderen auf landwirtschaftliche Erzeugnisse erhoben wurden. Das Recht, die indirekten Steuern wie Brücke- und Wegzölle einzutreiben, wurde versteigert und der so festgestellte Betrag musste im voraus an den Prokurator gezahlt werden. Wie derjenige, der den Zuschlag erhielt, dann die Steuern eintrieb, blieb ihm überlassen, was natürlich der Korruption Tür und Tor öffnete. Jeder in einer ganzen Kette von Steuerbeamten, die vom Obersteueraufseher bis hin zum kleinen Zöllner reichte, wollte seinen eigenen Verdienst erwirtschaften. Dementsprechend waren diese Beamten verhasst und verachtet, nicht zuletzt auch, weil sie mit den römischen Besatzern kollaborierten.

Diese gewaltige Steuerlast trug zur Verelendung des Volkes bei, zu einer sich immer mehr vergrößernden Kluft zwischen arm und reich. Wenn dann noch Dürre und Heuschreckenplage die eigene Existenz bedrohten und Hungersnöte verursachten, verschärften sich die Spannungen zwischen den sozialen Klassen und führten zu bedrohlichen Unruhen. Die Bevölkerungsschichtung glich die einer Pyramide, herabreichend von einer extrem dünnen Oberschicht zu einer schmalen Mittelschicht der Handwerker und kleinen Krämer und Dienstleister, die sich über einer breiten Unterschicht von Tagelöhnern, Hirten, Kleinbauern, Bettlern, Prostituierten und sonstigen sozial Ausgeschlossenen erhob. Es war diese Schicht, an die sich Jesus insbesondere wandte. Es war aber auch diese Gesellschaftsgruppe, die dem Einfluss von radikalen politischen Kräften und messianischen Visionen am ehesten zugänglich war und deren Hass auf die Reichen und die römischen Besatzer von extremen Randgruppen wie den Zeloten für deren eigene Zwecke kanalisiert wurde, indem sie mit ihrer Hasspropaganda die Massen zu agitieren suchten und auf den gewaltsamen Umsturz der Gesellschaft und die Errichtung einer Gottesherrschaft hinarbeiteten.

Kapitel 6:

Das Neue Testament

Einführung

Während das Alte Testament jüdischen Ursprungs ist, gilt das Neue Testament als die Bibel der Christenheit. Es enthält 27 Schriften, darunter vier Evangelien, die Apostelgeschichte, 21 Briefe und die Offenbarung des Johannes. Verfasst wurden diese Schriften in einem Zeitraum von weniger als hundert Jahren, von ca. 50 n. Chr. bis etwa 140 n. Chr., doch erst im späten 4. Jahrhundert war der Entstehungsprozess des Neuen Testaments als einheitlicher Kanon oder Richtschnur für die Christen abgeschlossen.

Als die christlichen Überzeugungen Konturen anzunehmen begannen, verstärkte sich das Bewusstsein einer vom Judentum unabhängigen Glaubensgemeinschaft was wiederum einen Prozess der Entfremdung von den Juden einleitete. Wie konnte man noch am Gottesdienst in den jüdischen Synagogen teilnehmen, wenn zentrale Positionen des Judentums in Frage gestellt wurden und die Verehrung Jesu Christi, seine Passion und Auferweckung, die Mitte der Verkündigung einnahm? So nahmen die Konflikte mit der Umwelt an Schärfe zu und die Erfahrung jüdischer Feindschaft fand dann auch seinen Niederschlag in den Schriften.

Die vier Evangelien, die man auch als Biographie Jesu Christi einschätzen kann, sind zwar an den Anfang des Neuen Testaments gesetzt, doch die sieben als echt qualifizierten Briefe des Paulus sind älteren Datums, geschrieben zwischen 40 und 60 n. Chr.. Aufgrund von Paulus herausragender Stellung in der sich formenden Kirche erlangten seine Briefe eine besonders hohe Wertschätzung. In der Apostelgeschichte wird ausführlich über seine Missionsreisen berichtet. Zweck der Briefe allgemein war theologische Anleitung, Gemeindeführung, Seelsorge und Ermahnung zu einem christlichen Lebenswandel, generell die Stärkung der christlichen Identität. Den Schluss des Neuen Testaments bildet die Offenbarung des Johannes, eine visionäre Schau auf das erwartete Weltende.

So waren Anfang des zweiten nachchristlichen Jahrhunderts verschiedene Schriften im Umlauf, die nach und nach die mündliche Tradition verdrängten. Noch hatten keine von ihnen – sieht man einmal von der besonderen Rolle der paulinischen Briefe ab – eine dominante Stellung erlangt. Gemeinden wählten für ihren Gebrauch je nach Bedürfnis diejenigen unter ihnen aus, die ihnen besonders zusagten. Durch ihre Entscheidung zugunsten bestimmter Schriften bestärkten sie somit einen Trend zur Entwicklung einer inneren Autonomie. Aber noch existierte nebeneinander eine Vielzahl von Schriften, von denen so manche wie das Thomasevangelium später als heterodox verworfen wurden. Einige waren derartig phantastisch ausgeschmückt, dass allein das Kriterium der Glaubwürdigkeit ein Sichten und Aussieben der sich im Umlauf befindlichen Literatur erforderte.

Das Jahr 144 n. Chr. gilt allgemein als der Anfang zur Kanonbildung (Kanon = Richtschnur), d.h. der Beginn eines Prozesses des Ausschluss- und Fixierverfahrens, am Ende dessen eine Reihe von Schriften stehen wird, die von der Kirche als verbindlich und orthodox erklärt werden, sich also in Übereinstimmung mit dem rechten Glauben befinden und von daher Zulassung zum Gottesdienst erhalten. In diesem Jahr erfolgt der Bruch der römischen Gemeinde mit dem einflussreichen Theologen und Kaufmann Markion wegen dessen theologischer Auffassung. Er vertrat eine Sonderlehre, Gnosis (= Erkenntnis) genannt, die auf der dualistischen Lehre von einem guten Schöpfergott, dem Vater Jesu Christi, und dem bösen alttestamentlichen Gott Jahwe beruht. Erlösung wird durch die rechte Erkenntnis zuteil, die der Seele, der göttliche Lichtfunken im Menschen, zur Befreiung aus seinem leiblichen Kerker verhilft. Also wurde das Alte Testament von Markion zusammen mit dem als grausam bezeichneten Jahwe verworfen. Gelten ließ er nur das Lukasevangelium und die zehn dem Paulus zugerechneten Briefe. Wäre nun die Kirche aber Markion gefolgt, so hätte dies das Christentum von seinen jüdischen Wurzeln abgeschnitten.

Um 180 n. Chr. erhielt die Verfestigung des Kanons einen weiteren Schub. In diesem Jahr begründet der Bischof Irenäus von Lyon die Vierzahl der Evangelien mit einer biblischen und kosmologischen Analogie und verweist auf die vier himmlischen Wesen nach Hes. 1,10, dem wiederum der babylonische Mythos zugrunde liegt, die vier Bundesschlüsse von Adam bis Jesus und die vier Himmelsrichtungen. Nach der sog. Konstantinischen Wende 313 n. Chr. und im Zuge von Bestrebungen nach Vereinheitlichung in Reich und Kirche einigte man sich auf dem Konzil in Nicäa im Jahre 325 n. Chr. unter dem Druck kaiserlicher Autorität auf einen verbindlichen

Kanon, und in seinem Osterbrief des Jahres 367 n. Chr. legt der Bischof Athanasius Reihenfolge und Zahl der als rechtsgültig zählenden Schriften des Neuen Testaments fest.

Theologen bewerten die Authentizität der Aussagen des Neuen Testaments unterschiedlich. Aufgrund der Art und Weise der tradierten mündlichen Überlieferung, die auf der die Gedächtnisleistung stärkende Art der Wissensvermittlung von Rabbi zu Jünger beruhte, ist man grundsätzlich geneigt anzunehmen, dass z.B. in den Evangelien die wahre Stimme Jesu zu vernehmen ist. Allerdings ist in Rechnung zu tragen, dass die Evangelien aus einer bestimmten Glaubensperspektive heraus geschrieben worden sind. Ein weiteres Problem ist die Überlieferung der Schriften. Als der Bedarf nach Abschriften wuchs, wurden Kopien in eigens dafür eingerichteten Skriptorien (Schreibstuben) praktisch wie am Fließband produziert und so konnte es nicht ausbleiben, dass sich Fehler durch falsches Lesen oder Hören einschlichen. Aus den uns zur Verfügung stehenden Handschriften geht hervor, dass sie teilweise stark voneinander abweichen.

Schwerer aber noch wiegt der Vorwurf der Fälschung. Schon in einem Paulusbrief wird von gefälschten Briefen (2. Thess. 2,2) gewarnt. Die historisch-kritische Forschung ist in ihrer Mehrheit davon überzeugt, dass z. B. mehrere Paulusbriefe gefälscht sind. Einerseits liegt manchen Fälschungen der Versuch der Herstellung einer Kontinuität in dem Sinne ‚Was hätte wohl Paulus in dieser Situation gesagt?‘ zugrunde und wenn Autoren dann unter dem Namen einer bekannten Persönlichkeit schrieben, gab dies ihrer Schrift die nötige Autorität. Aber auch wenn man annimmt, dass die meisten christlichen Fälschungen aus ehrrührigem Grund angefertigt worden waren, erscheinen einige der von ihnen verbreiteten Behauptungen wie z.B. die der Augenzeugenschaft (2.Petr. 1,16f) doch schon als eher grenzwertig. Ein Autor schreibt regelrecht unverfroren: „Ich sage die Wahrheit und lüge nicht“ (1 Tim. 2,7).

Ein anderes Problem resultiert aus dem Umgang mit der jüdischen Bibel. Im Verständnis von Paulus und anderen weist diese über sich hinaus hin auf das Kommen Jesu Christi und man ging so weit zu behaupten, dass das Alte Testament „für uns Christen geschrieben worden ist“ (1. Kor. 9,10). Folgerichtig interpretierte Paulus das Neue Testament als Vollendung des alten Bundes (2. Kor. 3,14–16). Aber in seiner Neuausdeutung ging so mancher Verfasser zum Teil weit über den ursprünglichen Sinn des Textes hinaus. So unterschlägt zum Beispiel Matthäus (1,22f) in seiner Auslegung der Weissagung des Propheten Jesaja (Jes. 7,14), dass der Prophet sich nicht auf die Geburt eines Sohnes in ferner Zukunft sondern auf ein zu „Lebzeiten des König Ahas eintretenden Ereignis“ bezieht und übernimmt auch noch die Falschübersetzung aus dem Hebräischen in das Griechische von ‚Jungfrau‘ statt ‚junge Frau‘. Ermächtigt zu ihrer Sichtweise fühlten sich die Autoren durch den Ausspruch des Jeremias, dass Jahwe den Menschen ein neues Gesetz in ihr Herz schreiben werde, doch übersah man dabei geflissentlich, dass laut Jeremias dieser neue Bund „mit dem Hause Israel und mit dem Hause Juda“ (Jer. 31, 31–34) geschlossen werden wird. Da ist keine Rede von einer zukünftigen Christenheit. So hatten die Verfasser des Neuen Testaments mit ihrer Interpretationsweise die jüdische Bibel zwar nicht verworfen, aber doch deutlich abgewertet.

Schon dieser kurze Ausblick dürfte genügen, uns zu überzeugen, dass die Zuverlässigkeit der Aussagen auch des Neuen Testaments zweifelhaft bleiben. Erkennbar entwirft dieses aber auch ein anderes Bild von der Beziehung zwischen den Menschen und Gott, was ursächlich mit der Lehre und dem Wirken Jesu zusammenhängt. Nicht mehr der rächende Kriegsherr Jahwe sondern der barmherzige, vergebende Vatergott, der auch dem Feinde nicht seine Liebe versagen will, rückt in den Vordergrund. Und während sich das Judentum noch scharf von seiner heidnischen Umwelt abgrenzte, wurde der Ruf nach Mission zu den Heiden, beeinflusst durch die Erfahrung der kosmopolitischen Lebensweise im griechisch-römischen Reich, geradezu ein christlicher Auftrag (Mt. 28,16–20). Damit wurde der sektiererische Nationalismus der Juden durch einen neuen, universalen Anspruch überformt. Und Paulus betonte, dass es in der Gemeinschaft mit Jesus Christus keine Trennung mehr geben solle zwischen Griechen und Jude, Mann und Frau (Gal. 3,28). Göttliche Gnade und Liebe thematisiert von nun an die Verkündigung, die darauf abzielt, Jesu Hingabe seines eigenen Lebens als den Akt der Liebe schlechthin darzustellen durch welchen den Menschen der Weg zur Erlösung geöffnet wurde.

Die vier Evangelien

Als Jesus starb, geriet die von ihm ins Leben gerufene Bewegung zunächst in eine Krise, doch Visionen seiner Auferstehung bestärkten seine Anhänger im Glauben an seine göttliche Erwählung und ermutigten sie, in die Nachfolge ihres Meisters zu treten. Es waren anfangs charismatische Wanderprediger, die sich Jesu radikalen Ethos unter Aufgabe von Besitz und Familienbindung verpflichtet fühlten und seine Lehre im galiläischen Raum in Form einer Art Hausmission verkündigten. Mit wachsender Anhängerschaft breitete sich die Bewegung weiter überregional aus. Es bildeten sich dann wohl Stützpunkte von Sympathisanten, die sich um die materielle Versorgung der Wanderradikalen kümmerten. Ortsansässige Dorfschreiber könnten den Prozess zur Verschriftlichung angestoßen haben, indem sie erste Berichte von Jesu Worten und seinem Wirken, angereichert mit Wundergeschichten aus der Volksfrömmigkeit, sammelten.

Jesus selbst hatte nichts Schriftliches hinterlassen. Um nun das Vermächtnis seines Lebens und Wirkens auch für künftige Generationen zu sichern und gleichzeitig die christliche Identität zur jüdischen und heidnischen Umwelt abzugrenzen, musste man dem Bedürfnis nach Strukturierung und Orientierung an Jesu Worten im Übergang von der mündlichen zur schriftlichen Tradition Rechnung tragen. Das war umso notwendiger als zum einen das erwartete Ende der Welt ausblieb und zum anderen die Augenzeugen der ersten Generation auszusterben begannen.

In der Urgemeinde zu Jerusalem hatten sich nach Jesu Tod am Kreuz und nach Überwindung einer anfänglichen Phase der Niedergeschlagenheit und Zweifel seine Anhänger zu einer neuen Gemeinschaft zusammengefunden. Man wird leidenschaftlich über die Bedeutung von Jesu Existenz gestritten haben und als Niederschlag dieser Debatten dürfte wohl zunächst Jesu Passion, sein Leiden und Tod am Kreuz, als zusammenhängende Geschichte dargestellt worden sein, von der aus, sozusagen rückwärts arbeitend, die Erzählung des Jesus-Geschehens durch Auszüge aus anderen Sammlungen ergänzt worden wurde.

In der kirchlichen Tradition galt Matthäus lange Zeit als der erste Evangelist. Doch beginnend mit G.E. Lessing (1729 – 1781) wurde diese Auffassung zunehmend in Zweifel gezogen. Die auffällige Ähnlichkeit der Evangelien des Matthäus, Markus und Lukas ließen zunächst vermuten, dass sich alle drei auf ein angenommenes, aber verschollenes Urevangelium bezogen hatten. Aber weitere Untersuchungen über das Abhängigkeitsverhältnis dieser Evangelien, nun auch als die synoptischen bezeichnet (Synopis = Zusammenschau), ergaben, dass das Markusevangelium das älteste ist und dass sich die anderen beiden auf dieses als eine ihre Quellen gestützt hatten. Daneben hatten beide noch eine andere Quelle gemeinsam, die Markus unbekannt gewesen sein muss, auch Logienquelle oder Q genannt. Damit war die Zwei-Quellen-Theorie geboren.

Nun hatten Matthäus (Mt) und Lukas (Lk) später nicht nur einfach von Markus abgeschrieben. Sie hatten das ihnen vorliegende Material jeder auf seine Weise aktualisiert und somit den veränderten Rahmenbedingungen angepasst. Auch griffen sie auf Sondergut zu, das sich nur bei ihnen findet, so z.B. die Erzählung des Matthäus von den Weisen aus dem Morgenland und die anrührende Weihnachtsgeschichte des Lukas. Die sogenannte Logienquelle wurde hypothetisch als der gemeinsam von Mt und Lk bezeugte Stoff erschlossen. Q beginnt mit Taufe und Versuchung Jesu, setzt sich fort mit den Seligpreisungen, der Aussendung und Ermahnung der Jünger vor materiellen Streben, den Konfliktszenen mit Pharisäern und Schriftgelehrten und schließt mit der Endzeitrede ab, in der sich das Kommen des Menschensohns andeutet. Die scharfen Gerichtsdrohungen können wohl Reaktionen auf erfahrende Ablehnung gewesen sein, was noch zusätzlich das missionarische Sendungsbewusstsein gestärkt haben dürfte. Trägerkreis von Q sind wohl die charismatischen Wanderprediger, Männer als auch Frauen, gewesen. Sie hatten noch nicht die Vorstellung einer göttlichen Erlöserfigur entwickelt. Ihr Bild von Jesus war das eines ethischen Lehrers und Propheten gewesen, der in Wort und Tat sich den gesellschaftlich verachteten Schichten zuwandte und Gottes hereinbrechende Königsherrschaft verkündigte.

Das Johannesevangelium hebt sich in Stil und seiner Theologie erheblich von den Synoptikern ab und scheint stark von hellenistischem Gedankengut beeinflusst sein. Aber wie auch die Synoptiker zielte dessen Autor wohl darauf ab, einem größeren Leserkreis ein Bild von Jesu Leben und Wirken zu vermitteln und damit einem Bedürfnis der Gläubigen nach konkretem Anschauungsmaterial nachzukommen. Schon der Begriff ‚Evangelium‘ (griech. = euangelion), was so viel wie ‚frohe Botschaft‘ bedeutet, lässt erkennen, dass mit diesen Erzählungen eine Art Biographie des Lebens Jesu angestrebt worden war. Damit stehen die Evangelien in der Tradition einer bestimmten literarischen Form antiker Viten von Kaisern, Staatsmännern und Feldherrn, heben sich aber von diesen darin ab, dass mit der Person Jesu ein Glauben zu weckendes Heilsgeschehen verbunden ist. In ihrem Bemühen, schriftlich Zeugnis über Herkunft, Wirken und Tod Jesu abzulegen, hatte jeder Evangelist auch sein ihm eigenes Profil entwickelt.

Markus

Es wird vielfach von Theologen die Auffassung vertreten, dass das Markus zugeschriebene Evangelium uns noch am ehesten Zugang zu dem historischen Jesus verschafft, da es das älteste von allen ist. Demgegenüber ist zu bedenken, dass Markus das ihm vorliegende Material in einer ihm selbst als plausibel erscheinenden Weise bearbeitet und Einzelreden, Lehrsprüche Jesu und verschiedene Ereignisse, angereichert mit Wundergeschichten aus der Volksfrömmigkeit, chronologisch so geordnet und in ein erdichtetes Geschehen mit Hörern und Orten gestellt hatte, um damit das letzte Jahr Jesu zeitlich zu markieren. Doch trotz aller redaktioneller Eingriffe, die nicht zuletzt auch aus der Perspektive des Glaubens gemacht worden waren, ist es denkbar, dass dieses Evangelium uns tatsächlich eine einigermaßen glaubwürdige Kunde vom Wesen und Wirken Jesu zu vermitteln vermag.

Aber wer war nun dieser Markus? Ist er identisch mit dem Johannes Markus aus der Apostelgeschichte (Apg 12,2)? War er der Dolmetscher des Petrus gewesen, wie es 1 Petr. 5,13 nahe legt? Sollte aber Markus tatsächlich dieser Jerusalemer Judenchrist gewesen sein, dann muss es erstaunen, dass seine Ortskenntnisse so schlecht waren und er z. B. nicht einmal wusste, dass man nach Jerusalem von Betanien über Betfage kommt und nicht umgekehrt (Mk 11,1). Hinzu kommt, dass der Verfasser auf griechisch schrieb was darauf hindeutet, dass er doch wohl eher einem heidenchristlichen Milieu entstammte. Wir verfügen also lediglich über mehr oder weniger überzeugende Vermutungen hinsichtlich der Identität des Verfassers. Ebenso muss auch die historische Einordnung der Entstehung der Schrift als unsicher gelten, auch wenn sich die meisten Theologen auf den Zeitpunkt um das Jahr 70 n. Chr., also den der Zerstörung Jerusalems, festgelegt haben.

Der Kern des Evangeliums nach Markus, wie er auch von den ihm folgenden Evangelisten übernommen worden ist, ist die Passion Jesu, also sein Leiden und Sterben, und seine Auferstehung. So verstanden, ist alles andere nur Vorspann, gewissermaßen vom Ausgangspunkt der Passionsgeschichte in der Zeit nach rückwärts geschrieben. Markus beginnt mit den Worten: „Dies ist der Anfang des Evangeliums von Jesus Christus, dem Sohn Gottes“. Damit setzt der Verfasser bereits das Leitthema seiner Darstellung des Jesus-Geschehens im Prolog, nämlich die Gottesherrschaft. Sie beginnt mit dem Auftreten des in der Taufe als Sohn Gottes proklamierten Jesus, des Messias (griech. Christos). Die später geschilderte Verklärung Jesu (9,7) unterstreicht noch einmal seinen Anspruch auf göttliche Legitimation während die verschiedenen Heilungswunder die Gottesherrschaft in Erscheinung treten lassen.

Ein auffallendes Merkmal des Markusevangeliums ist das sogenannte Messiasgeheimnis. Die wahre Identität Jesu wird erst mit seiner Auferstehung gelüftet. Nur die Dämonen erkennen die Gottessohnschaft Jesu (Mk 1,24.34) während die Jünger mit Unverständnis reagieren und von Jesus als verstockt gescholten werden (z.B. 4,41; 6,52). Mit Petrus Erkenntnis, Jesus sei der Christus (8,29), wird das Geheimnis nur partiell aufgebrochen; denn Petrus Reaktion auf Jesu Ankündigung des ihm bevorstehenden Leidensweges scheint ihn auf die Seite Satans zu verweisen. Auf jeden Fall werden die Jünger von nun an mit einem Schweigegebot bis nach dem Osterereignis belegt.

Das Matthäus Evangelium

Der überwiegende Teil der Forschergemeinde ist sich sicher, dass der Apostel Matthäus nicht der Verfasser des gleichnamigen Evangeliums ist. Es ist aber vorstellbar, dass er ein Schriftgelehrter und damit ein Judenchrist gewesen war. Gerade sein Evangelium gibt Zeugnis davon ab, dass es wohl innerhalb der mt Gemeinde erhebliche Spannungen und zunehmenden Druck von außerhalb gab. Dieser Druck kam von einem hellenistischen Umfeld als auch jüdischen Anfeindungen, die zum Ausschluss aus der Synagoge führten. Aussagen von Verfolgungen in Mt 10 belegen, wie sich die Gemeinde wirklich erlebt und dies gedeutet hat.

Trotz aller erlebten Widerstände begreift sich das Matthäus Evangelium in Kontinuität mit den jüdischen Wurzeln. Eine Tendenz zum Festhalten am jüdischen Brauchtum merkt man zum Beispiel daran, dass Matthäus am heidenchristlichen Markusevangelium gewisse Korrekturen ansetzt. So streicht er Mk 7,19, das alle Speisen für rein erklärt und lässt Jesus im Einklang mit der Toratreue erklären, dass bis in alle Ewigkeit nicht ein Jota des Gesetzes vergehen wird (5,18). Man erwartet allerdings von der eigenen Gemeinde eine bessere Gerechtigkeit als die der Pharisäer und Schriftgelehrten (5,10), was sich in dem Gebot der Feindesliebe und dem Aufruf zum Verzicht auf Vergeltung konkretisiert (5, 38–48). Darin wird ein Ringen der Judenchristen mit dem Judentum, das sich unter pharisäischer Führung nach der Zerstörung Jerusalems 70 n. Chr. neu formiert hatte, um die rechte Vermittlung des jüdischen Erbes sichtbar.

In dieser Aufbruchsituation verfügte die mt Gemeinde noch nicht über gefestigte Strukturen wie Amtsträger und tradierte Glaubensbekenntnisse. So war es wichtig, die eigene Identität zu begründen, um sich von der Umwelt abzugrenzen. Gegenüber dem Judentum erfolgte diese Abgrenzung einerseits durch eine ethische Überhöhung, die geradezu eine Abwertung der gegnerischen Seite nach sich zog, vor allem in der Kritik einer angeblich falschen Praxis. Selbst wollte man sich nach außen durch eine andere Frömmigkeit im Almosengeben, Beten und Fasten (6,1–18) und innergemeindlich durch die Trias Gerechtigkeit, Barmherzigkeit und gläubige Treue von den polemisch verunglimpften, als heuchlerisch und blind bezeichneten Pharisäern und Schriftgelehrten absetzen (Mt 23). Nebenbei bemerkt, wie lässt sich eine derart gehässige Polemik mit dem Liebesgebot, zumal der Feindesliebe, vereinbaren?

Aber auch zu den Heiden will man seinen Abstand wahren und glaubt sich damit in der Tradition Jesu. So streicht Matthäus in der Erzählung von der kanaanäischen Frau die Exklusivität der Sendung Jesu zu Israel heraus (17,24). Allerdings, nachdem die Juden ihr Erbe durch die Ablehnung Jesu verspielt hatten, wie es im Gleichnis von den bösen Weingärtnern kaum verhüllt zur Sprache gebracht wird (21,33–46), ist nun der Beginn der Heidenmission eingeläutet, wie es dann das Schlusskapitel ausführt (28,16–20). Die Heiden sind also von nun an das Volk Gottes, das neue Israel.

Zu der Bedrohung von außen kamen die Spannungen und die nachlassende Spannkraft innerhalb der Gemeinde. So warnt der Autor vor einer Relativierung der Tora (5,17) und vor falschen Propheten (7,15ff; 24,11). Am Beispiel des sinkenden Petrus (14,28–31) sollen die kleingläubigen Gemeindeglieder vorgeführt werden. Sind dies bereits „Auflösungserscheinungen innerhalb der Gemeinde" (Feldmeier)?

So sollte das mt Evangelium wohl insbesondere auch der Stärkung des Glaubens der Gemeindeglieder dienen, ihnen Hoffnung und Zuversicht verleihen. Zur inneren Aufrichtung sind gerade auch die vielen Erfüllungszitate wichtig, die sich wie ein roter Faden durch das ganze mt Evangelium ziehen. Damit will der Autor zeigen, dass sich Jesu Leben und Wirken als eine von Gott gewollte Geschichte aus Weissagungen alttestamentlicher Propheten beweisen lässt. Während also für Markus die im Messiasgeheimnis verschlüsselte Bedeutung Jesu sich erst am Kreuz erschließen lässt, ist sie für Matthäus von der Schrift her zu verstehen. Schon im Prolog (1,1–

4,11) wird Jesu jungfräuliche Geburt als eine Erfüllung dessen verstanden, wovon der Prophet Jesaja gesprochen hatte. In stereotypen Redewendungen werden Zitate aus dem Alten Testament verwendet und ihrem Zusammenhang entrissen, um das Geschehen als Erfüllung prophetischer Aussagen zu belegen, so auch Jesu Heilungen und Zuwendungen zu den Schwachen und die sich ankündigende Mission zu den Heiden (8,17; 12,17f). Jesu Leidensweg hin zum Kreuz wird als unausweichlich dargestellt (20,17–19) und sein Einzug in Jerusalem ist genauso als eine Erfüllung der Schrift zu sehen wie der anschließende Verrat und seine Verurteilung (21,4; 27,9).

Matthäus beschreibt Jesus als eine Art zweiter Mose, der als der wahre Repräsentant des jüdischen Erbes zu verstehen ist wenn auch im heilsgeschichtlichen Verständnis nun auch die Heiden mit einbezogen sind. So wie das noch junge Volk Israel so ist auch Jesus gleich zu Beginn seiner irdischen Existenz Gefährdungen ausgesetzt, denen sich seine Familie durch die Flucht nach Ägypten entzieht, eine deutliche Anspielung auf den Exodus. Und wie der Gesetzgeber Mose, so verkündet auch Jesus – in der Lehrerpose sitzend – seine Botschaft von einem Berg während sich bei Lukas diese Episode auf einer Ebene abspielt.

Bereits Markus hatte Jesus in Anlehnung an Psalm 2,7 als einen in der Taufe von Gott adoptierten Sohn bezeugt. Matthäus geht in der Vergöttlichung Jesu noch einen Schritt weiter. So betont er, dass bereits Jesu Geburt ein Ereignis übernatürlicher Natur gewesen war. Nach Matthäus war Jesu Mutter noch Jungfrau als sie ihn durch den Heiligen Geist empfing. Hier wird das Fundament zur dogmatischen Christologie gelegt. Jesus ist der von Jesaja angekündigte Immanuel, der Gott mit uns (1,23). Überhaupt tendiert Matthäus dahin, die göttliche Seite Jesu zu betonen. So demonstriert dieser seine Macht bei der Heilung von zwei Besessenen und zwei Blinden während es bei Markus jeweils nur einer ist (Mt. 8, 28–34; 20, 29–34; vgl. Mk 5, 1–29; 10, 46–52. Und so ist es nur folgerichtig wenn Matthäus den Passus in Mk 3,20f wo Jesu Familie ihn für verrückt erklärt streicht; denn dieser passt nicht in seine Vorstellungen von einem auf Erden wandelnden Gott. Jesus, so will uns Matthäus zeigen, ist der von den Propheten angekündigte Messias, der Erlöser Israels. Und als Judenchrist ist es ihm wichtig, den Beweis anzutreten, dass Jesus tatsächlich formal durch den väterlichen Stammbaum, der auf der Davidnachfolge gründet, dazu legitimiert ist. Wenn auch Josef nicht der leibliche Vater Jesu ist, so ist er es doch in rechtlicher Sicht. Und in der Auferstehung wird er als Weltenherrscher erhöht, dem „alle Gewalt im Himmel und auf Erden“ (28,18) gegeben ist, ein Herrscher aber nicht nach der Art irdischer Könige, sondern ein Friedensfürst (5,9), einer, der mit Sanftmut des Menschen Lasten trägt, dass ihre verstörten Seelen Ruhe finden mögen (11,28–30). Schon in Jesus selbst ist Gott in seiner Zuwendung zu den Schwachen und Bedrückten heilvoll und rettend gegenwärtig.

Doch es droht auch das Gericht. Adressaten der Gerichtsdrohungen (24,3; 25,31–46) sind aber gerade die Jünger und damit indirekt die Gemeinde. Drohungen erzeugen Angst, eine wohlfeile Praxis, der sich die Kirche später bedienen wird, um ihre Schäfchen bei der Stange zu halten. Für Matthäus ist allerdings nicht der Glaube an Jesus der entscheidende Faktor, der die Scheidung zwischen Gerechten und Ungerechten und damit die Aufnahme in das Himmelreich oder Verwerfung bestimmt, sondern allein das rechte Tun (25,31ff). Die Gemeinde wird aufgefordert, sich durch gute Werke als das Salz der Erde und das Licht der Welt (5,13–16) auszuzeichnen. Das Matthäus Evangelium zielt also darauf hin, eine an Jesus orientierte Ethik zu generieren und zu vermitteln, die sich im Doppelgebot der Liebe, der Goldenen Regel (7,12) und der Trias Barmherzigkeit, Gerechtigkeit und Treue kristallisiert. Mit den Schlüsseln zum Himmelreich überträgt Jesus dem Petrus nun die Vollmacht, diese ethischen Weisungen als verbindlich erklären zu können (16, 18–19). Auf diesen Passus hat die amtliche Kirche ihre Macht gebaut und das Papsttum begründet.

Die zahlreichen Drohworte sowie der dramatisch ausgemalte Ablauf der Kindermorde stellen die dunkle Seite dieses Evangeliums dar. Verwundern mag es, dass sich anfangs Jesu Wirken ganz auf Israel beschränkt, obwohl es doch die heidnischen Weisen aus dem Morgenland waren, die Jesus huldigten. Und um so rätselhafter muss es erscheinen, dass dieses Volk auf solche Zuwendung mit sich steigernder Ablehnung, ja Hass, reagiert, der in dem furchtbaren Blutwort während des Verhörs bei Pilatus gipfelt: „Sein Blut komme über uns und unsere Kinder“ (27,25). Hier wird ein ganzes Volk in Sippenhaft genommen. Die Kreuzigung Jesu wird dann in ein düsteres apokalyptisches Szenario mit hereinbrechender Finsternis, dem Riss des Tempelvorhangs und dem Aufbrechen der Gräber getaucht (27,45–52). Damit wird deutlich gemacht, jetzt setzt ein Umbruch ein. Gott hat die Juden verworfen, der Ruf geht nun aus zu den Heiden während den Juden die gerechte Strafe für die Ermordung des Gottessohnes zuteil werden wird (22,7). Schon die Zerstörung Jerusalems 70 n. Chr. wurde dementsprechend interpretiert. Es ist ein ungeheuerlicher theologischer Entwurf, der einen erschauern lassen müsste. Er hat dem Anti-Semitismus Bahn verschafft und historisch eine Blutspur hinterlassen, die bis hin zu Auschwitz reicht.

Und doch würde man Matthäus unrecht tun, wollte man ihm unterschieben, dass er gleich das ganze Judentum auf die Anklagebank setzen wollte. Hatte Jesus nicht gerade seine treuesten Anhänger unter den ‚Kleinen' (vgl. Mt 4,25) und sollte die Tora nicht auch weiterhin bestimmend für das ethische Fundament seiner Nachfolger bleiben? Waren es nicht vielmehr nur die Oberen, die ihm verhasst waren und denen er Scheinheiligkeit und moralischen Bankrott vorwarf? Auch sollte man berücksichtigen, dass Matthäus aus einer Situation akuter Bedrängnis und Verfolgung heraus schrieb und dementsprechend negative Gefühle gegenüber seinen Gegnern entwickelt hatte. Festzuhalten bleibt, dass den schroffen antijüdischen Texten auch solche wie die Bergpredigt gegenüberstehen, die neue ethische Maßstäbe gesetzt haben.

Das Lukas Evangelium

Traditionell wurde der Verfasser dieses Evangeliums wie auch der von der Apostelgeschichte mit Lukas, dem Arzt und Begleiter des Paulus identifiziert (Phlm. 24; Kol. 4,14; 2 Tim. 4,11). Gegen diese Annahme sprechen allerdings gewichtige Gründe. Zwar suggerieren die sog. ‚Wir-Stellen' ab Apg. 16,10ff eine Teilnahme des Verfassers an den Missionsreisen des Paulus, doch gibt es andererseits erhebliche Differenzen zwischen Apostelgeschichte und den paulinischen Briefen. So widersprechen sich die Angaben über die Beschlussfassung am Apostelkonvent (vgl. Apg. 15,1–29 und Gal. 2,1–10) und während sich Paulus laut Apostelgeschichte zweimal in Jerusalem aufgehalten haben soll gibt Paulus selbst nur einen Besuch an (vgl. Apg. 9,23ff; 11,30 und Gal. 1,17ff). Außerdem sprechen theologische Differenzen wie z.B. in der Rechtfertigungslehre dagegen, den Verfasser mit Lukas den Arzt zu identifizieren. So bleibt weiterhin umstritten, wer nun der wirkliche Verfasser des Doppelwerks gewesen war. Auch wann es geschrieben wurde, ist nicht mit letzter Sicherheit zu bestimmen. Die meisten Exegeten favorisieren den Zeitraum 80–95 n. Chr..

Einig ist man sich zumindest, dass sowohl das Lukas Evangelium als auch die Apostelgeschichte auf den gleichen Verfasser zurückgehen. Geschrieben wurden beide Werke in einem gepflegten Griechisch, wohl entweder in Rom oder im syrischen Antiochia. Man kann in dem Autor einen Heidenchristen vermuten, der über fundierte biblische Kenntnisse verfügte. Er begreift sich als Historiker, der vom Wirken Jesu einen zuverlässigen Bericht geben will und sich dabei auf Augenzeugen beruft. Weiterhin bedient er sich antiker Stilmittel der Historiographie indem er durch Querverweise immer wieder versucht, das Jesus-Geschehen in einen geschichtlichen Gesamtrahmen einzubetten (vgl. Lk. 1,5, 2,1f; 3,1f.23). Allerdings ist für Lukas die Wahrheit nicht reduzierbar auf eine Abfolge geschichtlicher Ereignisse, sondern sie erschließt sich nur in einem Verständnis des von Gott gewollten Heilsgeschehens, das sich in Raum und Zeit abspielt. Geschichte ist für den Autor nicht objektiv darstellbar, sondern muss im Glauben erfasst werden. So ist Lukas Bericht voll von göttlichen Wirken wie es der Auffassung des antiken Menschen entsprach für den die Welt mit göttlicher Gegenwart erfüllt war.

Trifft die gängige geschichtliche Einordnung zu, dann liegt die Trennung zwischen Synode und christlicher Gemeinde schon länger zurück, und eine Art Konkurrenzsituation wird sich entwickelt haben, allein schon deshalb weil sich das Christentum als legitimer Erbe der biblischen Verheißungen versteht. Das gibt den Juden Anlass, die Christen als staatsgefährdende Messiasprätendenten anzuprangern und zu denunzieren. So ist es auch gerade Lukas, der wie mit der Erzählung vom Steuergroschen die Christen als loyale Staatsbürger zu profilieren sucht. Und mit dem Herausstreichen der Unschuld Jesu durch eine dreimalige Wiederholung beim Verhör durch Pilatus will Lukas betonen, dass Jesus nicht für staatsfeindliche Aktivitäten haftbar gemacht werden kann.

Insbesondere durch sein Sondergut wie die Weihnachtsgeschichte oder die Gleichnisse vom verlorenen Sohn und des barmherzigen Samariters hebt sich Lukas deutlich von Matthäus ab, der mit seinen Verfolgungsgeschichten eine ausgeprägt düstere Stimmung erzeugt. Bei Lukas hingegen herrscht eine freudige, ja jubilierende Erwartungshaltung, ausgedrückt im Lobgesang der Maria oder durch die Begrüßung von Jesu Geburt durch die Engel und Hirten. Lukas berührt Gefühl und Gemüt der Leser wie kein anderer der Evangelisten und präsentiert uns einen sehr irdischen Jesus, der aber auch Gottes Sohn ist, ja wie Adam direkt von Gott stammt, also in Lukas Auffassung eine neue Schöpfung darstellt.

Ein soziales Pathos durchzieht das ganze Evangelium. Schon im Magnifikat ist vom Umsturz der Gewaltigen und der Sättigung der Hungrigen die Rede (1,52f). Dies setzt sich im Wirken Jesu in Galiläa fort. Bei Lukas sind es die materiell Armen, die Hungernden und Weinenden, die selig gepriesen werden, bei Matthäus diejenigen, die geistlich arm sind und nach Gerechtigkeit verlangen. Jesus, der ja selbst seine Existenz als Außenseiter in einem schäbigen Stall begonnen hatte, fühlt sich zu den Niedrigen und Ausgestoßenen der Gesellschaft hingezogen. Doch wenn er auch einer radikalen Ethik des Verzichts auf materielle Güter das Wort spricht so mildert Lukas diese Forderung als Voraussetzung konsequenter Nachfolge ein wenig ab, wenn er vom Gebot der teilweisen Entsagung (19,8) und dem Einsatz der Habe zur dienenden Unterstützung der Wanderradikalen (8,3) schreibt.

Jesu Lehre, die eine konsequente Umkehr sozialer Werte impliziert, stieß allerdings auch auf massive Ablehnung und verschaffte ihm viele Feinde. Er lehrt die Feindesliebe, verlangt Barmherzigkeit und Vergebung statt Verdammung (6,27ff). In den Augen seiner Gegner aber machte ihn das zu einem „Freund der Zöllner und Sünder“ (7,34). Zudem hatte Jesus ein sehr positives Verhältnis zu den Frauen. Viele bekennen sich zu ihm als seine Jüngerinnen (8,1–3). Er sieht die Sünderin, die ihn willkommen heißt, näher bei Gott als den Pharisäer (7,36ff) und Maria wird als gute Zuhörerin Jesu gewürdigt (10,38–42). Im Gleichnis vom barmherzigen Samariter wird dieser in Israel verhasste Fremdling als Vorbild praktizierter Nächstenliebe herausgestellt, verbunden mit der Aufforderung an die Hörer, gleichfalls barmherzig zu handeln (10,25–37). Der hartherzige Reiche aber wird in der Unterwelt schmachten (16,19–31). Im Gleichnis vom verlorenen Sohn erläutert der lk Jesus, dass sich Gott als der gütige Vater um die Verlorenen bemüht. So konkretisiert sich bereits in Jesu Wirken die Gottesherrschaft (11,20) und so versteht sich die Aussage: „Siehe, das Reich Gottes ist mitten unter euch“ (17,21).

In Lukas‘ Evangelium wird dem Heiligen Geist eine wirkkräftige Rolle eingeräumt. So war schon der als Vorläufer Jesu angekündigte Johannes der Täufer vorgeburtlich mit dem Heiligen Geist erfüllt (1,15) während Jesus sogar selbst von dem Heiligen Geist gezeugt wurde (1,35). Der Heilige Geist proklamiert Jesus als den Sohn Gottes (3,22) und führt ihn in die Wüste. Jesus ist gemäß der Schrift der vom Geist erfüllte Erlöser Israels

(4,17f). Noch im Sterben befiehlt Jesus den Heiligen Geist zurück an seinen Vater (23,46).

Bei Lukas dominiert ein optimistisches Menschenbild und so treten die gerichtlichen Drohungen in den Hintergrund. Jesu Zeit ist eine gnadenerfüllte Zeit in der Menschen durch seine frohe Botschaft den Weg zur Umkehr finden. Nicht die Angst vor dem Gericht sondern die Freude im Himmel über jeden bußfertigen Sünder überwiegt. Die Einladung an die Verlorenen, Mitleid mit den Armen und Vergebungsbereitschaft sind Ausdruck von Jesu Menschenfreundlichkeit. Die christliche Gemeinschaft ist aufgefordert, Jesu Anliegen in anteilnehmender Liebe und in Form einer geschwisterlichen Gütergemeinschaft im täglichen Leben durchzusetzen. Auch sollen sich seine Jünger durch die Verzögerung seiner Wiederkunft nicht irremachen lassen, sondern in ständiger Bereitschaft für das Wiederkommen ihres Herrn leben. Diese Stunde ist zwar ungewiss aber sie könne jederzeit hereinbrechen (z. B. 12,35–48), und man dürfe sich nicht durch tägliche Sorgen oder Sinnesfreuden von seiner Wachsamkeit ablenken lassen, ansonsten könne man sein Heil verwirken.

Das Johannes Evangelium

Das Johannes-Evangelium unterscheidet sich wesentlich in Aufbau, Sprachstil, Inhalt und in der theologischen Perspektive von den Synoptikern. Sein Leitmotiv ist der vom Himmel herabgestiegene Gottessohn Jesus Christus, der in der Begegnung mit ihm den Menschen im Hier und Jetzt eine Glaubensentscheidung für oder gegen ihn abfordert, die dann entweder Heil oder Unheil nach sich zieht.

Schematisch ist dieses Evangelium in der Abfolge von Präexistenz – Erniedrigung – Erhöhung gegliedert. Im Prolog wird das Wesen des Gottessohnes als präexistentes, mitschöpfendes Wort Gottes definiert, dessen Kommen in die Welt sich in der Form einer Selbsterniedrigung vollzieht. Der Hauptteil thematisiert die Offenbarung des menschgewordenen Wortes, Jesus Christus, durch seine Worte und Werke. Dieses Wirken des Gottmenschen führt notwendigerweise zu seinem Tod am Kreuz. In seinem Sterben für die Welt im Gehorsam zum göttlichen Auftrag erfährt er die Erhöhung durch seinen Vater und damit den Wiederaufstieg in den Himmel.

Im Johannes-Evangelium stechen die vielen Jesusreden (Ich bin das Leben/das Licht/der gute Hirte/der Weinstock), die hier die Funktion von Gleichnissen einnehmen, hervor. Die sieben Wunder, von denen einige sich nur bei Johannes finden, sind mit den Reden und Gesprächen integriert. Dämonenaustreibungen aber gibt es bei ihm nicht. Auch im Zeitschema weicht das JohEv stark von den anderen ab. Während jene nur von einem Weg Jesu nach Jerusalem berichten und sein Wirken auf etwa ein Jahr beschränken, wandert der johanneische Jesus in einem Zeitraum von über zwei Jahren mehrere Male zwischen Galiläa und Jerusalem hin und her. Gemäß den Synoptikern wird Jesus am Passafest gekreuzigt, doch bei Johannes stirbt Jesus den Tag vor dem Passa. Auch gibt es bei ihm kein Abendmahl mit Einsetzung der Eucharistie sondern nur ein Abendessen mit Fußwaschung.

Das JohEv wendet sich insbesondere an Leser im engsten Gemeindekreis und verfolgt den Zweck der Glaubensaufrichtung in einer Situation von Verfolgung und Kontroversen, eine Gemeinde, die sich religiös und sozial an den Rand gedrängt fühlte und ganz auf sich selbst zurückgeworfen war. Eine missionarische Ausrichtung ist nicht beabsichtigt. Seine christologischen Aussagen tendieren ins Mythische, insbesondere was den Logos betrifft. Diese hohe Christologie mit seiner Betonung auf die Einheit von Gott, Vater und Sohn wurde von der jüdischen Umwelt als einen Abfall vom Monotheismus interpretiert und dementsprechend mit scharfer Kritik überzogen bis dann der Bruch mit dem Judentum schließlich als Folge des Ausstoßes aus den Synagogen vollzogen wurde.

Die Auseinandersetzungen mit dem Pharisäertum dürften nach der Zerstörung des Tempels 70 n. Chr. noch an Schärfe zugenommen haben. Da nun der Tempel als Kristallisationspunkt national-religiösen Bewusstseins ausfiel verblieb nur noch der von den Vätern überlieferte und von der Schrift bezeugte Glaube sowie davon inspirierte Rituale als identitätsstiftendes, einigendes Band. Und in einer solch prekären Situation war es nicht verwunderlich, wenn die Pharisäer häretische Elemente wie die johanneische Inkarnationslehre, die ihnen als eine Form der Abgötterei erschien, auszusondern begannen, um die Reinheit dieses Glaubens zu bewahren. Hinzu kam, dass die christliche Anbetung Jesu als den einzigen Offenbarer des Willens Gottes eine Abwertung Mose, dem Verkünder des göttlichen Gesetzes, implizierte. So kann es nicht verwundern, dass die Pharisäer zu drastischen Maßnahmen griffen und die Christen aus ihren Synagogen stießen. Christen und Juden waren zu Feinden geworden. Für die Christen gehörte das Judentum fortan zur fleischlichen Welt, da es sich durch die Verleugnung Christi aus der Gemeinschaft mit Gott und seinem Heilswirken gleichsam ausschloss. Die judenchristliche Gemeinde aber betrachtete sich als das wahre Israel und disqualifizierte das pharisäische Judentum als Verräter der eigenen Tradition.

Auch in ihrem Inneren war der Zusammenhalt der johanneischen Gemeinde durch Kontroversen über die rechte Lehre bedroht. So drang gnostisches, stark dualistisch geprägtes, Gedankengut ein, das der Lichtwelt des guten Gottes die Finsternis des bösen und rachsüchtigen alttestamentlichen Gottes entgegenstellte. Nach dessen Verständnis konnte Erlösung, die man als Befreiung der Lichtseele aus dem Kerker der irdischen Hülle des Menschen verstand, nur durch rechte Erkenntnis (Gnosis) erlangt werden. Man erkennt deutlich den Einfluss der Gnosis im JohEv an ihrem Gebrauch von Gegensatzpaaren wie Licht/Finsternis, Leben/Tod, Gott/Welt, Geist/Fleisch, Wahrheit/Lüge, Liebe/Hass. Andererseits steht einem entwickelten Gnostizismus die Überzeugung vom Fleisch gewordenen Gottmenschen Jesus gegenüber und die Schöpfung wird nicht dem Reich der Finsternis zugerechnet sondern als gut erachtet. Sie ist ja die Schöpfung des Logos-Christus und er kehrt in diese Welt zurück, weil Gott sie liebt und er sie retten (erlösen) soll.

Auch die Lehre des Doketismus, nämlich die Überzeugung, dass Jesus nur einen Scheinleib hatte, vermochte dem JohEv seinen Stempel aufzudrücken. Jesus geht durch verschlossene Türen. Keinesfalls sieht er wie der synoptische Jesus seinem Tod am Kreuz mit Zittern und Zagen entgegen – es gibt keinen Gebetskampf – sondern er verbleibt immer Herr der Situation, ja überwindet als Sieger den Tod. Am Kreuz selber scheinen ihn die furchtbaren Qualen des Sterbenskampfes kaum zu berühren; er ist sogar noch in der Lage, seine Familienangelegenheiten zu regeln, was vom medizinischen Standpunkt unmöglich erscheint.

Die johanneische Gemeinde stand also im Schnittpunkt diverser Streitigkeiten und äußerer Bedrängnis. Da ist es kein Wunder, dass ihr viele den Rücken kehrten und sich entweder offen zu einem abweichenden Glauben bekannten oder es doch lieber mit dem jüdischen Monotheismus hielten. Die von der johanneischen Lehre wieder Abgefallenen, solche also, die den jüdischen Standpunkt teilten und damit die Gottessohnschaft Jesu verleugneten, wurden von der Gemeinde als ‚Juden' gebrandmarkt. Sie kündigten die Gefolgschaft auf und verließen die Gemeinde (Joh 6,60.66). Allerdings gab es auch durchaus Sympathisanten in höheren Kreisen, die es aber aus

Furcht vor sozialer Ächtung nicht wagten, sich offen zu dem christlichen Glauben zu bekennen (12,42).

Erkennbar hatte die johanneische Gemeinde ein wechselvolles Schicksal erlitten, das ihr auch in einer Art stufenweisen Entstehung eingeschrieben erscheint. Die meisten Ausleger nehmen an, dass sie ursprünglich in Transjordanien beheimatet gewesen war und ihre Gründung auf charismatische Wanderprediger zurückgeht. Ferner legt die Sprache und Gedankenwelt des JohEv es nahe, dass die johanneischen Christen überwiegend hellenistische, also griechisch sprechende Juden waren, vereinzelt aber auch Heidenchristen, denen die Sitten und Gebräuche der Juden in Palästina erläutert werden mussten (Joh 1,38.41, 19,13.17). Der Fakt, dass die Sadduzäer nicht mehr als selbstständige Gruppierung erwähnt werden, lässt vermuten, dass eine erste Grundschrift des Evangeliums erst nach 70 n. Chr. verfasst worden war, zu einem Zeitpunkt also, als die Pharisäer die unbestrittene Führerschaft im Judentum an sich gerissen hatten.

Man vermutet, dass die Gemeinde aufgrund des zunehmenden Drucks des Pharisäertums ihre angestammte Heimat verließ und wohl nach Ephesus in Kleinasien auswanderte, in ein Kirchengebiet, das allerdings stark petrinisch geprägt war. In der überarbeiteten Grundschrift wird daher der Vorrang des Petrus als Führer der christlichen Gemeinde betont, dem Jesus selbst das Hirtenamt übertragen hatte (21,15ff) während dem von Jesus geliebten Jünger, mit dem sich gerade die johanneische Kerngemeinde identifiziert hatte, nur noch eine Glaubensüberlegenheit zugestanden wird. Die Rolle der Frauen wurde im Zuge einer sich verfestigenden patriarchalischen Kirchenstruktur zurückgestuft. So wird in Joh 21,14 die von Maria Magdalena erfahrende Offenbarung Jesu glatt unterschlagen. Die Redaktion des uns jetzt vorliegenden Textes war wohl um die Jahrhundertwende abgeschlossen. Wer aber war ihr Autor gewesen?

Wer zum Beispiel steht hinter dem ‚Wir' in Joh 21,24'? Eine Autorenschaft oder vielleicht doch die ganze Gemeinde? Unvermittelt aber wechselt im nachfolgenden Vers das ‚Wir' in ein ‚Ich'. Lässt sich in diesem ‚Ich' vielleicht der wahre Autor, wohl der Redaktor, vermuten? Während noch die frühkirchliche Tradition in dem Apostel Johannes den Verfasser des JohEv vermutete, bleibt deren Beweisführung, die aus Quellen aus zweiter und dritter Hand belegt wird, mehr als fragwürdig. Könnte der Autor vielleicht der ‚geliebte Jünger' gewesen sein? War dies der Grund, warum er in der Schrift anonym bleibt? Jedenfalls hat das Geheimnis um die Identität des geliebten Jüngers zahlreiche Theologen angeregt, dieses Rätsel zu lösen.

Der geliebte Jünger, falls er denn wirklich existiert haben sollte, scheint aufgrund seiner Nähe zu Jesus eine herausragende Stellung in der Gemeinde gehabt zu haben. Er lag an Jesu Brust und erhielt von Jesus besonders vertrauliche Informationen wie die über die Identität des Verräters Judas (13,23–28) während die anderen Jünger im Ungewissen blieben. Als einziger Jünger hatte er anscheinend seine Furcht überwunden und erlebte Jesu Kreuzigung und Sterben (19,26.33–35), war am Ostermorgen am Grab (20,2) und war derjenige, der Jesus als den Auferstandenen am See Tiberias erkannte (21,7). Dieser Jünger hatte sich sein Ansehen durch eine besondere Treue und Glaubensstärke verdient. Diese Achtung und seine Autorität führten dazu, dass sich die Gemeinde um ihn gruppierte und seine Anwesenheit ihr das Gefühl gab, mit dem Jesusgeschehen verbunden zu sein. Vorstellbar ist es, dass das JohEv in seinen Grundzügen auf den mündlichen und schriftlichen Hinterlassenschaften dieses Jüngers fußt. Der wirkliche Verfasser, der auch für den theologischen Überbau sorgte, könnte damit ein Schüler des geliebten Jüngers gewesen sein, vielleicht der ‚Älteste' des Johannesbriefes (1 Joh 1,1); denn es gibt sprachliche und theologische Übereinstimmungen zwischen den Briefen und dem Evangelium. Nachdem der von Jesus geliebte Jünger an entscheidenden Stellen des Evangeliums redaktionell eingeschrieben worden war, blieb er so der Gemeinde auch noch nach seinem Tode präsent, womit sein Zeugnis und Einfluss vielleicht in der Form einer johanneischen Schule weiterwirkte.

Einige Exegeten sehen in der Gestalt des geliebten Jüngers einen idealisierten Repräsentanten aller Jünger, also eine fiktive Figur, die dann der jungen Kirche als Vorbild angedient wurde. Wieder andere wollen ihn mit Johannes, den Zebedäus-Jünger, identifizieren. Dann stellt sich aber die Frage, warum die Söhne des Zebedäus nur beiläufig erwähnt werden (21,2). Und ist es wahrscheinlich, dass Jesus einen seiner Jünger den anderen vorgezogen hatte während er doch in 13,1 betont, sie alle unterschiedslos zu lieben? War dieser Jünger überhaupt ein Mitglied des Zwölferkreises gewesen? Nirgendwo im Evangelium wird er damit in Verbindung gebracht. So ist jeder von Auslegern vorgebrachte Vorschlag wieder in Zweifel gezogen worden. Uns selbst erscheint es als glaubhaft, dass der geliebte Jünger kein anderer als Maria Magdalena selbst war, die Jesus besonders nahe stand. Eine solche Nähe musste grundsätzlich anderer Natur sein als die Beziehung zu den männlichen Jüngern. In einem späteren Kommentar werden wir unsere Überzeugung von der Identität dieses geliebten Jüngers noch näher begründen.

Die vorangehende Diskussion hat bereits signifikante Unterschiede des Johannes-Evangeliums zu den Synoptikern aufgezeigt. Gerade auch im theologischen Diskurs ist es seinen eigenen Weg gegangen. In ihm führt der Handlungsstrang, dominiert von der Entwicklung von Glauben und Unglauben, unausweichlich zum Kreuz. Unausweichlich, weil zum einen die Ablehnung Jesu durch die Juden schicksalsbedingt vorgezeichnet ist; denn er entspricht nicht ihrer messianischen Erwartung und seine Lehre liegt quer zum traditionellen jüdischen Gottesbild. Zum anderen, weil dieser Weg eines stellvertretenden Sühnetodes dem Willen Gottes entspricht (1,29). Am Kreuz findet Jesu Auftrag seine Erfüllung und gleichzeitig erfährt er damit seine Erhöhung. Dass gemäss der johanneischen Konzeption der schmachvolle Kreuzestod paradoxerweise auch der Verherrlichung Jesu dienen soll, lässt sich begreiflicherweise dem jüdischen Denken nur schwer vermitteln.

Während bei den Synoptikern das Reich Gottes, das sich im Wirken Jesu manifestiert, den theologischen Mittelpunkt darstellt, ist Jesus im Johannes-Evangelium selbst wesentlicher Inhalt und Botschaft. Er ist der himmlische Bote, der sein Einssein mit Gott als präexistenter Logos verlässt, um als Mensch gewordener Sohn Gottes der Welt im Auftrag seines Vaters die Erlösung zu bringen. Er legitimiert sich durch seine Worte und Werke und durch die Schrift (5,31ff; 8,13ff), hat den Auftrag, die Verheißung des ewigen Lebens zu offenbaren (12,50), legt Rechenschaft über seinen Auftrag ab (17,4) und kehrt schließlich nach erfolgreich abgeschlossener Mission zu seinem Vater zurück (20,17).

Jesu Kommen polarisiert die Welt. Seine Lehre führt zur Spaltung sogar in seiner Gemeinde. Er trifft auf Hass und Ablehnung gerade bei den Oberen der Gesellschaft (11,46ff). Auch führen seine Worte immer wieder zu Missverständnissen, bei Anhängern als auch bei seinen Gegnern (2,18–21; 6,41f; 7,33–36; 11,11–13; 14,8–11). In der Haltung zu ihm entscheidet sich aber Heil oder Unheil (3,36). Dem Ungläubigen wird der Zorn Gottes in seinem Gericht angedroht, dem Gläubigen aber das ewige Leben verheißen. Somit verschiebt sich die Heilserwartung, die traditionell mit der Wiederkunft Christi verbunden war, zumindest teilweise bereits in die Gegenwart (3,15–19; 5,24) wenn auch noch am Jüngsten Tag Gericht gehalten werden wird (12,48). Diese eigentümliche Spannung zwischen Gegenwart und Zukunft drückt sich in der Redewendung „es kommt die Stunde und ist schon jetzt“ (6,39) aus.

Es ist dies nicht die einzige Spannung im Johannes-Evangelium. So tauft Jesus und dann doch wieder nicht (3,22; 4,2). Bestimmte Themen werden wiederholt aufgegriffen und von neuem interpretiert. Es gibt zwei Buchabschlüsse (20,30f; 21,25) und zwei Abschiedsreden Jesu (13,1ff; 15,1ff). An diesen Brüchen ist erkennbar, dass das JohEv nicht aus einem Guss ist und im Laufe der Zeit mehrfach überarbeitet worden war. Als sicher ist anzunehmen, dass Kapitel 21 ein späterer Nachtrag ist.

Diese Spannungen und Brüche mögen aus theologischer Sicht Schwierigkeiten geben, doch als wirklich problematisch muss die Wirkungsgeschichte dieses Evangeliums gelten. Einerseits hat es entscheidende Impulse für die Entwicklung der Kirchendogmatik in Bezug auf die Trinitätslehre, die Konzeption des stellvertretenden Opfertodes Jesu und das Dogma der Inkarnation geliefert. Andererseits hat es gerade auch dem Anti-Judaismus Aufwind gegeben. Die Juden werden pauschal als Repräsentanten der gottfeindlichen Welt abqualifiziert. Im Evangelium werden sie als Söhne des Teufels (8,44), Verdammte (9,39–41), Knechte der Sünde (8,34), ja – was besonders abstoßend erscheinen muss – als Gottesmörder (5,18; 7,19) gebrandmarkt. Der Theologe Drewermann bezeichnet das JohEv als eine „Urkunde des Judenhasses“, das mit dem Gebot der Liebe nicht vereinbar ist. Doch wird man dem Verfasser mit einer einseitigen Negativsicht auch nicht gerecht; denn das Evangelium wurde in einem historischen Kontext von Verfolgung aufgesetzt. Auch werden die Juden nicht grundsätzlich als böse dargestellt; denn „das Heil kommt von den Juden“ (1,47). Johannes unterscheidet die ‚rechten Israeliten‘ (1,47) von denen, die ihn ablehnen. Weiterhin sind da die positiven Beispiele eines Nikodemus und des Josef von Arimathäa als auch die Reihe der heimlichen Sympathisanten unter den Oberen (12,.42).

Zugegebenermaßen sind diese Beispiele aber eher Einzelfälle. Verurteilt wird immer noch der Jude (und implizit der Heide), auch wenn dieser mustergültig der Tradition seiner Väter nachfolgt, dabei aber Jesus verwirft.

Moralisch wäre es schon eher gerechtfertigt, wenn nicht ein bestimmter Glaube sondern eine gewisse Frömmigkeitshaltung, die sich in Orthodoxie, Ritual und Legalismus erschöpft, verurteilt werden würde. Leider hat sich in der christlichen Kirche schon früh ein negatives Verständnis des Judentums durchgesetzt, mit all den schrecklichen Folgen wie den Judenpogromen.

Aufgrund der vielen Überschneidungen halten wir es für angebracht, die drei synopotischen Evangelien in einer Erzählung zusammenzufassen und als einen geordneten Handlungsablauf von Geburt bis zum Tode Jesu zu präsentieren, während das Johannes-Evangelium als eine in sich geschlossene Einheit dem gegenübersteht.

Kapitel 7:
Der biblische Jesus

Die Evangelien stellen so etwas wie eine Biographie des Lebens Jesu dar. Sie beschreiben seine Herkunft, sein Wirken und seine Passion je aus ihrer eigenen Perspektive. Dieses Kapitel ist unter Verwendung vieler Zitate aus der Schrift eine Art gekürzte Nacherzählung in eigenen Worten, wobei die drei synoptischen Evangelien zu einer Erzählung harmonisiert worden sind, da sie sich vielfach überschneiden. Auf wesentliche Abweichungen voneinander soll aber immer wieder hingewiesen werden.

7.1. Jesu Herkunft und Rüstung

Johannes-Evangelium (Prolog: Kapitel 1,1–18)

V 1–5: „Im Anfang war das Wort, und das Wort war bei Gott und Gott war das Wort." Durch dasselbe sind alle Dinge gemacht worden. In ihm war das Leben und den Menschen war es ein Licht. Es erleuchtete die Finsternis, doch „die Finsternis hat's nicht ergriffen."

V 6–10: „Es war ein Mensch, von Gott gesandt, der hieß Johannes". Dieser sollte von dem wahren Licht zeugen, das die Menschen dieser Welt erleuchtet. Er, der da das Licht war, kam in die Welt aber die Menschen haben ihn nicht angenommen obwohl doch die Welt durch ihn gemacht worden war.

V 11–13: „Er kam in sein Eigentum, und die Seinen nahmen ihn nicht auf." Diejenigen aber, die an seinen Namen glaubten, wurden Gottes Kinder, nicht aus menschlichem Vermögen sondern durch die Macht Gottes.

V14: „Und das Wort ward Fleisch und wohnte unter uns, und wir sahen seine Herrlichkeit, eine Herrlichkeit als des eingeborenen Sohn vom Vater, voller Gnade und Wahrheit."

V 15 – 18: Von diesem Wort legte Johannes Zeugnis ab als er sagte: „Nach mir wird kommen, der vor mir gewesen ist; denn er war eher als ich". Mose hat uns das Gesetz gegeben, durch Jesus Christus aber ist Gnade und Wahrheit Wirklichkeit geworden. Er, „der Gott ist und in des Vaters Schoss ist," hat uns den unsichtbaren Gott verkündigt.

Die synoptischen Evangelien

„Zu der Zeit des Herodes, des Königs von Judäa, lebte ein Priester … mit Namen Zacharias, und seine Frau war aus dem Geschlecht Aaron und hieß Elisabeth“ (Lk). Elisabeth aber war hochbetagt und kinderlos. Nun begab es sich, dass, als Zacharias seinen Tempeldienst versah, ihm der Engel Gabriel erschien, der ihm die Geburt eines Sohnes ankündigte, der den Namen Johannes tragen solle. Dieser werde vom Heiligen Geist und der Kraft des Propheten Elias erfüllt sein und viele des Volkes im Namen des Herrn bekehren. Zacharias vernahm die Botschaft mit Furcht, doch zweifelte er. Aufgrund seines mangelnden Glaubens wurde er mit Stummheit geschlagen, die erst zum Zeitpunkt der Geburt seines Sohnes gelöst werden solle. Und Elisabeth wurde schwanger.

In dieser Zeit wurde der Engel des Herrn, Gabriel, auch zu einer Jungfrau namens Maria in Nazareth geschickt und er verkündigte ihr, dass sie einen Sohn durch den Heiligen Geist empfangen werde, dem sie den Namen Jesus geben solle. Er wird ‚Sohn des Höchsten‘ genannt werden „und Gott der Herr wird ihm den Thron seines Vaters David geben und er wird König sein über das Haus Jakob in Ewigkeit, und sein Reich wird kein Ende haben“ (Lk).

Da machte Maria sich auf, ihre Verwandte Elisabeth in Judäa zu besuchen. Elisabeth, hoch erfreut über diesen Besuch, pries Maria ob der Frucht ihres Leibes als selig. Maria aber lobte den Herrn und sprach: „Meine Seele erhebt den Herrn, und mein Geist erfreut sich Gottes, meines Heilandes“ (Lk). Sie pries die Barmherzigkeit Gottes, die er an den Armen und Schwachen seines Volkes wieder und wieder erwiesen hatte.

Elisabeth gebar ihren Sohn und gab ihm den Namen Johannes, den Zacharias schriftlich bestätigte. Daraufhin wurde seine Zunge gelöst und die Menschen fürchteten sich; denn sie erkannten darin ein Zeichen Gottes. Zacharias aber, erfüllt vom heiligen Geist, lobte den Herrn weil er das Volk aufgesucht und ihm seine Erlösung geschenkt hat. Ferner weissagte er, dass sein Sohn ein Wegbereiter des Höchsten sein werde, damit das „Licht aus der Höhe“ (Lk) den Menschen in der Finsternis scheine.

Als nun Maria schwanger wurde, wollte sich Josef heimlich von ihr trennen, um ihr Schande zu ersparen. Doch ein Engel, der ihm im Traum erschien, ermutigte ihn, bei seiner Frau zu stehen; denn sie hatte vom heiligen Geist empfangen. Ihr Sohn werde der von den Propheten geweissagte Erlöser sein, und „sein Volk retten von ihren Sünden“ (Mt).

„Es begab sich aber zu der Zeit, dass ein Gebot von dem Kaiser Augustus ausging, dass alle Welt geschätzt würde. Und diese Schätzung war die allererste und geschah zur Zeit, da Quirinius Statthalter in Syrien war" (Lk). Da Josef aus dem Geschlecht David war, machte er sich mit seiner schwangeren Frau auf den Weg nach Bethlehem, doch fand er dort keine Unterkunft. Als Maria nun ihren ersten Sohn gebar, wickelte sie ihn in Windeln und legte ihn in eine Krippe. Hirten, die des nachts ihre Herde hüteten, erschien ein Engel und der sprach: „Fürchtet euch nicht! Siehe, ich verkündige euch große Freude ... denn euch ist heute der Heiland geboren, welcher ist Christus, der Herr, in der Stadt Davids" (Lk). Die Hirten suchten Maria, Josef und das Kind auf und verbreiteten die Kunde über das was sie erfahren und gesehen hatten. „Maria aber behielt alle diese Worte und bewegte sie in ihrem Herzen" (Lk).

Auch Weise aus dem Morgenland kamen nach Bethlehem, um das Kind zu sehen. Ihnen war der Weg durch einen Stern gewiesen worden. Als sie das Kind fanden, huldigten sie ihm und „schenkten ihm Gold, Weihrauch und Myrrhe" (Mt). König Herodes, dem von den Weisen Kunde über diesen „neugeborene(n) König der Juden" (Mt) gegeben worden war, hatte sie ersucht, auf dem Rückweg bei ihm einzukehren und ihm mitzuteilen wo er zu finden sei, damit auch er ihn anbeten könne. Doch „Gott befahl ihnen im Traum, nicht wieder zu Herodes zurückzukehren" (Mt) und einen anderen Weg einzuschlagen.

Nach acht Tagen wurde das Kind gemäß der Tradition beschnitten, und man gab ihm den Namen Jesus. Nachdem die der Frau gesetzlich vorgeschriebenen Tage der Reinigung um waren, begaben sich Maria und Josef nach Jerusalem, um im Tempel, wie angeordnet durch das Gesetz Mose, ihr Kind dem Herrn vorzustellen. Dort begegnete ihnen ein alter, frommer Mann namens Simeon, der freudig erregt das Kind auf seine Arme nahm und sprach: „Herr, nun lässt du deinen Diener in Frieden fahren, wie du gesagt hast: denn meine Augen haben deinen Heiland gesehen" (Lk). Auch eine Prophetin namens Hanna pries das Kind als den von ganz Israel erwarteten Erlöser. „Und sein Vater und seine Mutter wunderten sich über das, was von ihm gesagt wurde" (Lk).

Alarmiert durch einen Traum flüchteten sich die Eltern Jesu mit Kind nach Ägypten, um der Verfolgung durch Herodes zu entgehen. Dieser ließ alle Kinder in Bethlehem im Alter von bis zu zwei Jahren töten. Damit wollte er sicherstellen, dass auch Jesus den Tod finden würde. „Als aber Herodes gestorben war, siehe, da erschien der Engel des Herrn dem Josef im Traum in Ägypten“ (Mt) und ließ ihn wissen, dass sie nun wieder in ihre Heimat zurückkehren könnten. Maria und Josef zogen daraufhin ins galiläische Land und wohnten fortan in Nazareth. „Das Kind aber wuchs und wurde stark, voller Weisheit, und Gottes Gnade war bei ihm“ (Lk).

Als Jesus zwölf Jahre alt war gingen er und seine Eltern wie es der Brauch war nach Jerusalem, um dort das Passafest zu feiern. Als sie nach dem Fest wieder nach Hause zurückgingen blieb Jesus in Jerusalem zurück ohne dass die Eltern seine Abwesenheit zunächst bemerkt hatten. Erst nach einer längeren Suche fanden sie ihn schließlich im Tempel, vertieft im Gespräch mit Gelehrten. „Alle, die ihm zuhörten, verwunderten sich über seinen Verstand“ (Lk) aber seine Mutter sprach vorwurfsvoll: „Mein Sohn, warum hast du uns das getan? Siehe, dein Vater und ich haben dich mit Schmerzen gesucht“ (Lk). Ihnen antwortete Jesus: „Warum habt ihr mich gesucht? Wisst ihr nicht, dass ich sein muss in dem, was meines Vaters ist?“ (Lk). Doch sie verstanden ihn nicht. Jesus aber zog mit ihnen zurück und blieb ihnen gehorsam während er an „Weisheit, Alter und Gnade bei Gott“ (Lk) zunahm.

„Im fünfzehnten Jahr der Herrschaft des Kaisers Tiberius, als Pontius Pilatus Statthalter in Judäa war und Herodes Landesfürst von Galiläa … da geschah das Wort Gottes zu Johannes, dem Sohn des Zacharias, in der Wüste“ (Lk) und er predigte: „Tut Buße, denn das Himmelreich ist nahe gekommen“ (Mt). Johannes trug ein Gewand aus Kamelhaaren und ernährte sich von Heuschrecken und wildem Honig. Er belehrte das Volk, das sich von ihm taufen ließ, mit harten Worten und forderte von ihnen als Beweis ihrer Umkehr gute Taten. Und er sprach: „Es kommt einer nach mir, der ist stärker als ich; und ich bin nicht wert, dass ich mich vor ihm bücke und die Riemen seiner Schuhe löse. Ich taufe euch mit Wasser, aber er wird euch mit dem heiligen Geist taufen“ (Mk).

Auch Jesus ließ sich von Johannes taufen. Der wollte ihm zunächst wehren doch Jesus sprach: „Lass es jetzt geschehen“ (Mt) um der Gerechtigkeit willen. „Und alsbald, als er aus dem Wasser stieg, sah er, dass sich der Himmel auftat und der Geist wie eine Taube herabkam auf ihn. Und da geschah eine Stimme vom Himmel: Du bist mein lieber Sohn, an dir habe ich Wohlgefallen“ (Mk).

„Und alsbald trieb ihn der Geist in die Wüste“ (Mk). Er verweilte dort vierzig Tage lang und wurde daselbst von dem Satan versucht. Der Versucher forderte ihn auf, aus Steinen Brot zu machen und sich dadurch als Sohn Gottes auszuweisen, doch Jesus widerstand ihm und sprach: „Der Mensch lebt nicht vom Brot allein, sondern von einem jeden Wort, das aus dem Mund Gottes geht“ (Mt). Wieder versuchte ihn der Teufel und sagte, er solle sich von der Zinne des Tempels stürzen, auf den er ihn geführt hatte, denn ist er Gottes Sohn, so würden ihn die Engel auf Händen tragen. Jesus hielt dem entgegen: „Du sollst den Herrn, deinen Gott, nicht versuchen“ (Mt). Schließlich zeigte ihm der Teufel noch von einem hohen Berg aus all die Herrlichkeit der Welt und versprach ihm dies alles, wenn er ihn nur anbeten würde. Doch Jesus zitierte ein weiteres Mal aus der Schrift und sprach: „Du sollst anbeten den Herrn, deinen Gott, und ihm allein dienen“ (Mt). Daraufhin wich der Teufel von ihm eine Zeitlang und die Engel dienten ihm.

„Und Jesus war, als er auftrat, etwa dreißig Jahre alt und wurde gehalten für einen Sohn Josefs“ (Lk). Zu seinen Vorfahren zählten unter anderem König David, Jakob, Abraham, ja letztlich auch Adam, der von Gott war.

Kommentar

Zum Johannes-Evangelium

Der Prolog des Johannes-Evangeliums gehört wohl zu den schwierigsten und rätselhaftesten Texten im Neuen Testament. Er handelt von einem präexistenten Logos, der an der Schöpfung der Welt beteiligt war und als Fleisch gewordene Inkarnation des göttlichen Wortes zu den Menschen kam, um Erleuchtung und Glauben an ihn zu bringen, doch zumeist auf Ablehnung stieß. Für die folgende Erläuterung des Textes haben wir Anregungen bei den Kommentaren von Tilborg und Godet zu dem Johannes-Evangelium gefunden:

V 1–5: Vom Beginn der Schöpfung in Raum und Zeit hebt sich ein uranfängliches, ewiges Sein ab. Von Ewigkeit her existiert auch der Logos, das Wort, in und mit Gott in einer geheimnisvollen Zweiheit. So heißt es dann auch von der Weisheit in Sprüche 8,22f: „Der Herr hat mich schon gehabt im Anfang seiner Wege, ehe er etwas schuf, von Anbeginn her. Ich bin eingesetzt von Ewigkeit her, im Anfang, ehe die Erde war.“ In diesen Versen drückt sich der Gedanke einer unabhängigen göttlichen Persönlichkeit aus, die in innigster Gemeinschaft bei dem Gott existiert und doch ihm untergeordnet ist, und die als der wahre Autor des Schöpfungsgeschehen zu gelten hat, wenn sie auch alles aus der göttlichen Fülle entnimmt. Die Welt empfing durch das Wort die lebendig machenden Kräfte, die erst die Entfaltung des Daseins ermöglichte. Aus diesem Quell des Lebens strömt das Licht, welches als eine Art göttlicher Mitgift jeden Menschen erleuchtet und ihm Erkenntnis für das sittlich gebotene Verhalten verschafft. Doch die Menschen hatten sich dieser Erkenntnis verweigert und dem moralisch Verwerflichen hingegeben. Somit leben sie in der Finsternis, eine entartete Menschheit, so wie sie nach dem Sündenfall gegeben war.

V 6–10: Johannes der Täufer ist nicht der Messias, das Licht, sondern nur ein von Gott gesandter Bote und Zeuge dieses Lichtes. Ihm folgt ein Höherer, das wahre Licht, nämlich Jesus Christus als das inkarnierte Wort. Nun sollte man annehmen, da das Wort als Licht schon immer in der Welt gewesen war, die Menschen ihn, als er nun persönlich in irdischer Gestalt erschien, erkennen würden. Doch nichts dergleichen, die Welt nahm ihn nicht an.

V 11–13: Das Wort in der Gestalt Jesus Christus kam nicht etwa in etwas Wesensfremdes, sondern in das von ihm Geschaffene und doch traf es überwiegend auf Ablehnung. Nur ein kleiner Rest, Gottes Kinder, erkannte Jesu einzigartige Verbundenheit mit Gott und kam zum Glauben an ihn. Dieser Glaube ist nicht natürlichen Ursprungs sondern eine Gabe von Gott.

V 14: Die Inkarnation, also das im Körperlichen Gestalt annehmende Geistliche, ist eine Bewegung vom Verborgenen hin zum Öffentlichen, hinein in die geschichtliche Wirklichkeit, welches die sinnliche Wahrnehmung ermöglicht. Anders ausgedrückt, das Wort hat sich vorübergehend freiwillig seiner göttlichen Natur entkleidet, um der Menschheit auf dessen irdischen Ebene zu begegnen, damit sie seine wahre Natur als Gottes Sohn zu erkennen vermögen. In seiner Ausstrahlung, seinem Wesen und Wirken wird seine göttliche Natur sichtbar. Er erschien voller ‚Gnade und Wahrheit' (siehe Ex 34,6), das heißt, er reflektierte die göttliche Liebe und die wahre Wirklichkeit, die Heiligkeit Gottes.

V 15–18: Johannes der Täufer war der Zeuge, der Bote, von dem der Prophet Malachi bereits geredet hatte (Mal. 3,1). Aus der Fülle der Liebe Jesu dürfen alle Gläubigen, die waren und sein werden, schöpfen. Mose hingegen tritt in den zweiten Rang zurück. Er war lediglich der Verkünder des Gesetzes, die wahre Heilsgabe kommt erst durch Jesus.

Die Ähnlichkeiten des Prologs mit Genesis als auch der alttestamentlichen Weisheitsliteratur sind offensichtlich. Außerdem verwendet der Autor Gedankengut aus der griechischen Philosophie. Schon der in Ephesus geborene griechische Philosoph Herakleitos (geb. ca. 530 v. Chr.) sprach von dem Logos als der letzten Wirklichkeit des Seins. Platon postulierte in seiner Formenlehre die Idee des Guten als das Höchste welches sich nur dem wirklich Weisen erschließt. Aristoteles setzte den Logos mit der Weltvernunft gleich und die Stoiker behaupteten, dass der Logos als Weltgesetz den ganzen Kosmos durchdringe und der Logos-Gott Ursprung allen Seins ist. Der späte Stoizismus neigte dazu, den Logos zu personifizieren und der Neu-Platonismus lehrte, dass Gott den Geist/Intellekt hervorbringt, aus dem wiederum die Weltseele entspringt. Hier ist bereits der trinitarische Gedanke erkennbar.

Über die mystisch-spekulativen Höhenflüge des Johannes sollte man sich nicht verwundern, war es doch gerade Ephesus, wohin die johanneische Gemeinde ausgewandert war, ein veritabler Marktplatz konkurrierender religiöser Ideen aus Griechenland, Ägypten und Persien, der immer wieder die synkretistische Verschmelzung dieser Ideen anheizte und Phantasien beflügelten, die einen schnöden Realismus hinter sich ließen. Kann man sich denn eine wirklichkeitsnahe Vorstellung von der Inkarnation machen, dem Übergang vom Göttlichen zum Menschlichen hin? Johannes stellt es als eine Tatsache hin, über den Vorgang hüllt er sich in Schweigen. Bei Matthäus und Lukas stellt es sich als eine Art göttlichen Zeugungsakt dar. War der heilige Geist vermittelnder Spender der Wesenheit des Wortes? Oder war im Gegensatz zu den Synoptikern das Wort selbst die lebensspendende Kraft gewesen, die analog dem männlichen Samen irgendwie die Übertragung einer genetischen Erbstruktur auf das weibliche Ei veranlasst hatte?

Trug Jesus das göttliche Bewusstsein verkapselt in sich bis es zum Zeitpunkt der Taufe in ihm geweckt wurde? Wenn ja, in welcher Beziehung standen dann irdisches und göttliches Bewusstsein? Auf jeden Fall dürfte seine göttliche Natur eingeschränkt gewesen sein, war er doch nicht allwissend gewesen. So hatte er zum Beispiel seine Wiederkunft irrtümlich in naher Zukunft erwartet (Mk 13,26.30). Der johanneische Jesus allerdings hatte ein erstaunliches Vorherwissen. Nicht nur wusste er, was im Menschen war (2,25), er wusste im voraus um den Tod des Lazarus (11,14), kannte natürlich seinen Verräter und wusste bei seiner Gefangennahme alles, „was ihm begegnen sollte" (18,4). Woher hatte er nun all dieses Wissen bekommen? War es aufgrund seiner besonderen Verbindung zur Gottheit und damit dank eines privilegierten Zugangs zur göttlichen Quelle der Allweisheit?

Diese Problematik von der Beziehung zwischen Jesu göttlicher und irdischer Natur hat Hundertschaften von Theologen beschäftigt und der Bildung von kirchlichen Dogmen Vorschub geleistet. In neuerer Zeit hat de Birans Philosophie des Geistes einen weiteren Beitrag dazu geleistet, eine geglaubte transzendente Wirklichkeit anschaulich zu machen indem er Parallelen zu dem intrasubjektivem Bewusstsein des Menschen zieht. Für ihn ist die Beziehung zwischen den zwei Naturen Jesu analog zu dem Verhältnis von Ich und Seele im Menschen. Nur schafft er es nicht, die lediglich behauptete Existenz einer Seele plausibel zu machen. Daran war wie man weiß, ja bereits Descartes gescheitert. Man soll doch bitte erst einmal erklären, wie eine immaterielle Substanz wie die Seele mit Materie wie dem menschlichen Körper in Verbindung treten kann? Was immer sich in Raum und Zeit befindet muss eine gewisse Ausdehnung haben und damit eine bestimmte Position in diesem Raum besetzen und dies kann nur Materie sein. Jegliche Materie aber ist teilbar und was teilbar ist, kann daher nicht unsterblich sein wie man es von der Seele behauptet.

Abschließend sei vermerkt, dass gerade beim Johannes-Evangelium die Vergöttlichung Jesu deutlich wird. Kritiker haben dem Christentum schon immer vorgeworfen, dass mit dieser Vergottung der Boden des Monotheismus verlassen worden ist.

Zu den synoptischen Evangelien

Es fällt zunächst einmal auf, dass nur Matthäus und Lukas aus der Kindheit Jesu erzählen während das ältere Evangelium des Markus gleich mit Jesu Taufe einsetzt. Das deutet darauf hin, dass man praktisch nichts über Jesu frühen Jahre wusste und die Erzählungen der beiden Autoren eher fiktiv sind. Für diese Annahme spricht auch die Tatsache, dass sich beide Kindheitsgeschichten ganz und gar voneinander unterscheiden. Wenn Jesu Leben wirklich durch Herodes gefährdet gewesen war und sich die Eltern dieser Gefahr durch die Flucht nach Ägypten entzogen hatten, warum berichtet uns Lukas nichts darüber? Man hat den Eindruck, dass diese Geschichten gewählt wurden, weil sie in die Perspektive des jeweiligen Autors passten, hier die ständige Bedrohung Jesu Leben von Anfang an, dort seine mit pulsierenden Jubel und Freude begrüßte Geburt.

Man wird diese Geschichten wohl als fromme Legenden begreifen müssen. Weder können der Zeitpunkt von Jesu Geburt historisch sicher eingeordnet noch die in der Bibel erwähnten Ereignisse glaubwürdig bezeugt werden. Wir wissen einfach nichts darüber, außer was in der Bibel steht und die bietet keine objektive Geschichtsschreibung. Das zeigt sich bereits beim Versuch einer Datierung von Jesu Geburt. Matthäus berichtet, dass Jesus während der Regentschaft des Herodes geboren wurde. Herodes starb 4 v. Chr.. Lukas hingegen setzt seine Geburt zum Zeitpunkt an als Quirinius Statthalter war. Der wurde aber erst im Jahre 6 n. Chr. eingesetzt. So sind beide Kindheitsgeschichten nicht miteinander zu harmonisieren. Auch Lukas Erwähnung der von Augustus angeordneten Schätzung stimmt nicht ganz mit den historischen Fakten überein. Die Schätzung wurde anberaumt weil Judäa im Jahre 6 n. Chr. römische Provinz wurde, doch basierte die Steuer nicht auf einer Ahnenliste sondern auf dem Grundvermögen. So gab es für Jesu Eltern überhaupt keine Verpflichtung, nach Judäa zu kommen; denn für Galiläa, das von Herod Antipas regiert wurde, galt die Anordnung nicht. Warum also sollten sich Maria und Josef nach Bethlehem bemühen, wo Maria zudem hochschwanger und kaum reisetüchtig war, wenn es nicht gerade ein Anliegen des Autors war, die Reise in den Dienst einer prophetischen Erfüllung zu stellen? Diese sah ja voraus, dass Israels Erlöser aus dem Hause David und daher aus Bethlehem kommen würde.

Auch die Erzählung des Matthäus entbehrt jeglicher historischen Grundlage. Den Stern hat man vergeblich versucht, mit Halleys Kometen zu identifizieren. Sollte man ihn sich wohl als eine Art kosmische Lampe vorstellen, die aus den Weiten des Universums gerade die Hütte in Bethlehem angestrahlt hatte, damit die Weisen auch den richtigen Weg finden? War er denn für andere nicht sichtbar? So erklärt es sich doch wohl, warum Herodes die Weisen bitten muss, ihm den Ort der Geburt Jesu mitzuteilen. Sonst hätte er ja auch seine Soldaten losschicken können, diesen zu suchen, indem sie dem Leuchten des Sterns folgen. Es spricht viel dafür, dass Matthäus, für den gerade die Erfüllungszitate so wichtig sind, eine alte Weissagung des Sehers Bileam in seine Erzählung eingebaut hatte, die da lautet: „Es wird ein Stern aus Jakob aufgehen und ein Zepter aus Israel aufkommen“ (Num. 24,17).

Der Stammbaum Jesu hat lediglich symbolische Bedeutung. Eigentlich ist dies ja auch nicht sein Stammbaum sondern der des Josef, der bestenfalls als der rechtliche aber nicht als der biologische Vater Jesu gelten kann. Vergleicht man die Ahnenlisten von Matthäus (1,1–17) und Lukas (3,23–28), so wird klar, dass sie völlig inkompatibel miteinander sind. Sie haben nur wenige Namen wie Josef, David, Isai, Obed, Boa, Juda, Jakob, Isaak und Abraham gemeinsam während Lukas Ahnenreihe bis ganz zu Adam zurückreicht. Bei Matthäus ist die symbolische Zahl 7 der Schlüssel zum Verständnis der Gliederung der Ahnenliste; denn es sind 14 (2x7) Generationen von Abraham bis David, wieder 14 Generationen von David bis zur babylonischen Gefangenschaft und von da noch einmal 14 Glieder bis zu Jesus (1,17). Wichtig ist natürlich, dass David Teil dieser Ahnenreihe ist, legitimiert dies doch Jesus als den messianischen Erlöser mit dem die prophetischen Weissagungen erfüllt sind.

Die Erzählung des Lukas vom zwölfjährigen Jesus im Tempel ist eigentümlich. Maria reagiert auf das Fernbleiben Jesu wie es wohl jede irdische Mutter tun würde und macht ihm darob Vorwürfe. Hatte Maria momentan vergessen, dass sie doch in Jesus einen göttlichen Sohn hatte? Und warum wunderten sich seine Eltern über das was der fromme Simeon über ihren Sohn sagte (Lk 2,33)? Waren die Erinnerungen an die himmlische Dramaturgie bei seiner Geburt, die verschiedenen Auftritte des Engels des Herrn, die Begegnung mit Elisabeth usw. irgendwie aus ihrem Gedächtnis entschwunden?

Solcherlei Zweifel waren der offiziellen Kirche aber nicht gekommen und so war Marias Aufstieg zur Gottesmutter und die damit verbundene Marienfrömmigkeit unaufhaltsam. Schließlich wurde Maria auch noch zur ewigen Jungfrau erklärt, die in den Himmel aufgenommen wurde. Allerdings weiß die Bibel nichts von einer bleibenden Jungfräulichkeit, hatte Jesus doch leibliche Geschwister (Mt 12,46f; 13,55f). Für die Idee der göttlichen Mutter finden sich auch reichlich antike Vorbilder, so wie in der ägyptischen Mythologie das heilige Paar Isis und Osiris mit dem Horusknaben. Entwicklungsgeschichtlich mag man in diesem Marienglauben eine Art Wiederkunft der aus der patriarchalischen Gesellschaft verdrängten ursprünglichen Mutter-Göttin sehen.

Es spricht einiges dafür, dass das ursprünglich sich formende Christentum dem patriarchalischen Überbau eine eher frauenfreundliche Ausrichtung entgegensetzte bis es dann später wieder von den überkommenen Herrschaftsstrukturen vereinnahmt wurde. Jedenfalls wird Jesu liebevolle Zuwendung zu den Frauen gerade bei Lukas deutlich. Und während Eva noch für den Sündenfall verantwortlich gemacht wurde, so trat nun die göttliche Mutter des Erlösers in der Gestalt einer Retterin der Menschheit auf.

Bei Markus erscheint Jesus plötzlich heraustretend auf die geschichtliche Bühne wie aus dem Nichts bzw. dem Nebel einer unbestimmten Herkunft. Immerhin, von nun an bewegen wir uns in einem weitgehend historischen Rahmen, den ja auch Lukas mit der Datierung auf das 15. Jahr der Herrschaft des Kaisers Tiberius (3,1) festzuhalten sucht. Aber Jesu Alter ist schwer einzuschätzen was schon daran liegt weil sich sein Geburtsjahr bei Matthäus und Lukas widersprechen. Hinzu kommt noch, dass Johannes die Juden Jesus für „noch nicht fünfzig Jahre alt" (8,57) erklären lässt.

Jesu göttlicher Status, der bereits von Johannes im Prolog verdeutlicht und durch die bei Matthäus und Lukas beschriebene Zeugung durch den heiligen Geist anschaulich gemacht worden war – was diesen Vorgang in die Nähe des ägyptischen Mythos von der Gottessohnschaft der Pharaonen rückt – erfährt seine Bestätigung in der Taufe. Die Bibel stellt es dar, als ob sich Jesus unerkannt unter die Täuflinge gemischt hatte. Es könnte aber auch anders gewesen sein. Vielleicht hatte er sich von dem Mann mit der radikalen Botschaft angezogen gefühlt und sich ihm zunächst als Jünger angeschlossen bis er sich später von ihm trennte und seine eigene Gemeinschaft aufbaute. Auf jeden Fall bestätigt der Historiker Josephus, dass Johannes eine im ganzen Lande bekannte Persönlichkeit gewesen war, und man vermutet, wie es sein Habitus und Aufenthaltsort in der Wüste nahe legen, dass er Beziehungen zur Sekte der Essener hatte. Sein Auftreten erscheint wie ein einziger Protest gegen die offizielle Religion und die herrschenden gesellschaftlichen Verhältnisse. Seine Bußpredigten gipfelten in der Alternative, entweder Umkehr oder Verderbnis. Die Taufe galt zwar als Reinigungsbad von den Sünden doch ihre Wirksamkeit konnte sich nur in einer inneren Wandlung, die sich in guten äußeren Früchten ausdrückte, erweisen.

Bedurfte Jesus einer solchen Läuterung durch die Taufe? Wenn nicht, warum ließ er sich dann taufen? Das in der Bibel beschriebene Geschehen bei der Taufe lässt auf einen Einschnitt vermuten. Jetzt wird die göttliche Berufung in Gestalt einer Taube, dem Symbol des Friedens, offensichtlich. Nicht die Angst vor dem drohenden Gericht soll die Menschen zu Gott führen, sondern sie sollen sich ihm in vertrauensvoller Hoffnung auf Vergebung und Barmherzigkeit zuwenden. Nicht die Bestrafung durch Gott sondern die Versöhnung mit ihm treten in den Vordergrund.

Im Rückzug in die Einsamkeit der Wüste wird Jesus noch einmal ganz auf sich selbst zurückgeworfen, um in Reflektion sich seiner tiefsten Gefühle zu vergewissern und zu einer inneren Einheit und Selbstgewissheit zu gelangen. Erreicht wird dies durch eine gelungene Integration von Geist und Trieb wobei nicht das Streben nach Macht, Besitz und Status das Denken und Handeln beherrscht sondern spirituelle Werte wie Liebe und Glaube als auch ein Gottvertrauen vorrangig sind, die den Menschen durch die Sorgen des Alltags tragen. Dies ist der Ort der Bewährung und Erprobung, nicht unähnlich den Prüfungen, die sich der alttestamentliche Hiob unterziehen musste, um seine Gottestreue unter Beweis zu stellen. Die symbolische Zahl von 40 Tagen in der Wüste soll an die 40 Jahre Wüstenwanderung des Volkes Israels erinnern, eine Zeit, die sich durch die besondere Nähe Gottes heraushebt. Damals wurde der Charakter der Nation durch viele schmerzhafte Erfahrungen getestet und geformt. Jesus, nach bestandener Prüfung, ist nun befähigt und bereit, sich den Anforderungen seiner Berufung zu stellen.

7.2. Jesu Wirken durch Verkündigung, Lehre und Heilen

Das Johannes-Evangelium (Kapitel 1,19–4,54)

1.19 ff Abgesandte der Pharisäer und Priester wollten von Johannes den Täufer wissen, wer er denn sei? Er sei weder der Christus, noch Elia, noch ein Prophet, antwortete er ihnen, nur die „Stimme eines Predigers in der Wüste“, der den Weg des Herrn ebnen solle. Sie fragten ihn weiter, warum er denn taufe wenn er doch gar kein Prophet wäre. Er antwortete ihnen, dass er wohl mit Wasser taufe, aber demjenigen, der bereits in ihrer Mitte sei, wäre er es nicht einmal wert, ihm die Schuhriemen zu lösen.

Am nächsten Tag sah Johannes Jesus auf sich zukommen und sprach: „Siehe, das ist Gottes Lamm, das der Welt Sünde trägt“ von dem ich gesagt habe, „er war eher als ich“. Er taufte Jesus und bezeugte, den Geist wie eine

Taube auf Jesus herabfahren gesehen zu haben. So bekam er Gewissheit, dass dieser in der Tat Gottes Sohn ist.

Zwei von Johannes Jüngern schlossen sich Jesus an und andere folgten ihm; denn sie glaubten, den Messias gefunden zu haben. Simon wurde durch seinen Bruder Andreas zu Jesus geführt und auch Philippus schloss sich ihm an, nachdem er dazu von Jesus aufgefordert worden war. Philippus fand Nathanael und sagte ihm, dass sie den gefunden hätten, „von dem Mose im Gesetz und die Propheten geschrieben haben, Jesus, Josefs Sohn, aus Nazareth". Nathanael war zunächst skeptisch: „Was kann aus Nazareth Gutes kommen!" Doch als er Jesus begegnete war er so beeindruckt, dass er spontan sagte: „Rabbi, du bist Gottes Sohn, du bist der König von Israel".

2. Am dritten Tage fand eine Hochzeit zu Kana in Galiläa statt, zu der Jesus, seine Mutter und seine Jünger eingeladen waren. Als dem Gastgeber der Wein ausging, informierte ihn darüber seine Mutter doch er antwortete ihr: „Was geht's dich an, Frau, was ich tue? Meine Stunde ist noch nicht gekommen". Die Mutter sagte daraufhin den Dienern, sie sollten die Anweisungen Jesu befolgen. Jesus befahl, sechs Krüge mit Wasser zu füllen und sie dem Speisemeister zu bringen. Als der davon kostete befand er erstaunt, dass sie edlen Wein enthielten und er fragte den Bräutigam warum er denn entgegen der Sitte seinen besten Wein bis zuletzt zurückbehalten hätte. Dies war das erste Zeichen „und seine Jünger glaubten an ihn". Nach dem Fest ging er mit ihnen, seiner Mutter und seinen Brüdern hinab nach Kapernaum.

Zum Passafest zog Jesus hinauf nach Jerusalem. Der Anblick des geschäftigen Treibens im Tempel reizte ihn zum Zorn. Er trieb die Händler und Wechsler mitsamt ihren Tieren hinaus und beschuldigte sie, dass sie seines Vaters Haus zum Kaufhaus gemacht hätten. Die Juden bedrängten ihn und forderten von ihm, sich für sein Handeln zu rechtfertigen. Jesus aber antwortete: „Brecht diesen Tempel ab, und in drei Tagen will ich ihn aufrichten". Die Juden nahmen an, Jesus meinte das Gotteshaus während er „von dem Tempel seines Leibes" sprach. Nach seiner Auferstehung erinnerten sich die Jünger an seine Rede „und glaubten der Schrift" und seinem Wort. Viele kamen durch die Zeichen die er tat zum Glauben, doch Jesus „vertraute sich ihnen nicht an ... denn er wusste was im Menschen war".

3. Diese Zeichen bewogen auch einen hochgestellten Pharisäer namens Nikodemus Jesus während der Nacht aufzusuchen; denn er glaubte, dass

Gott mit ihm wäre. Jesus sprach zu ihm: „Wahrlich, wahrlich, ich sage dir: Es sei denn, dass jemand von neuem geboren werde, so kann er das Reich Gottes nicht sehen". Nikodemus verwunderte sich; denn er verstand nicht, dass jemand zweimal geboren werden könne. Jesus aber gab ihm zu verstehen, dass diese zweite Geburt „aus Wasser und Geist" sei und nur so jemand „in das Reich Gottes kommen" kann. Er verglich diese Geburt mit dem Sausen des Windes, der kommt und bläst wohin er will. Da Nikodemus weiterhin unverständig blieb schalt ihn Jesus: „Bist du Israels Lehrer und weißt das nicht?" Wenn ihm schon irdische Dinge ein Rätsel seien wie soll er dann erst an solche von himmlischer Natur glauben können.

So „wie Mose in der Wüste die Schlange erhöht hat", so wird auch der Menschensohn erhöht werden und gen Himmel auffahren, „damit alle, die an ihn glauben, das ewige Leben haben. Denn also hat Gott die Welt geliebt, dass er seinen eingeborenen Sohn gab". Seinen Sohn hat Gott „nicht in die Welt gesandt, dass er die Welt richte, sondern dass die Welt durch ihn gerettet werde. Wer an ihn glaubt, der wird nicht gerichtet; wer aber nicht glaubt, der ist schon gerichtet". Dieser ist das Licht durch den die Wahrheit und das Gott wohlgefällige Tun offenbar wird. Wer aber Böses tut hasst und scheut das Licht.

Während Johannes weiterhin hoch im Norden taufte, kam Jesus mit seinen Jüngern nach Judäa und taufte dort. An Jesu wachsender Popularität entzündete sich ein Streit zwischen den Jüngern der beiden, doch Johannes wollte sich daran nicht stören, und es erfreute ihn sogar; „denn er muss wachsen, ich aber muss abnehmen", ist dieser doch von Gott.

4. Auch den Pharisäern war Jesu wachsende Anhängerschaft aufgefallen, doch selber taufte er nicht, „sondern seine Jünger". Er wanderte weiter und kam zu einer Stadt in Samarien, in der sich Josefs Grab befand. Während seine Jünger in den Ort gingen, um Essen zu kaufen, setzte er sich, müde und durstig von der langen Reise, an Jakobs Brunnen und bat eine Frau um Wasser. Die Frau verwunderte sich ob dieser Bitte, herrschte doch Feindschaft zwischen den Juden und Samaritern. Wenn sie nur wüsste, wen sie vor sich habe, sprach Jesus, dann würde sie ihn selbst um lebendiges Wasser bitten. Die erstaunte Frau fragte ihn, woher er denn ein solches Wasser nähme und ob er sich wohl als größer erachte als Vater Jakob. Jesus antwortete: Das Wasser aus dem Brunnen löscht den Durst nur vorübergehend, sein Wasser aber ist die Quelle des ewigen Lebens. Die Verwunderung der Frau steigerte sich weiter als er ihren Familienhintergrund enthüllte. Und Jesus sprach: „Ihr wisst nicht, was ihr anbetet; wir wissen aber, was wir anbeten; denn das Heil kommt von den Juden“. Es wird die Zeit kommen, da wird man nicht mehr Samaria oder Jerusalem aufzusuchen haben, sondern Gott den Vater direkt anbeten, denn „Gott ist Geist“. Als die Frau ihre Hoffnung auf das Kommen des Messias ausdrückte da sagte er ihr: „Ich bin's, der mit dir redet“. Die Frau rief nun die Menschen in der Stadt auf, sich selbst zu überzeugen, ob dieser Mann, den sie getroffen habe, der Christus sei. Viele der Samariter glaubten der Frau und nachdem sie Jesus gehört hatten sagten sie: „Dieser ist wahrlich der Welt Heiland“.

Derweilen waren Jesu Jünger zurückgekehrt und ermahnten ihn zum Essen. Er aber sagte, er habe eine Speise von der sie nichts wüssten. Als er ihre Verwirrung bemerkte erklärte er ihnen, dass seine Speise das Tun des Willens dessen sei, der ihn gesandt hatte. Es war nun Zeit zum Aufbruch und er reiste weiter nach Kana in Galiläa. Dort traf er auf einen Mann im Dienst des Königs, der ihn um Hilfe für seinen todkranken Sohn bat. Sprach Jesus: „Wenn ihr nicht Zeichen und Wunder sieht, so glaubt ihr nicht.“ Als der Mann ihn weiter bedrängte, sagte er ihm zu, dass sein Sohn leben werde und der Mann glaubte ihm. In der Tat, der Sohn lebte und alle im Hause des Vaters kamen zum Glauben. Dies war das zweite Zeichen Jesu.

Die synoptischen Evangelien

„Nachdem aber Johannes gefangengesetzt war, kam Jesus nach Galiläa und predigte das Evangelium Gottes und sprach: Die Zeit ist erfüllt, und das Reich Gottes ist herbeigekommen“ (Mk).

Als Jesus am Galiläischen Meer entlang wanderte, da erblickte er Simon und seinen Bruder Andreas, die ihre Netze auswarfen. Er sprach zu ihnen: Kommt, ich will euch zu Fischern von Menschen machen. Beide verließen ihre Arbeit und folgten Jesus nach. Dergleichen folgten ihm Jakobus und Johannes, die Söhne des Zebedäus, nachdem er sie berufen hatte, und sie ließen ihren Vater zurück.

„Und Jesus zog umher in ganz Galiläa, lehrte in ihren Synagogen und predigte das Evangelium von dem Reich und heilte alle Krankheiten und Gebrechen im Volk“ (Mt). Und die Kunde von seinem Wirken erscholl im ganzen Lande sodass eine große Menge ihm folgte wohin auch immer er ging und sie brachten ihm ihre Kranken, dass er sie heile.

Als Jesus wieder nach Kapernaum am See Genezareth kam trat ihm ein römischer Hauptmann entgegen und ersuchte ihn um die Heilung seines Knechtes, doch sei er es nicht wert, dass Jesus in sein Haus eintrete. Nur um ein Wort bat er ihn, dass sein Knecht wieder gesund werde. Auch ich, so sagte der Hauptmann, habe Vollmacht über meine Soldaten und was ich ihnen befehle, das tun sie. Jesus aber wunderte sich und sagte: „Wahrlich, ich sage euch. Solchen Glauben habe ich in Israel bei keinem gefunden“ (Mt). Es werden viele aus dem Osten und Westen mit Abraham, Isaak und Jakob im Himmelreich Aufnahme finden, aber die „Kinder des Reichs“ werden in die Finsternis gestoßen. Jesus wandte sich an den Hauptmann und sagte: Es geschehe wie du gebeten hast und von der Stunde an wurde der Knecht wieder gesund.

Jesus ging hinein nach Kapernaum und lehrte in der Synagoge. Die Menschen, die ihn hörten, waren bestürzt; denn er lehrte mit Vollmacht, nicht wie die Schriftgelehrten. In der Synagoge befand sich auch ein Mensch mit einem „unreinen Geist“ (Mk) und Jesus bedrohte ihn, sodass er ausfuhr. Und alle waren entsetzt, dass sogar die Geister ihm gehorchten. Von der Synagoge gingen Jesus und seine Jünger in das Haus des Petrus, dessen Schwiegermutter mit Fieber darniederlag. Jesus fasste sie bei der Hand und das Fieber verließ sie. Sogleich stand sie auf und diente ihnen. Das Volk brachte ihre Kranken zu ihm und er heilte viele von ihnen, trieb auch böse Geister aus. Das Gedränge war so stark, „dass sie nicht einmal essen konnten. Und als die Seinen hörten, machten sie sich auf und wollten ihn festhalten; denn sie sprachen: Er ist von Sinnen“ (Mk). Am nächsten Tag aber zog Jesus weiter; denn er wollte auch anderswo lehren und heilen.

Es kam dann zu ihm ein Aussätziger, der ihn kniefällig bat: „Willst du, so kannst du mich reinigen“ (Mk). Der Mann jammerte ihn und so streckte Jesus seine Hand aus, rührte ihn an und sprach: Ich will, sei rein. „Und sogleich wich der Aussatz von ihm, und er wurde rein“ (Mk). Jesus schärfte ihm ein, niemanden etwas von der Heilung zu sagen, aber dem Gebot Mose zu folgen, sich dem Priester zum Zeugnis zu zeigen und dem Herrn ein Opfer zu bringen.

„Und nach einigen Tagen ging er wieder nach Kapernaum, und es wurde bekannt, dass er im Hause war“ (Mk). Es kamen auch einige, die brachten auf einer Bahre einen Gelähmten. Wegen des Andrangs der Menge erstiegen sie das Dach, öffneten es und ließen die Bahre zu Jesus herab. „Als nun Jesus ihren Glauben sah, sprach er zu dem Gelähmten: Mein Sohn, deine Sünden sind dir vergeben" (Mk). Einige Schriftgelehrte, die auch anwesend waren, empörten sich und sagten: Er lästert Gott, denn keiner kann Sünden vergeben als Gott allein. Jesus, der ihre Gedanken erkannte, sagte: Warum denkt ihr Böses? Was ist leichter zu sagen, deine Sünden sind dir vergeben oder stehe auf und geh? Damit ihr aber erkennt, dass der Menschensohn Vollmacht hat auf Erden befehle ich diesem Gelähmten: Steh auf und geh! Sprachs' und der Mann richtete sich auf, nahm seine Bahre und ging heim. Alles Volk aber fürchtete sich und pries Gott für die Macht, die er einem Menschen gegeben hatte.

Als Jesus wieder hinausging zum See, kam er am Zollhaus vorbei und erblickte Levi. Er forderte ihn zur Nachfolge auf und Levi folgte ihm. Ein Gastmahl wurde anberaumt und Jesus speiste, sehr zum Verdruss der Pharisäer, mit den Zöllnern und anderen, die als Sünder galten. Jesus, der ihren Tadel vernahm, sagte: Die Gesunden bedürfen nicht des Arztes, sondern die Kranken. Ich wurde nicht zu denen gesandt, die gerecht vor Gott leben sondern zu den Sündern, um sie zu rufen.

Es kamen auch die Jünger des Johannes zu Jesus und fragten ihn, warum er und seine Jünger nicht fasten. Er aber antwortete ihnen: Warum sollen die Hochzeitsgäste fasten wenn doch ihr Bräutigam anwesend ist. Wenn er aber von ihnen genommen wird, dann werden sie fasten. Es ist doch so: niemand flickt einen alten Lappen auf ein neues Tuch und niemand gießt neuen Wein in alte Schläuche. Tut er es doch, so zerreißt es den Lappen und den Schlauch.

„Und es begab sich, dass er am Sabbat durch ein Kornfeld ging, und seine Jünger fingen an, während sie gingen, Ähren auszuraufen" (Mk). Die Pharisäer sagten, dies sei nicht erlaubt am Sabbat. Jesus aber erwiderte, in der Schrift steht, dass auch David und seine Gefährten in der Not sich über das Gebot hinweggesetzt und die Brote des Tempels verzehrt hatten. Und er sprach weiter: „Der Sabbat ist um des Menschen willen gemacht und nicht der Mensch um des Sabbat willen. So ist der Menschensohn ein Herr auch über den Sabbat" (Mk).

An einem anderen Sabbat ging Jesus wieder in die Synagoge und dort war jemand mit einer verkrüppelten Hand. Jesus forderte ihn auf: „Tritt hervor" (Mk). Die Pharisäer aber lauerten darauf, was er nun tun werde. Jesus fragte sie: „Soll man am Sabbat Gutes tun oder Böses tun, Leben erhalten oder töten?“ (Mk). Als sie schwiegen, setzte er hinzu: Wenn einem von euch ein Schaf am Sabbat in eine Grube fällt, zieht ihr es nicht wieder heraus? Jesus wurde zornig und sagte zu dem Menschen: „Strecke deine Hand aus!“(Mk) und als er sie ausgestreckt hatte, wurde sie wieder gesund. Die Pharisäer aber hielten Rat, wie sie Jesus umbringen könnten.

Jesus lehrte weiter in den Synagogen und heilte dort auch andere Kranke am Sabbat, so eine Frau, die schon seit achtzehn Jahren mit einem verkrümmten Rücken leben musste als auch einen Menschen, der wassersüchtig war. Die Pharisäer aber wurden ihm zunehmend feindseliger.

Als Jesus durch die Städte und Dörfer in Galiläa zog, lehrte und heilte er viele Gebrechen. Ihn jammerte das Elend der Menschen und er klagte seinen Jüngern: „Die Ernte ist groß, aber wenige sind die Arbeiter“ (Mt). So rief er seine Jünger zusammen, gab ihnen Vollmacht zu heilen und unreine Geister auszutreiben. „Geht aber und predigt und sprecht: Das Himmelreich ist nahe herbeigekommen“ (Mt). Es waren aber Zwölf, die er aussandte, unter ihnen Simon und Andreas, Johannes und Jakobus, Matthäus, Thomas und Judas Iskariot. Er gebot ihnen, auf ihrem Wege nichts weiter mitzunehmen, „als allein einen Stab, kein Brot, keine Tasche, kein Geld im Gürtel“ (Mk), nur Schuhe und Hemden zum Wechseln. Wenn ihr in ein Haus kommt und es nimmt euch auf, so bietet ihm den Gruß des Friedens und bleibt dort bis ihr weiterzieht. Lehnt euch jedoch ein Haus oder eine Stadt ab, dann geht hinaus und schüttelt den Staub von euren Füßen. Sogar Sodom und Gomorra wird es am Tage des Gerichts besser ergehen als solch einer Stadt. „Siehe, ich sende euch wie Schafe unter die Wölfe. Darum seid klug wie die Schlangen und ohne Falsch wie die Tauben“ (Mt). Um meinetwillen wird man euch den Autoritäten überantworten und euch geißeln. Wenn ihr Rede zu stehen habt, sorgt euch nicht; denn in rechter Zeit wird euch der heilige Geist eingeben was ihr sprechen sollt. Ihr werdet aber gehasst werden, um meines Namens willen und in der Familie werden sich die Kinder gegen ihre Eltern erheben und „ein Bruder den andern dem Tod preisgeben“ (Mt). „Wer aber bis an das Ende beharrt, der wird selig werden“ (Mt).

Eines Tages wurde ein Besessener zu Jesus gebracht und er heilte ihn. Die Schriftgelehrten aber behaupteten, er treibe die bösen Geister durch den Beelzebub aus. Jesus aber entgegnete ihnen, wie denn ein Haus, das in sich uneins ist, bestehen kann und wie das Reich Satans Bestand haben könne, wenn er sich nun gegen sich selbst stellt. Und wenn ich mit Hilfe Satans die unreinen Geister austreibe, mit wessen Hilfe tun es dann eure Söhne? Ich aber sage euch: Alle Sünden werden den Menschen vergeben, auch dem, der gegen den Menschensohn redet. Wer aber den heiligen Geist lästert, dem kann nicht vergeben werden. „Ihr Schlangenbrut, wie könnt ihr Gutes reden, die ihr böse seid?“ (Mt). So wie ein guter Baum gute Früchte hervorbringt, ein fauler aber schlechte, so erkennt man auch den Menschen an seinen Früchten. Es wird der Tag kommen, da ihr vor Gott für all eure falschen Worte Rechenschaft abzulegen habt.

„Und es kamen seine Mutter und seine Brüder und standen draußen, schickten zu ihm und ließen ihn rufen“ (Mk). Jesus fragte: Wer sind meine Mutter und meine Brüder? Er deutete auf die, welche mit ihm im Kreise saßen und sagte: „Siehe, das ist meine Mutter und das sind meine Brüder! Denn wer Gottes Willen tut, der ist mein Bruder und meine Schwester und meine Mutter“ (Mk).

Am Abend ließ sich Jesus im Boot ans andere Ufer fahren. Als sie nun im Boot saßen, da erhob sich ein gewaltiger Wirbelsturm. Die Jünger weckten Jesus, der hinten im Boot schlief, da sie um ihr Leben bangten. Jesus erhob sich, bedrohte den Wind und sofort herrschte eine große Stille. Er schalt die Jünger ob ihres kleinmütigen Glaubens; sie aber sagten zueinander: Wer ist der, dem sogar Wind und Wasser gehorchen?

„Und sie kamen ans andere Ufer des Sees in die Gegend der Gerasener“ (Mk). Aus den Grabhöhlen kam ihnen ein Mann mit einem unreinen Geist entgegen. Niemand war in der Lage, ihn zu bändigen, auch Ketten und Fesseln konnten ihn nicht halten. Er fiel vor Jesus nieder und beschwörte ihn, ihn nicht zu quälen; denn Jesus hatte dem Geist befohlen, auszufahren. So fragte ihn Jesus: „Wie heißt du? Und er sprach: Legion heiße ich; denn wir sind viele“ (Mk). Und die unreinen Geister baten Jesus, er möge sie in die Säue fahren lassen. So geschah es. Als aber die Geister in die Säue fuhren, da geriet die Herde in Aufruhr, stürmte den Abhang hinunter und ersoff in der See. Der Besessene war nun verständig, bekleidet und saß bei Jesus, der ihm anbefahl, in sein eigenes Heim zurückzukehren und die ihm widerfahrene Wohltat in seinem Kreis zu verkündigen. Die Leute aber, die dieses Geschehen beobachtet hatten, baten Jesus, er möge ihr Gebiet verlassen.

Am anderen Ufer erwartete ihn bereits eine große Menge. Der Vorsteher einer Synagoge kam zu Jesus, fiel ihm zu Füßen und bat ihn inständig, sein Haus aufzusuchen und seiner Tochter zu helfen, die im Sterben liege. Als sich Jesus auf den Weg machte, näherte sich ihm von hinten unbemerkt eine Frau, die schon seit zwölf Jahren an Blutfluss litt und der kein Arzt helfen konnte. Als sie den Saum seines Gewandes berührte, spürte sie, dass sie geheilt war. Jesus aber hatte gemerkt, dass eine Kraft von ihm ausgegangen war und sprach: „Wer hat meine Kleider berührt?" (Mk). Zitternd bekannte sich die Frau dazu. Jesus aber sprach: „Meine Tochter, dein Glaube hat dich gesund gemacht; geh hin in Frieden" (Mk). Als sich nun Jesus dem Haus des Vorstehers näherte, teilten ihm Leute mit, dass die Hilfe zu spät käme; denn die Tochter war bereits verstorben. Er aber sagte, sie ist nicht tot sondern sie schläft. Die Menschen verlachten ihn, doch Jesus ließ sich nicht beirren und trieb sie davon. Nur zusammen mit den Eltern und engsten Jüngern betrat er das Zimmer des Mädchens, ergriff sie bei der Hand und sagte: „Mädchen, ich sage dir, steh auf!" (Mk). Sogleich rührte sich das Kind, stand auf und ging umher. Es war zwölf Jahre alt. Die Leute entsetzten sich über alle Maßen. Jesus „gebot ihnen streng, dass es niemand wissen sollte".

„Und als Jesus von dort weiterging, folgten ihm zwei Blinde, die schrieen: Ach, du Sohn Davids, erbarme dich unser" (Mt). „Da berührte er ihre Augen und sprach: Euch geschehe nach eurem Glauben! Und ihre Augen wurden geöffnet" (Mk). Als sich die Kunde von seinem Wirken im Lande verbreitete, kamen immer mehr Kranke in der Hoffnung geheilt zu werden zu Jesus und er heilte sie: „Gelähmte, Verkrüppelte, Blinde, Stumme und viele andere" (Mt). So heilte er im Gebiet der Zehn Städte einen Taubstummen, dem er seine Finger in die Ohren tat und seine Zunge mit Speichel berührte. Ein andermal machte er einen Blinden wieder sehend, indem er ihm Speichel auf die Augen strich.

Jesus kam wieder in seine Heimatstadt und lehrte in der Synagoge. Er öffnete das Buch, das ihm gereicht wurde und las aus der Schrift des Propheten Jesaja (61,1f): „Der Geist des HERRN ist auf mir, weil er mich gesalbt hat, zu verkündigen das Evangelium den Armen; er hat mich gesandt, zu predigen den Gefangenen, dass sie frei sein sollen, und den Blinden, dass sie sehen sollen." Er tat das Buch zu, setzte sich und sagte in die erwartungsvolle Stille hinein: „Heute ist dieses Wort der Schrift erfüllt vor euren Ohren" (Lk). Seine Hörer aber verwunderten sich ob seiner Weisheit und sagten: „Ist er nicht der Zimmermann, Marias Sohn, und der Bruder des Jakobus ... Sind nicht auch seine Schwestern hier bei uns? Und sie ärgerten sich an ihm“ (Mt). „Jesus aber sprach zu ihnen: Ein Prophet gilt nirgends weniger als in seinem Vaterland und bei seinen Verwandten und in seinem Hause“ (Mk). So konnte Jesus wegen ihres Unglaubens nur wenige Menschen heilen.

Als Johannes der Täufer von Jesu Wirken berichtet wurde, sandte er zwei seiner Jünger zu Jesus, ihn zu fragen, ob er derjenige sei, den Israel erwarte. Jesus sprach zu ihnen: Berichtet Johannes was ihr seht und hört: „Blinde sehen und Lahme gehen, Aussätzige werden rein und Taube hören, Tote stehen auf, und Armen wird das Evangelium gepredigt; und selig ist, wer sich nicht an mir ärgert“ (Mt). Jesus richtete sich hernach an das Volk und fragte es, was sie von Johannes erwartet hatten. Er ist ein Prophet, ja mehr als das. Zwar ist er nicht königlich gekleidet, doch ist er derjenige von dem geschrieben steht, dass er den Weg bereiten soll. „Und wenn ihr’s annehmen wollt: er ist Elia, der da kommen soll“ (Mt). Das Volk ließ sich von ihm taufen, nicht aber so die Pharisäer; denn diese verachteten den Ratschluss Gottes. Was soll man von diesem Menschengeschlecht halten, fuhr Jesus fort: „Johannes der Täufer ist gekommen und aß kein Brot und trank keinen Wein; so sagt ihr: Er ist besessen. Der Menschensohn ist gekommen, isst und trinkt, so sagt ihr: Siehe, dieser Mensch ist ein Fresser und Weinsäufer, ein Freund der Zöllner und Sünder“ (Lk).

Einer der Pharisäer lud Jesus zum Essen ein. Auch eine Sünderin trat in das Haus, setzte sich zu Jesu Füßen und benetzte sie weinend mit ihren Tränen. Gleichfalls nahm sie das mitgebrachte Salböl, küsste seine Füße und salbte sie. Sein Gastgeber aber empörte sich darüber, dass Jesus sich mit einer Sünderin eingelassen hatte. Jesus aber wies ihn mit diesen Worten zurecht: „Ich bin in dein Haus gekommen; du hast mir kein Wasser für meine Füße gegeben, diese aber hat meine Füße mit ihren Tränen benetzt und mit ihren Haaren getrocknet. Du hast mir keinen Kuss gegeben, diese aber hat, seit ich hereingekommen bin, nicht abgelassen, meine Füße zu küssen ... Deshalb sage ich dir: Ihre vielen Sünden sind vergeben, denn sie hat viel Liebe gezeigt; wem aber wenig vergeben wird, der liebt wenig“ (Lk).

Als Jesus weiterzog, da begleiteten ihn auch viele Frauen, die er geheilt hatte, unter ihnen Maria Magdalena, „von der sieben böse Geister ausgefahren waren“ (Lk). Er aber fing an, Weherufe über Kapernaum und Betsaida auszustoßen, da sie sich nicht zur Umkehr bereit gezeigt hatten und prophezeite ihnen ein schweres Los im letzen Gericht.

Da kamen einige Pharisäer zu Jesus, „versuchten ihn und forderten von ihm ein Zeichen vom Himmel“ (Mk). Er aber sagte: Ihr Heuchler, das Wetter wisst ihr zu deuten und auch über das Aussehen von Himmel und Erde zu urteilen, „warum aber könnt ihr über diese Zeit nicht urteilen?“ (Lk). Euch wird nur das Zeichen des Propheten Ninive gegeben. „Denn wie Jona drei Tage und drei Nächte im Bauch des Fisches war, so wird der Menschensohn drei Tage und drei Nächte im Schoß der Erde sein“ (Mt). Über euch aber wird das Gericht urteilen.

„Und es kam dem König Herodes zu Ohren; denn der Name Jesus war nun bekannt. Und die Leute sprachen: Johannes der Täufer ist von den Toten auferstanden, darum tut er solche Taten. Einige aber sprachen: Er ist Elia, andere aber: Er ist ein Prophet wie einer der Propheten“ (Mk). Nun hatte Herodes Johannes gefangen nehmen lassen, da dieser ihn wegen seiner ungesetzlichen Heirat mit Herodias, der Frau seines Bruders Philippus, gerügt hatte. Nur wagte er es nicht, ihn zu töten, da Johannes vom Volk als Prophet verehrt wurde. Es kam aber der Geburtstag des Herodes zu dem die Großen seines Landes eingeladen waren. Salome, die Tochter der Herodias, tanzte vor den Gästen und Herodes war über die Maßen von ihr beeindruckt. So versprach er unter Eid, ihr jede Bitte zu erfüllen, „bis zur Hälfte meines Königreichs“ (Mk). Die Mutter aber stiftete ihre Tochter dazu an, von ihm das Haupt des Johannes auf einer Schale zu fordern. Der König war betrübt, aber wegen seiner Gäste und des Eides, den er dem Mädchen gegeben hatte, musste er ihrem Wunsch nachgeben. So befahl er, Johannes zu enthaupten. Wie von ihr verlangt, wurde sein Haupt dem Mädchen auf einer Schale übergeben. Sein Leichnam wurde später von den Jüngern begraben.

Jesus zog sich mit den Zwölfen an eine einsame Stätte zurück, doch die Menge folgte ihm. „Und sie jammerten ihn, denn sie waren wie Schafe, die keinen Hirten haben“ (Mk). Er heilte ihre Kranken und predigte ihnen. Als es spät wurde, wollten die Jünger die Leute entlassen, damit sie sich in den Dörfern versorgen konnten. Jesus aber antwortete: „Es ist nicht nötig; gebt ihr ihnen zu essen“ (Mt). Und er gebot den Menschen, sich gruppenweise zu lagern. Dann nahm er zwei Brote und fünf Fische, dankte, brach das Brot und ließ es und die Fische unter ihnen aufteilen. Alle wurden satt und man füllte noch zwölf Körbe von dem was übrig geblieben war. Es waren fünftausend Männer, die gegessen hatten, nicht eingerechnet die Frauen und Kinder.

Alsbald trieb Jesus seine Jünger an, ihm auf dem Boot voraus zu fahren, während er noch einen Berg erstieg, um dort zu beten. Sie kamen nur mühsam voran, da Wind und Wellengang gegen sie stand. Es war schon spät in der Nacht als sie Jesus erblickten, der ihnen auf dem Wasser entgegenkam. Sie hielten ihn für ein Gespenst und schrieen. Er aber redete mit ihnen und sagte: „Seid getrost, ich bin's. Fürchtet euch nicht“ (Mk). Da fasste Petrus Mut und wollte zu Jesus auf dem Wasser gehen. Doch als der Wind an Stärke zunahm, da begann er zu sinken und rief Jesus um Hilfe. Jesus ergriff ihn bei der Hand und schalt seinen Kleinmut. Der Wind legte sich. Die Jünger im Boot „fielen vor ihm nieder und sprachen: Du bist wahrhaftig Gottes Sohn!“ (Mt).

Einige Schriftgelehrte und Pharisäer nahmen Anstoß daran, dass Jesus und seine Jünger sich vor dem Essen nicht gemäß der Sitte die Hände wuschen. Jesus aber wies sie zurecht: Ihr Heuchler. Ihr ehrt mich mit euren Lippen aber euer Herz ist hart. Ihr biegt Gottes Gesetze nach eurem Gutdünken. Es ist geboten, dass man Vater und Mutter ehre. Ihr aber, ihr stiftet die Söhne an, dem Tempel eine Weihegabe zu geben, damit sie sich so ihrer Verpflichtung entledigen können, für ihre Eltern sorgen zu müssen. Und Jesus rief das Volk zusammen und sprach: Nichts ist unrein, was in den Menschen hineingeht, das aber, was aus ihm herauskommt, das macht ihn unrein; denn von innen, aus dem Herzen der Menschen kommen heraus böse Gedanken, Unzucht, Diebstahl, Mord, Ehebruch, Habgier, Bosheit, Arglist, Ausschweifung, Missgunst, Lästerung, Hochmut, Unvernunft“ (Mk).

Jesus ging von hier in das Gebiet von Tyrus und Sidon. Dort begegnete ihm eine Griechin, die ihn bat, sich ihrer Tochter, die von einem bösen Geist besessen war, zu erbarmen. Jesus wies sie ab, wusste er sich doch nur zu den „verlorenen Schafen Israels“ (Mt) gesandt. Auf ihr weiteres inständiges Bitten reagierte er schroff: „Es ist nicht recht, dass man den Kindern ihr Brot nehme und werfe es vor die Hunde. Sie sprach: Ja, Herr, aber doch fressen die Hunde von den Brosamen, die vom Tisch ihrer Herren fallen. Da antwortete Jesus und sprach zu ihr: Frau, dein Glaube ist groß. Dir geschehe, wie du willst! Und ihre Tochter wurde gesund zu derselben Stunde“ (Mt).

Und es geschah zu einer anderen Zeit als Jesus das Volk lehrte, dass er wiederum auf wundersame Weise das Brot vermehrte und sich so viertausend Männer sättigen konnten. Als Jesus und seine Jünger daraufhin nach Cäsarea Philippi kamen, nahm er die Jünger beiseite und fragte sie, was die Leute von ihm sagen. Sie erwiderten, einige glauben, er sei Johannes der Täufer, andere hielten ihn für Elia oder einen der Propheten. Ihr aber, so fragte er, für wen haltet ihr mich? „Da antwortete Simon Petrus und sprach: Du bist Christus, des lebendigen Gottes Sohn!“ (Mt). Daraufhin sagte Jesus: „Selig bist du, Simon … Und ich sage dir auch: Du bist Petrus und auf diesen Felsen will ich meine Gemeinde bauen“ (Mt). Jesus gebot ihnen, dass sie niemand davon etwas sagen sollten.

„Und er fing an zu lehren“ (Mk), dass der Menschensohn verworfen werde und viel leiden müsse. Er werde dem Gericht überantwortet, getötet und nach drei Tagen wieder auferstehen. Petrus wandte ein: Gott bewahre es. Doch Jesus bedrohte ihn mit den Worten: „Geh weg von mir, Satan! Du bist mir ein Ärgernis; denn du meinst nicht, was göttlich, sondern was menschlich ist“ (Mt).

„Und nach sechs Tagen nahm Jesus mit sich Petrus, Jakobus und Johannes und führte sie auf einen hohen Berg“ (Mk). Vor ihren Augen wurde er verklärt. Sein Antlitz strahlte und sein Gewand wurde weiß. Da erschienen auch Elia und Mose und redeten mit Jesus. „Und eine Stimme geschah aus der Wolke: Das ist mein lieber Sohn; den sollt ihr hören“ (Mk). Die Jünger aber bewahrten Stillschweigen über das was sie gesehen und gehört hatten bis zu der Zeit als der Menschensohn in seine Herrlichkeit gekommen war.

Als sie vom Berg heruntergekommen waren, fanden sie die anderen Jünger im Streit mit Schriftgelehrten und einer großen Menge. Ein Mann war zu den Jüngern mit seinem Sohn in der Hoffnung gekommen, dass sie ihm helfen könnten; denn der Sohn wurde schon seit seiner Kindheit von einem bösen Geist geplagt, der ihn immer wieder ins Feuer und Wasser warf. Doch sie vermochten nicht, ihn zu heilen. Jesus seufzte: „O du ungläubiges Geschlecht, wie lange soll ich bei euch sein … Bringt ihn her zu mir“ (Mk). Jesus fragte den Mann, ob sein Glaube stark genug wäre, dass sein Sohn geheilt werde. „Sogleich schrie der Vater des Kindes: ich glaube, hilf meinem Unglauben“ (Mk). Jesus bedrohte den unreinen Geist und er fuhr aus dem Knaben aus. Die Jünger fragten ihn später, warum sie versagt hätten und Jesus antwortete: „Wegen eures Kleinglaubens“ (Mt). Hättet ihr nur Glauben wie ein Senfkorn, so könntet ihr Berge versetzen.

Sie zogen weiter durch Galiläa. Auf ihrem Wege kündigte er seinen Jüngern ein weiteres Mal an, dass er überantwortet und getötet, doch nach drei Tagen wieder auferstehen werde. Die Jünger verstanden ihn nicht und waren betrübt. Als sie wieder daheim in Kapernaum waren, fragte er sie, worüber sie sich gestritten hatten. Sie aber hatten sich über die Frage entzweit, wer denn der Größte im Himmelreich sei. Jesus holte ein Kind, stellte es mitten unter sie und sprach: „Wahrlich, ich sage euch. Wenn ihr nicht umkehrt und werdet wie die Kinder, so werdet ihr nicht ins Himmelreich kommen. Wer nun sich selbst erniedrigt und wird wie dieses Kind, der ist der Größte im Himmelreich“ (Mt). Die Mächtigen herrschen über ihre Völker aber bei euch soll es nicht so sein. „Sondern der Größte soll sein wie der Jüngste, und der Vornehmste wie ein Diener“ (Lk). Wer nun aber „ein solches Kind in meinem Namen aufnimmt, der nimmt mich auf; und wer mich aufnimmt, der nimmt nicht mich auf, sondern den, der mich gesandt hat“ (Mk). Da sagte einer der Jünger: Meister, wir sahen einen, der Geister in deinem Namen austrieb und wir wollten ihm wehren. „Jesus aber sprach: Ihr sollt’s ihm nicht verbieten. Denn niemand, der ein Wunder tut in meinem Namen, kann so bald übel von mir reden. Denn wer nicht gegen uns ist, der ist für uns“ (Mk).

Und Jesus gab ihnen mit dem Gleichnis von der Einladung zu einer Hochzeit ein weiteres Beispiel für das rechte Verhalten. Wenn ihr solch einer Einladung folgt, so Jesus, dann bescheidet euch mit dem unteren Platz und euch mag dann die Ehre gegeben werden, aufzurücken, andernfalls könntet ihr beschämt werden. „Denn wer sich selbst erhöht, der soll erniedrigt werden; und wer sich selbst erniedrigt, der soll erhöht werden“ (Lk). Und wenn ihr selbst ein Mahl anrichtet, so ladet nicht nur eure Brüder und Verwandte ein, sondern auch die Armen, Lahmen und Verkrüppelten, so wird euch auch der Herr im Himmel vergelten.

„Sündigt aber dein Bruder an dir, so geh hin und weise ihn zurecht … Hört er auf dich, so hast du deinen Bruder gewonnen“ (Mt). Wenn er aber nicht auf dich hören will, dann nimm dir zwei Zeugen und wenn auch das nicht hilft, dann trage es der Gemeinde an. Sollte er weiter nicht auf dich hören, „so sei er für dich wie ein Heide und Zöllner. Wahrlich, ich sage euch: Was ihr auf Erden binden werdet, soll auch im Himmel gebunden sein, und was ihr auf Erden lösen werdet, soll auch im Himmel gelöst sein" (Mt). Wenn ihr dann bittet, so soll es euch von meinem Vater geschehen. „Denn wo zwei oder drei versammelt sind in meinem Namen, da bin ich mitten unter ihnen" (Mt).

Petrus aber drängte weiter und fragte, wie oft er wohl seinem Bruder zu vergeben habe. Wohl bis zu sieben mal? Jesus antwortete ihm: „Ich sage dir: nicht siebenmal, sondern siebzigmal siebenmal. Darum gleicht das Himmelreich einem König, der mit seinen Knechten abrechnen wollte" (Mt). Einem, der ihm einen großen Betrag schuldete, erließ er die Schuld. Doch jener Knecht ging daraufhin zu einem anderen, der ihm einen geringen Betrag schuldete. Als sein Mitknecht ihm nicht sogleich zahlen konnte ließ er ihn ins Gefängnis werfen. Sein Herr hörte davon und wurde sehr zornig. Er hielt ihm vor: Ich habe deine Schuld erlassen. Hättest du da nicht auch deinem Mitknecht gegenüber Erbarmen zeigen können? So aber überantwortete der Herr den Knecht seinen Peinigern. Jesus schloss: „So wird auch mein himmlischer Vater an euch tun, wenn ihr einander nicht von Herzen vergibt" (Mt).

Kommentar

Zum Johannes-Evangelium

1.19ff Johannes großes Ansehen im Volk erregte bei den Pharisäern wohl Unsicherheit und Misstrauen, und so sandten sie amtlich bestellte Vertreter, um mehr über ihn zu erfahren. Da sich Johannes weder als der erwartete Messias noch als einen Propheten ausgibt fragen diese ihn, wer ihm denn die Vollmacht gäbe, die Taufe der Reinigung durchzuführen. Johannes erwidert in einem Rätselsatz, dass die messianische Zeit durch die Ankunft von jemanden, den sie nicht kennen, bereits angebrochen sei. Wer dieser nun sei scheint die pharisäische Abordnung gar nicht wissen zu wollen.

Jesu Identifikation als ‚Lamm Gottes' erinnert natürlich an den Gottesknecht in Jes. 53, der „wie ein Lamm ... zur Schlachtbank geführt wird". Das Passalamm hat eine versöhnende Funktion (Lev. 4,32ff) und diese wird auf Christus als das Opferlamm übertragen.

Johannes bezeugt, selbst den Geist wie eine Taube auf Jesus hat herabfahren sehen. Bei den Synoptikern wird diese Szene als eine innere Erfahrung nur für Jesus geschildert. Auch die Berufung der Jünger spielt sich ganz anders ab als bei den Synoptikern, denen zumal ein Jünger namens

Nathanael nicht bekannt war. Die Jünger bezeichnen Jesus als Rabbi, Meister oder Lehrer und Philippus spricht ganz offen von Jesus als dem Sohn Josefs. Jesus selber bezeichnet sich als Menschensohn, aber der Bezug zu Dan. 7 bleibt offen. Der Begriff mag einerseits seine menschliche Natur herausstreichen, andererseits in Verbindung mit dem Artikel ‚dem' auch seine Einzigartigkeit und messianische Würde betonen sollen.

2. Eher abstoßend erscheint einem die schroffe Abfuhr, die Jesus seiner Mutter während der Hochzeit in Kana erteilt. Die Stunde von der er spricht ist die Stunde seiner Erhöhung am Kreuz aber der Satz passt irgendwie nicht in den Kontext. Was er wohl ausdrücken soll, ist, dass Jesus sich von keinem Menschen, auch nicht seiner eigenen Mutter, sein Handeln vorschreiben lassen will, da er ganz dem Willen Gottes ergeben ist. Obwohl er das Ansinnen der Mutter zunächst zurückweist, hilft er dann doch aus und bewirkt das Wunder der Verwandlung von Wasser in Wein. Auch scheint seine Taktlosigkeit das Verhältnis zu seiner Mutter nicht sonderlich gestört zu haben, kehren doch alle gemeinsam nach Kapernaum zurück. Jesu Wunder symbolisiert die Fülle des Lebens und den Beginn der Heilszeit. Parallelen zu diesem Wunderwirken finden sich z.B. in der griechischen Mythologie. Danach füllten sich alljährlich zum Fest des Gottes des Weines, Dionysos, auf wundersame Weise drei leere Krüge im Tempel zu Elis.

Die Tempelreinigung findet bei Johannes bereits am Anfang von Jesu Wirken statt, bei den Synoptikern erst am Ende. Bei Johannes fällt die Handlung allerdings weitaus dramatischer aus. Der johanneische Jesus nimmt eine Geißel aus Stricken und treibt Mensch wie Tier hinaus. Markus Schilderung dieser Szene gibt eher den Eindruck, dass sich Jesus lediglich am Kommerz gestört hatte während der joh Jesus durch die Vertreibung sämtlicher Opfertiere anscheinend dem Kult selbst ein Ende setzen wollte. Hintergrund ist wohl, dass zu Johannes' Zeit bereits die Vertreibung der Christen aus den Synagogen eingesetzt hatte und die Christen von nun an ihr eigenes Osterfest begingen.

3. Ein angesehener aber etwas begriffsstutziger Pharisäer namens Nikodemus suchte Jesus im Geheimen auf. Da ihm der Zusammenhang zwischen wahrem Glauben und einer zweiten Geburt nicht klar war, erklärte sich ihm Jesus relativ ausführlich. Danach setzt diese Geburt aus dem Geist einen Bewusstseinswandel und die Unterwerfung unter den göttlichen Willen voraus wodurch sich ein bisher nicht gekannter Zugang zum eigenen Inneren erschließt. Mit der so gewonnenen Erkenntnis beginnt ein neues Sehen und damit auch ein neues Leben. Woher diese Veränderung des Bewusstseins kommt weiß der Mensch so wenig wie woher der Wind kommt und wohin er weht.

Jesus spricht weiterhin von der Notwendigkeit seiner Erhöhung, gleichsam ein Aufstrecken am Kreuz, damit alle, die an ihn glauben, das ewige Leben gewinnen. Gott hat die Welt so geliebt, dass er seinen eigenen Sohn als Opfer hingab, um die Welt zu retten. Wer sich aber dem Glauben verweigert, fällt unter das Gericht. Lässt sich eine solche Opfertheologie mit dem Gott der Liebe vereinbaren? Warum braucht Gott das Spektakel eines grausamen und blutigen Opfertodes, um die Welt mit sich zu versöhnen? Ginge es nicht auch anders? Ist vielleicht die hier gegebene Anschauung nicht eher noch ein Nachklang der alttestamentlichen Sühnetheologie? Überhaupt, wieso handelt Gott mit der Hingabe seines Sohnes ‚selbstlos', kommt dieser doch wieder zu ihm zurück? Und warum sollte Unglaube mit Verdammung bestraft werden? Ist der entscheidende Faktor nicht das Streben eines jeden Menschen nach Wahrheit und dem Guten? Wer trotz allen ehrlichen Bemühens nicht einen partikularen Glauben annehmen kann, warum soll das so verdammenswert sein? Der Ungläubige mag nicht wie der Gläubige zu einem bestimmten Gefühl der Geborgenheit und Sinnerfüllung finden, schließt dies aber aus, dass er trotzdem Freude am Dasein haben kann?

Die Jünger des Johannes und Jesus geraten in Streit miteinander, da erstere sich daran reiben, dass Jesus so viel erfolgreicher ist als ihr Meister. Sie sind schlichtweg neidisch. Das deutet auf eine Konkurrenzsituation zwischen den beiden Parteien hin, über die auch Johannes' salbungsvolle Worte nicht hinwegtäuschen können.

4. Bei der Episode in Samarien fällt besonders auf, wie der Verfasser gesprächstechnisch Missverständnisse nutzt, um Jesus Gelegenheit zu geben, auf symbolischer Ebene eine Vision von den göttlichen Gaben zu entwickeln. Das Schöpfen des Quellwassers aus dem Brunnen gibt ihm Anlass, die Bedeutung des lebendigen Wassers zu erläutern und die Fehldeutung der Jünger über das Essen nutzt er, sie zu belehren, dass seine Speise das Tun des göttlichen Willens ist, d.h. er lebt von Gott her. Die traditionelle Sicht der gläubigen Samariterin rückt er zurecht, indem er darauf hinweist, dass Gott als Geist unverfügbar und nicht an einen Ort gebunden ist. Obwohl Jesus nun auch die Formen der traditionellen Gottesverehrung als überholt erklärt, so bekennt er sich doch zum kulturellen Erbe der Juden; denn von ihnen, so sagt er, kommt das Heil.

Bedeutungsvoll in dem Gespräch zwischen Jesus und der Samariterin ist auch, dass Jesus in zweifacher Hinsicht Grenzen überschreitet, zum einen die Trennlinie zwischen Mann und Frau und zum anderen die zwischen den Juden und den Samaritern. Jesu Handeln deutet an, dass der Bruch zwischen den beiden Völkern, der Hass und die Feindschaft, eines Tages durch die Gemeinschaft eines geeinten Gottesvolkes überwunden werden wird.

Zu den synoptischen Evangelien

Die von den Evangelisten geschilderten Ereignisse dürften sich so in der Realität kaum abgespielt haben. Wer hätte denn auch das Geschehene und die Reden nach Jahrzehnten wirklichkeitsgetreu abbilden sollen? Schließlich hatte Jesus weder einen Stenographen noch ein Aufzeichnungsgerät mit sich gehabt. Schon allein die Differenzen zwischen den Evangelisten müssten uns skeptisch machen. Zwar stimmen sie zuweilen fast Wort für Wort überein was den Eindruck gibt, dass hier einer vom anderen abgeschrieben hat, aber in anderen Fällen unterscheiden sie sich auch wesentlich. So hatte in Lukas Version des *Hauptmann von Kapernaum* der Hauptmann die Ältesten der Juden zu Jesus geschickt, und er selbst kam nie in Kontakt mit Jesus. In Matthäus Fassung tritt der Hauptmann Jesus mit der Bitte um Heilung seines Knechtes direkt entgegen. Übrigens, Johannes bietet uns eine ähnliche Fassung an, nur wird bei ihm der Sohn eines königlichen Beamten geheilt. In der Perikope über *Jesus und die bösen Geister* sind es bei Markus die Schriftgelehrten (3,22), die Jesus vorwerfen, er treibe die bösen Geister mit Hilfe Satans aus, bei Matthäus (12,24) aber sind es die Pharisäer. Und während es bei Markus (9,40) heißt: „Wer nicht gegen uns ist, der ist für uns" so liest es sich bei Matthäus (12,30) und Lukas (11,23): „Wer nicht mit mir ist, der ist gegen mich". Die *Speisung der Fünftausend* findet laut Lukas in Betsaida statt (9,10), vermerkt aber: „wir sind hier in der Wüste" (9,12), während bei Markus Jesus erst nach dem Mahl mit dem Boot nach Betsaida (6,45) übersetzt. Und sollen wir wirklich für glaubhaft halten, dass quasi wie aus dem Nichts eine große Menge Brot materialisierte? Schon die Zahl der Körbe von eingesammelten Brotresten belegt die Symbolik der Schilderung; denn die Zwölf steht für die zwölf Stämme Israels. Weiterhin kann man die Brotvermehrung auch als eine symbolische Anspielung auf Mose wundersame Speisung des in der Wüste wandernden Volkes Israel durch das Manna interpretieren. Jesus ist nun der neue Mose, der das erneuerte Israel führt und seinen spirituellen Hunger stillt.

So sollten wir also die vielen Wundergeschichten nicht für bare Münze nehmen. Jesu Zeitgenossen waren nur allzu bereit, an die Realität von Wundern zu glauben. Charismatiker konnten mit ihrer angeblichen Fähigkeit, Wunder zu bewirken, immer wieder eine große Anhängerschaft um sich sammeln. So wurde der griechische Wundertäter Apollonius von Tyana, über den zahlreiche, mit Wunderberichten ausgeschmückte Legenden kursierten, oftmals als eine pagane Gegenfigur zu Jesus wahrgenommen. Sogar dem römischen Feldherrn Vespasian wurde nachgesagt, in Alexandria lediglich durch Berührung Blinde und Lahme geheilt zu haben. Wir Heutigen, die wir Naturphänomene nicht mehr dem Wirken göttlicher Mächte zuschreiben und in rational-logischen Kategorien zu denken gewohnt sind, ein Denken, das wir praktisch mit der Muttermilch aufgesogen haben, wir neigen eher dazu, natürliche Erklärungen für diese angeblichen Wunder zu finden, wenn wir sie nicht von vornherein als reine Erfindung abtun. Viele Heilungswunder können aber auch symbolisch verstanden oder wie es der Theologe Drewermann tut, im Rahmen der Tiefenpsychologie interpretiert werden. Für Drewermann versagt die historisch-kritische Methode im Kleide der wissenschaftlichen Erkenntnisfindung und er behauptet: „Wer das Neue Testament ‚historisch‘ liest statt typologisch, äußerlich statt innerlich, soziologisch statt psychologisch, kommt nicht umhin, Theologie als Ideologie zu betreiben“ (Das Markus-Evangelium, Erster Teil). Allerdings gesteht er ihr zu, zum Verständnis der Schrift beigetragen zu haben während eher konservative Theologen diese Methode als den Glauben zersetzend empfinden. Drewermann ist andererseits vorgeworfen worden, dass er sich zuweilen in bloßer Innerlichkeit verliere und durch die unkritische Übernahme des Jungschen Modells der archetypischen Symbole dem Text Gewalt antue und in ihn zuweilen zuviel hineinliest. Man sollte sich daher immer wieder vor Augen halten, wie die Zeitgenossen Jesu, ja auch die Evangelisten, die Jesus zugeschriebenen Wunder verstanden hatten, doch wohl zumeist als tatsächliches Geschehen.

Trotz aller Einschränkungen in Bezug auf die Glaubwürdigkeit der uns überlieferten Berichte von Jesu Wirken verbleibt dieser Eindruck von ihm: Er war ein tief mitfühlender Mensch, ein Förderer des inneren und äußeren Friedens gewesen, an dessen Botschaft sich Millionen haben aufrichten können und die große Persönlichkeiten wie F. von Assisi, Mahatma Gandhi oder M.L. King inspiriert haben. Auf seine Weise war er auch zugleich eine Art Psychologe und Arzt gewesen. So könnte man seiner Anwendung des Speichels, den man in der Antike für heilkräftig hielt, durchaus einen Placebo Effekt zusprechen. Auch seine liebevolle Zuwendung zu den Kranken in der Weise wie er sie berührt, wird zur Überwindung eines vielleicht inneren Leidens, das sich durch äußerliche Symptome wie Blindheit ausdrückte, beigetragen haben. Es ist seine gütige, Vertrauen erweckende und verständnisvolle Art, mit Menschen in Not umzugehen, welche den Druck der inneren Verkrampfung lösen hilft. Diese mitfühlende Haltung bringt Markus in der Redewendung „es jammerte ihn" (1,41) zum Ausdruck. So wie in der Begegnung mit dem Aussätzigen, zeigte Jesus auch keinerlei Berührungsängste mit den von der Gesellschaft Verachteten und Ausgestoßenen. Er durchbricht die kultische und soziale Isolation der blutflüssigen Frau, die wohl auch am verinnerlichten Minderwertigkeitskomplex des Frauseins in einer patriarchalisch-repressiven Gesellschaft gelitten hatte und widersetzt sich dabei dem Klischee von Triebhaftigkeit, Sündhaftigkeit und Unreinheit der Frau. Dem Zöllner Levi, der wegen der ihm vorgeworfenen Kollaboration mit der römischen Besatzungsmacht verachtet und verhasst ist, reicht er die Hand und gibt ihm somit die Chance zu einer Reintegration in eine neue Gemeinschaft. Nicht, dass Jesus einen Lebenswandel der Sünde guthieß und wie bei dem *Zöllnermahl* eine schlechte Gesellschaft durch seine Anwesenheit adeln wollte, sondern er fühlte sich zu denen gesandt, die seiner Hilfe bedurften, mit der sie aus ihrer existentiellen Verunsicherung herausfinden konnten.

Jesu Auftreten weckt Vertrauen. Das zeigt sich insbesondere in der Episode des vom Sturm geschüttelten Bootes, dessen Schilderung durchaus einen realen Hintergrund haben könnte, wurden doch in der Antike Fallwinde über dem See Genezareth als von Dämonen verursacht verstanden. Symbolisch ließe sie sich interpretieren als die Gefährdung unserer äußeren und inneren Sicherheit durch gesellschaftliche und spirituelle Bedrohungen, vor denen wir nur in der Gemeinschaft mit Jesus Schutz und Rettung finden können. Voraussetzung für diese Rettung aus Gefahr und die Beruhigung unserer tiefsten Ängste ist allerdings Glauben und Vertrauen in Jesu Macht über die Stürme unseres Lebens. Eine ähnliche Symbolik ist mit Jesu Wandel auf dem See verbunden. Jesus hilft dem sinkenden Petrus als diesen der Mut verlässt. Dem Leser soll wohl vermittelt werden, dass nur das glaubende Vertrauen in Jesus verhindert, dass wir den Boden unter den Füssen verlieren und in den Abgründen unserer Seele versinken. Aus Indien gibt es die Legende von einem Wandermönch, der im Glauben an die tragende Kraft des Buddha zu Fuß einen Fluss überquerte. Doch der Anblick der Wellen erzeugte in ihm ein Gefühl der Unsicherheit und erst als er wieder seine völlige Konzentration auf den Gedanken des Buddha zurückgewann, vermochte er weiter auf dem Wasser zu gehen.

Der Ablauf der Erzählung über *'Die Heilung eines Gelähmten'* ist allerdings eigenartig. Warum sollte Jesus dessen Wunsch nach Heilung sozusagen erst im zweiten Anlauf erfüllen? Wollte er bewusst die Schriftgelehrten mit seiner Zusage der Vergebung der Sünden, die sonst nie mit Heilungen in Verbindung gebracht wird, provozieren, galt dies doch als Blasphemie weil nur Gott Sünden vergeben konnte? Wollte er seine göttliche Macht demonstrieren? Nach antikem Verständnis hingen Sünde und Krankheit ursächlich zusammen. Jesus scheint diese Überzeugung nicht geteilt zu haben; denn in den anderen Heilungen hatte der Glaube allein geholfen. In diesem besonderen Fall haben wir die Reihenfolge Vergebung der Sünden und danach den Heilungsakt. Aber auch der Glaube fehlte nicht, den wird man dem Gelähmten und seinen Trägern, die keine Mühe gescheut hatten, zu Jesus zu kommen, nicht absprechen können. Seltsam erscheint auch Jesu Frage nach dem was leichter ist, Vergebung der Sünde oder Heilung vom Gebrechen. Sie ist doppeldeutig, könnte aber in dem Sinne beantwortet werden, dass das eine nachprüfbar ist, das andere aber nicht. Vergebung der Sünden bedeutet eine innere Heilung, die Wiederherstellung einer gestörten Beziehung zu Gott.

Dass Jesus nicht an einer Demonstration seiner göttlichen Macht interessiert war, wollen die Evangelisten an seiner ablehnenden Haltung gegenüber der *Zeichenforderung der Pharisäer* belegen. Jedenfalls konnte oder wollte er nicht den geforderten Nachweis seiner göttlichen Bevollmächtigung durch ein Schauwunder wie ein Magier im Zirkus erbringen. Man verdächtigte ihn wohl, dass er seine Popularität durch Zaubertricks erworben hatte aber für Jesus wäre es entwürdigend gewesen, sich auf das Niveau der religiösen Autoritäten herabzulassen. Stattdessen stellt er den Erweis seiner Identität mit seiner Auferstehung in Aussicht. Aber denkt so mancher heute nicht in ähnlichen Kategorien wie die Zeitgenossen Jesu wenn sie auf ein wundersames Wirken Gottes hoffen welches die allgemeine Gültigkeit der Naturgesetze durchbrechen würde? Da danken zum Beispiel die Eltern Gott, dass ihr Kind einen Unfall überlebt hat und verlieren kaum einen Gedanken daran, dass ein anderes leider umgekommen ist. Kommt eine solche Haltung, die von Gott Wunderzeichen erwartet, nicht einer Forderung nach einem „nachprüfbaren Gott" gleich? Die Wahrheit konkretisiert sich nicht durch ein feststellbares Eingreifen Gottes sondern in unseren mitmenschlichen Beziehungen. Wer anstatt dieser existentiellen Bezüge seinen Blick auf Gottesbeweise richtet, der denkt und handelt im Grunde genau wie diese Pharisäer, denen die wirklichen Nöte der Menschen fremd waren.

So ist es nicht verwunderlich, dass Jesu Wirken dem Denken der Oberen in der Gesellschaft entgegengesetzt war und zur Konfrontationen führen musste. Seine Lehre war so ganz anders als diejenige der traditionellen religiösen Autoritäten. „Er lehrte mit Vollmacht", lässt Markus feststellen. Gibt es da nicht gewisse Parallelen zur heutigen Theologenschaft, insbesondere zu denen, die glauben, die kirchlichen Dogmen verifizieren zu müssen? Wie erschöpft sich deren Gelehrsamkeit in ausgekauten Worthülsen und abgedroschenen Phrasen, die immer wieder gebetsmühlenartig abgeleiert werden! Ihre Frömmigkeit wird mit einem wissenschaftlich-objektivierenden Sprachstil untermauert, dem ein Bezug zum durchschnittlichen Gläubigen längst verlorengegangen ist. Diese formelhafte und routinierte Vermittlung von vorgestanzten Glaubenssätzen erzeugt ein Gefühl der Entfremdung und reduziert Religion auf ein veräußerlichtes Frömmigkeitsgehabe, in der jede Leidenschaft erkaltet ist. Ein ähnliches Bild entmündigter Gläubigen, denen kirchlich autorisierte Deutungsmodelle vorgegeben sind, die ihnen damit ein eigenes Denken ersparen, zeichnet Dostojewski im Bild des Großinquisitors in seinem ‚Die Brüder Karamazov'.

Ähnlich wie seinerzeit Aussätzige oder Prostituierte in die soziale Isolation getrieben wurden, so betreibt auch heute noch die katholische Kirche den Ausschluss von Wiederverheirateten, von Frauen, die abgetrieben haben und Homosexuellen, anstatt ihnen in ihren existentiellen Nöten zu begegnen. An der kirchlichen Basis rumort es kräftig und in der Öffentlichkeit steht die Amtskirche zunehmend am Pranger wenn man sie überhaupt noch wahrnimmt. Auch Jesus war in heftigste Auseinandersetzungen mit seinen pharisäischen Widersachern verwickelt. Das ist zumindest aus den Schilderungen der Evangelisten zu schließen. Wie die Perikope vom *Ährenraufen am Sabbat* aufzeigt, ging es bei dem Konflikt um zwei Formen religiöser Haltung, auf der einen Seite die gesetzlich verordnete und autoritäre Religion und auf der anderen eine Ausrichtung, die auf der Freiheit des Menschen baut. Der Sabbat hatte ursprünglich eine durchaus positive Bedeutung, indem einer Zeit des Arbeitens eine Zeit des Ausruhens folgte. Doch für die sozial Schwachen wie die Tagelöhner, die am Rande des Existenzminimums lebten, dürfte es eher ein Hunger- als ein Freudentag gewesen sein. Zudem durchschauten nur noch religiöse Experten das immer weiter wuchernde Gestrüpp von Verordnungen, mit denen das Sabbatgebot ausgebaut wurde. Jesus sah in dem absurden Gehorsam gegen solcherlei Gesetze unter die auch das Verbot des Ährenraufens fiel eine Einschränkung des Lebensrechtes, wollte aber nicht der Willkür Tür und Tor öffnen sondern den Menschen eine gelebte Verantwortlichkeit zurückgeben. Allerdings ist seine Frage: Soll man am Sabbat „Leben erhalten oder töten" (Mk 3,4) viel zu plakativ und dichtet dem Rabbinertum unmenschliches Verhalten an, was so nicht zutrifft. Rabbinische Regelungen sahen durchaus lebenserhaltende Maßnahmen als vereinbar mit dem Sabbatgesetz an, doch die Heilung einer gelähmten Hand (Mk 3,1–6) hätte durchaus noch auf den nächsten Tag warten können. Es ging dem Evangelisten wohl darum, herauszustreichen, wie jesuanische Barmherzigkeit sich von pharisäischer Gesetzlichkeit abhebt. Auch Matthäus verdeutlicht Jesu gelebte Mitmenschlichkeit mit einem Zitat von Hosea 6,6: „Ich habe Wohlgefallen an Barmherzigkeit und nicht am Opfer" (Mt 12,7).

Jesus eckte immer wieder an. So mokierten sich seine Gegner darüber, dass er dem aus hygienischen Gründen eigentlich sinnvollen Händewaschen vor dem Essen keine Bedeutung zumaß. Für ihn war es schlicht nicht mehr als traditionelle Etikette, die man getrost übergehen konnte. Stattdessen tadelt er die innere Unreinheit seiner Widersacher und wirft ihnen Heuchelei und Selbstherrlichkeit vor. Man mag solcherlei Zurückweisung als überzogen empfinden und Jesus wurden wohl Worte in den Mund gelegt, welche die wachsende Feindschaft zwischen christlicher Gemeinde und jüdischer Synagoge widerspiegeln. Auch in der Episode von ‚*Jesu Sal-*

bung durch die Sünderin' wird die Haltung des Pharisäers in ein denkbar schlechtes Licht gerückt. Merkwürdig aber ist es, dass die Dirne mit der sich ja Unreinheit verbindet, überhaupt in das Haus des Pharisäers eingelassen und ihr Gastrecht gewährt wurde. Und wieso hat er überhaupt Jesus eingeladen, wenn er und die Pharisäer sich doch angeblich spinnefeind waren? Diese Ungereimtheiten beiseite, die Moral der Erzählung ist klar. Die abweisende und kühle Haltung des Pharisäers wird mit dem liebevollen, fast erotischen Tun der Frau in Kontrast gebracht. Was also letztlich zählt ist nicht sozialer Status sondern Liebe und gläubige Hingabe.

Anscheinend hatte sich Jesus auch mit seiner eigenen Familie überworfen. Und wer sollte es ihr verdenken, zog er doch in ihrer Sicht als eine Art Barfußprediger mit einer abgerissenen und zusammengewürfelten Anhängerschaft durch die Lande, verkehrte mit dem Lumpenproletariat und verbreitete eine Botschaft, die die tradierte Ordnung in Frage stellte und die Spitzen der Gesellschaft herausforderte. So hielten seine Angehörigen ihn sogar für verrückt (Mk 3,21) und wollten ihn einhegen und damit unter ihre Kontrolle bringen. Er aber verweigerte sich ihnen. Seine neue Familie waren seine Vertrauten, die Apostel, die die unsichere Existenz eines Wanderlebens mit ihm teilten. Diese hatten ja auch wie er die Bindung an ihre Familie aufgegeben und waren mit ihrer wohl gefühlsbetonten Entscheidung das Wagnis einer unsicheren Existenz eingegangen. Sie glaubten an Jesus und erhofften sich durch ihn die Erfüllung ihrer Sehnsüchte und einen neuen Sinn im Leben. Jesu Familie konnte das nicht nachvollziehen. Man stelle sich vor, jemand hätte ihnen gesagt, Jesus ist der von Gott gesandte Heiland, wie glaubwürdig wäre das wohl für sie gewesen? Jesus wurde von keiner göttlichen Aura umschwebt und seine Familie sah in ihn wohl eher einen Renegaten. Hätten sie ihn für den Gottessohn gehalten, dann hätten sie ihn sicherlich anders behandelt.

Jesus hatte die Vision von einer alternativen Gemeinschaft, in der die Beziehungen zwischen den Menschen der gewohnten Gesellschaftsordnung konträr entgegenlaufen. Zu aller Zeit war die Herrschaft des Menschen über den Menschen mit Gewalt, durch Ausbeutung und elitäre Abgrenzung aufrecht erhalten worden. Nein, „so soll es nicht unter euch sein" (Mt 20,26), fordert Jesus und weiter: „Werdet wie die Kinder" (Mt 18,3) und „wer groß sein will, der sei euer Diener" (Mt 20,26). Dabei meinte er nicht die Art des Gehorsams einer in Ehrerbietung erstarrten, gekrümmten

Haltung der fraglosen Unterordnung, das selbstständiges Denken verkümmern lässt. Auch stand ihm sicherlich nicht die Art masochistischer Einstellung vor Augen unter dem Motto: ich lasse mich in meiner Demut von keinem übertreffen. Was er wollte, war, dass wir ein kindliches Vertrauen in einen liebenden Gott entwickeln, uns für eine bessere Welt einsetzen, in der man sich nicht durch Rangordnungen voneinander abgrenzt, wo der Wert des Menschen nicht nach sozialem Status, Rasse oder Hautfarbe, Klasse oder Geschlecht taxiert wird, sondern wo man ganz einfach menschlich leben kann, weil sich ein jeder um den anderen bemüht.

Wer so wie Jesus die bestehenden Verhältnisse angreift, durch verbale Kritik und gelebte Opposition, der lebt gefährlich. Es musste Jesus klar gewesen sein, dass sein Verhalten polarisieren würde und einen Keil treiben zwischen denen, die lieber in der Abhängigkeit einer etablierten Ordnung verbleiben wollten und denen, die das Wagnis eines anderen Lebens eingehen würden, ein Riss, der auch quer durch die Familien gehen konnte. Am Beispiel der *Heilung des besessenen Geraseners* lässt sich symbolhaft erkennen, dass der Preis für die Aufgabe liebgewordener Gewohnheiten sehr hoch sein kann. Die Episode mag man als Notsituation eines Menschen interpretieren, der es nicht mehr erträgt, die gesellschaftlichen Ketten von Anpassung und Erwartungsdruck zu tragen, dem es aber nicht gelingt, sich von diesen Zwängen wirklich zu lösen und daher ein Leben sozialer Ausgrenzung führt. Mit dem Begriff ‚Legion‘ kann ein schizophrener Zustand innerer Zerrissenheit bezeichnet werden, verursacht durch die gegensätzlichen Forderungen, die der Mensch als Stimmen in sich verrnimmt. Eine Lösung seiner Situation kann nur herbeigeführt werden, wenn der Kranke seinen inneren Widerstand gegen notwendige Veränderungen in seinem Leben aufgibt und dadurch zu einem neuen sinnerfüllten Dasein findet.

Jesus reizte mit seinem Wirken und seinem Anspruch auf göttliche Legitimation bereits einfache Menschen. Nachdem er in seiner Heimatstadt gepredigt hatte wurde er der Stadt verwiesen, ja man suchte sogar, ihn den Berg hinunterzustürzen (Lk 4,29). Ein anderes Mal wäre er fast gesteinigt worden (Joh 8,59). Doch seine wirklichen Widersacher waren die religiösen Führer, deren Autorität er mit seinem so ganz anderen Lebensentwurf immer wieder aufs schärfte herausforderte. Hinter der Ankündigung des ihm bevorstehenden Leidens steht wohl die Einsicht, dass sein Weg schwer sein würde. Ob er auch den eigenen Tod als so unausweichlich, ja von Gott gewollt, gesehen hat, kann aber bezweifelt werden. Die Schilderung des Evangelisten nach dem Muster von Leiden, Tod und Auferstehung ist wohl auf dem Boden der nachösterlichen Erfahrung der Gemeinde entstanden.

Eine Ahnung aber der ihm drohenden Gefahr dürfte ihm spätestens mit der Nachricht vom Tode Johannes des Täufers gewachsen sein. In Johannes Geschick deutete sich auch bereits sein eigenes Ende an. Wie es nun zur Ermordung des Johannes kam schildert uns der Evangelist in beispielloser Dramatik. Nach Girard (The Scapegoat) wird sie, geschickt von dem Evangelisten in Szene gesetzt, als Teil einer komplexen Kette von Ereignissen erzählt, die in Jesu Kreuzigung gipfelt was im Grunde nur auf die Demaskierung des Bösen und der Offenbarung von Jesu Unschuld hinausläuft. Die Erzählungen sind somit seiner Meinung nach so verzahnt und aufgebaut, dass sie die Mechanismen, die zu seiner Opferung als Sündenbock führen, bloß zu legen vermögen.

Man kann die Erzählung aber auch als eine typologische Legende sehen, in der die Korruption der menschlichen Seele verhandelt wird. Auf jeden Fall wird ihre historische Glaubwürdigkeit stark bezweifelt. In dem wohl legendären Narrativ wird dieser Interpretation zufolge die Dekadenz der Macht aufgezeigt, die dämonische Seite des Menschen in seiner Gier, Lust und seinem mörderischen Gehorsam, dem die asketische Reinheit und moralische Integrität des Propheten gegenübergestellt wird. Der geheime Wunsch nach Reinheit und Unschuld erweckt in Herodes eine gewisse Sympathie für den Täufer, degeneriert dann aber in das lüsterne Verlangen nach der Unschuld der frühreifen Salome, die gerade in ihrer naiven Weiblichkeit seine Begierden entfacht. Doch seine Lüsternheit schwächt auch seinen nüchternen Verstand und dies nutzt Herodias aus, indem sie der ihr hündisch ergebenen Tochter Salome den Auftrag gibt, in Antwort auf das Versprechen des Herodes, ihr jeden Wunsch zu erfüllen, das Haupt des Johannes zu fordern. Salome wird aus Gehorsam zu einem Werkzeug des Mordes, Herodias aber treibt zum Mord, um ihr Liebesglück zu schützen und den rigiden Moralismus des Johannes auszuschalten. Während Herodes nur ein schwankendes Schilfrohr war, dem die Einhaltung der Ehre eines Versprechens eine höhere Tugend als das Verhindern eines Mordes war, so war Herodias die von Hass zerfressene und kaltblütig planende Mörderin, die an gleichsam mörderische Frauengestalten der griechischen Tragödien erinnert wie Medeia oder Klymnestra. Gleichzeitig zeigt die Erzählung beispielhaft auf, wie durch die Verknüpfung von Gehorsam und Macht sich ein tödliches Schicksal entwickelt und darüber hinaus kann man von ihr lernen, wie durch gedankenlosen oder angstbesetzten Opportunismus oder aber Indoktrination ein willenloser Gehorsam erzeugt wird, der Menschen zu einer Art lebenden Zombies oder Marionetten degradiert und der so zum Nährboden des Bösen wird, wie es die Erfahrung in Nazi-Deutschland oder heute wieder der Terrorismus der IS belegt.

Jesus also war gewarnt. Doch er setzte seinen Blick auf Jerusalem. Dort lag das Ziel seines Weges, der Tempel. Dort musste seine Botschaft verkündigt werden.

7.3. Die Bergpredigt, Lehren über die Nachfolge und Jesu Rede vom Reich Gottes

Die synoptischen Evangelien

Eine große Menge des Volkes war gekommen, Jesus „zu hören und von ihren Krankheiten geheilt zu werden" (Lk) und sie suchten, „ihn anzurühren; denn es ging eine Kraft von ihm aus" (Lk). Jesus aber ging auf einen Berg, „setzte sich; und seine Jünger traten zu ihm. Und er tat seinen Mund auf, lehrte sie und sprach:

> Selig sind, die da geistlich arm sind; denn ihrer ist das Himmelreich.
>
> Selig sind, die da Leid tragen; denn sie sollen getröstet werden.
>
> Selig sind die Sanftmütigen; denn sie sollen das Erdreich besitzen.
>
> Selig sind die, die da hungert und dürstet nach Gerechtigkeit; denn sie sollen satt werden.
>
> Selig sind die Barmherzigen; denn sie werden Barmherzigkeit erlangen.
>
> Selig sind, die reinen Herzens sind; denn sie werden Gott schauen.
>
> Selig sind die Friedfertigen; denn sie werden Gottes Kinder heißen.
>
> Selig sind, die um der Gerechtigkeit willen verfolgt werden; denn ihrer ist das Himmelreich.
>
> Selig seid ihr, wenn euch die Menschen um meinetwillen schmähen und verfolgen und reden allerlei Übles gegen euch und damit lügen.
>
> Seid fröhlich und getrost; es wird euch im Himmel reichlich belohnt werden.

> Denn ebenso haben sie verfolgt die Propheten, die vor euch gewesen sind“ (Mt).
>
> „Aber dagegen: Weh euch Reichen! Denn ihr habt euren Trost schon gehabt“
>
> (Lk). Weh euch, die ihr jetzt satt seid und lacht und von denen man wohl redet.
>
> „Denn das gleiche haben ihre Väter den falschen Propheten getan“ (Lk).

Ihr aber seid das Salz der Erde und euer Licht soll scheinen „vor den Leuten, damit sie eure guten Werke sehen und euren Vater im Himmel preisen“ (Mt). Glaubt nicht, ich bin gekommen, die Gesetze aufzulösen. Ich bin gekommen, sie zu erfüllen. Und nicht das geringste Häkchen wird wegfallen „bis Himmel und Erde vergehen“ (Mt).

Euch ist überliefert worden: Du sollst nicht töten. „Ich aber sage euch: Wer mit seinem Bruder zürnt, der ist des Gerichts schuldig“ (Mt). Und wenn du mit deinem Bruder in Streit gerätst, dann suche dich erst mit ihm zu versöhnen bevor du deine Opfergabe am Altar gibst. Vertrage dich mit deinem Gegner, dass du nicht etwa dem Richter überantwortet werdest und du ins Gefängnis geworfen wirst.

Das Gesetz Mose gebietet: Du sollst nicht ehebrechen! „Ich aber sage euch: Wer eine Frau ansieht, sie zu begehren, der hat schon mit ihr die Ehe gebrochen in seinem Herzen“ (Mt). Wenn dich dein Auge zum Abfall verführt, dann reiße es heraus; denn es ist besser eines deiner Glieder zu verlieren als ewiges Verderben in der Hölle zu erleiden. „Es ist unmöglich, dass keine Verführungen kommen; aber weh dem, durch den sie kommen! Es wäre besser für ihn, dass man einen Mühlstein an seinen Hals hängte und würfe ihn ins Meer, als dass er einen dieser Kleinen zum Abfall verführt“ (Lk).

Das Gesetz erlaubt dem Mann, dass wenn er sich von seiner Frau scheiden lassen will, er ihr einen Scheidebrief geben kann. „Ich aber sage euch: Wer sich von seiner Frau scheidet, es sei denn wegen Ehebruchs, der macht, dass sie die Ehe bricht, und wer eine Geschiedene heiratet, der bricht die Ehe“ (Mt). Mose hat euch den Scheidebrief nur wegen der Härte eures Herzens gestattet. Aber von Anbeginn der Schöpfung hat Gott den Menschen als Mann und Frau geschaffen. „Darum wird ein Mann seinen Vater und seine Mutter verlassen und wird an seiner Frau hängen, und die zwei werden ein Fleisch sein" (Mk). „Was nun Gott zusammengefügt hat, soll der Mensch nicht scheiden" (Mk).

Den Alten wurde auch gesagt: Du sollst keinen falschen Eid schwören. „Ich aber sage euch, dass ihr überhaupt nicht schwören sollt" (Mt), weder beim Himmel noch bei der Erde. Eure Rede sei ein einfaches Ja oder Nein, alles weitere ist vom Übel.

Auch habt ihr sagen gehört: Auge um Auge, Zahn um Zahn. Ich aber sage euch: Widersteht nicht dem Übel, „sondern, wenn dich jemand auf deine rechte Backe schlägt, dem biete die andere auch dar" (Mt). Und wenn dich einer wegen deines Rockes vor das Gericht ziehen will, dann gib ihm auch noch den Mantel, und wenn dich einer nötigt, mit ihm eine Meile zu gehen, dann gehe mit ihm zwei. „Gib dem, der dich bittet, und wende dich nicht ab von dem, der etwas von dir borgen will" (Mt).

Euch wurde auch gesagt: Du sollst deinen Nächsten lieben aber den Feind sollst du hassen. „Ich aber sage euch: Liebt eure Feinde und bittet für die, die euch verfolgen, damit ihr Kinder seid eures Vaters im Himmel. Denn er lässt seine Sonne aufgehen über Böse und Gute und lässt regnen über Gerechte und Ungerechte" (Mt). Wenn ihr nur die liebt, die auch euch lieben, dann seid ihr nicht besser als die Zöllner oder die Heiden. „Darum sollt ihr vollkommen sein, wie euer Vater im Himmel vollkommen ist" (Mt).

Wenn ihr fastet, schaut nicht leidend aus sondern reinigt und salbt Haupt und Gesicht sodass die Leute euer Fasten nicht erkennen. Spielt euch vor den Leuten nicht als besonders fromm auf und gebt eure Almosen im Verborgenen. Betet im Stillen und macht nicht so viel Worte wie es die Heiden tun.

„Darum sollt ihr so beten:

Unser Vater im Himmel! Dein Name werde geheiligt.

Dein Reich komme. Dein Wille geschehe wie im Himmel so auf Erden.

Unser tägliches Brot gib uns heute. Und vergib uns unsere Schuld,

so auch wir vergeben unseren Schuldigern.

Und führe uns nicht in Versuchung, sondern erlöse uns von dem Bösen.

Denn dein ist das Reich und die Kraft und die Herrlichkeit in Ewigkeit. Amen"

(Mt). Denn wenn ihr den Menschen vergebt, so wird euch auch euer Vater im Himmel vergeben, doch wenn ihr nicht vergebt, so wird auch euch nicht vergeben werden.

Und macht es nicht wie der reiche Kornbauer, der sich einen großen Vorrat ansammelte und nun glaubte, sein Leben in Muße genießen zu können. „Aber Gott sprach zu ihm: Du Narr! Diese Nacht wird man deine Seele von dir fordern; und wem wird dann gehören, was du angehäuft hast?“ (Lk). Sammelt euch nicht Schätze auf Erden, die vergänglich sind sondern einen Schatz im Himmel. „Denn wo dein Schatz ist, da ist auch dein Herz“ (Mt). „Niemand kann zwei Herren dienen: … er wird an dem einen hängen und den andern verachten. Ihr könnt nicht Gott dienen und dem Mammon“ (Mt).

Sorgt euch nicht um den morgigen Tag. „Seht die Vögel unter dem Himmel an: sie säen nicht, sie ernten nicht, sie sammeln nicht in die Scheunen; und euer Vater ernährt sie doch. Seid ihr denn nicht viel mehr als sie?“ (Mt). „Darum sollt ihr nicht sorgen und sagen: Was werden wir essen … (oder) womit werden wir uns kleiden“(Mt). Euer Vater weiß was ihr bedürft. Ihr aber, „trachtet zuerst nach dem Reich Gottes, und nach seiner Gerechtigkeit, so wird euch das alles zufallen“ (Mt).

„Richtet nicht, damit ihr nicht gerichtet werdet“ (Mt). Messt nicht nach zweierlei Maß. Warum siehst du den Splitter in deines Bruders Auge, nicht aber den Balken in deinem eigenen? „Du Heuchler, zieh zuerst den Balken aus deinem Auge; danach sieh zu, wie du den Splitter aus deines Bruders Auge ziehst“ (Mt). „Alles nun, was ihr wollt, dass euch die Leute tun sollen, das tut ihnen auch! Das ist das Gesetz und die Propheten“ (Mt).

„Bittet, so wird euch gegeben; suchet, so werdet ihr finden, klopfet an, so wird euch aufgetan“ (Mt). Wenn euch eure Kinder um Brot oder Fisch bitten gebt ihr ihnen vielleicht einen Stein? „Wenn ihr nun, die ihr doch böse seid, dennoch euren Kindern gute Gaben geben könnt, wie viel mehr wird euer Vater im Himmel Gutes geben denen, die ihn bitten“ (Mt). Nehmt euch ein Beispiel an der Witwe, die dem ungerechten Richter so lange zugesetzt hatte, bis er ihre Bitte schließlich erhörte. „Sollte Gott nicht auch Recht schaffen seinen Auserwählten, die zu ihm Tag und Nacht rufen?“ (Lk).

„Geht hinein durch die enge Pforte“ (Mt). Die Pforte, die zur Verdammnis führt, ist weit, die aber, die ins Leben führt, ist eng und nur wenige werden sie finden; denn in das Himmelreich kommen nur die, „die den Willen tun meines Vaters im Himmel“ (Mt). „Seht euch vor vor den falschen Propheten, die in Schafskleidern zu euch kommen, inwendig aber sind sie reißende Wölfe“ (Mt). Erkennt sie an ihren Früchten, so wie man auch einen guten Baum von einem schlechten durch seine Früchte unterscheidet.

„Darum, wer diese meine Rede hört und tut sie, der gleicht einem klugen Mann, der sein Haus auf Fels baute“ (Mt). Wenn der Regen kommt und der Wind weht, so widersteht das Haus; denn es ist auf Fels gebaut. „Und wer diese meine Rede hört und tut sie nicht, der gleicht einem törichten Mann, der sein Haus auf Sand baute“ (Mt). Kommen nun Regen und Wind, dann fällt das Haus zusammen und sein Fall wird groß sein.

Jesus sagte weiter: „Will mir jemand nachfolgen, der verleugne sich selbst und nehme sein Kreuz auf sich und folge mir. Denn wer sein Leben erhalten will, der wird’s verlieren; wer aber sein Leben verliert um meinetwillen, der wird’s finden“ (Mt). Was hülfe es dem Menschen, wenn er die Welt gewänne aber seine Seele verliert.

„Wer Vater oder Mutter ... Sohn oder Tochter mehr liebt als mich, der ist meiner nicht wert“ (Mt). Glaubt nicht, „dass ich gekommen bin, Frieden zu bringen auf die Erde, sondern das Schwert“ (Mt). Um meinetwillen werden Familien zerbrechen „und des Menschen Feinde werden seine eigenen Hausgenossen sein“ (Mt). Doch fürchtet euch nicht vor denen, die den Leib töten, aber der Seele keinen Schaden zufügen können. Nichts bleibt vor Gott verborgen und nichts wird vergessen. Nicht ein Sperling fällt zu Boden als dass der Herr nicht darum wüsste. „Darum fürchtet euch nicht; ihr seid besser als viele Sperlinge. Wer nun mich bekennt vor den Menschen, den will auch ich bekennen vor meinem himmlischen Vater“ (Mt). Wer sich aber meiner schämt, den werde auch ich vor meinem Vater verleugnen.

Jesus sprach: Mit wem aber kann ich diese Generation vergleichen? „Hört zu! Siehe es ging ein Sämann aus zu säen“ (Mt). Als er säte, fiel einige Saat auf den Weg, aber die Vögel kamen und fraßen sie auf. Einiges fiel auf felsigen Boden, doch als es aufging, verdorrte es schnell. Anderes fiel unter die Dornen und wurde bald erstickt. Einiges aber fiel auf gutes Land und brachte gute Früchte und der Ertrag war dreißigfach, manches sogar hundertfach. „Und er sprach: Wer Ohren hat zu hören, der höre“ (Mk).

Die Jünger wollten wissen, warum er zu ihnen in Gleichnissen sprach. Jesus antwortete: Euch ist es gegeben, ihren Sinn zu verstehen. An den anderen aber erfüllt sich Jesajas Weissagung: „Mit den Ohren werdet ihr hören und werdet es nicht verstehen; und mit sehenden Augen werdet ihr sehen und werdet es nicht erkennen. Denn das Herz dieses Volkes ist verstockt“ (Mt). So werden sie nicht umkehren auf dass sie geheilt werden. Ihr aber seht und hört was die Propheten vormals begehrt haben zu sehen und zu hören.

Versteht ihr immer noch nicht dieses Gleichnis? Der Sämann sät das Wort vom Reich Gottes. Denen, welche es auf dem Weg gehört haben aber nicht glauben können, entreißt es wieder der Satan. Diejenigen, die es auf felsigen Boden empfangen haben, nehmen es mit Freuden auf, doch wenn sie in Bedrängnis geraten, wenden sie sich wieder ab. Andere, bei denen es unter Dornen gesät ist, sind von den Sorgen und Reizen des Alltags erfüllt und das Wort wird in ihnen unterdrückt. Doch diejenigen, bei denen das Wort auf gutes Land fällt, bringen reichlich Frucht.

„Das Himmelreich gleicht einem Menschen, der guten Samen auf seinen Acker säte“ (Mt). Doch während der Nacht brachte der Feind Unkraut aus, das nun zusammen mit dem Weizen wuchs. Die Knechte wollten jäten doch der Herr hielt sie davon ab und sagte, dass zur Erntezeit beides eingebracht werden wird, das Unkraut in Bündeln, dass man es verbrenne und dann der Weizen, dass es in der Scheune gesammelt werde. Jesus erklärte seinen Jüngern: Der Acker ist die Welt und der Feind der Teufel. „Das Unkraut sind die Kinder des Bösen“ (Mt). Die Ernte ist das Ende der Welt wenn der Menschensohn mit seinen Engeln die Frucht seiner guten Saat einsammeln wird. Das Unkraut aber wird in das große Feuer geworfen. Dort wird „Heulen und Zähneklappern sein“ (Mt).

Auch gleicht das Himmelreich einem Senfkorn. Es ist das kleinste unter den Samen doch wenn es zu einem Baum ausgewachsen ist überragt es alle Pflanzen im Garten. Wiederum gleicht es einem Schatz im Acker. Einer fand ihn, hielt ihn verborgen, verkaufte alles was er hatte und kaufte den Acker. Auch ist das Himmelreich wie eine kostbare Perle, die ein Kaufmann suchte. Als er sie gefunden hatte, erwarb er sie unter Einsatz seines ganzen Vermögens.

Die Jünger fragten Jesus, wer denn Aufnahme in das Himmelreich findet. Und als Jesus aufblickte, siehe, „da wurden Kinder zu ihm gebracht, damit er die Hände auf sie legte“ (Mt). Die Jünger wollten ihnen wehren doch Jesus sprach: „Lasst die Kinder zu mir kommen und wehret ihnen nicht; denn solchen gehört das Reich Gottes. Wahrlich, ich sage euch: Wer das Reich Gottes nicht empfängt wie ein Kind, der wird nicht hineinkommen. Und er herzte sie und legte die Hände auf sie und segnete sie“ (Mk).

„Denn das Himmelreich gleicht einem Hausherrn, der früh am Morgen ausging, um Arbeiter für seinen Weinberg einzustellen“ (Mt). Bald schon war er sich mit den ersten Arbeitern einig und versprach ihnen einen Silbergroschen als Tageslohn. Während des Tages stellte er weitere Arbeiter ein und versicherte, ihnen zu geben was recht sei. Noch zu später Stunde fand er einige Müßiggänger und auch denen gab er Arbeit in seinem Weinberg. Als es nun Abend war, ließ er denjenigen, die zuletzt eingestellt worden waren, einen Silbergroschen zahlen. Nun empfing jeder den gleichen Lohn, doch diejenigen, die des ganzen Tages Last getragen hatten waren unzufrieden. Der Hausherr aber sagte „zu einem von ihnen: Mein Freund, ich tu dir nicht Unrecht. Bist du nicht mit mir einig geworden über einen Silbergroschen?“ (Mt). Habe ich nicht das Recht, mit meinem Gut zu tun was ich will und mich gütig dem erweisen, den ich erwähle? Und Jesus schloss: „So werden die Letzten die Ersten und die Ersten die Letzten sein“ (Mt).

Als Jesus seine Rede geendet hatte, „da erhob eine Frau im Volk ihre Stimme und sprach zu ihm: Selig ist der Leib, der dich getragen hat, und die Brüste, an denen du gesogen hast. Er aber sprach: Ja, selig sind, die das Wort Gottes hören und bewahren“ (Lk).

Kommentar

Für Matthäus ist ‚Gerechtigkeit‘ der Leitbegriff, Lukas legt den Akzent auf die materielle Not. Folglich betont der eine mehr die spirituellen, der andere eher die lebensnotwendigen Bedürfnisse des Daseins. Die Seligpreisungen sind wohl aus einzelnen Aussprüchen Jesu gesammelt und in einer fiktiven Rede verdichtet worden. Sie wird bei Lukas auf einer Ebene, bei Matthäus aber auf dem Gottesberg gehalten. Offensichtlich wollte Matthäus damit den Bezug zu Mose und den Gesetzesempfang auf dem Berg Sinai herausstreichen.

Die Seligpreisungen hatten durchaus antike Vorbilder. So wurde in Griechenland derjenige als glücklich gepriesen, der die Geheimnisse der Mysterien geschaut hatte. Im biblischen Sinne könnte man denjenigen als selig bezeichnen, dem durch die rechte Beziehung zu Gott ein erfülltes Leben gelingt. Kritiker wie Karl Marx haben oft darauf hingewiesen, dass die Religion eine solche Erfüllung auf das Jenseits vertagt und die herrschenden ungerechten Verhältnisse als gottgegeben hinnimmt. Es ist wohl richtig, dass die Seligpreisungen einerseits Trost für die Bedrückten dieser Welt im Himmelreich versprechen, doch andere mögen sich durch sie bekräftigt fühlen, sich aktiv für eine bessere, menschlichere Welt einzusetzen. Es ist bezeichnend, dass gerade Mahatma Gandhi sich für seine Politik des passiven Widerstandes von den Seligpreisungen hat inspirieren lassen.

Gandhi repräsentiert die Haltung des Sanftmütigen, der sich einer Denkweise des ‚Sozialdarwinismus' widersetzt, welche in immer neuen Formen der Wehrhaftigkeit, von Manipulation bis hin zur offenen Kriegsführung reichend, ihren Anspruch durchzusetzen sucht. Diesen Ausprägungen von Aggressivität stellen die Seligpreisungen ein konstruktives, positives Wollen der Friedfertigkeit und Barmherzigkeit entgegen, das Streben nach einem reinen Herzen, das sich an andere verschenken will und Erfüllung in einem existentiellen Bedürfnis nach Ganzheit sucht. Drewermann interpretiert dieses Streben als eine „Form der Erlösung", die einer Rückkehr ins Paradies gleicht, in einem Feld der Liebe, in dem wir „nackt" sein dürfen, ohne uns unserer Schwächen schämen zu müssen und uns nicht mehr zu verstellen brauchen, um angenommen zu werden. Problematisch erscheint uns aber die Aufforderung zur Freude in Reaktion auf die persönliche Erfahrung von Verfolgung und Hassreden, denn dies scheint ja geradezu einer Märtyrerideologie den Boden zu bereiten.

Die Seligpreisungen lassen das Bild einer Kontrastgesellschaft aufleuchten, konkretisiert durch weitere Aussprüche Jesu. Mitglieder dieser von Jesus angestrebten alternativen Gemeinschaft sollen sich in ihrem Lebenswandel als solche erweisen, die dem Willen Gottes bereits auf Erden Gestalt verschaffen. Wie das Salz der Nahrung einen besseren Geschmack verleiht, so sollen sie Veränderungen zum Guten in der Gesellschaft bewirken und in ihrer Lebensführung wie ein Licht auch anderen den Weg zu einem gedeihlicheren Dasein weisen.

Jesu Stellung zum Gesetz, wie es Matthäus beschreibt, offenbart ein Dilemma. Im Judentum dieser Zeit waren, ähnlich wie es die islamische Scharia anstrebt, Staat und Religion miteinander verzahnt. Gesetze sind zwar erforderlich zur Aufrechterhaltung der staatlichen Ordnung, können aber auch zu einer Form der Gesetzlichkeit pervertieren, die jeden Lebensvollzug in ein Zwangskorsett von Ordnungen und Regelungen einzuengen sucht und damit dem Menschen die Freiheit zu seiner persönlichen Existenzgestaltung raubt. Diese Tendenz einer bürokratischen Gesinnung kritisierte Jesus an den Pharisäern. Sie manifestiert sich, wie es am Beispiel der katholischen Kirche deutlich wird, in Klerikalisierung, Ämterhierarchie und Dogmatismus. Sicherlich hatte Jesus sich seine Gemeinschaft von Jüngern anders vorgestellt. Seine eigene Einstellung zur Tora erscheint allerdings widersprüchlich. Einerseits lassen sein ‚Ich aber sage euch' auf eine eher distanzierte Haltung schließen, die aber wohl auf eine Vertiefung des Gesetzes hin zu ihrer wahren Erfüllung im Paradigma gelebter Mitmenschlichkeit hinauslief. Andererseits soll er die Unabänderlichkeit eines jeden Häkchens und Jotas propagiert haben. Das ist schwerlich glaubhaft; denn allein seine Stellung zum Sabbatgebot und zu den Forderungen äußerer Reinheit sprechen dagegen.

Jesus stuft bereits jedes böse Wort als gesetzwidrig ein und zieht eine Parallele zum Mord. In seiner Vorstellung kann Zorn zu unversöhnlichem Hass degenerieren, der dann in Gewalt, Mord oder Totschlag, Terror oder Krieg umschlagen kann. Hass, Rachsucht, Gefühlskälte und Missgunst schaukeln sich auf und setzen die Hemmschwelle herab, die einen Menschen dazu treiben kann, zu töten. So beginnt der Mord bereits in der Seele des Menschen. Damit sich nun diese verhängnisvolle Entwicklung gar nicht erst in Gang setzt, ruft Jesus zur Beilegung des Streits und somit zu Versöhnung und Vergebung auf.

Der Begriff ‚Verführung' wird zumeist als sexuelles Vergehen definiert und so hat man es ja auch in der Kirche gehalten. In deren Sicht wurde die Frau für den Verstoß aus dem Paradies verantwortlich gemacht und als ständig lauernder Hort der Versuchung und Sündenpfuhl herabgesetzt. So wurde eine Sexualmoral ersonnen, die jeglichen geschlechtlichen Umgang mit Schmutz, Ekel und Schuld etikettierte. Jesus aber hatte die Sünde derjenigen im Blick, die die Kleinen, also die Geringen und Verachteten der Gesellschaft, vom Glauben an die von ihm verkörperte rettende Lebenswirklichkeit abbringen wollen. So heißt es denn auch in Lk 17,5 im Anschluss an die Warnung vor dem Ärgernis der Sünde: „Stärke uns den Glauben". Die drastischen Bilder von dem Feuer in der Hölle als Strafe für die Verleitung zur Sünde als auch die Selbstverstümmelung als präventive Maßnahme, die übrigens der Kirchenlehrer Origenes an sich selbst vollzog, können wir heute nur noch symbolisch verstehen, in dem Sinne, dass persönliche Integrität höher einzuschätzen ist als körperliche Unversehrtheit.

Nun aber versteigt sich der mt Jesus zu der Behauptung, dass bereits „wer eine Frau ansieht, sie zu begehren" (Mt 5,28) Ehebruch begangen hat und die folgenden Drohworte belegen, dass er dies als todeswürdigen Frevel ansieht. Hier ist doch wohl jeder Maßstab verloren gegangen. Man mag zwar argumentieren, dass dem Begehren des Mannes ein Besitzstreben zugrunde liegen kann, welches die Frau zu einem bloßen Objekt degradiert und was auch die eigene Frau als anscheinend nicht mehr attraktiv erscheinen lässt. Aber ist mit dem Blick auf eine schöne Frau immer gleich auch damit ein sie besitzen wollen verbunden? Ist jegliche Bewunderung des anderen Geschlechts zu zensieren und zu verdammen? Eine solche Haltung lässt sich eher mit einer rigiden Sexualmoral verbinden, liegt aber kaum auf der jesuanischen Linie, pflegte doch gerade Jesus einen unverkrampften Umgang mit dem anderen Geschlecht.

Den Ehebruch aber verurteilte Jesus, da er dies als nicht vereinbar mit dem Schöpfungswillen Gottes sah. Sein entschiedenes Eintreten für den Bestand der Ehe war aber auch als Schutz für die Frau gedacht, für die Scheidung oftmals Absturz in materielle Not bedeutete. Was aber, wenn die Liebe nicht mehr trägt und die Ehe zu einem ‚Gefängnis' für beide Partner wird? Scheitert eine Ehe, muss sie trotzdem, wie es die katholische Kirche verlangt, unter allen Umständen aufrecht erhalten werden? Führt das nicht zu einer Situation an der Menschen zerbrechen können wenn die Beziehung in Hass und Gewalt abzugleiten droht? Was vor 2.000 Jahren einmal Sinn machte, muss doch nicht für alle Zeiten gelten.

Während sich die katholische Kirche buchstabengetreu an das biblische Verbot der Scheidung hält, bemisst sie dem Verbot des Schwörens keine Bedeutung bei. Wer heute ein öffentliches Amt, zumal in der Kirche, antritt, muss auf die Bibel schwören. Dies im Gegensatz zu Jesu Aufforderung, sich im Vertrauen nur auf ein Ja und ein Nein zu verlassen; denn was darüber hinausgeht, „das ist vom Übel" (Mt 5,37).

Die Aufforderung zum absoluten Gewaltverzicht bekräftigt das Klischee einer unrealistischen jesuanischen Ethik. In der Tat, dem steht entgegen, dass der Staat die Pflicht hat, seine Bürger zu schützen und dass dem Einzelnen das Recht zur Notwehr zugestanden werden muss. Sicherlich ist es falsch, sich auf plakative Handlungsanweisungen festzulegen. Jegliche Situation sollte im Kontext beurteilt werden. Gandhi konnte sich erfolgreich gegen die Briten durchsetzen, weil diese noch eine relativ humane Kolonialpolitik verfolgten, IS Terroristen hätten ihn wohl kurzerhand geköpft. Wenn Jesus der Aggression und Despotie die ‚Macht ertragender Liebe' gegenüberstellt, dann zielt es im Prinzip darauf ab, die unheilvolle Spirale von Gewalt und Gegengewalt zu durchbrechen und eher die sozialen Ursachen der Gewalt zu bekämpfen. In einem provokativen Kontrast zur erfahrenen Realität von Hass und Gewalt will er uns Mut machen, so weit wie möglich, dem Bösen das Gute entgegenzusetzen. Mandela zum Beispiel läuterte sich in der Isolation des Gefängnisses und ließ sich nicht länger von Rachegelüsten leiten. Im gemeinsamen Ringen mit seinen Opponenten um Verständnis konnte erst die Atmosphäre des Vertrauens geschaffen werden, die letztendlich den Fall des Apartheidregimes einleitete.

Mandela hat mit seiner praktizierten Feindesliebe als den Verzicht auf Vergeltung weltweit ein Zeichen der Versöhnung gesetzt und dabei auch aufgezeigt, dass sie sich ihrer Intention nach über alle Schranken von Rasse, Klasse und Religion hinwegsetzen kann. In diesem Sinne ist die jesuanische Feindesliebe tatsächlich etwas revolutionär Neues gewesen, galt doch im Alten Testament dem ‚gottlosen' Feind der Hass Jahwes. Doch stelle man sich seine Forderung nach einer umgreifenden Liebe einmal in Grenzsituationen vor. Könnte ich auch den Mörder meines Kindes lieben? Oder einen IS Terroristen, der unschuldige Menschen mit einem kalten Lächeln tötet oder einen eingefleischten Nazi, dem der tausendfache Mord an Juden mit leichter Hand abging? Kann die Feindesliebe Grundstein einer praktischen Ethik sein? Gandhi und Mandela demonstrierten ihre Wirksamkeit in bestimmten Kontexten. In der Praxis mag sie nicht immer tauglich sein, doch kann sie auch als Zielvorgabe für die Änderung unserer Grundeinstellung im Kampf gegen das Böse verstanden werden.

Mit dem rechten Fasten und Almosengeben beginnt quasi die Einübung zum Guten hin. Gerade das Fasten verlangt einen hohen Grad an Selbstkontrolle. Es soll aber nicht der demonstrativen Schau dienen sondern der Ausrichtung auf Gott. Auch das Geben von Almosen soll verborgen bleiben. Jesus wendet sich gegen die Art von Geben, das von oben herab geschieht und auf den Beifall schielt, dabei aber den Empfänger eher demütigt. Das alleinige Motiv sollte Barmherzigkeit, Güte und Mitleid sein.

Jesus wandte sich auch gegen die Art pharisäischer Frömmigkeit, die sich in der Öffentlichkeit suhlt. Nicht die vorschriftgemäße Einhaltung von Gebeten oder das Abplappern eines Rosenkranzes zählen, sondern allein das vertrauliche sich öffnen gegenüber Gott. Die Anrede mit Abba (Vater) im Vaterunser betont ein solch familiäres Verhältnis zu Gott, mit der auch Gedanken väterlicher Fürsorge und Liebe assoziiert werden sollen. Die Bitte um das Kommen des Gottesreiches als Verwirklichung seines Willens auf Erden zielt darauf ab, sich von Gottes heilvollen Wollen leiten zu lassen, sodass ein Teil seines Wesens bereits jetzt auf Erden konkret Gestalt annehmen kann. Im zweiten Teil des Vaterunser werden die Nöte des Menschen direkt angesprochen. Die Bitte um das tägliche Brot richtet sich auf die elementaren Grundlagen unseres Lebens. Vergebung beruht auf dem Gegenseitigkeitsprinzip, nur so ist echte Versöhnung möglich. Die Bitte, nicht in Versuchung geführt zu werden, klingt absurd. Warum sollte Gott das tun? Es erinnert an die Versuchung Jesu in der Wüste und des Hiob durch Satan, dem Gott freie Bahn ließ. Gemeint ist wohl eine Verführung hin zum Bösen, wodurch sich der Mensch in der existentiellen Wirklichkeit verliert, was wiederum den Abfall von Gott nach sich zieht. Aber soll sie von Gott ausgehen?

In den nächsten beiden Abschnitten dreht es sich um materielle Sorgen. In der Parabel vom Kornbauer wird uns dessen Habgier vorgeführt. Einerseits glaubt sich der Bauer mit dem Anhäufen von Besitz gegen die Wechselfälle des Lebens abgesichert, andererseits verführt es ihn zu einem Leben der reinen Sinnesfreuden. Dadurch aber verfehlt er das Wahre und Gute, nämlich Liebe, Geborgenheit und Lebenssinn. Eine Existenz, die auf reine Daseinssicherung gründet, verengt die Perspektive auf materielle Güter; denn woran man sein Herz hängt, bestimmt das Denken und Handeln. Mit Besitz und Geld kann man sich wohl Status und gesellschaftliche Anerkennung verschaffen aber nicht die Leere der Seele füllen. Im Gegenteil, das Streben nach immer mehr Geld nimmt seine eigene Dynamik an, es gesellt sich dazu die Angst vor Verlust und Fall. Neid und Missgunst – als eine Verfinsterung des Auges symbolisiert – verdunkeln das eigene Dasein. Jesus will uns aus dieser falschen Lebenseinstellung befreien, indem wir stattdessen auf Vertrauen zu Gott setzen. Schön und gut, aber das setzt einen starken Glauben voraus. Eine vernünftige Absicherung dürfte einem

Grundvertrauen doch nicht entgegen stehen, kann sie doch den Absturz unserer Existenz verhindern.

Eine andere Art der persönlichen Absicherung ist das Richten anderer. Da kann man sich im Vergleichen an die eigene Brust klopfen und sich als besser wähnen. Wie sehr ist es doch üblich, jemanden, der nicht anwesend ist, zu schmähen um sich dann in seiner eigenen Meinung im Kreis Gleichgesinnter bestätigt zu fühlen. Doch indem wir mit dem Finger von uns weg auf andere zeigen, so Jesus, fallen wir in einen Zustand der Selbstverblendung. Es ist ja gerade auch im Leiden an uns selbst, dass wir lernen, mehr Verständnis für die Verfehlungen anderer aufzubringen.

Viele verbinden noch heute mit dem Gebet die Erfüllung von Wünschen oder sie beten um die Verhinderung von Unglück. In Afrika insbesondere ist es gang und gäbe, um Regen und Reichtum zu beten als ob Gott so eine Art Bestellautomat wäre. Hier sind noch Reste magischen Denkens vorhanden. Allerdings hat Jesus mit der Metapher vom Glauben, der ‚Berge versetzen kann‘ selbst so einer Vorstellung Vorschub geleistet. Und auch das Bild vom ungerechten Richter und der beharrlichen Witwe kann in dem Sinne missgedeutet werden, dass wenn man nur lange genug betet, sich der Erfolg schon einstellen wird. Überhaupt ist der Vergleich Gottes mit dem ungerechten Richter schon etwas befremdlich. Worauf wohl angespielt wird, ist, dass Jesu Jünger sich nicht durch Misserfolge entmutigen lassen sollen, geduldig ihre Situation ertragen lernen und sich im Gebet mit ihren Nöten und Sorgen vertrauensvoll an Gott wenden sollen. Ein ‚Erfolg‘ des Betens lässt sich nicht im objektiven Sinne beweisen, allerdings vermag es zu einer Beruhigung des Selbst und einer inneren Klärung führen.

Das rechte Tun fasst Jesus in der Goldenen Regel zusammen, die auch aus anderen Religionen bekannt ist: „Alles nun, was ihr wollt, dass euch die Leute tun sollen, das tut ihnen auch!“ (Mt 7,12). Dies erfordert Empathie, die Fähigkeit, uns die Nöte der anderen zu eigen zu machen. Es sind wohl solche Menschen, die Jesus meinte und denen er zutraute, die enge Pforte zum wahren Leben in Gott zu erreichen. Dieser Weg ist eine Nagelprobe, der nur wenige gewachsen sind weil sie doch eh die bequemere Alternative wählen. Dass Matthäus ‚Weg‘ im ethischen Sinne verstanden haben will, lässt zum einen die Zusammenstellung der Verse 7,12–14 vermuten und sich zum anderen aus dem Vorrang schließen, der bei ihm der Begriff ‚Gerechtigkeit‘ hat. Die Metapher ‚Weg‘ könnte man aber auch als ein Festhalten am wahren Glauben definieren. Im folgenden Vers 7,15 warnt Matthäus vor den falschen Propheten, also den Irrlehrern, die mit einer anderen Lehre Verwirrung unter den Gläubigen stiften. Diese Abweichler vom rechten Glauben sind aber erst nach Jesu Tod in den sich formenden Gemeinden aufgetreten, d.h. Matthäus verarbeitet hier eine nachösterliche Erfahrung. Die Falschlehrer, so Matthäus, sind an ihren schlechten Früchten zu erkennen. Was sind nun diese schlechten Früchte? Moralisches Versagen, Abfall der Gemeindeglieder oder eine den Willen Gottes pervertierende Lehre? Die Kirche jedenfalls hat in größter Schärfe den rechten Glauben, so wie sie ihn verstand, verteidigt.

Jesus legt Nachdruck auf die rechte ethische Gesinnung und fordert von seinen Nachfolgern, dass die sich auf keine faulen Kompromisse einlassen. Wer Jesus folgen will, dessen ganze Existenz muss sich grundlegend ändern. Aber dieser Einsatz, die Radikalität eines neuen Seins, hat seinen Preis. Wer sich bedingungslos diesen Anforderungen verschreibt, dem wird Spott, Abweisung, Unverständnis, ja sogar Hass entgegenschlagen, und er wird Gefahr für sein Leben in Kauf nehmen müssen. Diese Leidensbereitschaft hat Jesus mit dem Symbol des Kreuztragens bezeichnet. Gemeint ist damit kein masochistisches Drängen nach Selbstgeißelung sondern das geduldige Ertragen kommender Beschwernisse. Und wenn er fordert, sich selbst zu verleugnen, dann erwartet er keine Haltung kriecherischer Unterordnung sondern die Zurücknahme des eigenen Ich um den Nöten anderer mehr Verständnis entgegen bringen zu können.

An Jesus scheiden sich sogar die Geister in der eigenen Familie, so wie er es selbst erfahren hat. Die Metapher vom ‚Schwert‘ als Beschreibung des Vorgangs der Spaltung ist schon drastisch genug. Unerträglich aber liest es sich bei Lukas: „Wenn jemand zu mir kommt und hasst nicht seinen Vater, Mutter, Frau, Kinder … der kann nicht mein Jünger sein“ (Lk 14,26). Liebet eure Feinde und hasst eure Familie, wie passt das zusammen? Mit einem solchen Ausspruch hetzt man doch die eigenen Kinder gegen ihre Eltern auf. Dass kann ja wohl nicht sein. Es muss zu bezweifeln sein, dass Jesus wirklich diese Worte gesprochen hat, sie sind ihm wohl in den Mund gelegt worden. Andererseits hat er sicherlich nicht mit scharfer Kritik an denen gespart, dessen Lebensvollzug er als unvereinbar mit dem Willen Gottes hielt. Befremdlich klingt auch Jesu Zitat aus Jes 6,9–10 weil dieses den Eindruck erweckt, als ob Gott selbst eingreift, um den Empfang seiner Botschaft zu erschweren. Er mag sich durch erfahrene Ablehnung dazu hat hinreißen lassen, wahrscheinlicher aber ist, dass der Text hier die zunehmende Rivalität zwischen der frühen christlichen Gemeinde und der jüdischen Synagoge widerspiegelt.

Das Zitat soll wohl die Unbelehrbarkeit der christlichen Gegner ausdrücken während mit dem Gleichnis vom Sämann die Gemeindeglieder ermutigt werden sollen, dass trotz aller gegenwärtigen Widrigkeiten die Saat von Jesu Botschaft aufgehen und Frucht tragen wird. Das Gleichnis von dem Wachsen der Saat und dem Senfkorn ergänzt dieses Gedankenbild. So wie die Saat aufgeht, wächst und gedeiht ohne dass der Mensch wesentlich dazu beiträgt, so wird sich auch unser Dasein mit der Wirklichkeit Gottes füllen, wenn wir ihm nur Raum geben. Die Saat mag zwar klein sein wie der Same des Senfkorns, aber er wächst und wird am Ende alles überragen so wie auch die Herrschaft Gottes eines Tages die ganze Erde umfassen wird. In der Zwischenzeit wächst aber auch das Unkraut, das Böse, und Gott lässt es zu. Warum? Kann Gott, falls es ihn gibt, nicht oder will er nicht das Böse verhindern? Im ersten Fall ist er der ohnmächtige, nicht allmächtige Gott, im anderen Fall anscheinend ein gleichgültiger Gott, oder? Jedenfalls entfaltet sich die Evolution über viele Umwege, Sackgassen und Neuanfängen. Wenn man eine Richtung erkennen kann, dann ist es die vom weniger zum mehr Komplexen. Trifft dies auch auf den Menschen und der von ihm geschaffenen Kultur zu? Lassen sich hier vielleicht verborgene Hinweise auf ein Wachsen der Gottesherrschaft finden?

Auf jeden Fall bleibt die Sehnsucht des Menschen nach einer besseren Welt bestehen. Sie drückt sich auch in Hoffnung und Glaube aus, dass Gott eines Tages einmal alles zu einem guten Ende führen wird. Wer aber Gott sucht und sich jetzt bereits seiner Wirklichkeit öffnet, so verdeutlichen es Jesu Gleichnisse vom Schatz im Acker und der Perle, dessen Leben verändert sich, und er erfährt das rauschhafte innere Glück grenzenloser Freude. Diese Erfahrung ekstatischer Freude und Sinnerfüllung ist es allemal wert, dafür alles einzusetzen, was ansonsten im Alltag des Lebens zählt. Es ist eine Entscheidung der Unbedingtheit für die Sache Gottes.

Wie aber findet man Zugang zum Reich Gottes? Jesus antwortet, indem man die vertrauende Haltung eines Kindes einnimmt. In dem Kind ist die Freiheit des Seins und Denkens noch nicht verbaut durch die Zwänge der Anpassung an Regeln planvoller Nützlichkeit und Prinzipien vordergründiger Vernünftigkeit. Im Grunde stellt das Kind symbolhaft die Rückkehr in das Paradies dar, in dem man sich frei und ohne falsche Scham verwirklichen kann. Im Reich Gottes also findet das Leben zu seinen Ursprüngen zurück, einem Leben ohne Verstellungen, zu einer Existenz innerer Wahrhaftigkeit.

7.4. Jesus und die Jünger auf dem Weg nach Jerusalem

Das Johannes-Evangelium (Kapitel 5–6)

5. An einem Festtag der Juden zog Jesus wieder nach Jerusalem hinauf. In einer Halle bei einem Teich genannt Betesda sah er einen Menschen liegen, der bereits seit 38 Jahren krank war und fragte ihn, ob er gesund werden wolle. Der Kranke erwiderte, dass er auf sich allein gestellt wäre und ihn niemand zu dem Wasser bringe wenn es sich bewegt. So ist er immer zu spät dran. Jesus forderte ihn auf: „Steh auf, nimm dein Bett und geh hin! Und sogleich wurde der Mensch gesund und nahm sein Bett und ging hin“. Die Juden aber waren erzürnt, weil er sein Bett trug; denn es war ein Sabbat. Der Mann suchte sich zu rechtfertigen und erzählte ihnen von seiner Heilung, doch wer ihn geheilt hatte, wusste er nicht. Später begegnete er wieder Jesus und wurde von ihm ermahnt, hinfort nicht mehr zu sündigen, damit ihm nicht noch „etwas Schlimmeres widerfahre“. Der Mann berichtete daraufhin den Juden, dass es Jesus gewesen sei, „der ihn gesund gemacht habe“. Weil Jesus am Sabbat geheilt hatte wurde er von nun an von den Juden verfolgt. Er aber sagte zu ihnen: „Mein Vater wirkt bis auf diesen Tag, und ich wirke auch“. Das reizte die Juden noch viel mehr, hatte er sich doch Gott gleich gemacht weil er gesagt hatte, Gott sei sein Vater.

Jesus sprach: Der Vater liebt den Sohn und der Sohn tut wie auch der Vater tut. Wie der Vater Tote lebendig machen kann, so auch der Sohn. Der Vater hat dem Sohn zu seiner Ehre das Gericht übergeben. Und Jesus sagte weiter: „Wer mein Wort hört und glaubt dem, der mich gesandt hat, der hat das ewige Leben und kommt nicht in das Gericht“. Wahrlich, „es kommt die Stunde und ist schon jetzt“, dass die Toten in den Gräbern meine Stimme hören werden und die, welche Gutes getan haben, zum Leben auferstehen, die Bösen aber kommen ins Gericht. Das Gericht ist gerecht; denn es richtet nach dem Willen Gottes.

Und Jesus sagte: Mich hat Johannes bezeugt, doch habe ich ein größeres Zeugnis, das von meinem Vater, der mich gesandt hat und dessen Werke ich tue. Den Vater habt ihr nie gesehen und seine Worte nicht in euch aufgenommen. „Ich bin gekommen in meines Vaters Namen und ihr nehmt mich nicht an“. Wenn ihr Mose glaubt, so glaubt doch auch mir; denn die Schrift zeugt von mir. Wenn ihr aber nicht glaubt, was er von mir geschrieben hat, wie könnt ihr dann meinen Worten glauben?

6. Kurz vor dem Passafest zog Jesus weiter und fuhr über das Galiläische Meer. Viel Volk folgte ihm, und um ihn zu prüfen, fragte Jesus Philippus, wo sie Brot kaufen könnten. Das brachte Philippus in Verlegenheit, weil nicht genug Geld da war. Ein Kind aber hatte ein wenig Brot und Fisch. Jesus ordnete an, dass die Leute sich lagern sollten, dankte und ließ von dem was sie hatten austeilen. So wurden fünftausend Menschen gesättigt und es blieben sogar noch zwölf Körbe mit Brot übrig. Die Menschen aber hielten Jesus für einen Propheten und wollten ihn zum König machen, doch Jesus zog sich auf einen Berg zurück.

Seine Jünger bestiegen abends ein Boot, um über den See nach Kapernaum zurückzukehren, doch wurden sie von starken Winden behindert. Sie erblickten Jesus, der auf dem See ging und fürchteten sich. Jesus aber beruhigte sie und als sie ihn an Bord nehmen wollten, war „sogleich ... das Boot am Land“.

Die Menge suchte Jesus und fand ihn schließlich in Kapernaum, wunderte sich aber, wie er dahingekommen sei. Jesus sprach zu ihnen, dass sie ihn wegen seiner Zeichen suchten. Sie interessierte nur vergängliche Speise, er aber könne ihnen Speise geben, die zum ewigen Leben führt, wenn sie ihm nur glaubten, dass Gott selbst ihn gesandt hat. Die Menge verlangte nach einem Zeichen, so wie Mose dem wandernden Volk in der Wüste Manna, das Brot vom Himmel, gegeben hatte. Doch Jesus sagte: Nicht Mose hat euch das himmlische Brot gegeben, sondern mein Vater gibt das wahre Brot. Als sie Jesus um dieses Brot baten, sagte er: „Ich bin das Brot des Lebens. Wer zu mir kommt, den wird nicht hungern; und wer an mich glaubt, den wird nimmermehr dürsten.“

„Ich bin vom Himmel herabgestiegen“, um den Willen meines Vaters zu erfüllen und wer an mich glaubt, den werde ich „auferwecken am Jüngsten Tage“. „Da murrten die Juden über ihn, weil er sagte: ich bin das Brot, das vom Himmel gekommen ist“. Sie kannten ihn und seine Familie doch. Wieso könne er also behaupten, er käme vom Himmel. Jesus sprach: „Es kann niemand zu mir kommen, es sei denn, ihn ziehe der Vater, der mich gesandt hat". Ich bin das Brot des ewigen Lebens und wer von diesem Brot isst, wird nicht sterben. „Dieses Brot ist mein Fleisch, das ich geben werde für das Leben der Welt ... Wenn ihr nicht das Fleisch des Menschensohnes esst und sein Blut trinkt, so habt ihr kein Leben in euch ... Wer mein Fleisch isst und mein Blut trinkt, der bleibt in mir und ich in ihm."

Diese Worte, die er in der Synagoge in Kapernaum redete, entzweiten seine Jünger und viele befanden, dies wäre eine harte Rede. Jesus merkte, dass sie sich über ihn ärgerten und sprach: „Wie, wenn ihr nun sehen werdet den Menschensohn auffahren dahin wo er zuvor war? Der Geist ist's der lebendig macht, das Fleisch ist nichts nütze." Nach diesen Worten wandten sich viele seiner Jünger von ihm ab. Daraufhin fragte Jesus die Zwölf, ob sie auch weggehen wollten. Simon Petrus aber erwiderte: „Herr, wohin sollen wir gehen? Du hast Worte des Lebens, und wir haben geglaubt und erkannt: Du bist der Heilige Gottes." Doch Jesus wusste, dass einer von den Zwölfen ihn verraten würde.

Die synoptischen Evangelien

„Es begab sich aber, als die Zeit erfüllt war, dass er hinweggenommen werden sollte, da wandte er sein Angesicht stracks nach Jerusalem zu wandern" (Lk). Sie kamen zunächst in ein Dorf der Samariter, doch hier wurden sie abgewiesen. Die Jünger wollten die Bewohner mit Feuer vom Himmel bestraft haben, doch Jesus wies sie zurecht und so gingen sie weiter.

Als sie nun durch Samaria und Galiläa weiterwanderten, begab es sich, dass ihnen zehn aussätzige Männer begegneten, die fernab standen. Jesus erbarmte sich ihrer und heilte sie. Einer von ihnen, dem der Priester seine Reinheit bestätigt hatte, kehrte um, fiel nieder vor Jesus „und dankte ihm. Und das war ein Samariter" (Lk). Jesus fragte: Wo sind die anderen? Hatte sich sonst keiner zur Umkehr gefunden, „um Gott die Ehre zu geben, als nur dieser Fremde? Und er sprach zu ihm: Steh auf, geh hin; dein Glaube hat dir geholfen" (Lk).

Unterwegs wollte sich ihnen jemand anschließen. Jesus sagte: „Die Füchse haben Gruben und die Vögel unter dem Himmel haben Nester, aber der Menschensohn hat nichts, wo er sein Haupt hinlege" (Mt). Ein anderer war bereit, Jesus nachzufolgen nachdem er seinen Vater begraben hatte doch Jesus sprach zu ihm: „Lass die Toten ihre Toten begraben; du aber geh hin und verkündige das Reich Gottes" (Lk). Einem anderen, der vorher noch seinen Abschied von seinem Haus nehmen wollte beschied er: „Wer seine Hand an den Pflug legt und sieht zurück, der ist nicht geschickt für das Reich Gottes“ (Lk).

Nun hatte Jesus 72 andere Jünger zu je zweien ausgeschickt, dass sie durch die Dörfer und Städte gehen, den Menschen das Wort Gottes zu predigen und die Kranken zu heilen. Diese 72 kamen nun zurück und berichteten Jesus, dass sie sogar die bösen Geister hatten austreiben können. „Er aber sprach zu ihnen: Ich sah den Satan vom Himmel fallen wie einen Blitz“ (Lk). Jesus pries seinen Vater im Himmel, der ihm Vollmacht gegeben hatte. Nur er, der Sohn, kennt den Vater und „wem es der Sohn offenbaren will“ (Mt). Dieses Wissen ist den Weisen und Klugen verhüllt, den Kleinen und Unmündigen aber aufgetan. An diese richtete Jesus sein Wort: „Kommt her zu mir, alle, die ihr mühselig und beladen seid; ich will euch erquicken. Nehmt auf euch mein Joch und lernt von mir; denn ich bin sanftmütig und von Herzen demütig; so werdet ihr Ruhe finden für eure Seelen. Denn mein Joch ist sanft und meine Last ist leicht“ (Mt).

Es trat ein Schriftgelehrter zu Jesus und fragte ihn, welches das höchste Gebot sei. „Jesus aber antwortete ihm: Du sollst den Herrn, deinen Gott, lieben von ganzem Herzen, von ganzer Seele und von ganzem Gemüt. Dies ist das höchste und größte Gebot. Das andere aber ist dem gleich: Du sollst deinen Nächsten lieben wie dich selbst“ (Mt). Der Schriftgelehrte aber wollte sich rechtfertigen und fragte: „Wer ist denn mein Nächster?“ (Lk).

Jesus antwortete: Es begab sich, dass ein Mensch unter die Räuber fiel, von ihnen ausgeraubt, geschlagen und halbtot liegengelassen wurde. Ein Priester, der desselben Weges hinabzog, ging vorüber, desgleichen ein Levit. Einem Samariter aber, der ihn sah, jammerte es. Er ging hin zu ihm, „goss Öl und Wein auf seine Wunden und verband ihn, hob ihn auf sein Tier und brachte ihn in eine Herberge und pflegte ihn“ (Lk). Am nächsten Tag gab er dem Wirt eine Vorauszahlung für die Kosten der weiteren Pflege und sprach: „Wenn du mehr ausgibst, will ich dir’s bezahlen, wenn ich wiederkomme. Wer von diesen dreien, meinst du, ist der Nächste gewesen dem, der unter die Räuber gefallen war? Er sprach: Der die Barmherzigkeit an ihm tat. Da sprach Jesus: So geh hin und tu desgleichen“ (Lk).

Und siehe, es trat einer zu ihm und „fragte ihn: Guter Meister, was soll ich tun, damit ich das ewige Leben ererbe? Aber Jesus sprach zu ihm: Was nennst du mich gut? Niemand ist gut als Gott allein. Du kennst die Gebote“ (Mk). Der Jüngling beteuerte, dass er diese alle von seiner Jugend an gehalten habe. „Und Jesus sah ihn an und gewann ihn lieb und sprach zu ihm: Eines fehlt dir. Geh hin, verkaufe alles, was du hast, und gib's den Armen, so wirst du einen Schatz im Himmel haben und komm und folge mir nach" (Mk). Die Antwort verdross den Jüngling und er „ging traurig davon; denn er hatte viele Güter. Und Jesus sah sich um und sprach zu seinen Jüngern: Wie schwer haben es die Reichen, in das Reich Gottes zu kommen!" (Mk). Die Jünger waren entsetzt und fragten: „Wer kann denn selig werden? Jesus aber sah sie an und sprach: Bei den Menschen ist's unmöglich, aber nicht bei Gott" (Mk).

„Da fing Petrus an und sprach zu ihm: Siehe, wir haben alles verlassen und sind dir nachgefolgt, was wird uns dafür gegeben?" (Mt). Jesus sprach: Wer alles hinter sich gelassen hat, auch Vater und Mutter, Bruder und Schwester, und mir nachfolgt, dem wird dafür hundertfach gelohnt werden und im Himmel das ewige Leben erben.

Jakobus und Johannes, die Söhne des Zebedäus, baten, dass ihnen Jesus in seiner kommenden Herrlichkeit ein Platz zu seiner Linken und zu seiner Rechten gewähre. Jesus antwortete ihnen: Wahrlich, ihr werdet auch aus dem Kelch trinken den ich zu leeren habe, aber es steht mir nicht zu, euch den Platz zu gewähren, um den ihr mich gebeten habt. Die anderen zehn waren entrüstet als sie von der Bitte der beiden Brüder erfuhren. Jesus aber rief alle zu sich und belehrte sie: Wer von euch groß sein will, der soll aller Diener sein, „denn auch der Menschensohn ist nicht gekommen, dass er sich dienen lasse, sondern dass er diene und sein Leben gebe als Lösegeld für viele" (Mk).

Einer aus dem Volk bat Jesus, sich für ihn in einem Erbfall einzusetzen. Jesus aber sprach: Wer hat mich zum Richter oder Erbschlichter bestellt? Und zu den Jüngern sagte er: „Hütet euch vor aller Habgier; denn niemand lebt davon dass er viele Güter hat" (Lk). Weiter sprach er: Ein reicher Gutsherr hatte seinen Verwalter entlassen, weil der seinen Besitz veruntreut hatte. Der Verwalter überlegte, wie er für seine Zukunft sorgen könne, rief die Schuldner seines Herrn zu sich und erließ einem jeden einen Teil ihrer Schulden. Als der Gutsherr davon hörte, lobte er den ungetreuen Verwalter seiner Klugheit wegen. Jesus aber sagte: Die Kinder dieser Welt handeln oftmals klüger als die Kinder des Lichts. Macht euch deshalb „Freunde mit dem ungerechten Mammon", damit ihr am Ende Eingang beim Höchsten findet; denn „wer im Geringsten treu ist, der ist auch im Großen treu" (Lk).

Seid ihr nicht treu mit dem ungerechten Mammon, das euch anvertraut ist, „wer wird euch das wahre Gut anvertrauen?“ (Lk). Ihr könnt nicht zwei Herren dienen, entweder entscheidet ihr euch für Gott oder den Mammon.

„Das alles hörten die Pharisäer. Die waren geldgierig und spotteten über ihn“ (Lk). Jesus sprach zu ihnen: Ihr rechtfertigt euch vor den Menschen, Gott aber kennt eure Herzen. „Was hoch ist bei den Menschen, das ist ein Gräuel vor Gott“ (Lk).

Als sie nun Jerusalem näher kamen, erzählte er ihnen ein weiteres Gleichnis. Ein Fürst, der in ein fernes Land zog, um sich dort ein Königtum zu erwerben, vertraute seinen Knechten sein Vermögen an, so dass sie während seiner Anwesenheit damit handelten. Als er nun wieder zurückkam, lobte er einen jeden von ihnen, die sein Gut hatten vermehren können: „Recht so, du tüchtiger und treuer Knecht, du bist über wenigem treu gewesen, ich will dich über viel setzen“ (Mt). Einer aber unter ihnen gestand, dass er das ihm Anvertraute aus Furcht vor dem Herrn vergraben hätte und es so nichts zusätzlich hatte verdienen können. „Sein Herr aber antwortete und sprach: Du böser und fauler Knecht! Wusstest du, dass ich ernte, wo ich nicht gesät habe, und einsammle, wo ich nicht ausgestreut habe?“ (Mt). Hättest du nicht wenigstens mein Geld zur Bank bringen können, dass es Zinsen bringe? So nimmt ihm das Geld ab und gibt's dem ersten Knecht. Die anderen sagten daraufhin: „Herr, er doch schon zehn Pfund. Ich sage euch aber, der nicht hat, wird auch das genommen werden, was er hat“ (Lk).

Jesus erläuterte seinen Jüngern die Fangnetze des Reichtums mit dem folgenden Gleichnis: Ein reicher Mann lebte alle Tage in Freuden und Überfluss. Vor seiner Tür lag ein Armer namens Lazarus. Der wollte sich nur sättigen von dem, was von des Reichen Tisch fiel, doch die Hunde drängten sich um ihn und leckten obendrein seine Geschwüre. Der Arme starb und wurde in den Himmel gehoben, wo er nun von Abraham aufgenommen wurde. Auch der Reiche starb und kam in die Hölle. Dort musste er die Qualen des Feuers ertragen und bat Abraham, sich seiner zu erbarmen und Lazarus zu schicken, dass er sein Leiden lindere und ihm die Zunge mit Wasser kühle. Doch Abraham sprach: „Gedenke, Sohn, dass du dein Gutes empfangen hast in deinem Leben, Lazarus dagegen hat Böses empfangen; nun wird er hier getröstet, und du wirst gepeinigt. Und überdies besteht zwischen uns eine große Kluft“ (Lk) so dass niemand von der einen zur anderen Seite kommen kann. Auf die Bitten des Reichen hin, den Lazarus doch wenigstens zu seinen Brüdern zu schicken, um sie zu warnen, entgegnete Abraham: „Sie haben Moses und die Propheten; die sollen sie hören" (Lk). Hören sie aber nicht auf diese, so können sie auch nicht überzeugt werden, wenn einer von den Toten auferstünde.

Als sie nun weiterzogen, wurden sie in das Haus einer Frau namens Marta aufgenommen. Ihre Schwester Maria setzte sich zu dem Herrn, um seiner Rede zuzuhören. Marta, auf den nun die ganze Last des Dienstes lag, beschwerte sich darob bei Jesus. Der aber antwortete: „Marta, Marta, du hast viel Sorge und Mühe. Eins aber ist not. Maria hat das gute Teil erwählt; das soll nicht von ihr genommen werden" (Lk).

Zu dieser Zeit kamen auch einige Pharisäer zu Jesus, um ihn vor den Nachstellungen des Herodes zu warnen. Er aber sagte, er müsse seinen Weg nach Jerusalem weitergehen; „denn es geht nicht an, dass ein Prophet umkomme außerhalb von Jerusalem" (Lk).

„Es nahten sich ihm aber allerlei Zöllner und Sünder, um ihn zu hören" (Lk) und die Pharisäer und Schriftgelehrten murrten darüber, dass er sich mit solchen abgebe. Er aber sagte ihnen: Ist es nicht so, dass wenn einer sein Schaf verloren hat, er die anderen verlässt, um dieses zu suchen und wenn er es gefunden hat, dann ruft er seine Freunde und Nachbarn zusammen und spricht zu ihnen: „Freut euch mit mir; denn ich habe mein Schaf gefunden, das verloren war. Ich sage euch: So wird auch mehr Freude im Himmel sein über einen Sünder, der Buße tut, als über neunundneunzig Gerechte, die der Buße nicht bedürfen" (Lk).

Und er sprach weiter: „Ein Mensch hatte zwei Söhne" (Lk). Der Jüngere von ihnen ließ sich sein Erbteil auszahlen, ging in die Ferne und verprasste es. Als auch noch eine Hungersnot über das Land hereinbrach, ging es ihm bald so schlecht, dass er sich zum Säue hüten verdingen musste und sogar begehrte, die Schoten der Säue zu essen. „Da ging er in sich und sprach: Wie viele Tagelöhner hat mein Vater, die Brot in Fülle haben und ich verderbe hier im Hunger!" (Lk). So machte er sich zurück auf den Weg zu seinem Vater. Als er noch weit entfernt war, da „sah ihn sein Vater, und es jammerte ihn; er lief und fiel ihm um den Hals und küsste ihn. Der Sohn aber sprach zu ihm: Vater, ich habe gesündigt gegen den Himmel und vor dir; ich bin hinfort nicht mehr wert, dass ich dein Sohn heiße" (Lk). „Mache mich zu einem deiner Tagelöhner" (Lk). Doch der Vater ließ ihn neu einkleiden und ein großes Fest vorbereiten, damit er mit allen seine Freude teilen konnte. Der ältere Sohn, der vom Felde kam, hörte das Singen und Tanzen und erfuhr von einem Knechte was sich zugetragen hatte. Er war verärgert und wollte dem Fest fernbleiben. Dem Vater, der herbeigeeilt war, sagte er: Mir ist nie eine solche Ehre widerfahren und doch habe ich mich die ganze Zeit treu und redlich bemüht während mein Bruder ein liederliches Leben geführt hat. Der Vater aber sprach zu ihm: „Mein Sohn, du bist allezeit bei mir, und alles, was mein ist, das ist dein. Du solltest aber fröhlich und guten Mutes sein; denn dieser dein Bruder war tot und ist wieder lebendig geworden, er war verloren und ist wiedergefunden" (Lk).

Jesus erzählte den Jüngern auch ein Gleichnis über die wahre Gottesfurcht: Es gingen ein Pharisäer und ein Zöllner zum Tempel hinauf, um zu beten. Der Pharisäer sonderte sich ab, „und betete so: Ich danke dir Gott, dass ich nicht bin wie die andern Leute, Räuber, Betrüger, Einbrecher oder auch wie dieser Zöllner hier" (Lk). Ich faste regelmäßig und gebe den Zehnten von dem, was ich einnehme. „Der Zöllner aber stand von ferne, wollte auch die Augen nicht aufheben zum Himmel, sondern schlug an seine Brust und sprach: Gott sei mir Sünder gnädig!. Ich sage euch: Dieser ging gerechtfertigt hinab in sein Haus, nicht jener. Denn wer sich selbst erhöht, der wird erniedrigt werden, und wer sich selbst erniedrigt, der wird erhöht werden" (Lk).

Als die Jünger nun hinauf nach Jerusalem gingen, da sprach Jesus wieder davon, dass er unter den Oberen des Volkes und den Heiden noch viel leiden müsse und dass er getötet werde, doch am dritten Tage wieder auferstehen werde. Die Jünger aber verstanden ihn nicht.

Sie kamen nahe Jericho. Am Wegesrand saß ein blinder Bettler namens Bartimäus. Als er hörte, dass Jesus vorbeiging, da schrie er laut aus und flehte ihn um Erbarmen an. Die Menge wollte ihn zum Schweigen nötigen, er aber schrie nur um so lauter bis Jesus ihn zu sich rufen ließ. „Da warf er seinen Mantel von sich, sprang auf und kam zu Jesus" (Mk). „Was willst du was ich für dich tun soll" fragte Jesus und Bartimäus sprach: „Rabbuni, dass ich sehend werde. Jesus aber sprach zu ihm: Geh hin, dein Glaube hat dir geholfen. Und sogleich wurde er sehend und folgte ihm nach auf dem Wege" (Mk).

„Und er ging nach Jericho hinein und zog hindurch" (Lk). Ein Mann namens Zachäus, der ein Oberer der Zöllner war, begehrte ihn zu sehen. Da er aber klein war, kletterte er auf einen Baum an einer Stelle, wo Jesus durchkommen musste. Als Jesus ihn erblickte, sprach er zu ihm: „Zachäus, steig eilend herunter; denn ich muss noch heute in deinem Haus einkehren“ (Lk). Freudig folgte Zachäus Jesu Aufforderung und empfing ihn in aller Gastfreundschaft. Die Anwesenden aber murrten, dass Jesus bei einem Sünder einkehrte. Zachäus trat vor den Herrn und sprach: Ich habe die Hälfte meines Besitzes den Armen vermacht und verspreche allen, die ich betrogen habe, das Vierfache davon zurück zu erstatten. „Jesus aber sprach zu ihm: Heute ist diesem Haus Heil widerfahren, denn auch er ist Abrahams Sohn. Denn der Menschensohn ist gekommen, zu suchen und selig zu machen, was verloren ist“ (Lk).

Kommentar

Zum Johannes-Evangelium

5. In Jerusalem existierte tatsächlich eine Quelle wie im JohEv beschrieben und noch im 19. Jahrhundert versicherten Augenzeugen, eine wellenartige Bewegung der Wasser beobachtet zu haben, verursacht dadurch, dass die Quelle periodisch aussetzte. Es wird behauptet, dass die Heilkraft dieser warmen Quelle im Anfangsmoment der einsetzenden Zufuhr frischen, durch Gas in Wallung gesetzten Wassers, am größten sei. Einer Legende nach ging die heilwirkende Kraft auf Engel zurück, die das Wasser bewegten. Wenn der Verfasser erwähnt, dass der Mann bereits seit 38 Jahren krank war, dann wollte er damit wohl die heilende Kraft Jesu besonders herausstreichen. Warum aber sollte so ein Mann seinen Wohltäter bei den Pharisäern anzeigen? War er zum Verräter an Jesus geworden, wie manche Ausleger vermuten, weil er so seine Unschuld herausstellen konnte oder war er selbst zum Jesus-Anhänger geworden und wollte ihn nur der Öffentlichkeit offenbaren?

In den Aussagen über Gericht und Auferstehung liegt die typische johanneische Spannung von Gegenwart und Zukunft. Bereits im Jetzt beginnt die Auferweckung der geistig Toten, denen die Möglichkeit zum Leben gegeben wird, wenn sie Jesus annehmen. Wenn sie sich ihm verweigern, kommen sie ins Gericht, werden also vom wahren Leben abgeschnitten. Allerdings wird die letzte Entscheidung bis zum Jüngsten Tag verschoben. Einer mag wieder aus dem Heil herausfallen, ein anderer seine innere Verstockung aufgeben und zum Glauben finden. Der Jüngste Tag ist dann der Tag der endgültigen Scheidung.

Als ob es um ein juristisches Verfahren ginge, benennt Jesus nun seine Zeugen, die ihn als Sohn Gottes legitimieren. Da wäre zum einen Johannes der Täufer, aber er war nur ein Mensch. Dann sind da seine Werke, welche die vom Vater erhaltene göttliche Kraft enthüllen. Drittens ist es der Vater selbst, der aber der sinnlichen Wahrnehmung entzogen ist. Und schließlich gibt es noch die Schrift als einen letzten Zeugen; denn Mose hat selbst geschrieben, dass Jesus von Gott kommt. Er bezieht sich dabei auf Dtn 18,15: „Einen Propheten wie mich wird dir der HERR, dein Gott, erwecken aus dir und aus deinen Brüdern, dem sollt ihr gehorchen." Allerdings, mehr als die Erwartung eines zweiten Mose lässt sich aus diesen Zeilen nicht herauslesen.

6. Die Speisung der Fünftausend und Jesu Wandel auf dem Wasser wird ähnlich auch von den Synoptikern beschrieben. Erstaunlich ist immer wieder, wie dogmatisch festgelegte Ausleger sich krampfhaft bemühen, diese Geschichten als reale Ereignisse zu erklären statt sie symbolisch zu deuten. So glaubt ein Theologe, die Stillung des Hungers der vielen mit einer „außerordentlichen Mäßigung" der frommen Schar erklären zu können. Aber wie soll man da von einer Sättigung sprechen und wo kommen wohl die zwölf Körbe her? Ein anderer „nimmt eine Beschleunigung des Naturprozesses an", wodurch das Saatkorn in der Erde sich ungeheuerlich schnell vermehrt hätte. Ob dieses Gesetz der Vermehrung wohl auch für die gebratenen Fische gelte, fragt ein Spötter. Noch jemand glaubt, dass bei diesem Vorgang sich die „nährende Kraft der Stoffteilchen vervielfältigt" habe. Jesu Wandel auf dem Wasser erklärt sich so mancher mit der zeitweiligen Aufhebung des Gravitationsgesetzes. Merkwürdig auch, dass als Jesus aufgefordert wurde, ins Boot einzutreten, sie bereits am Ufer waren. Vielleicht hatten die Jünger bis dahin ja nur geträumt, so ein Ausleger. Kaum zu glauben, dass vernünftig denkende Menschen sich so einen Quatsch ausdenken können.

Im folgenden Gespräch kontrastiert Jesus das Suchen nach der vergänglichen Speise mit dem Suchen nach der Befriedigung spiritueller Bedürfnisse. Die Juden erbeten sich von ihm praktische Vorschläge, wie Gottes Werke von ihnen umzusetzen seien und erhalten von Jesus die Antwort: Glaubt an mich als den von Gott Gesandten. Das soll heißen, ihr Werk muss nicht verdient, sondern die Gabe Gottes soll einfach vertrauensvoll im Glauben angenommen werden. Noch hören ihm die Juden zu. Wenn Jesus ihnen ein

Zeichen gäbe wie seinerzeit Mose mit dem Manna, dann würden sie ihm Glauben schenken. Jesus entgegnete, dass was ihnen Mose gab war doch eine Gabe von Gott. Er selbst aber ist das wahre Brot des Lebens, das vom Himmel herabgestiegen ist und denen, die an ihn glauben, das ewige Leben schenken kann.

Mit dem Murren der Juden deutet sich bereits der kommende Bruch an. Wieso kann dieser Jesus, dessen Vater und Mutter sie doch kennen, so einfach behaupten, er käme vom Himmel. Man stelle sich vor, jemand würde heute so etwas von sich behaupten. Ihm wäre ein Platz in der Psychiatrie sicher. Ist es also gerecht, den Juden ihre Zweifel als hartnäckige Ungläubigkeit anzulasten? Der joh Jesus wirft ihnen Glaubensunfähigkeit vor: „Ihr habt mich gesehen und glaubt doch nicht". Es kommt noch ärger. Jesus verlangt von denen, die an ihn glauben, sein Blut zu trinken und sein Fleisch zu essen und bezieht sich wohl dabei auf seinen bevorstehenden Opfertod am Kreuz. Vielfach wird dieser Text auch als Vorwegnahme der Eucharistie interpretiert. Ein Text wie dieser hat aber auch das Christentum in der Antike in Verruf gebracht und man warf den Christen vor, Kannibalismus zu betreiben. Zu einer solchen Fehlinterpretation kann man beim oberflächlichen Lesen gelangen. Aus Jesu Worten geht jedoch hervor, dass er hier von einer symbolischen Mahlzeit zur Würdigung seines Gedächtnisses gesprochen hatte. Übrigens, Fleisch und Blut waren auch Elemente der griechischen Mysterienfeiern wie der Dionysoskult.

Das Fleisch von Menschen zu essen und sein Blut zu trinken ist wahrlich ein absonderlicher und abstoßender Gedanke. Für die meisten Jünger führte das zu weit. Vielleicht hielten einige ihn sogar für verrückt. Jesus machte noch einen letzten Erklärungsversuch. Wenn die Jünger seinen Aufstieg zum Himmel erleben werden, dann werden sie ihm glauben. Doch die meisten trennten sich nun von ihm und nur die kleine Gruppe der Zwölf blieb übrig. Gut möglich, dass in diesem Abschnitt die traumatischen Erfahrungen der Spaltung in der johanneischen Gemeinde verarbeitet worden sind, die dann auf das Jesus-Geschehen zurückprojiziert wurden.

Zu den synoptischen Evangelien

Jesus machte sich nun entschlossen auf den Weg nach Jerusalem, das religiöse Herz Israels. Er durchquerte mit seinen Jüngern Samaria, das als Feindesland galt. Im Grenzgebiet zu Galiläa bewirkte er eine Fernheilung von Männern, die wegen ihrer Hautkrankheit ausgestoßen und geächtet waren. Aber nur der Fremdling, ein Samariter, zeigte sich dankbar und wurde von Jesus entsprechend gewürdigt. Wiederholt erweist es sich, dass Jesus sich nicht in ein Freund-Feind-Schema pressen lassen will. Entscheidend ist für ihn das Verhalten eines Menschen.

Die nächste Episode, in der es um den Ernst der Nachfolge geht, stellt Matthäus in den Zusammenhang von Jesu Wirken in Galiläa, Lukas aber an den Beginn des Weges nach Jerusalem was mehr Sinn macht; denn von nun an gilt es, sich im Wagnis der Nachfolge zu bewähren. Jesus ist radikal und kompromisslos wenn es um die Entscheidung für seine Sache geht. Einen Aufschub lehnt er ab. Weder zählen da die pietätvollen Verpflichtungen der Familie, noch kann man sich einen Blick zurück gestatten. Wer sich seiner Botschaft verpflichtet, der muss mit den gesellschaftlichen Konventionen brechen und mit ihm Armut, Heimatlosigkeit und Unsicherheit teilen. Insbesondere Jesu schroffer Ausspruch „lass die Toten ihre Toten begraben“ (Mt 8,22) ist schockierend; denn das Gebot, die Eltern zu ehren, erforderte auch, für ein anständiges Begräbnis für sie zu sorgen. In einem tieferen Sinn könnte man diesen Ausspruch als eine Zurückweisung des verkrusteten religiösen Traditionalismus deuten, eine tote Religion, die im Haften an ihren Ritualen nur noch um sich selbst kreist und von der wirklichen Lebenswelt abgeschottet ist.

Die Aussendung der 72 Jünger hat eher symbolische Bedeutung. Die Zahl 72 steht für die Völkertafel in Gen. 10 wo 72 heidnische Völker aufgelistet sind. Ihnen gilt der Missionsauftrag der nachösterlichen Gemeinde. Die ursprüngliche jesuanische Mission beschränkte sich auf Israel und wurde von herumziehenden Wanderradikalen betrieben, die ähnlich wie die griechischen Kyniker, nur mit dem Nötigsten versehen, ihre Botschaft zu verbreiten suchten. Der Friedensgruß als Zusage des Heils war wohl Teil einer Hausregel wie es wahrscheinlich auch Regeln für das Verhalten in einer Stadt gab. Das Staubabschütteln nach Ablehnung des Boten symbolisierte die Gerichtsansage für die Endzeit.

Die zurückkehrenden Boten berichteten Jesus über den Erfolg ihrer Mission. Dieser Triumph erfüllte Jesus mit großer Freude und in einer Vision sah er den Satan vom Himmel fallen, eine Umschreibung für seine Überzeugung, dass nun die Gottesherrschaft anbrach. Jubelnd und Gott preisend verkündigte er, dass diese Zeichen der Zeit nur den Unmündigen, also den Kleinen und Geringen der Gesellschaft, offenbart werde, den Klugen, gemeint sind die Schriftgelehrten, aber verborgen bleibe. In diesem Moment der Euphorie fühlte er ein Einssein mit Gott als seinen Vater und glaubte sich bevollmächtigt, dessen Willen auf Erden durch die Aufrichtung des Gottesreiches zu erfüllen. Seine Zuwendung galt den Mühseligen, die er aus der Knechtschaft ständiger Überforderung zu erlösen suchte. Ihnen wollte er Mut zusprechen, ihre seelischen Wunden heilen, ihre Angst beruhigen und allgemein ihr Dasein durch ein neues Verhältnis des Vertrauens zu Gott befrieden.

Diese Forderung nach mehr Mitmenschlichkeit spiegelt sich auch in der Frage nach dem höchsten Gebot. Im Judentum galten die 613 Gebote und Verbote als gleich wichtig, wenn man auch zwischen ‚schwereren' und ‚leichteren' differenzierte. Für Jesus aber lief die ganze Tora auf nur zwei Gebote hinaus, die der Gottes- und der Nächstenliebe und beide sind nicht voneinander zu trennen. Gott kann man nur indirekt lieben indem man sich für seinen Mitmenschen einsetzt, mit Herz und Verstand. Der Frager nach dem höchsten Gebot, ein Schriftgelehrter, wird von Matthäus als ein Versucher gesehen (Mt 22,35) während der mk Jesus ihn als verständig lobt (Mk 12,34). Das Verhältnis zwischen Jesus, den Pharisäern und Schriftgelehrten war also nicht durchgehend feindselig, wie insbesondere Matthäus uns glauben machen will. So wird Jesus von Pharisäern eingeladen und einige warnen ihn sogar vor den Nachstellungen des Herodes.

In der lukanischen Version schließt sich der Frage nach dem höchsten Gebot die Frage nach dem Nächsten an, auf die Jesus mit dem Gleichnis vom barmherzigen Samariter antwortet. Der Kern der Moral dabei ist, dass mein Nächster derjenige ist, der meine Hilfe braucht aber auch der, der sich als barmherzig erweist. Provokativ kontrastiert Jesus dabei das Mitleid des Fremdlings mit dem hartherzigen Verhalten der Priester. Es zählt nicht das gelernte Wissen, nicht der in Formeln gegossene Glauben, wie er von der Kirche übermittelt und von Theologen vorgetragen wird, sondern es kommt allein auf die gelebte Mitmenschlichkeit an, so wie es der Samariter in praktischer Solidarität mit dem Leidenden demonstrierte. Die Nächstenliebe gilt allen und jeder kann mein Nächster sein. Gemäß Lev. 19,33f soll die Liebe auch dem Fremdling gelten, allerdings nur insoweit als dieser keinem fremden Gott anhängt. Jesu Gebot der Nächstenliebe gilt bedingungslos. Für den Samariter oder das Opfer könnte auch Araber, Moslem oder Atheist stehen, von Gottes barmherziger Liebe sollte keiner ausgeschlossen bleiben.

Im Gespräch mit dem Jüngling (bei Lukas einer der Oberen), der wissen will, wie man das ewige Leben erben kann, macht Jesus noch einmal klar, dass Gesetzesgehorsam allein nicht genügt. Was zählt ist allein das Vertrauen in die allumfassende Liebe Gottes. Ein solches Vertrauen gleicht einem Wagnis des Glaubens, ein Sprung über den Abgrund, wie es Kierkegaard einmal ausdrückte, und dieser Schritt verlangt, dass man sein bisheriges Leben und damit alle Sicherheiten hinter sich lassen muss und damit auch seinen Besitz. Jesus scheint hier eine unmögliche Ethik zu vertreten und hat sie auch nicht konsequent durchgehalten; denn er hat zum Beispiel dem Zöllner Zachäus, der nur die Hälfte seines Besitzes abgeben wollte, sein Heil zugesprochen. Mit der überzogenen Forderung der Aufgabe von allem was einem bisher lieb und teuer war, soll wohl auf die Gefahr des Besitzstrebens hingewiesen werden, das eine trügerische Quelle des Glücks ist, weil sie nie befriedigen kann und einen die wahren Dinge des Lebens verfehlen lässt, ist es doch nur Kompensation für den eigenen Mangel an Sinn und Sein.

Jesus lehnte es ab, gut genannt zu werden (Mk 10,17). Gut ist nur Gott, so sagte er. Hielt er denn auch sich selbst für einen sündigen Menschen obwohl sich doch in seinem Wirken Gottes Willen verkörperte? Doch nur einer kann Gott sein; denn Gott ist einzigartig wie Jesus ja auch an anderer Stelle betont (Mk 12,29). Das lässt doch entgegen der hohen Christologie des Johannes nur den Schluss zu, dass auch Jesus sich lediglich als Mensch sah.

In der fiktiven Kontroverse um die Bitte zweier Jünger an Jesus – in der matthäischen Version ist es deren Mutter –, dass Jesus ihnen Ehrenplätze in seiner zukünftigen himmlischen Herrschaft gewähren möge, spielen nachösterliche Reflektionen hinein. Es geht hier um die Art von Gemeinschaft wie sie Jesus nach dem Verständnis seiner Nachfolger wohl gewollt hatte. Nachfolge im Sinne Jesu bedeutet auch Bereitschaft, sein Schicksal zu teilen und unter Umständen für ihn bis in den Tod zu gehen. Man solle aber sein Tun nicht von der Erwartung besonderer Privilegien im Himmel leiten lassen. Allerdings hatte der mt Jesus seinen Jüngern als Lohn für ihre treue Nachfolge richterliche Gewalt bei der Wiedergeburt in Aussicht gestellt (Mt 19,28). In diesem Kontext erscheint die Bitte der beiden Zebedäus Söhne also nicht so absurd und anstößig. Doch auf Erden sollen sich die wirklich Großen in der Gemeinde durch eine dienende Haltung im Geist des Füreinander-da-seins auszeichnen. Jesus selbst begriff sein Dasein als ein Dienen, das letztlich in der Hingabe seines Lebens münden sollte. Die Wahl des Begriffs ‚Lösegeld' mag dahingehend interpretiert werden, dass Jesus bewusst seinen Tod gesucht hatte, weil er sich mit dem Schuldopfer im Sinne von Jes. 53, das die Sünden dieser Welt zu tragen habe, identifiziert hatte. Es ist aber zu bezweifeln, ob Jesus das tatsächlich so gesehen hatte, wenn er auch aufgrund der von ihm bei den religiösen Autoritäten ausgelösten Irritationen mit dem Tod rechnen musste. Eher wahrscheinlich ist es, dass er nicht bereit war, für die von ihm vertretene Wahrheit Kompromisse einzugehen, um damit sein Leben zu retten. Dies hätte den ganzen Sinn seines Wirkens verfälscht. Sagte er nicht selbst, wer sein Leben retten will, der wird es verlieren (Mt 8,35)?

Die neue Lebensform einer jesuanischen Gemeinschaft gründet sich bewusst in Kontrast zur Umwelt. Weder Machtstreben noch Autoritätshörigkeit oder Habgier haben in ihr einen Platz. Das bedeutet aber nicht, dass Jesu Jünger sich von der Welt absondern sollen. Sie sollen ja gerade ein Vorbild für die Welt sein und von dieser Welt kann man durchaus auch etwas lernen und zwar, wie die Parabel vom unehrlichen Verwalter veranschaulicht, den klugen Umgang mit den anvertrauten Gütern. Damit will dieser Jesus also nicht etwa die herrschenden Verhältnisse in der Welt verteidigen sondern er lobt lediglich die Art von Zuverlässigkeit, die einen guten Verwalter des ‚Mammon der Ungerechtigkeit' auszeichnen sollte und die auch von seinen Nachfolgern im Umgang mit den ‚himmlischen Gütern' erwartet wird. Und damit er nicht etwa missverstanden wird, fügt Jesus noch hinzu: Man kann „nicht Gott dienen und dem Mammon" (Lk 16,13).

In der Parabel von den anvertrauten Pfunden klingt eine ähnliche Botschaft heraus. Während jedoch in der Parabel vom unehrlichen Verwalter eine ungerechte Wirtschaftsform indirekt angeklagt wird, bildet hier nun die aktuelle politische Situation die Rahmenbedingung der Handlung. Da Israel in einem Vasallenverhältnis zum römischen Reich stand musste ein Thronanwärter in Rom vorstellig werden, um sich dort die offizielle Anerkennung durch den römischen Kaiser zu erwerben. Die in Lk 19,14 erwähnte Gesandtschaft von Bürgern bezieht sich auf die Intervention von jüdischen Adligen, die nach Rom reisten, um eine Ernennung des Archelaus, der als grausam und unfähig galt, zu verhindern. Waren sie auch anfangs erfolglos, so hatte ihre wiederholte Eingabe im Jahre 6 n. Chr. schließlich zur

Folge, dass Archelaus abgesetzt wurde. Dass dieser Despot, wenn auch nur symbolisch, nun mit Christus als der Herr gleichgesetzt wird, kann einem ja wohl nicht recht einleuchten. Die Aufforderung, mit seinen Pfunden, d.h. seinen Gaben, verantwortungsvoll umzugehen, ist zwar verständlich, aber setzt dies nicht auch ein Klima des Vertrauens voraus, dass bei einem hartherzigen Herrscher gerade nicht zu erwarten ist? Die beiden Knechte, die in der Parabel als tüchtig und treu charakterisiert werden, erscheinen da eher als solche, die im typischen Untertanengeist sich einem despotischen Machthaber andienern wollen. Weil somit der Vergleich des wiederkommenden Jesus als Herr der Welt mit einem willkürlich herrschenden König wie Archelaus unstimmig ist, ist auch die beabsichtigte Botschaft nur schwer zu vermitteln. Es dreht sich doch gerade auch darum, einen durch Angst gebeutelten und von Minderwertigkeitskomplexen niedergedrückten Menschen wieder aufzurichten. Die Tendenz eines solchen Menschen, auf Sicherheit zu bauen und jegliches Risiko zu scheuen, ist von daher nur allzu verständlich. Da wird die Aussicht auf einen strafenden Gott wohl kaum den Mut zurückgeben, sich auf die Suche nach einer sinnerfüllten Existenz zu begeben. Alles in allem erscheint diese Parabel also als wenig überzeugend.

Auch die folgende Parabel vom reichen Mann und dem armen Lazarus kann nicht kritiklos akzeptiert werden, insbesondere die Warnung vor der Hölle, aber man wird auch einräumen müssen, dass solcherlei Vorstellungen das zeitgenössische jüdische Denken beherrschten und es somit eher ungerechtfertigt erscheint, dem Autor daraus einen Vorwurf zu machen. Heutzutage wird man die Idee, dass ein Mensch für Verfehlungen während seiner kurzen irdischen Existenz mit ewigen Höllenqualen bestraft werden soll, als abstoßend und unserem Gerechtigkeitsempfinden als gegenläufig empfinden. Der Hinweis auf die Verrechnung der jetzigen Qual des Reichens mit dem früheren Leben des Genusses entspringt der damaligen jüdischen Vergeltungslehre. Gemäss diesem Tun-Ergehen-Schema werden die irdischen Verhältnisse auf den Kopf gestellt. Weil es der Reiche im Leben an Barmherzigkeit hat fehlen lassen, werden ihm nun Werke der Barmherzigkeit vorenthalten. Ja, sie sind – symbolisiert durch den Abgrund – unmöglich geworden. Lazarus aber (hebr.: Gott kommt zu Hilfe) erfreut sich nun der Liebe Gottes, versinnbildlicht durch den Schoss Abrahams. Möglich, dass in dieser Parabel auch griechisches Gedankengut verarbeitet worden ist; denn die Freuden in Abrahams Schoss gleichen auffallend denen, die mit der Insel der Seligen verbunden sind.

Jesus setzte seinen Weg nach Jerusalem fort. Unterwegs kehrte er bei den beiden Schwestern Maria und Marta ein. Während Marta den Haushalt versorgte, verbrachte Maria ihre Zeit damit, Jesu Lehre zu lauschen. Marta verdross es, dass nun die ganze Last der Arbeit auf ihren Schultern ruhte, doch Jesus ließ ihre Klage nicht gelten und erklärte ihr, dass Maria sich für das Wichtigere entschieden hatte, nämlich von ihm in das Wesen von Gottes Reich eingeführt zu werden. Ist diese Zurechtweisung gerecht? Wenn nicht sie, wer denn könnte sich um Haushalt und Versorgung der Gäste kümmern? Jesus aber setzt andere Prioritäten als die Erledigung von Haushaltspflichten. Hier wird wohl kritisch die Gefahr unter die Lupe genommen, dass man unter den Sorgen des Alltags das Wahre im Leben verkennt und sich im routinierten Betrieb von Pflichterfüllung erschöpft.

Die Warnung der Pharisäer an Jesus, dass Herodes ihn zu töten sucht, verdeutlicht, dass Jesus durchaus Sympathisanten unter ihnen gehabt haben dürfte. Doch er hat eben auch seine Widersacher gehabt, wie aus der Kritik der Pharisäer an seinem Umgang mit Zöllnern und Sündern hervorgeht. In einer Reihe von Gleichnissen, die das Thema Verlorengehen-Wiederfinden-Freude variieren hebt Jesus hervor, dass die Umkehr und Rückkehr in die Gemeinschaft nur eines Sünders mehr an Gewicht besitzt als die als bleibend vorausgesetzte Treue und Loyalität der Gerechten. Auch die Kleinen und Geringen sollen nicht aus Gottes Güte ausgeschlossen werden. Verloren gegangene Menschen sind auch solche, die an der Gesellschaft gescheitert sind, in Alkohol- oder Drogensucht abgeglitten oder sogar kriminell geworden sind. Doch aus Jesu Sicht kann kein Fall als hoffnungslos gelten.

Die Parabel vom verlorenen Sohn ist nicht nur eine der bekanntesten, sondern wird auch als die wohl schönste bezeichnet. Sie ist u.a. von R.M. Rilke, F. Kafka und A. Walser weiter ausgedichtet worden. In drei Perspektivenwechseln zwischen den Söhnen und dem Vater wird Umkehr und Vergebung thematisiert. Der jüngere Sohn verschleudert den ihm ausgezahlten Erbteil, doch die Not einer trostlosen Existenz und Einsicht in eigenes Fehlverhalten nötigen ihn zur Rückkehr und Bekenntnis seiner Sünde vor dem Vater, der ihn freudig wieder aufnimmt und ihm Vergebung gewährt. An dieser aus seiner Sicht unverdienten Annahme des Bruders, der so unverantwortlich handelte, stößt sich das Gerechtigkeitsempfinden des älteren Sohnes, der in seinem Ärger sogar die üblichen Höflichkeitsformen wie Begrüßung außer Acht lässt. Auf die Erwiderung des Vaters hin, dass in ihrer Gemeinsamkeit ihm doch alles zur Verfügung steht und er sich daher der Freude über die Rückkehr seines Bruders, die einer Totenerweckung gleichkommt, nicht verschließen solle, wird keine Reaktion überliefert, sodass der Ausgang als offen angesehen werden muss. Die Verärgerung des älteren Sohnes ist verständlich, bedeutet doch die Rückkehr des Bruders auch eine Schmälerung seines Erbteils und doch hat er sich durch den Mangel an Respekt gegen seinen Vater, indem er die väterliche Zurede zurückweist, schuldig gemacht. Erkennbar sind in dieser Parabel der ältere Sohn mit den Pharisäern identifiziert, der jüngere mit den Sündern und der Vater mit Gott bzw. Jesus. Mittels der allegorischen Erzählform gelingt es Jesus, die Missgunst der Pharisäer zu entlarven.

In der folgenden Erzählung vom Pharisäer und Zöllner stellt Jesus die frömmelnd-heuchlerische Selbstgerechtigkeit der Pharisäer an den Pranger. Monologartig zählt der Pharisäer seine Leistungen für Gott auf als ob er sich Gottes Gunst durch ein nach außen korrektes Verhalten erwerben könne und grenzt sich in dem Gefühl etwas Besseres zu sein von den Geringen und Verachteten der Gesellschaft ab. Die Überheblichkeit des Pharisäers wird mit der demütigen Haltung des Zöllners kontrastiert. Dieser findet Wohlgefallen bei Gott weil er im Wissen um seine eigene Unzulänglichkeit nur auf die Vergebung durch ihn hoffen kann.

Jesus erreicht Jericho, eine der ältesten Städte der Welt, und befindet sich damit in der Nähe von Jerusalem. Hier begegnet Jesus einem Blinden, bei Matthäus sind es allerdings zwei. Solcherlei Differenzen werfen erhebliche Zweifel an der historischen Echtheit der Geschichte auf, jedenfalls ist sie faktisch nicht belegbar. Theologisch lässt sich die Blindenheilung als ein Augen-öffnen für den Glauben interpretieren. Folgt man Drewermann, dann symbolisiert der blinde Bettler einen an den Rand gedrückten Menschen, der an der von ihm erfahrenen Verachtung leidet und sich in eine verdunkelte Welt zurückgezogen hat, in der man nicht mehr ‚sehen' kann. Nach dieser Deutung ist die ‚Blindheit' eine selbstgewählte Form der Anpassung an seine Situation in der jegliches Aufbegehren bestraft wird wie die Reaktion der Umstehenden aufzeigen soll. So hat er sich eingefügt und wird für seine Unterordnung mit den Krumen aus dem gesellschaftlichen Leistungssystem versorgt. Ihm kann nur geholfen werden, wenn er lernt, sich selbst anzunehmen und einen eigenen Willen zu entwickeln. Dem entspricht in der biblischen Erzählung der Hilferuf des Blinden und die Frage Jesu nach dem was er selbst will. Erst der vertrauende Glaube in die heilende Macht Jesu, durch die er aus seiner Selbsterniedrigung zurückfindet, wird ihn wieder auf seine eigenen Füße helfen und sein Existenz neu aufrichten lassen.

Jesus zog durch Jericho hindurch und trifft auf den Oberzöllner Zachäus, der, weil er klein war, auf einen Maulbeerbaum geklettert war, um Jesus zu sehen. Als Jesus ihn erblickte, spricht er ihn mit Namen an, als ob sie bereits miteinander vertraut waren und lässt sich von ihm zu sich nach Hause einladen. Das Volk aber – und die Betonung liegt auf ‚alle' – war ungehalten darüber, dass Jesus sich mit einem verhassten Zöllner einließ. Doch für Jesus zählte nur Zachäus' Bereitschaft zur Umkehr, die sich in der Wiedergutmachung der von ihm erpressten Gelder ausdrückte. In seiner Sicht war Zachäus einer der Verlorenen und nun Wiedergefundenen.

Jesus stand jetzt vor den Toren Jerusalems. Hier wird sich sein Schicksal entscheiden.

7.5. In Jerusalem: Streit und Lehrgespräche; Heilung des Blinden und Erweckung des Lazarus

Das Johannes-Evangelium (Kapitel 7 – 12)

7. Jesus mied nun Judäa weil er sich dort von den Juden bedroht fühlte. Seine Brüder, die doch selbst nicht an ihn glaubten, wollten ihn dazu überreden, zum Laubhüttenfest nach Jerusalem zu gehen und sich dort der Welt zu offenbaren. Jesus aber sagte: Mich hasst die Welt weil ich ihre Bosheit enthülle, euch aber ist sie wohlgesonnen. So geht denn hinauf zum Fest, ich bleibe hier. Als aber seine Brüder fortgegangen waren ging auch er heimlich nach Jerusalem. Dort suchten die Leute Jesus, doch man war uneins über ihn. Manche hielten ihn für einen guten Menschen, andere meinten, er verführe das Volk.

Noch während des Festes ging Jesus „in den Tempel und lehrte". Sein Verständnis der Schrift verwunderte die Leute, hatte er sie doch nicht gelernt. Jesus sprach: „Meine Lehre ist nicht von mir, sondern von dem, der mich gesandt hat". Wer sich danach richtet, wird sich selbst überzeugen können, ob sie von Gott ist oder nicht. Jesus warf den Juden vor, ihn töten zu wollen und dass sie sich nicht an das Gesetz Mose halten; denn sie lassen auch am Sabbat Beschneidungen zu. Das Volk aber dachte, er sei besessen und sie verwunderten sich, dass er frei sprechen konnte. Suchten die Oberen nicht, Jesus habhaft zu werden oder hatten sie ihn nun als den wahren Christus anerkannt? Doch wie könnte das sein. Jesu Herkunft war bekannt aber woher der Christus ist, das könne niemand wissen.

Jesus rief aus: Ihr kennt mich zwar, aber nicht den Wahrhaftigen, der mich gesandt hat. Viele glaubten an ihn wegen der Zeichen, die er tat. Jesus sprach: Meine Zeit ist bald um und ich werde zu dem gehen, der mich gesandt hat. „Ihr werdet mich suchen und nicht finden; und wo ich bin, könnt ihr nicht hinkommen“. Die Juden waren verwirrt und manche glaubten, er plane das Land zu verlassen und sich zu den Griechen zu flüchten. Am letzten Tag des Festes trat Jesus noch einmal auf und rief: „Wer da dürstet, der komme zu mir und trinke! Wer an mich glaubt, wie die Schrift sagt, von dessen Leib werden Ströme lebendigen Wassers fließen.“ Die Leute waren mehr denn je uneins, was sie von ihm halten sollten. Einige meinten, er sei ein Prophet, manche glaubten, er sei der Christus. Doch andere widersprachen; denn der Schrift nach wird der Christus nicht aus Galiläa, sondern aus Bethlehem und dem Geschlecht Davids kommen.

Die Hohepriester und Pharisäer hatten von Jesus öffentlichen Auftreten erfahren und eine Truppe Knechte ausgesandt, dass sie ihn ergreifen. Doch diese kehrten unverrichteter Dinge wieder zurück und entschuldigten sich: „Noch nie hat ein Mensch so geredet wie dieser“. Die Pharisäer waren wütend und fluchten über das Volk wegen seiner Ignoranz. Nikodemus aber wies sie mit den Worten zurück, dass nach dem Gesetz ein Mensch nicht zu verurteilen sei bevor man ihn angehört hat. Da forderten sie ihn auf, doch selbst nachzuforschen, ob aus Galiläa ein Prophet komme.

8. Als Jesus am folgenden Morgen wieder im Tempel lehrte, kamen einige Schriftgelehrte und Pharisäer zu ihm. Sie brachten eine Frau, die beim Ehebruch ertappt worden war, forderten ihn auf, den Fall zu beurteilen und wiesen darauf hin, dass nach dem Gesetz die Frau zu steinigen wäre. „Jesus aber bückte sich und schrieb mit dem Finger auf die Erde. Als sie nun fortfuhren, ihn zu fragen, richtete er sich auf und sprach zu ihnen: Wer unter euch ohne Sünde ist, der werfe den ersten Stein auf sie“. Daraufhin verließen die Juden, die Ältesten zuerst, den Platz und ließen Jesus allein mit der Frau. Jesus fragte sie: „Wo sind sie, Frau? Hat dich niemand verdammt?

Sie antwortete: Niemand, Herr. Und Jesus sprach: So verdamme ich dich auch nicht; geh hin und sündige hinfort nicht mehr".

Abermals redete Jesus: „Ich bin das Licht der Welt. Wer mir nachfolgt, der wird nicht wandeln in der Finsternis, sondern wird das Licht des ewigen Lebens haben." Die Pharisäer bezweifelten das Zeugnis, dass er von sich gegeben hatte, doch er beharrte darauf und verwies obendrein auf seinen Vater. Den allerdings würden sie nur kennen, wenn sie auch ihn kennen würden. Dann sagte er, dass er bald hinweggehen werde, dorthin wo sie ihm nicht folgen könnten. Die Leute rätselten, ob er sich wohl töten wolle. Er aber sagte ihnen: „Ihr seid von dieser Welt", ich aber bin von oben her. Wenn ihr das nicht glaubt, dann werdet ihr in eurer Sünde sterben. „Wenn ihr aber den Menschensohn erhöhen werdet, dann werdet ihr erkennen, dass ich es bin" und ich den Willen meines Vaters tue, der mich gesandt hat.

Zu den Juden aber, die an ihn glaubten, sprach er: „Wenn ihr bleiben werdet an meinem Wort, so seid ihr wahrhaftig meine Jünger und werdet die Wahrheit erkennen und die Wahrheit wird euch frei machen." Sie antworteten ihm, dass sie Abrahams Kinder und niemandes Knechtes seien. Jesus aber sprach: Nur ich kann euch frei machen. Wärt ihr wirklich Abrahams Kinder so tätet ihr auch seine Werke. Ihr aber wollt mich töten, obwohl ich die Wahrheit sage, die ich von meinem Vater habe. Als die Juden behaupteten, sie hätten Gott als ihren Vater, sagte Jesus: Wäre Gott wirklich euer Vater, dann würdet ihr mich lieben; denn ich bin von ihm ausgegangen. Ihr wollt mich aber nicht verstehen. In Wirklichkeit ist euer Vater der Teufel. Der ist ein Mörder und der „Vater der Lüge".

„Wer von euch kann mich einer Sünde zeihen", setzte Jesus seine Rede fort. Ihr hört mich nicht, weil ihr nicht von Gott seid. Da wurden die Juden zornig und sie bezichtigten ihn, einen bösen Geist zu haben. Jesus erwiderte: Für mich suche ich keine Ehre, nur für meinen Vater. Diejenigen, die mein Wort halten, die werden den Tod nicht sehen. Wie kannst du so etwas sagen, sprachen die Juden. „Bist du mehr als unser Vater Abraham, der gestorben ist?" Mich ehrt mein Vater, den ihr für euren Gott haltet, aber doch nicht kennt, sagte Jesus. Abraham sah mit Freuden meinen Tag voraus. „Da sprachen die Juden zu ihm: Du bist noch nicht fünfzig Jahre alt und hast Abraham gesehen? Jesus sprach zu ihnen: Wahrlich, wahrlich, ich sage euch: Ehe Abraham wurde, bin ich." Einige Juden wollten ihn daraufhin mit Steinen bewerfen, er aber „verbarg sich und ging zum Tempel hinaus“.

9. Es begab sich nun, dass Jesus einem Menschen begegnete, der blind geboren war. Die Jünger fragten ihn, ob es seine oder die Sünde der Eltern wäre, dass er blind sei. Er aber antwortete: Keiner hat gesündigt, „sondern es sollen die Werke Gottes offenbar werden an ihm“. Nach diesen Worten machte er einen Brei aus Erde und Speichel, strich ihn auf die Augen des Blinden und sagte ihm, dass er sich seine Augen im Teich auswaschen solle. Er tat es und wurde sehend. Seine Nachbarn wunderten sich, dass der ihnen bekannte Bettler nun sehen konnte. Der aber sagte ihnen, dass Jesus seine Augen aufgetan hätte.

Der Mann wurde zu den Pharisäern geführt, die ihn befragten, wie er sehend geworden war und er erzählte es ihnen. Die Pharisäer aber stritten sich. Einige behaupteten, dass Jesus kein gottesfürchtiger Mensch sei, da er den Sabbat gebrochen hatte. Andere hielten dagegen, dass ein sündiger Mensch doch nicht solche Zeichen tun könne. Die Eltern bestätigten den Juden, dass ihr Sohn in der Tat blind geboren war. Doch weiter sagten sie nichts; denn es hieß: „wenn jemand ihn als den Christus bekenne, der solle aus der Synagoge ausgestoßen werden.“ Die Pharisäer drängten den Mann nun, Jesus einen Sünder zu nennen, doch der verweigerte sich und spottete: Soll ich euch noch einmal erzählen was passierte? „Wollt ihr auch seine Jünger werden?“ Die erbosten Pharisäer antworteten: Wir sind Mose Jünger, aber woher dieser Mensch kommt, das wissen wir nicht. Der Mann sagte: „Wäre dieser nicht von Gott, er könnte nichts tun“. Sie aber stießen ihn hinaus und sprachen: „Du bist ganz in Sünden geboren und lehrst uns?“

Als Jesus den Mann wieder traf, fragte er ihn: „Glaubst du an den Menschensohn?“ „Herr, wer ist’s? dass ich an ihn glaube“, sprach der Mann. Jesus: „Der mit dir redet, der ist’s“. Er sprach: Ich glaube, und er betete ihn an. Jesus sprach weiter: „Ich bin zum Gericht in diese Welt gekommen, damit die nicht sehen, sehend werden, und die sehen, blind werden“. Wer nun wie diese Pharisäer behaupten, sehend zu sein, der wird in seiner Sünde bleiben.

10. Wer nicht durch die Tür in den Schafstall geht, so Jesus, der ist ein Dieb und ein Räuber. „Der aber zur Tür hineingeht, der ist der Hirte der Schafe.“ Wenn er sie ruft, dann folgen sie ihm, denn sie kennen seine Stimme. Die vor mir waren, das waren Fremde, aber die Schafe gehorchten ihnen nicht. Ich bin die Tür zu den Schafen. „Wenn jemand durch mich hineingeht, wird er selig werden". Der Dieb trachtet nach dem Bösen, ich aber „bin der gute Hirte. Der gute Hirte lässt sein Leben für die Schafe", der Mietling aber flieht wenn er den Wolf kommen sieht. Ich „kenne die Meinen und die Meinen kennen mich". „Und ich habe noch andere Schafe, die sind nicht aus diesem Stall; auch sie muss ich herführen, und ... es wird eine Herde und ein Hirte sein."

Mein Vater liebt mich, denn ich bin bereit, mein Leben zu lassen. Niemand kann mich dazu zwingen, „sondern ich selber lasse es. Ich habe Macht, es zu lassen, und ich habe Macht, es wiederzunehmen." Abermals entstand Zwietracht unter den Juden wegen dieser Worte. Einige hielten Jesus für besessen, andere aber sagten, ob ein böser Geist wohl einen Blinden heilen könne.

Zum Fest der Tempelweihe im Winter war Jesus wieder nach Jerusalem gekommen. Da umstellten ihn die Juden und forderten ihn auf, endlich zu sagen, ob er wirklich der Christus sei. „Jesus antwortete ihnen: Ich habe es euch gesagt und ihr glaubt nicht". Meine Werke zeugen von mir. Wer meine Stimme kennt, der folgt mir und erlangt das ewige Leben. Ihr aber gehört nicht dazu. Wer zu mir gehört, den kann niemand mir oder meinem Vater entreißen. „Ich und der Vater sind eins."

Da wollten die Juden ihn abermals steinigen aber „Jesus sprach zu ihnen: Viele gute Werke habe ich euch erzeigt vom Vater, um welches dieser Werke willen wollt ihr mich steinigen?" Die Juden aber beschuldigten ihn der Gotteslästerung. Jesus belehrte sie aus der Schrift und sprach: Warum sagt ihr zu dem, der von Gott geheiligt wurde: Du lästerst Gott? Wenn ihr mir schon nicht glaubt, weil ich sage, ich bin Gottes Sohn, dann glaubt doch wenigstens meinen Werken! Abermals versuchten sie ihn zu steinigen, doch er entging ihnen und zog hinweg. Jesus hielt sich von nun an am Jordan auf und viele kamen dort zum Glauben an ihn.

11. Lazarus, der Bruder der Marta und Maria, war erkrankt und die beiden Schwestern benachrichtigten Jesus. Er sprach: An dieser Krankheit sollen Gott und sein Sohn verherrlicht werden. Zwei Tage später machte er sich auf den Weg. Die Jünger warnten ihn vor den Juden, doch er sagte: „Wer bei Tag umhergeht, der stößt sich nicht; denn er sieht das Licht dieser Welt". Lazarus schläft, „aber ich gehe hin, ihn aufzuwecken." Die Jünger aber glaubten, er redete vom Schlaf. So fügte er hinzu: „Lazarus ist gestorben; und ich bin froh um euretwillen, dass ich nicht dagewesen bin, damit ihr glaubt. Aber lasst uns zu ihm gehen!" Thomas sprach: „Lasst uns mit ihm gehen, dass wir mit ihm sterben!"

Als Jesus den Ort Betanien erreichte, da war Lazarus bereits vier Tage tot und viele waren gekommen, um die Schwestern zu trösten. Marta ging Jesus entgegen und sagte zu ihm: „Herr, wärest du hier gewesen, mein Bruder wäre nicht gestorben. Aber auch jetzt weiß ich: Was du bittest von Gott, das wird dir Gott geben." Jesus sprach: „Dein Bruder wird auferstehen". Und er sagte weiter: „Ich bin die Auferstehung und das Leben. Wer an mich glaubt, der wird leben, auch wenn er stirbt." Glaubst du das? Sie spricht zu ihm: „Ja, Herr, ich glaube, dass du der Christus bist, der Sohn Gottes, der in die Welt gekommen ist."

Maria kam hinzu, fiel Jesus zu Füßen und sagte weinend: Ach, wärest du nur hier gewesen, dann würde mein Bruder noch leben. Jesus war tief bewegt und zu Tränen gerührt. Die Juden sagten zu einander: Seht, wie er ihn geliebt hat, aber hätte er ihm nicht helfen können wie dem Blinden? Jesus kam zur Grabhöhle und befahl, den Stein am Eingang der Höhle wegzutun. Marta wandte ein, dass der Leichnam nach so einer langen Zeit doch bereits stinke, aber Jesus sprach: Erinnere dich meiner Worte und glaube! Dann erhob Jesus seine Augen, dankte Gott für seine Erhörung und rief mit lauter Stimme: „Lazarus, komm heraus!" Und der Verstorbene, der noch in seinen Leichentüchern eingebunden war, kam heraus. Viele aber, die das gesehen hatten, kamen zum Glauben.

Die Pharisäer und Hohenpriester, denen man von dem Geschehen berichtete, hielten Rat. Sie befürchteten, dass Jesus immer mehr Anhänger gewinnen werde, was die Römer alarmieren würde. So gab der Hoherpriester Kaiphas zu bedenken: „Es ist besser für euch, ein Mensch sterbe für das Volk, als dass das ganze Volk verderbe." So beschlossen sie, Jesus zu töten und gaben den Befehl aus, dass jeder Jesus anzuzeigen habe, der seinen Aufenthaltsort kenne. Jesus aber zog sich in eine abgelegene Gegend zurück.

12. "Sechs Tage vor dem Passafest kam Jesus" zum Haus des Lazarus in Betanien. Marta bediente ihn und auch Lazarus war anwesend. Maria salbte die Füße Jesu mit einem kostbaren Öl und trocknete sie hernach mit ihrem Haar. Judas Iskariot aber sagte, dass man das Öl doch besser verkauft und den Erlös den Armen gegeben hätte. Die Armen aber bedeuteten ihm in

Wirklichkeit nichts. Er war ein Dieb, der für sich immer aus dem Geldbeutel nahm. Da sprach Jesus: Maria tat dies für mein Begräbnis, für die Armen könnt ihr allezeit sorgen.

Am nächsten Tag zog Jesus, reitend auf einem Esel, in Jerusalem ein und wurde von einer großen Menge mit Hosianna-Rufen begrüßt. „Die Pharisäer aber sprachen untereinander: Ihr seht, dass ihr nichts ausrichtet; siehe, alle Welt läuft ihm nach."

Als einige Griechen begehrten, Jesus zu sehen, sagte er: „Die Zeit ist gekommen, dass der Menschensohn verherrlicht werde. Ein Weizenkorn bringt nur Frucht, wenn es in die Erde fällt und erstirbt". So ist es auch, dass wer sein Leben auf dieser Welt hasst, der wird ins ewige Leben eingehen. „Jetzt ist meine Seele betrübt. Soll ich aber sagen: „Vater, hilf mir aus dieser Stunde!" Doch dazu bin ich nicht gekommen. „Vater, verherrliche deinen Namen!"

Da ertönte eine Stimme vom Himmel, die sagte: „Ich habe ihn verherrlicht und werde ihn abermals verherrlichen." Einige der Umstehenden vermeinten, einen Donner gehört zu haben, andere glaubten, Jesus hätte mit einem Engel geredet. Jesus aber sagte: Diese Stimme gilt euch. „Jetzt ergeht das Gericht über dicse Welt; nun wird der Fürst dieser Welt ausgestoßen werden. Und ich, wenn ich erhöht werde von dieser Erde, so will ich alle zu mir ziehen." Das Volk verstand nicht, wovon er redete. Jesus sprach: Das Licht wird nur noch eine kleine Weile bei euch bleiben. Nutzt die Zeit und glaubt an das Licht, sodass ihr seine Kinder werdet. Nach diesen Worten ging Jesus weg „und verbarg sich vor ihnen."

Die Leute aber glaubten nicht an ihn, obwohl er doch so viele Zeichen tat. So ging in Erfüllung was der Prophet Jesaja über die Verstockung der Menschen geweissagt hatte. Doch unter den Oberen waren einige, die an ihn glaubten, wollten sich aber nicht öffentlich zu ihm bekennen.

Jesus aber rief: Wer an mich glaubt, der glaubt auch an Gott und wer mich sieht, der sieht auch Gott. „Ich bin in die Welt gekommen als ein Licht, damit, wer an mich glaubt, nicht in der Finsternis bleibe." Ich bin nicht gekommen, um die Welt zu richten, sondern um sie zu retten. Wer mich aber nicht annimmt, der hat bereits seinen Richter. Mein Wort wird ihn am Jüngsten Tag richten.

Die synoptischen Evangelien

„Und als sie in die Nähe von Jerusalem kamen, nach Befage und Betanien an den Ölberg, sandte er zwei seiner Jünger“ (Mk) und wies sie an, in das vor ihnen liegende Dorf vorauszugehen wo sie eine angebundene Eselin finden würden, die sie zu ihm führen sollten. Wenn die Leute sie fragen, sollen sie ihnen sagen: Der Herr bedarf ihrer. Die Jünger fanden alles wie Jesus es ihnen gesagt hatte. Sie brachten das Füllen zu ihm und er setzte sich drauf. Viele breiteten ihre Kleider auf dem Weg aus, bestreuten ihn mit Zweigen und schrieen: „Hosianna! Gelobt sei, der da kommt in dem Namen des Herrn“ (Mk). Einige Pharisäer mahnten Jesus, seine Jünger sollten sich doch zurückhalten. Er aber sprach: „Ich sage euch. Wenn diese schweigen werden, so werden die Steine schreien“ (Lk).

„Und als er nahe hinzukam, sah er die Stadt und weinte über sie“ (Lk). „Jerusalem, Jerusalem, die du tötest die Propheten und steinigst, die zu dir gesandt werden, wie oft habe ich deine Kinder versammeln wollen wie eine Henne ihre Küken unter ihre Flügel, und ihr habt nicht gewollt!“ (Lk). Könntest du doch erkennen, was dem Frieden dient. „Denn es wird eine Zeit über dich kommen“ (Lk), da werden deine Feinde dich belagern und bedrängen „und werden dich dem Erdboden gleichmachen“ (Lk).

Jesus ging in die Stadt, betrat den Tempel, besah alles und da es schon spät am Abend war, zog er sich mit den Zwölfen wieder zurück nach Betanien. Am nächsten Morgen kamen sie wieder in die Stadt. Auf dem Weg zum Tempel erblickte Jesus einen Feigenbaum und da ihn hungerte, suchte er im Baum nach Früchten. Als er aber keine fand, verfluchte er ihn, auf dass nie wieder etwas auf ihm wachse. Und er kam in den Tempel, trieb die Händler heraus, stieß ihre Tische um und sprach zu ihnen: „Steht nicht geschrieben (Jesaja 56,7): Mein Haus soll ein Bethaus heißen für alle Völker? Ihr aber habt eine Räuberhöhle daraus gemacht“ (Mk).

Die Hohenpriester und Schriftgelehrten, die von Jesu Tun hörten, entrüsteten sich und trachteten nach seinem Leben, fürchteten aber den Aufruhr der Menge; denn Jesus war populär im Volke. Abends ging Jesus mit den Zwölfen wieder hinaus aus der Stadt und sie kamen am Feigenbaum vorbei, der nun verdorrt war. Zu den erstaunten Jüngern sprach er: Zweifelt nicht sondern habt Glauben an Gott. Wenn ihr in eurem Herzen glauben könnt, so wird euch auch geschehen, dass geschehe was ihr sagt.

Und als er wieder in den Tempel kam, da traten einige Hohenpriester, Schriftgelehrte und Älteste zu ihm und fragten ihn: „Aus welcher Vollmacht tust du das?“ (Mk). Jesus aber sprach: Sagt mir zunächst, „die Taufe des Johannes – war sie vom Himmel oder von Menschen?“ (Mk). Wenn ihr mir diese Frage beantwortet, so werde ich euch auch sagen, wer mir die Vollmacht für mein Tun gegeben hat. Sie aber besprachen sich: „Sagen wir, sie war vom Himmel, so wird er zu uns sagen, warum habt ihr dann nicht geglaubt? Sagen wir aber, sie ist von Menschen, so müssen wir uns vor dem Volk fürchten, denn sie halten Johannes für einen Propheten. Und sie antworteten Jesus: Wir wissen's nicht. Da sprach er zu ihnen: So sage ich euch auch nicht, aus welcher Vollmacht ich das tue“ (Mt).

„Was meint ihr aber? Es hatte ein Mann zwei Söhne“ (Mt). Ihnen trug er auf, im Weinberg zu arbeiten. Der eine weigerte sich zunächst, doch dann reute es ihn und er ging hin. Der andere versprach zu arbeiten, tat es aber dann doch nicht. „Wer von den beiden hat des Vaters Willen getan? Sie antworteten. Der erste. Jesus sprach zu ihnen: Wahrlich, ich sage euch: Die Zöllner und Huren kommen eher ins Reich Gottes als ihr“ (Mt). Weder seid ihr den rechten Weg gegangen, den Johannes lehrte, noch habt ihr Buße zur Umkehr getan.

„Hört ein anderes Gleichnis: Es war ein Hausherr, der pflanzte einen Weinberg und zog einen Zaun darum und grub einen Kelter darin und baute einen Turm und verpachtete ihn an Weingärtner und ging außer Landes“ (Mt). Als nun die Zeit der Ernte kam, sandte er einen seiner Knechte, seinen Anteil der Früchte zu holen. Die Weingärtner aber schlugen ihn und sandten ihn mit leeren Händen zurück. Desgleichen misshandelten sie die Knechte die er danach aussandte, steinigte und tötete sie. Zuletzt sandte er seinen geliebten Sohn, denn er sagte sich: „Sie werden sich vor meinem Sohn scheuen“ (Mk). Die Pächter aber sprachen untereinander: Siehe, „dies ist der Erbe, kommt lasst uns ihn töten, so wird das Erbe unser sein! Sie töteten ihn und warfen ihn hinaus vor den Weinberg. Was wird nun der Herr des Weinbergs tun. Er wird kommen und die Weingärtner umbringen und den Weinberg andern geben“ (Mk). Jesu Gegner aber trachteten danach, ihn zu töten, denn sie erkannten sehr wohl, dass er mit diesem Gleichnis sie meinte.

Und abermals redete er in einem Gleichnis zu ihnen: Ein König wollte für seinen Sohn eine Hochzeit ausrichten. Er ließ durch seine Knechte

Gäste zum Festmahl einladen, doch diese verschmähten seine Einladung und ein jeder gab vor, wichtige Dinge erledigen zu müssen. Der verärgerte König ließ daraufhin die Menschen auf den Gassen der Stadt, auch Arme und Lahme, zu sich hereinführen. Unter den Gästen war aber jemand, der nicht ansprechend gekleidet war und er sprach zu ihm: „Freund, wie bist du hier hereingekommen und hast doch kein hochzeitliches Gewand an?" Und als er keine Antwort erhielt, wies er seine Diener an, ihn zu binden und ihn in die Finsternis hinauszuwerfen. Über die aber, die seiner Einladung nicht gefolgt waren, sagte er: Sie werden mein Abendmahl nicht schmecken. „Denn viele sind berufen, aber wenige sind auserwählt" (Mt).

Es kamen aber einige Pharisäer und Anhänger des Herodes zu ihm, „dass sie ihn fingen in Worten" (Mk). Sie sprachen lobend über ihn und baten ihn um Antwort auf diese Frage: „Ist's recht, dass man dem Kaiser Steuern zahlt oder nicht?" (Mk). Jesus aber durchschaute ihre List und sagte: Bringt mir einen Silbergroschen. Als sie den beibrachten, fragte er sie: Wessen Aufschrift ist diese und sie antworteten: Des Kaisers. „Da sprach Jesus: So gebt dem Kaiser, was des Kaisers ist, und Gott, was Gottes ist! Und sie wunderten sich über ihn" (Mk).

Da traten einige Sadduzäer an Jesus heran. Diese glaubten nicht an die Auferstehung der Toten. Sie fragten Jesus über die Auslegung des Gebotes Moses, welches besagt, dass ein Mann, wenn er kinderlos stirbt, dessen Bruder verpflichtet ist, die Witwe zur Frau zu nehmen, sodass der Verstorbene Nachkommen hat. Nun aber trug es sich zu, dass ein Mann und seine sieben Brüder alle nacheinander verstarben. Jeder hatte die Witwe zu sich genommen, doch keiner von ihnen hinterließ Kinder, zuletzt verstarb auch die Witwe. Wessen Frau wird sie dann aber in der Auferstehung sein? Da sprach Jesus: Ihr irrt, denn im Himmel ist es nicht so wie auf Erden und weder wird man heiraten noch sich heiraten lassen. Habt ihr denn nicht in der Schrift gelesen als Gott zu Mose sprach: ‚Ich bin der Gott Abrahams, der Gott Isaaks und der Gott Jakobs.' (Ex. 3,6). „Gott ist nicht ein Gott der Toten, sondern der Lebenden. Ihr irrt sehr" (Mk).

„Als nun die Pharisäer beieinander waren, fragte sie Jesus: Was denkt ihr von dem Christus? Wessen Sohn ist er? Sie antworteten: Davids" (Mt). Jesus sprach: Es hatte aber David (Psalm 110,1) gesagt: ‚Der HERR sprach zu meinem Herrn: Setze dich zu meiner Rechten, bis ich deine Feinde unter deine Füße lege'. Wieso kann denn der, welchen David seinen Herrn nennt, sein Sohn sein? Und sie hatten keine Antwort darauf.

Jesus warnte seine Jünger vor den Schriftgelehrten und Pharisäern und sagte: Sie gehen gern in langen Gewändern und lassen sich grüßen, verrichten zum Schein lange Gebete und besetzen die besten Plätze, aber sie verzehren die Häuser der Witwen. Auch wollen sie Rabbi genannt werden. Ihr aber „sollt euch nicht Rabbi nennen lassen; denn einer ist euer Meister; ihr aber seid alle Brüder. Und ihr sollt niemand unter euch Vater nennen auf Erden; denn einer ist euer Vater, der im Himmel ist“ (Mt). Ich sage euch, richtet euch nach ihren Worten aber nicht nach ihren Taten; denn was sie sagen, das tun sie nicht. Sie legen den Menschen schwere Lasten auf, selbst aber rühren sie keinen Finger: „Weh euch, Schriftgelehrte und Pharisäer, die ihr das Himmelreich zuschließt vor den Menschen“ (Mt). Ihr Heuchler, ihr setzt Himmel und Hölle in Bewegung, einen für euch zu gewinnen, aber wenn er sich dann hat überzeugen lassen, dann ist er noch schlimmer als ihr. Weh ihr, die ihr nur gelten lasst, wer bei dem Gold des Tempels schwört. „Ihr Narren und Blinden! Was ist mehr: das Gold oder der Tempel, der das Gold heilig macht?“ (Mt). Weh euch, die ihr den Zehnten gibt, aber das Wichtigste beiseite lasst, „nämlich das Recht, die Barmherzigkeit und den Glauben!“ (Mt). „Ihr verblendeten Führer, die ihr Mücken aussiebt, aber Kamele verschluckt! ... die ihr die Becher und Schüsseln außen reinigt, innen aber sind sie voller Raub und Gier“ (Mt). Ihr Heuchler, ihr gebt euch fromm, doch innen seid ihr voller Unrat und Unrecht. Seid ihr nicht die Kinder derer, die die Propheten getötet haben, nun ihre Gräber pflegt und behauptet, hättet ihr dann gelebt, so wärt ihr nicht schuldig geworden? Ihr Heuchler. „Ihr Schlangen und Otterbrut! Wie wollt ihr der höllischen Verdammnis entrinnen“ (Mt).

Und Jesus beobachtete im Tempel, wie die Leute ihre Gaben in den Opferstock einlegten. Die Reichen warfen viel ein, eine arme Witwe gab lediglich zwei Scherflein. Doch Jesus sagte: Sie hat mehr als alle anderen in den Gotteskasten gelegt; denn die anderen haben aus ihrem Überfluss heraus gegeben, diese „aber hat von ihrer Armut alles eingelegt, was sie zum Leben hatte“ (Lk).

„Als er aber von den Pharisäern gefragt wurde: Wann kommt das Reich Gottes? antwortete er ihnen und sprach: Das Reich Gottes kommt nicht so, dass man's beobachten kann, man wird auch nicht sagen: Siehe hier ist es! Oder: Da ist es! Denn siehe, das Reich Gottes ist mitten unter euch“ (Lk).

Und als die Jünger sich über den gewaltigen Bau des Tempels erstaunten, da sagte er: „Nicht ein Stein wird auf dem andern bleiben, der nicht zerbrochen werde“ (Mk). Sie fragten ihn, wann das geschehen wird und er antwortete ihnen: Es werden viele in meinem Namen kommen und suchen, euch zu verführen. Ihr werdet verfolgt werden, verraten von euren eigenen Angehörigen, ja gehasst meines Namens wegen. Doch „seid standhaft, und ihr werdet euer Leben gewinnen“ (Lk). Es werden Kriege ausbrechen und Völker sich gegen Völker erheben, es werden Erdbeben geschehen und große Hungersnöte kommen. „Das muss so geschehen“ (Mt) aber das ist erst „der Anfang der Wehen“ (Mt). Wenn dann das Gräuelbild der Verwüstung aufgestellt wird, ist es Zeit zu fliehen und wehe den Schwangeren in jener Zeit. Jerusalem wird belagert und dann von den Heiden zertreten werden; denn das „sind die Tage der Vergeltung“ (Lk), weil sich das Volk gegen den Herrn versündigt hat. „Und wenn der Herr diese Tage nicht verkürzt hätte, würde kein Mensch selig; aber um der Auserwählten willen, die er auserwählt hat, hat er diese Tage verkürzt“ (Mk). Viele werden auch sagen, sie seien der Christus und werden sich durch Wunder bezeugen wollen. Doch hört nicht auf sie. Zu jener Zeit aber wird es Zeichen im Himmel geben, Sonne und Mond ihren Schein verlieren. „Und dann werden sie sehen den Menschensohn kommen in den Wolken mit großer Kraft und Herrlichkeit“ (Mk). „Wenn aber dieses anfängt zu geschehen, dann seht auf und erhebt eure Häupter, weil sich eure Erlösung naht“ (Lk).

Dann wird der Menschensohn alle Völker versammeln und im großen Gericht die Schafe von den Böcken trennen. Denen zu seiner Rechten wird er sagen: „Kommt her, ihr Gesegneten meines Vaters, ererbt das Reich, das euch bereitet ist von Anbeginn der Welt! Denn ich bin hungrig gewesen, und ihr habt mir zu essen gegeben. Ich bin durstig gewesen, und ihr habt mir zu trinken gegeben. Ich bin ein Fremder gewesen, und ihr habt mich aufgenommen. Ich bin nackt gewesen, und ihr habt mich gekleidet. Ich bin krank gewesen, und ihr habt mich besucht. Ich bin im Gefängnis gewesen, und ihr seid zu mir gekommen“ (Mt). Denen aber zu seiner Linken wird er sagen: Hinweg mit euch „ihr Verfluchten, in das ewige Feuer, das bereitet ist dem Teufel und seinen Engeln!“ (Mt); denn ihr habt mir keine Barmherzigkeit erwiesen.

Seid aber allezeit bereit; denn ihr wisst nicht, wann der Menschensohn kommt. Es ist so wie mit dem treuen und klugen Knecht, den der Herr über seine Leute gesetzt hat und ihm dessen Versorgung anvertraute. Der böse Knecht aber, der glaubt, sein Herr kommt noch lange nicht und seine Mitknechte schlägt und sich dem Trunk ergibt, den wird der Herr zu einer unerwarteten Stunde überraschen. „Und er wird ihn in Stücke hauen lassen und ihm sein Teil geben bei den Heuchlern; da wird sein Heulen und Zähneklappern" (Mt).

Oder es ergeht euch wie den törichten Jungfrauen: Es waren fünf kluge und fünf törichte Jungfrauen, die gingen mit ihren Lampen dem Bräutigam entgegen. Die törichten aber hatten sich nicht ausreichend mit Öl versorgt, sodass als der Bräutigam erst zu später Stunde kam, ihre Lampen bereits verloschen waren. Sie baten die klugen Jungfrauen um etwas Öl, doch die antworteten ihnen, dass sie sich Öl vom Kaufmann im Dorf besorgen sollten, da sie nur genug für sich selbst hatten. Als die törichten Jungfrauen endlich das Haus des Bräutigams erreichten, die Tür verschlossen fanden und Einlass begehrten, da antwortete er: „Wahrlich, ich sage euch: Ich kenne euch nicht" (Mt).

An dem Feigenbaum lernt: Wenn er ausschlägt, so wisst ihr, dass der Sommer nahe ist. Gleichfalls, wenn all dieses geschieht von dem ich euch gesagt habe, dann ist die Zeit des Endes gekommen. „Wahrlich ich sage euch: Dieses Geschlecht wird nicht vergehen, bis dies alles geschieht, Himmel und Erde werden vergehen; aber meine Worte werden nicht vergehen. Von dem Tage aber und der Stunde weiß niemand, auch die Engel im Himmel nicht, auch der Sohn nicht, sondern allein der Vater. Seht euch vor, wachet! Denn ihr wisst nicht, wann die Zeit da ist" (Mk).

Kommentar

Zum Johannes-Evangelium

7. Das Laubhüttenfest war das populärste Fest der Juden. Sie erneuerten damit das Andenken an die vierzig Jahre des Exodus während dessen die Vorfahren in Zelten gelebt hatten. Es war ein Fest der Freude, der Lichter, des Tanzes und des Gesangs. Jesu Brüder wollten ihn dazu bewegen, sich auf diesem Fest zu zeigen. Ihr Anliegen klingt scheinheilig, mussten sie doch um die Gefahr, der Jesus ausgesetzt sein würde, wissen. Es scheint als ob sich Jesus und seine Familie bereits entfremdet hatten. Jesus verweigerte sich ihrem Vorschlag mit dem kryptischen Ausspruch: „Meine Zeit ist noch nicht erfüllt“. Dann ging er aber trotzdem heimlich hin. Sein Verhalten erscheint merkwürdig. Ist seine Zeit nun erfüllt oder nicht?

Jesu Buchwissen fällt auf, hat er doch keine rabbinische Unterweisung erhalten oder so sagte man jedenfalls von ihm. Jesus erklärt sich, dass er die Lehre direkt von Gott empfangen habe. Das klingt eher so, als ob ihm diese Worte vom Verfasser, der ja auch sonst zum theologisieren neigt, in den Mund gelegt worden sind. So viel lässt sich jedenfalls sagen: Die Art und Weise wie der biblische Jesus die Schrift auslegt und Streitgespräche mit den religiösen Autoritäten führt, beweisen eine profunde Kenntnis der Schrift. So zum Beispiel wenn er die Pharisäer des Sabbatbruchs beschuldigt; denn fiel der 8. Tag auf einen Sabbat, wurde der Knabe trotzdem beschnitten. Dann kann man eben argumentieren, dass das Beschneidungsgebot der Sabbatruhe übergeordnet ist. Wenn das so ist, warum sollte Jesus dann nicht jemanden am Sabbat heilen dürfen?

Am letzten Tag des Festes tritt Jesus noch einmal auf und spricht wieder einmal mit hoher theologischer Symbolik. Indem sie unter dem Jubel des Volkes das heilige Wasser der Quelle Siloha ausgießen, wiederholen die Priester rituell das Ausströmen des Wassers aus dem von Mose in der Wüste angeschlagenen Felsen (Num 20,11). Diese Handlung bezieht Jesus nun symbolisch auf sich wenn er von Strömen lebendigen Wassers spricht (7,38).

8. Die Episode von der Ehebrecherin, eine der schönsten Geschichten des Neuen Testaments, gehört nicht in dieses Evangelium. Nach Inhalt und Form ähnelt es eher den synoptischen Erzählungen. Deshalb vermuten einige Ausleger, dass ihr richtiger Platz hinter Lukas 21,38 ist. Sie fehlt in manchen Urkunden und in anderen ist sie versetzt. Manche Kirchenlehrer wie Tertullian und Origenes erwähnen sie überhaupt nicht. Es wird vermutet, dass sie ausgelassen wurde, weil Jesus ihrer Überzeugung nach zuviel Milde gegenüber einem Ehebruch gezeigt hatte und diese Geschichte ein unsittliches Verhalten hätte fördern können.

In dieser Erzählung wird Jesus vor ein praktisch unlösbares Dilemma gestellt. Stimmt er der Steinigung zu, dann erweist er sich zwar als gesetzestreu, verstößt aber gegen seine eigenen Grundsätze. Lehnt er sie ab, bleibt er sich zwar selbst treu, kann aber als Gesetzesbrecher angeklagt werden. Jesus reagiert in einer für ihn typisch unerwarteten Weise und schreibt etwas in den Sand. Was er geschrieben hat, darüber ist viel spekuliert worden. So vermuten manche Exegeten, dass es sich dabei um den Text in Jer 17,13 handelt, der in dem Sinne ausgelegt wird, dass vor Gott alle Menschen Sünder sind. So sagt denn auch Jesus: Wer ohne Sünde ist, der werfe den ersten Stein. Natürlich ist keiner ohne Sünde und so verziehen sich seine Gegner wieder. Den Anfang machen die Ältesten, die wohl das längste Sündenregister haben. Jesus aber hat seine eigene Linie eingehalten ohne dabei das mosaische Gesetz gebrochen zu haben. Gegenüber der Frau erweist er sich als ein Mensch der Güte und Barmherzigkeit. Er richtet nicht, allerdings ist auch von einer Vergebung keine Rede. Er schenkt ihr aber ein befreiendes Wort und gibt ihr damit den Mut zu einem Neuanfang.

Jesu Selbstbezeichnung als Licht des Lebens parallelisiert die Aussage vom Logos als das Licht welches in der Finsternis scheint, das wahre Licht, das „alle Menschen erleuchtet“. Das Licht lässt sich auch mit dem Laubhüttenfest assoziieren. An den Tagen des Festes werden Fackeln angezündet, welche die Erinnerung an Gottes wandernde Feuersäule in der Wüste in das kollektive Gedächtnis zurückrufen sollen. Und Jesaja (42,6) sprach vom Gottesknecht als dem Licht für die Heiden.

Jesus warf den Juden vor, dass sie nach dem Fleisch richten, da sie ihn nicht annehmen. Ihr Unglaube wird dazu führen, dass sie in ihrer Sünde sterben. Damit meint er einen Zustand innerer Verderbnis, der zum Tode führt. Er bezichtigte sie, von dieser Welt zu sein und damit antigöttliche Mächte zu verkörpern. Ein solcher Vorwurf fügt sich in eine Reihe weiterer anti-jüdischer Aussagen dieses Evangeliums ein und der Ton verschärft sich noch einmal. So bezeichnet Jesus seine Hörer als Knechte der Sünde, gar als Teufelskinder. Damit führt Jesus ihre Abstammung auf Kain, letztlich auf den Teufel zurück; denn dieser galt nach jüdischer Tradition als Kains Vater. Schließlich war Kain ja ein Mörder und Lügner gewesen. Nachdem Jesus seine Hörer gründlich verunglimpft hatte, stellt er sich selbst als der ewige Gott vor. Soll man da den Juden ihren Zorn verdenken?

9. Die Geschichte über die Heilung des Blinden fügt sich nahtlos an das vorherige Kapitel über Jesus als das Licht der Welt ein. Sie steht ganz im Zeichen des Gegensatzes von Licht und Finsternis. Jesus schenkt dem Blinden die äußere und innere Sehkraft, d.h. den Glauben an ihn als den Menschensohn. Der Blinde kommt zum Sehen während die Pharisäer als die eigentlich Sehenden blind werden. Die Ursache der Krankheit ist für Jesus nicht eine Sünde und sie ist damit auch keine Strafe Gottes, die Pharisäer aber verharren noch in alten Denkschablonen und behaupten, der geheilte Mann wäre „in Sünden geboren". Nun wandelt sich Jesus vom Angeklagten zum Richter und bezeichnet die Pharisäer als die eigentlich Blinden, über die er Gericht halten wird.

10. Die Allegorie von dem guten Hirten baut auf dem typischen Bild der pastoralen Existenz im damaligen Palästina auf. Abends wurden die Schafe von ihren Hirten in eine Einfriedung getrieben wo sie einem gemeinsamen Türhüter zur nächtlichen Wache übergeben wurden. Am folgenden Morgen kommen die Hirten zurück, klopfen an die Tür des verriegelten Schafstalls, sondern ihre Herden ab und führen sie wieder auf die Weide hinaus. Jesus ist nun der gute Hirte, der über die Seinen wacht und bereit ist, sein Leben für sie zu lassen – ein Vorgriff auf seinen Kreuzestod. Aus dieser Fürsorge erwächst ein vertrauensvolles Verhältnis. Jesus ist als die Tür versinnbildlicht, als der einzige rechtmäßige Eingang und der mit dem Durchgang die Gläubigen zur Teilnahme am Überfluss des Lebens einlädt. Die Pharisäer aber gleichen Dieben und Räubern; denn sie haben sich unrechtmäßig Zugang zum Schafstall verschafft. Die Tür ist somit ein Symbol für das Heil, welches Jesus allen verspricht, die an ihn glauben, die Heiden eingeschlossen.

Beim Fest der Tempelweihe in Jerusalem – ein Lichterfest, eingeführt von den Makkabäern zur Erinnerung an die Reinigung des Tempels nach seiner Entweihung 168 v. Chr. durch Antiochus Epiphanes IV – bahnte sich nun eine weitere Zuspitzung des Konflikts zwischen Jesus und den Pharisäern an. Schon die Umringung Jesu durch die Juden verrät Spannung und Aggressionspotential. Ihre Wut steigerte sich noch, als Jesus sagte, er wäre eins mit dem Vater. Für die Juden war die Gleichstellung mit Gott eine unerhörte Blasphemie auf die die Todesstrafe stand. Jesus rechtfertigte sich mit einer eigenwilligen Interpretation des Psalm 82 aber die Juden drohten, handgreiflich zu werden. Doch Jesus entwich ihnen.

Die ganze Kontroverse hat wohl weniger mit Jesus als der aktuellen politischen Situation in der sich die Gemeinde des Verfassers befand, zu tun. Gegner sind nur noch die Juden bzw. die Pharisäer während nirgendwo die Sadduzäer erwähnt werden. Das aber ist die Lage der Dinge nach der Zerstörung des Tempels im Jahre 70 n. Chr. als die Pharisäer die gesellschaftliche Führung übernommen und die Partei der Sadduzäer sich aufgelöst hatte. Somit legt der Verfasser Jesus Worte in den Mund, die er nach seiner Überzeugung so gesprochen haben könnte. Aber das ist nicht mehr der Freund und Feind einschließende Jesus der Liebe. Hätte vielleicht Sokrates je so gesprochen? Oder Gandhi? Hier beschimpft der joh Jesus die Menschen auf das Übelste als Teufelsbrut und Sündenknechte, vergleicht sie mit Räubern und Dieben über die er dann auch noch als Gottessohn zu Gericht sitzen will. Selbst sieht er sich als den göttlich legitimierten Verkünder der einzig selig machenden Wahrheit. Wer ihm da nicht folgen will, der wird als Teil der widergöttlichen Mächte diffamiert. Wie würden wir heute auf ein solches Auftreten reagieren? Oder war sein Wunderwirken so offensichtlich, dass eine Verleugnung ein Gottesurteil nach sich ziehen musste?

11. Als Jesus größtes Wunder wird die Erweckung des Lazarus gehalten. Aber hat es sich wirklich so zugetragen? Zweifel sind angebracht. Auffallend ist, dass der Name Lazarus mit sehr verschiedenen Persönlichkeiten assoziiert wird. Bei Lukas ist es der arme Bettler, der nach seinem Tode in den Himmel aufgehoben wird, bei Johannes der Bruder der beiden Schwestern Marta und Maria, den Jesus aus dem Tode in das irdische Dasein zurückbringt. Könnte es vielleicht sein, dass die Verfasser ähnliches Material ganz unterschiedlich verarbeitet haben? Skepsis scheint auch aufgrund der antiken Wundergläubigkeit angebracht zu sein, die in einer Zeit herrschte, als man nur eine vage Vorstellung vom Ordnungsprinzip von Ursache und Wirkung, das den sinnlich wahrnehmbaren Naturvorgängen unterliegt, hatte. So wurde auch dem griechischen Wanderprediger Apollonius von Tyana nachgesagt, dass er ein Mädchen vom Tode zum Leben erweckt hatte. Der Verfasser mag eine überlieferte Legende in ein fiktives Geschehen eingebettet und trotzdem geglaubt haben, dass es sich so abgespielt haben könnte. Jedenfalls ist die Erzählung bewusst so gestaltet worden, um den größtmöglichen Effekt zu erzielen, sodass die Menschen zum Glauben an Jesus Gottessohnschaft kommen. Dazu zählt die uns befremdende Verzögerung Jesu bevor er sich auf den Weg nach Betanien macht was zur Folge hat, dass er längst nach dem Tod des Lazarus eintrifft. Da war Lazarus bereits vier Tage tot gewesen; die Verwesung hatte also bereits eingesetzt und nach damaliger Vorstellung hatte sich die Seele endgültig vom Körper getrennt. All dies sind Steigerungsformen, die nur dazu dienen, den Wundercharakter und die Wirkmächtigkeit Jesu herauszustreichen.

Der joh Jesus artikuliert sich häufig auf der theologisch-symbolischen Ebene, bezeichnet sich mal als Licht, mal als Tür, mal als die Auferstehung zum Leben. Obwohl der auferweckte Lazarus ja eines Tages wieder sterben muss, so braucht er vor diesem Tod keine Angst mehr zu haben; denn durch den Glauben an Jesus wird er das ewige Leben gewinnen, d.h. in Jesus lebt der Gestorbene weiter. Diese Überzeugung gibt Zuversicht, dass sich der Lebenssinn nicht auf unsere körperliche Existenz begrenzt. So lässt sich im Vertrauen auf Jesus unsere Todesangst überwinden. Ähnlich hatten sich bereits die Ägypter die Reise vom Tode zurück ins Leben vorgestellt. Sie hofften, am Ende dieser Reise ihrem Gott Osiris, der Leben und Wiederauferstehung verkörperte, wieder zu begegnen.

Ansonsten gewinnt die Gestalt des Lazarus keine Konturen im Evangelium. Seine beiden Schwestern hingegen stehen im Zentrum der Erzählung. Die Geschwister sind höchst unterschiedlich. Maria ist hoch emotional, Marta hingegen verkörpert die rational-praktisch handelnde Frau. In Marta steckt sogar der Keim einer weiblichen Theologin, zitiert sie doch eine christologische Bekenntnisformel (11,27), die man wohl in der johanneischen Gemeinde aufzusagen pflegte. Die Erzählung belegt erneut die bedeutende Rolle von Frauen im Jüngerkreis Jesu. Ihre Häuser stellten wichtige Stützpunkte in ihrer unsteten Existenz dar. Und sie waren gleichermaßen Freundinnen und akzeptierte Gesprächspartner, ja, in ihrer Glaubensgewissheit übertrafen sie sogar die männlichen Jünger.

Die Auferweckung des Lazarus hat die Besorgnis der Oberen vertieft und in ihrem Entschluss gefestigt, Jesus zu töten. Sie befürchteten eine unkontrollierbare Zusammenrottung der Menschen, die den Argwohn der Römer wecken und zum Verlust der nationalen Selbstständigkeit führen könnte was auf dem Hintergrund des historischen Kontextes verständlich ist. Kaiphas, der Jesu Tod fordert, weil der seiner Meinung nach dem Wohle des Volkes dient, argumentiert dabei wie ein rational denkender, im nationalen Interesse handelnder Politiker. Ein unterschwelliges Motiv mag aber auch Angst vor dem Verlust der Privilegien gewesen zu sein. Paradoxerweise trifft sich die Entscheidung der Oberen, Jesus zu töten, mit dem Willen Gottes; denn dessen Plan sah ja Jesu Opfer als Vorbedingung für eine Versöhnung vor. Ohne es zu wissen, sind die nationalen Führer also eine Art Vollstreckungsgehilfen Gottes, seine Werkzeuge, so wie es vormals zum Beispiel die Babylonier gewesen waren.

12. Die Salbung in Betanien wird ähnlich von Markus (14,3–9) und Matthäus (26,6–13) beschrieben, nur dass bei ihnen von einer ungenannten Frau im Hause des Simon die Rede ist. In Lukas Erzählung (7,36–50) hingegen ist es die Sünderin, in der viele Ausleger Maria Magdalena vermuten, die Jesus im Hause des Pharisäers gesalbt hatte. Johannes berichtet sogar von einer zweimaligen Salbung durch Maria (11,2; 12,3). Da ist wohl einiges durcheinander geraten. Wahrscheinlich ist, dass mehrere Variationen der gleichen Geschichte kursierten.

Das Grundthema in diesem Kapitel ist das Sterben. Das beginnt mit der Salbung Jesu durch Maria zu seinem Begräbnis, setzt sich fort mit der Erwähnung der Tötungspläne der Hohenpriester, weiter mit dem allegorischen Sterben des Weizenkorns und mit der Betrübnis Jesu angesichts seines bevorstehenden Todes. Das Weizenkorn repräsentierte das jahreszeitliche Sterben und Gedeihen in den Fruchtbarkeitskulten und spielte eine tragende Rolle in den griechischen Mysterien, insbesondere dem Demeter-und-Kore Kult. Jesus bereitet sich auf seinen Tod vor und gesteht öffentlich seine Furcht. Doch er überwindet sie im Gehorsam zu seinem Vater; denn sein Tod ist quasi Teil seines Auftrags und dessen Erfüllung in der Form eines Aufstreckens am Kreuz wird dann mit seiner Erhöhung zurück zum Himmel belohnt werden.

Auch der Unglaube des Volkes wird dem Wollen Gottes zugeschrieben und als eine Erfüllung der Prophezeiung des Jesaja gedeutet (12,37–41). Dazu schreibt Godet (Kommentar zu dem Evangelium des Johannes, 2.Buch): „Gott will sie nicht heilen; das stimmt nicht zu seinen wirklichen Absichten gegen sie. Eben darum will er nicht, dass sie glauben, was ihn nötigen würde, ihnen zu verzeihen und sie zu heilen ... Gott gestattet nicht nur diese Entwicklung des Bösen, er will sie und wirkt dazu mit“. Es ist kaum begreiflich, dass ein vernünftig denkender Theologe so ein hirnverbranntes Geschwätz abliefert. Godet gibt dann auch noch eine Erklärung warum Gott angeblich so handelt: In seinem Herzen war Israel noch nicht bereit für die Aufnahme von Jesus und so hätte eine nur „verstandesmäßige Zustimmung“ die weitere Ausbreitung der Botschaft Christi in der Heidenwelt und die folgende Entwicklung der Kirche gehemmt. Logischerweise kommt man nach dieser Denkweise zu dem Schluss, dass Gott die Juden absichtlich in das Gericht und damit in die Verdammnis geführt hatte, indem er sie in ihrem Herzen verstockte. Wenn ein solches Denken nicht zu einem moralischen Abgrund führt und eine Karikatur aus dem Gott der Liebe macht!

Zu den synoptischen Evangelien

Jesus zieht mit Jüngern und anderen Anhängern, die auch nach Jerusalem pilgern, in die Stadt ein. Dies ist der Ort, wo sich sein Schicksal entscheiden wird, und es scheint als ob Jesus diese Entscheidung bewusst herbeizuführen sucht. Er setzt alles auf eine Karte: Sein Leben gegen die Hoffnung, die religiösen Autoritäten für seine Sache gewinnen zu können, zu einem Show-down für oder gegen ihn. Gewinnt er, dann könnte es der Beginn der Gottesherrschaft in Jerusalem sein; verliert er, dann bedeutet es möglicherweise seinen Tod. Schon die Herbeischaffung des Reittieres scheint eine abgekartete Sache zu sein; denn woher sollte Jesus so ein präzises Vorherwissen gehabt haben? Es lebten allerdings in Betfage und Betanien – Vororte Jerusalems – Galiläer und damit Landsleute von Jesus. Nun setzt sich Jesus auf eine Eselin (bei Matthäus 21,7 ist es eine Eselin und ein Füllen wodurch der etwas lächerliche Eindruck entsteht, Jesus reite auf zwei Eseln gleichzeitig) und reitet voran.

Ob sich die ganze Szene tatsächlich so oder so ähnlich abgespielt hat, ist natürlich historisch nicht zu beweisen und gewisse Unstimmigkeiten in den Darstellungen der Evangelisten geben durchaus Grund zum Zweifel. Aber wenn auch die Details wohl Fiktion sind, so kann es doch als plausibel gelten, dass Jesus in der Tat einen grandiosen Auftritt in Jerusalem gehabt hat, und Erinnerungen daran sind in diesen Texten festgehalten worden. Doch ein wirklich triumphaler Einzug sieht anders aus. Der bejubelte Imperator würde ja nicht auf einem Esel über die von der Menge ausgebreiteten Kleider und Zweige reiten, sondern darüber schreiten. Die Menschen aber identifizieren Jesus mit einem König und schreien: „Hosianna dem Sohn Davids“ (Mt 21,9) und „Gelobt sei das Reich unseres Vaters David“ (Mk 11,10). Die Menge jubelt ihm zu und huldigt ihn als den prophezeiten Messias, der ihr Land von der Knechtschaft befreien und ein erneuertes Israel begründen wird (Jes. 11), doch tragischerweise erliegt sie einem Missverständnis.

Jesus will ja gerade nicht Israels neuer König sein und erhebt daher keinen politisch-messianischen Anspruch. Sein Verständnis von Gottes Reich ist nicht das einer weltlichen Herrschaft und so wird er zwangsläufig die Menschen enttäuschen müssen und aus der Enttäuschung heraus wächst dann Ablehnung. Jesus wählt bewusst einen Esel, das Reittier der Armen, um sich ihnen als einen demütigen und sanftmütigen Friedenskönig zu präsentieren, so wie es Sacharja prophezeite: „Siehe, dein König kommt zu dir, ein Gerechter und ein Helfer, arm und reitet auf einem Esel … er wird Frieden gebieten den Völkern“ (9,9f). Bei den Oberen Israels musste aber sein Einzug den Eindruck verstärkt haben, hier komme jemand, der ihre religiös-politische Autorität in Frage stellt. Auch könnte die von ihm verursachte Erregung im Volk von den Römern als Aufruhr gedeutet werden und sie zum Eingreifen herausfordern. Hatte Jesus diese Stimmung bewusst schüren wollen um die Oberen damit zu provozieren oder war die überschwängliche Begeisterung der Massen ihm über den Kopf gewachsen? Schwer zu sagen. Er kam als Friedensfürst, dem nichts an politischer Macht lag, aber er wollte auch eine Entscheidung erzwingen.

Die Ansicht Jerusalems erfüllte Jesus mit tiefer Niedergeschlagenheit. Spricht daraus die pessimistische Vorausschau, dass seine Mission fehlschlagen und in einer Katastrophe für ihn aber auch Jerusalem enden wird? Ist es diese Einsicht, die aus den Worten spricht: „ihr habt nicht gewollt“ (Mt 23,37)? Wie steht doch diese bittere und düstere, ja melancholische Stimmung in Kontrast zum Jubel seiner Jünger. Ob Jesus allerdings tatsächlich die Zerstörung Jerusalems 70 n. Chr. vorausgesehen hat, darüber kann man nur spekulieren, doch spricht der Bezug auf ein ‚wüst und öde‘ dar liegendes Jerusalem eher dafür, dass in diesem Abschnitt die Erfahrung der nachösterlichen Gemeinde verarbeitet worden ist.

Die Vorfälle im Tempel mussten die Autoritäten nur in ihrem Verdacht bestärken, dass Jesus in der Tat einen politischen Umsturz plant. Die Szene seines Zornesausbruchs, während dessen er sich sogar zu Handgreiflichkeiten hinreißen lässt, klingt historisch durchaus glaubwürdig. War ihm bereits beim Besuch am Vortag die Aussichtslosigkeit des Unterfangens, seine religiösen Widersacher für seine Sache zu gewinnen, klar geworden und seine Stimmung dementsprechend eingetrübt? Jedenfalls verflucht er den harmlosen Feigenbaum, obwohl der doch zu dieser Jahreszeit noch gar keine Frucht tragen kann. Vielleicht soll der Fluch ja eigentlich die Oberen treffen, denen er vorwirft, keine Frucht im Sinne Gottes zu bringen. Dazu passt die Vorstellung einer im Traditionalismus erstarrten und sich im Dahinmurmeln von routinierten Glaubensformeln erschöpfenden Religion, in der jegliche Lebendigkeit versiegt ist, symbolisiert durch den verdorrten

Baum. Oder meint er gar das Israel, das sich seiner Botschaft widersetzt? Schon der Prophet Jeremia verglich Israel mit einem Feigenbaum, dem er die Lese des Herrn androhte (Jer 8,13) und der Prophet Micha beklagte die Verderbnis des Volkes, die er mit dem Ausbleiben der Frucht verglich (Mich 7,1f). Wenn in der Tat Jesu wütender Ausspruch „Nun wachse auf dir niemals mehr Frucht!" (Mt 21,19) sich symbolisch auf das ganze Volk beziehen sollte und dessen Verdammung einschließt, dann müsste man seine Aussage als antisemitisch kritisieren. Es ist doch aber eher vorstellbar, dass diese Episode wiederum eine spätere Einfügung ist und die zunehmende Feindschaft zwischen jüdischer Synagoge und christlicher Gemeinde widerspiegelt.

Jesus wird kaum das ganze Volk in Sippenhaft hat nehmen und ihm mit einer Kollektivstrafe drohen wollen. Das geht schon aus der Episode von der Tempelreinigung hervor, in der Jesu Gegnerschaft ausdrücklich auf die Hohenpriester und Schriftgelehrten begrenzt wird, die danach trachteten, „wie sie ihn umbrächten" (Mk 11,18). Deren Haupteinnahmequelle war der Opferdienst im Tempel und sie mussten daher ihre Pfründe durch Jesu Handlungen als bedroht sehen, ähnlich wie im Mittelalter Martin Luthers Kritik am Ablasshandel das Geschäft der katholischen Kirche in Frage stellte. Mit dieser Abzockerei werden die nachfolgenden Heilungen Jesu an Lahmen und Blinden kontrastiert, die als eine freie Gnade Gottes zu verstehen sind. Wenn man Jesu Torafrömmigkeit berücksichtigt, dann ist es doch wohl eher unwahrscheinlich, dass er den Tempelkult als solchen beenden wollte, wie es bei Johannes Version darauf hinausläuft. Eher war ihm die Vermarktung der Religion zuwider aber gerade dieses Anliegen musste ihn in Konflikt mit den Oberen bringen, weil es ihre Geschäftsgrundlage in Frage stellte, und so waren sie bestrebt, diesen Störenfried, der darüber hinaus auch politisch eine potentielle Gefahr darstellte, aus den Weg zu räumen.

Die offene Konfrontation lässt nicht lange auf sich warten. Die religiösen Autoritäten zusammen mit den Ältesten stellen Jesus die Frage nach der Vollmacht für sein Tun und so entwickelt sich ein typisch rabbinischer Disput, in der sich die Oberen durch Jesu Gegenfrage nach der Vollmacht des Täufers in ein Dilemma gedrängt fühlen; denn sollten sie die himmlische Vollmacht des Johannes bestätigen, dann müssten sie sich durch ihr Fernbleiben von seiner Taufe dem Vorwurf des Unglaubens aussetzen. Geben sie aber Johannes Autorität als lediglich menschlichen Ursprungs aus, dann würden sie sich den Zorn des Volkes zuziehen. Indem sie ihr Nichtwissen zugeben offenbaren sie ihren Mangel an Kompetenz. Jesus aber würdigt sie keiner weiteren Antwort.

Auch in dem Gleichnis von den beiden ungleichen Söhnen wird der Unglaube der Oberen bloßgestellt. Wahrer Glaube und rechtes Tun sind miteinander verschränkt, will Jesus uns wissen lassen. Einer, der bloß redet ist wie ein leeres Gefäß, es kommt darauf an, was man tut. Die Führer der Juden sind aber wie der zweite Sohn. Sie geben zwar vor, den Willen Gottes zu tun, schenken ihm dann jedoch kein Gehör, wenn er durch Johannes und Jesus verkündigt wird. Die Zöllner und Huren aber glaubten Johannes, und so werden diese vor ihnen in das Reich Gottes kommen.

Wieder attackiert Jesus die Oberen, diesmal indirekt in der Allegorie von den bösen Winzern. Als Vorbild diente dem Verfasser Jesajas Lied vom unfruchtbaren Weinberg (Jes 5,1ff). Offensichtlich ist mit dem Herrn des Weinbergs Gott gemeint, mit den geschmähten Knechten die Propheten und mit dem geliebten Sohn Jesus selbst, dessen Schicksal hier also bereits vorweggenommen worden ist. Der Sohn wird von den Pächtern, umschrieben für die Führer Israels, getötet. Doch als Gottesmord lässt sich Jesu Hinrichtung nicht konstruieren, hatten die Oberen doch gerade Jesus Gleichsetzung mit Gott als Blasphemie verstanden. In ihrer Sicht töteten sie einen Aufrührer, keinen Gott. Sie begriffen durchaus, dass Jesus „von ihnen redete", doch musste auf sie die Rede vom ‚geliebten Sohn' als Erbe des Herrn irritierend wirken. Gleichwohl dürfte ihnen klar gewesen sein, dass Jesus hier eine verschlüsselte Drohung gegen sie aussprach, nämlich dass sie selbst für den Mord an dem Sohn büßen werden und ihnen das Erbrecht auf das Reich Gottes entzogen werden wird. Erbe des von Gott verworfenen Volkes aber wird die neue Kirche Christi sein. Damit wurden wohl Jesus Worte in den Mund gelegt, die den Konflikt zwischen Synagoge und Christentum widerspiegeln, und so war ein weiterer Keim für einen verderbenbringenden Antisemitismus gelegt.

Auch von der Erzählung ‚Die königliche Hochzeit' (Lukas = das große Abendmahl) ist kaum anzunehmen, dass sie auf Jesus selbst zurückgeht oder aber sie ist in der Folgezeit stark redigiert worden. Das lässt sich schon aus den erheblichen Abweichungen zwischen den Versionen des Matthäus und des Lukas schließen. So ist es bei Matthäus ein König, der für seinen Sohn eine Hochzeit ausrichten lässt. Nicht nur, dass die Leute seine Einladung verachten, sondern sie verspotten und töten auch noch die Knechte des Königs, der daraufhin voller Zorn die Mörder umbringen und ihre Stadt anzünden lässt – eine deutliche Anspielung auf den Untergang Jerusalems 70 n. Chr.. Der König lässt dann die Knechte alle, die sie finden, an seine Tafel bringen, Gute wie Böse, verstößt aber einen der Gäste, der nicht festlich gekleidet ist. Bei Lukas läuft alles weitaus undramatischer zu. Ein Mensch lädt zu einem großen Abendmahl ein. Die Geladenen erklären sich aber wegen anderweitiger Verpflichtungen als leider verhindert woraufhin der Herr all die Ausgestoßenen zum Mahl einlädt, ja sie nötigt, hereinzukommen, während den vormals Geladenen in Zukunft das Abendmahl vorenthalten werden wird.

Es findet sich im Neuen Testament kein Gleichnis, das so voller Widersprüche steckt wie das von der königlichen Hochzeit im Matthäus Evangelium. Wo sind Braut und Bräutigam? Welches Motiv hätten die Bürger, die einladenden Knechte des Königs zu ermorden? Und warum sollte der König mit solchem Zorn reagieren und gleich ihre ganze Stadt in Schutt und Asche legen wollen und dabei Übeltäter zusammen mit den Unschuldigen bestrafen? Trotz des Kriegszuges aber wird die Hochzeitsparty nicht abgeblasen. Und ist es realistisch anzunehmen, dass kein Einziger der Einladung gefolgt war? Einer der späteren Gäste hatte kein Hochzeitsgewand an – woher hatten die anderen es sich auf die Schnelle besorgt und warum wurde er wegen eines Lapsus so streng bestraft? Wegen all dieser Ungereimtheiten wirkt das Gleichnis gekünstelt und wenig überzeugend wenn auch der Kern der Botschaft durchaus klar ist. Ein König, allegorisch umschrieben für Gott, arrangiert ein Bankett zu Ehren seines Sohnes, d.h. Jesus, zur Vermählung mit seiner Braut, dem Volk Gottes. Doch die Hochzeit artet zu einer Mord- und Horrorstory aus. Das Volk, also Israel, verschmäht die Einladung, reagiert mit Hohn und Totschlag und zieht sich damit die tödliche Rache des Königs, d.h. Gott, zu. Es ist eine dunkle Geschichte, in der sich nichts von der Freude und Verheißung findet, die Jesus ansonsten metaphorisch mit dem Reich Gottes verbindet. Sie steht insofern auch für die sich vertiefende Feindschaft zwischen Juden und Christen. Aus der Sicht der jungen Kirche hat Gott das jüdische Volk verworfen und sich an seiner Statt die Heiden als das wahre Israel erwählt. Der alte Bund ist von einem neuen Bund abgelöst worden. Mit der Metapher vom Hochzeitsgewand, die auf Jes.61,10 (Kleider des Heils für den Bräutigam) zurückgeht, richtet Matthäus allerdings auch eine deutliche Warnung an die Mitglieder des neuen Bundes. Nur wer sein Leben neu ausrichtet kann vor Gott bestehen und an seiner Gemeinschaft teilnehmen. Formale Zugehörigkeit reicht nicht aus; es kommt auf das Tun im Sinne der Mitmenschlichkeit an.

Die Erzählung über die Steuerfrage scheint eine authentische Begebenheit wiederzugeben. Sie bezeugt die Schlagfertigkeit Jesu, die seinen Gegnern den Mund verschließt. Die von dem Hohen Rat gesandten Spitzel umschmeicheln Jesus, um ihn zu einer verräterischen Aussage zu verleiten, die eine Auslieferung an die römischen Behörden rechtfertigen könnte. Widerstand gegen die Römer hatte sich historisch immer wieder an der Steuerfrage entzündet. Hätte Jesus also die Frage „Ist's recht, dass man dem Kaiser Steuern zahlt oder nicht?" (Mk 12,14) mit Nein beantwortet, dann hätte er sich als verdeckter Widerstandskämpfer entpuppt und beim Statthalter verklagt werden können. Hätte er die Frage aber mit Ja beantwortet, wäre er in Widerspruch zu den ganz Frommen geraten und das Volk hätte sich enttäuscht von ihm abgewendet. Nun löst Jesus das Dilemma auf eine Weise, welche die arglistige Heuchelei der Spitzel enthüllt. Er lässt sich eine Münze von ihnen zeigen und siehe da, man zeigt ihm eine, die Aufschrift und Bildnis des Kaisers trägt. Das Bild aber des Kaisers zusammen mit der Aufschrift ‚Augustus Sohn Gottes' galt im Judentum als Blasphemie und damit waren die Spitzel als römerfreundlich entlarvt. Jesus entzieht sich einer eindeutigen Antwort indem er zwischen der Anerkennung Gottes und den Rechten des Kaisers differenziert. Den überraschten Spitzeln bleibt nichts anderes übrig, als zu schweigen.

In einem neuerlichen Streitgespräch sind es diesmal die Sadduzäer, die Jesu Verständnis des mosaischen Gesetzes einem Test unterziehen. Die Sadduzäer hielten nur die Tora, also die ersten fünf Bücher Mose, maßgeblich für den Glauben und da dort nirgendwo von einer Auferstehung die Rede ist, lehnten sie den Glauben an eine Auferstehung ab. Mit dem arg konstruierten Fall einer Schwagerehe wollten sie eine solche Überzeugung bloßstellen und Jesus damit lächerlich machen. Ihr Argument setzt jedoch voraus, dass das himmlische Leben so ähnlich weitergehen wird wie das irdische. Jesus aber bestreitet den Fortgang des biographischen Zyklus von Heirat und Zeugung, da in der Auferstehung der Leib des Menschen verklärt und er somit wie die Engel sein wird. Der Auferstehungsglaube der Pharisäer hatte durchaus auch eine politische Komponente; denn er bereitete den Boden für das Märtyrertum vor in dem Sinne, dass der, der für eine gute Sache stirbt, mit dem Aufstieg in den Himmel belohnt wird. Formal aber ist Jesu Logik, dass nur weil Gott sich in seiner Selbstvorstellung in der Begegnung mit Mose auf die Patriarchen bezieht, sie deshalb auch zu den Lebenden gezählt werden müssen, nicht schlüssig, das eine folgt nicht zwingend aus dem anderen. Aber die Vorstellung, dass sich die Patriarchen bereits aufgehoben bei Gott befinden, war unter den Pharisäern verbreitet. Sie unterliegt auch dem Gleichnis vom reichen Mann und Lazarus.

Jetzt ergreift Jesus selbst die Initiative und eröffnet das letzte Streitgespräch. Im Psalm 110,1 heißt es: „Der HERR sprach zu meinem Herrn". Daraus geht hervor, dass mit dem ersten ‚HERR' (Großbuchstabe) Gott und mit dem zweiten ‚Herr' der Messias gemeint ist. Liest man diesen Psalm weiter, dann enthüllt sich, wie sich die alten Israelis den Herrschaftsantritt ihres Messias vorgestellt hatten: „Der HERR wird das Zepter deiner Macht ausstrecken aus Zion. Herrsche mitten unter deinen Feinden ... Der Herr zu deiner Rechten wird zerschmettern die Könige am Tage seines Zorns. Er wird richten unter den Heiden, wird viele erschlagen, wird Häupter zerschmettern auf weitem Gefilde". Grausig. Kann man heute noch so einen Text als Wort Gottes adeln? Warum aber hatte Jesus sich einen solch bluttriefenden Psalm ausgesucht, um seine Identität zu klären, wenn er doch nicht als Kriegsfürst sondern als Friedenskönig auftreten wollte?

Der tendenziöse und diffamierende Stil der nachfolgenden Rede Jesu rückt die Beziehung zwischen ihm und den Pharisäern in ein schiefes Licht. Hier hat Matthäus wohl zu dick aufgetragen und karikiert damit Jesu Liebesbotschaft. Seine Worte hier gleichen einer einzigen Hetz- und Hassrede, die man heutzutage auf den Index stellen würde. Eine solch überzogene Schmährede ist weder fair gegenüber den Pharisäern noch ist sie glaubhaft. Jesus hatte unter ihnen viele Anhänger, wurde von ihnen bewirtet und vor den Nachstellungen des Herodes gewarnt. Damit ist nicht auszuschließen, dass sich Jesus zuweilen an dem aufdringlichen Frömmigkeitsgehabe der Pharisäer ärgerte und die kasuistische Spitzfindigkeit der Schriftgelehrten kritisierte aber es ist doch wohl eher so, dass dieser Text die Stimmungslage der verfolgten und unterdrückten nachösterlichen Gemeinden reflektiert.

Die Endzeitrede Jesu richtet sich direkt an seine Jünger. Darin greift er Themen wie die Zeichen des kommenden Weltendes, das seiner eigenen Wiederkehr (Parusie) und des zukünftigen Gottesreiches auf, das bereits in seinem Wirken aufleuchtet. Die Frage, ob hier tatsächlich authentische Worte Jesu vorliegen oder ob sie ihm vom Verfasser untergeschoben worden sind, wird kaum definitiv zu beantworten sein. Zumindest erscheint es wahrscheinlich, dass Jesu Worte von der großen Bedrängnis in Jerusalem auf ein Flugblatt aus dem Jahre 40 n. Chr. zurückgehen, als der römische Imperator plante, sein Bildnis – von den Juden als das Gräuel der Verwüstung bezeichnet – im Tempel aufzustellen und mit dem Vorhaben einen Aufruhr unter den Juden auslöste. In dieser Krisensituation ist wohl das Flugblatt entstanden und Markus hat es später als Vorlage für seine Endzeitrede genutzt.

Wenn die Endzeit nahe gekommen ist, so sagt Jesus, werden sich zerstörerische Kriege häufen und sich die sittliche Ordnung auflösen. Entspricht das alles dem Fahrplan Gottes oder ist es voraussehbare Konsequenz einer natürlichen menschlichen Entwicklung hin zu einem Zustand wenn „die Ungerechtigkeit überhand nehmen" (Mt) und die Liebe erkalten wird? Solcherlei Katastrophen und Nöte sind wie die Wehen bei einer Geburt und unerlässlich, damit das Neue in Form wahrer Menschlichkeit geboren werden kann. Christen selber werden verraten, verfolgt und denunziert werden. In der Tat haben ein solches die frühen Christen vielfach erleiden müssen. Auch das Auftreten von falschen Messiassen im ersten nachchristlichen Jahrhundert ist gut belegt. Jesus Warnung vor den Irrlehrern sieht voraus auf die späteren innergemeindlichen Konflikte um die rechte Lehre.

Das Chaos der Bedrängnis – eine Anspielung auf die Zerstörung von Stadt und Tempel im Jahre 70 n. Chr. – überlebt nur eine kleine Schar der von Gott Auserwählten. Das klingt sehr nach Prädestination (Vorherbestimmung), eine moralisch eher fragwürdige Lehre. Weiter im göttlichen Zeitplan. Nun erscheint der Menschensohn, also der auferstandene Jesus, „auf den Wolken des Himmels", wie es schon Daniel (7,13) beschrieb. Er wird seine Schar Auserwählter in das göttliche Erbe einführen und über alle Völker das große Weltgericht halten. Einige Ungereimtheiten insbesondere bei Matthäus fallen auf. Wozu das Gericht wenn sowieso schon alles entschieden ist? Einerseits fordert er das rechte Tun in Form von Mitmenschlichkeit als Eingangsvoraussetzung in das Himmelreich, andererseits ist die Aufnahme bereits „von Anbeginn der Welt" (Mt 25,34) vorherbestimmt. Oder will Matthäus es anders gesehen haben: Das Haus Gottes ist zwar bereits von Anfang an vorbereitet, doch seine Bewohner werden am Tage des Gerichtes auserwählt? Der Text ist zweideutig.

Jesus beschließt seine lange Rede zur Endzeit mit Mahnungen zur Wachsamkeit; denn keiner weiß die Stunde seines Kommens, auch er nicht, zumindest in seiner irdischen Gestalt. Sicher aber ist er sich, dass das von ihm prophezeite Geschehen schon bald eintreten wird und zwar noch vor dem Ableben der jetzigen Generation. Hatte Jesus das so gesagt, dann hatte er sich geirrt. Der mt Jesus betonte schon zuvor, dass einige „den Tod nicht schmecken (werden), bis sie den Menschensohn kommen sehen" (Mt 16,28).

Die Aufforderung, ständig auf der Hut und für Jesu Kommen bereit zu sein, wird auch in den folgenden zwei Gleichnissen thematisiert. Im Grunde genommen bedeutet ‚Wachsamkeit' in diesem Kontext, sich in seinem Verhalten an Jesus zu orientieren, also Nächstenliebe zu üben und das ohne Aufschub. Die Vorstellung der Zerstückelung des bösen Knechtes ist für unser Empfinden grauenhaft. Solch ein Schicksal wurde allerdings in der Antike zuweilen Sklaven zuteil, wie aus zuverlässigen Notizen des griechischen Philosophen Epiktet hervorgeht.

Die törichten Jungfrauen haben es ihrer eigenen Dummheit zuzuschreiben, dass sie die Ankunft des Bräutigams, gemeint ist Jesu Wiederkehr, verpasst haben. Ihr Fehler war nicht, dass sie eingeschlafen, sondern dass sie nicht vorbereitet waren. Der Sinn des Gleichnisses ist wohl, dass es auf jeden selbst ankommt, sich durch ein Bemühen um innere Wahrhaftigkeit bereit für die Begegnung mit Gott zu zeigen.

7.6. Jesu letzte Worte und seine Passion: Verhaftung und Gericht, Tod und Auferstehung

Das Johannes-Evangelium (Kapitel 13 – 21)

13. "Vor dem Passafest aber erkannte Jesus, dass seine Stunde gekommen war, dass er aus dieser Welt ginge zum Vater". Beim Abendessen, als der Teufel den Verrat bereits ins Herz des Judas eingegeben hatte, da fing er an, den Jüngern die Füße zu waschen. Petrus wollte ihm wehren aber Jesus antwortete ihm: „Wenn ich dich nicht wasche, so hast du keinen Teil an mir". Daraufhin bat Petrus ihn, ihm auch Haupt und Hände zu waschen, doch Jesus sprach: Du bedarfst nur, dass dir die Füße gewaschen werden; denn „ihr seid rein, aber nicht alle". Er sagte dies weil er bereits seinen

Verräter kannte. Und nach der Fußwaschung sprach er: So wie ich euch getan habe, so tut es auch untereinander; denn „der Knecht ist nicht größer als der Herr“. Wenn ihr dies wisst und tut, dann werdet ihr selig werden.

„Als Jesus das gesagt hatte, wurde er betrübt im Geist“ und sprach: „Einer unter euch wird mich verraten“. Die Jünger sahen sich an und ihnen wurde bange. Petrus aber winkte dem Jünger, den Jesus lieb hatte und der an seiner Brust lag und bat ihn, „dass er fragen sollte, wer es wäre, von dem er redete“. So fragte der Jünger Jesus und dieser sagte: Es ist der, „dem ich den Bissen eintauche und gebe“. Als nun Simon Iskariot den Bissen nahm, da „fuhr der Satan in ihn“ und Jesus sprach: „Was du tust, das tue bald.“ Niemand verstand was Jesus damit meinte. Judas aber ging hinaus „und es war Nacht.“

Jesus bereitete seine Jünger auf den Abschied vor. Er sagte ihnen, dass sie ihm zwar auf seinem Weg noch nicht folgen könnten, doch ein Gebot wolle er ihnen geben, nämlich, dass sie einander lieben sollten, wie er sie geliebt hatte. Petrus spricht: „Warum kann ich dir diesmal nicht folgen? Ich will mein Leben für dich lassen.“ Daraufhin antwortete Jesus: „Wahrlich, wahrlich, ich sage dir: Der Hahn wird nicht krähen, bis du mich dreimal verleugnet hast.“

14. Jesus sprach: Habt keine Furcht. „Glaubt an Gott und glaubt an mich!“ Ich werde euch eine Stätte bei meinem Vater bereiten und wenn ich wiederkomme, werde ich „euch zu mir nehmen“. Ihr wisst den Weg wo ich hingehe. Es sprach Thomas: „Herr, wir wissen nicht, wo du hingehst; wie können wir den Weg“ finden? Und Jesus antwortete: „Ich bin der Weg und die Wahrheit und das Leben; niemand kommt zum Vater denn durch mich“. Und „wer mich sieht, der sieht den Vater! Glaubt doch, dass ich im Vater bin und der Vater in mir oder glaubt wenigstens meinen Werken. Wer an mich glaubt, der wird die Werke auch tun, die ich tue“ und noch größere als diese.

Ich aber, so sprach Jesus weiter, werde den Vater bitten, dass er euch den Tröster sende, „den Geist der Wahrheit“, so werdet ihr keine Waisen sein. Wenn auch die Welt mich nicht mehr sehen wird, so sollt ihr „mich sehen, denn ich lebe, und ihr sollt auch leben“ und dann werdet ihr erkennen, „dass ich in meinem Vater bin und ihr in mir und ich in euch.“ „Wer mich liebt, der wird mein Wort halten; und mein Vater wird ihn lieben, und wir werden zu ihm kommen und Wohnung bei ihm nehmen.“ Der Tröster aber, der heilige Geist, der wird euch alles lehren. „Den Frieden lasse ich euch, meinen Frieden gebe ich euch. Nicht gebe ich euch wie die Welt gibt. Euer Herz erschrecke nicht und fürchte sich nicht“. „Hättet ihr mich lieb, so würdet ihr euch freuen, dass ich zum Vater gehe; denn der Vater ist größer als ich.“ Doch nun „kommt der Fürst dieser Welt“, aber „er hat keine Macht über mich ... Steht auf und lasst uns von hier weggehen.“

15. “Ich bin der wahre Weinstock, und mein Vater der Weingärtner“, „ihr seid die Reben. Wer in mir bleibt und ich in ihm, der bringt viel Frucht; denn ohne mich könnt ihr nichts tun.“ Eine Rebe, die Frucht bringt, wird der Vater „reinigen, dass sie mehr Frucht bringe“. „Wer aber nicht in mir ist und keine Frucht bringt, der wird weggeworfen werden wie eine Rebe und verdorrt“ und kommt ins Feuer. So bleibt denn in meiner Liebe und liebt einander „wie ich euch liebe ... Niemand hat größere Liebe als die, dass er sein Leben lässt für seine Freunde“, und ihr seid meine Freunde solange ihr das tut, was ich euch gebiete.

Die Welt wird euch hassen und verfolgen um meines Namens willen aber wisset, dass sie auch mich gehasst und verfolgt hat. Da gibt es nichts was ihre Sünde entschuldigen könnte; denn ich hatte es ihnen gesagt und sie haben meine Werke gesehen. „Doch wer mich hasst, „der hasst auch meinen Vater“.

16. Ich rede all dies, damit ihr nicht abfallt. Sie werden euch aus den Synagogen stoßen und wer euch tötet wird meinen, er diene damit Gott. Ich gehe zu meinem Vater und ihr seid voll Trauer, doch würde ich nicht weggehen, dann käme der Tröster nicht zu euch. Dieser wird der Welt ihre Sünde, dass sie nicht an mich geglaubt hat, aufzeigen, und ihr die Augen auftun. „Ich habe euch noch viel zu sagen; aber ihr könnt es jetzt nicht ertragen.“ Der Tröster wird euch in die Wahrheit leiten und mich verherrlichen.

„Noch eine kleine Weile, dann werdet ihr mich nicht mehr sehen; und abermals eine kleine Weile, dann werdet ihr mich sehen.“ Die Jünger aber verstanden Jesu Rede nicht. So sprach er: „Wahrlich, wahrlich, ich sage euch: Ihr werdet weinen und klagen, aber die Welt wird sich freuen; ihr werdet traurig sein, doch eure Traurigkeit soll in Freude verwandelt werden.“ Wie wenn eine Frau ein Kind geboren hat, denkt sie nicht mehr zurück an die Schmerzen ihrer Geburt. So wird sich auch euer Herz freuen, wenn ihr mich wiedersehen werdet. Es kommt die Zeit da ich nicht mehr in Bildern zu euch reden werde, „sondern euch frei heraus verkündigen von meinem

Vater.“ Ich verlasse jetzt die Welt um zu meinem Vater zurückzukehren von dem ich ausgegangen bin. Es sprachen die Jünger: „Siehe, nun redest du frei heraus und nicht mehr in Bildern.“ Wir wissen, dass du alles weißt und glauben, dass du von Gott bist. Und „Jesus antwortete ihnen: Jetzt glaubt ihr? Siehe, es kommt die Stunde und ist schon gekommen, dass ihr zerstreut werdet, ein jeder in das Seine und mich allein lasst.“ Der Vater aber wird mich nicht verlassen und auch ihr sollt euren Frieden in euch finden: „In der Welt habt ihr Angst; aber seid getrost, ich habe die Welt überwunden.“

Also redete Jesus und hob die Augen zum Himmel: „Vater, die Stunde ist da: verherrliche deinen Sohn, damit der Sohn dich verherrliche; denn du hast ihm Macht gegeben, damit er das ewige Leben gebe allen, die du ihm gegeben hast. Das ist aber das ewige Leben, dass sie dich, der du allein wahrer Gott bist, und den du gesandt hast, Jesus Christus, erkennen.“ Mein Werk ist vollendet und ich habe dich denen offenbart, die du mir gegeben hast. Nun haben sie „wahrhaftig erkannt, dass ich von dir ausgegangen bin, und sie glauben, dass du mich gesandt hast.“ Ich bitte dich, „Heiliger Vater, erhalte sie in deinem Namen, den du mir gegeben hast, dass sie eins seien wie wir.“ Sie sind nicht von der Welt, wie auch ich nicht von der Welt bin.“ Bewahre sie vor dem Bösen und „heilige sie in der Wahrheit; dein Wort ist die Wahrheit.“ Wie du mich gesandt hast in die Welt, so sende ich sie in die Welt.“

18. “Als Jesus das geredet hatte, ging er hinaus mit seinen Jüngern über den Bach Kidron“ und begab sich dort in einen Garten. Auch Judas, der diesen Ort kannte, kam dahin mit einer bewaffneten Schar Soldaten und Knechten der Oberen. Jesus, der „alles wusste, was ihm begegnen sollte“, ging ihnen entgegen und sprach: „Wen sucht ihr? . . . Sie antworteten ihm: Jesus von Nazareth. Er spricht zu ihnen: Ich bin's“ Als er dies sprach „wichen sie zurück und fielen zu Boden“. Er wiederholte seine Frage und als sie ihm die gleiche Antwort gaben sprach er: „Sucht ihr mich, so lasst diese gehen“ Simon Petrus aber hieb mit seinem Schwert Malchus, dem Knecht des Hohenpriesters, sein rechtes Ohr ab. Jesus wies Petrus zurecht und sagte: „Steck dein Schwert in die Scheide! Soll ich den Kelch nicht trinken, den mir mein Vater gegeben hat?“

Man führte Jesus zunächst in das Haus des Hannas, Schwiegervater des Hoherpriesters Kaiphas. Simon Petrus und ein anderer Jünger folgten Jesus. Der andere Jünger, der mit dem Hohenpriester bekannt war, verschaffte Petrus Eintritt. Petrus wärmte sich mit den anderen an einem Kohlenfeuer. Als er von einer Magd gefragt wurde, ob er nicht ein Jünger Jesu sei, leugnete er dies ab.

Jesus wurde derweilen von dem Hohenpriester über seine Lehre befragt. Als Jesus ihm antwortete, dass er immer frei und offen geredet habe und diejenigen, die ihn gehört haben darüber Auskunft geben könnten, wurde er von einem der Knechte ins Gesicht geschlagen; denn seine Antwort wurde als ungehörig erachtet. Er wurde gebunden und zu einem neuerlichen Verhör zu Kaiphas geschickt. Mittlerweile hatte Petrus noch zweimal abgeleugnet, dass er ein Jünger Jesu sei „und alsbald krähte der Hahn."

Früh am Morgen wurde Jesus ins Prätorium geführt und Pilatus überantwortet. Man sagte ihm, dieser wäre ein Übeltäter aber Pilatus wollte, dass sie ihn selbst nach ihrem Gesetz richten sollen. Sie aber antworteten: „Wir dürfen niemand töten." Pilatus befragte Jesus ob er ein König sei und wollte weiter wissen, was er getan hatte. „Jesus antwortete: Mein Reich ist nicht von dieser Welt", wäre es, dann würden meine Diener für mich kämpfen. So bist du also ein König, fragte ihn Pilatus und Jesus bestätigte: „Ich bin ein König. Ich bin dazu geboren und in die Welt gekommen, dass ich die Wahrheit bezeugen soll … Spricht Pilatus zu ihm: Was ist Wahrheit?" Pilatus ging wieder hinaus zu den Juden und sagte ihnen, dass er keine Schuld an Jesus finden könne. Er bot an, Jesus aus Anlass des Passafests freizulassen, die Juden aber verlangten nach Barabbas.

19. Pilatus ließ daraufhin Jesus geißeln, und die Soldaten trieben ihren Spott mit ihm, setzten ihm eine Dornenkrone auf, kleideten ihn in ein Purpurgewand, schlugen ihm ins Gesicht und sprachen: „Sei gegrüßt, König der Juden!" Und Pilatus führte ihn den Juden vor und er sprach zu ihnen: „Seht, welch ein Mensch!" Pilatus aber hoffte, man werde erkennen, dass er Jesus für unschuldig befinde. Doch die Hohenpriester und Knechte schrieen weiterhin: Kreuzige! Da übergab Pilatus ihnen Jesus mit den Worten: „Nehmt ihr ihn hin und kreuzigt ihn, denn ich finde keine Schuld an ihm." Die Juden aber antworteten: Er hat unser Gesetz gebrochen; denn er hat sich zu Gottes Sohn gemacht und so muss er sterben. Als Pilatus dies hörte fürchtete er sich und er fragte Jesus: „Woher bist du?" Doch Jesus schwieg. Pilatus war verstimmt und sagte: Weißt du nicht, dass ich Macht über dich habe? Jesus aber antwortete: Du hast nur Macht weil sie dir von oben gegeben worden ist. „Darum, der mich dir überantwortet hat, der hat größere

Sünde." Pilatus bemühte sich weiterhin um eine Freilassung Jesu doch die Juden sagten ihm, dass wenn er Jesus frei ließe, er nicht länger ein Freund des Kaisers wäre; „denn wer sich zum König macht, der ist gegen den Kaiser." Wir aber, so die Hohenpriester, haben keinen König als den Kaiser." Da übergab Pilatus „ihnen Jesus, dass er gekreuzigt würde."

Sie führten Jesus zu einer Stätte namens Golgatha und er trug sein Kreuz selber. Dort wurde er zwischen zwei anderen gekreuzigt und über ihn eine Aufschrift mit der Inschrift ‚Jesus von Nazareth, der König der Juden' aufgesetzt. Die Soldaten, die ihn gekreuzigt hatten, teilten seine Kleider zwischen sich auf, aber um das Gewand ließen sie ein Los entscheiden. Bei dem Kreuz standen seine Mutter, seine Tante Maria und Maria von Magdala. Als Jesus den Jünger, den er lieb hatte, bei seiner Mutter stehen sah, sprach er zu ihm: „Siehe, das ist deine Mutter" und der Jünger nahm sich von dieser Stunde ihrer an. Ihm wurde Essig gereicht, da ihn dürstete. Nachdem er „den Essig genommen hatte, sprach er: Es ist vollbracht! und neigte das Haupt und verschied." Da nun aber die Leichname am Rüsttag und den Sabbat nicht am Kreuz bleiben durften, baten die Juden, dass man ihnen die Beine breche. Jesus aber war bereits tot und deshalb stieß ihm einer der Soldaten nur den Speer in die Seite „und es kam Blut und Wasser heraus."

Josef von Arimathäa, der ein heimlicher Jünger Jesu war, holte sich von Pilatus die Erlaubnis, den Leichnam Jesu vom Kreuz nehmen zu dürfen. Nikodemus kam auch hinzu und brachte Myrrhe, gemischt mit Aloe mit. Gemeinsam nahmen sie den Leichnam ab, banden ihn in Leichentücher und legten ihn in ein neues Grab nahe der Stätte wo er gekreuzigt worden war.

20. Früh am Morgen kam Maria von Magdala zum Grab und sie sah, dass der Stein weggerollt war. Sie teilte dies sofort Simon Petrus und dem anderen Jünger mit, den Jesus lieb hatte, und die beiden machten sich auf den Weg zum Grab. Der andere Jünger erreichte das Grab zuerst, ging aber nicht hinein. Simon Petrus betrat das Grab und erblickte die Grabtücher. Nun folgte ihm auch der andere Jünger; er sah und er glaubte.

Als Maria draußen weinend vor dem Grab stand und hineinblickte, sah sie darin zwei Engel sitzen und auf deren Frage warum sie weine, antwortete sie, dass man ihren Herrn weggenommen habe. Als sie sich umwandte sah sie Jesus stehen, erkannte ihn aber nicht und hielt ihn für den Gärtner.

„Spricht Jesus zu ihr: Maria! Da wandte sie sich um und spricht auf hebräisch: Rabbuni!, das heißt: Mcister!“ Jesus sagte zu ihr: „Rühre mich nicht an! denn ich bin noch nicht aufgefahren zum Vater.“ Gehe aber zu meinen Brüdern und sage ihnen, dass ich zu meinem und eurem Vater auffahren werde. Und Maria verkündigte alles den Jüngern.

Am Abend dieses ersten Tages, als die Jünger hinter verschlossenen Türen saßen, denn sie fürchteten sich, da „kam Jesus und trat mitten unter sie und spricht zu ihnen: Friede sei mit euch!“ Er zeigte ihnen Hände und Seite und sprach: „Wie mich der Vater gesandt hat, so sende ich euch“. Daraufhin blies er sie an und sagte: „Nehmt hin den heiligen Geist! Welchen ihr die Sünden erlasst, denen sind sie erlassen; und welchen ihr sie behaltet, denen sind sie behalten.“ Thomas war nicht anwesend gewesen und bezweifelte, was die anderen Brüder ihm berichteten und sagte: Ich kann nur glauben, wenn ich seine Wundmale sehe. Acht Tage später trat Jesus wiederum in ihre Mitte und forderte Thomas auf, seine Hände in seine Seite zu legen und nicht länger ungläubig zu sein. „Thomas antwortete und sprach zu ihm: Mein Herr und mein Gott!“ Jesus redete zu ihm: „Weil du mich gesehen hast, Thomas, darum glaubst du. Selig sind die, die nicht sehen und doch glauben.“ Jesus tat noch viele Zeichen mehr. Diese aber sind geschrieben, damit man glaube, dass Jesus Christus der Sohn Gottes ist.

21. Zu einer späteren Zeit offenbarte sich Jesus seinen Jüngern am See Tiberias. Die Jünger waren fischen gegangen, hatten aber nichts gefangen. Am Morgen stand Jesus am Ufer, doch die Jünger erkannten ihn nicht. Er sprach: „Kinder, habt ihr nichts zu essen? Sie antworteten ihm: Nein.“ Jesus sagte: „Werft das Netz aus zur Rechten des Bootes.“ Sie warfen es aus und als sie es einzogen fanden sie es brechend voll mit Fischen. Da sprach der Jünger, den Jesus lieb hatte, zu Petrus: „Es ist der Herr!“ Petrus gürtete sich mit dem Obergewand und warf sich ins Wasser. Die anderen Jünger folgten mit dem Netz. Am Land „sahen sie ein Kohlenfeuer und Fische darauf und Brot.“ Jesus bat, dass man ihm Fisch bringe, woraufhin Petrus das Netz an Land zog. Darin befanden sich 153 Fische. Sodann sprach Jesus: Kommt zum Mahl. Und er teilte Fisch und Brot aus. Die Jünger aber wagten nicht zu fragen: „Wer bist du? Denn sie wussten, dass es der Herr war.“

Nach dem Mahl sprach Jesus zu Petrus: „Simon, Sohn des Johannes, hast du mich lieber, als mich diese haben?“ Als Petrus bejahte sprach Jesus: „Weide meine Lämmer!“. Auf dieselbe Weise fragte ihn Jesus noch ein zweites und drittes Mal. Petrus wurde traurig und sprach: „Herr, du weißt alle Dinge, du weißt, dass ich dich lieb habe. Spricht Jesus zu ihm: Weide meine Schafe!“ Als Petrus nun den Jünger sah, den Jesus liebte, fragte er: „Herr, was wird aber mit diesem?“ Und Jesus antwortete ihm: Es ist nicht deine Sache zu wissen ob er bleibt bis ich komme. Folge mir nach. Einige Brüder glaubten irrtümlich, dass dieser Jünger nicht sterben werde, doch so hatte es Jesus nicht gemeint. „Dies ist der Jünger, der dies alles bezeugt und aufgeschrieben hat, und wir wissen, dass sein Zeugnis wahr ist.“

Die synoptischen Evangelien

„Es waren noch zwei Tage bis zum Passafest und den Tagen der Ungesäuerten Brote. Und die Hohenpriester und Schriftgelehrten suchten, wie sie ihn mit List ergreifen und töten könnten“ (Mk), doch nicht am Fest, um Aufruhr zu vermeiden.

Jesus war zu Gast bei Simeon, dem Aussätzigen, in Betanien. Und es näherte sich ihm eine Frau, die goss kostbares Salböl auf sein Haupt. Die Jünger waren ungehalten, da sie es für eine Vergeudung hielten und sagten, dass man das Öl hätte verkaufen und das Geld den Armen geben können. Jesus aber sprach: „Was betrübt ihr die Frau? Sie hat ein gutes Werk an mir getan. Denn Arme habt ihr allezeit bei euch, mich aber habt ihr nicht allezeit“ (Mk). Sie hat meinen Leib für mein Begräbnis gesalbt und wo immer das Evangelium gepredigt wird, da wird man ihrer Tat gedenken.

Einer der Zwölf aber, Judas Iskariot, bot den Hohenpriestern an, Jesus an sie zu verraten. Sie ließen sich gerne darauf ein und versprachen ihm viel Geld. So suchte Judas nach einer guten Gelegenheit, wie er Jesus an sie ausliefern konnte.

Und am ersten Tag der Ungesäuerten Brote bereiteten die Jünger alles für das Passamahl zu wie ihnen Jesus aufgetragen hatte. Als sie alle zu Tisch saßen, da sagte Jesus zu ihnen: „Wahrlich, ich sage euch. Einer unter euch, der mit mir isst, wird mich verraten. Und sie wurden traurig und fragten ihn, einer nach dem andern: Bin ich’s. Er aber sprach zu ihnen: Einer von den Zwölfen, der mit mir seinen Bissen in die Schüssel taucht“ (Mk). Der Menschensohn geht dahin wie es geschrieben steht, aber wehe dem, der ihn verraten wird. Es wäre besser für ihn, er wäre nie geboren. „Und als sie aßen, nahm Jesus das Brot, dankte und brach’s und gab’s ihnen und sprach: Nehmet, das ist mein Leib. Und er nahm den Kelch, dankte und gab ihnen den; und sie tranken alle daraus. Und er sprach zu ihnen: Das ist mein

Blut des Bundes, das für viele vergossen wird“ (Mk). „Wahrlich, ich sage euch, dass ich“ davon nicht mehr trinken werde bis zum Tag, wenn sich das Reich Gottes erfüllt.

Sie gingen zum Ölberg hinaus und Jesus sagte ihnen: Noch heute werdet ihr „alle Ärgernis nehmen“ (Mk). „Wenn ich aber auferstanden bin, will ich vor euch hingehen nach Galiläa“ (Mk). Petrus versicherte, dass er standhaft bleiben werde, doch Jesus sprach: „Wahrlich, ich sage dir. Heute, in dieser Nacht, ehe der Hahn zweimal kräht, wirst du mich dreimal verleugnen“ (Mk). Petrus aber sagte, dass er lieber sterben werde als ihn zu verleugnen und so sagten auch alle Jünger. Jesus sprach: „Nun, wer einen Geldbeutel hat, der nehme ihn, desgleichen auch die Tasche, und wer’s nicht hat, verkaufe seinen Mantel und kaufe ein Schwert. Denn ich sage euch: Es muss das an mir vollendet werden, was geschrieben steht“ (Lk). „Sie sprachen aber: Herr, siehe, hier sind zwei Schwerter. Er aber sprach zu ihnen: Es ist genug“ (Lk).

„Und sie kamen zu einem Garten mit Namen Gethsemane. Und er sprach zu seinen Jüngern: Setzt euch hierher, bis ich gebetet habe“ (Mk). „Und er nahm mit sich Petrus und die zwei Söhne des Zebedäus und fing an zu trauern und zu zagen. Da sprach Jesus zu ihnen: Meine Seele ist betrübt bis an den Tod, bleibt hier und wacht mit mir! Und er ging ein wenig weiter, fiel nieder auf sein Angesicht und betete und sprach: Mein Vater, ist’s möglich, so gehe dieser Kelch an mir vorüber; doch nicht wie ich will, sondern wie du willst!“ (Mt). Als er zurückkam fand er die Jünger schlafend. Er sagte zu Petrus: „Könnt ihr denn nicht eine Stunde mit mir wachen? Wachet und betet, dass ihr nicht in Anfechtung fallt! Der Geist ist willig, aber das Fleisch ist schwach“ (Mt). Er ging ein zweites Mal beten „und rang mit dem Tode und betete heftiger. Und sein Schweiß wurde wie Blutstropfen, die auf die Erde fielen“ (Lk). Ein weiteres Mal ging er, um zu beten und wieder fand er bei seiner Rückkehr die Jünger schlafend. So sprach er: „Ach, wollt ihr weiter schlafen und ruhen? Es ist genug; die Stunde ist gekommen. Siehe, der Menschensohn wird überantwortet in die Hände der Sünder“ (Mk).

„Und als er noch redete, siehe, da kam Judas, einer von den Zwölfen, und mit ihm eine große Schar mit Schwertern und mit Stangen, von den Hohenpriestern und Ältesten des Volkes. Und der Verräter hatte ihnen ein Zeichen genannt und gesagt: Welchen ich küsse werde, der ist’s, den ergreift.

Und alsbald trat er zu Jesus und sprach: Sei gegrüßt, Rabbi! und küsste ihn. Jesus aber sprach zu ihm: Mein Freund, dazu bist du gekommen?“ (Mt). Als sie nun Hand an ihn legen wollten, da schlug einer, der dabeistand, einem Knecht des Hohenpriesters das Ohr ab. Jesus aber sprach: „Stecke dein Schwert an seinen Ort! Denn wer das Schwert nimmt, der soll durchs Schwert umkommen“ (Mt). Und er sagte weiter: „Ihr seid ausgezogen wie gegen einen Räuber mit Schwertern und Stangen, mich zu fangen. Habe ich doch täglich im Tempel gesessen und gelehrt, und ihr habt mich nicht ergriffen“ (Mt). Da verließen ihn alle Jünger und flohen. Einen jungen Mann, der ihnen auch gefolgt war und nur mit einem Leinenwand bekleidet war, wollte man auch ergreifen. „Er aber ließ das Gewand fahren und floh nackt davon“ (Mk).

„Und sie führten Jesus zu dem Hohenpriester; und es versammelten sich alle Hohenpriester und Ältesten und Schriftgelehrten. Petrus aber folgte ihm nach von ferne, bis hinein in den Palast des Hohenpriesters, und saß da bei den Knechten und wärmte sich am Feuer“ (Mk). Der Hohe Rat suchte Zeugnis gegen Jesus zu bringen, dass sie ihn zu Tode verurteilen konnten. Doch die Zeugen widersprachen einander. Einige hatten von Jesus gehört, dass er den Tempel abbrechen wollte und in drei Tagen „einen andern bauen, der nicht mit Händen gemacht ist“ (Mk). Doch auch ihr Zeugnis stimmte nicht überein und Jesus schwieg zu all dem, was man gegen ihn vorbrachte. Schließlich sprach der Hohenpriester Kaiphas zu ihm: „Bist du der Christus, der Sohn des Hochgelobten? Jesus aber sprach: Ich bin’s; und ihr werdet sehen den Menschensohn sitzen zur Rechten der Kraft und kommen mit den Wolken des Himmels“ (Mk). Da zerriss der Hohenpriester seine Robe und sprach: Er hat Gott gelästert, was brauchen wir weitere Zeugen. Und sie verurteilten ihn zum Tode. Die Knechte aber schlugen ihn und spieen ihm ins Angesicht und sprachen: „Weissage uns, Christus, wer ist’s der dich schlug“ (Mt).

„Und Petrus war unten im Hof“ (Mk). Eine Magd ging auf ihn zu und sagte: Du warst auch mit Jesus von Nazareth. Er aber leugnete es ab. Und es krähte ein Hahn. Nach einer Weile sagte die Magd wiederum, dass er einer der Jünger Jesu sei. Wieder stritt Petrus es ab. Dann kamen andere hinzu und sagten: Er ist einer von denen, seine Sprache verrät ihn. „Er aber fing an, sich zu verfluchen und zu schwören: Ich kenne den Menschen nicht, von dem ihr redet. Und alsbald krähte der Hahn zum zweiten Mal. Da gedachte Petrus Jesu Worte und er weinte bitterlich.

Am Morgen berieten sich die Mitglieder des Hohen Rates und beschlossen, Jesus zu töten. Sie überantworteten ihn dem Statthalter Pilatus und beschuldigten Jesus, er wiegele das Volk auf, verweigere die Steuerzahlung und sage, „er sei Christus, ein König" (Lk). Als Judas von Jesus Verurteilung hörte, reute es ihn. Er brachte das Geld zurück und sagte: Ich habe unrecht getan und unschuldiges Blut verraten. Die Hohenpriester aber wiesen ihn ab. „Judas warf die Silberlinge in den Tempel, ging fort und erhängte sich" (Mt).

„Jesus aber stand vor dem Statthalter; und der Statthalter fragte ihn und sprach: Bist du der König der Juden? Jesus aber sprach: Du sagst es" (Mt). Er schwieg aber zu allen weiteren Anklagen der Hohenpriester und Pilatus verwunderte es. Nun weilte gerade Herodes in der Stadt und da Jesus sein Untertan war sandte er ihn zu ihm. Herodes hoffte auf ein Zeichen von Jesus. Als er nichts von Jesus erfahren konnte, verachtete er ihn und ließ ihn wieder zu Pilatus zurückbringen. Pilatus aber rief das Volk zusammen und sagte, er habe keine Schuld an dem Mann gefunden. Das Volk aber, aufgewiegelt von den Hohenpriestern, schrie: Hinweg mit ihm, wir wollen Barabbas. Dieser aber war ein Aufrührer und wegen Mordes festgesetzt.

Nun war es Brauch unter Pilatus, dass er während des Festes einen Gefangenen frei ließ. Seine Frau aber richtete ihm aus: „Habe du nichts zu schaffen mit diesem Gerechten; denn ich habe heute viel erlitten im Traum um seinetwillen" (Mt). So sprach Pilatus wieder zu dem Volk: „Was wollt ihr denn, das ich tue mit dem, den ihr den König der Juden nennt" (Mk). Sie schrieen: Kreuzige ihn und als Pilatus ihnen sagte, dass er nichts Böses an dem Gefangenen finden könne, „schrieen sie noch viel mehr: Kreuzige ihn" (Mk). Als Pilatus sah, dass er nichts weiter ausrichten konnte, nahm er eine Schüssel und wusch seine Hände und sprach: „Ich bin unschuldig an seinem Blut; seht ihr zu! Da antwortete das ganze Volk und sprach: Sein Blut komme über uns und unsere Kinder! Da gab er ihnen Barabbas los, aber Jesus ließ er geißeln und überantwortete ihn, dass er gekreuzigt werde" (Mt).

Nachdem die Soldaten ihren Spott mit Jesus getrieben hatten, führten sie ihn hinaus, dass sie ihn kreuzigten und zwangen einen Simon von Kyrene, dass er das Kreuz trage. An einer Stätte, die nannte man Golgatha, wurde er zusammen mit zwei Übeltätern gekreuzigt, einer zu seiner Rechten und einer zu seiner Linken. „Jesus aber sprach: Vater, vergib ihnen; denn sie wissen nicht, was sie tun!“ (Lk). Über ihm war die Inschrift: Der König der Juden. Die Soldaten verlosten seine Kleider unter sich und gaben ihm Wein gemischt mit Myrrhe zu trinken, doch er verweigerte es. Die Vorübergehenden und auch die Räuber, die mit ihm gekreuzigt waren, lästerten: Der du den Tempel in drei Tagen wieder aufbauen wolltest, anderen konntest du helfen, nun hilf dir selber. Desgleichen verspotteten ihn die Hohenpriester und sagten: „Ist er der Christus, der König von Israel, so steige er nun vom Kreuz, damit wir sehen und glauben“ (Mk).

Von der sechsten Stunde an kam eine Finsternis über das ganze Land und in der neunten Stunde rief Jesus laut aus: „Mein Gott, mein Gott, warum hast du mich verlassen“? Und er verschied. Da zerriss der Vorhang des Tempels in zwei Stücke und die Gräber der „entschlafenen Heiligen“ (Mt) taten sich auf. Ein Hauptmann, der dies alles sah, sprach: „Wahrlich, dieser Mensch ist Gottes Sohn gewesen“ (Mk). Und in der Ferne standen einige Frauen, die Jesus von Galiläa nachgefolgt waren, darunter Maria Magdalena und die Mutter der Söhne des Zebedäus.

Ein Ratsherr namens Josef von Arimathäa, der Jesu Verurteilung nicht gebilligt hatte, erbat sich von Pilatus seinen Leib, wickelte ihn in Leinentücher und legte ihn in ein Felsengrab, das seiner Familie gehörte und wälzte einen Stein vor das Grab. Die Frauen, die bei Jesu Kreuzigung anwesend gewesen waren, beobachteten, wo Jesu Leib hingelegt wurde. Das Grab aber ließ Pilatus bewachen, so wie es die Hohenpriester von ihm erbeten hatten.

Als der Sabbat vergangen war, da gingen die Frauen zum Grab und sie hatten wohlriechende Öle mit sich. Sie fanden den Stein weggewälzt, gingen hinein in das Grab und erblickten dort einen Jüngling, sitzend und angetan mit einem weißen Gewand. Sie erschraken, „er aber sprach zu ihnen: Entsetzt euch nicht. Er ist auferstanden, er ist nicht hier. Geht aber hin und sagt seinen Jüngern und Petrus, dass er vor euch hingehen wird nach Galiläa; dort werdet ihr ihn sehen, wie er euch gesagt hat“ (Mk). Die Frauen flohen, doch sagten niemanden etwas; denn sie fürchteten sich.

Die Wachen aber waren wie zu Tode erschrocken, als der Engel des Herrn vom Himmel kam und den Stein wegrollte. Als sie sich wieder gefasst hatten, berichteten sie den Hohenpriestern was geschehen war. Diese bestachen die Soldaten mit Geld und sprachen: „Sagt, seine Jünger sind in der Nacht gekommen und haben ihn gestohlen, während wir schliefen" (Mt). Um eure Sicherheit braucht ihr euch nicht zu sorgen, dass werden wir schon regeln.

Zwei der Jünger, der eine mit Namen Kleopas, gingen zu der Zeit nach Emmaus, das etwa zwei Wegstunden von Jerusalem entfernt liegt. Und als sie miteinander redeten, da kam Jesus zu ihnen, doch sie erkannten ihn nicht. Jesus befragte sie nach dem, was ihre Herzen bewegte und da sie in ihm einen Fremden vermuteten, erzählten sie ihm alles, was sich in den letzten Tagen in Jerusalem zugetragen hatte und dass man Jesus gekreuzigt hätte, von dem sie sich ihre Erlösung erhofft hatten. Er aber sagte ihnen: „Musste nicht Christus dies erleiden und in seine Herrlichkeit eingehen?" (Lk) und er legte ihnen die Schrift aus. Als sie nun in das Dorf kamen, nötigten sie ihn, bei ihnen zu bleiben. „Und es geschah, als er mit ihnen zu Tische saß, nahm er das Brot, dankte, brach's und gab's ihnen. Da wurden ihre Augen geöffnet, und sie erkannten ihn. Und er verschwand vor ihnen" (Lk). Und so kehrten sie sofort zurück nach Jerusalem und berichteten den elf Jüngern, dass ihnen der Herr erschienen war. Auch Maria von Magdala war der auferstandene Jesus erschienen, doch als sie es den Elf verkündigte, glaubten diese ihr nicht. Als die Jünger nun zu Tische saßen, „offenbarte er sich ihnen und schalt ihren Unglauben" (Mk) und sprach: „Seht meine Hände und meine Füße, ich bin's selber. Fasst mich an und seht: denn ein Geist hat nicht Fleisch und Knochen" (Lk).

Er legte ihnen die Schrift aus und öffnete ihnen das Verständnis. Und er sprach zu ihnen: „Gehet hin in alle Welt und predigt das Evangelium aller Kreatur. Wer da glaubt und getauft wird, der wird selig werden; wer aber nicht glaubt, der wird verdammt werden" (Mk). „Er führte sie aber hinaus bis nach Betanien und hob die Hände auf und segnete sie. Und es geschah, als er sie segnete, schied er von ihnen und fuhr auf gen Himmel. Sie aber beteten ihn an und kehrten zurück nach Jerusalem mit großer Freude" (Lk).

Kommentar

Zum Johannes-Evangelium

13. In den Abschiedsreden Jesu, die er so nie gehalten hat, kristallisiert sich die Gedankenwelt der johanneischen Gemeinde. Die besondere Rolle des Petrus wird angedeutet und der geliebte Jünger eingeführt. Kapitel 14 und 15 stehen in Spannung zu einander. Jesus fordert seine Jünger zum Aufbruch auf, nur um dann zu einem längeren Monolog anzusetzen.

Es ist zwei Tage vor dem Passafest und Jesus versammelt sich zum letzten Mal mit seinen Jüngern zu einem Abendessen. Anstatt eines Abendmahls mit der Einsetzung der Worte zum Eucharist wie bei den Synoptikern, berichtet Johannes nur von einer Fußwaschung Jesu, eigentlich ein Sklavendienst. An diesem Beispiel seiner Selbsterniedrigung und dienenden Liebe demonstriert Jesus seinen Jüngern die ideale Form der praktizierten geschwisterlichen Gemeinschaft. In einem Akt souveräner Freiheit, der eine Umkehr aller Werte einfordert, macht sich der Sohn Gottes zum Diener aller und setzt damit den Kontrast zu seinem als Teufel charakterisierten Gegenpol, den Verräter Judas. Doch inwiefern macht sich Judas schuldig? Ist es nicht der Teufel, der ihn wie eine Marionette dirigiert? War es nicht Jesus, der doch immer alles wusste, der seine Jünger erwählt hatte? Gehörte dies nicht alles zum großen Heilsplan Gottes? War es vielleicht sogar wie in der Hiob-Geschichte eine Art Pakt zwischen Gott und dem Teufel? Jedenfalls ist die Dramaturgie des Johannes genial: „Und es war Nacht". Die Finsternis ist der Gegensatz zum Licht, das von Jesus ausgeht.

14. Jesus bezeichnet sich als der Weg, die Wahrheit und das Leben. Damit streicht er seine Einzigartigkeit heraus. Persönliche Erlösung und damit der Weg aus der Gottesentfremdung, symbolisiert als der Einzug in die von Jesus vorbereitete himmlische Wohnung, vollzieht sich somit in der Entscheidung für oder gegen ihn. Er verspricht den Jüngern, dass auch wenn er von der Welt gegangen sein wird, sie ihn wiedersehen werden. Damit bezieht er sich auf seine Wiederauferstehung und das Kommen des Heiligen Geistes, der mit dem Wesen Christi identisch ist. Dieser Heilige Geist, auch Tröster genannt, wird sie alles lehren und ihnen helfen, sich an seine Worte zu erinnern. Dann werden sie sein Einssein mit Gott erkennen und sie selbst werden sein wie er, vereinigt mit Gott, dem Vater. In dieser Beschreibung des kommenden Liebesbundes erschließt sich eine geradezu mystische Sicht auf das spirituelle Dasein in dem der Tod seinen Schrecken verloren hat. In dieser Liebe als Selbsthingabe und als ein inneres Ausströmen wird die Daseinsangst überwunden.

15. Das allegorische Bild vom Weinstock ist eine Metapher für das Zusammengehörigkeitsgefühl der Gemeinde, seinem fruchtbringenden Zusammenwachsen im Geist eines liebenden und vertrauensvollen Miteinander. Was aber nicht dazu gehört, soll entfernt werden während diejenigen, die bereits Frucht tragen noch einer weiteren Reinigung bedürfen, damit sie im Glauben wachsen. Den Jüngern aber konstatiert Jesus bereits jetzt eine vollendete Reinheit, tragen sie doch schon Gottes Wort und seine Wahrheit in sich. Nach einer anderen Sicht ist es allerdings erst das mit Gott versöhnende Blut Jesu, dass vollständig reinigt; denn es nimmt die Sünde hinweg. Die Rede von ‚abschneiden' und ‚ins Feuer werfen' ist kritisch zu bewerten; denn sie scheint ja geradezu eine Rechtfertigung für die spätere Inquisition zu liefern, die mit Strafandrohung und dem Schüren der Angst vor den angeblichen Qualen der Hölle Zustimmung zu den Dogmen und Lehren der Kirche erzwingen wollte. Der von der Kirche verordnete Glaubensgehorsam ist im Grunde eine Perversion der von Jesus eingeforderten Liebe.

Die wahre Hölle sind die Zwangsstrukturen in der Welt, die Kriege, Ausbeutung und Unterdrückung produzieren. Sie generieren Hass und sind Nährboden für seelisches Leiden, Neurosen und Psychosen. Mit dieser Welt steht die alternative Perspektive des Jesus Christus in einem tödlichen Konflikt, der in seiner Kreuzigung gipfelt. Er selbst konfrontiert diese Welt mit seinem Gebot der Liebe, das in der einander gebenden Gemeinschaft von Brüdern und Schwestern seine konkrete Ausformung findet. Man wird dabei auch an Epikurs Philosophie und an Platons Gastmahle erinnert, in denen ebenso die Liebe eine zentrale Stelle einnimmt. In der Tat ist die Jesus-Gemeinde ähnlich wie bei den griechischen philosophischen Schulen stark an die Stifter Figur gebunden. In gemeinsamen Aktivitäten von lehren und lernen, essen und miteinander diskutieren wird die Erinnerung an den Tod Jesu wach gehalten, vielleicht in diesem besonderen Fall angeleitet durch den geliebten Jünger.

16. Jesus nimmt Abschied, aber er wird wiederkommen, verspricht er. Er redet hier nicht von der Auferstehung sondern vom Kommen des Paraklets oder Heiligen Geistes, der die Jünger in eine nur innerlich erfahrbare Wahrheit einführen wird. Es wird also ein geistiges Wiedersehen geben, wenn sich ihre Traurigkeit in Freude verwandeln wird. Bis dahin werden sie Schmerzen erleiden und Angst haben, doch sollen sie getrost sein. Jesus hat ihnen vorgelebt, was es bedeutet, sein Vertrauen auf Gott zu setzen und diese Erfahrung soll ihnen Mut und innere Stärkung verleihen. Der Geist

Gottes wird ihnen Geborgenheit schenken und sie über alle Angst hinwegtragen. Sie werden ihre Anfechtungen nicht mehr allein auszutragen haben.

17. Im Gebet erbittet Jesus seine Verherrlichung und die des Vaters. Mose erschaut die Herrlichkeit des HERRN (Ex 33,18ff) in der Form einer Erscheinung von strahlender, göttlicher Majestät, die der Vision Jesajas ähnelt (Jes 6,1ff) und in der sich Gottes Heiligkeit manifestiert. Johannes gibt diesem Begriff eine etwas andere Bedeutung. Für ihn verbindet sich der Begriff ‚Verherrlichung' mit der Rückführung Jesu in den göttlichen Stand und der Gabe des ewigen Lebens. Gott zu verherrlichen bedeutet somit im übertragenen Sinne, im Vertrauen auf diesen Gott so zu leben lernen, dass die Angst vor dem Tod überwunden wird.

Ob die Jünger allerdings nun ‚wissen', ‚erkannt haben', an ihn ‚geglaubt haben' und Jesu Worte ‚angenommen' haben (Joh 17,7f), das kann man den Gesprächen nicht unbedingt entnehmen. Dass ihr Glauben eher noch schwankend ist, wird sich denn letzthin auch an ihrem Versagen bei Jesu Verhaftung erweisen. Weil an ihrem Glauben immer noch der Zweifel nagt, bittet Jesus den Vater, sie vor dem Bösen zu bewahren und ihren Glauben zu stärken. In dem Glauben an ihn und den Vater sollen sie wachsen, dies steckt in dem Begriff ‚heiligen'. Dies aber können sie nur wenn sie einander in Liebe und gegenseitiger Fürsorge verbunden bleiben und in dieser reifenden Liebe zu einer sich immer mehr erweiternden Kenntnis der Wahrheit gelangen. Diese Wahrheit ist kein intellektuell zu begreifendes Wissen sondern ein Gefühl der existentiellen Geborgenheit im Glauben an Jesus. Es ist kein Glauben, der sich an Formeln und Dogmen festmachen lässt, sondern ein Glauben, der in einer tief in sich ruhenden Gewissheit sich im Leben selbst entfaltet. Und diese glaubende Zuversicht soll auch andere berühren, „damit sie alle eins seien" (Joh 17,21). Dieser Glaube berührt den Menschen eher wie Poesie oder Musik, und er bindet sie einander wie sich ja auch die johanneische Gemeinde angesichts erfahrener Bedrohungen als eine verschworene Gemeinschaft empfand, in der einer für den anderen eintrat.

*

Über die Passion Jesu schreibt Johannes ähnlich wie die Synoptiker wenn er sich auch in signifikanten Details von ihnen unterscheidet, wie ja auch die Darstellungen der Synoptiker selbst von einander abweichen. Bei Johannes gibt es keinen Gebetskampf und keinen Begrüßungskuss durch Judas. Eher nebenbei erwähnt er, dass sich Jesus und seine Jünger im Garten versammeln. Es ist ihr letztes Beisammensein vor der Verhaftung.

18. Die hoheitsvolle Natur Jesu wird in seinem Ehrfurcht gebietenden, souveränen Auftreten vor den Häschern des Staates eindrucksvoll in Szene gesetzt: Ich bin der, den ihr sucht. Diese Worte sind gewählt, um seine göttliche Natur zu offenbaren. Seinen jüdischen Hörern gegenüber erhob Jesus den Anspruch: „Ehe Abraham wurde, bin ich" (Joh 8,58). Es gibt deutliche Parallelen zum Alten Testament. So heißt es in Dtn 32,39: „Sehet nun, dass ich's allein bin und ist kein Gott neben mir!" oder in Ex 3,14 wo Jahwe sich mit den folgenden Worten vorstellt: „Ich werde sein, der ich sein werde." Bei solchen und anderen Aussprüchen (vgl. Jes 41,4; 46,4; 51,12) dreht es sich stets um das Erkennen des Wesens Gottes und mit seinem apodiktischen „Ich bin's" impliziert Jesus sein Einssein mit dem Vater.

Auffallend ist die detailreiche Schilderung des Schwertstreichs: Petrus trennt das rechte Ohr des Knechtes Malchus, mit dem einige Ausleger den Apostel Paulus identifizieren, ab. Ob diese Detailtreue nun auf Augenzeugenberichte zurückgeht oder lediglich Teil der späteren Legendenbildung ist, lässt sich nicht entscheiden. Befremdlich erscheint allemal die Bewaffnung der Jünger. Wie lässt sich das mit dem pazifistischen Ethos Jesu vereinbaren? Die Kirche hat jedenfalls aus dieser Episode ihre Rechtfertigung zur Führung von sogenannten heiligen und gerechten Kriegen gezogen.

Während aber der mt Jesus die Attacke des Petrus verurteilt und verlauten lässt, dass der, der das Schwert nimmt, dadurch umkommen soll (Mt 26,52) scheint der johanneische Jesus mehr um die Erfüllung seines Auftrags besorgt zu sein und der setzt eben Verurteilung und Kreuzestod voraus. Diesen Kelch hat Jesus zu trinken, dem soll nichts im Wege stehen. Von der Angst und den Seelenqualen des synoptischen Jesus ist bei Johannes nichts zu spüren. Dieser Jesus geht seinen Weg im vollem Bewusstsein seines Vorwissens über den weiteren Ablauf des Heilsplans Gottes. Majestätisch schreitet er seinen Gegnern entgegen, die vor ihm zurückweichen. Statt, dass ihm die Knie schlottern sind es jene, denen die Furcht die Beine unter dem Leib wegzieht. Realistisch ist das nicht, aber Jesus ist eben der Gottessohn, der alles in der Hand hat. Und so sehen es ja auch die Theologen gerne.

Würdevoll verhält sich Jesus auch während des Verhörs beim Hohenpriester. Johannes erzählt von zwei Verhören, eine vor Hannas und das andere vor Kaiphas während die Synoptiker nur eins erwähnen. Man hat diese Unstimmigkeit damit erklärt, dass Johannes die Lücke bei den anderen Evangelisten schließen wollte, dabei das nachfolgende Verhör vor Kaiphas als bekannt voraussetzte und es so auch nicht weiter ausführt.

Auch im anschließenden Verhör im Prätorium durch den Statthalter Pilatus zeigt sich Jesus jederzeit als Herr der Situation, ja bewirkt mit seiner Haltung und seinen Worten, dass Pilatus in seiner Entschlusskraft gelähmt scheint und ins Schwanken gerät. Folgt man Johannes, spielt Pilatus als Vertreter des römischen Staates den vernünftigen Part, immer bemüht um Gerechtigkeit und darum, einen Justizmord zu verhindern. Diese Linie haben traditionell auch die meisten Theologen vertreten. So verteidigt z.B. Godet was ihm grundsätzlich als „eine edle Regung" des Pilatus in dessen Verhörtaktik erscheint, beschreibt ihn als „tief ergriffen" von Jesu Hoheit, „mit dem weitherzigen Gefühl für Gerechtigkeit und Staatskunst." Ihm war bekannt, dass Pilatus „in allen Regierungshandlungen (sich) ... als ein guter Beamter" erwies. Nun, da steht der verehrte Herr Theologe aber mit seinen Geschichtskenntnissen nicht auf gutem Fuß. In Wirklichkeit war Pilatus ein Judenhasser ersten Ranges, ein brutaler Machtmensch gewesen, dessen willkürliche Hinrichtungen und Bluttaten schließlich sogar dem Kaiser zu viel wurden dass er ihn 36 n. Chr. absetzte. Johannes aber erweckt den Eindruck, als ob dieser Brutalo und Bluthund sich regelrecht durch die Juden hat nötigen lassen, indem man ihm mit dem Entzug der Freundschaft des Kaisers drohte. So ist es für Godet denn nur allzu klar, dass für die Hinrichtung Jesu nur die Verlogenheit und „Niederträchtigkeit" der Juden verantwortlich zu machen ist, deren wahres Motiv „Neid" war.

Und nun lässt sich dieser ‚edle' Staatsmann Pilatus auf ein philosophisches Gespräch über die Identität Jesu und die Wahrheit ein. Dabei ist den meisten Theologen gar nicht aufgefallen, dass dieses Gespräch wie auch andere rein fiktiv ist, was allein daran zu erkennen ist, dass die von den Evangelien überlieferten Versionen so wenig übereinstimmen. Woher hätten die Evangelisten auch von seinem Inhalt erfahren können, fand es doch im privaten Bereich des Pilatus statt. Anscheinend hatte Pilatus nichts weiter über den Begriff ‚Wahrheit' zu sagen. Wie Johannes nahe legt, zählte für ihn einzig die politische Wirklichkeit des römischen Staatsapparates mit dem gottgleichen Kaiser an seiner Spitze. Jesus hingegen lehrte den Glauben an den wahren Gott der Liebe. Da mussten sie wohl aneinander vorbeireden.

19. Auf dem Weg zu seiner Hinrichtungsstätte musste Jesus selbst sein Kreuz tragen während das dem synoptischen Jesus von Simon von Kyrene abgenommen wurde. Scheinbar unberührt von den Qualen des Todeskampfes vermag er noch, seine Familienangelegenheiten zu ordnen; denn der jüdischen Tradition nach hatte der Erstgeborene die Pflicht, für die Wohlfahrt der Eltern zu sorgen. Unter dem Kreuz finden Jesu Mutter und der Jünger, den Jesus liebte, zusammen. Damit ist seine letzte Pflicht erfüllt und er kann sich nun von dieser Welt trennen: „Es ist vollbracht", so sprach er. Was für ein Gegensatz zu dem herausgeschrieenen Ruf der Verzweiflung und Ohnmacht des synoptischen Jesus: „Mein Gott, mein Gott, warum hast du mich verlassen" (Mk 15,34).

Jesus stirbt am Rüsttag vor dem Passa, dem Tag, an dem die Passalämmer geschlachtet werden. Der synoptische Jesus stirbt einen Tag später. Es mag sein, dass Johannes historisch richtig lag (religiöse Gründe sprechen gegen die Kreuzigung am Passatag); zudem hat der Rüsttag auch hohe symbolische Bedeutung; denn so wie an diesem Tage die Passalämmer zur Opferung vorbereitet werden, so stirbt Jesus als das Lamm Gottes, als Sühneopfer, das die Sünden der Menschheit hinwegnehmen soll. Die Leichname mussten, wie gesetzlich vorgeschrieben, vom Kreuz abgenommen werden. Das Brechen der Beine war eine Sicherheitsmaßnahme, dass der Gekreuzigte nicht wieder zum Leben zurückkehren konnte. Da Jesus bereits tot war, war es bei ihm nicht mehr notwendig.

Wegen des Rüsttags der Juden wurde Jesu Leichnam in ein Grab gelegt, das sich nahe bei der Hinrichtungsstätte befand. Dies macht Sinn; denn der Abend leitete einen doppelten Sabbat ein, da das Passa auf einen Sonnabend fiel und die Überführung einer Leiche nicht gestattet gewesen wäre. Was aber geschah dann am Grab? Ist die Rede vom leeren Grab lediglich eine Legende oder steckt mehr dahinter? Nun war es häufige Praxis, dass der Kadaver des Hingerichteten einfach in Abfallgruben außerhalb der Stadtmauer zum Fraß für die Hunde geworfen wurde. Wie aber hätte sich ein Auferstehungsglaube mit dem Bild einer verwesenden Leiche verfestigen können? Das war eher möglich wenn man den Leichnam verschwunden glaubte. So konnte man auch die körperlichen Erscheinungen Jesu erklären, dem noch seine Wundmale anzusehen waren. Ist der Mythos vom leeren Grab also eine theologische Fiktion?

Es gibt viele Erklärungsversuche zum verschwundenen Leichnam Jesu. Schon die Pharisäer hatten laut Matthäus befürchtet, dass die Leiche von den Jüngern beiseite geschafft werden könnte und ordneten deshalb eine Bewachung des Grabes an. Aber vielleicht gibt es ja auch eine ganz natürliche Erklärung. Zwischen Jesus und seiner Familie war es zuvor anscheinend zum Bruch gekommen, wie insbesondere Markus deutlich macht, aber spätestens am Kreuz hat dann wohl eine Art Versöhnung stattgefunden; denn Jesu Mutter war anwesend und sein Jünger würde sich ihrer hinfort annehmen. Warum sollten auch über den Tod hinaus die alten Wunden gepflegt werden? So ist es denkbar, dass aus Gründen von Familienehre und Pietät Jesu Leichnam eine angemessene Beisetzung in seinem Heimatort Nazareth gegeben werden sollte. Allerdings hätte die Überführung der Leiche auf den Tag nach dem Sabbat verschoben werden müssen und so war es opportun, sie zunächst im Privatgrab eines Freundes nahe bei Golgatha abzulegen. Das Grab war also wirklich leer und auf dieser Tatsache fußte die spätere Legendenbildung, die vielleicht absichtlich gefördert wurde.

20. Was nun am Grab passierte, wird sich nie mit Sicherheit feststellen lassen. Da hat jeder Evangelist seine eigene Version und alle beschreiben ein Geschehen von tiefer theologischer Symbolik. Maria Magdalena aber spielt eine entscheidende Rolle. In der johanneischen Version ist sie allein am Grab. Es ist der Anbruch des Tages und die Sonne wird sich jeden Moment am Horizont zeigen. Religiös gesprochen ist das eine Situation der Wiedergeburt, wie sie sich in vielen Mythen widerspiegelt. Maria findet das Grab leer, sieht Jesus und trägt diese Nachricht weiter an die Jünger woraufhin Simon Petrus und der geliebte Jünger zum Grab laufen und sich selbst überzeugen, dass es leer ist. Doch sie sehen nicht was Maria kurz darauf erblickt, nämlich zwei Engel, die den Platz besetzt halten, wo das Haupt und die Füße Jesu waren. Ein ähnliches Bild kennen wir aus Ägypten. Dort sind es die beiden Schwestern Nephthus und Isis, die am Sarg ihres geliebten Bruders, dem Gott Osiris, stehen. Warum sehen nun die beiden Jünger nicht was Maria sieht? Waren sie überhaupt da? Ist es nur ein Einschub, um dem Zeugnis einer Frau mehr Gewicht zu verleihen; denn der Status der Frau in einer patriarchalischen Gesellschaft glich eher dem eines Minderjährigen?

Drewermann deutet die Visionen der Maria als einen Vorgang in ihr selbst. Psychologisch gedeutet verkörpern die beiden Jünger die männliche und spirituelle Seite ergänzt durch weibliche Intuition, der Prototyp einer idealen Glaubenshaltung. Dies ist sicherlich nur eine mögliche Interpretation des geschilderten Geschehens. Auf jeden Fall schwindet die Zahl derer, die daran glauben, dass die Auferstehung ein sich in Raum und Zeit abspielendes, sinnlich wahrnehmbares Ereignis gewesen war.

Jesus ist zwar irgendwie derselbe, lässt sich anfassen, ja wird später noch ein Mahl mit den Jüngern teilen, andererseits durchdringt er wie ein Geist Tür und Wände. Er hat also eine Verwandlung, eine Verklärung an sich erfahren. Die Vorstellung davon ist nur in dem Idiom des Paradoxen zu verdeutlichen: Maria darf Jesus noch nicht anrühren, da er noch nicht zum Himmel aufgefahren ist, andererseits fordert er Thomas auf, ihn zu betasten.

In seiner ersten Erscheinung vor den versammelten Jüngern erteilt Jesus ihnen seinen Frieden und bläst ihnen den Heiligen Geist ein, der dann Pfingsten noch einmal über sie kommen wird. Damit verbindet sich auch die Vollmacht, Sünden zu vergeben. Die Kirche konnte aufgrund dieses Textes die Übertragung der Befähigung zur Sündenvergebung auf die von ihr bestallten Amtsträger begründen, eine für sie erfreuliche Entwicklung. Die Gnade der Vergebung reduziert sich damit auf einen Akt der Verwaltung. Doch ein wirkliches Vergeben erfordert ein heilwerdendes Erinnern und Durcharbeiten des Erlebten.

Mit der paradigmatischen Figur des Thomas führt Johannes die Rolle des Zweiflers ein. Auch der Zweifel, das ehrliche Ringen um die Wahrheit, muss respektiert werden. Gerade das in Formelhaftigkeit und Dogmen gefrorene Glaubensbekenntnis verkommt oft zu einem entsinnten Leerlauf von Worthülsen und kann so in der ‚Seele‘ keine Wurzeln schlagen. Anstatt das Ostergeschehen als ein Faktum zu erklären versuchen, sollte doch stattdessen eine Sinngebung in Form von der Bejahung und der Zelebrierung des Lebens im Vordergrund stehen. Ein in intuitiver Tiefe verankerter Glaube ist nicht notwendigerweise für seine Bestätigung auf Wundererscheinungen angewiesen. Ein Verlangen danach mag gar, wie an dem zweifelnden Thomas aufgezeigt, als Schwäche ausgelegt werden.

21. Das letzte Kapitel 21 ist ein späterer Nachtrag. Sein Schluss ist praktisch identisch mit dem Schluss des vorhergehenden Kapitels. Hier wird uns eine Geschichte voller seltsamer Ereignisse geschildert. Die vielen logischen Brüche der Erzählung vom Fischfang, die sich so ähnlich bei Lukas findet (Lk 5,1ff), vermitteln den Eindruck einer aus legendären Fragmenten neu zusammengesetzten Geschichte. Die Jünger kommen zurück von ihrem erfolglosen Fischfang und erblicken einen Mann am Ufer, doch niemand weiß, dass es sich um Jesus handelt. Seltsam dann die präzise Anweisung Jesu, das Netz nach rechts auszuwerfen und der dann so überaus erfolgreiche Fischzug. Dies öffnet die Augen zunächst des geliebten Jüngers, der Jesus als erster erkennt. Aber Petrus reagiert mit seiner typischen Spontaneität. Er war nackt und muss sich erst ankleiden; denn wie könnte er auch nackt Jesus unter die Augen treten. Dann wirft er sich ins Wasser, um Jesus als erster zu erreichen. Jetzt wird es richtig wundersam. Wie aus dem Nichts erscheint plötzlich ein am Ufer angelegtes Feuer mit Grill, Brot und Fisch. Hat Jesus es selbst vorbereitet? Als Jesus nach Fischen verlangt, da zieht Petrus nun ganz allein das prall gefüllte Netz mit dem sich vorher die ganze Jüngerschar abgemüht hatte. Und dann hatte sich jemand die Mühe gemacht, die Fische zu zählen, es waren genau 153. Die dahinterstehende Symbolik ist nicht zu erschließen.

Im zweiten Teil des Kapitels dreht es sich um die Klärung der Rollen von Petrus und des geliebten Jüngers. Es ist wohl eine chiffrierte Darstellung einer innergemeindlichen Klärung, welchen Platz Petrus und dieser Jünger einnehmen sollten. Während Petrus zum Hirten der Gemeinde bestallt wird, behält der geliebte Jünger seine zentrale Stellung aufgrund einer charismatischen Glaubensüberlegenheit. Aber wer war dieser geliebte Jünger eigentlich? Er muss Jesus sehr nahe gestanden haben und im Prinzip kommen dafür nur die drei im engsten Jüngerkreis in Frage, nämlich Petrus und die beiden Zebedäussöhne. Doch eine Prüfung des Johannes-Evangeliums ergibt, dass gerade diese drei ausscheiden. Wer also kann es gewesen sein? Vielleicht existierte der geliebte Jünger tatsächlich, nur war er kein Jünger sondern eine Jüngerin. Es war Maria Magdalena, so unsere Deutung.

Gerade in der johanneischen Gemeinde haben, wie bereits dargelegt, Frauen eine bedeutende Rolle gespielt, so auch im Leben Jesu. Insbesondere Maria Magdalena scheint dabei eine Schlüsselstellung einzunehmen. Um weiterer Verfolgung zu entgehen, siedelte die Gemeinde nun nach Ephesus um, ein petrinischer Kirchenkreis, und hier, unter dem Druck patriarchalischer Strukturen, musste die Rolle der Frauen neu verhandelt werden. Ein Indiz ist zum Beispiel die Nichterwähnung der Erscheinung Jesu vor Maria am Grabe (Joh 21,14). Es zählen nur noch die beiden früheren Offenbarungen Jesu vor den männlichen Jüngern.

In der Schrift erscheint die Bedeutung der Frauen bereits erheblich herabgesetzt. Sie sind in der Tendenz nur noch eher zufällige Begleitpersonen und ihrer Rolle als Sympathisanten und Stützen von Jesu Wirken werden nur wenige Zeilen gewidmet. Damit einher geht eine implizite Abwertung der Geschlechtlichkeit. Jedenfalls lässt dies die Vorstellung einer jungfräulichen Zeugung durch den Heiligen Geist, die daher den Geschlechtsakt ausschaltet, vermuten. Wie auch könnte die Erhabenheit des Gottessohnes mit jeglicher Andeutung geschlechtlicher Lust bei seinem Eintritt in die Welt verbunden sein. Warum aber sollte die sinnliche Liebe in der Religion weiter so negativ besetzt sein? Dass es anders geht beweisen ja schon mal die poetisch-anmutigen, erotischen Liebeslieder des Salomo. Und war nicht auch Jesus ein Mann mit starken Gefühlen gewesen, der oft sehr emotional reagierte? Warum sollte er sich dann der Liebe einer Frau entsagt haben wollen? Er lebte doch noch nicht im Zölibat. Hätte in seinen Kreisen der Genuss sinnlicher Lust seiner spirituellen Authentizität geschadet? Jesus war höchst unkonventionell gewesen und das Auskosten der weiblichen Zuneigung dürfte für ihn keine große Hemmschwelle bedeutet haben.

Das Bild des an Jesu Brust liegenden geliebten Jüngers drängt jedenfalls geradezu den Eindruck einer erotischen Nähe und die einer besonderen Beziehung auf. In anderen Übersetzungen heißt es gar: „er lag im Schoß Jesu“. Wäre hier die Rede von einem griechischen Symposium, dann dürfte man schon einen Mann im ‚Schoß Jesu‘ vermuten, doch die Männerliebe galt in Israel als verpönt. Ist es daher so absurd anzunehmen, dass Jesus eine Geliebte zu sich genommen hatte, Maria Magdalena?

Da nun in einigen Situationen Maria Magdalena und der geliebte Jünger gemeinsam auftreten scheint es sich zu verbieten, die beiden als identisch anzunehmen, doch für dieses Problem lassen sich Lösungen finden. So wird vermutet, dass die Erzählung vom Wettlauf des Petrus und des geliebten Jüngers zum Grab nur ein fiktiver Einschub ist. Am Kreuz finden sich Maria Magdalena als auch der geliebte Jünger. Die Synoptiker berichten aber nur von Frauen, die anwesend waren, die männlichen Jünger hatten samt und sonders die Flucht ergriffen, da sie um ihr Leben fürchteten. Hätte wirklich einer der Jünger den Mut bewiesen, bei Jesu Hinrichtung zugegen zu sein, dann hätten sie es sicherlich erwähnt. So ist anzunehmen, dass Maria Magdalena und der anwesende Jünger ein und dieselbe Person sind. Und ist es nicht überzeugend, dass Jesus seine Mutter gerade seiner Geliebten anvertraut, in die Fürsorge einer anderen Frau anstatt der eines unstet lebenden Wandercharismatikers? In Joh 18, 15f heißt es, dass ein „anderer Jünger", der „dem Hohenpriester bekannt" war, Petrus den Eingang zu dessen Palast ermöglicht hatte. Ist dieser andere Jünger identisch mit dem ‚geliebten Jünger'? War es also Maria gewesen, die vormalige Sünderin, die eine Liebschaft mit dem Priester gehabt hatte und der die Vertrautheit mit ihm gewisse Privilegien verschafft hatte?

Wenn diese Vermutungen zutreffen, dürfte auch klar sein, warum der Name des geliebten Jüngers anonym gehalten wurde. Einerseits, weil die herausragende Rolle einer Frau nicht mehr in das patriarchalische Konzept passte, andererseits weil eine Liebschaft Jesu in der petrinischen Gemeinde als anstößig empfunden worden wäre. Maria Magdalena qua ‚der geliebte Jünger' wurde lediglich eine Glaubensüberlegenheit zugestanden und die hatte sie ja auch bewiesen, so in den Szenen als sie Jesus mit Öl salbte, ihn mit ihren Tränen benetzte oder ihm zu Füßen seiner Rede lauschte.

Auch einigen apokryphen Evangelien lässt sich die besondere Stellung Marias entnehmen. Diese Evangelien sind von der Kirche unterdrückt worden, teils wegen ihrer als häretisch empfundenen gnostischen Tendenzen, teils wegen ihres übertriebenen legendären Charakters. So geht z.B. aus dem Maria Evangelium hervor, dass Jesus Maria mehr als die anderen Jünger liebte und dass er mit ihr Geheimnisse teilte, zu denen die anderen Jünger keinen Zugang hatten – man denkt in diesem Zusammenhang unwillkürlich auch an die Szene des letzten Mahls. Petrus macht in diesem Evangelium eine eher schlechte Figur. Maria Magdalena aber steigt zum Apostel der Apostel auf, wird geradezu als Nachfolger Jesu verhandelt. Über die Beziehungen von Jesus, Maria und Petrus liest es sich so:

Philippus-Evangelium: „Der Herr liebte Maria mehr als alle Jünger, und er küsste sie oft auf den Mund. Als die anderen Jünger sahen, wie er Maria liebte, sprachen sie zu ihm: Warum liebst du sie mehr als uns alle? Der Heiland antwortete und sprach' Wie könnte es sein, dass ich euch nicht ebenso liebe wie sie?"

Evangelium der Maria Magdalena: „Da erhob sich Maria, umarmte alle und sprach zu ihren Geschwistern: Seid nicht in Sorge und Zweifel, denn seine Gnade wird euch begleiten und beschützen. Lasst uns vielmehr seine Größe preisen, denn er hat uns bereit gemacht. Er ruft uns auf, vollkommene Menschen zu werden. Mit diesen Worten wendete Maria ihren Sinn zur Güte, und sie ließen sich von den Worten des Erlösers erleuchten.

Da sprach Petrus zu Maria: Schwester, wir wissen, dass der Erlöser dich geliebt hat, anders als die übrigen Frauen. Sage uns die Worte, die er dir anvertraut hat, an die du dich erinnerst und von denen wir keine Kenntnis haben. Maria antwortete und sprach zu ihnen: Was euch zu hören verwehrt blieb, das will ich euch verkündigen. Ich sah den Erlöser in einer Vision, und ich sagte zu ihm: Herr, ich schaue dich heute in dieser Erscheinung. Er antwortete: Selig bist du, die dich mein Anblick nicht verwirrt.“ Es folgt ein längeres Gespräch zwischen Jesus und Maria über Erlösung und Aufstieg der Seele.

„Da sprach Petrus: Ist es möglich, dass der Erlöser so mit einer Frau geredet hat, über Geheimnisse, die wir nicht kennen? Sollen wir unsere Gewohnheiten ändern und alle auf diese Frau hören? Hat er sie wirklich erwählt und uns vorgezogen?

Da weinte Maria. Sie sprach zu Petrus: Mein Bruder Petrus, was geht in deinem Kopf vor? Glaubst du, ich hätte mir ganz allein in meinem Sinn diese Vision ausgedacht oder ich würde über unseren Erlöser Lügen verbreiten? Da ergriff Levi das Wort: Petrus, du bist schon immer aufbrausend gewesen, und jetzt sehe ich, wie du dich gegen diese Frau ereiferst, so wie es unsere Widersacher tun. Wenn der Erlöser sie aber würdig gemacht hat, wer bist dann du, sie zurückzuweisen? Gewiss kennt der Erlöser sie ganz genau. Deshalb hat er sie mehr geliebt als uns.“

Im **Thomas-Evangelium**, das auffallend viele Parallelen zu den vier kanonischen Evangelien aufweist und welches wie auch die Logienquelle Q viele Exegeten für älteren Datums als die von der Kirche anerkannten Evangelien halten, spricht Petrus zu Jesus: „Maria soll von uns weggehen, denn die Frauen sind des Lebens nicht würdig“. Jesus aber weist Petrus zurecht und betont, dass er Maria auserwählt habe, um sie zur Vollkommenheit anzuleiten. Es ist schon augenfällig, dass in vielen dieser Schriften Petrus in die Nähe von pharisäischen Frauenverächtern gerückt wird, dass er zum Beispiel Plätze vermied, wo sich Frauen aufhielten und dass er seine eigene Tochter verdammt hatte, weil ihre Schönheit einen Skandal verursachte. So war es völlig undenkbar, dass ein Mensch mit solch einer Einstellung sich hätte von einer Frau belehren lassen wollen.

Verständlich, dass eine Kirche, die sich auf Petrus gründet, die Rolle der Frau, zumal der von Maria, herabwürdigen würde. Doch hatte Jesus laut der Schrift selbst gefordert: „Wo das Evangelium gepredigt wird in aller Welt, da wird man auch das sagen zu ihrem Gedächtnis, was sie jetzt getan hat“ (Mk 14,9). Was sie getan hat einschließlich ihrer Vision am Grab machte sie sogar in den Augen des Kirchenlehrers Augustinus zum ‚Apostel der Apostel‘. Die Kirche aber war weitgehend der petrinischen Ausrichtung gefolgt, was dann zu Leibfeindlichkeit, einer verqueren Sexuallehre und der Verfestigung von patriarchalischen Strukturen führte.

Wenn Maria Magdalena nun tatsächlich die Geliebte des Herrn gewesen war, könnte dies auch erklären, warum Maria als Erste eine Vision von Jesus hatte, vielleicht aus einem übersteigerten Gefühl heraus von Trennung und Sehnsucht nach Vereinigung, der in ihrer Imagination ‚den wahren Geliebten‘ erschuf. Wie lässt sich überhaupt diese Art ‚Wahrheit‘ begreifen ohne dass wir auf komplexe Erklärungsmodelle wie das Jungsche Schema der Archetypen zurückzugreifen haben? Wie lässt sich eine tiefgehende, aufopferungsvolle Liebesbeziehung, die in dem tragischen Verlust des Geliebten endet, verstehen? Könnte man es analog zu der Ergriffenheit beim Hören schöner Musik oder Poesie begreifen oder dem erhebenden Anblick majestätischer Natur, der einen träumerisch in sich verlieren lässt? Der Wahrheit kommen wir doch nicht näher, wenn wir diese Schwingungen der ‚Seele‘ auf das Flimmern von Nervenzellen reduzieren wollen. Der Verstand wägt und misst, er berechnet und verwirft, doch gibt er uns wahre Erkenntnis von Gefühlen wie Liebe, Trauer und Freude? Wie können wir uns die Art seelischer Gestimmtheit, die unserer Vorstellung nach Maria erfahren hatte, verständlich machen? Der libanesische Dichter Khalil Gibran (Jesus Menschensohn) versucht, diese Art Wahrheit in poetische Sprache zu kleiden:

„Oft frage ich mich, ob Jesus ein Wesen aus Fleisch und Blut war wie wir oder nur ein Bild unserer Phantasie, eine Idee unserer Einbildungskraft. Dann kommt mir der Gedanke, dass Er vielleicht nur ein Traum war, den zahlreiche Männer und Frauen gleichzeitig träumten in einem Schlaf, der tiefer ist als jeder andere Schlaf, oder ein Morgenrot, heiterer als jedes andere Morgenrot. Als wir uns diesen Traum erzählten, begannen wir vielleicht, ihn für eine Wirklichkeit zu halten; unsere Phantasie verlieh ihm einen Körper und unsere Wünsche eine Stimme. Und so formten wir aus ihm ein Wesen gleich unserem Wesen.

Aber in Wahrheit war Jesus kein Traum! Drei Jahre lang haben wir ihn gekannt und staunend beobachtet im hellen Mittagslicht … Nein, Jesus war weder ein Schatten noch die Vorstellung eines Dichters oder ein Bild unserer Träume. Er war ein Mensch wie du und ich. Doch das bezieht sich nur auf Gehör, Gefühl und Gesicht. Sonst war Er anders als alle Menschen. Er war ein Mensch der Freude. Aus Kummer und Leid führte Er uns auf den Weg der Freude. Und selbst vom hohen Dach Seiner Leiden blickte Er auf die Freude der Menschen …

Wenn ich vor Ihm stand und mit Ihm sprach, dann war Er ein Mann mit seinem ausdrucksvollen, wissenden Gesicht, und Er fragte mich: ‚Was willst du, Miriam?' Ich antwortete ihm nicht, doch die Schwingen meines Herzens umschlossen und hüteten mein Geheimnis und mir wurde warm ums Herz …

Er schaute mich an, und der Mittag Seiner Augen ruhte auf mir. Und Er sprach: ‚Du hast viele Liebhaber, Miriam! Aber nur ich liebe dich. Die anderen Männer suchen sich selbst, indem sie dich lieben. Ich liebe dich um deinetwillen. Die anderen sehen in dir eine Schönheit, die schneller vergeht als ihre Jahre. Ich aber sehe in dir eine Schönheit, die niemals welken wird. Und noch im Herbst ihrer Jahre wird sie sich nicht zu fürchten brauchen, in den Spiegel zu sehen, denn sie wird nicht gedemütigt werden. Ich allein liebe, was in dir ist und was man nicht sieht.' An diesem Tag tötete der Sonnenaufgang in Seinen Augen den Drachen in mir. Ich wurde eine Frau; ich wurde Miriam, Maria von Magdala."

Zu den synoptischen Evangelien

Die entscheidenden Stationen von Jesu Passion finden sich bei allen Evangelisten doch in so manchen Einzelheiten unterscheiden sie sich teilweise erheblich wie an den folgenden vier Szenen verdeutlicht werden soll:

Jesus vor Pilatus: Nur **Matthäus** schildert den Traum von Pilatus Frau und seine öffentliche Handwaschung und wieder nur bei **Matthäus** findet sich das so furchtbare Blutwort: „Sein Blut komme über uns und unsere Kinder". In der Version des **Lukas** spezifizieren die Vertreter des Hohen Rats vor Pilatus ihre Anklagepunkte wie folgend: a) Jesus hetzt das Volk auf; b) er verbietet die Steuerzahlung an den König und c), er spricht von sich selbst als den Christus. Nur **Lukas** erwähnt die zwischenzeitliche Befragung durch Herodes, doch die Misshandlung durch die römischen Soldaten fehlt bei ihm.

Jesu Kreuzigung und Tod: **Lukas** hat diese Szene in einigen Details umgestaltet. Bei ihm gibt es keinen Simon von Kyrene als Kreuzträger für Jesus und während **Matthäus** beide Räuber Jesus schmähen lässt erfuhr bei **Lukas** einer von ihnen eine innere Umkehr. Er wies den anderen der Übeltäter wegen dessen Lästerungen zurecht und bat Jesus seiner zu gedenken, wenn er in sein Reich komme worauf dieser ihm antwortete: „Wahrlich, ich sage dir: Heute wirst du mit mir im Paradies sein". Und auch nur der lukanische Jesus spricht diese Worte: „Vater, vergib ihnen; denn sie wissen nicht was sie tun!" Und während dieser Jesus kurz vor seinem Tod sagt: „Vater, ich befehle meinen Geist in deine Hände" sagt Jesus in den beiden anderen Versionen: „Mein Gott, mein Gott, warum hast du mich verlassen?" **Matthäus** steigert die Dramatik der Ereignisse nach Jesu Dahinscheiden. Er schildert auch noch ein Erdbeben und das Öffnen der Gräber der Heiligen. Der Hauptmann ist so von diesem Geschehen beeindruckt, dass er ausruft: „Wahrlich, dieser ist Gottes Sohn gewesen" (ebenso schildert es **Markus**). **Lukas** hingegen lässt den Hauptmann nur sagen: „Fürwahr, dieser ist ein frommer Mensch gewesen!" Er spricht nur von Frauen, die aus der Ferne die Vorgänge beobachteten, **Matthäus** aber zählt sie auf: „Maria von Magdala und Maria, die Mutter des Jakobus und Josef, und die Mutter der Söhne des Zebedäus." **Markus** zählt Salome zu den anwesenden Frauen statt der Mutter der Söhne des Zebedäus.

Die Szene am Grab: Nur **Matthäus** schildert die Anordnung des Pilatus, wie von den Hohenpriestern erbeten, das Grab zu bewachen. Auch fallen die Ereignisse am Grab bei ihm erheblich dramatischer aus. Nach dem Sabbat „kamen Maria von Magdala und die andere Maria, um nach dem Grab zu sehen". In diesem Moment setzte ein großes Erdbeben ein, der Engel des Herrn stieg vom Himmel herab, „wälzte den Stein weg und setzte sich darauf". Er war schneeweiß gewandet und die Frauen ergriff Todesfurcht. Der Engel aber sprach zu den Frauen, dass sie sich nicht fürchten sollten und forderte sie auf, das leere Grab zu besehen und den Jüngern Jesu

Auferstehung zu verkünden. In Furcht und großer Freude liefen die Frauen daraufhin, diese Botschaft den Jüngern zu bringen.

Markus erzählt, dass nach dem Sabbat „Maria von Magdala und Maria, die Mutter des Jakobus und Salome" zum Grab gingen, um den Leichnam Jesu zu salben. Auf dem Weg zum Grab berieten sie sich, wer wohl den schweren Stein für sie wegwälzen würde, doch als sie am Grab ankamen, erkannten sie, dass der Eingang zum Grab offen war. Sie erblickten einen Jüngling in einem langen, weißen Gewand, der ihnen in beruhigendem Ton versicherte, dass Jesus auferstanden sei. In der Tat, das Grab war leer. In „Zittern und Entsetzen" flohen die Frauen hinweg, doch sagten niemanden etwas davon, was sie gesehen hatten, obwohl doch der Jüngling sie angewiesen hatte, die Jünger zu benachrichtigen.

Auch **Lukas** schreibt, dass die Frauen den Stein vor dem Grab weggewälzt und das Grab selbst leer fanden. Ihnen kamen zwei „Männer mit glänzenden Kleidern" entgegen, die zu den erschrocken Frauen sprachen: „Was sucht ihr den Lebenden bei den Toten? Er ist nicht hier, er ist auferstanden". Die Frauen, nun genannt als „Maria von Magdala und Johanna und Maria, des Jakobus Mutter, und die anderen mit ihnen" verkündigten daraufhin den Jüngern, was sie gesehen und gehört hatten. Die Jünger aber hielten der Frauen Rede für bloßes Geschwätz.

Jesu Auferstehung und seine Erscheinungen als Auferstandener: Nach **Matthäus** begegnete Jesus den Frauen auf dem Weg zu den Jüngern. Sie fielen vor ihm nieder und umfassten seine Knie. Er wies sie an, den Jüngern von seiner Auferstehung zu berichten und sie aufzufordern, nach Galiläa zu gehen. In Galiläa berief Jesus seine Jünger auf den Berg und gab ihnen die Vollmacht, alle Völker „auf den Namen des Vaters und des Sohnes und des Heiligen Geistes" zu taufen. Zwischengeschaltet ist dem die Bestechung der Soldaten durch die Hohenpriester, dass sie Jesu Leib als gestohlen vermelden sollten. Die von Markus und Lukas erwähnten anderen Offenbarungen sowie die Himmelfahrt fehlen bei ihm.

Markus hingegen weiß nur von der Begegnung Jesu mit Maria von Magdala. Diese verkündete es den Jüngern, doch sie glaubten ihr nicht. Danach offenbarte er sich Zweien unterwegs, doch auch denen wurde nicht geglaubt. Schließlich offenbarte sich Jesus den Elf als sie zu Tische saßen und gab ihnen den Auftrag, aller Kreatur das Evangelium zu predigen.

Nach dem Ende seiner Rede wurde Jesus vor ihren Augen in den Himmel aufgehoben.

Lukas berichtet, dass Petrus selbst zum Grab lief und sich überzeugte, dass es in der Tat leer war wie die Frauen es gesagt hatten. Zwei von Jesu anderen Jüngern begegneten Jesus auf dem Weg nach Emmaus, doch sie erkannten ihn erst, nachdem sie in einer Herberge eingekehrt waren und er das Brot vor ihnen brach. Dann erschien Jesus auch den Elfen, die sich in Jerusalem versammelt hatten. Um ihnen zu beweisen, dass er es tatsächlich war, ein Mensch aus „Fleisch und Knochen", forderte Jesus sie auf, seinen Leib anzufassen. Zudem verzehrte er auch noch einen Fisch vor ihnen. Danach führte er sie nach Betanien, segnete sie und „fuhr auf gen Himmel".

Die Differenzen zwischen den verschiedenen Versionen (und die des Johannes) sind offensichtlich so eklatant, dass sie nicht miteinander zu harmonisieren sind. Matthäus neigt zu dramatischen Übersteigerungen und Lukas nimmt die kurze Notiz des Markus über die Zweien, denen Jesus sich offenbart, zum Anlass, diese zu einer längeren, theologisch angereicherten Episode auszubauen. Auffallend ist auch die Tendenz der Evangelisten, sich bei der Gestaltung ihrer Erzählungen reichlich beim Alten Testament zu bedienen. So werden dem sterbenden Jesus Worte aus Psalm 22 („Mein Gott, mein Gott, warum hast du mich verlassen") in den Mund gelegt und aus dem gleichen Psalm der Spruch „sie werfen das Los um mein Gewand" zitiert während aus Psalm 69 die Textstelle „sie geben mir Galle zu essen und Essig zu trinken" entnommen ist. Und Worte des Propheten Jeremia (51,35): „mein Blut komme über die Bewohner von Chaldäa" oder des Sacharja (11,13): „ich nahm die dreißig Silberstücke und warf sie in das Haus des Herrn" werden in einen neuen Kontext gestellt.

Dass die Mitglieder des Hohen Rates planten, Jesus aus dem Weg zu räumen, ist eher wahrscheinlich, wenn man sich allein den Aufruhr bei seinem Einzug in Jerusalem und seine Provokationen im Tempel vergegenwärtigt. Eher unwahrscheinlich ist aber das in der Schrift dem Judas vorgeworfene Motiv des Verrats Jesu. Er ist dadurch wohl zu einer der meistgehassten Figuren der Religionsgeschichte geworden. Nehmen wir einmal an, es handelt sich bei ihm um eine historische Person, hat er eine solche Charakterdiffamierung verdient?

Matthäus (26,15) und Johannes (12,6) werfen Judas Geldgier vor. Aber wäre es ihm wirklich nur auf das Geld angekommen, hätte es Judas, der ja eine Art Schatzmeister war, da nicht einfacher haben können und wäre mit dem Geld durchgebrannt? Warum überhaupt sollten die Oberen den Verrat eingekauft haben, hätten sie den Aufenthalt Jesu doch ebenso gut mit ihren eigenen Leuten ausfindig machen können? Wenn Judas aber Reue zeigte, ist das nicht ein Hinweis, dass er ein anderes Motiv hatte und sich die Hoffnungen, die sich damit verbanden, nicht erfüllt hatten?

Drewermann erwägt ein politisches Motiv des Judas. Unter Jesu Jüngern befand sich auch ein Simon, der Zelot (Lk 6,15), also ein Anhänger des politischen Messiastums. Judas nannte sich Iskariot. Dieser Name könnte entweder von dem einer Stadt abgeleitet worden sein oder aber Judas war ein Anhänger der Sikarier, der sogenannten Dolchmänner, die Leute umbrachten, die sich als römerfreundlich verdächtig gemacht hatten. Sollte Letzteres der Fall sein, wirft das natürlich die Frage auf, warum Jesus solche Leute in seinen engsten Kreis überhaupt aufgenommen hatte. Hatte er sich in seiner Menschenkenntnis geirrt oder glaubte er einfach an das Gute in jedem Menschen und erhoffte sich von Simon und Judas eine innere Umkehr? Oder hatte er sie wissentlich aufgenommen, um seinem Geschick die gewünschte Richtung in Einvernehmen mit dem geglaubten Heilsplan Gottes zu bringen? War Judas also nur ein Werkzeug Gottes? Stand Jesus damit gar in Judas Schuld, indem er ihn zum Verrat an ihn verleitete und sich so an ihm versündigte? Und doch sagt der mt Jesus: „Es wäre für diesen Menschen besser, wenn er nie geboren wäre“ (Mt 26,24). Welch eine furchtbare Aussage, die, angenommen alles verlief gemäß Gottes Plan, moralisch höchst anstößig ist. Andere argumentieren, dass Judas Jesus in eine lebensbedrohliche Situation bringen wollte, damit dieser endlich seine herrschaftliche Macht demonstriert. Noch abstruser erscheint die Behauptung, Jesus plante zusammen mit Judas einen Aufstand gegen die Römer. Einer solchen Gesinnung steht Jesu gesamtes Wirken und seine ausdrücklichen Forderungen nach Friedfertigkeit entgegen.

Alles in allem überzeugt das politische Motiv nicht. Wenden wir uns dem religiösen Motiv zu. Dieses gründet auf der Annahme, dass Judas der glühendste Verehrer Jesu gewesen war und fest an seine Gottessohnschaft glaubte. Hatte Judas somit aus der fanatischen Überzeugung heraus gehandelt, dass Jesus durch den Verrat gezwungen sein würde, seine ganze göttliche Herrlichkeit und Macht zu offenbaren und das messianische Königtum oder Reich Gottes bereits jetzt schon auf Erden zu verwirklichen? War die

Stunde nicht gerade günstig für ein derartiges Auftreten Jesu, da die Volksmenge seine Führerschaft erhoffte und an ihn glaubte? Andererseits hatte Jesus immer der Demonstration von Schauwundern eine Absage erteilt.

Vielfach wird das Motiv der Gesetzestreue vertreten. Es war die religionsgesetzliche Pflicht eines jeden Juden, einen Gotteslästerer an die Autoritäten auszuliefern. Hatte Judas also nur dem Gesetz Genüge getan und sich damit als vorbildlicher Staatsbürger verhalten? Dies aber würde einen inneren Bruch mit Jesus voraussetzen und sein Verrat hätte ihn daher mit einer gewissen Befriedigung erfüllen müssen. Das aber ist gerade nicht der Fall, denn es reute ihn ja der Verrat. Oder hatte er vielleicht gehofft, dass der Hohe Rat die Anklagepunkte gegen Jesus prüfen würde und schließlich zu einem Freispruch gelangen müsste? In dem Fall hatte er sich jedenfalls getäuscht. Ganz von der Hand zu weisen lässt sich dieses Motiv also nicht.

Doch erwägen wir noch ein erweitertes religiöses Motiv. Nehmen wir an, Judas fühlte sich einerseits zu der mosaischen Religion der Väter hingezogen, wie sie von den religiösen Autoritäten tradiert wurde, andererseits war er aber auch ein überzeugter Anhänger Jesu. Welche Seite nun stand der Wahrheit näher? Im Gefühl einer inneren Zerrissenheit und entschlossen, eine Entscheidung über die Wahrheitsfrage herbeizuführen, beging Judas den Verrat, in der Hoffnung, dass die beiden Parteien im Dialog zu einer neuen Gemeinsamkeit finden würden. Doch die Vertreter der alten Religion ließen sich nicht auf ein faires Hearing für Jesus ein. Warum auch sollten sie ihre Überzeugungen in Zweifel stellen lassen wollen? Ein ähnliches Beharrungsstreben findet man ja auch heute insbesondere auf Seiten der katholischen Kirche, die nichts so sehr fürchtet wie das Erschüttern der Fundamente des überlieferten wahren Glaubens. Judas mag naiv gewesen sein, ein treuer Anhänger Jesu blieb er allemal. Das erklärt dann auch die Verzweiflung, die ihn ergriffen hatte, und letztlich zum Selbstmord trieb. Judas, eine tragische Gestalt der Religionsgeschichte und nicht das Monster, für das er zumeist gehalten wird. Er hatte vielleicht mehr für seinen Meister gelitten als alle anderen Jünger.

Der Judaskuss gilt als Ausdruck einer perfiden, heuchlerischen Gesinnung oder war er nicht eher Zeichen einer andauernden Freundschaft zwischen Judas und Jesus? Wollte er damit vielleicht ausdrücken, das was ich da mache, das tue ich doch für dich? Auf jeden Fall wollte Judas doch gar nicht den Tod Jesu. Zum Schluss hatte er sich mit seinen Selbstvorwürfen selbst irre gemacht und seine eigene innere Hölle durchlebt.

Erstaunlich ist, dass Jesus trotz seines des von ihm vermuteten Vorwissens mit Judas die Gemeinschaft des letzten Passamahls teilte. Nur bei Johannes verlässt Judas vorzeitig das Abendessen, das die Synoptiker als ein Abendmahl erzählen. Sie unterscheiden sich aber in den Abendmahlsworten. Während der mt Jesus spricht: „Nehmet; esset, das ist mein Leib“ und es so fast identisch bei Markus heißt, überliefert uns Lukas stattdessen die folgenden Worte: „Das ist mein Leib, der für euch gegeben wird, das tut zu meinem Gedächtnis“. Auch wenn man das Geschehen als historisch glaubwürdig annimmt, können wir die wirklichen Worte Jesu doch nicht mehr wissen. Die meisten Ausleger glauben jedenfalls, dass Jesus zwar solch ähnliche Mahlgemeinschaften zu halten pflegte, doch diese Worte sich erst als Teil einer Liturgie der frühen Christengemeinden herausgebildet hatten und dann auf Jesus zurück projiziert wurden. Man beachte auch, dass in den Ablauf dieses Abendmahls heidnische Elemente eingebaut worden sind. Das Essen einer Gottheit und das Trinken seines Blutes waren auch Teil der im hellenistischen Raum populären Mysterienkulte wie der des Dionysos von dem man glaubte, er gab damit sein Leben zum Heil der Teilnehmer hin. Insbesondere die Riten des Mithraskultes mit Brot und Wasser, über die von den Priestern Formeln gesprochen wurden, besaßen so große Übereinstimmung mit der christlichen Eucharistie, dass Kirchenlehrer wie Justin vermuteten, dass Dämonen den Mithraskult zur Nachahmung angeleitet hätten. Das aber ist ein Irrglauben, nicht nur was die Dämonen betrifft; denn der Mithraskult ist wesentlich älteren Ursprungs. Allerdings bleibt die Beziehung zwischen Mithraskult und Christentum unter Forschern weiterhin umstritten.

Das Segnen von Brot und Wein durch Jesus, der wie ein fürsorglicher Hausvater handelt, ist aber auch eine Fortführung der alten jüdischen Riten des Passafests, das zur Erinnerung an die Befreiung aus der Sklaverei in Ägypten gefeiert wurde. Die christliche Form des Abendmahls wird ähnlich als eine Feier zum Gedächtnis an Jesus Christus gehalten. Besondere Bedeutung kommt dabei dem Zusatz „zur Vergebung der Sünden“, der sich nur bei Matthäus findet, zu und der ausdrücklich mit dem neuen Bund in Verbindung gebracht wird. Im alten Bund, der laut Ex. 24 zwischen Gott und Israel am Sinai geschlossen wurde, hatte das Blut von Opfertieren sündenvergebende Wirkung, allerdings nur vorübergehend, während im neuen Bund durch das Blut Jesu der Menschen Sünden ein für allemal gesühnt sind. Von dem neuen Bund, der nach Jeremia (31,31–34) als in die Herzen der Menschen eingeschrieben gilt, sollte von nun an keiner mehr ausgeschlossen sein. Aber wozu bedurfte es für die Erlangung des Heils eines Umwegs über den grauenvollen Tod Jesu? Brauchte Gott ein solches Opfer, so dass er vergeben konnte und musste ein Mensch erst exemplarisch vorleben und sterben was ein Gott wohlgefälliges Leben bedeutet, weil wir anders den rechten Weg nicht gefunden hätten?

Und nun der Aufbruch! Der ist bei Lukas mit einer rätselvollen Episode verbunden. Jesus weist seine Jünger an, sich ein Schwert zu besorgen (22,36). Als die Jünger ihm zwei Schwerter zeigen, reagiert er mit den Worten „Es ist genug“. Ist dies als eine Vorbereitung für einen Kampf zu verstehen? Jedenfalls war Petrus bewaffnet gewesen, schlug er doch mit einem Schwert das Ohr des Knechtes ab. Anderswo sagt der mt Jesus, dass er nicht gekommen sei, um Frieden zu bringen, sondern das Schwert (Mt 10,34). Hier ist der Begriff ‚Schwert‘ sicherlich symbolisch auszulegen, aber in diesem Kontext fällt solche Deutung schwer. Andererseits kommt doch Jesus auch als ein Friedensfürst daher, der Vergeltung ablehnte (Mt 5,38–42). Dem ungestümen Petrus hält er vor, dass wer das Schwert nehme, dadurch umkomme. Der joh Jesus scheint Petrus Handlung allerdings nur zu verurteilen, weil sie seine Mission in Frage stellt. Wie passt das alles zusammen?

Nirgendwo kommt uns Jesus als Mensch so nahe wie in der Szene im Garten Gethsemane, wo er schweißtriefend, in bebender Angst, verzweifelt, einsam und verlassen, mit sich selbst und seinen Glauben an den Vater ringt. Sokrates hingegen ging seinem relativ schmerzfreien Tod in einem Zustand völliger Gelassenheit und innerer Gelöstheit entgegen. Und während Sokrates noch bis zu seinem Ende im Kreis seiner Vertrauten Gespräche führen konnte, so war Jesus in der Stunde seiner tiefsten Krise sogar von seinen eigenen Jüngern verlassen worden. Zum Gefühl der Einsamkeit kam hinzu die kreatürliche Angst vor den grauenvollen Qualen, die ihm am Kreuz bevorstanden. Man stelle sich vor, die Nägel werden tief ins eigene Fleisch geschlagen, vielleicht zersplittert dabei ein Knochen, Blut fließt aus. Dann die Schmach, vor aller Welt nackt und entblößt am Kreuz zu hängen, dazu den Spott zu ertragen, verhöhnt zu werden und im Wissen zu sterben, nach dem Tode wie Aas auf ein Feld geworfen zu werden, zum Fraß für die Hunde und Geier. Aber es sind ja nicht nur die Freunde, von denen er sich verlassen glaubte. Schlimmer noch war das schmerzhafte Gefühl, auch von Gott verlassen zu sein, das seinen Glauben der größtmöglichen Versuchung aussetzte. Wie er seine Situation innerlich bewältigte werden wir nie wissen können, zumal Jesu Reaktion völlig entgegengesetzt geschildert wird, als verzweifelt bei den Synoptikern während Johannes ihn als zuversichtlich und gelassen beschreibt. Bei den Synoptikern gewinnt man den Eindruck, dass Jesus seinen Tod nie gewollt hatte, doch bereit war wenn es sein musste, diesen Weg bis zum bitteren Ende zu gehen, damit er sein Lebensziel nicht verfehle. Der Jesus des Johannes hatte ja bereits das Vorwissen darüber, was ihm bevorstand und akzeptierte seinen Tod als notwendigen Beitrag für die durch seinen Opfergang zu erwirkende Erlösung der Menschheit.

Nachdem Jesus verhaftet worden war, folgte das Verhör vor dem Hohen Rat, entweder noch in der gleichen Nacht (Markus und Matthäus) oder aber erst in den frühen Morgenstunden (Lukas). Bei Lukas tritt der Hohepriester Kaiphas nicht persönlich auf, das Verhör wird von allen geführt. Die entscheidende Frage wird wie folgend variiert: 1. „Ich beschwöre dich bei dem lebendigen Gott, dass du uns sagst, ob du der Christus bist, der Sohn Gottes“ (Matthäus); 2. „Bist du Christus, der Sohn des Hochgelobten?“ (Markus); 3. „Bist du denn Gottes Sohn“ (Lukas). Während aber der mk Jesus mit Bestimmtheit antwortet: „Ich bin’s“ antwortet er in den anderen beiden Versionen eher zweideutig mit „Du sagst es“ (Matthäus) bzw. „Ihr sagt es, ich bin’s“ (Lukas). Ausgenommen bei Lukas setzt Jesus noch hinzu, dass sie den „Menschensohn sitzen zur Rechten der Kraft und kommend mit den Wolken des Himmels“ sehen werden. Jedenfalls reicht den Anklägern Jesu Antwort aus, um ihn der Gotteslästerung zu beschuldigen. In den Augen der Juden hatte er sich damit Gott gleich gesetzt, eine unerhörte Blasphemie. Nicht eindeutig ist auch, wie die Hoheitstitel ‚Christus‘ und ‚Sohn Gottes‘ in diesem Kontext auszulegen sind. Die Ankläger dürften unter der Sohnschaft eine Adoption im Sinne von Psalm 2,7 verstanden haben während die Christen Jesu Einssein mit Gott betonen. Mit dem Titel Christus/Messias verbanden sich traditionell politische Ambitionen, aber nicht für Jesus. War es daher, um mögliche Missverständnisse zu vermeiden, dass Jesu Antwort mit „Du sagst es“ so unverbindlich ausfiel? Jedenfalls dürften die Oberen ihn verdächtigt haben, nach politischer Macht zu streben. Alarmiert wegen der Vorkommnisse im Tempel und seinen kontroversen religiösen Auffassungen waren sie bereits genug gewesen. Und so gebot es die Staatsraison, diesen Mann zu verurteilen, dass er von der Bildfläche verschwinde.

Aber hat das Verhör überhaupt stattgefunden? Viele Ausleger bezweifeln es und weisen u. a. auf die Differenzen in den Darstellungen hin. Wie hätten die Evangelisten sich auch Detailwissen von dem Verlauf des Verhörs beschaffen können. Es gibt noch weitere Unstimmigkeiten. So hätte man eine Sitzung des Sanhedrin niemals während der Nachtstunden anberaumt. Die Wendung ‚Sohn des Hochgelobten‘ war im Judentum unbekannt, sie ist auf spätere christliche Reflexion zurückzuführen. Weiter ist darauf hingewiesen worden, dass der Ablauf des Verhörs nicht mit der in der Mischna festgelegten Prozessordnung übereinstimmt. Die Wahrscheinlichkeit spricht also eher dafür, dass nicht ein offizielles Verhör sondern – wenn überhaupt – nur eine informelle Anhörung Jesu und nachfolgende Beratung des Hohen Rats stattgefunden hat. Was sich im Einzelnen da abgespielt hat, haben die Evangelisten nach Gesichtspunkten der Plausibilität unter der Perspektive des Glaubens rekonstruiert.

Sodann wird Jesus dem römischen Statthalter Pilatus überstellt. Die ganze nachfolgende Schilderung des Verhörs vor Pilatus ist ein ‚antijudaistisches Dokument ersten Ranges‘, dessen Wirkungsgeschichte bis zum Holocaust reicht. Außerdem dürfte sie weitgehend Fiktion sein. Als historisch gesichert gelten nur die Verurteilung Jesu durch Pilatus und die anschließende Kreuzigung. Die Szene um die Freilassung – ein Brauch, der historisch nicht nachzuweisen ist – des berüchtigten Barabbas verstärkt nur den Eindruck einer einseitigen Schuldzuweisung von Jesu Tod an die Juden. Der Kontrast zwischen dem Mörder einerseits und dem unschuldigen Gottessohn Jesus andererseits soll das Vorurteil einer jüdischen Komplizenschaft weiter schüren. Das Volk entscheidet sich für das Böse und verwirft das Gute. Auch die mehreren Unschuldsaussagen des zögerlichen Pilatus vertiefen den Eindruck einer jüdischen Verderbtheit. Und dann dieser scheußliche Blutspruch (Mt 27,25), der die unsägliche verzerrte Beschreibung des Verhörs vor Pilatus, krönt. In historischen Quellen wird Pilatus als brutal, korrupt und perfide beschrieben. Und dieser Mann soll Gewissensbisse bekommen haben, einen als Rebell verdächtigten Mann, der sich auch noch als König bezeichnet, hinrichten zu lassen? Zwar wurde Pilatus nachgesagt, dass er ein gewiefter Taktiker gewesen sei – wie sonst hätte er sich so lange im Amt halten können –, aber er war eben auch ein grausamer Machtmensch gewesen. Kaum glaubhaft, dass so einer von einem empfindsamen Gewissen geplagt worden war. Auch irgendwelche Unschuldsvermutungen, die ihm gekommen sein mögen, dürften ihn kaum beeindruckt haben. Als Erklärung oder mögliches Motiv für sein angeblich zögerliches Verhalten käme eigentlich nur abergläubische Furcht in Frage; denn hier hielt sich ja immerhin jemand für Gottes Sohn. Doch mehr spricht für die Annahme, dass die Szene des Verhörs vor Pilatus im Wesentlichen frei erfunden und aus der Glaubensperspektive der Evangelisten gestaltet worden ist.

Wer war denn „das ganze Volk" (Mt 27,25), das sich angeblich selbst mit einem Blutfluch belegte? Ist es nicht eher plausibel, dass die Oberen ihnen ergebene Anhänger zusammentrommeln ließen, die dann auch pflichtschuldigst in die offizielle Linie der Anklage einschwenkten während die eingeschüchterten Jesus-Anhänger schweigend im Hintergrund verblieben wenn sie nicht sowieso das Weite gesucht hatten? Trifft diese Sicht zu, dann kann man der Menge auch nicht mehr Wankelmütigkeit in dem Sinne ‚Heute Hosianna und morgen kreuzige ihn' unterstellen. Es sah alles eher nach einer abgekarteten Sache aus. Wenn wir nun den Evangelisten eine Art Geschichtsfälschung bescheinigen, dann sollte man gerechterweise auch ihren Kontext beleuchten. Als sie die Jesus-Geschichte nacherzählten, war Jerusalem bereits zerstört und die Christen sahen sich Verfolgung durch die Juden und dem Argwohn der Römer ausgesetzt. Mit den Juden hatte man sich aus religiösen Gründen überworfen, aber man wollte nun nicht noch zusätzlich den Verdacht der Römer schüren, dass die Christen eine staatsgefährdende Truppe waren, wie es ihnen bereits einige wie der Historiker Tacitus vorwarfen. Also bloß nicht den Römern auch noch die Schuld am Tode ihrer Gründungsfigur in die Schuld schieben sondern die römische Urteilsfindung in ein positives Licht stellen. Zieht man dann noch in Betracht, dass Jesus ja selbst sein Reich als nicht von dieser Welt bezeichnet hatte, dann brauchten sich die Römer doch eigentlich keine Sorgen über die Loyalität der Christen zu machen. Sicherlich intendierten die Verfasser aber nicht, das ganze Volk in Sippenhaft für das Verbrechen an Jesus zu nehmen. Es geht ja auch deutlich aus den Schilderungen hervor, dass die

Hohenpriester die treibende Kraft gewesen waren. Was für eine furchtbare Wirkung in Form von Judenpogromen ihre Erzählung einmal entfalten sollte, das konnten die Evangelisten doch nicht ahnen. Wenn überhaupt, dann trifft die Schuld daran hauptsächlich die Kirche, die die Schuldzuweisung an die Juden ungefragt übernommen und daraus den Vorwurf des Gottesmordes konstruiert hatte.

Vor seinem Weg zur Kreuzigungsstätte in Golgatha muss Jesus nicht nur weitere Verspottung ertragen wobei die Verhöhnung durch Herodes (die sich nur bei Lukas findet, der aber dafür die Verspottungsszene durch die Soldaten auslässt, vielleicht aus Rücksicht gegenüber seinen römischen Gönnern), der ihm einen Prunkmantel überwirft, den Eindruck der Erniedrigung noch vertieft. Auf ähnliche Weise wird er von seinen Schindern mit den Insignien eines hellenistischen Herrschers ausgestattet, was den römischen Soldaten wohl Genugtuung bereitet haben musste, denn dadurch konnte nicht nur Jesu Anspruch auf ein Königtum karikiert werden sondern auch stellvertretend durch ihn das jüdische Volk gedemütigt werden. Er muss vor allem auch noch die Tortur der Geißelung erleiden, ausgeführt durch eine mit Metallsplittern bestückten Rute. Die Schläge reißen die Haut auf und führen zu starken Blutungen. So wird Jesus bereits vor seiner Hinrichtung stark geschwächt gewesen sein. Warum tut der Mensch so etwas? Warum war Abu Ghurabi möglich? Warum die sadistische Quälerei in Nazicamps? Warum rächt sich im Krieg der Sieger fast regelmäßig mit Vergewaltigungen an den Frauen der Besiegten? Warum ließen die Somalier den getöteten amerikanischen Soldaten nackt durch die Stadt schleifen? Was geht in den Menschen vor, die sich zu solcher Art Bestialitäten und Schändungen hinreißen lassen?

Wie die Erfahrung aus Kriegen immer wieder zeigt, führt die ständige Gewaltausübung zu einer inneren Verrohung und zu Hass auf den Fremden, der als Ungläubiger, als bedrohender Untermensch oder Mitglied einer minderwertigen Rasse, Angehöriger einer anderen Ethnie oder als Klassenfeind bekämpft werden muss, wobei moralische Regeln außer Kraft gesetzt werden. Unsere eigene Geschichte lehrt, wie unter Befehlszwang entweder aus Opportunismus oder aber weil sie sich als Teil einer höheren Ordnung verstehen, Menschen lernen, ihren eigenen Willen und ihr Gewissen und somit das natürlich gegebene Gefühl der Empathie zu unterdrücken und so fähig werden, gnadenlos die abscheulichsten Taten zu begehen. Die Inquisitoren der katholischen Kirche wurden regelrecht dazu angehalten, zur Verteidigung der wahren Lehre keinerlei Mitgefühl mit dem Ketzer zu zeigen. Der Hass auf den Anderen führt oftmals zu besonderen Formen der Erniedrigung wie die Zurschaustellung seines nackten Körpers. Wenn man den Wehrlosen bespucken, misshandeln und verhöhnen kann, noch dazu im Gefühl der Solidarität mit seinen Kameraden, erfährt der Schinder eine ihn außerordentlich befriedigende Erhöhung seines eigenen Selbst und sich gleichzeitig als Bestandteil einer größeren Gemeinschaft. Ja, die von den Evangelisten geschilderte Szene der Misshandlung Jesu erscheint in der Tat realistisch.

Es sind die letzten Stunden im Leben des Jesus von Nazareth. Können wir, die wir doch sogar den Gang zum Zahnarzt fürchten, nachempfinden, was in einem Menschen vorgeht, der, sich grenzenlos verlassen fühlend, einer solch grauenhaften Hinrichtung entgegengeht? Dort in Golgatha zeigte sich dann die Fratze menschlicher Bosheit in noch gesteigerter Form, in der Verhöhnung und Verspottung des am Kreuz Sterbenden. Was für ein Kontrast zu dieser verrohten und hasserfüllten Umwelt die Ausstrahlung der Güte, die von Jesus ausging, seine Botschaft von Liebe, Toleranz und Barmherzigkeit, seine vorgelebte Mitmenschlichkeit. Und dieser wunderbare Mensch musste sterben weil er ein Ärgernis für die Mächtigen war. Er war der Sündenbock, durch dessen Opfer die Gesellschaft sich wieder reinigen konnte.

Und doch war Jesu Hinrichtung nicht einzigartig. Allein nach der Niederschlagung des von Spartacus angeführten Sklavenaufstands 71 v. Chr. sollen 6 000 Überlebendes ans Kreuz genagelt worden sein. Der jüdische König A. Jannai ließ 88 v. Chr. Hunderte seiner pharisäischen Gegner kreuzigen, während er und seine Gäste gemütlich schmausten. Die Perser bevorzugten das Pfählen, den Assyrern wurde nachgesagt, sie häuteten ihre Feinde bei lebendigem Leibe. Aus der christlichen Perspektive ist Jesu Kreuzigung sicherlich ohne Beispiel; denn hier starb ja der Sohn Gottes oder so glaubte man. Zudem dienten die Vorgänge vor und während der Kreuzigung dazu, ihn auch des letzten Restes seiner Menschenwürde zu berauben. Paradoxerweise zielte die Inhumanität seiner Widersacher darauf, aus Jesus Christus einen aus der Menschheit Verstoßenen, einen Aussätzigen zu machen.

So ist daher für die einen das Kreuz ein Zeichen der Schmach, für die Christen aber ein Zeichen des Heils, ist doch aus theologischer Sicht Jesu Lebenshingabe stellvertretende Sühne für die Sünden der Menschen und damit eine Wegbereitung für ihre Erlösung. Doch die Sühnethese greift zu kurz. Jesus Christus musste sterben, weil er eine Bedrohung für die herrschenden Mächte darstellte. Mit seiner unkonventionellen Auslegung überlieferter religiöser Gesetze und Bräuche unterhöhlte er die Autorität der tradierten Religion und deren Vertreter während er durch seine Kritik am Opferwesen an den Pfründen der führenden Schicht rüttelte.

Jesus stirbt und die Erde bebt, die Gräber öffnen sich, der Tempel im Vorhang zerreißt und eine Finsternis legt sich über die Erde. So beschreibt es Matthäus. Es ist alles Symbolik. So hat es eine Sonnenfinsternis nachweislich nicht gegeben. All diese Vorgänge sind plastische Umsetzung christlich-symbolischer Bilder, die zeichenhaft über sich hinausweisen in dem Sinne, dass sich Gott nun vom Tempel abgewendet und allen Menschen geöffnet hat.

Das jüdische Gesetz schrieb vor, dass ein am Pfahl Gehängter nicht über Nacht am Holz bleiben darf, da er als verflucht galt (Dt 21,22f). So tat der angesehene Ratsherr Josef von Arimathäa, was eigentlich die Pflicht eines jeden frommen Juden war, nämlich dafür Sorge zu tragen, dass dieses Gesetz eingehalten wird. Er ließ den Leichnam Jesu sogar in sein eigenes Grab legen (Mt 27,60), als ob es sich bei ihm um ein verstorbenes Familienmitglied handelte. Erst jetzt trat er aus seinem Schatten heraus und erweist sich als ein Jünger Jesu, vorher trug ihn wohl der Mut nicht.

Die Schilderungen über die Auferstehung fügen sich zu dem Eindruck einer besonderen Präsenz Jesu, die nur im Paradoxen zu erfassen ist. Einerseits wird seine Leiblichkeit betont, andererseits durchdringt er Wände, erscheint und verschwindet er spontan. Gesehen wird er nur durch die Augen des Glaubens, wie es insbesondere in der Emmaus-Erzählung deutlich wird. Die anfängliche Blindheit der Jünger verhinderte es, ihn zu sehen. Wirklich erkennen konnten sie ihn erst im Glauben. Es bedurfte seiner Schriftauslegung und bestimmter Zeichen bevor die Jünger ihre Zweifel überwinden konnten. Die Frauen werden als glaubensstärker geschildert. Gerade auch in der Mythologie kommt dieser von der Liebe getragene Glaube der Frauen an die Überwindung des Todes zum Ausdruck, so im Falle der babylonischen Ischtar, die in der Trauer um ihren geliebten Dumuzi ihm in die Unterwelt folgt, ihn dort zu retten. So rettet auch die ägyptische Isis ihren getöteten Gatten Osiris und ihre hartnäckige Liebe verhilft ihm zur Wiederauferstehung. Der griechische Tragödiendichter Euripides schildert, wie Alkestis in unverbrüchlicher Treue und Liebe sich bereit erklärt, im Austausch für ihren Gatten in den Tod zu gehen.

Bevor Jesus nun ein letztes Mal Abschied von seinen Jüngern nimmt, instruiert er sie noch einmal und verleiht ihnen Vollmacht, in seinem Namen zu lehren und zu taufen. Diese Verse aber, die sich in Mk 16,9–20 finden, sind ein späterer Nachtrag und dienten wohl der Abrundung des Buches. In den ältesten Textzeugen fehlt dieser Abschnitt, der wahrscheinlich erst im 2. Jahrhundert hinzugefügt worden ist. Matthäus stellt diesen Missionsbefehl noch ausführlicher heraus und ergänzt ihn mit dem Taufbefehl im Namen von Vater, Sohn und Heiligen Geist. Es sind dies nicht die Worte Jesu sondern sie reflektieren das Glaubensbild der sich formenden frühen Kirche. Damals hatte bereits dogmatische Verhärtung eingesetzt. In dieser Sicht führte das Heil einzig und allein über den von der Kirche als rechtmäßig anerkannten Glauben. Wer davon abwich wurde mit Verdammung belegt (Mk 16,16). So aber hatte Jesus nie gelehrt.

Der Missionsbefehl wurde laut Matthäus den Jüngern auf einem Berg in Galiläa gegeben (Mt 28,16). Danach bricht die Erzählung ab. Von einer Himmelfahrt keine Rede, wie übrigens auch bei Johannes nicht. Bei Markus, wohlgemerkt erst im Nachtrag, findet sich nur die lapidare Bemerkung, dass Jesus nach seiner Rede mit den Jüngern in Jerusalem gen Himmel aufgehoben wurde (Mk 16,19). Matthäus aber hatte diese Rede nach Galiläa verlegt, was allein schon beweist, dass sie reine Fiktion ist. Das Evangelium nach Markus schloss ursprünglich mit der Beschreibung des Entsetzens, welches die Frauen angesichts des leeren Grabes ergriffen hatte. Nur Lukas hat das Himmelfahrtgeschehen weiter ausgeführt. Während sein Evangelium den Eindruck vermittelt, es habe sich unmittelbar nach der Auferstehung abgespielt (Lk 24,36–53) vergingen laut Apostelgeschichte noch 40 Tage bis zur Himmelfahrt (Apg 1,3).

Zusammenfassend ist also zu sagen, dass erstens zwei der Evangelisten die Himmelfahrt überhaupt nicht erwähnen und dass zweitens die Beschreibungen der Evangelisten von Jesus letzten Tagen widersprüchlich sind. Das lässt eigentlich nur den Schluss zu, dass sich das Dogma von Jesu Himmelfahrt anscheinend erst sehr viel später gebildet hat. Das Dogma wurde wohl erdacht, zum einen, um einen vernünftigen Abschluss nach Jesu Auferstehung zu bilden; denn es stand ja die Frage im Raum, was eigentlich danach mit ihm passierte. Zum anderen ist es durchaus vorstellbar, dass man sich für Jesus eine ähnliche Himmelfahrt wünschte, die auch andere Heroen der Antike erfahren hatten. Man denke da z.B. an den Propheten Elia in seinem Himmelswagen, den Gründer Roms Romulus oder den griechischen Helden Herakles. Sicherlich verknüpft das Christentum die Erzählungen über Auferstehung und Himmelfahrt auch mit der Hoffnung auf ein Leben nach dem Tod. Doch auch der Gläubige ist zunächst einmal zur Bewährung in seinem irdischen Dasein aufgerufen, nämlich durch seinen Lebensvollzug in der Welt etwas von der neuen Existenz, die Jesus repräsentierte, zu verwirklichen.

Kapitel 8:

Der historische Jesus

„Und Jesus ging fort mit seinen Jüngern in die Dörfer bei Caesarea Philippi. Und auf dem Wege fragte er seine Jünger und sprach zu ihnen: Wer sagen die Leute, dass ich sei? Sie antworteten ihm: Einige sagen, du seist Johannes der Täufer, einige sagen, du seist Elia, andere du seist einer der Propheten. Und er fragte sie: Ihr aber, wer sagt ihr, dass ich sei? Da antwortete Petrus und sprach zu ihm: Du bist der Christus! Und er gebot ihnen, dass sie niemanden von ihm sagen sollten." (Mk 8, 27–30)

Es scheint, dass bereits zu Jesu Lebzeiten sich die Leute darüber uneins waren wer er denn nun wirklich war und dies trifft heutzutage mehr denn je zu. Da wird Jesus als Charismatiker und Apokalyptiker, als Sozialreformer und Revolutionär, als romantischer Träumer und Dichter, als Philosoph und Lehrer, als Prophet und Wundertäter, als Arzt und Magier verhandelt. Für viele Gläubige ist er der Messias und Sohn Gottes. Jeder, der sich ihm zu nähern versucht hat, scheint ein anderes Bild von ihm gewonnen zu haben. Für Karl Barth ist Jesus „das letzte und entscheidende Wort Gottes" während er für Paul Tillich der „symbolische Ausdruck eines neuen Seins" ist. Dietrich Bonhöffer war überzeugt, dass Jesus ein „Dasein für andere" repräsentiert. Jürgen Moltmann erkennt in Jesus den gekreuzigten Gott als Ausdruck von Gottes Solidarisierung mit den Leidenden und H.M. Kuitert versteht Jesus als eine „Metapher für die Treue Gottes". Andere sehen in ihm einen „Mittler zwischen Gott und den Menschen" bzw. einen „Sachwalter Gottes und der Menschen". L. Boff schließlich erblickt in Jesus einen Befreier.

Aus den obigen Aussagen lässt sich unschwer erkennen, dass es zwei grundsätzlich verschiedene Perspektiven auf Jesus gibt. Eine zielt auf den historischen, die andere auf den Jesus des Glaubens. Wie hängen diese beiden Blickwinkel zusammen und was kann man über den historischen Jesus wissen? Während noch bis ins 18. Jahrhundert hinein alles was in der Bibel steht als gesicherte Erkenntnis galt, machte sich mit dem Einzug der Aufklärung eine wachsende Skepsis breit. Beginnend mit Spinoza (1632–

1677), über Lessing (1729–1781) und J.G. Herder (1744–1803) wurden vor allem die Wundergeschichten als nicht-historische Vorgänge begriffen. Albert Schweitzer (1875–1965) konstatierte schließlich als Ergebnis seiner Jesu-Leben-Forschung sein ‚Irrewerden' am historischen Jesus und der Exeget Käsemann (1906–1998) erklärte alle Bemühungen, das Leben des Jesus von Nazareth zu rekonstruieren, als gescheitert. Wenn dem so ist, was hat dann der historische Jesus noch mit dem Jesus des Glaubens zu tun? Sollten sich die theologischen Bemühungen wie Bultmann vorschlug, nur noch auf den letzteren konzentrieren oder sollte unser Interesse hauptsächlich dem Menschen von Fleisch und Blut gelten? Im ersteren Fall hätten wir nach Meinung von Dupuis lediglich einen Mythos, im letzteren einen leeren Jesus, dem die persönliche Identität fehlt. Die vorrangige Aufgabe ist seiner Meinung nach, eine Brücke zwischen den beiden zu finden.

Nun wissen wir aber über den historischen Jesus herzlich wenig. Seine Existenz und Hinrichtung wird zwar in außerbiblischen Quellen bezeugt, so u.a. vom jüdischen Historiker Flavius Josephus (um 94 n. Chr.) als auch von römischen Chronisten wie Tacitus und Sueton, aber das hilft uns auch nicht viel weiter. Jesus hat wie auch Sokrates nichts Schriftliches hinterlassen. Nachricht über ihn haben wir von den Evangelisten, die ihn aber selbst wohl nicht gekannt haben und über ihn erst Jahrzehnte nach seinem Tod geschrieben hatten. Ihre Schriften, wie wir gesehen haben, enthalten viel Widersprüchliches, Legenden und Reden, die Jesus so nie gehalten hatte. Es sind dies Glaubenszeugnisse, die man nicht als historisch zuverlässige Berichte über Jesu Herkunft und Wirken gelten lassen kann. Allein der Fakt, dass Lukas und Matthäus die Geburt Jesu zu ganz verschiedenen Zeitpunkten festsetzen oder die gravierenden Differenzen in ihren Schilderungen vom Ostergeschehen sollten uns Grund genug zum Zweifel geben. Wie sehr die Evangelisten von subjektiven Gedankengut beeinflusst worden waren, ersieht man auch daran, wie unterschiedlich ihr jeweiliges Bild von Jesus ist. So betont Markus die verborgene Identität Jesu während Matthäus in ihm eine Art zweiten Mose sieht, diesen aber weit überragend. Bei Lukas steht der irdische Jesus mit seiner Parteinahme für die Schwachen und Ausgegrenzten der Gesellschaft im Vordergrund. Johannes wiederum präsentiert uns den vom Himmel herabgestiegenen Sohn Gottes.

Aufgrund der dürftigen Quellenlage liest sich auch eine Biographie Jesu als enttäuschend knapp. Geboren wurde er wohl zwischen 6–4 v. Chr.

in Nazareth als Sohn eines Zimmermanns namens Josef und einer Mutter namens Maria. Er hatte mehrere Brüder und Schwestern (Mk 6,3) und einer von ihnen, Jakobus, wurde nach Jesu Tod Leiter der ersten christlichen Gemeinde in Jerusalem. Jesus schloss sich Johannes dem Täufer an und wurde von diesem auch getauft. Sein öffentliches Wirken begann er etwa 28/29 n. Chr., zumeist in der Umgebung des See Genezareth, und er hielt sich oft an seinem Wohnort in Kapernaum auf. Wahrscheinlich wurde er im April des Jahres 30 n. Chr. gekreuzigt, entweder am Tag vor dem Passafest (Johannes) oder, weniger wahrscheinlich, am Passafest (die Synoptiker).

Darüber hinaus lassen sich aus den Evangelien noch gewisse Indizien gewinnen. Viele Ausleger vermuten, dass die Hinweise in der Schrift auf eine unerwartete Schwangerschaft Marias und die damit verbundene mögliche Schande (Mt 1,18f) auf Gerüchte, dass Jesus ein illegitimes Kind war, hindeuten. Immer wieder lassen die Evangelisten auch die Leute ihr Erstaunen über Jesu Gelehrsamkeit ausdrücken (z.B. Lk 4,22; Joh 7,15). In der Tat stellt sich die Frage, woher Jesus dieses Schriftverständnis hatte, setzte es doch Kenntnisse in Hebräisch und der rabbinischen Dialektik voraus, die er so sicherlich nicht in der Schule oder der Familie hat erwerben können. Johannes lässt Jesus bedeutungsvoll antworten, dass er diese Lehre von Gott hatte (Joh 7,16), eine Antwort, die mehr über Johannes als über Jesus aussagt. Realistischer erscheint die Vermutung, dass Jesus eine Ausbildung zum Schriftgelehrten gehabt hat. Diese Vermutung erschließt sich aus einer Reihe von Bibelstellen. So soll der zwölfjährige Jesus im Tempel Gespräche mit Lehrern geführt haben (Lk 2,41ff). Markiert diese Textstelle vielleicht in Wirklichkeit den Beginn seiner Lehrzeit in Jerusalem? Sodann hielt er eine Antrittspredigt in seiner Heimatsynagoge zu Nazareth. Es heißt, ihm wurde „das Buch des Propheten Jesaja gereicht" (Lk 4,17). War dies der Tag seiner Einführung als Schriftgelehrter? Er kleidete sich auch wie ein Schriftgelehrter. Das lässt sich aus Lk 8,44 entnehmen: Die blutflüssige Frau „berührte den Saum seines Gewandes". Der Saum aber sind die Quasten oder Troddeln am Umhang eines Schriftgelehrten. In der Kreuzigungsszene wird berichtet, dass die Soldaten um Jesu Gewand losten (Joh 19,24). Es muss sich um ein kostbares Kleidungsstück gehandelt haben; denn sie wollten es nicht zerteilen. Auch war es ungenäht, in einem Stück gewebt so wie es ein priesterliches Gewand war. Jesus war nicht jemand, der sich mit fremdem Federn geschmückt hätte. Zudem wurde er immer wieder als Rabbi, Meister oder Lehrer angeredet (z.B. Joh 1,38.49; 3,2; 4,31; Lk 10,25; Mk 10,17). Hätte man so zu ihm gesprochen, wenn Jesus nur ein einfacher Zimmermann gewesen war?

Ein bedeutsames Schlaglicht auf Jesu Verhältnis zu seiner Familie werfen zwei Passagen im dritten Kapitel des Markus. Da kann man lesen, dass seine eigene Familie ihn für verrückt hielt und dass seine Mutter und Brüder ihn zu sich nach Hause zurückholen wollten, wohl um die Kontrolle über ihn zurückzugewinnen. Da Josef nicht mehr erwähnt wird, sollte man annehmen, dass er inzwischen verstorben war. Was aber hatte zu diesem Bruch in der Familie geführt und wann geschah er? War es eher ein Prozess schleichender Entfremdung gewesen oder hatte ein grundsätzlicher Streit die Familie auseinandergerissen? Hatte Jesus aufgrund solch schwerer Querelen die Familie verlassen um dann ein unstetes Wanderleben zu führen oder war es gerade dies Wanderleben sowie Form und Inhalt seiner Verkündigung, die ihn und seine Familie entzweite? Mit Sicherheit lässt sich diese Frage nicht entscheiden. Der Verlauf des Gesprächs, das Jesus und seine Mutter während der Hochzeit zu Kana gehalten haben soll, spricht eher für zunehmende Spannungen. Hier brüskiert Jesus seine Mutter in einer regelrecht groben und verletzenden Tonweise, doch immerhin, man bleibt noch zusammen.

Der wohl entscheidende Abschnitt in Jesu Leben beginnt, als er auf Johannes den Täufer trifft und er sich ihm zunächst als seinen Jünger anschließt. Johannes der Täufer war im ganzen Lande bekannt und deshalb zog es wahrscheinlich auch Jesus zu ihm. Für Johannes war die Welt an einem Scheidepunkt gelangt, das Ende und damit das drohende göttliche Gericht stand bevor. Jetzt war die letzte Möglichkeit für den Einzelnen, Gottes Strafe zu entgehen, indem man sich einer radikalen inneren Umkehr unterzog. Johannes rigorose Ethik der Gerechtigkeit, die von den Menschen zum Beweis der Wahrhaftigkeit ihres Wandels Rechtschaffenheit in Form von guten Taten einforderte, sein rigoroser Ernst und seine fanatische Unbedingtheit in der Forderung nach Buße mussten einen tiefen Eindruck auf Jesus gemacht haben. Die Evangelisten wollen uns glauben lassen, dass sich Jesus geradezu zufällig auf seiner Wanderung, als ob es gerade mal ein Stopover gewesen wäre, bei Johannes einfand. So wird es kaum gewesen sein. Reinigungsriten – und die Taufe des Johannes war ja eine Reinigung von den Sünden – geht für gewöhnlich eine längere Unterweisungsphase voraus. Es wäre ja eine billige Form der Vergebung, wenn sie sozusagen im Vorübergehen gewährt wird. Das bedeutet aber, dass Jesus für eine längere Zeit den Weisungen und der Lehre seines ‚Meisters' gelauscht haben muss bevor er dann als ‚Siegel' seiner Umkehr von ihm getauft wurde. Diese Version dürfte den Evangelisten wohl eher peinlich gewesen sein. Bedurfte auch der Sohn Gottes einer inneren Wandlung? War er vielleicht gar nicht sündlos gewesen? Da fiel ihnen zur Erklärung gerade mal ein blutleerer Satz wie „Lass es jetzt geschehen ... (um) alle Gerechtigkeit zu erfüllen" (Mt 3,15) ein. Wie großmütig das klingt! Markus und Lukas überspringen jeglichen Kommentar und lassen – nur gesehen von Jesus -eine Taube herabschweben und eine himmlische Stimme erklingen. Bei Johannes hatte der Täufer die Taube sogar selbst erblickt.

Jesus wird sich schon bald nach der Taufe von Johannes getrennt haben. Gut vorstellbar, dass sich im Laufe der Zeit Reibungen zwischen den beiden entwickelt hatten, vielleicht weil Jesus mehr und mehr von Johannes drastischer Gerichtsbotschaft abrückte und seine eigenen Überzeugungen entwarf, die einen gütigen Gott der Liebe und Barmherzigkeit betonten. Dass die Konflikte zwischen den beiden anscheinend auch noch nach ihrer Trennung anhielten, ist aus Joh 3,22–26 ersichtlich, auch wenn dort nur von einer Art Konkurrenzdenken der beiden Parteien die Rede ist. Jedenfalls geht Jesus jetzt seinen eigenen Weg, wenn ihn auch die Umstände der Trennung noch eine längere Zeit belastet haben dürften. Er sieht sich ja geradezu genötigt, sich zu rechtfertigen, als Johannes ihm eine Botschaft schicken lässt, doch seine Identität zu klären (Mt, 11,2–6). Hatte Jesus vielleicht die Schmerzen der Trennung immer noch nicht überwunden?

Dies sind also die wenigen Eckpunkte, die sich aus den Evangelien destillieren lassen und gewisse Anhaltspunkte geben, aus denen sich ein Gerüst für einen möglichen Lebenslauf Jesu konstruieren lässt. Bevor wir aber das tun, soll noch versucht werden, sich eine ungefähre Vorstellung von Jesu Wirken und seiner Botschaft zu machen und dann folgend, die ihm verliehenen Hoheitstitel einer Klärung unterzogen werden. Ganz zum Schluss soll noch ein Kontrast zwischen den beiden wohl einflussreichsten Weisheitslehrern des Abendlandes, Jesus und Sokrates, gezeichnet werden, um so zu einem abgerundeten Bild zu gelangen.

Jesu Wirken und seine Botschaft

Jesus wird von den Evangelisten ja geradezu als ein Multitalent beschrieben. So wirkte er als Prophet und weiser Lehrer, als Heiler, Wundertäter und als eine Art Magier oder Dämonenaustreiber. Machte ihn dies einzigartig? Die Frage lässt sich weder mit einem klaren Ja oder Nein beantworten. Er hatte zwar Vorläufer, setzte aber doch auch seine eigenen Akzente.

Propheten gab es schon zu alttestamentlichen Zeiten, darunter auch solche, die als falsch deklariert wurden. Die klassischen Propheten wie Jesaja oder Jeremia zeichneten sich insbesondere durch ihre Sozial- und Moralkritik aus. Ihre Botschaft dürfte Jesu Lehre beeinflusst haben. Prägend für die Lebensform Jesu aber waren Elia und Elisa, die eine unstete Wanderexistenz führten und sich als Heiler und Wundermacher hervortaten. So wurden von ihnen Speisewunder, Heilungen, Auferweckungen, die Teilung des Jordan berichtet und Elia soll sogar in einem Himmelwagen aufgestiegen sein. Elia glaubte sich im göttlichen Auftrag, den Anspruch Jahwes auf alleinige Herrschaft in Israel mit allen Mitteln durchzusetzen. Er räumte seine prophetischen Widersacher aus dem Weg und beauftragte die Ermordung des abtrünnigen Königs und dessen Dynastie. Nun war seine Wiederkunft vom Propheten Malachi (3,23) verheißen und von Israel sehnsüchtig erwartet.

Da sollte es nicht überraschen, dass sich viele in seiner Nachfolge wähnten. Ähnlich wie Elia so lebte auch Johannes der Täufer ein Leben am Rande der Existenz, ernährte sich vegetarisch in der Wüste und trug einen Kamelhaarmantel, der an den Fellmantel des Elia erinnert. Auch Jesus pflegte das Ideal der Besitz- und Bedürfnislosigkeit. Er gebot seinen Jüngern, „nichts mitzunehmen auf den Weg als allein einen Stab, kein Brot, keine Tasche, kein Geld im Gürtel“ (Mk 6,8) und am Beispiel der Vögel und der Lilien im Felde, die auch ohne Vorsorge oder besonderen Schutz gedeihen, warnte er seine Jünger vor übertriebener Sorge um das tägliche Leben (Lk 12,22–34). Von Elia und Johannes hebt sich Jesu Lebensform allerdings in mehrfacher Hinsicht ab. Er trug ein kostbares Gewand, das ihn als Schriftgelehrten auswies und während sein Mentor Johannes ein asketisches Leben führte, war Jesus so manchen Lebensfreuden gar nicht mal so abgeneigt, bezeichnete er sich doch selbst überspitzt als „Fresser und Weinsäufer“ (Mt 11,19). Zudem hatte er in Kapernaum eine feste Wohnung zu der er immer wieder zurückkehrte und besaß gerade auch in seinen Jüngerinnen ein Netzwerk von Sympathisanten, die ihn aufnehmen und bewirten konnten.

Wenn sich auch die praktizierte Lebensform des Jesus nicht ganz in die des Elia einordnen lässt, so tun sich bei näherem Hinsehen doch weitere Parallelen zwischen den beiden auf. Anfang und Ende ihrer Existenz auf Erden werden ähnlich beschrieben. Beide wurden zum Schluss gen Himmel aufgehoben und beiden wurde eine Geburtslegende angedichtet. So schreibt Bernhard Lang (Jesus der Hund), dass bereits vor der Geburt des Elia sein Vater eine Vision von Engeln hatte, die den Säugling in Feuerflammen einwickelten. Der erschrockene Vater teilte Priestern in Jerusalem seinen Traum mit und erhielt von ihnen den folgenden Orakelspruch: „Fürchte dich nicht, denn seine Wirkung wird Licht sein und sein Wort Urteil und Israel wird er richten". Elias Fellmantel soll magische Kraft besessen haben (2 Kön 2,14). Jesu Gewand vermochte nur durch Berührung eine blutflüssige Frau zu heilen (Mk 5,30–34). So wie Elia 40 Tage und Nächte in der Wüste verbrachte und dort von Engeln versorgt wurde (1 Kön 19,5–8), so ähnlich erlebte auch Jesus die Zeit seiner Versuchung (Mt 4,1f.11). Da stellt sich natürlich die Frage, inwiefern sich in ihrer Schilderung von Jesu Leben die Evangelisten von den Legenden der Volksfrömmigkeit haben leiten lassen.

Die von Jesus propagierte Existenz von Sorglosigkeit und Bedürfnislosigkeit erinnert auch stark an das Armutsideal der griechisch-kynischen Wanderphilosophen. Es ist nicht auszuschließen, dass Jesus vormals als reisender Handwerker in der hellenistisch geprägten Stadt Sepphoris, die nahe Nazareth lag, mit Vertretern des Kynismus zusammengetroffen und von deren Lebensweise und Philosophie beeindruckt gewesen war. Im östlich des Jordan gelegenen Gadara, wo die Bibel über eine Dämonenaustreibung Jesu berichtet, wird sogar die einstige Existenz einer kynischen Philosophenschule vermutet.

Jedenfalls sind die Ähnlichkeiten zwischen Kynismus und Jesu Existenz und Botschaft frappierend. So wie auch Jesus auf Gottes väterlicher Fürsorge vertraute, so klingt es auch bei dem Kyniker Dion von Prusa (40–112 n. Chr.): „Sieh doch, wie viel sorgloser als die Menschen die Tiere und Vögel hier leben, wie viel glücklicher". Die kynischen Wanderphilosophen lebten ganz nach dem Motto des Rabbiner Hillel (1 Jh. v. Chr.): „Ausdauer, Armut, niedere Arbeit, sittliche Anstrengung und völlige Sorglosigkeit". Ausgerüstet mit Bettelsack, Wanderstab und Sandalen und bekleidet mit einem zerschlissenen Philosophenmantel verbreiteten sie wandernd ihre Botschaft. Der Kyniker Krates von Theben (365–285 v. Chr.), ein als liebenswürdig beschriebener Mensch, verkaufte all sein Hab und Gut und verteilte den Erlös, um dem kynischen Armutsideal gerecht zu werden. Der echte Kyniker blieb ehelos und entsagte jeder Familienbindung wie auch Diogenes von Sinope (etwa 400–323 v. Chr.),der am hellichten Tage nach dem wahren Menschen suchte und der gesagt haben soll: „Den guten Menschen soll man mehr lieben als den Blutsverwandten". Jesus sagte: „Wer Gottes Willen tut, der ist mein Bruder und meine Schwester und meine Mutter" (Mk 3,35). Der Kyniker war überzeugt: Ein guter Mensch wird man durch Umkehr und Änderung des Lebens. Ähnlich hatte es auch Jesus gesehen. Auch sprach Jesus: „Ringt darum, dass ihr durch die enge Pforte hineingeht (um selig zu werden)" (Lk 13,23f). Antisthenes (445–365 v. Chr.) lehrte, dass „wer wirklich Kyniker werden will, hat den kurzen, steilen Weg zu lösen", der beschwerlich ist und Verzicht einfordert. Epiktet (etwa 50–138 n. Chr.) sagte: „Entweder arbeitest du für deine Seele oder für die äußeren Dinge" und Jesus drückte sich ähnlich aus: „Ihr könnt nicht Gott dienen und dem Mammon" (Lk 16,13).

Jesus wie auch die Kyniker hatten eine eher frauenfreundliche Einstellung. So sagte Krates einmal: „Frauen sind von Natur aus nicht schlechter als Männer". Jesus verkehrte mit Frauen auf Augenhöhe. Die Schrift berichtet von seinen Begegnungen mit Frauen, u.a. der Sünderin, der syrophönizischen und samaritischen Frau und Maria und Marta aus dem Hause des Lazarus. Durch seine liebevolle Hinwendung gab er den Frauen das Gefühl der Selbstachtung zurück und verschaffte ihnen damit gesellschaftliche Aufwertung. Kein Wunder, dass ihn eine größere Schar von Jüngerinnen unterstützte und verehrte. Wesentlich unterschied sich Jesus hingegen von den Kynikern durch seinen starken Glauben an Gott während jene in der Regel der Religion eher skeptisch gegenüberstanden wenn auch jemand wie Epiktet sogar glaubte, von Vater Zeus berufen zu sein. Die Kyniker strebten danach, des Menschen kranke Seele zu Moral und Sittlichkeit zu erziehen, Jesus sah sein Wirken zum Guten hin im Dienste der Aufrichtung des Gottesreiches. Er verband den Anbruch der Heilszeit mit seiner Verkündigung der frohen Botschaft vom Reich Gottes und seinem heilvollen Wirken. Während sich der Kyniker eher als Ratgeber und unparteiischer Richter verstand, identifizierte sich Jesus in weitaus größerem Maße mit den Ausgestoßenen, Verlorenen und Ausgebeuteten der Gesellschaft. Ihn jammerte das Elend der Menschen (Mk 1,41; Mt 9,36). Er kannte keine Berührungsängste im Umgang mit den Kranken und ließ sich nicht durch Kritik davon abhalten, sogar das Mahl mit verachteten Außenseitern zu teilen (Lk 19,1–10).

Die Einzigartigkeit Jesu liegt darin, dass er seine Heilungen und sein Wunderwirken mit dem Kommen des Reiches Gottes verknüpfte und diesem Wirken somit – theologisch gesprochen – endzeitliche Bedeutung zukommen ließ. In dem was er tat, so war er überzeugt, lag bereits der Abglanz des kommenden Gottesreiches. Es lassen sich viele Beispiele von Wundertätern und Heilern in der Antike anführen. So soll sich ein gewisser Hanina ben Dosa (geb 20 v. Chr. nicht weit von Nazareth) einen Ruf als Regenmacher gemacht haben. Nicht nur dass er Kranke heilte, auch ein Speisewunder ist von ihm überliefert. Angeblich, in der Gegenwart einer Nachbarin, fand sich im Ofen der armen Frau des Hanina unerklärlicherweise plötzlich eine Menge Brot. Man sagte auch von Hanina, dass er in der Gegenwart von Dämonen eine Vision hatte, in der ihn eine himmlische Stimme als Sohn Gottes verkündete. Und der Historiker Flavius Josephus war, wie er schreibt, Augenzeuge einer Dämonenaustreibung durch den jüdischen Heiler namens Eleazar gewesen.

Auch Jesus wird ja eine Reihe von Wundern nachgesagt. Vorbilder dafür gab es genug, außerbiblische als auch die durch die Schrift bezeugten Beispiele des Elia und des Elisa. Legenden aus der jüdischen Volksfrömmigkeit und Überlieferungen aus der hellenistischen Tradition wie das Weinwunder des Dionysos dürften darüber hinaus reichlich an Material geboten haben, um auch Jesus mit dem Image eines Wunderwirkers und Heilers etikettieren zu können. Eine andere Theorie, wie Wundergeschichten auch entstehen könnten, findet sich bei A.N. Wilson (Jesus), der sich wiederum auf einen Morton Smith beruft. Es handelt sich dabei um die Erweckung des Lazarus, eine Erzählung, die sich nur bei Johannes findet, obwohl es doch als Jesus größtes Wunder gilt. Lukas erzählt lediglich in einer Parabel vom armen Lazarus, der am Tisch eines Reichen dahinvegetierte. Die Theorie des M. Smith beruht zum einen auf seiner Interpretation des sog. geheimen Markus-Evangeliums und zum anderen auf den Eindruck, den Jesus als Exorzist gemacht haben muss. Er stuft somit Jesus als einen Magier in der Tradition der Schamanen ein, der eine bizarre Form von Mysterienkult betrieben haben soll, in der die Taufe mit dem heiligen Geist die entscheidende Rolle spielte (Mk 1,8). In diesem Kult trug der Katechumene Grabkleider und unterzog sich einer Zeremonie, die in einer Höhle stattfand, um den symbolischen Tod zu markieren. Die Geisttaufe und der Austritt aus der Höhle markierten dann den Eingang in ein neues Leben. Ein Nachhall dieses Rituals, glaubt Smith, finde sich in den Erwähnungen von einem jungen Mann in Leinen- bzw. Grabtüchern, einmal während der Verhaftung Jesu und das andere Mal im Grab Jesu selbst. Man mag diese Theorie abstrus finden, doch würde sie durchaus in den Rahmen antiker Vorstellungen und dem zu der Zeit grassierenden Aberglauben passen.

Es wäre aber verfehlt, die Berichte über Jesus heilendes Wirken lediglich als eine Form des Aberglaubens abtun zu wollen. Ist es so abwegig zu vermuten, dass eine psychosomatische Erkrankung durch vertrauensbildende Maßnahmen einer charismatischen Persönlichkeit geheilt werden kann? Vielleicht fühlte sich Maria von Magdala durch die Weise, in der Jesus sich ihr zuwandte, verstanden und so aufgerichtet, dass es ihren Zustand innerer Zerrissenheit zu lösen half. Durch das Handauflegen oder dem Bestreichen mit Speichel, wie es Jesus auch praktizierte, dürfte sich der Kranke angenommen und irgendwie geborgen gefühlt haben, was ihn aus Mutlosigkeit und Selbstzweifel herausgeholfen hat. Immer wieder weist die Schrift darauf hin, dass es der Glaube war, der die entscheidende Wende zum Besseren ermöglicht hatte. So mag der Blinde von Betsaida an sozialer Angst gelitten und sich von anderen unterdrückt gefühlt haben. Jesu einfache Gesten wie das Speichel auftragen verhalfen ihm, seine Kompetenz zu einem selbstständig geführten Leben zurückzugewinnen. Der Gelähmte von Kapernaum war vielleicht in persönlicher Schuld verstrickt gewesen, die seine innere Motorik blockierte. Jesus löste seine inneren Konflikte, indem er ihm Vergebung zusprach und damit Mut zu einem neuen Anfang gab.

Jesus war nicht wie einer der vielen anderen Heiler, die das Land durchwanderten und die naive Gläubigkeit der Menschen zu ihrem persönlichem Vorteil ausnutzten. Wenn er überhaupt etwas von ihnen erwartete, dann, dass durch ihn der Menschen Glauben an einen gütigen Gott gestärkt werde und damit das kommende Gottesreich ein kleines Stück mehr Wirklichkeit werden würde. Jesus hatte ein ausgeprägtes Sendungsbewusstsein und war zutiefst überzeugt von seiner Botschaft an die Menschen. Da gibt es gewiss Überschneidungen mit den klassischen Propheten, die sowohl Heil als auch Unheil weissagten. Jesaja prophezeite einen Eingriff Jahwes, der große Katastrophen und die Vernichtung von Königreichen (Jes,1.19–21) zur Folge haben würde bevor dann schließlich die Heils- und Friedenszeit für die Nation anbrechen werde (Jes. 52,7; Zef 3,15).

Nun wird nie völlig zu klären sein, inwieweit die in der Schrift überlieferten Worte Jesu authentisch oder ihm in den Mund gelegt worden sind. Dass Jesus sich in einer Reihe mit den Propheten wähnte geht zum einen aus seiner Lebensform hervor und zum anderen aus verschiedenen Äußerungen, die ihm zugerechnet werden wie: „Ein Prophet gilt nirgends weniger als in seinem Vaterland und bei seinen Verwandten und in seinem Hause" (Mk 6,5). Auch schien er geglaubt zu haben, dass er ihr Schicksal teilen werde, soll er doch von sich gesagt haben, dass es nicht angehe, „dass ein Prophet umkomme außerhalb von Jerusalem" (Lk 13,33). Damit ist aber noch lange nicht gesagt, dass er sich in allem an diesen Vorbildern richtete. Die Schrift bezeugt Jesus als einen frommen Juden, doch schien er sich nicht sklavisch und dogmatisch an die überlieferten Gesetze gehalten zu haben. Zwar richtete sich seine Haltung zum Sabbat- und dem Reinheitsgebot wohl eher gegen überkommene Traditionen als die Schrift selber, doch wie ist eine Äußerung wie diese zu bewerten: „Ihr habt gehört, dass gesagt ist (3. Mose 19,18): Du sollst deinen Nächsten lieben und deinen Feind hassen. Ich aber sage euch … " (Mt 5,43). Aus diesen Zeilen spricht große Souveränität wie auch kritische Distanz zu Teilen der Schrift. Während in der Schrift Jahwe oft als ein rächender und grausamer Gott daherkommt, ist der Gott des Jesus gütig und vergebend, wie ein liebender Vater. Wenn nun Jesus einerseits die Schrift als das unfehlbare Wort Gottes auslegte, er aber andererseits nicht immer mit ihr konform ging, war er dann nicht irgendwie selbst innerlich zerrissen? Drückt sich dieses Schwanken vielleicht in dem Gegensatz zwischen ‚Ich aber sage euch' und ‚nicht ein Jota des Gesetzes wird vergehen' (Mt 5,17–18) aus?

Jesus glaubte sich dazu berufen, das Gesetz zu erfüllen, nicht es abzuschaffen. So teilte er wohl die Überzeugung der Propheten über ein katastrophales Weltende und einem letzten Gericht, doch unterschied er sich auch erheblich von ihnen. Er setzte sich ab von den grausigen Vernichtungsorgien, die die Propheten verkündigten und distanzierte sich indirekt von einem Mose und Elia, die ihren Kampf gegen Abgötterei mit Gewalt und Blutvergießen durchgeführt hatten. Er aber brachte eine Botschaft des Friedens, die für das Hier und Jetzt zu gelten habe und glaubte, dass das

Gottesreich durch sein Wirken bereits dynamisch am Werden sei, indem es Männer und Frauen zu einer inneren Erneuerung anleitete. Auf die Anfrage eines Pharisäers antwortete er: „Das Reich Gottes kommt nicht so, dass man's beobachten kann; man wird auch nicht sagen: Siehe, hier ist es! oder: Da ist es! Denn siehe, das Reich Gottes ist mitten unter euch" (Lk 17,20f). Als einige seiner Widersacher ihm nach dessen erfolgreicher Austreibung eines Dämonen unterstellten, er tue dies mit dem Satan im Bunde antwortete er ihnen, dass Satan wohl schwerlich bestehen könne, wenn er sich selbst bekämpfe und sagte weiter: „Wenn ich aber durch Gottes Finger die bösen Geister austreibe, so ist ja das Reich Gottes zu euch gekommen" (Lk 11,20).

Seine Gedanken kreisten um das erwartete Kommen des Gottesreiches im Heute und in der Zukunft. Immer wieder kehrte Jesus in Gleichnissen, deren Elemente er aus der Alltagswelt schöpfte, darauf zurück. So verglich er das Wachsen des Gottesreiches aus kleinsten Anfängen mit dem Wachsen des Baumes aus einem Senfkorn und mit der Durchsäuerung des Mehls durch eine kleine Menge Sauerteig (Lk 13,18–21). Die Freude über die Ankunft des Gottesreiches gleicht der über den unerwarteten Fund eines Schatzes (Mt 13,44–46) und das Gleichnis vom Sämann allegorisiert die unterschiedliche Aufnahme des Wortes Gottes (Lk 8,4–8). Im Gleichnis vom verlorenen Sohn drückt sich die Freude Gottes über die Rückkehr eines Sünders aus (Lk 15,11–32). Ein in starre Grundsätze gegossenes Pflichtgefühl, dem aber die Wärme der Liebe fehlt, reicht letztlich nicht aus. Demgegenüber wiegt die Reue und die Einsicht in eigene Verfehlungen eines Sünders, die er aus den Schmerzen erlittener Rückschläge gezogen hat, mehr. Fehlschläge sind der mögliche Preis für das Wagnis, sein Leben zu ändern und dabei routinierte Verhaltensmodi und vorgegebene Denkstrukturen zu durchbrechen, doch in ihrem Gelingen kann es auch zu vertieften zwischenmenschlichen Beziehungen und damit zu einem wahrhaften und gelungenen Leben führen.

Es ist als ziemlich sicher anzunehmen, dass Jesus sich beauftragt fühlte, durch sein Wirken wie eine Art Geburtshelfer das Gottesreich zum Durchbruch zu bringen. War dies ein Anflug von Größenwahnsinn oder stand tiefste Überzeugung dahinter? Beides lässt sich allerdings nicht immer sauber voneinander trennen. Auf jedem Fall war ihm klar, dass der Eintritt in das Gottesreich an Bedingungen geknüpft war. Generell galt, nur diejenigen würden Aufnahme finden, die den Willen des Vaters tun (Mt 18,21). Jesus aber war derjenige, der den Willen des Vaters kannte und ihn in seinem Tun verkörperte.

Jesu Verkündigung, seine Lehre und seine Heilungen, all das war diesem Ziel untergeordnet, nämlich das Wachsen der Gottesherrschaft zu fördern. So war er auch ein begnadeter Lehrer gewesen, jemand, der durch seine persönliche Ausstrahlung und die Kraft seiner Rede Menschen überzeugen konnte; „denn er lehrte sie mit Vollmacht und nicht wie ihre Schriftgelehrten" (Mt, 7,29). Die Bergpredigt gibt ein anschauliches Bild von Jesus, wie er im Kreis seiner Jünger sitzend, seine Botschaft verbreitete und wie seine Anhänger, an seinen Lippen hängend und jedes Wort aufsaugend, von ihm angerührt worden sein mussten. Er sprach vorwiegend in Gleichnissen, von denen viele wohl älteren Ursprungs waren, deren Inhalt er aber frei variierte und der jeweiligen Situation anpasste. Zuweilen tendierte seine Rede zu grotesker Parodie wie mit der Allegorie vom Kamel und dem Nadelöhr (Mk 10,25). Dann wieder klingt es fast elegisch-poetisch so wie in seiner Erzählung von den Vögeln und den Lilien. Wie ein Dichter vermochte er die Imagination seiner Hörer stimulieren. Was und wie er es erzählte klang lebendig, war situationsbezogen, den Erwartungen und dem Wissenshorizont der Hörer angepasst, unterhaltsam und doch fundiert, so dass es die Leute in ihren täglichen Sorgen, Nöten und Ängsten und ihrer Sehnsucht nach Lebenssinn ansprach. Er vermochte tiefgründiges Denken in einfache Worte zu kleiden. Sein Stil war knapp und markant, faszinierend mit einem Touch von Ironie. Wenn überhaupt, dann vermitteln gerade diese Gleichnisse den Eindruck von Authentizität und geben etwas Einblick in das Wesen Jesu.

Jesu Botschaft von der Gottesherrschaft und seine Ethik sind aufeinander bezogen und die Liebe ist ihr Kern. Im Prinzip ist sie bereits in der Goldenen Regel zusammengefasst: „Du sollst deinen Nächsten lieben wie dich selbst" (Lev 19,18). Sie ist universal und ist, ob unabhängig voneinander oder nicht, in vielen Kulturen ersonnen worden. Gautama Buddha als auch Konfuzius kannte sie wie auch der Grieche Pittakos (651–570 v. Chr.), der sie wie folgend formuliert hatte: „Worüber du beim Nächsten unwillig bist, das tue selbst nicht". Aber auch hier hatte Jesus seine eigenen Akzente gesetzt. So hatte er das Gebot der Nächstenliebe durch das der Feindesliebe erweitert. Damit aber gewann das Liebesgebot das Potential, alle Schranken von Rasse, Ethnie, Klasse, Geschlecht und Religion zu durchbrechen. Es konkretisiert sich in Jesu Forderungen an seine Jünger, durch solidarisches Verhalten das Salz der Erde und Licht für die Welt zu sein (Mt 5,13–16). Ihr Leben eines Füreinander-Daseins sollte modellhaft dem Menschen zeigen und ihn selbst anregen, das Gute zu suchen und dadurch sich für Gott zu öffnen. Die Liebe setzt Empathie für den anderen voraus, setzt sich um in Taten der Barmherzigkeit wie im Beispiel des guten Samariters, führt zu Gewaltverzicht und realisiert sich in Vergebungsbereitschaft. So gesehen, trägt die Liebe zum Aufbau einer Kontrastgesellschaft bei.

Jesus war weder ein Revolutionär noch ein Sozialreformer, an Politik hatte er kein Interesse. Er setzte auf die Kraft der Liebe und dem Prinzip des dienenden, an der Menschlichkeit orientierten Handelns anstatt tradierter Normen. In seiner Vision der Gemeinschaft sollte keiner ausgeschlossen bleiben und auch den Ausgestoßenen und Verachteten der Gesellschaft galt seine ausgestreckte Hand. Er übte Barmherzigkeit und predigte Vergebung. Jesu Perspektive war die einer Gemeinschaft, geprägt von Mitgefühl und Liebe, in der die Werte einer mutterrechtlichen Kultur überwiegen sollten, eine Kultur des Seins in Frieden mit sich selbst, in Toleranz und Harmonie im Gegensatz zu einer Kultur des Habens, in der patriarchalische Werte wie Unterordnung, Autorität, Pflichtgefühl dominieren. Nicht Angst und Unterwürfigkeit sondern Integrität, Freiheit in persönlicher Selbstentwicklung und gegenseitige Annahme im Respekt vor dem Wesen und der Eigenart des Anderen, dies sollte die Qualität der gegenseitigen Beziehungen ausmachen. In gewisser Weise markiert seine Vision einen entscheidenden Schritt hin zur Einführung der allgemeinen Menschenrechte.

Aber wie viele Visionäre wirkt Jesus auch zuweilen abgehoben. Man hat ihm den Vorwurf einer unerfüllbaren Ethik gemacht. Sicherlich wird eine bedingungslose Feindesliebe (die andere Backe hinhalten) schnell an ihre Grenzen stoßen und das Ideal der Bedürfnislosigkeit dürfte sich nicht für jedermann empfehlen. Von Liebe und Freiheit allein lässt sich nicht leben, die materiellen Rahmenbedingungen müssen auch erst geschaffen sein. Doch in Jesu neuen sozialen Ordnung werden die bisher herrschenden Normen einer auf materiellem Erfolg und sozialem Status gebauten Gesellschaft relativiert.

Kritiker haben auch vorgebracht, dass Jesus ja gar nichts anderes übrig blieb, als sich seine Anhänger unter den Ausgestoßenen der Gesellschaft zu suchen, hatte er sich doch die Feindschaft praktisch aller gesellschaftlich einflussreichen Klassen zugezogen. Er aber wollte sein Netz so weit wie möglich spannen, um auch die ‚verlorenen Schafe' heimzuholen, betonte aber auch, dass die Pforte zum Eintritt ins Gottesreich ein enger sei und viele den rechten Weg nicht finden würden.

Jesu Anforderungen an seine Nachfolger waren jedoch teilweise rigoros. Da muss zuweilen auch die Versorgung der eigenen Familie hinten anstehen und man verlässt wie Petrus und die Söhne des Zebedäus auf das Rufen des Erlösers hin Eltern, Frau und Kinder, um das Seelenheil zu finden (Mk 1,20). Ja, trägt sein Aufruf, sogar die eigenen Angehörigen zu hassen (Lk 14,26) nicht dazu bei, die Familienbande zu zerstören und wenn er sagt: „Lass die Toten ihre Toten begraben" (Mt 8,22) nimmt er damit nicht den Bruch der Familienehre, des Gebotes, für die Eltern zu sorgen, in Kauf? Reflektieren sich hierin vielleicht die schlechten Erfahrungen, die Jesus in seiner eigenen Familie gemacht hat?

Wie vertragen sich auch die beispiellose Aneinanderreihung von schwersten Schmähungen, die Jesus den Pharisäern und Schriftgelehrten an den Kopf geworfen haben soll (Mt 23), mit dem Gebot der Liebe? Hier hat Jesus seiner Wut, seinem Zorn freien Lauf gelassen, so gar nicht mehr der milde, ‚sweet Jesus mine'. Eine solche Haltung reibt sich mit seinen eigenen Worten, dass der, wer seinem Bruder zürnt, sich des Gerichts schuldig macht und dem höllischen Feuer übergeben wird (Mt 5,22). Hat Jesus wirklich so gesprochen und sich damit selbst schuldig gemacht oder – eher glaubwürdig – sind ihm Worte wie diese von dem Evangelisten in den Mund gelegt worden?

Aber es sind noch weitere schockierende Aussprüche Jesu überliefert. Da vergleicht er die Syrophönizierin mit einem Hund (Mk 7,27) und fordert, dass man seine Perlen nicht vor die Säue werfen soll (Mt 7,6). Exegeten interpretieren Sätze wie diese als Hinweise, dass Jesus sein Wirken lediglich auf Israel beschränken wollte, doch ein schaler Geschmack bleibt. Jesus warnt mehrere Male vor einer Bestrafung durch das Höllenfeuer (z.B. Mk 9,42ff). Er mag also an die reale Existenz einer Hölle geglaubt haben, allerdings noch nicht so schaurig ausgemalt, wie es sich die Kirche später erdachte. De Rosa (Der Jesus Mythos) bezeichnet die Idee einer Hölle als die „gnadenlose Verhärtung des Moralgefühls". Der Gott, der von den Menschen Vergebung einfordert, kann selbst seinen Widersachern auf Ewigkeit nicht vergeben. Heutzutage werden die meisten wohl die Vorstellung einer Hölle als unerträglich empfinden, aber es ginge doch wohl zu weit, jemanden, der daran glaubt, gleich als lieblos verurteilen zu wollen. Ein solcher wird wohl so einen Begriff eher gedankenlos benutzen ohne dass er/sie dessen Tragweite überhaupt in ihrer Tiefe erfasst hat. Es wäre ja geradezu absurd, Jesus, der die Liebe predigte und praktizierte, auch noch der Lieblosigkeit zu bezichtigen, wenn einerseits nicht klar ist, ob er den Begriff der Hölle nicht selbst eher symbolisch als einen Zustand der Entfremdung von Gott verstand und andererseits es umstritten bleibt, in wiefern Jesu Worte in diesem Kontext authentisch sind. Hinzu kommt noch, dass Jesus in einer ganz anderen Gedankenwelt existierte und von ihr beeinflusst war.

Wenn man also nur tief genug bohrt, dann findet sich überall ein Wurm. Aber machen gewisse Einschränkungen Jesus in unserer Sicht nicht menschlicher? Sind gewisse Schwächen vielleicht nur die eine Seite der Medaille aber sie werden überstrahlt von dem Anspruch Jesu, den Menschen mit sich selber zu versöhnen, ihm die Freiheit von inneren und äußeren Zwängen zurückzugeben, persönliches Glück in Gemeinschaft mit anderen und im Glauben an einen liebenden Gott zu finden. In seinem Wirken sprach Jesus die Menschen in ihrer Ganzheit an, wollte ihnen, getragen von dem Prinzip der Liebe, in ihrer Not und Orientierungslosigkeit neue Hoffnung geben. Güte und Barmherzigkeit sprechen aus diesen Zeilen:

„Kommt her zu mir, die ihr mühselig und beladen seid; ich will euch erquicken.
Nehmt auf euch mein Joch; denn ich bin sanftmütig und von Herzen demütig, so werdet ihr Ruhe finden für eure Seelen.
Denn mein Joch ist sanft, und meine Last ist leicht“ (Mt 11,28–30).

Kapitel 9:
Der Jesus des Glaubens

Jesus wurde mit mehreren Hoheitstiteln gewürdigt, von Menschensohn über Messias/Christus bis hin zu Sohn Gottes. Mit welchen davon, wenn überhaupt, er sich damit identifiziert hat, lässt sich nicht klar entscheiden. Man wird nach dem Kriterium der Plausibilität zu urteilen haben. Eher wahrscheinlich ist es schon, dass er sich selbst als Menschensohn bezeichnet hat, wird Jesus doch so in den Evangelien über 50 Mal benannt. Bei Lukas aber liest es sich in einer Textstelle, als ob der Menschensohn verschieden von ihm ist: „Wer mich bekennt vor den Menschen, den wird auch der Menschensohn bekennen vor den Engeln Gottes" (Lk 12,8). Markus drückt es ähnlich aus (Mk 8,38). Matthäus hingegen ersetzt „der Menschensohn" mit „Ich" (Mt 10,32), was dem Ausspruch eine ganz andere Bedeutung gibt. Er lässt sich entweder in dem Sinne interpretieren, dass Jesus mit dem Menschensohn jemand anderen meint oder sich selbst nach einer durch die Erhöhung vollzogenen Verwandlung. Jedenfalls lässt diese Differenz bezweifeln ob Jesus für sich den Titel ‚Menschensohn' akzeptierte oder aber ob er sich nicht eher als Vorbereiter für dessen Kommen sah. Falls Letzteres zutrifft, dann müssten die anderen Texte, wo vom Menschensohn die Rede ist, als Gemeindebildung angesehen werden. Wie dem auch sei, die Trias Heil – Leiden – Gericht bildet das dreifache Motiv des Menschensohns (z.B. Mk 2,10; 8,31; 13,24–27). Es ist stark apokalyptisch geprägt und entspringt der Sehnsucht nach Erlösung aus der gegenwärtigen hoffnungslosen Situation und Not.

Der Titel ‚Menschensohn' hat seinen Ursprung in einer Zeit vor Jesus. Der Begriff bedeutet auf aramäisch einfach ‚der Mensch' und in dieser Bedeutung verwendete ihn auch der Prophet Hesekiel (z.B. Hes 2,1; 3,1). In der Vision Daniels (Dan 7,13) hingegen ist der Menschensohn eine auf den Wolken einher kommende, bereits mit göttlicher Macht ausgestattete Gestalt mit der der biblische Jesus verschmolzen erscheint (Mk 13,26). Wie nun Jesus selbst über sich und seine Rolle gedacht hat, wird nie mit Sicherheit festzustellen sein. Möglich ist es, dass Jesus sich selbst als dieser kommende Menschensohn sah. Bedenkt man jedoch, dass die Evangelien eher Glaubenszeugnis als Geschichte sind, dann ist es genauso möglich, dass erst die Gemeinde Jesus mit dem Titel ‚Menschensohn' geschmückt hat.

Umstritten ist auch, ob Jesus den Titel ‚Messias' auf sich bezog. Messias heißt auf griechisch ‚Christos' (latinisiert Christus). Traditionell war dieser Titel so eng mit Jesus verbunden dass daraus praktisch ein Doppelname geworden ist: Jesus Christus. Der Titel ‚Messias' aber ist tief im jüdischen Glauben verwurzelt.

Sein Ursprung liegt im alten Orient. Traditionell wurden die Könige für ihre Inthronisation gesalbt und dieser Brauch wurde auch in Israel übernommen. Saul, erster König der Juden, galt auch als der erste Gesalbte (1 Sam 15,1; 16,1.13). Die Salbung war gleichzeitig auch ein Vorgang der Adoption wodurch der König Sohn Gottes wurde (2 Sam 7,14; Ps 2,7) und damit weitgehende Vollmachten erlangte. Als Gottes Bevollmächtigter ist er zum Herr(scher) des gesamten Erdkreises und Richter über sein Volk bestallt (Ps 2,8ff; Ps 72,1f). Nachdem das Königreich Judäa durch Babylon überworfen worden war, übertrug man den verwaisten Titel auf den Hohenpriester, der dann auch politische Funktionen erhielt. In Ausnahmefällen wählte sich Jahwe seinen Gesalbten sogar aus einem anderen Volk wie z.B. den persischen König Kyros (Jes 45,4), dem die Befähigung zur Befreiung Israels zugetraut wurde.

Nun hatte sich seit der Zerstörung des Nordreiches 722 v. Chr. durch die Assyrer eine weitere, zunehmend wichtiger werdende Bedeutung des Begriffs ‚Messias' herausgebildet, nämlich die eines endzeitlichen Retters wie es der Prophet Jesaja formuliert hatte (Jes 9,1–6). Dieser Heilsbringer, ein von Gott erwählter Mensch, sollte die Wende zum endgültigen Heil für alle bringen. Da nun Jahwe dem Hause David ein ewiges Königtum versprochen hatte, erwartete man auch, dass jemand aus dem Geschlecht David, die Wurzel Isai, zum künftigen Herrscher bestimmt war (Jes 11,1–10). Es würde aber ein Herrscher anderer Art sein, kein Kriegsherr sondern ein Friedensfürst, dem Jesaja wahrhaft göttliche Beinamen wie ‚mächtiger Gott' und ‚ewiger Vater' gab. Könnte denn ein bloßer Mensch „bis in Ewigkeit" herrschen, d.h. ja, unsterblich zu sein?

Bevor aber das Friedensreich anbrechen kann, wird noch viel Blut fließen; denn der Zorn des Herrn ist gewaltig. Er wird Gericht halten und mit großer Zerstörung den Erdkreis heimsuchen (Jes 13). Der Friede wird also durch Krieg erkauft. Dann wird Jahwe unter ihnen wohnen und sein Knecht David wird für ewige Gerechtigkeit sorgen (Hes. 37,24–28). Unter dem Einfluss dieser und anderer prophetischen Weissagungen entwickelte sich die Vorstellung vom Messias als eines irdischen Königs aus dem Hause David, der eines Tages die Fremdherrschaft überwerfen würde. Erst dann könne Frieden herrschen, aber an den Händen des Friedenbringers würde Blut kleben.

Jesus aber verabscheute Gewalt und der Griff nach der Macht war für ihn eine satanische Versuchung (Mt 4,8–11). Den Gedanken eines politisch-messianischen Königtums verwarf er somit. Plausibel erscheint es, dass er mit zunehmender Bedrohung die Visionen des Jesaja (Kap. 53) vom leidenden Gottesknecht mit der des Daniel vom auf den Wolken kommenden Menschensohn kombiniert und auf sich bezogen hat. Dass er einen impliziten Messiasanspruch geltend gemacht hat, geht aus seinem triumphalen Einzug in Jerusalem und der Tempelreinigung hervor. Tragischerweise wurde er von seinen eigenen Anhängern missverstanden, die aus ihm einen politischen Führer, einen König nach der Art David machen wollten. Jesus aber kam als Friedensfürst und endete als politischer Aufrührer, der in der Perspektive der Römer es sich angemaßt hatte, König der Juden zu sein. Er wurde das Opfer einer Kollaboration zwischen den Spitzen der jüdischen Priesterschaft und dem von Pilatus repräsentierten römischen Staat.

Im Gedächtnis der nachösterlichen Gemeinde schritt die Identifizierung Jesu mit dem Christus voran. Nun machte Jesu Tod Sinn, nämlich, dass er wie der mythische Osiris aus Ägypten oder der kanaanitische Adonis erst durch den Tod schreiten musste, um dann als Himmelskönig wieder aufzuerstehen (Lk 24,26). Im Fortgang der Dogma-Entwicklung entfernte sich der christliche Glaube zunehmend von der Lebenswelt Jesu. Schon für Paulus war der irdische Jesus irrelevant. Er interessierte sich nur noch für den göttlichen Jesus, der sich seiner göttlichen Gestalt entäußert hatte, um im Gehorsam den Weg bis zum Kreuz zu gehen, auf dass er von Gott erhöht werde zum Herrscher über Himmel und Erde (Phil 2,6–11).

Unmittelbar nach seinem Tode jedoch schienen seine Jünger Jesus noch für eine Art irdischer Messias gehalten zu haben; denn sie fragten den Auferstandenen: „Herr, wirst du in dieser Zeit wieder aufrichten das Reich für Israel“ (Apg 1,6) und auch die Emmasjünger hatten sich von Jesus die Befreiung Israels erhofft (Lk 24,21) wie es traditionell den Vorstellungen vom Messias entsprach. Der Begriff eines göttlichen Himmelswesens war dem jüdischen Denken eher fremd. Wie hätte Jakobus, der spätere Leiter der christlichen Urgemeinde in Jerusalem, es wohl aufgenommen, wenn sein eigener Bruder zum Sohn Gottes erklärt worden wäre? Sicherlich, auch Elia war in den Himmel aufgestiegen, aber keiner war je auf die Idee gekommen, ihn zu einer Art Nebengott zu deklarieren und auch David dachte man sich zwar in einer besonderen Beziehung zu Gott, aber er war doch gestorben und im Grab verblieben. Keiner hatte je die Verheißung Gottes an David „Ich will sein Vater sein, und er soll mein Sohn sein" (2 Sam 7,14) für wörtlich genommen. Sogar das Verhältnis Jahwe zu seinem Volk Israel wurde von den Propheten ja gelegentlich symbolisch analog wie das eines Vaters zu seinem Sohne gesehen (Jer 31,9; Hos 11,1), doch einen Menschen für den einzigartigen Sohn Gottes, ihm im Wesen gleich, zu halten, das war eine unerhört provokante Idee für das Judentum.

Doch die Weichen für ein anderes Denken waren bereits vom Propheten Daniel mit seiner Konzeption des überirdischen Menschensohnes gestellt worden, der, mit göttlicher Kraft ausgestattet, die irdischen Mächte überwerfen und Israel befreien würde. Von daher war es nur ein relativ kleiner Schritt, diesen Menschensohn über die Davidsohnschaft mit dem Gedanken des Messias als auch dem des Gottessohnes zu verknüpfen. So finden sich diese Fortschritte im Denken bereits in den Evangelien, die ja Jahrzehnte nach Jesu Tod geschrieben worden waren. Die Ahnentafel Josephs soll Jesus als einen Nachfahre David ausweisen, obgleich ihn doch eigentlich der Heilige Geist gezeugt hat und er somit logischerweise keinen irdischen Vater hat. In der Rede des Engels, der Maria die Geburt Jesu ankündigte, wird Jesus bereits Sohn des Höchsten genannt, dem der „Thron seines Vaters David" gegeben wird (Lk 1,32), mit anderen Worten, Jesus ist nun gleichzeitig Davidsohn und Gottessohn. Dies war nun auch schon dem Bettler bekannt gewesen, der sich hilfesuchend an Jesus wandte: „Jesus, du Sohn David, erbarme dich meiner!" (Lk 18,38). Da durften die Jünger noch eins zulegen, die Jesus, nachdem der die Winde gestillt hatte, anbeteten: „Du bist wahrhaftig Gottes Sohn!" (Mt 14,33). Hinfort würde der Sohn Davids/Gottes sein Reich auch nicht mehr mit kriegerischen Mitteln errichten wollen, sondern dem Gottesreich als Friedensfürst zuarbeiten. Das Wirken Jesu stand ganz im Zeichen der Versöhnung, der Liebe und der Barmherzigkeit.

Die weitere Ausarbeitung der Idee des Gottessohnes wird wohl in Kreisen hellenistischer Christen vorangetrieben worden sein. Ob Jesus selbst sich je mit dem Gottessohn identifiziert hatte, ist höchst zweifelhaft. Mit Gott wollte er sich nicht vergleichen; denn „niemand ist gut als Gott allein“ (Mk 10,18). In seiner Rede über die Endzeit spricht er zwar von sich als den Sohn, aber gesteht selber irdische Begrenztheit zu, bleibt ihm doch das Wissen über das Ende der Welt verschlossen (Mk 13,32). Allerdings soll Jesus wiederum gesagt haben: „Niemand kennt den Sohn als nur der Vater; und niemand kennt den Vater als der Sohn“ (Mt 11,27). In diesem Satz wird Jesus also als eins mit Gott gesehen, dann sollte er aber doch gewusst haben was sein Vater weiß. Erklärlich ist dieser Widerspruch nur, wenn man ihn als spätere Einfügung durch den Evangelisten annimmt. Was als relativ gesichert gelten kann, ist, dass Jesus sich selbst in einer engen Beziehung zu Gott sah. Seine Anrede ‚Abba‘ (z.B. Mk 14,36), vergleichbar mit dem deutschen ‚Papa‘, spricht für sein Gefühl einer tief empfundenen Vertraulichkeit.

Allerdings, die Idee eines präexistenten Logos, des eines göttlichen Himmelwesens, das dürfte ihm fremd gewesen sein. Dieser Begriff entstammt dem hellenistischen Kulturbereich wie wohl auch der von der Jungfraugeburt, der an die Zeugung von Göttersöhnen erinnert. Letzterer Begriff beruht zudem auf einer falschen Übersetzung von Jesaja 7,14 aus dem hebräischen ‚junge Frau‘ zu ‚Jungfrau‘. Im griechischen Mythos gibt es in Aklepios, dem göttlichen Heiler und Helfer, eine Jesus ähnliche Gestalt, was schon mit den Geburtslegenden beginnt. So wird der neugeborene Asklepios, gezeugt von dem Gott Apollon mit einer irdischen Mutter, von einem Hirten aufgesucht und eine Himmelsstimme verkündigt, dass dieses Kind zum Retter der Menschheit erwählt worden ist und sie von Krankheit und Tod erlösen wird. Wie auch Jesus so stirbt Asklepios für seine Sache und wird nun als Gott vom Himmel aufgenommen. Der Pharao wurde im altägyptischen Mythos als Sohn des Sonnengottes Amun-Re gesehen. Seine Erwählung als Gottessohn wird durch den Götterboten Thot (vergleichbar mit dem Erzengel Gabriel) der Mutter angekündigt und ihr die Botschaft gegeben, dass dieser von Amun-Re gezeugte Sohn ein Wahrer der Gerechtigkeit und des Friedens sein wird. Nach seinem Tode steigt der göttliche Pharao zum Himmel auf, um dort an der rechten Seite des Gottes Platz zu nehmen.

Wann wurde Jesus zum Sohn Gottes? Lukas und Matthäus setzten den Zeitpunkt mit der Zeugung durch den Heiligen Geist fest. Nach Markus, der nichts von einer göttlichen Zeugung weiß, markiert wohl der Moment wo sich der Geist Gottes in Gestalt einer Taube auf Jesus herabsenkt, begleitet von der Himmelsstimme „Du bist mein lieber Sohn, an dir habe ich Wohlgefallen“ (Mk 1,11), als den Augenblick der Erwählung Jesu als Sohn Gottes. Paulus hingegen schreibt: Jesus ist eingesetzt „als Sohn Gottes in Kraft durch die Auferstehung von den Toten“ (Röm 1,4). Gemäß dieser Sicht ist der Beginn von Jesu Gottessohnschaft also mit seiner Auferstehung gleichgesetzt. Daraus dürfte zu schließen sein, dass die christliche Gemeinde erst nach Jesu Tode begonnen hatte, sich den Auferstandenen als Sohn Gottes zu denken. Demzufolge dürften alle oder die meisten Hinweise auf die Gottessohnschaft Jesu in den Evangelien, wie zum Beispiel der Ausruf des römischen Hauptmannes, dieser sei wahrlich Gottes Sohn gewesen (Mk 15,39 vgl. aber Lk 23,47), eine Rückprojektion auf die Zeit Jesu sein. Nicht glaubhaft auch ist, dass der Hohenpriester Jesus gefragt haben soll, ob er der „Christus, der Sohn des Hochgelobten“ (Mk 14,61f) sei. Diese Frage hat wohl der Evangelist selbst formuliert.

Hatte sich aber erst einmal in der späteren christlichen Gemeinde die Vorstellung von Jesus als dem einzigartigen, im Himmel residierenden Sohn Gottes, festgesetzt, dann lag der Gedanke nicht mehr ferne, dass er das wohl schon immer gewesen sein muss. So ist es nur folgerichtig, dass der letzte Evangelist, Johannes, Jesus nun als den präexistenten Logos präsentiert. Damit ist der Übergang aus der jüdischen Gedankenwelt in den hellenistischen Kulturkreis abgeschlossen. Die altjüdische Idee eines endzeitlichen Einbruchs durch einen recht irdischen Messias ist jetzt durch die Vorstellung eines göttlichen Retters abgelöst worden. Was von der ursprünglichen jüdischen Idee verbleibt ist nebst der Erlösungshoffnung der Gedanke des Gehorsams im Sinne des Gottesknechtes bei Jesaja. Jesus ist nicht jemand wie der griechische Göttersohn Herakles, der anscheinend willkürlich mit seiner Kraft protzt. Eher schon wie Asklepios setzt er seine Macht nur zum Wohle der Menschen ein, dabei völlig auf das Vertrauen in Gott setzend. Von nun an schreitet die Dogmabildung voran. Sie sollte in der Trinitätslehre vom dreieinigen Gott gipfeln, wie sie das Konzil zu Nicäa 325 n. Chr. angenommen hatte.

Kapitel 10:
Jesus von Nazareth

Für eine Darstellung, wer nun Jesus wirklich war und wie sein Leben verlief, werden wir immer auf Vermutungen angewiesen bleiben, doch es gibt Anhaltspunkte in der Bibel anhand derer sich eine mögliche Biographie Jesus konstruieren lässt und eine solche stellen wir nachfolgend vor. Ergänzt wird sie dann abschliessend mit einer Gegenüberstellung von Jesus und Sokrates.

Jesus – eine Geschichte seines Lebens: Versuch einer Biographie

Maria und Josef sind erst seit kurzem verheiratet. Nach Landesbrauch hatten die Eltern ihre Heirat arrangiert. Maria hat ihre Aufgaben im Hause und Josef verdient den Unterhalt durch seine Arbeit als gelernter Zimmermann, nimmt jedoch auch Steinarbeiten aller Art im Bauhandwerk an, vor allem in der weniger als zwei Wegstunden entfernten griechischen Stadt Sepphoris. Das Einkommen reicht für einen bescheidenen Wohlstand mit dem sich auch eine wachsende Familie ernähren lässt.

Maria ist schwanger, doch zu früh für Anstand und Moral. So verdunkelt dieser Umstand was eine Zeit der Freude sein sollte und wirft bereits einen Schatten auf ihre Ehe und die Zukunft des ungeborenen Kindes. Im Dorf tuschelt man hinter ihren Rücken. Ob sich wohl Maria und Josef bereits im Geheimen vor ihrer Heirat getroffen hatten? Ist Josef überhaupt der richtige Vater? Wird das Kind in der Sünde geboren? Sollten da nicht die Behörden einschreiten; denn es könnte hier ja ein Verstoß gegen Moses Gesetz vorliegen?

Es erklärt sich jedoch keiner für zuständig und keiner mochte sich auch öffentlich dazu äußern. Maria und Josef sind es wohl gewahr, dass einige Leute Anstoss an der Schwangerschaft genommen haben. Zum Glück für sie besteht jedoch keiner darauf, auch nicht ihre eigenen Eltern, dass ihr Fall dem Priester des Dorfes vorgebracht und somit Gegenstand einer amtlichen Untersuchung wird. Selbst der Priester scheint es nicht darauf anzulegen, diesen Gerüchten, die ihm ja auch zu Ohren gekommen sind, weiter nachzugehen. Immerhin, Maria und Josefs Eltern genießen einen guten Ruf in Nazareth und haben selbst einigen Einfluss.

Das Kind kommt zur Welt und der Vater gibt ihm den Namen Jeschua (Gott hilft). Das Ereignis wird gebührend gefeiert wie es so Sitte ist, und das Kind wird zunächst in die Obhut der Mutter gegeben. Es sollte eine unbeschwerte Kindheit werden. Wie jeder Junge schließt sich auch Jeshua andern Kindern seines Alters an, spielt und rauft sich. So manches Mal muss er Schläge einstecken, weiß sich aber zu wehren und teilt selbst aus. Doch er ist nicht der Typ Bully, der andere einschüchtern will und vorsätzlich Streit anfängt. Im Gegenteil, manchmal kommt er den Schwachen zu Hilfe, die sich nicht wehren können. Schon früh entwickelt er einen Sinn dafür, was fair und was unfair ist.

Als er gerade mal fünf Jahre alt ist, wird er von den Eltern in die hiesige Grundschule, die von dem Priester des Dorfes geleitet wird, eingeschult. Auf dem Stundenplan stehen eigentlich nur Lesen und Schreiben und vor allem die Tora. Einige Abschnitte der Tora müssen sich die Schüler regelrecht einpauken. Immer wieder werden sie vom Priester vorgetragen und abgefragt und bald beschäftigt sich der kleine Jeschua mit der Tora auch noch zu Hause. Er ist ein aufgeweckter, frühreifer Junge geworden, der vor Lerneifer nur so sprüht und seine Altersgenossen schon bald hinter sich lässt. Aber auch die praktische und ernste Seite des Lebens wird nicht vernachlässigt. Da jetzt der Junge heranwächst, nimmt ihn Josef zunehmend unter seine Fittiche und bringt ihm das ABC des Bauhandwerks bei. Schließlich soll der Junge ja mal in die Fußstapfen seines Vaters treten, ist er doch der Erstgeborene.

Und so reift Jeschua heran, eine Freude für die Eltern als auch für seinen Lehrer, der große Stücke auf ihn hält. Es ist kurz vor Jeschuas 13. Geburtstag und die Entlassung aus der Grundschule steht bevor. Da nimmt Josef seine Frau zur Seite und spricht zu ihr: „Maria, du weißt ja, wie schwer wir es am Anfang hatten. Keiner wollte es uns so recht sagen, aber wir spürten doch, wie die Leute über uns und unser Kind dachten. Wir haben es ja über fünf Ecken gehört. Die Sache ist zwar eingeschlafen aber noch längst nicht ausgeräumt. Es braucht nur irgendeinen Vorwurf und sie steht sofort wieder im Raum. Menschen sind nun mal so. Vielleicht lauern ja sogar einige nur darauf, dass sie uns eins auswischen können. Dazu sollten wir es gar nicht erst kommen lassen. Ich denke, es ist am besten, dass Jeschua erst mal hier rauskommt. Wenn die Leute ihn nicht ständig vor Augen haben, dann kommen sie auch nicht so leicht auf dumme Gedanken, uns und unserem Sohn was ans Zeug flicken zu wollen. Hör mich aus, ich will Jeschua nicht aus dem Haus werfen. Im Gegenteil, ich will ihm die Gelegenheit geben, dass er mehr aus sich macht als nur Zimmermann zu sein. Vielleicht wird er uns dann eines Tages sogar mal große Ehre machen, wer weiß. Ich will ihm also die best mögliche Erziehung geben und ich glaube er hat das Zeug zum Lernen. Dann werden auch die Leute sehen, dass ich zu meinem Erstgeborenen stehe. Also kurz gefasst, ich möchte, dass unser Sohn auf die höhere Schule nach Jerusalem geht und sich dort als Schriftgelehrter ausbilden lässt. Das nötige Geld dafür werden wir schon zusammenkratzen, wir haben ja auch bereits einiges auf die hohe Kante gelegt."

Maria: „Du hast recht, mein Mann. Auch ich habe gesehen, wo seine wahren Interessen liegen. Er lebt ja praktisch nur noch die Tora. Und er ist so wissbegierig. Immer wieder diese Fragen, das höre ich ja auch von seinem Lehrer. Aber ich bin mir nicht so sicher, ob wir dem Gerede der Leute damit ein Ende bereiten, wenn er außer Hauses ist. Ich wundere mich übrigens, dass er davon bisher noch nichts mitbekommen hat. Ich stelle mir vor, seine Schulkameraden haben irgendwas über Jeschua von ihren Eltern aufgeschnappt und das ihm an den Kopf geworfen. Wir können es nicht wissen und ich wage nicht, danach zu fragen. Aber ich glaube, eines Tages wird er erfahren, welche Art Gerüchte die Leute über ihn verbreitet haben. Wenn er dann aber erst einmal ein Schriftgelehrter ist, dann werden die meisten es sich schon dreimal überlegen, bevor sie wieder die alten Sachen herauskramen. Und sollten sie es wagen, da wird er schon die nötige Kraft haben, denen in die Augen zu blicken und sich nicht so leicht unterkriegen lassen. Die werden ihm dann nur noch dumm vorkommen, nicht einmal wert, dass er sich mit ihnen auseinandersetzt. Ja, noch mal, dein Vorschlag klingt gut und ich glaube auch, dass Jeschua dafür Feuer und Flamme sein wird."

Aus dem Knaben ist ein Jüngling geworden. Das neue Lebensjahr wird einschneidende Veränderungen für ihn bringen. Er wird mündig und das bedeutet mehr Rechte wie auch Pflichten. So feiert man im Hause Josef, wie es der Tradition entspricht, Jeschuas Eintritt ins Mannesalter mit der Bar Mitzwa. Zum ersten Mal, beim nächsten Sabbat, ist es ihm gestattet, selbst die Lesung in der Synagoge zu halten. Im Anschluss daran hat die Familie zu sich eingeladen und das halbe Dorf findet sich ein. Es wird gelacht und getanzt, gesungen und kräftig dem Wein zugesprochen.

Einige Wochen später bringen die Eltern ihren Sohn nach Jerusalem, um ihn dort in der Höheren Schule einzuschreiben. Um seine Geschwister zu Hause kümmern sich derweilen Verwandte. Jeschua bringt ausgezeichnete Referenzen mit und er wird angenommen. Für ihn ist ein Traum wahr geworden, und so stürzt er sich mit Feuereifer in das Studium der Schrift und vertieft derweilen seine Sprachkenntnisse im Hebräischen. Zu Hause sprach man ja nur Aramäisch, die Umgangssprache, und in der Schule vermittelte man den Jungen auch nur Grundkenntnisse des Hebräischen. Studium bedeutet nicht nur Einpauken und Memorieren der Schrift. Der Schüler soll sich ja auch die Zusammenhänge bewusst machen und mit Hilfe der Schrift argumentieren können. So wird er in die rabbinische Kasuistik eingeführt und lernt, die verborgenen spirituellen Bedeutungen hinter gewissen Textstellen zu erkennen. Die Auslegungen können dabei durchaus – in Grenzen – variieren und so gibt es Schulen, die eine eher konservative und andere, die eine eher liberale Ausrichtung verfolgen.

Zum nächsten Passafest finden sich Maria und Josef wieder in Jerusalem ein und Jeschua führt sie im Tempel mit seinem alten Lehrer, genannt Simeon, zusammen. Simeon ist voll des Lobes auf seinen Schüler und meint: Aus dem wird mal ein ganz Großer. Das hören die Eltern gerne und füllt sie mit Stolz. Sie sind überzeugt, dass Gott sie und ihre Familie gesegnet hat. Die Familienkasse ist zwar knapp aber sie fühlen es recht und angemessen, Gott im Tempel ein Dankopfer zu bringen.

Auch Jeschua ist davon überzeugt, dass Gott mit ihm ist und eine Bestimmung für ihn hat. Die wird ihm sicherlich im Laufe der Zeit klarer werden aber erst einmal muss er die Schule meistern. Der anfängliche Stolz über dieses Privileg und die Anerkennung, die damit verbunden ist, weicht schon bald der ernüchternden Erkenntnis, dass er die Aufnahme in die Schule doch vor allen seinen Eltern zu verdanken hat, die es ihm in Mühe und durch Entbehrung hindurch ermöglicht haben. Und in seine Freude mischt sich hier und da auch ein leiser Wehmut über die Trennung von der Familie, von Freunden und Verwandten. Zudem vermisst Jeschua das einfache Landleben. Wie oft hatte er doch als Kind sich von den anderen entfernt und unter einem schattigen Baum liegend verträumt den sonnendurchglühten Wolken nachgeschaut, dem Gezwitscher der Vögel gelauscht und vor allem sich mit Fragen über Gott und die Welt beschäftigt. Er vermisst sein von Gott reichlich gesegnetes, von Dörfern und Bäumen bekränztes Land, mit seinen vielen Hügeln und den Ebenen, die von mäandernden Bächen bewässert werden. Er vermisst die Zeit, wenn der Frühlingsregen die Landschaft verzaubert und hunderterlei Arten von Hyazinthen, Narzissen und Lilien sprießen lässt. Wehmütig denkt er manchmal an das Leben zu Hause, das im Umkreis der Feuerstelle im Innenhof, wo die Mutter backt und kocht, sein Zentrum hat. An das bescheidene, strohgedeckte und aus Lehm gebaute Haus, schließt sich ein kleiner, von der Mutter gehegter Gemüsegarten an, in dem sie Linsen, Erbsen, Bohnen und Kürbisse zieht. Auch hält die Familie auf ihrem Hof ein paar Ziegen und Schafe, dazu Hühner und Enten. Ein kleiner Weinberg ist angelegt worden während in der Nachbarschaft Maulbeerbäume, Öl- und Feigenbäume wachsen und auf den fruchtbaren Feldern der Weizen gedeiht. Es ist ein einfaches, aber friedliches Leben. Galiläa, davon ist Jeschua überzeugt, ist das herrlichste Land auf der Welt. Und nun dieses Jerusalem!

Jeschua hat Quartier bei einer galiläischen Familie in Betanien bezogen. Auf seinem morgendlichen Weg nach Jerusalem herauf, da leuchtet vor seinen Augen im Glanz der Sonne in schimmernder Weiße der gewaltige Bau des Tempels, an dem übrigens immer noch gearbeitet wird. Wie eine steinerne, drohende und hochgereckte Faust des allgewaltigen Gottes kommt er ihm manchmal vor, wahrlich einschüchternd vor allem für jemanden wie ihn, der aus so einem kleinen, unbedeutenden Nest wie Nazareth kommt. Jerusalem hat eine geschätzte Einwohnerzahl von 100 000 Menschen während in Nazareth gerade mal um die 500 Seelen leben. Schon vor den Toren der Stadt riecht er den infernalischen Gestank der riesigen Müllhalde, der sich mit dem beißenden Geruch der vielen Gerbereien und dem Rauch aus den Töpferöfen mischt. Wenn man Jerusalem betritt dann erreicht man zunächst die Unterstadt, ein verwinkeltes Labyrinth kleiner und kleinster Gassen, durch die man sich oft regelrecht zwängen muss. Hier kleben dicht an dicht die armseligen Häuser der Handwerker wie der Schmiede, der Weber und der Schuhmacher, neben solchen der Bäcker, der Ärzte und Metzger. Überall verworrener Lärm der Händler, der Wasserträger und dazwischen das vielfältige Blöken und Muhen der Tiere. Von der Unterschicht, die hier lebt, grenzt sich der vornehme Adel ab, hoch oben wohnend in eleganten und umzäunten Villen in der Oberstadt, die die Unterstadt weit überragt.

Hier befinden sich das von Herodes nach hellenistischem Stil errichtete Theater und der königliche Palast, der jetzt dem römischen Statthalter als Residenz dient. Es gibt zahlreiche Synagogen, den Markt für die Reichen und nahe bei steht der fast alles überragende Tempel, den man von hier aus bequem erreichen kann ohne sich unter die Plebs mischen zu müssen. Höher ist nur noch die angrenzende Burg Antonia, in der sich die Römer einkaserniert haben.

Auf der breiten Treppe, die zum Haupteingang führt, sitzen die Lehrer mit ihren Schülern und Propheten verbreiten ihre Botschaft. Das Tempelgelände ist ein von Kolonnaden umfasstes Rechteck, etwa 500 x 300 Meter groß. Drinnen, im äußeren und größten Bezirk befindet sich der Vorhof der Heiden, zu dem jedermann Zutritt hat. Er ist bevölkert von Pilgern, Händlern, Geldwechslern und Opfertieren. In seiner Mitte, zugänglich durch mehrere Tore, befindet sich das Tempelzentrum mit seinen Innenhöfen für die Frauen und die Israeliten, der große Altar, der Tempel selbst mit dem durch einen Vorhang abgegrenzten Heiligtum und dem Allerheiligsten, das der Hohepriester nur einmal im Jahr, am Versöhnungstag, betritt. Zugang zum Inneren des Tempels ist Fremden auf Todesstrafe verboten.

Jeschua fühlt sich in Jerusalem oftmals wie ein Fremdkörper. Ihm ist das arrogante Gehabe der Reichen, ihre protzige Aufmachung zuwider. Lieber hält er es mit den einfachen Menschen und am wohlsten fühlt er sich in Betanien selbst, erinnert es ihn doch ein wenig an sein Heimatdorf. Auch so mancher Schriftgelehrte mit dem er in Kontakt kommt, erscheint ihm hochnäsig und wichtigtuerisch. Das vorgeblich bessere Wissen des anderen tut aber seinem Selbstbewusstsein keinen Abbruch, im Gegenteil, er fasst es als eine Herausforderung auf. So scheut er sich auch nicht, seinen Lehrer zur Rede zu stellen, wenn ihm irgendetwas fragwürdig erscheint. Zum Beispiel wollen ihm die vielen Verordnungen zum Sabbat nicht einleuchten. „Die stehen doch nicht in der Schrift. Wenn wir uns vor ihnen verbeugen, dann erheben wir sie doch in den Rang eines Götzen“, pflegt er zu sagen. Und wenn der Lehrer einwendet, dass diese uns doch von unseren Vätern überliefert worden sind, entgegnet er, eben, es ist nur Menschenwerk. Worauf es wirklich ankommt ist ein Gott wohlgefälliges Tun. Darauf hat der Lehrer dann keine Antwort mehr.

Die Jahre in Jerusalem verlaufen ohne nennenswerte Zwischenfälle. Er ist nun herangewachsen und sieht seinem 18. Geburtstag entgegen. Man hat bereits begonnen, in Jerusalem mit Hochachtung über ihn zu sprechen. Seine Gelehrsamkeit, seine oft unorthodoxe Weise der Gesetzesauslegung beginnt sich herumzusprechen. Ihm scheint eine große Zukunft als Schriftgelehrter bevorzustehen. Doch da erreicht ihn eine Schreckensnachricht aus seinem Heimatdorf. Sein Vater Josef ist auf einer Baustelle durch einen Unfall ums Leben gekommen. Jetzt erwartet man von ihm, dass er nach Hause kommt und sich an Vaters statt um die Familie kümmert. Jeschua weiß um die Verpflichtung, die auf dem Erstgeborenen liegt. Ihm steht zwar das Erbe zu, doch von ihm wird auch erwartet, dass er Sorge für seine Eltern trägt. Es bleibt ihm nichts anderes übrig, als das Studium abzubrechen und nach Nazareth zurückzukehren. Ein anerkannter Schriftgelehrter ist er noch nicht und ordiniert werden würde er sowieso erst in einem reifen Alter.

Natürlich war sein Vater bereits längst begraben worden als er sein Zuhause erreicht. Es tut ihm aber gut, miteinander Trost im Kreise seiner Familie zu finden. Was nun? Als neuer Vorstand der Familie muss er in die Rolle des Ernährers schlüpfen. Von seinem Vater hatte er das Zimmermannhandwerk gelernt und er hatte ihn auch auf so manche Reise begleitet, insbesondere nach Sepphoris wo sich immer Arbeit fand. Das war also seine nächstliegende Aufgabe und dieser musste er sich stellen.

In Nazareth haben die Nachbarn den heimkehrenden Sohn der Familie zunächst wohlwollend empfangen und man hat ihm das Beileid ausgesprochen. Einer seiner ersten Wege führt ihn zu seinem alten Lehrer, dem Priester der örtlichen Synagoge, der auch gleichzeitig die Schule leitet. Der alte Mann ist mächtig stolz auf seinen früheren Schüler, weiß er doch, wie gut sich Jeschua in Jerusalem bewährt hat. Und so ist es nur gut und recht, diesem angehenden Schriftgelehrten am nächsten Sabbat die Lesung in der Synagoge zu überlassen. Diese Einladung nimmt Jeschua nur zu gern an.

Am Morgen vor der Lesung kommt Maria auf Jeschua zu und überreicht ihm ein verschnürtes, kostbares Gewand mit den Worten: „Dies soll ich dir von meinem Mann geben. Wie gerne hätte er es dir selbst überreicht. Du solltest es eigentlich erst nach deiner Ausbildung, am Tag, wenn du als Schriftgelehrter eingeführt wirst, erhalten. Nun aber ist alles anders gekommen. Es ist der Wille Gottes aber vielleicht wird daraus ja mal etwas Gutes entstehen. Wenn du diesen Mantel trägst wird er dich hoffentlich immer an deinen Vater erinnern.“

Für die Lesung hatte sich Jeschua den Text in Jesaja 61,1–2 ausgesucht, der von der frohen Botschaft für die Bedrückten im Lande handelt. Nachdem er den Text gelesen hat, legt er die Schriftrolle nieder, hebt seine Augen auf und sagt in das erwartungsvolle Schweigen der Leute hinein: „Freuet euch; denn heute kann ich euch verkündigen, dass euer und mein Vater es mir ins Herz und meinen Verstand gelegt hat, diesen Worten ihre Erfüllung zu geben.“ Die meisten Hörer reagieren erbost oder schütteln ihre Köpfe. Einer sagt: „Was bildet sich dieser großmäulige Schnösel eigentlich ein, kennen wir ihn doch. Hält er sich was für Besseres, nur weil er ein paar Jahre mehr auf die Schule gegangen ist und hat sie doch noch nicht mal richtig abgeschlossen? Dem ist wohl sein bisschen Wissen in den Kopf gestiegen.“ Ein anderer sagt: „Wenn er mit uns auch in Zukunft ein Auskommen haben will, dann soll er man sich in Acht nehmen und nicht mehr so großkotzig daherreden“. Und so kam es, dass Jeschua der größte Zweifel ausgerechnet in seinem eigenen Heimatdorf begegnete. Es kann auch nicht ausbleiben, dass jetzt, da Jesus selbst durch seine Rede ein öffentlichen Ärgernis verursacht hat, sich einige vorwagen und die alten Gerüchte um Jesu Vater wieder aufwärmen. Schließlich kommt das auch Jeschua zu Ohren. Ein alter Schulkamerad teilt ihm in aller Freundschaft mit, was man sich im Dorf über ihn erzählt. Jeschua stellt seine Mutter zur Rede, doch die bleibt ausweichend. Sie sagt ihm, dass es doch im Grunde nur der Neid der Leute ist, der sie so etwas sagen lässt. Wir sollten nicht in der Vergangenheit herumwühlen und das Gedenken an unseren Vater und seine Ehre beschmutzen. Doch der Zweifel nagt an ihm. Entsprang vielleicht die Gabe des Gewandes einem schlechten Gewissen? War all das Wohlwollen seines Vaters, dem er ja letztlich auch die Möglichkeit seiner Weiterbildung verdankte, in Wirklichkeit nur vorgetäuscht worden?

Wenn er nun noch einmal über seine Worte in der Synagoge nachdachte und sich die Reaktion seiner Hörer ins Gedächtnis zurückrief, da konnte er durchaus Verständnis für sie finden. Wie sollte er wohl auch diesem Anspruch gerecht werden können? War es nicht eher der Übermut und der jugendliche Eifer, der ihn zu diesen Worten verführt hatte. Hatte er sich etwas vorgemacht, war er einer bloßen Eingebung gefolgt, dass er zu etwas Höherem berufen war? Jetzt aber schaute die Familie auf ihn, dass er sich mit seiner Hände Arbeit bewähre.

Jeschua will sich durchaus als der gute Sohn beweisen und so übernimmt er bereitwillig die Bürde der Sorge für die Familie. Wo sich Gelegenheit bietet, nimmt er Arbeit an und es gibt viel Arbeit für einen wie ihn, der ja nicht nur geschickt mit den Worten sondern auch mit seinen Händen ist. Zumeist arbeitet er im näheren jüdischen Umfeld von Nazareth, dann aber auch in der hellenistischen Stadt Sepphoris, die man von seinem Heimatort aus nach einem Fußweg von nur 1–2 Stunden erreichen kann. Sepphoris ist so gänzlich anders; hier treffen jüdische und griechische Kultur aufeinander. Die Stadt war mal von König Herod Antipas zu seiner Hauptstadt ausgebaut worden, mit Palast, Theater und Tempel, doch inzwischen hatte er seinen Sitz zum neu erbauten Tiberias am See Genezareth verlegt. Doch Leute wie er, die Kenntnisse in Stein- und Holzarbeiten besitzen, sind hier immer gefragt. Hier hatten er und sein Vater früher oft zusammen gearbeitet und hier ereilte seinen Vater auch der Tod als er von der Plattform einer Baustelle gestürzt war. Kein Wunder, dass Jeschua gerade hier noch den Schatten seines Vaters spürt.

Viel Zeit für das Studium der Tora bleibt nicht. Die Arbeit ist hart und die Stunden sind lang. Aber den Ruhetag, den Sabbat, nutzt er, um sich an Gottes Wort zu erquicken. Zuweilen bietet man ihm an, die Lesung in einer Synagoge zu halten und mit der Zeit erwirbt sich Jeschua den Ruf eines gelehrten Mannes. Er kennt die Nöte des kleinen Mannes aus eigener Erfahrung, weiß um ihre Sorgen, das tägliche Brot auf den Tisch bringen zu können. Der Bauer, der im Schweiße seines Angesichts das Feld bestellt, steht ihm näher als der besserwisserische Schriftgelehrte, der mehr auf Schein als auf Sein achtet. Nicht in gestelzten Worten spricht er zu den Leuten, sondern wie ihm der Schnabel gewachsen ist. Die Menschen fühlen sich von ihm angesprochen und verstanden, und man spricht voller Hochachtung von ihm.

Nur in Nazareth, da will man nicht viel von ihm wissen. Die Erinnerung an seine erste Lesung in der Synagoge sitzt noch tief. Sogar im Kreis seiner eigenen Familie hat er es schwer. Maria zwar, seine Mutter, lauscht gerne seinen Worten, doch seine Brüder machen sich nicht viel daraus. Ihnen hängt all das Gerede über die Tora und Gott bis zum Hals heraus. So brüskieren sie Jeschua zuweilen und schneiden ihm das Wort ab, wenn er sie wieder einmal belehren will. Doch Jeschua trägt all das noch mit Geduld, wenn auch in ihm der Stachel des Ärgers sitzt. Soll das alles gewesen sein? Soll er sich hier für die Familie aufopfern, die ihm doch so wenig Dankbarkeit entgegenbringt? Hat er nicht was Besseres verdient?

Jeschua frisst den Frust in sich hinein aber er empfindet die Enge seines Elternhauses zusehends als bedrückend. Zehn lange Jahre hat er die Familie mit seiner Hände Arbeit ernährt. Jetzt ist er 28 Jahre alt und ist doch seinem Traum eines Lebens für Gott nicht näher gekommen. Er muss da raus. Er fühlt, dass er zu etwas Größerem berufen ist. Und eines Tages ist es soweit. Er hat seine Entscheidung getroffen, die Familie zu verlassen und teilt diese seiner Mutter mit. Maria: „Mein Sohn, du tust recht. Ich habe doch schon längst gemerkt, dass du hier unglücklich bist und dich wohl auch nicht recht verstanden fühlst. Deine Brüder sind durchaus alt genug, nun für uns alle zu sorgen. Wir werden schon zurechtkommen. Mach du deinen Weg und zeige wozu du fähig bist. Ich weiß es in meinem Herzen, du wirst mich einmal stolz machen."

Jeschuas erster Weg führt ihn an den Jordan. Dort, so hatte er gehört, wirkt ein gewisser Johannes der Täufer. Überall im Lande spricht man von ihm, dass er ein gewaltiger Prediger sei. Und in der Tat, als Jeschua ihn verkünden hört, über Buße und Gericht, da machen seine Worte einen großen Eindruck auf ihn. Er beschließt, sein Jünger zu werden. Das Leben hier in der Wüste ist allerdings wahrlich kein Zuckerschlecken. Man nagt praktisch immer am Hungertuch. Die Wüste gibt nicht viel her und nur weil die Leute hier und da was mitbringen, reicht es gerade mal zum Überleben.

Jeschua hat nun gewissermaßen seine Probezeit. Johannes will sichergehen, dass die Leute, die er tauft, auch wirklich mit Herz und Verstand bereit sind, Gottes Ruf zu folgen. Schon nach wenigen Wochen ist Jeschuas Taufe angesetzt. In diesem Moment, wo das Wasser des Jordan ihn umspült, da fühlt er mit nie gekannter Intensität den Ruf Gottes. Er ist bereit, dass weiß er. Dies ist der Augenblick seiner Lebenswende. Aber so sehr er Johannes auch schätzt und verehrt, sie denken nicht auf der gleichen Wellenlänge. Das wird ihm zunehmend klarer. Jeschua vermisst an Johannes Botschaft die versöhnenden Worte. Er ist ihm zu streng, ja zuweilen unerbittlich. Es fehlt ihm, so denkt er, an menschlicher Wärme. Da scheint kein Platz zu sein für Liebe und Barmherzigkeit. Die Spannungen zwischen Jeschua und Johannes wachsen, da Jeschua auch kein Blatt vor den Mund nimmt, aber um einen völligen Bruch zu vermeiden, entschließt sich Jeschua, die Jüngerschaft zu verlassen und seinen eigenen Weg zu gehen.

Er zieht sich zunächst an eine einsame Stelle zurück, sich zu sammeln, die letzten Wochen und Monate noch einmal Revue passieren zu lassen und sich gleichzeitig innerlich für die vor ihm liegenden Aufgaben zu stärken. Er fühlt sich gelöst und frei, nun wird Gott ihm zeigen, was er mit ihm vorhat. Zunächst geht er zurück zum See Genezareth und vermag schon bald seine ersten Jünger um sich zu sammeln, unter ihnen Petrus und die beiden Söhne des Zebedäus. Lehrend und verkündigend, ob im Freien oder in den Synagogen, zieht er umher. Sein Reden vom liebenden Vater, der vergibt und der Barmherzigkeit will und nicht Vergeltung, der sich nicht durch frommes Getue und hochstaplerische Worte beeindrucken lässt, der nicht danach urteilt, ob jemand arm oder reich ist, ob einer als Sünder oder Gerechter gilt, angesehen oder verachtet wird, sondern allein in ihr Herz schaut, solche Reden berühren die Menschen. Nie hat jemand so wie er gesprochen und so zieht er die Menschen wie magisch an. Hinzu kommt, dass seine Hand auch zu heilen vermag und die Gerüchte darüber machen die Runde.

Jedenfalls vermag er, einen gebrochenen Menschen wieder aufzurichten, und dies wird besonders deutlich an der folgenden Episode. Eines Tages wird Jeschua in das Haus eines Pharisäers namens Simeon eingeladen. Dieser war neugierig und wollte sich selbst ein Bild dieses Mannes machen. Als sie nun zu Tische sitzen, da drängt sich eine stadtbekannte Dirne namens Maria Magdalena hinein. Der Pharisäer will sie hinauswerfen, doch Jeschua sagt: „Wehre ihr nicht, sie ist genauso ein Mensch wie du und ich und Gottes Kind.“ Maria aber kniet sich zu Jeshuas Füßen und als sie so kniet und das Glas mit dem Salböl in ihren Händen hält, da tropfen ihre Tränen auf seine Füße und sie versucht, sie mit ihren Haaren zu trocknen. Jeschua hebt mit einer Hand ihr Kinn zu sich empor, streichelt ihr mit der anderen über den Kopf und sagt, ihr in die Augen blickend: „Mein Kind, was bedrückt dich?“ Und da bricht es aus ihr hervor und sie erzählt ihm, dass ihre Familie sie verstoßen hätte. Man sagt ihr nach, sie wäre eine Verführerin und hätte einen Dämon in sich; denn ihre Schönheit verdrehe den anderen Männern den Kopf. Da sie nun ganz allein auf sich gestellt ist, was bleibt ihr da anderes übrig, als sich durch die Prostitution ihren Lebensunterhalt zu verdienen. Jeschua spricht ihr Trost und Mut zu und zum Pharisäer gewandt sagt er: „Ich bin in dein Haus gekommen und du hast mir kein Wasser für meine Füße gegeben. Diese aber hat sie mit ihren Tränen benetzt. Du hast mir keinen Kuss gegeben, sie aber hat unablässig meine Füße geküsst. Sie mag gesündigt haben, aber sie hat viel Liebe gezeigt." Und zu Maria: „Sei guten Mutes, Gott wird dir deine Sünden vergeben. Geh nun hin in Frieden. Dir hat dein Glaube geholfen."

Simeon ist beschämt und findet keine Worte. Maria aber ist von diesem Tag an die glühendste Verehrerin Jeschuas und folgt ihm fortan als eine seiner Jünger/innen. Die Schar seiner Anhänger wächst, es wächst aber auch die Zahl derer, die ihm feindlich gesinnt sind und dazu zählen viele Pharisäer und insbesondere die Schriftgelehrten, die ihn wohl als eine Art Nestbeschmutzer betrachten. So langsam schaukelt sich die gegenseitige Abneigung hoch. Jeschua beginnt seine Widersacher als Heuchler und Schmarotzer zu beschimpfen während seine Gegner ihn einen Wichtigtuer, Lügner und Scharlatan nennen. Sie beschuldigen ihn, den Sabbat zu brechen, weil er mal erwischt wurde, als er mit seinen Jüngern ein Weizenfeld durchschritt und von den Ähren aß. Sie halten ihm vor, die Tradition zu missachten und sich nicht um die Reinheitsgebote zu scheren. Ja, er komme sogar mit seinen eigenen Auslegungen daher, welche die Tora auf den Kopf stellen. Belege allerdings finden sich nicht dafür, aber es spricht für die Stimmung, die sich da über Jeshuas Kopf zusammenbraut. Viele seiner Anhänger beginnen, sich von ihm abzuwenden, da er sich nun mehr und mehr als der Erlöser Israels zu stilisieren sucht, gesandt von Gott, den er als seinen Vater bezeichnet.

Es wird langsam kritisch für Jeschua. Auch seine Familie ist in Sorge, hat sie doch auch Informationen darüber erreicht, was man sich über Jeschua erzählt. Als Jeschua eines Tages wieder mal in Kapernaum weilt, um sich einige Tage im Kreise seiner Jünger zu erholen, ergreifen seine Mutter und Brüder die Gelegenheit beim Schopf und suchen ihn zu sich heimzuholen. Sie sind überzeugt, er hat den Verstand verloren und muss unter ihrer Obhut erst wieder zur Vernunft kommen. Schon einige Wochen früher hatte Maria ihren Sohn zur Rede gestellt und gesagt: „Mein Sohn, warum tust du uns das an? Haben dein Vater und ich nicht alles getan, damit du es mal besser haben wirst wie wir? Und nun wirfst du alles weg, was dir Respekt und Anerkennung bringen könnte." Mit solchen Worten konnte sie Jeschua aber nicht mehr erreichen. Man hatte sich einander entfremdet. Und auch ihr jetziges Anliegen, ihn wieder in den Schoß der Familie zurückzubringen, schlägt fehl. Jeschua lässt seiner Familie ausrichten, dass jetzt die, die mit ihm sein Leben teilen, seine neuen Brüder und Schwestern seien.

Die Passazeit naht und Jeschua mit seinen Jüngern macht sich wie viele Tausende andere auch auf den Weg nach Jerusalem. Beim Eingang in Jerusalem bereiten seine Anhänger ihm einen triumphalen Empfang, doch das kaschiert nur die Realität der Situation. Die Streitgespräche, die er mit den Oberen führt, verdeutlichen, dass ihre feindselige Haltung sich so sehr verschärft hat, dass nicht mehr auszuschließen ist, dass sein Leben als solches in Gefahr ist. Als er dann auch noch die Händler aus dem Tempel jagt und damit die Geschäftsgrundlage der führenden Leute in Frage stellt, ist für viele das Maß voll. Jeschua soll unter Anklage gestellt werden und die Bürger sind aufgerufen, den Behörden seinen Aufenthaltsort mitzuteilen.

Derweilen sitzen Jeschua und seine Jünger zu einem Abendessen zusammen. Man ahnt, dass sie vielleicht das letzte Mal Gemeinschaft miteinander haben werden und dementsprechend ist die Stimmung gedrückt. Maria, die geliebte Jüngerin, liegt auf Jeschuas Schoß während aufgetischt wird. Jedem war klar, dass die beiden eine besondere Beziehung miteinander haben. Wiederholt hatte Jeschua Maria in seine Arme genommen und sie geherzt. Einige wollen sogar beobachtet haben, dass Jeschua die Maria geküsst hätte. Petrus war dies alles sehr sauer aufgestoßen, hatte Maria ihm doch den Rang abgelaufen. Ihn schmerzte es umso mehr, da sie doch nur eine Frau ist und Frauen sollten doch eigentlich wissen, wo ihr Platz in der Gesellschaft zu finden ist. Sie können sich doch nicht als dem Manne ebenbürtig aufführen. Da hält er es doch lieber mit den Pharisäern, die es noch nicht einmal wagen, sich zusammen mit einer Frau öffentlich zu zeigen. Aber vielleicht findet sich ja noch mal die Chance, Jeschua zu zeigen, wie er zu ihm steht.

Judas verlässt vorzeitig das Abendessen. Keiner der Jünger kann sich einen Reim darauf machen, warum. Wenn sie sich nur daran erinnern könnten, was Judas mal gesagt hatte, als sie in ihrer Runde zusammensaßen. Sieht man einmal von Maria ab, dann ist Judas der größte Bewunderer von Jeschua und das mit einer Leidenschaft, die sich nur aus seiner Vergangenheit als früherer Anhänger der fanatischen Sekte der Sikarier erklären lässt. Er glaubte mit Inbrunst, dass Jeschua der Messias Israels ist, auf den alle warten, und wie sehnsüchtig sieht er dem Augenblick entgegen, wenn Jeschua seine volle Macht und Herrlichkeit allen demonstrieren wird; denn ist er der Messias, dann wird mit Gottes Hilfe ihn keiner aufhalten können. Und nun ist die Gelegenheit günstig, etwas nachzuhelfen und diesen Zeitpunkt jetzt herbeizubringen, hatte er doch erlebt, wie die Menschen Jeschua bei seinem Einzug in Jerusalem zugejubelt hatten. Auch die Autoritäten werden ihn letztlich als den wahren Erlöser erkennen und sich ihm beugen und ein jeder wird Jeschua Gefolgschaft leisten. Und dann werden sich die Worte der Propheten erfüllen, Israel befreit und eine Zeit des endlosen Friedens dem Land beschert sein.

Judas informiert folglich die Behörden, wo sie noch heute abend Jeshua und seine Jünger finden können. Jeschua bleiben nur noch wenige Stunden. Sie befinden sich im Garten Gethsemane und Jeschua ist voll düsterer Ahnung. Sein Herz ist schwer und ihm ist bange. Er sucht sich einen Platz allein und betet und als er betet geht sein Atem schwer und der Schweiß tropft ihm wie Blut herab. „Vater, wenn möglich, lass diesen Kelch an mir vorübergehen, aber nicht wie ich sondern wie du willst.“ Da aber sind schon die Häscher, mit Judas an der Spitze. Judas küsst seinen Meister; denn dies sollte für die Soldaten das Erkennungszeichen sein. Judas flüstert ihm zu: „Du weißt, ich habe dies für dich getan.“ Jeschua sieht ihm in die Augen und sagt: „Ja, ich glaube dir.“ Doch Judas Hoffnungen, dass die Oberen und Jesus nach einer Aussprache kooperieren werden, sollten sich nicht erfüllen. Als er dies erkennt, da nimmt er sich sein eigenes Leben.

Jeschua wird zunächst im Hause des Hohenpriesters Kaiphas festgehalten bis dieser ihn am frühen Morgen verhören wird. Die Jünger waren geflohen, nur Petrus hatte sich mit Marias Hilfe, die aufgrund ihrer früheren Liebesdienste dem Kreise um Kaiphas bekannt war, Zugang zum Hof des Hauses verschafft. Als es aber darauf ankommt, sich zu Jeschua zu bekennen, da verlässt ihn der Mut und er verleugnet ihn. Er hatte sich Jeschua beweisen wollen und versagt nun doch.

Jeschua wird dem Hohenpriester vorgeführt und verhört. Wie mit ihm zu verfahren sei, war längst beschlossene Sache gewesen. So kramt man eine Reihe Anklagepunkte zusammen und verurteilt ihn wegen Volksaufwiegelung und Verhöhnung der Religion zum Tode. Danach wird er dem Statthalter Pilatus überstellt. Ihm gegenüber beschuldigt man Jeschua des Aufruhrs und dass er sich als König der Juden aufspiele und sich dafür göttlich bevollmächtigt glaube. Pilatus hat keine Lust, sich groß in die Angelegenheiten der Juden einzumischen, aber wenn jemand des Aufruhrs beschuldigt wird, dann spitzt er doch die Ohren; denn so was könnte der römischen Besatzung gefährlich werden. Mit der Religion der Juden hat er nichts am Hut; das ist deren Sache. Und so kommt er nach kurzer Rücksprache mit den Hohenpriestern zu dem Schluss, dass dieser Mensch den Tod verdient.

Jeschua wird von den römischen Soldaten gegeißelt und verspottet. Die mit Metallsplittern versehene Rute reißt seine Haut auf und führt zu starken Blutungen. So ist er derart geschwächt, dass er sich kaum noch auf den Beinen halten kann, geschweige denn in der Lage ist, das Kreuz zur Hinrichtungsstätte zu tragen. Auf dem Weg nach Golgatha sinkt er immer wieder auf die Knie und taumelt dann weiter, durch Schläge vorangetrieben. Am Ort der Hinrichtung wird er dann an das Kreuz geschlagen, mit Metallnägeln, die sich durch Fleisch und Fußknochen bohren. Die Schmerzen, die jetzt durch seinen Körper jagen, lassen ihn kaum noch bei Bewusstsein bleiben. Nackt, einsam und verlassen hängt er nun am Kreuz, dem Tode näher als dem Leben. Eine tiefe Verzweiflung ergreift ihn und durchschüttert sein Innerstes. „Vater", so sind seine letzten Gedanken, „warum hast du mich verlassen? War denn all mein Leiden umsonst gewesen? Nun sterbe ich und auch die, die noch an mich glauben, werden von mir abfallen und meine Botschaft wird vom Winde verweht so wie sich meine Jünger zerstreut haben. Es war alles vergeblich gewesen. Alles umsonst, alles umsonst." Und Jeschua starb.

Doch er sollte sich geirrt haben. Nach anfänglichen Zweifeln und einem Stadium der Angst und Mutlosigkeit, hatten die Jünger wieder neue Zuversicht gefunden. Einige waren davon überzeugt, Jeschua in einer Vision begegnet zu sein. Das sprach sich herum. So fingen sie an, Jeschuas Botschaft weiter zu verbreiten und sie ließen sich auch nicht durch Bedrückung und Verfolgung einschüchtern. Die Anhängerschaft, die sich später Christen nannte, wuchs und war schon bald um ein Vielfaches größer als es zur Zeit Jeschuas gewesen war. Jeschuas Tod war nicht vergeblich gewesen. Es fing gerade erst alles an.

Jesus und Sokrates

Wer also war dieser Jesus von Nazareth wirklich gewesen? Diese Frage lässt sich nicht definitiv beantworten; denn es fehlt an tragbaren Fakten. Indizien lassen lediglich eine Antwort mehr plausibel erscheinen als eine andere, aber sie sollte zumindest mit dem aus diesen Indizien gewonnenen

Persönlichkeitsprofil einigermaßen stimmig sein. Eine Antwort ist in sich wahr für diejenige oder denjenigen, wenn sie aus Überzeugung gegeben wird und sie wird für andere umso überzeugender ausfallen, je mehr dahinter ein persönliches Ringen erkennbar ist. Wir sind davon überzeugt, dass Jesus von Nazareth kein Gottmensch gewesen war, im Wesen gleich mit Gott. Nach unserer Überzeugung wandelte er weder auf dem Wasser, noch wirkte er Speisewunder oder brachte Menschen vom Tod ins Leben zurück. Seine Zeugung durch den Heiligen Geist und seine Himmelfahrt sind eine fromme Legende und doch möchten wir glauben, dass die Visionen vom auferstandenen Christus mehr waren als lediglich Feuerungen überreizter Nervenzellen. Glaube aber ist nicht Wissen. Mehr ist nicht zu sagen, doch alles ist offen.

Betrachten wir zum Schluss noch eine andere Gestalt der abendländischen Kulturgeschichte, den griechischen Philosophen Sokrates, der 399 v. Chr. hingerichtet worden war. Über ihn wissen wir mehr, insbesondere durch seinen Schüler Platon; denn wie Jesus hat auch Sokrates nichts Schriftliches hinterlassen. Ein Eindruck über die Persönlichkeit Sokrates dürften die nachfolgenden Auszüge aus seiner Verteidigungsrede geben, wie sie von Platon in seiner Apologie überliefert worden sind:

„Meine Ankläger ... so bestechend sprachen sie. Indes die Wahrheit haben sie eigentlich keinen Augenblick gesagt...

Ich werde euch nichts als die Wahrheit sagen. Ich bin nämlich, ihr Männer von Athen, aus keinem anderen Grunde als wegen einer bestimmten Art von Weisheit zu diesem Ruf gekommen...

Gehorchen werde ich eher dem Gotte als euch und, solange ich atme und dazu imstande bin, nimmer aufhören, zu philosophieren und auf euch einzureden und jedem von euch, den ich treffe, ins Gewissen zu reden...

Glaube ich, hat mich Gott dieser Stadt beigegeben; als jemanden, der euch unentwegt aufrüttelt und mahnt und schilt...

Ich bringe ja, meine ich, einen hinlänglichen Zeugen dafür bei, dass ich die Wahrheit sage: meine Armut...

Wenn ich jedoch sage, dies sei das größte Glück für einen Menschen, Tag für Tag über den sittlichen Wert Gespräche zu führen und ... indem ich mich selbst und andere einer Prüfung unterziehe, und dass ein Leben ohne Prüfung für den Menschen nicht lebenswert sei ...

Ich halte es vielmehr für weit besser, mit dieser Art von Verteidigung den Tod zu erwirken als mit jener das Leben…

Und so gehen wir jetzt von dannen: ich von euch des Todes, sie aber von der Wahrheit der Niedertracht und Ungerechtigkeit für schuldig befunden…

Wenn ihr nämlich glaubt, ihr könntet, indem ihr Menschen tötet, verhindern, dass man euch Vorwürfe macht, weil ihr nicht richtig lebt, dann urteilt ihr verkehrt…

Wenn jedoch der Tod eine Art Reise von hier an einen anderen Ort ist… gibt es dann wohl ein Gut, das größer wäre als dies, ihr Richter? Wenn man nämlich im Hades eintrifft und nunmehr, befreit von den Richtern, die sich hier so nennen, auf die wahren Richter trifft, die dort, wie es heißt, Recht sprechen.“

Aus diesen Worten spricht die Gewissheit einer Berufung, nämlich der, den Menschen die Augen für die Wahrheit zu öffnen. Ähnlich glaubte sich ja auch Jesus berufen, den Menschen die Wirklichkeit des Gottesreiches zu verkündigen und sie zu einer inneren Umkehr zu bewegen. Sokrates war wegen Gottlosigkeit und dem Ausüben eines schlechten Einflusses auf die Jugend zum Tode verurteilt worden, die Möglichkeit einer Flucht schloss er aus. Er kümmerte sich weder um Gelderwerb noch um seine Familie; denn nur so, glaubte er, könne er die Freiheit haben, nach Selbsterkenntnis zu streben. Doch persönliche Selbstfindung reichte ihm nicht. Er wollte die Menschen durch wiederholtes Fragen zur Einsicht in die Wahrheit bringen, eine Methode, die er mit der Tätigkeit einer Hebamme verglich. Seine eigentlichen Gegner waren die Sophisten, die mit Spitzfindigkeit jeden Standpunkt verdrehen konnten so wie es ihnen passte. Sie verkauften ihre Fähigkeiten an den Meistbietenden und verdarben mit ihrer Heuchelei die Moral. Moral und Gesetz wurden durch skrupellose Machtpolitiker seiner Zeit wie Alkibiades und Kleon zerrüttet und relativiert und dagegen kämpfte Sokrates. Athen hatte seinen politischen und wirtschaftlichen Höhepunkt überschritten, betrieb eine imperiale Politik der Aufrüstung, beutete schamlos wehrlose Gemeinden aus, ließ Tausende von Menschen wie die Melier, die sich ihnen widersetzten, töten und rechtfertigte diese Morde damit, dass ja Macht vor Recht gehe. Athen verstrickte sich bald in einen Hegemonialkrieg mit Sparta, der schließlich beide ruinieren sollte. In einem solchen Umfeld, wo nur der schöne Schein zählte, musste sich Sokrates im Kampf gegen die Verlogenheit der Menschen, gegen Ignoranz und Arroganz, die Feindschaft der gesellschaftlich führenden Schicht zuziehen. Was konnte er auch schon dem darwinistischen Überlebensprinzip, wo Begierden, Habsucht, Ruhmstreben und Machtwillen das Rad im Kampf ums Dasein drehen, entgegensetzen, er, dem es um Glaubwürdigkeit und Wahrheitsliebe ging, er, der für die alten griechischen Tugenden wie Besonnenheit, Tapferkeit und Gerechtigkeit einstand und nach Werten wie das Schöne und das Gute strebte. Es waren die bigotten Athener, die Sokrates umbrachten.

Und es waren vor allem die um ihre Pfründe fürchtenden bigotten Sadduzäer, die Jesus umbrachten. Es waren jene Priester, die scheinheilig von Gott redeten und doch nur ihre eigenen Privilegien im Sinn hatten. Für beide, Jesus als auch Sokrates, galt: „Die Wahrheit wird euch frei machen" (Joh 8,32). Beide begriffen sich als Kämpfer gegen Unwahrheit, Scheinwissen, Heuchelei und frömmelnde Engstirnigkeit. Beide gewährten der Moral einen hohen Stellenwert wobei insbesondere Jesus mit seiner Forderung nach einem dienenden Füreinander-Dasein eine auf Solidarität aufgebaute alternative Gemeinschaft anstrebte. Sicherlich liebte Jesus das Gesetz, fühlte sich aber nicht sklavisch daran gebunden, sondern ordnete es wie es seine Einstellung zum Sabbat zeigte dem Gebot der Mitmenschlichkeit unter. Wie auch Sokrates betonte Jesus eine Haltung des Nichtrichtens und beide zogen lieber einen ehrenvollen Tod vor als ihre Ideale verraten zu müssen.

Wenn Sokrates eine innere Umkehr von seinen Mitmenschen einforderte, dann zielte dies vor allem auf Wiederherstellung von Anstand und Sittlichkeit im Dienste des gesellschaftlich Guten. Jesus wandte sich primär gegen Missstände auf dem religiösen Gebiet, gegen die Instrumentalisierung der Religion für persönliche Zwecke. Sozialreformen strebte er nicht an. Eher erhoffte er die Wiederherstellung einer echten Gläubigkeit, symbolisch umschrieben als die Rettung der ‚verlorenen Schafe'.

Sokrates stellte immer wieder den Einzelnen mit seinen Fragen zur Rede, Jesus bevorzugte Gleichnisse als Erzählform, die seine Hörer gleichzeitig lehrte und unterhielt. Sein Wirken durch Verkündigung, Lehre und Heilen war ganzheitlich ausgerichtet. Sokrates wollte die alten Tugenden wieder aufrichten, Jesus lehrte über das Reich Gottes und glaubte an das Gute im Menschen, das sich durch Hingabe an den Willen Gottes fördern ließ. Sokrates erscheint abgeklärt und ironisch gelassen wie ein weiser alter Mann. Jesus agierte eher impulsiv wie ein jugendlicher Rebell und mit großer Leidenschaft. Aber nicht nur das Alter erklärt diese Unterschiede in ihrem Wesen, sondern auch der Gegensatz von Philosophie und Religion, Verstand und Glaube.

Im antiken Griechenland dominierte die Philosophie, in Israel die Religion mit ihrem Glauben an den einen Gott als Garant ihrer Identität. Gesellschaftlich hatte das zur Folge, dass es in Griechenland keine durch eine Priesterschaft organisierte Religion gab während in Israel eine Art Theokratie herrschte, angeführt von einer starken Priesterkaste. Wer sich der Philosophie wie Sokrates widmete, dem lag an Selbsterkenntnis. Für Jesus war die Liebe der zentrale Inhalt seiner Botschaft und formte den Kern seiner Ethik. Sokrates war als vormaliger Ratsherr politisch engagiert gewesen, Jesus zeigte keinerlei politisches Interesse. Sein Wirken war gefühlsbetont während Sokrates an die Vernunft appellierte. Eine solch einseitige Orientierung birgt allerdings auch Gefahren. Der Verstand tendiert zum Aufbau von Regeln und Systemen, führt hin zu Verkrustung und Erstarrung in Formalismus und Dogmen, bevorzugt kalte Logik und beschränkt sich zuweilen auf reine Äußerlichkeit. Der Affekt hingegen mag in Radikalität umschlagen, fordert den Umsturz bestehender Werte ohne dabei die Kosten zu berechnen. Liebe und ein eng geführter Glaube kann zu Verblendung führen, den Menschen blind für andere Werte wie Toleranz und Kompromissfähigkeit machen. Was also nötig tut, ist ein ausgewogenes Verhältnis von Verstand und Gefühl.

Bei Sokrates hat man den Eindruck, als ob in der Art und Weise wie er auf den Menschen zuging, nie der Funke einer herzlichen Mitmenschlichkeit übersprang. Bei Jesus zeigt sich die Radikalität seiner Ethik in der Überforderung des Einzelnen, sei es in seinem Aufruf zur absoluten Wehrlosigkeit oder zum bedingungslosen Teilen miteinander. Bedenklich ist auch seine kompromisslose Forderung nach Aufgabe aller Familienbindungen, um dem Anspruch einer unbedingten Gefolgschaft Genüge tun zu können.

Jesus demonstrierte Barmherzigkeit, Mitgefühl und Güte. Er verstrahlte Liebe, die einem überströmenden Herzen entsprang. Da erscheint es nicht abwegig, dass dieser Mensch Jesus, in dem sich das ganze Spektrum von Emotionen zeigte, von überschäumender Freude bis hin zu tiefer Trauer, von mitleidiger Warmherzigkeit bis hin zu aufbrausendem Zorn, dass dieser auch der sinnlichen Liebe aufgeschlossen war. Ist dies nicht gerade der Gipfel unserer Menschlichkeit, wenn zwei Herzen im Einklang zueinander finden? Jesus faszinierendes Charisma, seine aufrüttelnden Reden und eindringlichen Appelle, seine impulsive Natur, sein Eintreten für die Schwachen und Ausgegrenzten der Gesellschaft, musste doch eine große Anziehungskraft gerade auch auf die Frauen ausgeübt haben. Und wenn die Gefühle, die Jesus und Maria von Magdala füreinander gehegt hatten in der Tat auch sinnliche Liebe einschloss, würde uns dies Jesus weniger verehrenswert machen? Er war zwar nicht unfehlbar, aber seine strahlende Mitmenschlichkeit, in der sich Wort und Tat zu einer Einheit fanden, macht ihn geradezu göttlich im Wesen.

Sokrates und Jesus repräsentieren ein jeder auf seine Art das Beste im Menschen, doch neigen auch beide zu Einseitigkeit. Nun sind Verstand und Gefühl die zwei Eigenschaften, die den Menschen über das Tier erheben. Man kann nicht die eine über die andere bevorzugen ohne dabei einen Verlust zu erleiden. Sie bedürfen einander zur Ergänzung und Korrektur. Vernunft ohne Liebe ist kalt, Liebe ohne Vernunft führt leicht in die Irre. Das ideale Menschenbild ist dasjenige, in dem beide in einem ausgewogenen Verhältnis zueinander stehen.

Kapitel 11: Die Apostelgeschichte

„Jesus verkündete das Kommen des Gottesreiches, was aber kam war die Kirche“ (Alfred Loisy). Jesus war der Gedanke an den Aufbau einer Kirche fremd gewesen; denn er glaubte, in den letzten Tagen zu leben. Da schien die Vorstellung, eine Organisation zu gründen, völlig fehl am Platze. Stattdessen ermahnte er die Jünger immer wieder, sich auf das nahe Ende vorzubereiten. Der auferstandene Jesus aber, so berichten es die Evangelisten, beauftragte seine Jünger, das Zeugnis über ihn als den Christus, den gekreuzigten und erhöhten Sohn Gottes, in alle Welt zu tragen. Und so begann die Apostelgeschichte.

Haupthandelsträger in dieser Geschichte sind zunächst Petrus und dann Paulus, der vom Verfasser allerdings nicht zum eigentlichen Kreis der Apostel gezählt wird. Paulus hingegen, wie aus seinen Briefen hervorgeht, fühlte sich durch seine Vision des auferstandenen Jesus als dessen Zeugen und somit als vollwertiger Apostel beglaubigt. Die eigentlich treibende Kraft in dieser Apostelgeschichte ist allerdings der Heilige Geist, der geschichtsmächtig und souverän die Entfaltung des christlichen Glaubens bis hin nach Kleinasien und Europa vorantreibt. Er arrangiert das Treffen zwischen Petrus und dem römischen Hauptmann, interveniert, als Petrus gefangen genommen wird, bestimmt die Reiseroute des Paulus, warnt ihn vor Gefahren und gibt Zuspruch in Zeiten der Not. Zwar sind die christlichen Zeugen vielfach Verfolgungen ausgesetzt und Stephanus muss sogar den Märtyrertod erleiden, doch verhindert das nicht die Ausbreitung des Glaubens. Im Gegenteil, solcherlei Leiden im Namen Christi befördert sie sogar noch und wird Anlass, Christus nun auch den Heiden zu verkünden, zunächst im Kerngebiet Israels, dann in Samarien und darüber hinaus.

Dem Verfasser ist es ein besonderes Anliegen, zu schildern, wie es zu dem Bruch zwischen Christen und Juden kam und wer die Hauptverantwortung dafür trägt. Die Apostelgeschichte ist somit einerseits eine Trennungsgeschichte, andererseits eine Heilsgeschichte, die Gott mit Abraham begann, sich mit Jesus fortsetzte und dann mit der Ausgießung des Heiligen Geistes in seine entscheidende Phase trat. Etwaige Konflikte innerhalb der christlichen Gemeinschaft versucht der Verfasser herunterzuspielen und lässt dabei die Jerusalemer Gemeinde als ein Musterbeispiel vorbildlicher Frömmigkeit erscheinen. Die Wirklichkeit sah aber wohl anders aus. So stellt zum Beispiel Paulus den Ablauf des Apostelkonvents völlig anders dar und beschuldigt Petrus und Barnabas sogar der Heuchelei (Gal 2,13).

Mehrere umfangreiche Reden in der Apostelgeschichte markieren entscheidende Wendepunkte der Jesus-Bewegung. Sie dienen der Einordnung des geschichtlichen Augenblicks in einen übergeordneten Rahmen. Wie noch zu sehen sein wird, sind dies fiktive Reden, so wie die lange Verteidigungsrede des Stephanus, die der Verfasser ihm in den Mund gelegt hat. Wer hätte sie auch aufzeichnen und wortgetreu wiedergeben können? Sie dienen dem Verfasser, der ja nicht Augenzeuge gewesen war, auch dazu, ihnen seine theologische Sicht aufzudrücken. Als er seine Niederschrift um das Jahr 90 n. Chr. begann, lagen die Ereignisse, über die er berichtet, schon um Jahrzehnte zurück und waren teilweise bereits von neuen Fragen und Perspektiven überlagert. Der Verfasser schöpfte wohl aus Quellen wie Reiseberichte, Petruslegenden, Namenslisten und Wundererzählungen und verstand es, sein Material kreativ zu verarbeiten. Erstaunlich dabei ist, dass der Verfasser, der sich als eine Art Biograph des Paulus versteht, dessen Briefe entweder nicht gekannt oder ignoriert hat. Jedenfalls ist, wie Halbfas (Die Bibel) schreibt, „der lehrende Paulus … wahrhaftig ein anderer als der in seinen Briefen sprechende".

Strittig ist unter Auslegern, wie die sog. ‚Wir-Passagen' ab Apg 18,5 zu interpretieren sind. Einige vermuten darin den Verfasser als einen Augenzeugen, andere begreifen sie eher als stilistische Ausdrucksmittel. Eine andere Problematik ist, dass überlieferte Textzeugen gravierend voneinander abweichen. So ist z.B. der sog. alexandrinische Text um zehn Prozent länger als der westliche und weist viele sprachliche Veränderungen auf. Auch die Frage nach der Identität des Verfassers wird heute noch immer kontrovers diskutiert. Die meisten Exegeten vermuten in ihm, der ja auch das Lukas-Evangelium geschrieben hat, nicht länger einen Begleiter des Paulus sondern wollen sich lediglich darauf festlegen, dass er ein Heidenchrist war, der über ein fundiertes biblisches Wissen verfügte. Auffallend ist seine Rom-freundliche Tendenz und sein Bemühen, das Christentum als eine staatstragende Bewegung darzustellen. Daneben dürfte der Verfasser mit seiner Apostelgeschichte und der damit verbundenen Aufwertung ihrer verstorbenen Gründerfigur Paulus die Absicht verfolgt haben, damit gerade den inselartig verstreut existierenden Gemeinden in Kleinasien eine wichtige Brücke für eine übergeordnete Verbindung zu schaffen.

11.1. Nach der Auferstehung Jesu. Die Anfänge der Urgemeinde in Jerusalem (Apg 1, 1 – 8,3)

1. Theophilus erhält Bericht darüber, was sich seit der Auferstehung Jesu zugetragen hat. Jesus, der sich nun als „der Lebendige erwiesen" hat, anbefahl den Aposteln, „Jerusalem nicht zu verlassen, sondern zu warten auf die Verheißung des Vaters", die Taufe mit dem Heiligen Geist. Ob er wohl das Reich Israel wieder aufrichten werde, wurde Jesus von den Jüngern gefragt, doch er beschied ihnen, dass es ihnen nicht gebühre, die vom Vater bestimmte Zeit zu wissen. Aber nachdem die Kraft des heiligen Geistes auf sie gekommen sein wird, dann werden sie seine „Zeugen sein in Jerusalem und in ganz Judäa und Samarien und bis an das Ende der Welt."

Nachdem Jesus so geredet hatte wurde er gen Himmel aufgehoben und während ihm die Jünger noch nachblickten, da standen bei ihnen zwei Männer in weißen Gewändern, die ihnen sagten, dass Jesus so wieder zurückkommen werde wie er zum Himmel aufgefahren ist. Die Jünger begaben sich zurück nach Jerusalem in das Obergemach des Hauses, wo sie sich mit den Frauen, der Mutter Maria und Jesu Brüder zu versammeln pflegten.

Einige Tage später wurde durch ein Losverfahren ein Nachfolger für den Verräter Judas gewählt, den der Tod ereilte als er „vornüber gestürzt und mitten entzwei gebrochen (war), so dass alle seine Eingeweide hervorquollen". Den Acker, den er mit dem Lohn des Verrats erworben hatte, nannte man später Blutacker. Das Los fiel auf Matthias, der die von Petrus für das Apostelamt genannten Voraussetzungen, von der Zeit „der Taufe des Johannes an bis" zur Himmelfahrt anwesend gewesen zu sein, erfüllte.

2. Am Pfingsttag hatten sich alle „an einem Ort" versammelt. Da erfüllte plötzlich ein gewaltiges Brausen das Haus und vom Himmel herab kamen Zungen, „zerteilt, wie von Feuer", und die setzten sich auf jeden von ihnen. Erfüllt von dem Heiligen Geist begannen sie in anderen Sprachen zu predigen so dass sogar gottesfürchtige Juden aus anderen Ländern wie solche aus der Provinz Asien sie verstehen konnten, ein jeder in seiner eigenen Muttersprache. „Sie entsetzten sich aber alle und wurden ratlos und sprachen einer zu dem anderen: Was will das werden? Andere aber hatten ihren Spott und sprachen: Sie sind voll von süßen Wein."

Petrus aber redete zu ihnen und wies die Unterstellung, dass die Jünger betrunken seien, zurück. Es war Gott selber, der die Weissagung des Propheten Joel (3, 1–5) hat in Erfüllung gehen lassen, indem er seinen Geist über diese ausgegossen hat. An diesem Tag der Offenbarung werde Gott Zeichen und Wunder im Himmel und auf Erden tun. Jesus von Nazareth selbst hat sich als ein von Gott Erwählter durch Zeichen und Wunder ausgewiesen. Er wurde „ans Kreuz geschlagen und umgebracht" doch Gott hat ihn aufgeweckt. Er ist es, von dem David spricht (Psalm 16, 8–11): „Ich habe den Herrn allezeit vor Augen". David hoffte, dass er die Verwesung nicht sehe, doch ist er gestorben und begraben. So spricht dieser Psalm vorausschauend in Wirklichkeit von der Auferstehung Christi; denn sein Leib wurde nicht der Verwesung überlassen sondern von Gott auferweckt.

Sie waren aber tief betroffen und fragten: „Was sollen wir tun?" Petrus antwortete ihnen: „Tut Buße, und jeder von euch lasse sich taufen auf den Namen Jesu Christi zur Vergebung eurer Sünden, so werdet ihr empfangen die Gabe des heiligen Geistes". Es waren etwa dreitausend Menschen, die das Wort annahmen und sich taufen ließen. Sie folgten der Lehre, beteten und brachen das Brot in der Gemeinschaft der Jünger. Auch verkauften sie ihr Hab und Gut und „hatten alle Dinge gemeinsam ... Der Herr aber fügte täglich zur Gemeinde hinzu, die gerettet wurden."

3. Eines Tages gingen Petrus und Johannes zur Gebetszeit zum Tempel. Dort bettelte sie ein gelähmter Mann um ein Almosen an. „Petrus aber blickte ihn an mit Johannes und sprach: Sieh uns an!" Der Mann sah erwartungsvoll zu ihnen auf, doch Petrus sprach: Geld habe ich nicht, doch ich kann dir etwas anderes geben. „Im Namen Jesu Christi von Nazareth, steh auf und geh umher!" Der Mann richtete sich auf, „ging mit ihnen in den Tempel, lief und sprang umher und lobte Gott." Die Menschen aber, die das alles sahen, waren von Entsetzen und Verwunderung erfüllt. Petrus sagte ihnen, dass dieser Mensch nicht aus seiner Kraft sondern durch den Glauben an den auferstandenen Jesus geheilt worden war. Bisher habt ihr in Unwissenheit gehandelt, sagte er zu ihnen, doch nun ist es Zeit, dass ihr euch bekehrt und Buße tut. Dann wird die Zeit des Heils kommen und Gott wird uns Jesus wiederbringen.

4. Die Priester und Sadduzäer aber verdross die Lehre der Apostel über die Auferstehung Jesu von den Toten und ließen sie gefangen setzen. Doch viele glaubten Petrus und die Zahl der gläubigen Männer stieg auf etwa fünftausend. Am nächsten Morgen wurden die beiden Apostel vor der Versammlung der Oberen und Ältesten verhört und befragt: „Aus welcher Kraft oder in welchem Namen habt ihr das getan?" Petrus antwortete ihnen, dass dem Kranken seine Gesundheit durch den Namen Jesu Christi, der gekreuzigt aber von Gott wieder auferweckt worden war, zurückgegeben worden war. Unter keinem anderen Namen ist den Menschen das Heil gegeben. Die Ankläger wunderten sich über die selbstbewusste Rede der beiden, waren sie doch „ungelehrte und einfache Leute". Man beschloss, sie gehen zu lassen aber es wurde ihnen aufgetragen, nicht weiter in dem Namen Jesu zu reden. Sie aber antworteten: „Urteilt selbst, ob es vor Gott recht ist, dass wir euch mehr gehorchen als Gott. Wir können's ja nicht lassen, von dem zu reden, was wir gesehen und gehört haben."

Als die Ihren von Petrus und Johannes hörten, was sich zugetragen hatte, „erhoben sie ihre Stimme einmütig zu Gott" und sprachen, sollen die Fürsten der Erde drohen und sich gegen den „Knecht Jesus" stellen, so wollen sie doch „mit allem Freimut" sein Wort reden. „Und als sie gebetet hatten, erbebte die Stätte, wo sie versammelt waren; und sie wurden alle vom heiligen Geist erfüllt" und redeten offen das Wort Gottes. „Die Menge der Gläubigen aber war ein Herz und eine Seele" und man hatte alles gemeinsam. Wer etwas hatte, unter ihnen Barnabas, der brachte den Verkaufserlös „und legte es den Aposteln zu Füssen und man gab einem jeden, was er nötig hatte".

5. Ein Mann namens Hananias verkaufte seinen Acker, behielt aber mit Wissen seiner Frau Saphira einen Teil des Verkauferlöses heimlich für sich und legte den anderen Teil den Aposteln zu Füßen. Petrus aber durchschaute ihn und bezichtigte ihn, den heiligen Geist belogen zu haben. Es war ihm ja freigestellt gewesen, wie er über sein Gut verfüge, nur dürfe man nicht falsche Tatsachen vorspiegeln. Nach den Worten des Petrus sank Hananias wie vom Schlag getroffen zu Boden und starb. Als seine nichtsahnende Frau wenig später hereinkam und wie auch ihr Mann falsche Angaben über den Preis des Ackers machte, da fiel auch sie sogleich zu Boden „und gab den Geist auf". Sie wurde neben ihrem Mann begraben.

„Es geschahen aber viele Zeichen und Wunder im Volk durch die Hände der Apostel“. Viele glaubten und brachten sogar ihre Kranken auf die Strassen, dass der Schatten des Petrus, wenn er vorbeikäme, auf sie fiele und sie gesund werden. Die Sadduzäer aber erfüllte Eifersucht und ließen die Apostel in das Gefängnis werfen. Doch der Engel des Herrn befreite sie während der Nacht und als die Wächter am Morgen kamen, fanden sie zwar die Türen verschlossen aber niemand war in der Zelle. Die Apostel lehrten währenddessen im Tempel was die Hohenpriester, denen davon berichtet wurde, vollends ratlos machte. Die Apostel wurden zu ihnen gebracht und sie sprachen zu ihnen: „Haben wir euch nicht streng geboten, in diesem Namen nicht zu lehren? Und seht, ihr habt Jerusalem erfüllt mit eurer Lehre und wollt das Blut dieses Menschen über uns bringen“. Petrus aber betonte ihnen gegenüber, dass sie Zeuge von Jesu Auferweckung seien und dass ihnen der Heilige Geist gegeben wäre, dem sie nun Gehorsam leisten; denn „man muss Gott mehr gehorchen als den Menschen“.

Die Mitglieder des Hohen Rates zogen sich zur Beschlussfassung zurück. Ein Pharisäer namens Gamaliel riet ihnen, diese Leute gehen zu lassen. Er erinnerte sie an das Schicksal früherer Messias-Prätendenten und sagtc: Ist diese Bewegung von Menschen getragen, dann wird sie untergehen, ist sie aber von Gott, dann können wir sowieso nichts ausrichten. Gamaliels‘ Ratschlag wurde angenommen. Man ließ die Apostel geißeln und gebot ihnen noch einmal, nicht im Namen Jesu zu reden. Sie aber waren stolz, im Namen Jesu Schmach erlitten zu haben und lehrten und predigten weiter.

6. Die griechischen Juden warfen den hebräischen Juden vor, dass man ihre Witwen bei der täglichen Versorgung vernachlässige. Die Zwölf schalteten sich in den Streit ein und schlugen eine Aufgabenteilung vor. Sie würden sich fortan nur der Verkündigung widmen während andere die Armenpflege übernehmen sollten. Die Menge nahm diesen Vorschlag einmütig an und so wählte man „Stephanus, einen Mann voll Glaubens und heiligen Geistes“, dazu noch Philippus und fünf andere. Die Gemeinde wuchs und sogar viele Priester kamen zum Glauben.

„Stephanus aber, voll Gnade und Kraft, tat Wunder und große Zeichen unter dem Volk“. Einige in der Synagoge der Libertiner und Alexandriner, die sich im Streitgespräch mit Stephanus nicht behaupten konnten, wiegelten das Volk gegen ihn auf. Er wurde ergriffen und vor den Hohen Rat geführt. Falsche Zeugen behaupteten, ihn reden gehört zu haben, dass „dieser Jesus von Nazareth ... diese Stätte zerstören und die Ordnungen ändern (wird),die uns Mose gegeben hat. Und alle, die im Rat saßen, blickten auf ihn und sahen sein Angesicht wie eines Engels Angesicht."

7. Als Stephanus vom Hohepriester aufgefordert wurde, zu diesen Anschuldigungen Stellung zu nehmen, redete er zu ihnen und erinnerte sie an die Geschichte ihres Volkes. Er sprach über Abraham, der dem Ruf Gottes nach Mesopotamien gefolgt war und weiter von der Fremdherrschaft in Ägypten aus der sie durch Gott unter der Führung Moses befreit worden waren. Dies ist der Mose, der zu den Israeliten gesagt hatte (Dtn 18,15): „Einen Propheten wie mich wird euch der Herr, euer Gott erwecken aus euren Brüdern". Diesem Mose aber war das Volk nicht gehorsam gewesen und so wurden sie von Gott in die Hand Babylons gegeben, so wie es Amos geschrieben hatte (Am 5,25–27).

Josua übernahm die Führung von Mose und er „fand Gnade bei Gott", der die Heiden aus dem Land vertrieb, in dem sie sich niederließen. Salomo baute Gott ein Haus, auch wenn er wusste, dass der Allerhöchste nicht in einem von Händen gemachten Tempel wohnt. Es waren nun eure Väter, welche die Propheten verfolgen und einige von denen getötet haben, die das „Kommen des Gerechten" weissagten. Ihr aber widerstrebt dem heiligen Geist wie eure Väter; denn ihr seid halsstarrig, „mit verstockten Herzen und tauben Ohren". „Ihr habt das Gesetz empfangen durch Weisung von Engeln und habt's nicht gehalten".

Sie hörten diese Rede voller Zorn. Stephanus aber, „voll heiligen Geistes", sah auf zum Himmel „und sprach: Siehe, ich sehe den Himmel offen und den Menschensohn zur Rechten Gottes stehen". Sie schrieen laut auf, „stießen ihn zur Stadt hinaus und steinigten ihn". Stephanus rief den Herrn an und sprach: „Herr Jesus, nimm meinen Geist auf! ... Rechne ihnen diese Sünde nicht an". Daraufhin verschied er. Saulus aber stand dabei und „hatte Gefallen an seinem Tode". Nun setzte eine große Verfolgung der Gemeinden ein und alle außer den Aposteln zerstreuten sich „in die Länder Judäa und Samarien". „Saulus aber suchte die Gemeinde zu zerstören" und ließ die, denen er habhaft werden konnte, ins Gefängnis werfen.

Kommentar

Zu 1. Der auferstandene Jesus zeigte sich, so der Verfasser, seinen auserwählten Jüngern 40 Tage lang und lehrte während der Zeit über das Reich Gottes. Paulus schreibt jedoch, dass er nicht nur von den Zwölfen sondern auch von 500 Brüdern und danach von Jakobus, Jesu Bruder, gesehen worden sei (1 Kor 15,5ff). Die Zahl 40 ist symbolisch zu verstehen und soll in diesem Kontext an die Offenbarung Mose auf dem Sinai erinnern (Ex 24,18). Aus der Frage der Jünger an Jesus, wann er dann wohl das Königtum in Israel errichten wird, geht ihr Unverständnis hervor, denken sie doch noch in Kategorien der jüdisch-messianischen Erwartung. Jesus weist sie zurecht und betont, dass der Zeitpunkt seiner Wiederkehr allein in Gottes Hand liegt. Diese Erklärung mit ihrem Gewicht auf der souveränen Entscheidungsfreiheit Gottes zielt eigentlich auf die Zeitgenossen des Autors, die durch die Verzögerung der Wiederkehr Jesu in Glaubensnot geraten waren und denen der Grund dafür einsichtig gemacht werden sollte. Mit dem Abflachen der Naherwartung richtete man sich zunehmend auf Bestandssicherung und den Ausbau von Organisationsstrukturen ein. Die Wiederkehr Jesu war auf unbestimmte Zeit verschoben.

Nach der Himmelfahrt Jesu kehrten die Zwölf nach Jerusalem zurück wo sie bereits von der versammelten Gemeinde, unter ihnen Jesu Mutter und seine Brüder, erwartet wurden. Es scheint, dass Jesu Familie, die sich vormals mit Jesus zerstritten hatte, nun die neue Bewegung nicht nur voll unterstützte sondern auch eine wichtige Rolle in ihr spielte. So wird z.B. Jesu Bruder Jakobus schon bald zum Leiter der Jerusalemer Urgemeinde gewählt, der aber zum jetzigen Zeitpunkt noch Petrus vorsteht.

Petrus ist es auch, der die Wahl eines Nachfolgers für Judas durch ein Losverfahren arrangiert. Das Werfen des Loses entsprach alttestamentlichen Brauch (z.B. Lev 16,8–10) und sollte nach diesem Verständnis Gott selber die Entscheidung einräumen. Der Verfasser schildert kurz Ursache und Umstände von Judas Tod als Folge eines Sturzes auf seinem durch das Blutgeld erworbenen Gehöft. Matthäus stellt es völlig anders dar. Ihm zufolge soll sich Judas erhängt und das Blutgeld zurückgegeben haben (Mt 27,3–10). Auch der Bericht des Verfassers über den Ablauf der Nachwahl weist Unstimmigkeiten auf; denn genau genommen erfüllte keiner der Kandidaten die Voraussetzungen für das Apostelamt. Sie waren nämlich weder Zeugen von Jesu Taufe noch seiner Himmelfahrt gewesen.

Zu 2. Und nun erfüllte sich die Verheißung Jesu, das Pfingstwunder, nämlich die Ausgießung des Heiligen Geistes 50 Tage nach Ostern. Der Geist kam daher wie Feuer und Wind und befähigte zu einem Reden und Hören in fremden Sprachen. Diese Naturphänomene sollen nach alter jüdischer Sicht das Näherkommen Gottes veranschaulichen (z.B. Ex 19,18). Das Sausen des Windes wird als ein Geisteswehen verstanden (Joh 3,8), so denn auch im Hebräischen die Worte für Wind und Geist miteinander verwandt sind. Pfingsten ist ein altes jüdisches Fest, das ursprünglich als Erntefest am 50. Tag nach dem Passah gefeiert wurde. Eine alte jüdische Überlieferung verband es auch mit der Gesetzgebung am Sinai. Danach sollen zu der Zeit die 70 Völker der Welt die Stimme Gottes in ihrer Sprache gehört haben, doch nur Israel hatte Jahwes‘ Gesetz angenommen. Im Verständnis der Christen verbindet sich Pfingsten nun mit der Geburt der Kirche und der Aufrichtung eines neuen Bundes. Die Offenbarung am Sinai wird sozusagen durch eine neue göttliche Offenbarung in Gestalt des Heiligen Geistes übertrumpft.

Ein geschichtlicher Hintergrund des Pfingstgeschehens lässt sich heute nicht mehr ausmachen. Es mag sein, dass ein geistliches Widerfahrerlebnis dahinter steckt, das dann durch den Verfasser ausgeschmückt wurde, wobei ihm einige Schnitzer unterlaufen sind. Es ist zum Beispiel nicht klar, ob es sich bei der ekstatischen Zungenrede um ein unverständliches Brabbeln handelt, was die Ratlosigkeit der Hörer erklären würde, oder um ein Reden in fremder Sprache. Nun sprachen die anwesenden Diaspora Juden aber sowieso entweder griechisch oder aramäisch und gerade als Stadtbewohner dürften sie sich kaum befleißigt haben, sich die Landessprache anzueignen. So waren sie im Grunde gar nicht auf ein Sprachenwunder angewiesen. Außerdem, wie hätte wohl das Reden der im Hause versammelten Jünger die Wände durchdringen sollen. Sinn macht das ganze Sprachenwunder also nur, wenn man es symbolisch versteht.

Petrus erklärt nun den draußen versammelten Juden dieses Pfingstgeschehen als die Erfüllung alttestamentlicher Prophezeiungen (Joel 3,1–5). Die Endzeit ist nahe und Rettung vor dem Gericht am Tag des Herrn gibt es nur für denjenigen, der den Namen des Herrn, nämlich Jesus, anruft. Es ist aber dieser Jesus, den die Juden ans Kreuz haben schlagen lassen, allerdings im Einvernehmen mit Gottes Willen. Aus Psalm 16,8–11 gehe hervor, so Petrus, dass David hier nicht von sich gesprochen habe, wenn er von dem

Heiligen redet, den der Herr nicht der Verwesung überlassen werde. Das kann sich nur auf Jesus beziehen, der ja nach drei Tagen auferstanden war während Davids Körper im Grab blieb. Ursprünglich aber bezog sich dieser Text auf die Bewahrung vor der Macht des Todes, was nach altjüdischem Verständnis bereits gegeben ist, wenn Gott seinen Frommen nicht vorzeitig sterben lässt. Petrus erhärtet nun noch seine Auslegung anhand von drei weiteren alttestamentlichen Zitaten. Aus Psalm 132,11f und 2 Sam 7,12f entnimmt er Gottes eidliche Versicherung, dass Davids Nachkommen auf ewig seinen Thron erben werden und dieser Nachkomme ist Jesus. Gerade diese Textstelle verdeutlicht übrigens auch, warum sich der Verfasser, also Lukas, so sehr um den Nachweis von Jesu davidischer Abstammung bemüht hatte (Lk 3,23ff). Und um seine Schlussfolgerungen noch einmal zu bestätigen, zitiert Petrus nun Psalm 110,1 aus dem unumstößlich hervorgehe, dass hier David bereits Jesus als den erhöhten Herrn vor Augen gehabt hat; denn nicht er, sondern Jesus war gen Himmel aufgefahren. Die Himmelfahrt ist gleichsam die Inthronisation Jesu zum göttlichen Weltenherrscher. Den von Gott erhaltenen Geist, so folgert Petrus, hat er nun an die ihn nachfolgenden Apostel weitergeleitet, wovon die Umstehenden Zeugen waren.

Die Schuld der Juden steht also fest; denn sie haben ja den Messias hinrichten lassen. Diese Erkenntnis durchbohrt denn auch das Herz der Hörer und sie fragen: „Was sollen wir tun?“ Petrus ruft zur innerlichen Umkehr vom bisherigen Leben und zur Taufe auf. Tun sie das, empfangen sie den Heiligen Geist und die Sünden werden ihnen vergeben. Gleichzeitig sichert es ihnen Aufnahme in der endzeitlichen Heilsgemeinde zu. Viele folgen Petrus Aufruf und lassen sich taufen. In ihrem Fall ging also die Wassertaufe der Empfang des Heiligen Geists voraus. Man stelle sich aber vor, dass an einem Tag angeblich dreitausend Menschen getauft wurden. Wie hätte das man wohl organisatorisch bewerkstelligen sollen, insbesondere wenn man noch das Erfordernis einer zumindest rudimentären Einweisung hinzurechnet? Auf jeden Fall bietet sich in der Vorstellung vom gemeinsamen Beten und Brechen von Brot und dem des miteinander Teilens ein Bild der Einmütigkeit. Allerdings darf man dies nicht einer Gütergemeinschaft im kommunistischen Sinne gleichsetzen; denn das Privatvermögen blieb ja bestehen und wurde nur nach Bedarf verkauft. Auffallend ist auch, dass man weiterhin den Tempel besuchte, woraus zu folgern ist, dass ursprünglich gar kein Bruch mit dem Judentum beabsichtigt war, der aber langfristig auf Grund der unterschiedlichen Glaubenspraxis mit dem Fokus der Christen auf Jesus unvermeidlich war.

Zu 3. Petrus heilt einen seit Geburt gelähmten Bettler und ruft damit Verwunderung und Entsetzen unter den Zeugen der Wundertat hervor. Er weist allerdings darauf hin, dass letztlich nur der Glaube geholfen hatte und Jesus der wahre Urheber der Heilung ist. In seiner Rede, nicht unähnlich der Pfingstrede, hebt er wieder die Schuld der Juden am Tod Jesu hervor, obwohl sie zugegebenermaßen aus Unwissenheit gehandelt hatten. Im Johannes-Evangelium wird im Gegensatz dazu jedoch immer wieder die Verstocktheit der Juden betont, die sich der Erkenntnis von Jesu göttlicher Herkunft bewusst verschlossen hatten, denn anhand seiner Zeichen und Wunder hätten sie es doch besser wissen müssen. Wieder ruft Petrus seine Hörer zur Umkehr auf. Eigentlich sollte ja den Juden zunächst das mit Jesus bereitliegende Heil gelten. Mit Blick auf Mose aber warnt er sie auch vor ihrem Verderben, sollten sie seinem Ruf nicht Folge leisten. Einzig in Jesus liegt das Heil, der christliche Alleinvertretungsanspruch nimmt Formen an.

Zu 4. Vielleicht wegen eines Menschenauflaufs, der durch Petrus Wirken hervorgerufen worden war, lässt man ihn und Johannes verhaften und abführen. Dass die Sadduzäer Petrus Lehre von Jesu Auferstehung zum Anlass der Verhaftung nahmen, erscheint nicht einleuchtend; denn dann hätte man eigentlich auch die Gesamtheit der Pharisäer, die an die Auferstehung glaubten, verhaften müssen. Jedenfalls werden sie von Mitgliedern des Hohen Rats gefragt, aus welcher Kraft sie ihre Tat getan hätten. Petrus gibt ironisch zurück, ob sie wohl wegen einer Wohltat verhört werden, und führt weiter aus, dass all dies im Namen des von ihnen verworfenen Jesus Christus geschah. Die Oberen konnten wohl wenig mit Petrus Auslegung anfangen und ließen die beiden Jünger wieder laufen, warnten sie aber, nicht weiter im Namen Jesu zu predigen.

Die Jünger fühlten sich als die wahren Sieger in dieser ersten Konfrontation mit ihren Gegnern, was dann auch durch das Beben im Anschluss des Gebetes im Kreise der Gemeinde eine Bestätigung fand. Nach antikem Verständnis symbolisiert es das Erhören durch die Gottheit. Die Gemeinde fühlte sich gestärkt und ihre Mitglieder waren wie ein Herz und eine Seele. Barnabas geht mit der Übergabe vom Verkauferlös seines Besitzes als leuchtendes Beispiel voran. Solch großherzige Geste dürfte allerdings eher der Ausnahmefall gewesen sein; denn viele gutsituierte Gemeindeglieder hat es wohl nicht gegeben. Die Gemeinde hat sicherlich finanziellen Druck verspürt; musste sie doch nicht nur die aus Galiläa zugezogenen Familien der Apostel versorgen, die ja ihre Arbeit hatten aufgeben müssen, sondern auch noch die Witwen. Die Sammlung für die Armen in Jerusalem, zu der sich Paulus auf dem Apostelkonvent verpflichten sollte, ist gegen diesen Hintergrund zu verstehen.

Zu 5. Das Geschehen um Hananias und seine Frau verdeutlicht dann auch, dass es nicht immer zum Besten in der Gemeinde stand. Ihr plötzlicher Tod wurde als Gottesurteil gewertet, hatten sie doch den Heiligen Geist angelogen. Eine Vergebung wird ausgeschlossen, eine erschreckende Verhärtung der Gesinnung. Dieser Eindruck wird noch durch die roboterhafte Beseitigung der Leichen verstärkt. Kann eine solche Gnadenlosigkeit wirklich im Sinne Jesu gewesen sein? Mitleidlos schreitet man über die beiden hinweg, von Liebe keine Spur. Uns erscheint diese Art von Bestrafung unverhältnismäßig; könnte doch ihre Lüge eher Unsicherheit und ein Schwanken zwischen der gefühlten Verpflichtung für die Gemeinde und ihre eigene Sorge um materielle Sicherheit ausdrücken. Ein solcher Rigorismus erdrückt jegliche Barmherzigkeit.

Inzwischen setzen die Apostel, getragen von einer breiten Zustimmung im Volke, ihre Wundertätigkeit fort. Schon der Schatten des Petrus entfaltet seine heilende Wirkung. Im naiven Glauben der Leute war der Apostel mit übernatürlicher und somit heilender Kraft ausgestattet, die auf seine Umgebung ausstrahlte. „Der Schatten galt im antiken Heidentum als Abbild und Lebensträger seines Besitzers“ (Roloff, J.: Die Apostelgeschichte). Ohne dass eine planmäßige Missionierung betrieben wird, breitet sich jetzt doch die christliche Botschaft über Jerusalem hinaus aus. Viele aus den umliegenden Dörfern kommen in der Hoffnung auf Heilung für ihre Kranken zu den Aposteln.

Wieder werden die Apostel ins Gefängnis geworfen, aus Eifersucht wegen deren Erfolge, wie der Verfasser weiß, doch ein Engel befreit sie des nachts und bestärkt sie darin, weiterhin im Tempel zu lehren. Hier greift also der Engel bzw. der Heilige Geist ein, dem Stephanus wird er später leider nicht zu Hilfe kommen. Da fragt man sich, warum er seine Hilfe nur so selektiv gewährt. Dem Hohen Rat ist das unerklärliche Entkommen der

Apostel peinlich und man fühlt sich durch ihr Predigen in aller Offenheit brüskiert. Um ja nicht das Volk zu reizen, das sich wohl auf die Seite der Apostel geschlagen hatte, ordnet man ihr Verhör vor dem Rat an, vermeidet dabei aber jegliche Gewaltanwendung. Sprecher des Hohen Rats werfen den Aposteln Missachtung des Redeverbots vor und dass sie göttliche Vergeltung über sie bringen wollen. Petrus, als Sprecher der Zwölf, erwidert ganz im Wortlaut, wie sich Sokrates bei seinem Prozess geäußert hatte, dass sie Gott mehr gehorchen müssten als den Menschen. Er beschuldigt seine Ankläger weiter, dass sie den von Gott zum Herrn der Welt erhöhten Jesus getötet hatten. Diese Worte reizen die Ratsmitglieder derart, dass viele ihre Hinrichtung fordern, doch nehmen sie davon Abstand nachdem Gamaliel mit Hinweis auf das bekannte Schicksal von zwei schwärmerischen Widerständlern sie davon überzeugen konnte, dass man am besten den Dingen ihren Lauf lässt. Allerdings unterlief dem Verfasser hier ein Fehler (Apg 5,36); denn von der Bewegung des Theudas hätte man zu der Zeit noch gar nichts wissen können. Sie ist auf die Jahre 44–46 n. Chr. datiert, also mehr als zehn Jahre nach dieser Verhandlung. Man lässt die Apostel noch einmal unter Erneuerung des Redeverbots gehen. Die aber setzen ihr Engagement von Lehre und Verkündigung mit erneuerter Zuversicht fort und begreifen die Schmach ihrer Geißelung als Auszeichnung im Dienste ihres Herrn.

Zu 6. Der Vorfall um Hananias und seine Frau beschädigt ein wenig das Bild vom Zusammenleben in Eintracht und Brüderlichkeit. Weitere Zeichen der Zwietracht sind am „Murren unter den griechischen Juden", die sich über die Benachteiligung ihrer Witwen bei der Armenpflege beschweren, erkennbar. Es scheint, dass sich in der Gemeinde zwei Gruppen herausgebildet hatten, die sich aufgrund ihrer unterschiedlichen Sozialisierung voneinander abgrenzten. Damit zeichnet sich schon früh eine Spaltung ab und zwar zwischen den sog. Hellenisten, also den aus der Diaspora heimgekehrten und neu ansässig gewordenen griechisch-sprechenden Juden und den alt eingesessenen palästinischen, aramäisch sprechenden Juden. Das Los der jüdischen Witwen war schon immer trostlos gewesen, aber die Situation der hellenistischen Frauen war besonders beklagenswert; denn nach dem Tod ihrer Männer standen sie isoliert und mittellos da. Wenn nun diese bei der Gemeindefürsorge übersehen wurden, dann musste es tiefe Verbitterung ausgelöst haben und mit der Zeit wuchs sich diese Benachteiligung zu einer Krise in der Gemeinde aus. Das Problem suchte man durch eine Aufteilung der Aufgaben zu lösen wobei man für den Tischdienst, also der Vorläufer der späteren Diakonie, gerade unter den Hellenisten sieben gut beleumundete Armenpfleger aussuchte. Wenn der Verfasser praktisch im selben Atemzug die Bekehrung vieler Priester erwähnt, dann soll damit wohl der Eindruck von Spannungen in der Gemeinde gemildert werden. Viele der etwa 8 000 Priester in Judäa, wenn sie nicht gerade der aristokratischen Oberschicht angehörten, lebten oft in erbärmlichen Verhältnissen und einige von ihnen sollen sogar, wie der Historiker Josephus berichtet, den Hungertod erlitten haben, bezeichnend für die tiefe soziale Kluft in der damaligen Gesellschaft.

Es verwundert nun aber, dass die Armenpfleger sich nicht nur um die Versorgung der Notleidenden kümmerten sondern darüber hinaus auch in Lehre und Verkündigung tätig waren. Das lässt eher darauf schließen, dass die Entfremdung zwischen den beiden Parteien mit dem Entschluss zur Aufgabenteilung nicht beseitigt worden war. Insbesondere Stephanus wurde zudem ein außergewöhnliches Wunderwirken nachgesagt. Er war an das eher liberale hellenistische Denken gewöhnt und hatte sich wohl einige Freiheit bei der Auslegung des Gesetzes genommen was auf Befremden bei den hebräischen Judenchristen gestoßen sein mag und die Juden provozierte. Anstoß dürfte insbesondere seine Lehre gegeben haben, dass es in Jesus eine neue Offenbarung gibt, die jene des Mose übersteigt und dass dies daher Konsequenzen für die Geltung des Gesetzes hat. Es würde ja bedeuten, dass, wenn nur im Namen Jesu eine Vergebung der Sünden möglich ist, der ganze Tempelkult obsolet geworden ist. Aus dieser Überlegung heraus werden wohl die Männer aus der Synagoge der Libertiner (Nachfahren freigelassener ehemaliger Sklaven) ihre Anklage formuliert und dem Hohen Rat vorgebracht haben.

Zu 7. So wird Stephanus vor den Hohen Rat gezerrt, dass er sich rechtfertige. Aber anstatt nun auf die Punkte der Anklage einzugehen, setzt er zu einer langen Verteidigungsrede an, mit der er die Geschichte Israels mit Gott aufrollt. Es ist unglaubwürdig, dass der Hohe Rat die ganze Zeit seiner Darlegung schweigend zugehört haben soll. An dem Beispiel der Rede des Stephanus wird die literarische Absicht des Verfassers besonders deutlich. Diese Reden, die immer wieder den Handlungsablauf unterbrechen, folgen zumeist einem bestimmten Schema und zwar dem des Ungehorsams und der Schuld der Juden mit der das heilvolle Handeln Gottes kontrastiert wird. Allein, diese theologische Überfrachtung verleiht den Reden einen gekünstelten, unrealistischen Anstrich.

Auch erscheint der Ablauf des Gerichtsverfahrens mit anschließender Lynchjustiz unstimmig. Es ist vorstellbar, dass Lukas hier alte Martyriumsberichte zu einem zusammenhängenden Geschehen aufgearbeitet hat. Wichtig ist ihm dabei zu zeigen, dass Israel sich schon immer im Widerstreit mit Gott befand, auch Mose verleugnete und die Propheten verfolgte. So wie es Stephanus darlegt, erscheinen die gesamten 40 Jahre der Wüstenwanderung wie eine einzige Zeit der Abkehr von Jahwe, die dieser dann auch mit dem Exil in Babylon bestraft (Apg 7,40ff). Der Tempel aber wird als bloße Kopie der Stiftshütte, die dem himmlischen Urbild entspricht, herabgewürdigt (Apg 7,44.48f). Aus diesem Text spricht eine implizite Tempelkritik. Auf den ersten Blick ist das erstaunlich, haben doch die ersten Christen noch den Tempel durch Gebet und täglichen Besuch geehrt. Doch spätere Erfahrungen von Verfolgung und Feindschaft haben wohl Distanz wachsen lassen.

Dann setzt Stephanus noch eins drauf und beschuldigt die Ankläger des Bruchs des göttlichen Gesetzes. Auf diese Anschuldigung reagieren sie hörbar ungehalten und als er daraufhin zu ihnen in ekstatischer Verzückung von seiner Vision eines geöffneten Himmels in dem er Jesus zur Rechten Gottes stehen sieht, spricht, da platzt ihnen der Kragen. Den als Verbrecher hingerichteten Jesus mit Gott gleichzusetzen war schiere Blasphemie. Ohne dass es überhaupt noch zu einer Urteilsverkündigung kommt, schleift der erregte Mob den Stephanus vor die Stadtmauern und steinigt ihn dort. Lukas liegt aber falsch wenn er schreibt, dass die Zeugen ihre Kleidung ablegen (7,58), tatsächlich tut das der Verurteilte. Es ist dies wohl ein literarischer Kunstgriff; denn es erlaubt dem Verfasser, Paulus ins Spiel zu bringen. Ob dieser aber bei dem Gerichtsprozess überhaupt anwesend gewesen war, ist zweifelhaft.

Die anschließend einsetzende Verfolgung dürfte sich nur gegen die hellenistischen Judenchristen gerichtet haben, aus deren Reihen Stephanus kam. Diese hatten sich ja bereits als Sondergruppe profiliert und boten damit ein Angriffsziel. Die hebräischen Christen blieben wohl weitgehend unbehelligt; denn die Kontinuität der Jerusalemer Gemeinde wird vorausgesetzt (Apg 9,26ff). Mit der Zerstreuung der hellenistischen Christen beginnt nun eine neue Ära in der Geschichte des Christentums, nämlich die Ausbreitung des Glaubens über die Grenzen von Jerusalem hinweg. Christliche Gemeinden formieren sich nun andernorts, so in Antiochia und Damaskus.

11.2. Die Ausbreitung des christlichen Glaubens in Palästina (Apg 8, 4 – 12, 25)

8. Diejenigen, die der Verfolgung entkommen waren, predigten das Wort im ganzen Lande. Philippus selbst brachte viele in der Hauptstadt Samarien durch seine Zeichen zum Glauben. Er heilte Kranke und trieb böse Geister aus. Es lebte aber in dieser Stadt ein bekannter Zauberer namens Simon von dem man glaubte, er habe die Kraft Gottes. Beeindruckt von den großen Taten des Philippus ließ er sich wie auch viele andere von ihm taufen.

Die Gemeinde schickte nun Petrus und Johannes hinab, dass auf die, welche getauft worden waren, auch der heilige Geist herabkomme. Die beiden Apostel legten „die Hände auf sie, und sie empfingen den heiligen Geist“. Simon aber bot den Aposteln Geld, dass er auch den Geist durch sie empfangen möge. Petrus maßregelte ihn scharf und sagte: Gottes Gabe ist nicht käuflich. Tu Buße, damit Gott dir für das böse Trachten deines Herzens verzeihen möge. „Da antwortete Simon und sprach: Bittet ihr den Herrn für mich, dass nichts von dem über mich komme, was ihr gesagt habt.“ Nachdem die Apostel das Wort des Herrn bezeugt hatten, kehrten sic wieder nach Jerusalem zurück und predigten auf dem Weg „das Evangelium in vielen Dörfern der Samariter.“

Philippus, geleitet vom Geist, traf auf den Schatzmeister der Königin von Äthiopien. Dieser war nach Jerusalem gepilgert und befand sich nun in seinem Wagen auf der Rückreise. Philippus lief zu ihm hin und erkannte, dass er aus dem Buch Jesaja las. Auf seine Frage hin, ob er denn wohl auch verstehe, was er da lese, gab ihm der Kämmerer zur Antwort, dass er dazu jemanden brauche, der ihn anleiten könne. Er las aber gerade den Text über den Gottesknecht (Jes 53). Philippus legte das Wort aus und „predigte ihm das Evangelium von Jesus“. Als sie nun an eine Wasserstelle kamen, taufte Philippus den Kämmerer auf dessen Bitte hin. „Als sie aber aus dem Wasser heraufstiegen, entrückte der Geist des Herrn den Philippus und der Kämmerer sah ihn nicht mehr; er zog aber seine Straße fröhlich“. Philippus fand sich in Ashdod wieder und „predigte in allen Städten das Evangelium, bis er nach Caesarea kam.

9. "Saulus aber schnaubte noch mit Drohen und Morden gegen die Jünger des Herrn". Er ließ sich vom Hohenpriester einen Brief nach Damaskus ausstellen, damit er die Anhänger des Herrn dort aufspüren und gefesselt nach Jerusalem führen könne. „Als er aber auf dem Wege war und in die Nähe von Damaskus kam, umleuchtete ihn plötzlich ein Licht vom Himmel und er fiel auf die Erde und hörte eine Stimme, die sprach zu ihm: Saul, Saul; was verfolgst du mich? Er aber sprach: Herr, wer bist du? Der sprach: Ich bin Jesus, den du verfolgst. Steh auf und geh in die Stadt; da wird man dir sagen, was du tun sollst."

Die Männer, die bei ihm waren, hatten nur die Stimme gehört aber nichts gesehen. Saulus aber blieb drei Tage lang blind. Während dieser Zeit aß und trank er nicht. Man brachte ihn nach Damaskus wo er einquartiert wurde. Zu ihm kam ein Jünger namens Hananias, der in sein Haus vom Geist geleitet worden war mit dem Auftrag, die Hand auf Saulus zu legen, dass dieser wieder sehend und vom heiligen Geist erfüllt werde; denn Saulus sollte Gottes auserwähltes Werkzeug sein, werde dafür aber viel Leid tragen müssen. Als nun Hananias ihm die Hand auflegte, da „fiel es von seinen Augen wie Schuppen, und er wurde sehend". Saulus ließ sich taufen und nahm wieder Speis und Trank zu sich.

Saulus blieb noch einige Tage „und alsbald predigte er in den Synagogen von Jesus, dass dieser Gottes Sohn sei." Die Leute, die ihn hörten, waren verstört, denn sie wussten, dass Saulus gekommen war, die Jünger zu verhaften. Saulus aber trieb die Juden mit der Kraft des Wortes in die Enge und so beschlossen sie, ihn zu töten. Doch er bekam Wind von dem Komplott und ließ sich des nachts „in einem Korb die Mauer hinab." Er kam dann nach Jerusalem zu den Jüngern, die sich anfangs vor ihm fürchteten, aber Barnabas legte ein Wort für ihn ein und berichtete von dem Geschehen in Damaskus. So verblieb er noch einige Tage in Jerusalem, predigte und „stritt auch mit den griechischen Juden". Da sie um sein Leben fürchteten, geleiteten ihn die Jünger nach Caesarea und „schickten ihn weiter nach Tarsus". Die Gemeinden im ganzen Lande hatten nun Frieden.

„Es geschah aber, als Petrus überall im Land umherzog, dass er auch zu den" Christen in Lydda an der Küste kam. Dort traf er einen Mann an, der seit acht Jahren gelähmt war und Petrus heilte ihn im Namen Jesu. Nahebei, in Joppe, war eine Jüngerin namens Tabita verstorben, die sich durch viele gute Werke hervorgetan hatte. Man sandte nach Petrus und als dieser kam, traf er viele weinende Frauen an. Er trieb sie alle hinaus, kniete nieder, „betete und wandte sich zu dem Leichnam und sprach: Tabita, steh auf! Und sie schlug die Augen auf und als sie Petrus sah, setzte sie sich auf". Viele, die von Petrus Tat hörten, kamen zum Glauben.

10. In Caesarea lebte ein römischer Hauptmann namens Kornelius mit seiner Familie. Er und mit ihm sein Haus waren fromm und gottesfürchtig. Er betete viel und gab auch reichlich Almosen. Eines Tages erschien Kornelius ein Engel, der ihm auftrug, in Joppe nach einem Simon Petrus zu senden. Kornelius tat wie geheißen. Während die von ihm gesandten Männer noch auf dem Weg waren, stieg Petrus auf das Dach des Hauses, um zu beten. Da er hungrig war, bat er um etwas zu essen. „Während sie ihm aber etwas zubereiteten, geriet er in Verzückung". Und er erblickte ein vom Himmel herabgelassenes Tuch auf dem sich allerlei Tiere und Vögel befanden. Eine Stimme befahl ihm, diese zu schlachten. Petrus zögerte und wand ein, dass es verboten wäre, etwas Unreines zu essen. Die Stimme aber sprach: „Was Gott rein gemacht hat, das nenne du nicht verboten". Dreimal geschah dies bevor das Tuch wieder zum Himmel hinaufgenommen wurde. Als Petrus noch über die Bedeutung der Erscheinung nachsann befahl ihm der Geist, hinabzusteigen; denn drei Männer suchten ihn. Diese waren zu ihm von dem Geist gesandt worden.

Petrus beherbergte die Männer und zog am nächsten Tag mit ihnen nach Caesarea. Dort erwarteten ihn bereits Kornelius mit Verwandten und Freunden. Als Kornelius Petrus erblickte, fiel er ihm zu Füssen und betete ihn an. „Petrus aber richtete ihn auf und sprach: „Steh auf, ich bin auch nur ein Mensch." Und er sagte weiter, dass es eigentlich einem jüdischen Manne nicht erlaubt sei, mit einem Fremden zu verkehren, doch Gott habe ihm gezeigt, dass man keinen Menschen als unrein ansehen solle. Kornelius berichtete von seiner Erscheinung woraufhin Petrus sagte: „Nun erfahre ich in Wahrheit, dass Gott die Person nicht ansieht; sondern in jedem Volk, wer ihn fürchtet und recht tut, der ist ihm angenehm." Und er lehrte über Christus, der getötet doch von Gott wieder auferweckt worden war. Jesus selbst hatte ihnen geboten, seine Zeugen zu sein, so dass alle durch seinen Namen die „Vergebung der Sünden empfangen sollen." Während Petrus noch sprach, „fiel der heilige Geist auf alle, die dem Wort zuhörten." Und die gläubig gewordenen Juden gerieten außer sich, dass nun die Gabe des heiligen Geistes auch auf Heiden ausgegossen wurde; „denn sie hörten, dass sie in Zungen redeten und Gott hoch priesen.“ Petrus aber befahl, dass man sie in dem Namen Jesu Christi taufe.

11. Die Apostel und Brüder in Jerusalem hörten, dass Petrus bei Nichtjuden eingekehrt war und mit ihnen das Mahl geteilt hatte, und als er wieder nach Jerusalem zurückkehrte machten die gläubig gewordenen Juden ihm deswegen Vorwürfe. Petrus aber erzählte ihnen von der Erscheinung und der Stimme, die ihn über die wahre Reinheit belehrt hatte. Der Geist hatte die Begegnung herbeigebracht und die Anwesenden erfüllt. „Wenn nun Gott ihnen die gleiche Gabe gegeben hat wie auch uns, die wir zum Glauben gekommen sind an den Herrn Jesus Christus: wer war ich, dass ich Gott wehren konnte.“ Die das aber hörten, was Petrus berichtete, sprachen: „So hat Gott auch den Heiden die Umkehr gegeben, die zum Leben führt!“

Die aber von der Verfolgung wegen des Stephanus geflohen waren „gingen bis nach Phönizien und Zypern und Antiochia“ und verkündeten dort den Juden das Wort. Einige unter ihnen predigten das Evangelium den Griechen „und eine große Zahl wurde gläubig“. Die Kunde davon erreichte auch die Gemeinde in Jerusalem und sie sandte Barnabas nach Antiochia, um die dortige Situation zu erkunden. Er gewann einen erfreulichen Eindruck und holte noch Saulus aus Tarsus hinzu. Beide zusammen verbrachten sie ein ganzes Jahr in Antiochia und lehrten. Es war hier, dass die Jünger erstmals Christen genannt wurden.

Ein Prophet aus Jerusalem sagte eine große Hungersnot voraus, die den ganzen Erdkreis treffen werde. So beschloss man, für die Brüder in Judäa zu sammeln und diese Gabe den Ältesten dort durch Barnabas und Saulus zu schicken.

12. Die Gemeinde in Jerusalem spürte aber die harte Hand des König Herodes. Dieser ließ einige misshandeln und Jakobus, den Bruder des Johannes, töten. Den Juden gefiel es und so ließ Herodes auch noch Petrus verhaften und ins Gefängnis werfen. Er wurde mit Ketten gefesselt und von zwei Soldaten bewacht. In der Nacht erschien der Engel des Herrn und führte ihn in die Freiheit. Die Ketten waren von seinen Händen abgefallen und das Tor zur Stadt öffnete sich von selbst. Die Wachen merkten nichts. Erst auf der Straße kam Petrus so richtig zu sich und begriff, dass der Engel des Herrn ihn errettet hatte. Als er sich wieder gefasst hatte, „ging er zum Haus Marias, der Mutter des Johannes mit dem Beinamen Markus, wo viele beieinander waren und beteten.“ Die Anwesenden waren über alle

Maßen erstaunt als Petrus zu ihnen kam. Er berichtete von seiner Befreiung durch den Engel und sprach, dies auch „dem Jakobus und den Brüdern" zu verkündigen. „Dann ging er hinaus und zog an einen anderen Ort."

Als man Herodes berichtete, dass Petrus nicht aufzufinden sei, „verhörte er die Wachen und ließ sie abführen." Daraufhin zog er wieder nach Caesarea hinab. Auf seinem Thron sitzend redete er zu den Leuten aus Tyrus und Sidon, die sich von ihm Frieden erbaten. Das Volk rief aus: Dies ist die Stimme Gottes, nicht die eines Menschen. Sogleich aber wurde er von einem Engel geschlagen und, „von Würmern zerfressen, gab er den Geist auf." Das Wort Gottes aber breitete sich weiter aus. Nachdem Barnabas und Saulus ihre Gabe in Jerusalem überbracht hatten, kehrten sie nach Antiochia zurück und Johannes Markus begleitete sie.

Kommentar

Zu 9. Mittels einiger erbaulicher Erzählungen verdeutlicht der Verfasser die Ausbreitung des christlichen Glaubens über Jerusalem hinaus. Erster Anknüpfungspunkt ist die Begegnung des Evangelisten Philippus mit dem Magier Simon. Diese wie auch andere Schilderungen haben nur geringen historischen Wert, da sie hauptsächlich als Glaubenszeugnisse zu verstehen sind was ihnen einen arg gekünstelten, theologisch überfrachteten Aufbau verleiht, der nicht frei von Brüchen ist. So lässt sich Simon zwar, beeindruckt von Philippus Wunderwirken, taufen aber dann spielt Philippus keinen Part mehr in der Episode und wird von Petrus ersetzt, der anscheinend seine Arbeit durch die Geisttaufe zur Vollendung bringen muss, d.h. die Legitimität der philippinischen Mission wird durch einen autorisierten Vertreter der Jerusalemer Urgemeinde durch Handauflegung und Ausgießen des Heiligen Geistes bestätigt. Auch Simon strebt diese Geisttaufe an; denn in seiner Vorstellung ist damit eine Machtübertragung verbunden, und in der Hoffnung wieder ein Großer zu werden, bietet er Petrus Geld für diese Taufe an. Später wird man die Praxis des käuflichen Erwerbs geistlichen Gutes als Simonie bezeichnen. Recht überzeugend ist der Vorgang aber nicht. Warum sollte Simon für die Taufe Geld bieten wenn er sie umsonst haben konnte? Es mag sein, dass diese Erzählung den Gläubigen klarmachen sollte, dass Taufe ohne inneren Wandel nutzlos ist. So handelte es sich bei dem Glauben des Simon nur um eine Scheinbekehrung.

Der Historiker Josephus berichtet in der Tat von dem Wirken eines Simon Magus. Ihm zufolge soll sich seiner simonischen Bewegung in Samarien der größte Teil der Bevölkerung angeschlossen haben und noch bis ins 2. Jahrhundert einflussreich gewesen sein. Nun aber ist es ein gedanklicher Kurzschluss, dieses Phänomen auf Magie und Zauber reduzieren zu wollen. In Wirklichkeit war es ein Synkretismus aus samaritanisch-jüdischen Elementen mit hellenistischem Gedankengut, wie es J. Roloff (Die Apostelgeschichte) erklärt. Als solches sollte man es eher als eine Art kulturgeschichtliches Angebot auf dem Markt der Religionen begreifen, dass dem Bedürfnis nach Erlösung in der hellenistischen Welt Rechnung trug.

Die nächste Heilstat vollbringt Philippus an einem äthiopischen Kämmerer, einem Eunuchen, d.h. Kastrierten. Solch einem ist nach Dtn 23,1 die Aufnahme in die jüdische Gemeinschaft verwehrt, doch ist ihm als sog. Gottesfürchtiger eine begrenzte Teilnahme am jüdischen Kult gestattet. Auffallend bei dieser Geschichte ist die Führung durch den Geist (die Geisterfüllung ist ein gerade für die griechisch-christlichen Gemeinden typischer Wesenszug), der Philippus erst in die Öde bei Gaza führt, dann in die Nähe des Wagens des Äthiopiers bringt (ein Nubier aus dem Bereich des heutigen Sudans) und ihn dann wieder von ihm hinweg entrückt. Die Vorstellung einer Geistentrückung ist typisch für die naive Gläubigkeit der Antike. Die tiefere Bedeutung der Erzählung liegt darin, dass mit der Taufe des Äthiopiers die christliche Mission wieder einen Schritt vorangebracht wird. Nun wird der erste Heide, dem eine innere Umkehr zugeschrieben wird, getauft – und dies durch göttlichen Auftrag.

Zu 9. Die Bekehrung des Saulus ist eine zentrale Erzählung für das Christentum; denn sie beschreibt die Lebenswende ihres wohl wirkungsmächtigsten Missionars und Theologen. Saulus (Paulus ist sein römischer Name) hatte sich auf den Weg gemacht, um in unbarmherzigen Hass die Auslöschung der christlichen Sekte voranzutreiben. Sein ‚tödlicher Ernst' hob ihn von seinem eher liberalen und milden pharisäischen Lehrer Gamaliel ab. Für ihn galt nur entweder-oder, Freund oder Feind. So wie Paulus mit fanatischem Eifer das jüdische Gesetz zu bewahren suchte, so wird er später mit brennendem Ehrgeiz seine Vorstellung einer gesetzeslosen Heidenmission durchzusetzen suchen. Ob Saulus für die Verfolgung der Christen überhaupt autorisiert war, wird häufig bezweifelt; denn Damaskus lag außerhalb der Jurisdiktion des jüdischen Sanhedrin. Zuzutrauen ist es ihm allemal, dass er auf eigene Faust die Christenhetze betrieb, vielleicht ausgestattet mit einem Empfehlungsschreiben des Hohen Rates.

Doch praktisch von einem Augenblick zum anderen, so erscheint es jedenfalls, wird aus dem Todfeind der Christenheit der glühendste Verehrer von Jesus Christus. Es hat zahlreiche Versuche gegeben, das Rätsel dieser Bekehrung zu lösen. Manche Exegeten folgen der Bibel wörtlich und erkennen darin ein reales, äußerlich wahrnehmbares Geschehen. Andere deuten es psychologisch und vermuten einen schon lange schwelenden Gewissenskonflikt in Saulus, der weiter durch das Martyrium des Stephanus angeheizt wurde und sich eines Tages eruptiv löste. Paulus selbst gibt nur spärliche Hinweise zu seiner eigenen Bekehrung (z.B. 1 Kor 15,8). Persönlich bedeutete sie für ihn ein Zeugnis für seine Berufung zum Apostelamt. Ob nun dem Ganzen ein innerer Reifungsprozess voranging oder aber, weniger wahrscheinlich, ein singuläres Ereignis der auslösende Faktor war, in Paulus sollte jedenfalls die Heidenmission ihre Führungsfigur finden.

Nun gibt es einige Unstimmigkeiten in der Bekehrungsgeschichte. Zum einen erzählt sie Lukas gleich dreimal, wohl um ihre Wichtigkeit zu betonen (Apg 9,1–9; 22,6–16; 12,18), erzählt sie aber jedes Mal unterschiedlich. So hören in 9,7 die Männer zwar die Stimme aber sehen niemanden während in 22,9 es gerade umgekehrt ist. Die Flucht des Saulus aus Damaskus ist mit Paulus eigenen Erinnerungen kaum zu harmonisieren. Nach Apg 9,23–26 wurde Paulus von den Juden mit Mordplänen verfolgt und setzte sich nach geglückter Flucht zunächst nach Jerusalem ab. Paulus aber betont ausdrücklich, dass er nach seiner Bekehrung zunächst nicht nach Jerusalem ging, sondern nach Arabien, drei Jahre später nach Damaskus zurückkehrte und von da aus erst nach Jerusalem ging (Gal 1,17f). Lukas beschuldigt die Juden, Saulus töten zu wollen, Paulus hingegen schreibt, dass ihm der Statthalter des Nabatäerkönigs Aretas nachstellte (2 Kor 11,32f). Offensichtlich war Lukas der Arabienaufenthalt des Paulus nicht bekannt gewesen und so rückt er den ersten Jerusalembesuch unmittelbar an die Zeit nach seiner Bekehrung heran. Wahrscheinlich hatte sich Paulus aus Arabien zurückziehen müssen, weil er dem dortigen König lästig geworden war. Vom Statthalter des Königs, der seinerzeit Damaskus beherrschte, bedrängt, entzog er sich durch die Flucht nach Jerusalem.

Nicht weniger zweifelhaft ist Lukas Beschreibung von Paulus Aufenthalt in Jerusalem, wo er sich anscheinend mit den Aposteln verbrüderte.

Das anschaulich gemalte Bild eines Paulus, gleichsam Arm in Arm mit den apostolischen Oberhäuptern Jerusalem durchwandernd (Apg 9,26–28), geht ja wohl an der Wirklichkeit vorbei. Paulus schreibt nur von einer flüchtigen Begegnung mit Petrus und Jakobus während er die anderen Apostel nicht traf (Gal 1,18f). So ganz nebenbei erfahren wir aber, dass sich auch bereits in Galiläa, dem Heimatland Jesu, christliche Gemeinden gebildet hatten. Überall in Palästina scheinen nun Ableger der Jerusalemer Urgemeinde zu entstehen oder bereits entstanden zu sein.

Der Verfasser fügt nun zwei erbauliche Wundergeschichten ein, die zur Hinführung zum eigentlichen Höhepunkt dienen, der Bekehrung des Kornelius. Bemerkenswert an diesen Erzählungen ist, dass die Heilung des gelähmten Mannes durch Petrus auffallend an Mk 2,1–12 erinnert und er die verstorbene Christin mit der gleichen Formel aufweckt, die Jesus schon verwendet hatte (Mk 5,41). Das soll wohl besagen, dass der eigentliche Wohltäter Jesus selbst ist.

Zu 10. Petrus Begegnung mit Kornelius ist nicht nur eine Bekehrungsgeschichte, sondern sie markiert vor allem einen entscheidenden Wendepunkt des Christentums; denn mit ihr werden die grundsätzlichen Fragen der christlichen Mission verhandelt, nämlich inwiefern der Übertritt eines Heiden zum christlichen Glauben auch die Unterordnung unter das jüdische Gesetz erfordert. Noch verstanden sich die christlichen Gemeinden ja als Teil des Judentums und sahen sich zunächst nur zu einer inneren Erneuerung Israels berufen. Im Vordergrund stand zunächst das Speisegebot, das Problem der Tischgemeinschaft einschließlich des gemeinsamen Abendmahls. Ohne ein echtes Miteinander hier blieb die Forderung nach einer Vertiefung der Gemeinschaft in der Gemeinde lediglich ein formaler Anspruch.

Petrus wird nun selbst durch einen Eingriff Gottes gezeigt, dass für die Christen die zuvor geltenden jüdischen Reinheitsvorschriften aufgehoben sind. Schritt für Schritt wird er zur Einsicht gebracht, dass Gott alle Menschen in sein Heil einschließen will und dass deshalb die religiösen Schranken überwunden werden müssen. Der Hauptmann Kornelius war zwar fromm aber doch nur ein Gottesfürchtiger, da unbeschnitten. Vom jüdischen Standpunkt aus galt er als unrein. Petrus wird nun mittels eines vom Himmel hinuntergelassenen Tuches, auf dem sich ein Gemenge von reinen und unreinen Tieren befindet, klar gemacht, dass für Gott menschliche Reinheitsvorschriften keine Geltung haben. Sollte dies die Aufhebung der altehrwürdigen Gesetze Mose bedeuten, die doch auch göttlichen Ursprungs sind? Dass in der Tat Gott selbst die Reinheitsgebote als überholt erklärt, damit die Trennung des Menschen von dem Menschen beendet ist, wird Petrus an zwei Punkten klar, zum einen an der Zusammenführung von Kornelius und ihm durch den Geist und zum anderen an der Ausgießung des Heiligen Geistes auch auf die Heiden. So erklärte sich Petrus später auch gegenüber seinen Brüdern in Jerusalem. Das Geschehen, das als ein zweites Pfingsten gelten kann, wurde als Gotteszeichen gedeutet. Von nun an war auch den Heiden der Zugang zu der Heilsgemeinschaft offen und der Weg für die Heidenmission im Prinzip frei. Allerdings waren noch vielerlei Widerstände zu überwinden, wie die Streitigkeiten auf dem späteren Apostelkonvent belegen.

Die Bekehrung, wenn auch vom christlichen Standpunkt erhebend, ist kaum als ein historisches Ereignis einzustufen. Die Erzählung ist symbolisch und theologisch überfrachtet. Wellhausen bezeichnet sie sogar als ein „unhistorisches Machwerk". Möglich ist allerdings, dass ihr eine Bekehrungslegende, die sich mit der Gründungsgeschichte der Gemeinde in Caesarea berührt, zugrunde liegt. Auf jeden Fall kann sie sich so wie der Verfasser es darstellt nicht abgespielt haben; denn zu der erwähnten Zeit um 40 n. Chr. gab es nachweisbar noch gar kein römisches Bataillon in Caesarea.

Zu 11. Während sich das Judenchristentum bereits bis nach Phönizien mit seinen Küstenstädten wie Tyrus, Ptolemais und Sidon ausgeweitet hatte, erblüht in Antiochia die erste Gemeinde mit einem signifikantem Anteil von Heidenchristen. Antiochia (das heutige Antakya), etwas 25 km landeinwärts am Fluss Orontes gelegen, war zu jener Zeit eine Weltstadt mit 500.000 Einwohnern, ein Schmelztiegel der Kulturen. Die aus Jerusalem vertriebenen hellenistischen Christen missionierten nicht nur unter der jüdischen Bevölkerung, sondern auch unter den Heiden. In Folge veränderte sich der Gesamtcharakter der christlichen Gemeinden und da sie ihre eigene Gemeinschaft, abgegrenzt von den Synagogen, pflegte, hob sie sich erkennbar für Außenstehende von den Juden ab, und so bürgerte sich für ihre Mitglieder der Name ‚Christianer', Christusanhänger oder schlicht Christen ein. Damit wurde die sich langsam vollziehende Trennung zwischen Juden und Christen auch namentlich markiert. Diese Entwicklung warf dann aber auch zwei gewichtige Probleme auf, nämlich wie einerseits die Beziehung des Christentums zum Judentum hinsichtlich der heilsgeschichtlichen Fortführung neu zu deuten sei und wie andererseits die Glaubensbotschaft in das hellenistisch-heidnische Denken hinein übertragen werden konnte ohne dabei den Bezug zum jüdischen Ursprung aufzugeben.

Eine herausragende Rolle in diesem Entwicklungsprozess spielte sicherlich Barnabas. Zum einen konnte er durch seine guten Verbindungen zur Jerusalemer Urgemeinde der Gemeinde in Antiochia die nötige Legitimation verschaffen. Zum anderen verdankte es diese Gemeinde seinem Einsatz, dass Paulus für den Aufbau der erforderlichen Strukturen und die Vertiefung der theologischen Konzeption als Mitarbeiter gewonnen werden konnte. Paulus war es dann auch, der von Antiochia aus die Missionsbewegung mobilisieren sollte.

Zu 12. Paulus also betritt nun die Bühne der Weltgeschichte und Petrus verlässt sie nachdem er mit Hilfe eines Engels von seinen Häschern entkommen konnte, um dann an einen unbekannten Ort unterzutauchen. Einen letzten Auftritt wird er danach auf dem Apostelkonzil zu Jerusalem haben. Dann verliert sich seine Spur im Ungewissen. Petrus Verhaftung fand im Rahmen einer neu einsetzenden Christenverfolgung durch Herodes Agrippa statt. Agrippa, ein Enkel Herodes des Großen, war vom römischen Kaiser Klaudius 41 n. Chr. auch als König über Judäa eingesetzt worden und verfügte damit über die volle Blutgerichtsbarkeit. Er verfolgte eine Politik des diplomatischen Taktierens nach allen Seiten hin, sich die Gunst der Römer zu erhalten suchend und die der jüdischen Autoritäten zu erheischen. Die Einstellung der Juden gegenüber den Christen war zunehmend feindseliger geworden. Deren Öffnung hin zu nicht gesetzestreuen Heiden musste den strikt national gesinnten Pharisäern suspekt sein. Da erschien es dem König opportun, sich durch die Unterdrückung der Christen und der Verfolgung vornehmlich ihrer Führerschaft die Sympathien der Juden zu verschaffen. Erstes Opfer wurde 42 n. Chr. Jakobus, der Bruder des Apostels Johannes.

Dessen Tod ist Lukas nur eine kurze Notiz wert (Apg 12,2), vielleicht weil Gott diesem nicht die Gunst der Rettung gewährte? Warum aber bewahrt er den einen aber nicht den anderen? Handelt Gott willkürlich? Gott gibt und Gott nimmt, sagte schon Hiob, aber befriedigend ist so eine Antwort nicht. Jedenfalls hatte sich wohl Gott der Sache des Petrus angenommen. Petrus verhielt sich völlig passiv. Wie im Märchen fielen die Ketten ab, die Tür wurde von unsichtbaren Händen geöffnet, die Wachen waren in einen ‚zauberhaften Tiefschlaf' gefallen und er selbst, als ob noch im Traumzustand, herausgeführt. Wenn das man kein Wunder ist.

So durchzieht das hilfreiche Wirken des Engels bzw. Geistes wie ein roter Faden die Apostelgeschichte. Ein tatkräftiges Eingreifen der himmlischen Welt ist ja nun auch in der antiken Welt Bestandteil des Denkens. Schon in der Ilias sind die griechischen Götter vollauf damit beschäftigt, den trojanischen Krieg zu lenken und nach 2 Kön 19,35 hat ein Engel sage und schreibe 185.000 Soldaten der assyrischen Armee in einer Nacht umgelegt. Für die Gemeinden waren solche Geschichten natürlich glaubensstärkend und halfen z.B. den schnöden Tod des Jakobus zu verdrängen. Man kann sich regelrecht vorstellen, wie früher die Hörer der dramatisch aufgebauten Schilderung von Petrus wunderbaren Befreiung in atemloser Spannung gelauscht haben. Wie dann Petrus einsam in der Nacht an die Tür des Hauses der Maria klopft. Werden die Nachbarn etwas merken? Wird die Flucht gelingen? Und dann die Erleichterung, dass alles gutgegangen ist. Lukas war in der Tat ein begnadeter Schriftsteller gewesen.

Der Petruslegende lässt sich auch entnehmen, dass Veränderungen in der Führungsstruktur der Jerusalemer Urgemeinde stattgefunden haben. Schon in Apg 11,30 ist von den Ältesten die Rede und Petrus ordnet noch vor seinem Weggang an, dass die Begebenheit seiner Rettung Jakobus und den Brüdern mitgeteilt werden soll. Es scheint, dass ein neu konstituierter Ältestenrat mit Jakobus, dem Bruder Jesu, an der Spitze von den Aposteln die Führung der Gemeinde übernommen hat.

Barnabas und Paulus kehren aus Jerusalem nach Antiochia zurück. Ein neues Kapitel in der Kirchengeschichte konnte beginnen. Von Antiochia geht eine Missionsbewegung bis nach Kleinasien und Europa aus.

11.3. Die Missionsreisen des Paulus (Apg 13 – 20)

13. In Antiochia erging durch den Heiligen Geist der Ruf an Barnabas und Paulus, dem Herrn in der Mission zu dienen. In der Gemeinde betete man für sie, legte ihnen die Hände auf und ließ sie ziehen. Johannes Markus begleitete sie. Ihre erste Station war die Insel Zypern. Dort verkündigten sie in den jüdischen Synagogen das Wort Gottes. Auch der Statthalter war an der neuen Lehre interessiert, doch ein jüdischer Zauberer in seinem Dienste wollte ihn vom Glauben abhalten. Paulus aber durchschaute diesen falschen

Propheten, verdammte ihn als „Sohn des Teufels“ und belegte ihn mit einem Fluch, dass er eine Zeitlang nicht sehen solle. Von dieser Stunde an wurde er blind und der Statthalter, der das alles sah, wurde gläubig.

Johannes ging von hier nach Jerusalem zurück während Paulus und Barnabas nach Antiochia in Pisidien (Kleinasien) weiterzogen. Der Vorsteher der dortigen Synagoge bat sie, ein Wort Gottes zu reden. „Da stand Paulus auf“ und redete zu ihnen über die Geschichte Israels von der Zeit der Vorväter bis zu der des König David aus dessen Geschlecht Gott einen Heiland für das ganze Volk verheißen hatte. Dieser Heiland ist Jesus Christus doch die Männer Jerusalems hatten ihn nicht erkannt und ans Kreuz geschlagen. Gott hatte ihn aber nicht der Verwesung überlassen sondern wieder auferweckt. Wer nun Jesus annimmt, dem wird Vergebung zuteil, und er wird gerecht werden so wie es das Gesetz Mose nicht vermochte.

Die Gemeinde nahm Paulus Rede mit Wohlgefallen auf und bat ihn, sie am folgenden Sabbat fortzusetzen. An diesem Tag „kam fast die ganze Stadt zusammen, das Wort Gottes zu hören.“ Die große Zahl der Menschen erfüllte die Juden mit Neid und sie fingen an zu lästern. Paulus aber sagte ihnen direkt, dass, sollten sie das Wort Gottes von sich stoßen, dann werde er sich den Heiden zuwenden, hatte doch bereits Jesaja (49,6) geschrieben: „Ich habe dich zum Licht der Heiden gemacht, damit du das Heil seiest bis an die Enden der Erde.“ Als nun die beiden ihre neue Lehre verbreiteten, da hetzten die Juden die gottesfürchtigen vornehmen Frauen und Männer gegen die Missionare auf, dass sie vertrieben wurden. Paulus und Barnabas aber schüttelten „zum Zeugnis gegen sie“ den Staub von ihren Füssen und begaben sich nach Ikonion.

14. Aus Ikonion mussten sie schon bald wieder flüchten, da eine von den Juden aufgehetzte Menge sie steinigen wollte. Sie entkamen nach Lykaonien (zentrales Kleinasien) „und predigten dort das Evangelium.“ In Lystra heilte Paulus einen gelähmten Mann und das Volk glaubte, die beiden seien Götter in der Gestalt von Menschen. Sie nannten Barnabas Zeus und Paulus Hermes. Als sie ihnen sogar opfern wollten, da zerrissen die beiden Missionare ihre Kleidung und schrieen: „Ihr Männer, was macht ihr da? Wir sind auch sterbliche Menschen wie ihr und predigen euch das Evangelium, dass ihr euch bekehren sollt von diesen falschen Göttern zu dem lebendigen Gott, der Himmel und Erde und das Meer und alles was darin ist, gemacht hat.“ Dieser Gott, den ihr nicht kanntet, hat unter euch gewirkt und für euch gesorgt, so dass ein jeder das Nötigste zum Leben hat.

Kaum konnten die beiden Apostel das Volk davon abhalten, ihnen zu opfern, da mischten sich Juden aus Antiochia und Ikonion unter die Menge und wiegelte sie auf, dass man Paulus steinigte. Man hielt ihn für tot aber unter dem Schutz seiner Jünger „stand er auf und ging in die Stadt“.

Barnabas und Paulus zogen weiter und machten in den Städten wo sie predigten viele zu Jüngern und „ermahnten sie, im Glauben zu bleiben und sagten: Wir müssen durch viele Bedrängnisse in das Reich Gottes eingehen.“ Sie setzten in jeder Gemeinde Älteste ein und fuhren schließlich mit dem Schiff zurück nach Antiochia und erstatteten ihrer Gemeinde Bericht. Hier blieben sie eine längere Zeit.

15. Es kamen aber einige von Judäa nach Antiochia und belehrten die Brüder, dass es der Beschneidung bedürfe, um als Jünger im Glauben anerkannt werden zu können. Da man sich nun untereinander stritt wurde entschieden, dass Paulus und Barnabas zusammen mit einigen Gemeindegliedern nach Jerusalem gehen sollten, um dort den Ältesten die Frage der Beschneidung vorzulegen. Nachdem die beiden dort von den Ältesten und Aposteln empfangen worden waren, mischten sich gläubig gewordene Pharisäer ein und beharrten darauf, dass die Beschneidung notwendig sei. Petrus aber ergriff das Wort und erinnerte sie daran, wie Gott ihm selbst gezeigt habe, dass er zwischen Juden und Heiden keinen Unterschied mache. Warum also sollte ihnen ein Joch auferlegt werden, „das weder unsre Väter noch wir haben tragen können.“

Nachdem Paulus und Barnabas über ihre Missionsarbeit unter den Heiden berichtet hatten, ergriff Jakobus nun selbst das Wort. Er bestätigte die Worte des Petrus und wies darauf hin, dass schon der Prophet Amos (9,11f) voraussah, dass die Heiden zu Gott finden werden. Deshalb solle man ihnen keine unnötigen Lasten auferlegen sondern ihnen nur vorschreiben, „dass sie sich enthalten sollen von Befleckung durch Götzen und von Unzucht und vom Erstickten und vom Blut.“

Die Gemeinde folgte dem Rat des Jakobus und beschloss, Paulus und Barnabas zusammen mit einigen auserwählten Männern zurück nach Antiochia zu schicken. Auch gab man ihnen einen Brief mit, in dem der Beschluss der Gemeinde festgehalten war. In Antiochia wurde die Nachricht mit Freude aufgenommen. Silas und andere Propheten aus Jerusalem blieben noch eine Weile, lehrten und mahnten die Brüder und gingen dann wieder zurück nach Jerusalem.

Paulus und Barnabas entschlossen sich nach einer längeren Weile zu einer zweiten Missionsreise. Allerdings kam es zwischen den beiden zum Bruch, da Barnabas darauf beharrte, Johannes Markus mitzunehmen während Paulus „es nicht für richtig hielt, jemanden mitzunehmen, der sie in Pamphylien verlassen hatte". So zog man getrennt weiter, Mission zu treiben, Barnabas mit Markus und Paulus mit Silas.

16. In Kleinasien fand Paulus in Timotheus einen weiteren Jünger für die Weiterreise. Da aber Timotheus der Sohn einer gläubigen Jüdin und eines griechischen Vaters war, ließ er ihn beschneiden. In den Städten auf ihrem Weg festigten sie dort die Gemeinden im Glauben und teilten ihnen die Beschlüsse der Apostelversammlung in Jerusalem mit. Der heilige Geist leitete sie, verwehrte ihnen die Reise in bestimmte Provinzen und brachte sie schließlich in das legendäre Troas. Dort hatte Paulus des nachts die Erscheinung eines Mannes aus Mazedonien, der ihn bat, nach Mazedonien zu kommen und den Menschen dort zu helfen.

So setzten sie nach Mazedonien über und kamen nach Philippi, der wichtigsten Stadt dieser römischen Provinz. Am Sabbattag suchten Paulus und seine Begleiter die Frauen am Fluss auf, die dort regelmäßig zusammenkamen und gewannen Lydia, eine gottesfürchtige Purpurhändlerin, für den Glauben an Christus. Auch ihr ganzes Haus bekehrte sich und die Missionare wurden hier als Gäste aufgenommen.

Eines Tages kam ihnen auf dem Weg zur Gebetsstätte eine Sklavin mit einem Wahrsagegeist entgegen, deren prophetische Gaben ihren Herren viel Gewinn einbrachte. Diese Frau wurde ihnen allmählich lästig, da sie ihnen immerzu folgte und dabei unaufhörlich schrie: „Diese Menschen sind Knechte des allerhöchsten Gottes, die euch den Weg des Heils verkündigen." Im Namen Jesu befahl Paulus, dass ihr der böse Geist ausfahre. Als der Geist nun die Sklavin verlassen hatte, da sahen sich die Eigentümer um ihren Gewinn gebracht. Im Zorn ergriffen die Männer Paulus und Silas, schleppten sie vor die Stadtrichter und klagten sie an, dass diese Aufruhr in der Stadt verursachten und falsche Ordnungen verkündigten.

Paulus und Silas wurden geschlagen und ins Gefängnis geworfen. Sie beteten „und die Gefangenen hörten sie". Da geschah ein großes Erdbeben. Das Gebäude wankte, die Türen öffneten sich und von den Gefangenen fielen alle Fesseln ab. Der Aufseher, der das alles sah, wollte sich in sein Schwert stürzen, doch Paulus hielt ihn davon ab und versicherte ihm, dass keiner der Gefangenen entflohen sei. Zitternd fiel er Paulus und Silas zu Füßen und fragte, was er tun müsse, um gerettet zu werden. „Sie sprachen: Glaube an den Herrn Jesus, so wirst du und dein Haus selig!" Er und die Seinen ließen sich taufen und anschließend bewirtete er die beiden in seinem Hause. Als am nächsten Tag die Stadtrichter verfügten, dass Paulus und Silas freigelassen werden sollten, sprach Paulus, dass man ihnen als römische Bürger Unrecht angetan habe und dass die Stadtrichter selbst kommen und sie hinausführen sollten. Die Stadtrichter waren bestürzt, redeten ihnen gut zu und baten sie, die Stadt zu verlassen. Die Missionare verabschiedeten sich von Lydia und ihren Brüdern und machten sich wieder auf den Weg.

17. In Thessalonich konnten sie viele gottesfürchtige Griechen, darunter auch angesehene Frauen, für den Glauben gewinnen. Die Juden aber ereiferten sich und da sie Paulus und Silas selbst nicht habhaft werden konnten, schleppten sie den Wirt der Missionare und andere vor die Oberen der Stadt und klagten sie an, dass sie Aufrührer beherbergen. Diese lehnen sich gegen des Kaisers Gebote auf und verkündigen Jesus als König, so redeten sie gegen die Missionare. Die Angeklagten wurden erst gegen eine Kaution wieder freigelassen.

Auch im nächsten Ort brach bald wieder Unruhe aus, und es wurde beschlossen, dass man Paulus zu seiner Sicherheit bis nach Athen geleite, während Silas und Timotheus vorerst zurück bleiben sollten. Der Anblick all der Götzenbilder in Athen verstimmte Paulus und er suchte das Streitgespräch mit den dortigen Philosophen. Diese aber sahen in ihm einen Schwätzer, der nur fremde Götter verkündigen wolle. Da sie aber an allen neuen Lehren interessiert waren, nahmen sie Paulus mit zum Areopag, dass er sich dort erkläre. Paulus redete zu ihnen über den Altar in der Stadt, der die Inschrift trug: „Dem unbekannten Gott." Diesen nun wollte Paulus den Menschen hier verkündigen. Er sprach vom Schöpfergott, den man suchen solle; denn dieser „ist nicht ferne von einem jeden von uns ... In ihm leben, weben und sind wir, wie auch einige Dichter bei euch gesagt haben: Wir sind eines Geschlechts." Gott darf aber nicht mit menschengemachten Bildern verwechselt werden. Bisher lebten die Menschen in Unwissenheit, nun aber ist es an der Zeit, Busse zu tun. Gott hat einen Menschen erwählt und ihn vom Tode zum Leben erweckt, dass sie alle zum Glauben kommen. Die meisten spotteten über Paulus Rede von der Auferstehung der Toten; nur einige fanden zum Glauben und schlossen sich ihm an.

18. Paulus verließ Athen und kam nach Korinth. Dort tat er sich mit Aquila und Priszilla, ein jüdisches Ehepaar, zusammen. Sie hatten Rom wegen eines Edikts des Kaisers Klaudius verlassen müssen. Beide waren wie er von Beruf Zeltmacher. Neben seiner Arbeit lehrte Paulus in der örtlichen Synagoge und brachte viele Juden und Griechen zum Glauben, unter ihnen den Vorsteher der Synagoge. Nachdem Silas und Timotheus auch nach Korinth gekommen waren, vermochte er sich ganz auf die Verkündigung konzentrieren. Zu den Juden aber, die sich ihm widersetzten, sagte er: „Euer Blut komme über euer Haupt, ohne Schuld gehe ich von nun an zu den Heiden."

„Es sprach aber der Herr durch eine Erscheinung in der Nacht zu Paulus: Fürchte dich nicht, sondern rede und schweige nicht! Denn ich bin mit dir und niemand soll sich unterstehen, dir zu schaden; denn ich habe ein großes Volk in dieser Stadt." So blieb Paulus anderthalb Jahre in dieser Stadt und lehrte das Wort Gottes. Als aber ein neuer Statthalter namens Gallio in Achaja ernannt wurde, zogen empörte Juden Paulus vor den Richterstuhl. Doch der Statthalter wies ihre Anklage zurück; denn Fragen über jüdische Religion interessierten ihn nicht. Die wutentbrannte Volksmenge fiel danach über den neuen Vorsitzenden der Synagoge her „und (sie) schlugen ihn vor dem Richterstuhl", aber der Statthalter nahm keine Notiz von ihnen.

Längere Zeit später machte sich Paulus auf den Rückweg nach Antiochia. Vor der Abreise ließ er sich sein Haupt wegen eines Gelübdes scheren. Er zog durch Ephesus, Caesarea und Jerusalem und von dort wieder hinab nach Antiochia. Doch es hielt ihn dort nicht lange und schon bald brach er zu seiner dritten Missionsreise auf, die ihn zunächst durch Gebiete in Kleinasien führen sollte.

19. Nach Ephesus war ein Mann namens Apollos gekommen, der im brennenden Geist Jesus verkündigte, doch nur von der Taufe des Johannes wusste. Aquila und Priszilla, die Paulus seinerzeit bis Ephesus begleitet hatten, halfen ihm, das Wort Gottes besser zu verstehen. Die Jünger gaben ihm einen Empfehlungsbrief und so reiste er später nach Korinth in Achaja.

Während Apollos in Korinth weilte, kam Paulus wieder nach Ephesus und fand dort Jünger, die noch nie von dem heiligen Geist gehört hatten, aber auf die Taufe des Johannes getauft waren. Paulus führte die Männer zum Glauben an Jesus und taufte sie. In dieser Zeit predigte und lehrte er zunächst in der örtlichen Synagoge und wechselte dann in eine Schule, da man übel von seiner Lehre redete. Paulus gewann bald den Ruf eines Wunderheilers und man hielt Tücher, die er am Leib getragen hatte, über die Kranken, heilte sie und trieb böse Geister durch sie aus. Es waren aber auch sieben Söhne eines Hohenpriesters, die im Namen Jesu als Magier auftraten. Doch ein böser Geist, den sie austreiben wollten, überwältigte sie stattdessen und sie mussten nackt und verwundet fliehen. Als dies bekannt wurde, befiel viele Furcht und diejenigen, die Zauberei getrieben hatten, verbrannten öffentlich ihre Bücher. „So breitete sich das Wort aus durch die Kraft des Herrn und wurde mächtig." Paulus nahm sich vor, noch nach Griechenland zu reisen und von dort aus nach Rom. Zwei seiner Helfer, unter ihnen Timotheus sandte er nach Mazedonien während er selbst noch zurückblieb.

Ein Silberschmied namens Demetrius, der um seinen Gewinn fürchtete, da doch viele sich von den Göttern abgewandt hatten, stachelte die Stadt gegen die Jünger auf. Einige von ihnen wurden ins Theater geschleppt. Paulus selbst wurde von seinen eigenen Gefährten zurückgehalten, damit er sich nicht unnötig in Gefahr begebe und auch einige ihm freundlich gesinnte Oberen warnten ihn. Die im Theater versammelten Menschen waren überaus erregt, und als ein Jude sich vor ihnen verteidigen wollte, da schrieen sie zwei Stunden lang wie aus einem Munde: „Groß ist die Diana der Epheser!" Der Kanzler vermochte das Volk zu beruhigen und wies die Leute an, ihre Beschwerden einem ordentlichen Gericht vorzulegen. Nach und nach legte sich der Aufruhr.

20. Paulus brach wieder nach Griechenland auf. Da er aber die Nachstellungen der Juden fürchtete, blieb er nur drei Monate und zog mit anderen weiter nach Mazedonien. Timotheus und mehrere Jünger reisten ihm voraus nach Troas. In Troas hielt Paulus abends im Obergemach eines Hauses eine lange Rede. Während er noch sprach wurde ein junger Mann vom Schlaf überwältigt und stürzte aus dem Fenster. Man hielt ihn für tot doch Paulus rief ihn wieder ins Leben zurück. Dann setzte er seine Rede bis zum Anbruch des Tages fort.

Paulus machte sich zu Fuß auf den Rückweg während die anderen Jünger ihm im Schiff vorausfuhren. Bei einem späteren Aufenthalt wurde Paulus an Bord genommen. Man erreichte schließlich Milet an der Küste von Kleinasien. Aus Ephesus, das Paulus aus Zeitgründen nicht aufsuchen wollte, kamen die von ihm gerufenen Gemeindeältesten und er hielt ihnen eine lange Abschiedsrede. Er bezeugte ihnen, dass er dem Herrn durch alle Anfechtungen gedient hatte, viele zum Glauben geführt habe aber nun nach Jerusalem fahren werde und doch nicht weiß, was ihm dort begegnen werde, „nur dass der heilige Geist in allen Städten mir bezeugt, dass Fesseln und Bedrängnisse auf mich warten." Hinfort werden sie ihn nicht mehr sehen. Er ermahnte sie, auf sich selbst und die Herde acht zu geben, „in der euch der heilige Geist eingesetzt hat zu Bischöfen, zu weiden die Gemeinde Gottes, die er durch sein eigenes Blut erworben hat."

Er wisse, so Paulus weiter, dass nach ihm reißende Wölfe mit Irrlehren zu ihnen kommen werden. So gilt es, wachsam zu bleiben. Paulus wies auf seine Hände mit denen er seinen Unterhalt verdient hatte. Nie war er jemanden zur Last gefallen und immer hat er sich nach dem Wort Jesu gerichtet: „Geben ist seliger als nehmen". Nach diesen Worten kniete er nieder und betete mit allen. Betrübt und weinend geleiteten die Jünger ihn daraufhin zum Schiff.

Kommentar

Die Schilderung der Missionsreisen des Paulus mit ihren Mühsalen und Gefahren, in ihrem Auf und Ab von Erfolg und Rückschlägen, bildet das Herzstück der Apostelgeschichte. Rechtfertigung und Begründung der Mission erst zu den Juden und dann zu den Heiden wird in eingeschobenen Redeteilen und dem Bericht über den Apostelkonvent gegeben. Vier größere Themen sind erkennbar: 1) die Legitimation und Führung der Missionsarbeit durch den Heiligen Geist als Ausdruck des Willen Gottes; 2) die wiederkehrende Ablehnung und Verfolgung durch die Juden und der Erweis der Legalität des christlichen Glaubens aufgrund schonender Behandlung durch die römische Staatsmacht; 3) Aufweis der Überlegenheit des Christentums über das Heidentum durch Demonstrationen seiner Macht durch Wunderwerke und 4) das Wirken des Paulus als das eines idealen Missionars und Vorbild für die Christen. Diese vier Themen sind eingebettet in

Lukas theologischer Konzeption von Verheißung und Erfüllung als der Weg des Heils.

Zu 13. Es ist der Beginn des großen Missionswerkes, die Entstehung einer heidenchristlichen Kirche. Barnabas und Paulus wurden vom Geist selbst für den Dienst der Evangelisation ausgewählt. Die Berufung erfolgte während einer Besinnungsphase, in der die prophetisch begabten Gemeindeglieder sich durch Beten und Fasten auf den Empfang des Heiligen Geistes vorbereiteten. Die Reise, auf der sie von Johannes Markus begleitet wurden, führte sie zunächst nach Zypern. Dort ließ der römische Prokonsul sie rufen, da er Näheres über den neuen Glauben erfahren wollte. Doch ein falscher Prophet und Zauberer, wohl ein Hofastrologe, stellte sich ihnen in den Weg, wahrscheinlich weil er den Verlust von Einfluss und Pfründen befürchtete. In einer Machtdemonstration, in der es letztlich um einen Kampf zwischen Gott und widernatürlichen Mächten ging, bezwang Paulus den Magier. Dieser Erfolg überzeugte den Prokonsul von der Überlegenheit der neuen Religion, und er wurde gläubig.

Die Erzählung, die an die Auseinandersetzung zwischen Petrus und Simon den Magier erinnert, soll die Überlegenheit des christlichen Glaubens aufzeigen. Ihr geschichtlicher Hintergrund ist wohl der ständige Konkurrenzkampf, in dem sich das Christentum mit wandernden Propheten, Gauklern und Magiern befand. So sah es sich genötigt, sich mit eigenen Machtdemonstrationen zu beweisen.

Johannes Markus wird lediglich als Gehilfe bezeichnet, von einer Berufung durch den Geist ist nicht die Rede. Dieser Kunstgriff des Verfassers erlaubt es, seine eigenwillige Rückkehr nicht als Ungehorsam gegen den Geist zu werten. So zogen also Barnabas und Paulus alleine durch Kleinasien weiter. Dabei missionierten sie in Städten was den Vorteil bot, dass es hier jüdische Synagogen gab, die sich für sie als ersten Anlaufpunkt darboten, und vom strategischen Gesichtspunkt war es von hier aus leichter, die Botschaft ins Umland zu tragen.

Schon in Antiochia in Pisidien bot sich Paulus eine erste Gelegenheit in der Synagoge sein Publikum, das sich aus Juden und heidnischen Sympathisanten, die sog. Gottesfürchtigen, zusammensetzte, anzusprechen. Mit einem heilsgeschichtlichen Rückblick und allerdings fragwürdigen Beweisen aus der Schrift belegte er, dass Jesus in der Tat der erwartete Retter seines Volkes ist. Er war von den Juden getötet worden aber Gott hatte ihn wieder auferweckt und zu sich erhöht. Von Menschen – allerdings unwissend – verursachtes Unheil ist durch göttlichen Heilswillen getilgt worden womit die Verheißung der Väter erfüllt wurde. Wer nun in Jesu Namen die Vergebung seiner Sünden sucht, der wird durch seinen Glauben an ihn gerechtfertigt und somit errettet. Hieraus klingt stark vereinfacht bereits die paulinische Rechtfertigungslehre.

Doch die Juden ließen sich so leicht nicht beeindrucken. Neidisch auf Paulus Erfolg bei den Heiden widersprachen sie ihm und lästerten. Paulus aber sagte ihnen direkt ins Gesicht, dass sie durch ihre Zurückweisung sich selbst aus dem Heil ausgeschlossen hatten, das nun den Heiden offen stünde. Von denen wurden all die gläubig, „die zum ewigen Leben bestimmt waren." Das klingt verdächtig nach der Prädestinationslehre. Wie heißt es so schön bei Jesaja 45,7: „der ich Frieden gebe und schaffe Unheil". Alles also liegt in Gottes Hand, so wie ja auch die Hinrichtung Jesu letztlich nach Gottes Plan ablief. Wo also liegt dann die Schuld des Menschen, wenn Gott doch sowieso alles vorherbestimmt hat? Wenn man so will, dann hat Gott ja dem Menschen bereits in die Wiege gelegt, ob sein Los Heil oder Unheil sein wird, Himmel oder Hölle; denn auch wer zum Glauben findet, bestimmt ja Gott. Mit dem natürlichen Gerechtigkeitssinn hat das nichts zu tun.

Zu 14. Da er bei den Juden überwiegend auf Ablehnung stieß begann Paulus im Ernst die Mission zu den Heiden was der christlichen Botschaft zu einer universalen Ausweitung verhelfen sollte. Bis dahin war aber noch ein langer, mit Mühsal und Leiden gepflasterter Weg. In Ikonion wurden die beiden Boten Christi fast gesteinigt und in der nächsten Stadt, Lystra, durchlitten sie Höhen und Tiefen ihrer Mission. Als Paulus einen Gelähmten heilte wurden sie erst von den abergläubischen Einheimischen vergöttert, wogegen sie sich jedoch wehrten, war das doch in ihren Augen eine Gotteslästerung. Die gleiche Menge, die sie eben noch verehrte, ließ sich dann von Juden aus den Nachbarstädten aufhetzen und steinigte Paulus was der aber anscheinend unbeschadet überstand.

Diese ganze Episode wirkt legendär ausgeschmückt. Es ist eher unwahrscheinlich, dass die Heiden, die an Wunder wirkende Heiler gewöhnt waren, die beiden wandernden Missionare gleich in den Götterstand erhoben hatten. Und dass Paulus eine Steinigung ohne größere Verletzung überstanden haben soll, dazu noch dahin zurückgeht, wo die Verfolgung ihren Ursprung nahm, ist mehr als unglaubwürdig. Der Verfasser griff wohl auf eine alte phrygische Sage über die Einkehr von Zeus und Hermes in Menschengestalt zurück, die auch dem römischen Dichter Ovid als Vorlage diente. Lukas mag mit dieser Sage die Ursünde des Heidentums hat hervorheben wollen, nämlich die Aufhebung der Grenze zwischen dem Gott und dem Menschen.

Die erste Missionsreise ist beendet. Der Rückweg führte sie über die von ihnen gegründeten Gemeinden, denen sie durch die Einsetzung von Ältesten eine erste organisatorische Struktur gaben. Nach Phil 1,1 wurden in den griechischen Gemeinden allerdings zunächst Aufseher (griech.: episkopos) eingesetzt, deren Funktion sich später in das Amt des Bischofs entwickelte. Eine Ältestenverfassung nach jüdischem Vorbild war demnach den von Paulus gegründeten Gemeinden fremd.

Zu 15. Im Jahre 48 n. Chr. fand der sog. Apostelkonvent statt, der manchmal auch als erste Synode in der Kirchengeschichte bezeichnet wird. Unter Auslegern wird immer noch kontrovers diskutiert ob die erste Missionsreise überhaupt vor diesem Konvent stattgefunden hatte und nicht irrtümlich von Lukas vordatiert worden war. Es spricht viel dafür, dass die Beschlüsse des Konzils erst eine weiterführende Heidenmission angestoßen hatten und das sog. Aposteldekret dann der Regelung der neu gegründeten Gemeinden diente. Jedenfalls war der unmittelbare Anlass der Versammlung das Kommen von Judenchristen nach Antiochia und deren Forderung nach Beschneidung auch der Heidenchristen was zum innergemeindlichen Streit führte. Aus der Sicht der Judenchristen, die sich noch den jüdischen Synagogen und damit dem mosaischen Gesetz verbunden fühlten, ist diese Forderung verständlich. Demgegenüber machte die antiochenische Seite geltend, dass das Heil nicht mehr in der Erfüllung des Gesetzes sondern allein im Glauben an Christus liegt. Eine fortdauernde Bindung an das Gesetz würde ja bedeuten, so argumentierte man, dass das von Gott in Jesus gewährte Heil unvollständig wäre. Der Apostelkonvent in Jerusalem hatte sich zusammengefunden, um eine Lösung für diesen Disput zu finden.

Die Jerusalemer Urgemeinde wurde mittlerweile von einem Ältestenrat unter dem Vorsitz von Jakobus, dem leiblichen Bruder Jesu, geführt. Gleich zu Beginn der Versammlung insistierten einige zum Christentum konvertierte Pharisäer darauf, dass die Heiden erst dann in die Gemeinschaft der Christen aufgenommen werden sollten nachdem sie beschnitten worden sind und allgemein sich zur Einhaltung von Moses Gesetz verpflichtet haben. Dass gerade sie diese Forderung erhoben versteht sich gegen den Hintergrund zunehmender Verfolgung der Christen und der Tatsache, dass ihre Treue zur Tora besonders scharf unter die Lupe genommen wurde. Nachdem die Pharisäer ihre Vorbehalte geltend gemacht hatten, beriet sich das Gremium der Kirchenführung in einer geschlossenen Sitzung, und es kam zu kontroversen Auseinandersetzungen bis Petrus das Wort ergriff und auf seine eigene Erfahrung mit der Bekehrung des römischen Hauptmannes verwies wonach Gott selber die Geltung des Reinheitsgebotes aufgehoben hatte. Somit wäre die Forderung nach Erfüllung des Gesetzes eine unnötige Last, die ja noch nicht einmal die Juden tragen konnten, ja, sie wäre eine Versuchung Gottes. Der Konvent einigte sich schließlich auf eine von Jakobus vorgetragene Kompromissformel, nach der den Heiden vier Minimalforderungen wie das Verbot der Unzucht und die Abstinenz von Götzenopferfleisch auferlegt werden sollten. Diese waren bereits in der Schrift als verbindlich genannt worden (Lev 17 und 18).

So, wie Lukas den Ablauf des Apostelkonvents schildert, trug er sich mit Sicherheit nicht zu. Zum einen wird Jakobus kaum aus der Septuaginta zitiert haben, nach der sich aus der Prophetie des Amos 9,11f eine Heilsprophetie für die Heiden herauslesen lässt (Apg 15,15ff), nach der hebräischen Fassung, die doch wohl in der Versammlung benutzt worden war, aber nicht. Zum anderen beschreibt Paulus den Verlauf des Konvents in seinem Galaterbrief wesentlich anders. Entweder stellt Paulus selbst eine verzerrte Sicht dar oder aber Lukas Schilderung trifft so nicht zu. Paulus erwähnt die Minimalforderungen überhaupt nicht und schreibt, dass ihm keinerlei Auflagen gemacht worden seien und dass er sich lediglich zu einer Kollekte für die Armen verpflichtet habe (Gal 2,6.10). Lukas weiß nur von einer früheren Kollektenreise des Paulus und Barnabas (Apg 11,27–30). Dort begründet er sie mit einer Hungersnot, die aber zu der Zeit gar nicht bestand. So ist es anzunehmen, dass Lukas eine Verwechslung unterlaufen ist und die Armenkollekte und die Erhebung der Minimalforderungen in einen falschen Kontext gebracht hat.

Die Wahrscheinlichkeit spricht dafür, dass diese Minimalforderungen erst zu einem späteren Zeitpunkt erhoben wurden. Das könnte man indirekt auch aus dem Streit zwischen Paulus und Barnabas, der dem Aufbruch zur zweiten Missionsreise voranging, schließen. Nach Lukas Darstellung entzündete sich der Zwist an der Person des Markus, den Paulus wegen seiner früheren vorzeitigen Abreise für unzuverlässig hielt. Der wahre Grund aber wird wohl der sog. antiochenische Zwischenfall kurz nach dem Konvent gewesen sein, der Lukas anscheinend nicht bekannt war. Paulus hatte sich mit Petrus und Barnabas überworfen, weil die beiden sich nicht länger an einen Tisch mit den Heiden setzen wollten was er ihnen als Heuchelei vorwarf (Gal 2,11f). Dieser Streit ist eigentlich nur verständlich wenn man annimmt, dass die Minimalforderungen im damaligen Beschluss noch gar nicht enthalten gewesen waren. Jedenfalls fand sich Paulus isoliert in der antiochenischen Gemeinde und das Vertrauensverhältnis zwischen ihm und Barnabas war gestört. So entschied er sich, sich von der Gemeinde zu lösen und auf eigene Faust seine Mission zu den Heiden zu starten. Dafür fand er in Silas einen willigen und ihm wohlgesonnten Mitarbeiter.

Zu 16. In Lystra, wo Paulus zuvor gesteinigt worden war, gewann er in Timotheus, Sohn einer jüdischen Mutter und eines griechischen Vaters, einen weiteren Mitarbeiter. Obwohl Paulus die Beschneidung als Bedingung für den Übertritt zum Christentum grundsätzlich ablehnte, ließ er Timotheus beschneiden, da dieser nach jüdischer Vorstellung aus einer illegitimen Mischehe stammte. Paulus wollte wohl auch nicht das Verhältnis zu den Juden unnötig belasten. Somit setzte das erweiterte Missionsteam seine Inspektionsreise durch die früher gegründeten Gemeinden fort. Der heilige Geist diktierte in Folge den weiteren Reiseverlauf indem er das Vordringen in den westlichen Küstenbereich verwehrte und als Traumgesicht Paulus anwies, nach Mazedonien zu gehen.

Von Troas aus, noch bekannt aus der griechischen Sage des Homer, setzten sie nun nach Europa über und erreichten Philippi, wo früher der Alexanderfeldzug seinen Ausgang genommen hatte, das aber jetzt unter römischer Herrschaft stand. Eine jüdische Synagoge schien es zu der Zeit dort noch nicht gegeben haben. Paulus traf nur einige Frauen an einer Gebetsstätte am Fluss an und fand in Lydia, eine vermögende aber unverheiratete Händlerin von in Purpur gefärbten Kleiderstoffen, die selbst aus Kleinasien stammte, seine erste Konvertitin in Europa. Mit ihr schloss sich gleich ihr ganzes Haus dem neuen Glauben an. In der Antike war es üblich, dass nicht nur die Familie sondern auch die Bediensteten und Sklaven der Glaubensentscheidung des Haushaltsvorstandes folgten.

Bei seinen täglichen Gängen durch Philippi folgten den drei Missionaren eine von einem dämonischen Geist besessene Sklavin, die sie andauernd als Knechte des höheren Gottes ausrief. Paulus, dem diese Begleitung lästig geworden war, trieb den Geist aus, was wiederum den Zorn der Eigentümer der Sklavin hervorrief, die sich nun um ihre Einkunftsquelle beraubt fühlten. Sie klagten Paulus aber nicht wegen des wirtschaftlichen Schadens sondern wegen angeblich anti-römischer Propaganda an und brachten sie damit ins Gefängnis.

Was sich dann im Gefängnis zugetragen haben soll, klingt arg unrealistisch. Da werden die Gefangenen durch ein großes Erdbeben, das aber anscheinend nirgendwo Schaden anrichtete, von ihren Ketten befreit. Nachdem sich die Türen geöffnet hatten, blieben all die Insassen des Gefängnisses brav in ihren Zellen sitzen anstatt die Flucht zu ergreifen, und Paulus konnte durch die Wände gewahr werden, dass sich der Gefängniswärter in sein Schwert stürzen wollte. Offensichtlich hat der Verfasser eine alte Legende weiter ausgearbeitet, um damit die Überlegenheit des christlichen Glaubens vorführen zu können. Als Vorlage könnte ihm auch das Drama ‚Die Bakchen' des griechischen Tragödiendichters Euripides gedient haben. Auch in diesem öffnen sich die Türen des Gefängnisses und lösen sich die Fesseln der gefangenen Backchen auf wundersame Weise.

Zu 17. Paulus und seine Begleiter setzten ihre Reise westwärts fort und erreichten Thessalonich, Provinzhauptstadt und Sitz des römischen Prokonsuls. Als freie Stadt besaß sie das Recht auf Selbstverwaltung. Paulus Reden fanden großen Widerhall, sehr zum Missfallen der Juden, die mal wieder eine Hetzkampagne gegen ihn starteten. Der Pöbel konnte zwar der Missionare nicht habhaft werden, doch man ergriff einige Christen und klagte sie vor den Oberen der Stadt der Volksverhetzung und des Hochverrats an, erreichte aber nicht viel damit. Währenddessen verließen Paulus und seine zwei Begleiter die Stadt im Schutze der Nacht mit dem Ziel Athen.

In Athen war Paulus, der bis hierher von christlichen Brüdern begleitet worden war, auf sich allein gestellt; denn Silas und Timotheus waren zurückgeblieben (Apg 17,15). Nach 1 Thess 3,1f soll Timotheus jedoch zunächst dort mit ihm gewesen sein. In Athen suchte Paulus den Kontakt mit den Intellektuellen, den Philosophen, und hielt laut Lukas auf dem Areopag, einem hochgelegenen Felsen in Athen, dem Areshügel, wo auch der gleichnamige Rat tagte, eine Rede. Lukas hat anscheinend Paulus Aufenthalt in Athen, das viel von seinem ursprünglichen Glanz verloren hatte, dem Wirken des Sokrates nachempfunden, der auf den Straßen die Leute anzusprechen pflegte.

Die Philosophen hatten Paulus zunächst mit herablassender Geringschätzigkeit behandelt, ihn sogar einen Körnerpicker genannt, also als jemanden, der sich seine eigene Wahrheit aus fremdem Geistesgut zusammenkramt. Er suchte seine Hörer für sich einzunehmen, indem er zu ihnen sagte, dass er die Auffassung griechischer Dichter wohl teile, dass in Gott „leben, weben und sind wir". Das klingt verdächtig nach göttlicher Immanenz so wie es die Stoiker verstanden, doch machte er auch klar, dass er nicht daran denke, von der Vorstellung der Verschiedenheit Gottes von den Menschen abzurücken. Ihm war auch der Altar mit einer dem unbekannten Gott gewidmeten Inschrift aufgefallen. Das war für ihn Beweis, erklärte er seinen Hörern, dass die Menschen in der Tat nach Erkenntnis dieses Gottes strebten wenn sie auch weiterhin noch im Dunkeln tappten. Paulus war nun derjenige, der ihnen das rechte Wissen über diesen Gott vermitteln konnte. Es ist der fürsorgliche Schöpfergott, der zwar nicht ferne von uns aber doch verschieden von uns ist. Er tadelte die Praxis, sich von dem Gott ein Bildnis zu machen und dieses dann anzubeten, als ob der Gott nun selbst darin manifestiert wäre. Doch mit solch einer Rede konnte Paulus kaum offene Türen einrennen; denn seine Zuhörer, die Philosophen, hatten sich längst von einer naiven Volksfrömmigkeit entfernt. Und als er dann noch anfing, von der Aufweckung Jesu von den Toten zu sprechen, da dürfte ihr Interesse schon bald erloschen gewesen sein; denn nach ihrer Lehre wird die unsterbliche Seele ja gerade im Tode von der bloßen Hülle des Körpers zum ewigen Leben befreit. Seine Drohung mit dem letzten Gericht wird dann wohl nur noch milden Spott bei ihnen ausgelöst haben und so blieb Paulus ein wirklicher Erfolg in Athen versagt. Zu einer Gemeindegründung kam es nicht.

Zu 18. Nun also Korinth, eine wegen ihrer Unsittlichkeit verrufene Hafenstadt. Hier fand er Unterkunft bei einem jüdischen Ehepaar, das wegen eines Ediktes des römischen Kaisers Klaudius 49 n. Chr. Rom hatte verlassen müssen. Paulus war gelernter Lederarbeiter bzw. Zeltmacher und finanzierte seinen Lebensunterhalt zumindest teilweise durch seiner Hände Arbeit. Erst als nun seine beiden Mitarbeiter in Korinth eintrafen und Spenden aus Philippi mitbrachten, konnte er sich ganz auf die Verkündigung konzentrieren. Über die ihn ablehnenden Juden sprach er ein Blutwort, das die Schwere ihrer Schuld ausdrücken sollte, die den Verlust des Heils nach sich zieht. Eine nächtliche Erscheinung, die ihm gute Arbeitsbedingungen in Aussicht stellte, bewog ihn, seinen Aufenthalt in Korinth auf anderthalb Jahre auszudehnen. Die Juden konnten nichts gegen ihn ausrichten, woran auch der Amtsantritt des Gallio (51–52 n. Chr.), ein älterer Bruder des Philosophen Seneca, nichts zu ändern vermochte; denn der war nicht an einem interreligiösen Streit interessiert und verwarf ihre Anklagen gegen Paulus.

Paulus und seine Mitarbeiter, zusammen mit dem inzwischen zum Christentum konvertierten Ehepaar Priszilla und Aquila, machten sich auf den Rückweg. Lukas erwähnt, dass Paulus sich seine Haare wegen eines Gelübdes scheren ließ. Das weist auf die jüdische Praxis des Nasiräat hin, was eine besondere Weihe zu Gott bedeutet. Dem gesetzlichen Brauch nach hätte er sich aber seine Haare erst im Tempel scheren lassen dürfen. Nach kurzen Besuchen in Ephesus und Jerusalem traf er wieder in Antiochia ein, wo sich Gelegenheit ergab, sein gestörtes Verhältnis zur Gemeinde wieder ins Reine zu bringen als auch die Vorbereitungen für die in Paulus Briefen erwähnte Armenkollekte zu treffen. Danach brach er zu seiner dritten Missionsreise auf, zur Visitation der bereits von ihm gegründeten Gemeinden.

Zu 19. Merkwürdigerweise hatte sich Paulus auf der Rückreise den Bitten der Juden, länger in Ephesus zu verweilen, zunächst verweigert. Nun aber, etwa im Jahre 53 n.Chr., traf er zu einem über zwei Jahre währenden Aufenthalt ein und widmete sich in dieser Zeit dem Gemeindeaufbau. Vor ihm hatte bereits ein Apollos, ein wortgewaltiger jüdischer Mann aus Alexandria, gewirkt. Dieser war zwar Christ und besaß die Gabe des Geistes, wusste auch um die Bedeutung Jesu, kannte aber nur die Taufe des Johannes. Dieser Apollos kam wahrscheinlich aus der Täuferbewegung, die sich bis nach Kleinasien ausgebreitet hatte was zu einer Konkurrenzsituation zwischen Christen und Johannesjüngern geführt hatte.

Paulus war hier also in eine Gemeinde gekommen, die er selbst nicht gegründet hatte. Sein Wirken wird aber zu einem enormen Aufschwung geführt haben, war sein Name doch schon bald in weiten Teilen des Landes bekannt geworden. Über Paulus wurden ungewöhnliche Wundertaten berichtet, sodass die Kranken sich bereits Heilung nur durch Berührung der von ihm getragenen Kleidung erhofften. Andere, sieben Söhne eines

Hohenpriesters, wollten sich die Kraft Jesu zunutze machen und in seinem Namen böse Geister austreiben. Doch ein böser Geist weigerte sich, zu weichen; der von ihm Besessene entwickelte übermenschliche Kräfte und richtete alle sieben übel zu.

Eine solche Praxis der Magie im Namen Jesu scheint dazumal nicht ungewöhnlich gewesen zu sein. Dies belegt zum Beispiel ein antiker Zauberpapyrus, auf dem zu lesen ist: ‚Ich beschwöre dich bei Gott, dem Gott der Hebräer' (W. de Boor: Die Apostelgeschichte). Es fragt sich, von wem Lukas über Paulus Machttaten erfahren hatte, sicherlich nicht von Paulus selbst; denn der schreibt, dass seine judenchristlichen Gegner sich über seinen Mangel an Wundertaten mokierten während er sich selbst nur seiner Schwachheit rühmen wollte (2 Kor 12,19). Überhaupt, wie grenzt man den Glauben des frommen Volkes in die heilende Kraft von Paulus Tüchern von dem magischen Tun der Beschwörer ab, außer, dass Paulus selbstlos gab, die anderen aber sich bereichern wollten. Auch Jesus trieb Dämonen aus und schien den Exorzismus in seinem Namen nicht verbieten zu wollen (Mk 9,38f).

Paulus trug bereits den Wunsch mit sich, nach Rom zu reisen und schickte schon mal Timotheus nach Mazedonien voraus. In Ephesus aber erwartete ihn neues Ungemach. Diesmal war es ein Silberschmied, der die ganze Stadt mit seinen Anschuldigungen, dass Paulus das Gewerbe ruiniere, da er das Ansehen der Göttin Diana in Verruf bringe, in Aufruhr versetzte. Als sich die Hysterie der Menge noch weiter steigerte und sogar Lynchjustiz drohte, schritt der Kanzler ein und vermochte das Volk mit seiner Feststellung, dass die Ehre der Göttin niemals in Gefahr stand beschmutzt zu werden, beruhigen.

In dieser Erzählung wird das unheilvolle Ineinanderwirken von patriotischen, religiösen und wirtschaftlichen Interessen vor Augen geführt. Das Devotionalengewerbe verschaffte Arbeit und Brot und konnte durch Paulus Wirken, das ja die Existenz anderer Götter in Frage stellte, schweren Schaden nehmen. Ein Abfall von den alten Göttern wiederum würde einen Ansehensverlust der Stadt, das sich als kulturelles Zentrum der Götterverehrung rühmte, nach sich ziehen.

Paulus Jünger hatten ihn davon abgehalten, das Bad der Menge zu suchen. Paulus war eben kein Feigling; diesen Eindruck will wohl der Verfasser vermitteln. Außerdem war er von den ihm freundlich gesinnten Oberen

(Asiarchen) gewarnt worden. Das will aber nicht so recht einleuchten. Sollten ausgerechnet die Hüter des Kultes demjenigen wohlgesonnen sein, der ihre eigene Existenz bedrohte? Hier hat wohl Lukas eine erbauliche Geschichte komponiert, in der allerdings ein historischer Kern steckt; denn in 2 Kor 1,6ff schreibt Paulus selbst von einer lebensbedrohenden Gefahr, der er in der Provinz Asia ausgesetzt gewesen war. Nimmt man jedoch Lukas Schilderung ernst, dann gewinnt man den Eindruck, dass Paulus Wirken anscheinend das ganze Heidentum ins Wanken zu bringen vermochte.

Zu 20. Paulus durchzog mit seinen Getreuen auf dem Weg zurück in die Heimat noch einmal Griechenland und Mazedonien. Den direkten Schiffsweg nach Syrien vermied er wegen der Gefahr eines Anschlags auf sein Leben und so kam er zunächst nach Troas. Hier durfte Paulus noch einmal seine wunderwirksame Kraft unter Beweis stellen, als er einen jungen Zuhörer, der zu Tode gefallen war, wieder ins Leben zurückzurufen vermochte und zwar in der Weise wie es vormals der alttestamentliche Elia getan hatte. Die ganze Episode ist in einer Beiläufigkeit erzählt, dass man das Wunder schon fast gar nicht mehr zur Kenntnis nimmt. Nach dem Vorfall setzte Paulus seine Predigt fort, als wäre nichts gewesen.

Er traf sodann in Milet ein, wohin er die Vorsteher aus der nicht weit entfernten Gemeinde in Ephesus riefen ließ und hielt ihnen eine lange Abschiedsrede. Im Rückblick erwähnte er noch einmal die Stationen seiner Missionsarbeit, die er unter Leiden, in Demut und durch viele Anfechtungen hindurch getan hatte. Nun würden ihn in Jerusalem neue Bedrängnisse erwarten, ja vielleicht sogar der Tod. So wird es wohl ein Abschied für immer sein. Er hatte sein Bestes gegeben, Schuld wird man bei ihm nicht finden können. Wer seinem geistlichen Ruf nicht gefolgt war, der hatte sich selbst des ewigen Lebens beraubt. Nun waren sie auf sich allein gestellt und in Zukunft hätten sie, die Hirten Gottes, sich vorrangig um ihre Herde zu kümmern; denn Feinde würden die Gemeinde bedrohen und falsche Lehren aus ihrer Mitte kommen. An ihm sollten sie sich ein Vorbild nehmen; denn niemals hatte er nach materiellen Gewinn gestrebt. Niemanden war er zur Last gefallen, hatte er sich doch durch eigene Hände Arbeit verdient was er brauchte. Den Schwachen aber solle ihre Hilfe gelten, getreu nach dem Wort Jesu: „Geben ist seliger als nehmen“. Der Abschied nach Paulus Rede fiel sehr emotional aus und man geleitete ihn noch zu dem Schiff, das ihn nun in die Heimat bringen sollte.

Paulus hatte sein Missionswerk abgeschlossen. Der letzte Abschnitt seines Lebens, der ihn nach Rom führen sollte, lag vor ihm. Sein abschließendes Wort war ein Zitat von Jesus, in Wirklichkeit jedoch stammt es vom griechischen Historiker Thukydides, der gesagt hatte: „Es ist angenehmer zu geben als zu nehmen."

11.4. Die Verhaftung des Paulus und sein Weg nach Rom (Apg 21–28)

21. Paulus und seine Begleiter erreichten Tyrus an der phönizischen Küste. Dort wurde ihm von Jüngern eine Warnung des Heiligen Geistes gegeben, die verlautete, „er solle nicht nach Jerusalem hinaufziehen". Nach einem kurzen Aufenthalt ging es aber weiter nach Caesarea wo Paulus einige Tage im Hause des Philippus verbrachte. Ein Prophet aus Judäa suchte ihn auf und band sich als Zeichen von Paulus künftiger Gefangenschaft mit dessen Gürtel Hände und Füße. Paulus aber ließ sich auch durch inständiges Bitten der Jünger nicht von seinem Entschluss abbringen, nach Jerusalem hinaufzuziehen und sagte, er wäre bereit, dort „für den Namen des Herrn" zu sterben. So machte sich Paulus mit seinen Begleitern auf den Weg nach Jerusalem wo er bei einem Christen aus Zypern Unterkunft zu nehmen gedachte.

In Jerusalem wurde Paulus herzlichst von den Brüdern aufgenommen und am nächsten Tag suchte er Jakobus und die Ältesten auf. Diese lobten seine Arbeit unter den Heiden, wiesen allerdings auch darauf hin, dass man über ihn sage, er lehre den Juden, dass sie ihre Kinder nicht mehr beschneiden und sie auch sonst nicht mehr nach den alten Ordnungen zu leben hätten. Um nun den Verdacht auszuräumen, dass Paulus sich nicht mehr an das Gesetz Mose halte, solle er sich mit vier anderen Männern, die ein Gelübde auf sich genommen hatten, reinigen lassen und die Kosten dafür übernehmen. Paulus befolgte ihren Rat, „reinigte sich am nächsten Tag mit ihnen und ging in den Tempel" um dort die Erfüllung der Weihe anzuzeigen.

Am Ende der Tage der Reinigung aber legten Juden aus Asien Hand an Paulus und erhoben Anklage, dass er eine falsche Lehre verbreite und den Tempel entweihe, dadurch, dass er einen Griechen aus Ephesus in den Tempel geführt habe. Es kam zu einem Volksauflauf und Paulus geriet in Lebensgefahr. Seine Rettung verdankte er dem Einschreiten eines römischen

Oberst doch die Menge bedrängte die Soldaten so sehr, dass sie Paulus tragen mussten. Paulus aber bat den Oberst, zu dem Volk reden zu dürfen. Die Bitte wurde ihm gewährt.

22. Paulus redete auf hebräisch und eine große Stille entstand. Sich selbst bezeichnete er als einen gesetzestreuen Pharisäer, als einen „Eiferer für Gott", der die neue Lehre bis auf den Tod verfolgt hatte. Er redete von seinem Erlebnis in Damaskus und der Erscheinung Jesu Christi, seiner kurzen Blindheit und seinen Auftrag von Gott her, hinfort als Zeugen für den Gerechten zu wirken. In Jerusalem erschien ihm wieder Jesus, der ihn zur Eile aufrief, die Stadt zu verlassen; denn hier wäre sein Zeugnis wertlos. Noch aber lastete die schwere Blutschuld, die er durch seine Verfolgungen auf sich geladen hatte, auf ihm. Jesus aber sprach zu ihm: „Geh hin; denn ich will dich in die Ferne zu den Heiden senden."

Als die Menge dies hörte wurde sie wieder aufs äußerste erregt und schrie: „Hinweg mit diesem von der Erde! Denn er darf nicht mehr leben." Der Oberst ließ Paulus in die Burg abführen und befahl, ihn zu geißeln um herauszufinden, warum das Volk wegen ihm in einen solchen Aufruhr geraten war. Paulus aber fragte, ob es wohl erlaubt wäre, einen römischen Bürger „ohne Urteil zu geißeln?". Er fügte hinzu, dass er als römischer Bürger geboren worden war. Der Oberst fürchtete sich; denn es war nicht rechtens, einen römischen Bürger zu binden. Am nächsten Tag löste man des Paulus Ketten und der Oberst ließ eine Versammlung des Hohen Rates anberaumen, dass Paulus verhört werde.

23. Vor dem Hohen Rat verteidigte sich Paulus, dass er immer ein Leben „mit guten Gewissen vor Gott geführt" habe. Als ihm einer auf Befehl des Hohepriesters Hananias auf den Mund schlug, da schleuderte Paulus in seinem Zorn dem Hohepriester entgegen: „Gott wird dich schlagen, du getünchte Wand!". Als ihm vorgehalten wurde, er schmähe den Hohepriester Gottes, entschuldigte er sich und sagte, er hätte nicht gewusst, um wen es sich handle.

Paulus erkannte, dass sich der Hohe Rat aus Sadduzäern und Pharisäern zusammensetzte. Er selbst sagte von sich, er sei ein Pharisäer, der wegen seiner Hoffnung auf die Auferstehung angeklagt wäre. Mit diesen Worten säte er Zwietracht in die Versammlung, da nun die Pharisäer Partei für Paulus ergriffen. Die Versammlung artete in einen regelrechten Tumult aus. Wiederum musste der Oberst einschreiten und Paulus vor der erregten

Menge beschützen. In der folgenden Nacht aber stand der Herr bei ihm und sprach: „Sei getrost". Denn wie du für mich in Jerusalem Zeuge warst, so musst du auch in Rom Zeuge sein."

Vierzig Juden verpflichteten sich mit einem Eid, Paulus zu ermorden. Mit dem Wissen der Hohenpriester planten sie, ihn beim Gang zum Hohen Rat zu töten. Doch der Sohn der Schwester des Paulus hörte von dem Komplott und teilte es Paulus mit. Der verwies ihn weiter an den Oberst. Der Oberst verpflichtete den jungen Mann zum Schweigen und rüstete noch in der Nacht eine Abteilung Soldaten aus, die den Gefangenen zum Statthalter Felix in Caesarea zu bringen hatten. Ein ihm übermittelter Brief informierte den Statthalter über den Sachverhalt. Nachdem er Paulus über seine Herkunft befragt hatte entschied Felix: „Ich will dich verhören, wenn deine Ankläger auch da sind. Und er ließ ihn in Gewahrsam halten im Palast des Herodes."

24. Einige Tage später erschienen der Hohepriester Hananias mit einigen Ältesten und ihrem Anwalt vor dem Statthalter Felix, um eine förmliche Anklage gegen Paulus zu erheben. In einer äußerst höflichen und schmeichelnden Anrede trug der Anwalt die Anklagepunkte vor. Sie besagten, dass Paulus als Anführer der Sekte der Nazarener überall Aufruhr errege und er sogar versucht habe, den Tempel zu entweihen. Paulus wies alle Vorwürfe zurück. Er war überzeugt, dass man keine Beweise dafür finden werde. Er habe sich immer an das Gesetz der Väter gehalten und hege wie auch die Ankläger eine Hoffnung auf „eine Auferstehung der Gerechten wie der Ungerechten". So habe er ein gutes Gewissen vor Gott und was die Entweihung des Tempels betrifft, sollten doch die Juden aus Asien, die ihn bezichtigten, ihn selbst hier verklagen.

Felix ließ den Prozess vertagen, ohne eine Entscheidung zu treffen. Paulus blieb zwar Gefangener, aber unter erleichterten Haftbedingungen. Felix und seine jüdische Frau suchten ihn privat auf, um mehr von ihm über den Glauben an Jesus Christus zu hören. Als Paulus von dem zukünftigen Gericht redete, erschrak Felix und brach fürs erste das Gespräch ab. Er ließ ihn jedoch danach noch mehrere Male holen, um mit ihm zu reden, hoffte wohl auch auf Geld von Paulus Anhängern. Nach zwei Jahren wurde Felix von seinem Nachfolger Festus abgelöst. Paulus aber blieb weiterhin gefangen.

25. Schon kurz nach Amtsantritt begab sich Festus nach Jerusalem und traf dort mit den Oberen der Juden zusammen. Die drängten ihn, Paulus nach Jerusalem zu verlegen, doch planten sie im Geheimen einen Hinterhalt. Festus lehnte ihr Gesuchen ab und legte ihnen nahe, ihre Anklage gegen Paulus selbst in Caesarea vorzubringen. In Caesarea hielt Festus Gericht, doch die Juden konnten auch diesmal ihre Anklagen nicht mit Beweisen stützen während Paulus noch einmal seine Unschuld beteuerte.

Festus wollte sich mit den Juden gut stellen und fragte Paulus, ob er sich in Jerusalem unter ihm richten lassen wolle. Paulus antwortete, dass er sehr wohl bereit sei, für ein jegliches Unrecht vor Gericht gerade zu stehen und falls er schuldig befunden werde, dafür zu sterben. Sodann berief er sich auf den Kaiser. Festus entschied nach einer Besprechung mit seinen Ratgebern: „Auf den Kaiser hast du dich berufen, zum Kaiser sollst du ziehen."

König Agrippa und seine Frau Berenike machten dem neuen Statthalter ihre Aufwartung. Festus weihte sie in der Sache Paulus ein und betonte, dass gemäss römischen Recht der Angeklagte einem ordentlichen Verfahren unterworfen werden müsse. Mit der Anklage aber, bei der es „um Fragen des Glaubens und über einen verstorbenen Jesus, von dem Paulus behauptete, er lebe" ginge, könne er weiter nichts anfangen. Paulus hatte sich nun nicht in Jerusalem richten lassen wollen und berief sich auf sein Recht als römischer Bürger, seine Unschuld vor dem kaiserlichen Gericht zu verteidigen.

Am nächsten Tag kamen Agrippa und seine Frau „mit großem Gepränge" in den Palast und Festus stellte ihnen den Gefangenen Paulus vor. Er, Festus, hoffe, dass Agrippa im Gespräch mit Paulus sich Aufschluss über die Situation verschaffen könne, sodass er dem Kaiser im Begleitbrief entsprechend Mitteilung machen könne.

26. Paulus in seiner Rede vor König Agrippa betonte, dass er als Pharisäer immer in der „allerstrengsten Richtung unseres Glaubens" gelebt habe, aber angeklagt sei wegen der Hoffnung auf die Verheißung, dass die Toten auferstehen werden. Er selbst war einer der schärfsten Verfolger der Jesus-Anhänger gewesen und „wütete maßlos gegen sie". Bis nach Damaskus plante er, sie zu verfolgen, doch auf dem Weg dahin umleuchtete ihn ein überaus helles Licht und eine Stimme sprach zu ihm: „Saul, Saul, was verfolgst du mich. Es wird dir schwer sein, wider den Stachel zu löcken." Dieser Stimme musste er gehorsam sein, und so begann er, die Botschaft

Christi im ganzen Lande und darüber hinaus zu verkündigen, dass die Menschen sich zu Gott bekehren. Darum wolle man nun ihn selbst töten, doch habe er Gottes Hilfe bis auf den heutigen Tag erfahren und bleibe Zeuge vom Leiden Christi und seiner Auferstehung von den Toten. Dieses hatten auch Mose und die Propheten geweissagt.

Festus unterbrach ihn mit den Worten: „Paulus, du bist von Sinnen! Das große Wissen macht dich wahnsinnig." Paulus entgegnete, dass er „wahre und vernünftige Worte" rede. Er wandte sich wieder an den König und fragte ihn: „Glaubst du, König Agrippa, den Propheten?" woraufhin Agrippa erwiderte: „Es fehlt nicht viel, so wirst du mich noch überreden und einen Christen aus mir machen." Das wünsche er sich sehr, sprach daraufhin Paulus.

Der König und seine Gattin zogen sich mit Festus zur Beratung zurück. Sie befanden, dass Paulus nichts getan hatte, für das er den Tod oder Gefängnis verdiene. Hätte er sich nicht auf den Kaiser berufen, könne man ihn freilassen.

27. Und so sandte man Paulus nach Rom. Unter der Aufsicht eines römischen Hauptmannes bestieg er mit anderen Gefangenen ein Schiff, mit dem sie zunächst zur Provinz Lysien im westlichen Kleinasien fuhren. Von dort aus ging es dann weiter nach Kreta. Das Wetter verschlechterte sich zusehends und Paulus warnte, dass ihnen viel Leid und großer Schaden widerfahren würde, sollten sie die Reise fortsetzen. Der Hauptmann aber schlug Paulus Warnung in den Wind und befahl den Aufbruch von Kreta; denn man wollte in einem geschützteren Hafen überwintern. Doch schon bald wurden sie von einem gewaltigen Sturmwind bedroht und es blieb ihnen nichts anderes übrig, als das Schiff treiben zu lassen. Die Seeleute warfen Ladung und Schiffsgerät ins Meer und „umspannten zum Schutz das Schiff mit Seilen". Doch das Schiff blieb ein Spielball des Unwetters und man gab bald jegliche Hoffnung auf Rettung auf.

Paulus wandte sich an die Männer und sprach: ‚Ihr hättet auf mich hören sollen, doch bleibt unverzagt; denn ein Engel verhieß mir in der Nacht, dass keiner umkommen wird und ich selber vor den Kaiser treten werde'. Nach vierzehn Tagen wähnte man, Land erreicht zu haben. Als die Seeleute auf dem Beiboot fliehen wollten, sagte Paulus zum Hauptmann, dass, sollten diese flüchten, dann werde keiner gerettet werden. Daraufhin ließ der Hauptmann die Taue zum Beiboot kappen. Paulus ermahnte die Männer, sich mit Nahrung zu stärken, „dankte Gott vor ihnen allen und“ brach das Brot „und fing an zu essen.“ Die Männer folgten seinem Beispiel und warfen danach den Rest des Getreides über Bord. Am nächsten Morgen ließen sie das Schiff auf das Land zutreiben, doch als es auf eine Sandbank auflief zerbrach es „unter der Gewalt der Wellen“. Die Soldaten wollten die Gefangenen töten, dass niemand entfliehen könne, doch der Hauptmann, der insbesondere um das Leben Paulus besorgt war, verhinderte es. Alle erreichten lebend das sichere Land.

28. Die Einheimischen, die sie freundlich aufnahmen, nannten ihre Insel Malta. Als nun Paulus Feuer machen wollte, da biss sich an seiner Hand eine Schlange fest. Die Leute hielten ihn nun für einen Mörder, dem durch die Göttin der Rache sein verdientes Schicksal widerfuhr. Doch als Paulus die Schlange ins Feuer schlenkerte ohne dass er erkennbaren Schaden erlitt, da „änderten sie ihre Meinung und sprachen: Er ist ein Gott.“

Paulus wirkte viele Heilungswunder auf der Insel, zuerst am Sohn eines begüterten Mannes. Seine Taten bewogen die Inselbewohner, ihm große Ehre zu geben und sie mit all dem was sie brauchten, auszustatten. Nach drei Monaten brach man wieder auf und sie fuhren mit einem anderen Schiff aus Alexandria weiter zur Küste Italiens. In einem Küstenort wurden Paulus und seine Begleiter von Brüdern empfangen und beherbergt bevor sie ihren Weg fortsetzten. Noch bevor sie Rom erreichten, da kam ihnen eine Abordnung der römischen Gemeinde entgegen, dessen Anblick Paulus mit großer Zuversicht erfüllte. Nach Ankunft in der Hauptstadt wurde er in einer von einem Soldaten bewachten Wohnung untergebracht.

Schon drei Tage später rief Paulus die Angesehensten der Juden zu sich und erklärte ihnen, warum er als Gefangener nach Rom gebracht worden war. Obwohl nichts gegen ihn vorlag und ihn die Römer freilassen wollten, hatten ihn die Juden mit ihren Anschuldigen bedrängt, sodass er sich schließlich auf den Kaiser berufen musste. Er wollte aber mit ihnen hier über seine Hoffnung sprechen, derentwegen er die Ketten trage.

Den Juden in Rom war von den Vorfällen nichts zu Ohren gekommen, doch wollten sie mehr von ihm über die Sekte hören, der „an allen Enden widersprochen wird.“ Man einigte sich auf einen Termin. Am festgesetzten Tag predigte Paulus ihnen von Jesus und erklärte ihnen die neue Lehre. Doch die Juden waren über diesen Glauben untereinander uneins und verließen Paulus, als er zu ihnen das Wort des Propheten Jesaja über die

Verstockung des Volkes redete (Jes 6,9f). Paulus sprach über sie: „So sei es euch kundgetan, dass den Heiden dies Heil Gottes gesandt ist; und sie werden es hören."

Paulus verblieb zwei Jahre in seiner Wohnung und predigte und verkündigte ungehindert „das Reich Gottes und lehrte von dem Herrn Jesus Christus."

Kommentar

Zu 21. Paulus sagte in seiner Abschiedsrede in Milet: „Siehe, durch den Geist gebunden, fahre ich nach Jerusalem... " (Apg 20,22). Dann aber heißt es „durch den Geist, er solle nicht nach Jerusalem hinaufziehen" (Apg 21,4) während ein paar Zeilen weiter der Geist ihm in anschaulicher Gestalt eine Warnung übermittelte, welches Schicksal er in Jerusalem zu erwarten hat (Apg 21,11). Liest man diese Texte zusammen, dann erscheinen die Weisungen des Geistes widersprüchlich und man bekommt den Eindruck, dass sich Paulus durch seinen Entschluss, nach Jerusalem zu gehen, dem Geist widersetzt hatte.

Paulus erreichte Jerusalem. Dort wurde er zwar freundlich aber auch mit großer Sorge aufgenommen. Jakobus, der Leiter der Urgemeinde, teilte ihm mit, dass viele Judenchristen in Palästina ihm vorwerfen, er lehre in den von ihm gegründeten Gemeinden, dass auch für die Juden das mosaische Gesetz nicht mehr gelte und sie somit ihre Kinder nicht mehr zu beschneiden brauchten. Um nun diesen Vorwurf zu entkräften und seine unverbrüchliche Verbundenheit zum Judentum zu demonstrieren, solle er einen gottesdienstlichen Akt im Tempel vollziehen. Dieser bestünde aus einem öffentlich vollzogenen Reinigungritual; denn nach dem Gesetz hatte er sich durch den Umgang mit Heiden verunreinigt. Auch solle er die Kosten für die Entweihung von vier Männern übernehmen, die sich in einem Nasiräat- Gelübde verpflichtet hatten.

Es hieß, dass Paulus in Eile war, Pfingsten nach Jerusalem zu kommen (Apg 20,16). Was war der Grund seiner Reise? Hatte er vor, sich für seine Heidenmission zu rechtfertigen? Jakobus forderte von ihm einen öffentlichen Beweis seiner Gesetzestreue. Kann man sich aber als guter Jude ausweisen und gleichzeitig eine gesetzeslose Heidenmission betreiben? Nun hatten die Judenchristen Paulus beschuldigt, er verführe seine jüdischen Gemeindeglieder zum Abfall vom mosaischen Gesetz. Doch der Vorwurf ist nicht haltbar. Denn soweit wir wissen hatte er den Juden ihre Freiheit belassen, selbst zu entscheiden, ob sie beim Übertritt zum christlichen Glauben die überlieferten Gesetze und Gebräuche weiterhin für sich als bindend betrachten wollten. Er selber hatte ja mit der Beschneidung von Timotheus beispielhaft vorgeführt, dass er ihre Gültigkeit nicht generell in Frage stellte. Paulus hatte nur gefordert, dass die Heiden nicht unter das Gesetz gezwungen werden sollten und diese Forderung war ja vom Apostelkonvent abgesegnet worden. Sein öffentlicher Akt der kultischen Reinigung stellte somit lediglich eine persönliche Würdigung des Gesetzes dar, aber keine Abkehr von der Heidenmission.

Seine kultische Reinigung hatte aber noch eine weiter reichende Bedeutung. Hätte er den von ihm erwarteten Dienst verweigert, dann wäre die Einheit von Heidenchristentum und Judenchristentum gefährdet gewesen. Jakobus, Jesus leiblicher Bruder, hatte Paulus eine Brücke gebaut; aber auch seine eigene Situation war heikel genug. Er musste zwischen den Forderungen seiner judenchristlichen Brüder einerseits und den Erwartungen des Paulus hinsichtlich seiner Heidenmission andererseits vermitteln. Die Situation der Judenchristen ist aus dem historischen Kontext durchaus verständlich. Insbesondere seit der Thronbesteigung Neros in Rom (54 n.Chr.) hatte der jüdische Nationalismus an Brisanz gewonnen und sollte sich schließlich als Kulturkampf im römisch-jüdischen Krieg 66 n.Chr. entladen. Um sich nicht wegen der Heidenmission als römerfreundlich verdächtig zu machen, fühlten sich die Judenchristen besonders gefordert, ihre Treue zum Gesetz unter Beweis zu stellen. Dies führte zum Erstarken eines pharisäisch-gesetzestreuen Flügels in der Gemeinde, der von Jakobus nicht ignoriert werden konnte.

Nun war aber auch Paulus unter Druck. Der wahre Grund für seine Reise nach Jerusalem war wohl die Überbringung der Kollekte für die Armen gewesen (Apg 24,17). Hätte nun die Gemeinde in Jerusalem die Annahme der Kollekte verweigert, dann wäre die Einheit der Kirche und damit das Lebenswerk des Paulus bedroht gewesen. Paulus musste also seine Gesetzestreue unter Beweis stellen, damit die Gemeinde ihm gegenüber wohlgesonnen war. Der Fakt, dass Lukas die Kollekte eher verschämt später wie eine Nebensache erwähnt gibt Grund zur Annahme, dass trotz all seines Entgegenkommens sich ihm die Gemeinde versagt hatte. Lukas konnte dies nicht direkt erwähnen weil es nicht in den Rahmen des großen Paulus und seiner Heidenmission passte.

Vielleicht sollte die Übergabe der Kollekte nach der Reinigung stattfinden, aber dann kam ein Vorfall dazwischen, der dies verhinderte. Juden aus der Diaspora beschuldigten Paulus der Entweihung des Tempels, hatten sie doch fälschlich angenommen, dass einer von Paulus griechischen Begleitern mit ihm im den Nichtjuden unter Todesstrafe verbotenen heiligen inneren Bezirk des Tempels gesehen wurde. Bevor die erregte Menge ihn lynchen konnte schritt ein römischer Offizier ein. Wenn es heißt, dass auf Grund des Drängens der Menge die Soldaten Paulus in ihrer Mitte tragen mussten, dann ist es wohl eher wahrscheinlich, dass Paulus schwer verletzt war. Dann aber ist es auch nicht vorstellbar, dass Paulus in seiner Verfassung noch eine lange Rede halten konnte.

Zu 22. Der Oberst aber, so der Verfasser, erlaubte Paulus auf dessen Bitte hin, sich an das Volk zu wenden. Nur mit einer Handbewegung vermochte er die mordlüsterne Menge zum Schweigen zu bringen. Das klingt ebenso unglaubwürdig wie die vom Oberst erteilte Sprecherlaubnis. In seiner Verteidigungsrede, in der er mit keinem Wort auf den Vorwurf der Tempelentweihung einging, betonte Paulus seine jüdische Identität und seinen Eifer für das Gesetz, den er besonders in seiner fanatischen Verfolgung der Christen unter Beweis gestellt hatte. Doch in einer Erscheinung vor Damaskus hatte sich ihm Christus in den Weg gestellt und er musste erkennen, dass Gott selbst hier eingegriffen und ihn als Zeugen für die Sache Jesu berufen hatte. Jesus erschien ihm noch einmal im Tempel zu Jerusalem und bestätigte seine Sendung zu den Heiden.

Die Rede soll deutlich machen, dass er, Paulus, immer auf dem Boden jüdischer Rechtmäßigkeit gestanden hatte, Gott ihm aber gezeigt habe, dass in Jesus die Erfüllung der den Juden gegebenen messianischen Verheißungen liegt und dass er daher nur Gottes Willen folgt, wenn er die christliche Botschaft mit der gleichen Hingabe verbreitet, wie er vormals als Pharisäer sich für das Gesetz ereifert hatte. Da sich die Juden aber schuldhaft von Jesus abgewandt hatten, gilt diese Verheißung nun den Heiden. Dass dieser Jesus sich nun ausgerechnet im heiligen Tempel offenbart haben soll und die Behauptung, dass die Juden aufgrund ihrer Unbelehrbarkeit aus dem Heil ausgeschlossen seien, empörte die Menge über alle Maßen und wieder rettete nur das rechtzeitige Eingreifen des Oberst Paulus das Leben. Der

Oberst wollte ihn foltern lassen, um mehr über Paulus herauszufinden, doch Paulus wies auf sein römisches Bürgerrecht hin. Auf Misshandlung eines römischen Bürgers stand die Todesstrafe. Warum aber ließ ihn der Oberst dann bis zum folgenden Morgen in Ketten?

Zu 23. Ob nun die Verhandlung am Tag nach Paulus Verhaftung vor dem Hohen Rat überhaupt stattgefunden hat, ist äußerst zweifelhaft. Wenn überhaupt, wird sie nicht wie geschildert abgelaufen sein. Zunächst lag es nicht in der Macht des Oberst, eine derartige Verhandlung einzuberufen. Auch hätte es das jüdische Reinheitsgesetz einem Heiden niemals erlaubt, einer Sitzung des Hohen Rats beizuwohnen und letztlich, wie hätte er, der doch kein aramäisch sprach, überhaupt etwas von dem was gesagt wurde, verstehen können. Auch ist es nicht glaubhaft, dass die Sadduzäer und Pharisäer über die Auferstehungsfrage in Streit geraten waren. Wenn es auch zutrifft, dass beide Parteien darüber eine andere Überzeugung vertraten, so war dass doch nicht neu. Im Rat war man jahrelang zusammengewesen, warum sollte auf ein Wort des Paulus hin sich plötzlich ein handgreiflicher Disput über theologische Differenzen entzündet haben? Eher ist es wahrscheinlich, dass Lukas glaubte, dass eine Versammlung stattfand und er dessen Ablauf seinem theologischen Konzept anpasste. Vielleicht wollte er damit zeigen, dass das Judentum, da es sich der Heilsbotschaft verschlossen hatte, auch seine innere Orientierung und Identität verloren hatte.

Die Römer mussten bereits zweimal eingreifen, um Paulus Leben zu schützen. Doch er blieb weiterhin in Gefahr. Diesmal plante eine jüdische Gruppe, die sich eidlich gebunden hatte, ein Mordkomplott gegen ihn. Die Planung des Anschlags ist durchaus realistisch dargestellt. Die sogenannten Dolchmänner oder Sikarier hatten zu der Zeit immer wieder Mordanschläge gegen Landsleute ausgeführt, die man römerfreundlicher Tendenzen verdächtigte. Der Hass auf Paulus als abtrünniger Jude war so groß, dass man in diesem Fall sogar bereit war, mit den Gegnern, den Sadduzäern, zusammenzuarbeiten. Doch der Mordanschlag wurde verraten und wieder einmal waren es die Römer, die Paulus in Schutz nahmen. Nicht nur der römische Offizier wird als überaus freundlich und fürsorglich geschildert, auch der Statthalter Felix wird in ein günstiges Licht gerückt. Der wirkliche Felix wird von Historikern allerdings als brutal und verschlagen bezeichnet. So entsteht der Eindruck einer kompetenten und umsichtigen Schutzmacht, die

Paulus wieder und wieder aus den Klauen einer mordgeilen und hasserfüllten Judenschaft rettet.

Zu 24. Wenige Tage später traf die jüdische Gesandtschaft in Caesarea ein und ein ordentliches Gerichtsverfahren wurde eröffnet. Der Anwalt der Juden bezichtigte Paulus eines verderblichen Charakters und der Rädelsführer einer die nationale Sicherheit bedrohenden Sekte der Nazarener zu sein. Weitere Anklagepunkte waren Unruhestiftung und Schändung des Tempels. Paulus wies alle Anklagepunkte zurück und widerlegte zunächst den Vorwurf der Erregung öffentlichen Ärgernisses. Er sagte, dass er erst wenige Tage im Lande sei während der niemand ihn in der Öffentlichkeit als Agitator gesehen habe. Er war wegen der Überbringung eines Almosens für das Volk nach Jerusalem gekommen und nicht um Unruhen zu schüren. Im Tempel hielt er sich nur aus religiösen Gründen auf. Seine Ankläger forderte er auf, Beweise für die Tempelentweihung beizubringen. Wahr ist wohl, dass er eine führende Rolle in dem ‚Weg des Herrn' spiele, doch weise er die Unterstellung zurück, dass dies eine lediglich aufrührerische Sekte sei. Im Gegenteil, die neue Jesus Religion sehe sich im Einklang mit den Propheten und dem Gesetz, teile die Hoffnung auf eine Auferstehung der Toten mit den meisten Juden, und ihre Anhänger seien überzeugt, dass durch sie die Verheißung Gottes an die Väter zu ihrer Erfüllung kommen werde.

Felix vertagte den Prozess bis zur Ankunft des Oberst aus Jerusalem. Paulus blieb gefangen, erhielt aber Hafterleichterung. Doch änderte sich in den nächsten zwei Jahren nichts an seiner Situation; denn Felix war nicht an einer Wiederaufnahme des Prozesses interessiert. Er suchte Paulus lediglich gelegentlich zusammen mit seiner jüdischen Frau Drusilla zu unverbindlichen Gesprächen auf. Drusilla war bereits seine dritte Frau, sie selbst die Schwester des jüdischen Königs Agrippa II. Felix, ein Heide und ehemaliger Sklave, hatte sie mit Hilfe der Künste eines Magiers dazu verleitet, sich von ihrem ersten Mann scheiden zu lassen und sich mit ihm zu vermählen. Felix wird Paulus wohl kaum aufgesucht haben, um mit ihm Glaubensfragen zu diskutieren, sondern seine eigentliche Motivation dürfte Geldgier gewesen sein. Des Verfassers Hinweis auf Felix Bestechlichkeit dürfte zutreffend sein, ist aber seinem Bemühen, ihn als korrekten und kompetenten Staatsmann zu schildern, eher kontraproduktiv.

Zu 25. Im Jahre 58 n. Chr. wurde nun Felix, der in Rom in Ungnade gefallen war und von den Juden einer schlechten Amtsführung beschuldigt wurde, von einem neuen Statthalter namens Festus abgelöst. Über Festus weiß die Nachwelt so gut wie nichts. Zumindest erwies er sich Lukas zufolge als ein Mann der Tat. Schon bald nach seiner Ankunft im Lande konsultierte er die jüdischen Autoritäten in Jerusalem. Diese wollten ihn zu einem neuerlichen Prozess gegen Paulus in Jerusalem überreden, doch stattdessen lud Festus sie zur Teilname am Gericht in Caesarea ein und vereitelte damit unwissentlich ihren Plan, Paulus bei der Überführung aus einem Hinterhalt zu töten. Das kurz darauf angesetzte Verfahren verlief wieder im Sande; denn den Juden fehlten Beweise zur Untermauerung ihrer Anklage. Merkwürdigerweise änderte Festus nun seine Einstellung und wollte Paulus dazu überreden, sich von ihm in Jerusalem richten zu lassen. Es mag sein, dass er sich mit diesem Vorschlag der Gunst der Juden versichern wollte. Paulus aber ließ sich darauf nicht ein und berief sich stattdessen auf den Kaiser. Festus und sein Kollegium gaben nach kurzer Beratung dieser Berufung statt.

Auf den ersten Blick erscheint Paulus Entschluss, sich auf den Kaiser zu berufen, plausibel, wenn auch nicht die Vorstellung, dass der Statthalter von seinem Gefangenen zunächst dessen Zustimmung zur Verlegung des Prozesses erbat. Auch macht es keinen Sinn, nachdem der Prozess ergebnislos abgelaufen war, ihn noch einmal aufzunehmen. Aus der Sicht des Paulus hingegen wäre eine solche Wiederaufnahme, zumal in Jerusalem, verdächtig. Es würde neue Gefahren für sein Leben heraufbeschwören und es sähe ganz wie eine Beugung des römischen Rechts aus. Wenn Paulus nämlich auch wegen eines politischen Verbrechens angeklagt war, was Anstiftung zum Aufruhr zweifellos ist, dann müssten die Römer selbst über ihn zu Gericht sitzen und nicht die Juden. Auch erscheint der Zeitpunkt der Berufung Paulus fragwürdig. Würde man eine Berufung nicht erst nach einer Verurteilung und nicht davor erwarten? Es bestehen allerdings Unklarheiten über den Ablauf einer Appellation gemäß römischen Rechts. Waren dazu nur römische Bürger berechtigt und wenn ja, wie wurde das römische Bürgerrecht nachgewiesen? War die Freilassung eines Angeklagten nach erfolgter Appellation nicht mehr möglich? Was für einen Entscheidungsspielraum hatte der Statthalter, über die Genehmigung einer solchen Appellation Beschluss zu fassen?

Zu 26. Vor den Gang nach Rom hat Lukas noch eine Verteidigungsrede des Paulus vor König Agrippa eingeschoben, die ersichtlich dazu dient, in dem jüdischen König einen weiteren Zeugen für Paulus Unschuld aufzeigen zu können. Agrippa I war ein Urenkel Herodes des Großen, der mit seiner eigenen Schwester Berenike in einem inzestuösen Verhältnis zusammenlebte. Berenike selber wurde später zeitweilig die Geliebte des römischen Kaisers Titus. Dem königlichen Paar erklärte Festus die „Sache des Paulus“, nicht ohne zu betonen, dass er immer als korrekter Sachwalter römischen Rechts gehandelt habe. Er beschrieb die Anklagepunkte gegen Paulus und setzte hinzu, dass es hier seiner Meinung nach um einen innerreligiösen Streit der Juden ginge und der Angeklagte keine todeswürdigen Verbrechen begangen habe. Da er sich nun aber auf den Kaiser berufen habe, wird er sich in Rom verantworten müssen. Er aber, Festus, hoffe, da es ihm an konkreten Punkten für das Begleitschreiben an den Kaiser fehle, dass König Agrippa mehr über den Angeklagten herausfinden könne.

Man könnte meinen, dass Festus auch einfach die Prozessakten, also die protokollierten Aussagen von Kläger und Angeklagten, nach Rom hätte mitschicken können aber Agrippa sollte eben als weiterer Entlastungszeuge für Paulus auftreten. Die Reden sind wohl fiktiv. Wer hätte sie denn auch aufschreiben sollen, um sie dann den Christen zu übermitteln? Hinzu kommt, dass Paulus Zitat von Jesu Aussage ‚Es wird dir schwer sein, wider den Stachel zu löcken‘ fast wörtlich mit der Warnung des in Menschengestalt verkleideten Gottes Dionysos an den Thebanerkönig Theusus, sich nicht einem Gott zu widersetzen, da er doch nur ein Mensch sei, übereinstimmt (Euripides: Die Bakchen). Kaum vorstellbar, dass Paulus hier aus der klassischen Tragödie des Euripides zitiert hatte. Lukas aber dürfte mit griechischem Gedankengut wohl vertraut gewesen sein.

Schon die Erwähnung der Anwesenheit zahlreicher Notabeln lässt eine Szene von großem Pomp, Würde und Wichtigkeit vor dem inneren Auge entstehen, eine angemessene Kulisse für die weltgeschichtliche Bedeutung des sich entfaltenden Christentums. Zu seiner Verteidigung trug Paulus wieder seine persönliche Biographie vor, von Verfolgung der Christen bis hin zu seiner Lebenswende, die durch die Christus-Erscheinung eingeleitet wurde. Er belegte aus der Schrift seine Überzeugung, dass Jesu Kommen von Mose und den Propheten geweissagt worden war. Wegen dieses

Glaubens und seiner Hoffnung auf die Auferstehung stehe er nun hier als Angeklagter da.

Festus tat die Rede des Paulus als das Produkt eines überarbeiteten Geistes ab während Agrippa zumindest nachdenklich erschien. Beide waren sich aber einig, dass Paulus unschuldig ist und dass er freigelassen werden könne, hätte er sich nicht auf den Kaiser berufen.

Man mag Lukas Darstellung des Auftretens von Paulus vor König Agrippa als unhistorisch abtun, doch sie setzt wichtige theologische Akzente. Das hellstrahlende Licht, das die Damaskusbegegnung heraushebt, symbolisiert den göttlichen Einbruch in die gegenwärtige Situation der Finsternis, in welcher sich die Menschheit befindet. Aus diesem existentiellen Verlorensein in einem Kreislauf von Sünde und Tod kann es für alle, Juden wie Heiden, nur Errettung durch Hinwendung zu Jesus geben. So wie Jesu Unschuld im Verhör gegen ihn beteuert wird, so gilt es fast analog auch für Paulus. Immer wieder auch betonte Paulus seine Überzeugung, dass in Jesus die Verheißung der Väter ihre Erfüllung gefunden hat. Doch an einen leidenden und wieder auferstandenen Messias konnten die Juden nicht glauben. Dagegen stand ihre eigene Erkenntnis aus der Schrift.

Zu 27. Und nun begann Paulus letzte Reise als Gefangener Roms, doch auch so blieb er im Zentrum des Geschehens, das einer Odyssee gleicht. Da er als Sträfling während der Überfahrt aber höchstwahrscheinlich angekettet gewesen war, fragt man sich, wie er seine Autorität hat behaupten können. Das ‚wir' im Text deutet darauf hin, dass auch einige seiner Gefährten auf dem Schiff gewesen waren, vielleicht als private Passagiere. Das ist durchaus möglich, fand die Überfahrt doch üblicherweise auf Handelsschiffen statt, auf denen der römische Staat Plätze für sein Personal und die Gefangenen anmietete. Bis dahin hat man aber den Eindruck, Paulus wäre allein gewesen. Weder schien ihm einer seiner Glaubensbrüder beigestanden zu haben als sein Leben durch den Lynchversuch der Juden bedroht war noch war irgendeiner zu seiner Verteidigung im Gericht aufgestanden. Paulus erging es wohl ähnlich wie Jesus.

Die Gefangenen standen unter Aufsicht eines römischen Hauptmannes, der schon bald ein freundschaftliches Verhältnis zur Paulus entwickelte und seinen Rat schätzte, doch dessen Warnung vor einer Weiterfahrt wegen der widrigen Wetterverhältnisse buchstäblich in den Wind schlug. Paulus aber erweist sich allen Gefahren als überlegen und seine Souveränität und Voraussicht, gewährt durch die Führung des Geistes, sichert ihm die Achtung der Besatzung. Weder das bedrohliche Fehlverhalten der Matrosen, die das Beiboot kapern wollten, noch die Tötungsabsicht der Soldaten nach dem Schiffbruch auf Malta, können Gottes Plan gefährden, Paulus nach Rom zu führen.

Es ist davon auszugehen, dass die Schiffsreise im großen und ganzen authentisch ist und vielleicht im Kern auf einen Reisebericht zurückgeht. Im Detail aber wird sie von Lukas in der Art einer homerischen Saga erzählt, wobei er die Gefährlichkeit und das Abenteuer der Schifffahrt in der Antike allem Anschein nach wirklichkeitsgetreu nachempfunden hat. Undenkbar aber erscheint, dass der Sträfling Paulus im Geheul des tosenden Sturmes an die versammelten Männer eine aufmunternde Rede hat halten können. Nicht plausibel auch ist die Behauptung, dass der römische Hauptmann über die Führung eines Privatschiffes bestimmen konnte. Und gänzlich unwahrscheinlich ist die Vorstellung, dass die Matrosen bei völliger Dunkelheit und heftigem Seegang mit einem Beiboot flüchten und damit die relative Sicherheit des Schiffes aufgeben wollten.

Zu 28. Die Episode mit der Schlange und die von Paulus auf der Insel vollbrachten Heilungswunder sollen seine übernatürlichen Fähigkeiten demonstrieren. Allerdings will Lukas ihn nicht als eine fast göttliche Person verherrlichen sondern die himmlische Lenkung betonen, die hinter all dem Geschehen steht. Die Wundertaten des Paulus regten die Großzügigkeit der Menschen an, so dass die Schifffahrer gut versorgt für die Weiterreise waren. Nach Ankunft in Italien ging es dann zu Fuß weiter. Man fand dabei noch Gelegenheit, die Gastfreundschaft einer einheimischen Christengemeinde zu genießen. Die Weiterreise des Paulus gestaltet sich mehr und mehr wie ein Triumphzug; denn jetzt gesellen sich auch noch Brüder aus den römischen Gemeinden dazu. In Rom darf Paulus dann, allerdings unter Bewachung eines Soldaten, in eine Privatwohnung einziehen.

Man erhält den Eindruck, dass die Römer Paulus eher wie einen Gast als einen Gefangenen behandeln. Aber dies ist ja im Einklang mit der römerfreundlichen Tendenz des Lukas, sowohl in der Apostelgeschichte als auch im Evangelium. Befremdlich ist nur, dass wir von den römischen Christen nichts mehr hören. Warum hüllt sich Lukas da in Schweigen?

Aber nun wird es noch einmal spannend. Paulus traf in Rom auf Vertreter der jüdischen Synagoge. Noch einmal tritt die Ablehnung des Judentums deutlich hervor, Schlusspunkt einer langen Reihe von Episoden jüdischer Feindschaft. Manche Exegeten bestreiten allerdings die Geschichtlichkeit dieses Zusammentreffens in Paulus Wohnung. Einerseits war er als Gefangener ja nicht gerade eine Respektperson, andererseits war er aber auch ein bekannter Pharisäer gewesen. Paulus Motiv für das Treffen mag der Wunsch gewesen sein, ob er sich vielleicht doch mit den Juden verständigen könnte und ob sie ihm Schwierigkeiten bei den römischen Behörden bereiten würden. Was aber nicht einleuchtet, ist die Behauptung der Juden, Paulus wäre ihnen nicht bekannt gewesen und von der christlichen Gemeinde wüssten sie nur, dass mit ihnen gestritten wurde. Sollte die Botschaft über Paulus von den Oberen in Jerusalem, die so vehement seine Tötung gesucht hatten, nicht den Weg zu Rom gefunden haben? Auch dass die Juden von den Christen so wenig gewusst haben, ist nicht mit anderen Aussagen, zum Beispiel denen des Römerbriefes, zu harmonisieren.

Gegenüber seinen jüdischen Hörern beteuerte Paulus noch einmal seine Unschuld und erklärte ihnen seine Botschaft. Doch der Erfolg ist mager, löste seine Rede doch nur Zweifel und Streit unter den Juden aus. Aus Paulus Sicht verharrte Israel im Unglauben und so sprach er das Verstockungswort von Jes. 6,9–10 und formulierte es in einer Weise, dass das Unvermögen einer gläubigen Hinwendung zu Gott den Juden selbst angelastet wird. Nun ist vollends klar: die Verkündigung der Frohen Botschaft soll jetzt vor allen den Heiden gelten und die christliche Kirche ist das wahre Israel während das Judentum sich dem Heilswillen Gottes verschlossen hat. Eine solche Auslegung dürfte aber zur Verschlechterung des Verhältnisses von Judentum und Christentum viel beigetragen haben.

Kapitel 12:
Paulus, der erste christliche Missionar

Das Christentum nahm seinen Anfang in Jerusalem. Hier bildete sich kurz nach Jesu Tod im Jahre 30 n. Chr. eine Urgemeinde mit den Jüngern als ihren Kern. Die Apostelgeschichte schildert, dass diese zwar im Laufe der nächsten Monate und Jahre durch Verkündigung und Lehre eine wachsende Zahl von Anhängern dazugewann, in Folge aber auch mehr und mehr das Missfallen der religiösen Autoritäten erregte. Der zunehmende öffentliche Druck führte um 32 n. Chr. zu Prozess und Hinrichtung des Stephanus und einer ersten Verfolgungswelle der Christen. Viele Anhänger des Weges, wie sich die Jesus-Bewegung zunächst nannte, flüchteten aus Jerusalem und trugen die Botschaft Jesu nach Judäa und darüber hinaus. Als Paulus 46 n. Chr. sein eigenes Missionswerk begann waren also bereits 14 weitere Jahre ins Land gegangen und während dieser Zeit erste Gemeinden wie z. B. in Antiochia und vielleicht auch in Rom gegründet worden. Paulus war also genau genommen nicht der erste Missionar gewesen, doch hatte er zielstrebiger, systematischer und erfolgreicher als alle seine Vorgänger im Dienste seines Herrn gearbeitet. Als unermüdlicher reisender, weder Tod noch Teufel scheuender Missionar, ist er im kollektiven Gedächtnis des Christentums verhaftet geblieben. Allerdings können sich unsere Erkenntnisse über ihn nur auf die Selbstzeugnisse in seinen Briefen und auf die lukanische Apostelgeschichte stützen; denn in außerbiblischen Quellen wird er nirgends erwähnt.

Paulus hat seine Bewunderer wie auch seine Verächter. Für die einen ist er eine Gestalt von weltgeschichtlicher Größe, der die kleine christliche Gemeinde davor bewahrt hatte, in das Judentum assimiliert zu werden womit sie ihr eigenständiges Profil hätte aufgeben müssen. Ihnen gilt er als Begründer der christlichen Theologie und damit als eigentlicher Stifter des Christentums, dessen Briefe als so wegweisend und exemplarisch empfunden worden waren, dass man sie sammelte, miteinander austauschte und zuweilen redaktionell bearbeitete. Sein theologisches Erbe wurde in einer paulinischen Schule weitergeführt und je nach Situation neu ausgelegt. Andere sehen in ihm einen fanatisch verbohrten Rechthaber, der jegliche Abweichung von der wahren Lehre, wie er sie verkündigte, als Ausgeburt des Teufels diffamierte, einer, der die schlichte und volkstümliche Botschaft des Jesus Christus in eine komplexe Dogmatik übertrug und damit dessen Sinn verfälschte und für den die Welt ein Jammertal und Gott ein zorniger Rächer war, der nur durch das Opfer des eigenen Sohns versöhnt werden konnte.

Man wird Paulus und seinem Wirken nur gerecht werden können, wenn man sein Schaffen im Kontext beurteilt. Wie auch aus seinen Briefen hervorgeht, entwickelte er seine Theologie und Ethik vornehmlich als Antwort auf Probleme, Herausforderungen und Bedrohungen innerhalb und außerhalb der christlichen Gemeinden. Sein Denken allerdings war von seiner sozialen und religiösen Umwelt vorgeprägt worden. Beginnen wir also zunächst mit einer Beschreibung dieser Umwelt, in der Paulus gelebt und gewirkt hatte.

1. Die religiöse Umgebung des Paulus

In dem ausgedehnten römischen Reich wetteiferten eine Vielzahl von Religionen, Kulten und Sekten um das Interesse seiner Einwohner. Die gut ausgebaute Infrastruktur mit ihrem engmaschigen Straßennetz und einer gemeinsamen Sprache in Form der griechischen Koine sowie ein ausgedehnter Handel erleichterte die Kommunikation und beflügelte so den Austausch von Ideen, Weltanschauungen und religiösen Vorstellungen. Auch Paulus nutzte diese Infrastruktur für sein Anliegen, die Botschaft vom gekreuzigten und auferstandenen Christus zu den Völkern zu bringen. In den größeren Orten des Imperiums hatten sich oft Juden angesiedelt, zumeist ehemalige Sklaven, aber auch Händler, die ihr Glück außerhalb des Mutterlandes versuchten. Sie hatten sich ihre jüdische Identität weitgehend bewahrt wenn auch der Druck der sie umgebenden hellenistischen Kultur nicht ohne Einfluss auf ihre Lebensform und ihr religiöses Selbstverständnis geblieben war. Den Juden waren Privilegien wie das Recht auf Selbstverwaltung eingeräumt worden. Sie konnten ihre Religion in eigenen Gebetshäusern und Synagogen weiter pflegen, doch ihr monotheistischer Glaube, die Praxis der Beschneidung und des Haltens eines jüdischen Festkalenders führten zur Abgrenzung von der paganen Umwelt, die dem Judentum in einer Mischung aus Faszination, Verachtung und Misstrauen gegenüberstand.

Die Synagogen waren natürliche erste Anlaufpunkte für die Mission des Paulus gewesen, war er doch selbst Jude und ehemaliger Pharisäer. Die Pharisäer glaubten an die leibliche Auferstehung der Toten und an ein Jüngstes Gericht. Sie waren davon überzeugt, dass dem Einzelnen zwar durch sein Schicksal Grenzen gesetzt sind, er aber doch ein gewisses Maß an Verantwortung für sein Tun trägt. Ihre Frömmigkeitspraxis war bestimmt von der genauen Auslegung der in der Tora festgelegten Gesetze und deren strikten Befolgung im Alltag.

Paulus wuchs im kleinasiatischen Tarsus – eine römische Verwaltungsstadt im Südosten der heutigen Türkei – auf. Man kann sich leicht ausmalen, dass er die ihn umgebende griechisch-römische Kultur als allgegenwärtig und bedrückend empfunden haben muss. Tarsus, wo sich Jahrzehnte zuvor Kleopatra und Marcus Antony verliebt hatten, war ein Zentrum des Mithras Kultes. Höhepunkt der Feierlichkeiten war die rituelle Tötung eines Stieres, dessen Blut und Fleisch von den Initianden in einem sakramentalen Mahl, gedeutet als symbolischen Transfer von Leben und Kraft, eingenommen wurde. Ihrem Weltbild zufolge gibt es sieben Weihestufen, welche den Aufstieg der Seele durch die verschiedenen Himmelssphären abbilden. Populär war auch der Herakles Kult, der den Abstieg in und den Wiederaufstieg des Halbgottes aus der Unterwelt zelebrierte. Diesem Kult liegt der Mythos von der heroischen Rettung der Alkestis aus den Fängen des Hades, so wie er zum Beispiel in der Tragödie des Euripides erzählt wird, zugrunde. Mit ihm verknüpfte sich symbolisch die Überwindung der Furcht vor dem Tode und die Hoffnung auf Unsterblichkeit. Verbreitet war auch der Kult der Kybele, einer kleinasiatischen Fruchtbarkeitsgöttin. Während der Zeremonie tanzten sich die Priester in Ekstase und entmannten sich auf dem Höhepunkt der Feier.

Auch in den Mysterien von Eleusis bei Athen wurde das Sterben in und die Wiedergeburt mit der Gottheit symbolisch vergegenwärtigt. Während dieser Kult örtlich begrenzt war, fand der eher volkstümliche Kult des Weingottes Dionysos eine weite Verbreitung. Er wurde mit Prozessionen, fröhlichen Gelagen und Tänzen begangen. Doch, wie es Euripides in seiner ‚Die Bakchen' darstellt, war er auch begleitet von dem ekstatischen Rasen der weiblichen Anhänger des Dionysos. Ihm zufolge zerrissen diese, genannt Mänaden, wilde Tiere und verschlangen das rohe Fleisch im symbolischen Akt der Vereinigung mit der Gottheit.

Paulus waren diese paganen Zeremonien und Feste aus eigenem Erleben bekannt. Liegt es da nicht nahe, darauf zu schließen, dass die frühchristlichen Sakramente von Taufe und Herrenmahl den Stempel ihrer heidnischen Herkunft tragen und sich sogar das Evangelium vom Sterben und Wiederauferstehen des Christus von den Mysterienkulten zumindest in seinen Grundzügen herleiten lässt? Gerade die zur Ekstase neigenden, vom Heidentum zum Christentum konvertierten Korinther werden die Herrenmahlzeit wohl im Sinne eines Mysterienkultes verstanden haben. Gegen diesen Hintergrund erscheint der Übergang zur neuen Religion weniger als Abbruch sondern als Kontinuität; denn viele Elemente der paganen Vergangenheit hatten sich ja in christlichen Ritualen erhalten. Das Christentum befand sich in Konkurrenz zu den heidnischen Mysterienkulten und verdankte seine Anziehungskraft zum Teil gerade auch seiner Ähnlichkeit mit diesen. Es ist fraglich, ob sich eine völlig fremde Religion überhaupt hätte durchsetzen können. So entstand das Christentum wohl in dieser eigentümlichen Gemengelage von Heidentum und Judentum wobei es Impulse von beiden aufgenommen hat. Der eigentliche Geburtshelfer aber war Paulus gewesen.

Bezeichnend für den Aberglauben dieser Zeit war auch das Treiben von Wunderheilern, Magiern und selbst-ernannten Astrologen, unter denen sich natürlich auch allerlei Scharlatane tummelten, denen es nur um das schnelle Abzocken ging. Überall aber im Reich kursierten Erzählungen über Wunder, Zauber und Magie, in denen sich die Hoffnungen der Menschen auf Besserung ihrer Lebensumstände kristallisierten. Durch den Enzyklopädisten Plinius der Ältere sind wir über eine lange Liste von Zauberkünsten unterrichtet. Plinius selber hielt dies alles für Schabernack und verwerflichen Aberglauben; die einfachen Leute aber waren leicht zu beeindrucken und nahmen Berichte darüber zumeist für bare Münze.

Die Juden mischten in dem Geschäft mit der naiven Gläubigkeit der Menschen kräftig mit. Mit Hilfe der Magie versucht der Zauberkünstler sich die Kraft übersinnlicher Mächte dienstbar zu machen, so zum Beispiel in der Beschwörung von Dämonen, bei der vor allem die Manipulation von geheimen Namen eine Rolle spielt. Hier hatten die Juden offensichtlich einen Geschäftsvorteil; denn sie hatten einen Gott, dessen Namen nicht genannt werden durfte. Hunderte magische Papyri, auch solche mit dem geheimnisvollen und unaussprechbaren Namen des jüdischen Gottes YHWH, sind bei Ausgrabungen gefunden worden. Sogar von Alexander dem Großen wird berichtet, dass er das Tetragrammaton, also das Vierbuchstabenwort YHWH, verehrte. Der Anwendungsbereich der Magie reichte von Liebes- und Schadenzauber bis hin zu Heilung von Migräne. Heiler, die sich auf Wunderkräfte beriefen, boten ihre Dienste gegen Zahlung an während in den mit dem Halbgott Asklepios verbundenen Heilstätten Menschen in der Erwartung der nächtlichen Erscheinung eines Traumgesichtes in besonderen Liegeräumen dahinschlummerten und auf ihre Gesundung hofften. Dazu gab es noch das Orakelwesen. Die sich in Trance versetzenden Weissager wie die Pythia in Delphi gaben Entscheidungshilfe für besondere Anlässe im Leben, sei es der Antritt einer Reise, Rat bei einer anstehenden Verheiratung oder für eine politische Situation.

Der Kaiserkult dominierte das öffentliche Leben. So mancher Herrscher ließ sich bereits zu Lebzeiten in den Rang eines Gottes erheben. Caligula führte sich wie ein orientalischer Despot auf und die von ihm eingeforderte Verehrung grenzte an Irrsinn, so wenn er zum Beispiel sein Lieblingspferd in den Rang eines Priesters erheben ließ. Gewöhnlich aber wurde bei der Verbrennung der Leiche der Aufstieg des Geistes des verstorbenen Imperators in den Himmel bezeugt und ihm damit Götterstatus eingeräumt. Das bekränzte Bild des Gottkaisers wurde in Prozessionen herumgeführt, Priester verrichteten ihre Opfer für den vergöttlichten Kaiser im Tempel und man feierte Feste zu seinen Ehren.

Schließlich ist neben Kult und Götterglauben noch der Einfluss der griechischen Philosophie, insbesondere auf die gehobene Klasse, zu erwähnen. Zu Zeiten des Paulus war die Attraktivität des Epikureismus bereits am Schwinden. Diese Lehre begreift sich als eine Anleitung zum individuellen Glück. Der Pfad dahin beruht auf der Überwindung von Ängsten und der Vermeidung von Schmerzen. Das Ideal des Epikuriers ist das Erreichen eines inneren Zustandes von Seelenruhe. Die vorherrschende Philosophie aber war die Stoa. Ähnlich wie beim Epikureismus geht es auch bei ihr um das gelingende Leben, das, so glaubte man, nur im Einklang mit der Natur und der Einfügung in sein Geschick erreicht werden kann. Während aber Epikur den Göttern nur eine nebensächliche Rolle einräumt, vertritt die Stoa die Ansicht, dass die Weltvernunft oder der Logos das ganze Universum durchdringt und dass Gott daher in allen Dingen des Seins zu finden ist.

So wächst Paulus in einer Welt auf, in der die erfahrene Wirklichkeit von übersinnlichen Kräften durchdrungen erscheint, in einer Gemengelage von Wahn und Aberglaube, religiöser Ekstase und Verzückung. In einer solchen Zeit, in der es von Zauberern, irrlichternden Geisterbeschwörern, falschen Propheten und Quacksalbern nur so wimmelt, kann sich ein nüchtern-rationales Denken nur schwer behaupten.

2. Die frühen Jahre des Paulus

Es lässt sich keine faktisch sichere Biographie des Paulus erstellen. Daher erklärt es sich, warum die Exegeten in ihrer Festlegung auf seine Lebensdaten zum Teil erheblich voneinander abweichen. Die nachfolgende Darstellung lehnt sich an Vorgaben des Theologen J. Becker an (Paulus. Der Apostel der Völker):

Paulus beurteilte seine eigene jüdische Lebenspraxis als untadelig und gerecht, gerecht in dem Sinne von Toratreue. Es war das Hauptanliegen eines jeden frommen Pharisäers, dieser Tora Geltung im täglichen Leben zu verschaffen, und ihr Streben konkretisierte sich im Gehorsam und in der Unterwerfung unter den Willen Gottes, wie er in der Tora erkennbar ist. Israel ist das erwählte Volk, dem die Verheißungen auf das Heil zugesprochen worden sind. Im Endgericht dann werden die Menschen nach ihren Taten beurteilt; denn der Wille Gottes, der im Gesetz offenbart worden ist, darf nicht ungestraft missachtet bleiben. Die heidnischen Götzendiener aber haben die Gerechtigkeit Gottes von vornherein verfehlt. Sie haben ihm die Ehre der Anerkennung versagt und sich mit ihrem Glauben an nichtige Götter eine eigene Wirklichkeit aufgebaut. Zwischen Heiden und Juden kann es daher keine Kompromisse geben. Da alles Heidnische Sünde ist, muss der Umgang mit einem Fremden wegen der Gefahr der Verunreinigung gemieden werden.

Mit dieser Weltsicht eines Pharisäers hatte sich Paulus in seinen frühen Jahren voll und ganz identifiziert. Ob und wann und wo Paulus eine Ausbildung als Pharisäer erhalten hatte, ist aber nicht sicher. War er überhaupt in Jerusalem gewesen? Sogar Tarsus als sein Geburtsort, den ja auch nur Lukas nennt (Apg 22,3), wird angezweifelt. So schreibt der Kirchenlehrer Hieronymus 388 n. Chr., dass die Eltern des Paulus aus Gischala in Judäa stammten und sie mit dem jungen Paulus nach Tarsus kamen. Vielleicht waren sie Freigelassene gewesen und hatten das Bürgerrecht dem Paulus vererbt, sicher aber ist das auch nicht. Zwar beruft sich der lukanische Paulus auf dieses Bürgerrecht, um der Geißelung zu entgehen (Apg 22,25), aber warum erträgt Paulus all die Schläge und Geißelhiebe während seiner Missionszeit ohne sein Recht als römischer Bürger in Anspruch zu nehmen (2 Kor 11,23–25)?

Auch über seinen Bildungsgang können wir nur Vermutungen anstellen. Es ist anzunehmen, dass Paulus zumindest eine für Diasporajuden typische Elementarbildung in Tarsus genossen hatte. Wie sich dann aber seine Erziehung fortsetzte bleibt ein Rätsel. Zumindest beweisen seine rhetorischen Fähigkeiten, dass er über eine gute Allgemeinbildung verfügt haben muss, die zum Hellenismus hin offen gewesen war. Typisch für die griechisch-römische Ausdrucksweise, benutzt er gelegentlich die allegorische Methode – so in der Hagar und Sara Symbolik –, und gebraucht Metapher, die den griechischen Geist atmen – so wie vom Wettkampf (1Kor 9,24–27) – und bezieht sich bei seiner Auslegung nicht auf die hebräische Bibel sondern die griechische Septuaginta. Doch im Denken verbleibt er der Tradition des rabbinischen Judentums verhaftet. Im Gegensatz zu der für die hellenische Philosophie typische Auffassung einer Leib-Seele Dichotomie dachte Paulus in Kategorien von Ganzheit und glaubte an die leibliche Auferstehung (1 Kor 15,35–49). Erkennbar verbleibt die Schrift und mit ihr zentrale Begriffe wie Tora, Gerechtigkeit, Beschneidung, Gesetz der bestimmende Faktor in seinen theologischen Reflektionen.

Wenn sich wohl auch die Fragen hinsichtlich seiner weiterführenden Ausbildung nie ganz lösen lassen werden, kann man zumindest davon ausgehen, dass Paulus der pharisäischen Bewegung angehört hat. Diese hatte zu seiner Zeit etwa 6,000 Mitglieder. In seiner ganzen Lebenseinstellung dürfte Paulus zum Pharisäertum hin erzogen worden sein. Sein Eifer für das Gesetz einerseits und sein tief empfundener Hass auf das Christentum andererseits stehen in einem ursächlichen Zusammenhang; denn die Christen setzten als letztlich bestimmend an Stelle des Gesetzes den gekreuzigten und wiederauferstandenen Christus. Dabei beriefen sie sich auch noch auf die Schrift und kamen zu einer völlig anderen Deutung des Messias. So ist es zu verstehen, warum Paulus die Christen so entschlossen ablehnte und entschieden bekämpft hatte.

Aber von einem Moment zum anderen wandelte sich Paulus von einem fanatischen Verfolger der Christen zu einem ebenso glühenden Verkünder der christlichen Lehre. Wie war es möglich, dass quasi in einem

Wimpernschlag der pharisäische Saulus zu dem christlichen Paulus ‚umgepolt' wurde? Erklärungsmodelle reichen von einer ‚Temporallappenepilepsie' bis hin zu einer psychologischen Deutung, nach der sich die durch innere Zweifel aufbauende Spannung gleichsam explosionsartig entladen und zu der Vision vor Damaskus geführt hatte. Verfechter von letzterer Theorie weisen auf die Hinrichtung des Stephanus, der Paulus angeblich beigewohnt hat, als entscheidenden Faktor hin. Es wird raisonniert, dass Paulus der Kontrast zwischen dessen schmählichen Tod und der von Stephanus vertretenen Botschaft der Liebe zu denken gegeben hatte und er sich mit dem christlichen Glauben mehr und mehr auseinander zu setzen begann. Als nun seine inneren Zweifel wuchsen während gleichzeitig die christliche Lehre an Überzeugungskraft gewann, da musste ihm auch seine Verfolgertätigkeit als moralisch ungerechtfertigt erscheinen. Vielleicht war dann ja die Vision in Wirklichkeit ein „emotionales Befreiungserlebnis" (Linder) gewesen. Vielleicht aber suchte Paulus nur noch nach einer plausiblen Möglichkeit, sich den Christen anzuschließen. Da kam ihm der taktische Einfall einer Vision, die ihn als einen „vertrauenswürdigen Gesprächspartner" (Meijer, F.) erscheinen ließ. Für Paulus war es ja keine Bekehrung zu einer anderen Religion sondern er begriff die Vision als eine Berufung innerhalb des Judentums.

All diese Erklärungsangebote sind mehr oder weniger plausibel. Paulus selbst erwähnt seine Vision nur am Rande (z.B. 1 Kor 9,1; 15,8) während Lukas in der Apostelgeschichte das Geschehen dramatisch ausmalt. Nirgendwo lässt Paulus erkennen, dass er längere Zeit von Zweifeln geplagt gewesen war und einen inneren Kampf mit sich geführt hatte, außer vielleicht in Röm 7,7–25. In diesem Passus aber mag es weniger um autobiographische Selbsterkenntnis gehen als um die Lage des Menschen schlechthin. Der christliche Glaube lehnt sowieso alle Versuche ab, die Vision des Paulus auf einen natürlichen Ursprung zu reduzieren. Für viele gläubige Christen gilt die Erscheinung Jesu in der Vision als real, und so will es ja auch Paulus erlebt haben; denn er glaubte sich nun als direkt von Jesus für die Mission zu den Völkern beauftragt und die Vision gilt ihm als Zeugnis, das ihn als gleichberechtigt neben den anderen Aposteln ausweist. Er begründet seine gottunmittelbare Autorität als eine prophetische Aussonderung (Gal 1,16) wie sie vor ihm auch Jeremia zuteil geworden war (Jer 1,5) und weiß sich als priesterlicher Diener Christi berufen (Röm 15,14ff).

Wie immer man auch diesen Vorgang beurteilen mag, festzuhalten bleibt, dass Paulus mit dem gleichen brennenden Eifer und der gleichen Kompromisslosigkeit, mit der er sich zuvor für das Gesetz eingesetzt hatte, nun die Heidenmission betreiben sollte. Sein visionäres Widerfahrnis hatte einen Umschlag in seiner Wirklichkeitsdeutung bewirkt. Der Gott seiner Väter war nun der Vater von Jesus Christus geworden. Alles, woran er früher geglaubt hatte, betrachtete er nun als falsch, ja als Dreck (Phil 3,7f). Statt jüdischer Absonderung wird er nun den Ruf Gottes an alle richten und die vom Gesetz unabhängige Heidenmission propagieren.

Aber zunächst geht er ins Exil nach Arabien (Gal 1,17f), dann zurück nach Damaskus und erst drei Jahre später für kurze Zeit nach Jerusalem, wo er lediglich Petrus und Jesu Bruder Jakobus trifft, nachdem er sich den Häschern des König Aretas nur durch eine dramatische Flucht hatte entziehen können (2 Kor 11,32f). Die Apostelgeschichte erzählt dies alles ganz anders, aber Paulus Selbstzeugnis dürfte näher an der Wahrheit liegen. König Aretas hatte die volle Kontrolle über Teile Syriens einschließlich Damaskus nachdem er 36 n. Chr. in einem Racheakt Herod Antipas geschlagen hatte. Herod hatte seine Frau, die Tochter des Aretas, verstoßen, und sich stattdessen mit Herodias vermählt.

Paulus gibt an, dass er nach seinem Kurzbesuch in Jerusalem zunächst nach Syrien und Zilizien reiste und erst 14 Jahre später (um 48 n.Chr.) wieder nach Jerusalem hinaufzog, um dort am Apostelkonvent teilzunehmen (Gal 1,21; 2,1). Zu diesem Zeitpunkt hatte er bereits seine erste Missionsreise hinter sich.

3. Das missionarische Wirken des Paulus

„Sie sind Diener Christi – ich rede töricht: ich bin's weit mehr! Ich habe mehr gearbeitet, ich bin öfter gefangen gewesen, ich habe mehr Schläge erlitten, ich bin oft in Todesnöten gewesen. Von den Juden habe ich fünfmal erhalten vierzig Geißelhiebe weniger einen; ich bin dreimal mit Stöcken geschlagen, einmal gesteinigt worden; dreimal habe ich Schiffbruch erlitten, einen Tag und eine Nacht trieb ich auf dem tiefen Meer. Ich bin oft gereist, ich bin in Gefahr gewesen, durch Flüsse, in Gefahr unter Räubern, in Gefahr unter Juden, in Gefahr unter Heiden, in Gefahr in Städten, in Gefahr in Wüsten, in Gefahr auf dem Meer, in Gefahr unter falschen Brüdern; in Mühe und Arbeit, in viel Wachen, in Hunger und Durst, in viel Fasten, in Frost und Blöße, und außer all dem noch das, was täglich auf mich einstürmt, und die Sorge für alle Gemeinden.“ (2 Kor. 11,23–28).

Die erste Missionsreise (46–47 n. Chr.): Apg 13–14

Paulus war fest davon überzeugt, unter göttlichem Auftrag zu stehen. Dem kann er sich nicht entziehen. Von nun an wird er wie ein Getriebener, als ob unter Zwang, der Erfüllung seiner Berufung nachgehen. „Und wehe mir, wenn ich das Evangelium nicht predigte!“, so schreibt er (1 Kor 9,16). Wäre in ihm auch nur der geringste Zweifel über seinen Weg gewesen, dann hätte er wohl kaum solche Leiden und Nöte auf sich genommen. Aber er erkannte in dieser Fügung den Willen eines Höheren. Dem musste er gehorsam sein.

Sein Weg begann in Antiochia, eine griechisch-römische Stadt am Fluss Orontes nahe der Mittelmeerküste, gegründet im dritten vorchristlichen Jahrhundert von Seleukis I. Antiochia wurde Hauptstadt der römischen Provinz Syrien nachdem sie 64 v. Chr. von Pompeius für die Römer erobert worden war. Hier hatten hellenistische Judenchristen, die nach der Hinrichtung des Stephanus verfolgt wurden, eine kleine Gemeinde gegründet. Diese öffnete sich zunächst sogenannten Gottesfürchtigen, also heidnischen Sympathisanten des Judentums, und später auch anderen Heiden. (Apg 11,19f). Das aber beschwor Konflikte mit den Juden auf und so beschloss die Gemeinde, aus der Synagoge auszuziehen und damit ihre Eigenständigkeit zu begründen. Seit diesem Zeitpunkt wurden die Mitglieder der Gemeinde Christen genannt (Apg 11,26). Die Anfänge der Heidenmission lagen also in Antiochia und Barnabas war die treibende Kraft gewesen.

Es war auch Barnabas gewesen, der Paulus aus Tarsus nach Antiochia geholt hatte, wohl weil er dessen Fähigkeiten zu schätzen wusste und geglaubt hatte, dass sie dem Aufbau der Gemeinde förderlich sein würden. Nachdem Paulus sich einige Zeit in Lehre und Verkündigung bewährt hatte wurden er und Barnabas, der zunächst die Führungsrolle übernahm, von der Gemeinde für ihre erste Missionsreise zugerüstet. Ihnen diente als Gehilfe eine kurze Zeit lang ein junger Mann namens Johannes Markus. Ihre erste Reisestation war Zypern wo Paulus unter Anrufung des Herrn seine überlegenen magischen Kräfte unter Beweis stellte und mit diesem Machterweis den römischen Statthalter zum christlichen Glauben zu bekehren vermochte. Hiernach reisten die beiden Missionare ohne Johannes Markus weiter in das kleinasiatische Landesinnere.

In Antiochia (Pisidien) hielt Paulus seine erste lange Rede an Vertreter der hiesigen Synagoge. Die in der Apostelgeschichte übermittelte Version dürfte Fiktion sein, doch Kern seiner Botschaft könnte die Aussage vom gestorbenen, begrabenen und wieder auferstandenen Jesus Christus, wie sie in 1 Kor 15,3f wiedergegeben ist, gewesen sein. Wahrscheinlich waren seiner Verkündigung auch Elemente der Erwählungstheologie, wie sie im ersten Thessalonicherbrief dargelegt ist, eingefügt gewesen. Grundsätzlich erfolgt die Erwählung durch Gott, vermittelt im Geiste Christi (1 Thess 1,4f). In seiner Rede mag Paulus auch die heilsgeschichtliche Sammlung der Völker, das nahe Ende der Welt und das bevorstehende letzte Gericht erwähnt haben.

Es sind dies theologische Ansätze, die wohl durch sein Gemeindewissen in Antiochia vorgeprägt worden waren. Gut möglich, dass sogar die bekannte paulinische Trias Glaube – Liebe – Hoffnung bereits Ausdruck des christlichen Selbstverständnisses der antiochenischen Gemeinde gewesen war. Und wenn Paulus sagen kann, dass man den Geist nicht auslösche (1 Thess 5,19), so geht solche Rede sicherlich auf seine Erfahrungen mit der geistgewirkten Gemeinschaftlichkeit in Antiochia zurück. Sein ekstatisches Erlebnis im dritten Himmel (2 Kor 12,1–5) fällt in diese Zeit und er selbst wurde für seine erste Missionsreise durch die Wahl des Geistes bestimmt (Apg 13,1–3).

Paulus aber wurde nach seiner Rede von den Juden angefeindet und er musste aus der Stadt flüchten. Der Groll der Juden ist durchaus verständlich, hatte Paulus doch praktisch das Zentrum des jüdischen Glaubens, die Tora, durch den mystischen Jesus ersetzt und ihn mittels der Schrift als den erwarteten Messias gedeutet. Was sollten sie auch mit Jesu Leidensweg anfangen, galt doch ein am Kreuz Hingerichteter als von Gott verflucht (Dtn 21,23)? Hinzu kam, dass sie Jesus auch noch als Gottes Sohn annehmen sollten. So ist es nicht verwunderlich, dass es Paulus und Barnabas ähnlich misslich in Ikonium und Lystra erging. Nachdem die beiden Missionare noch den nächsten Ort Derbe aufgesucht hatten, reisten sie über die gleichen Stationen, in denen sie verfolgt gewesen waren, nach Antiochia am Orontes zurück.

Mittlerweile war in der antiochenischen Gemeinde Zwietracht über die Forderung nach Beschneidung, die von zugereisten Judenchristen aus Judäa erhoben worden war, aufgekommen. Damit war die heidenchristliche

Mission grundsätzlich in Frage gestellt. So beschloss man, eine Delegation nach Jerusalem zu senden, damit eine Lösung für dieses grundsätzliche Problem gefunden werde. Die Frage war: Mussten die Heiden erst Juden werden, damit sie Christen sein konnten? Welche Rolle sollte in Zukunft das jüdische Gesetz spielen? Auf dem Apostelkonvent in Jerusalem 48/49 n. Chr. wurde hart gestritten wobei Paulus die konservativen Judenchristen auch mal als ‚falsche Brüder' bezeichnete. Folgt man der Apostelgeschichte, dann einigte sich die Versammlung auf eine von Jesu Bruder Jakobus gefundene Kompromissformel, dem sog. Aposteldekret, während Paulus selbst angibt, dass ihm keinerlei Auflagen für die Heidenmission gemacht worden waren.

Es ist eher wahrscheinlich, dass man zu dem Kompromiss erst nach dem sog. antiochenischen Zwischenfall fand, wohl in Antiochia selbst. Jedenfalls schildert Paulus im Galaterbrief 2,11–21 wie nach dem Apostelkonvent das Gemeindeleben in Antiochia erst weiterging wie bisher und Judenchristen als auch Heidenchristen unbekümmert die Tischgemeinschaft pflegten womit aus jüdischer Sicht das Speisegebot missachtet wurde was kultische Unreinheit nach sich zog. Als Leute des Jakobus zu Besuch kamen und diese Praxis kritisierten, zogen sich allerdings Petrus und andere vom gemeinsamen Essen zurück, was wiederum Paulus erzürnte. Er warf ihnen öffentlich Heuchelei und den Verrat am Glauben an Jesus vor, der und nicht das Gesetz der eigentliche Heilsgrund ist. Ihr Verhalten bedrohte aus seiner Sicht die Einheit der jungen Kirche; denn würde man der Forderung der Judenchristen nach Gesetzesobservanz Folge leisten, hätte das die Aufspaltung des Christentums zur Folge gehabt. Es scheint aber, als ob die Antiochianer in die Linie der Judenchristen eingeschwenkt waren und sich einer Kompromissformel, dem Aposteldekret, beugten, womit in Zukunft Minimalforderungen der Reinheit nach jüdischer Tradition Folge geleistet werden würden.

Paulus aber wollte sich diesem Kompromiss nicht unterwerfen und ging fortan seinen eigenen Weg indem er sich weitgehend von der Gemeinde in Antiochia löste. Er trennte sich auch von Barnabas und nahm sich für seine zweite Missionsreise einen neuen Mitarbeiter namens Silas.

Die zweite Missionsreise(49–52 n. Chr.): Apg 15,36–18,22

Paulus und Silas besuchten zunächst die auf der ersten Reise gegründeten Gemeinden. In Lystra schloss sich ihnen Timotheus an. Im Galaterbrief

4,13 f, wo Paulus seine körperliche Schwäche erwähnt, findet sich eine Andeutung, wie sehr ihnen die körperlichen Strapazen und Entbehrungen im galatischen Hochland mit seinen steilen Bergpässen, den extremen Temperaturen, Hunger und Durst, wohl zugesetzt hatten. Schließlich aber erreichten die drei Missionare den aus der homerischen Sage bekannten, an der Westküste Kleinasiens gelegenen Ort Troas, und setzten von hier nach Europa über, ermutigt durch ein Traumbild, das Paulus nächtens erschien. Im makedonischen Philippi fand Paulus in der Purpurhändlerin Lydia seine erste Konvertitin, gleichsam die Keimzelle einer kleinen Gemeinde mit der er sich immer besonders verbunden wusste, die einzige, von der er sich unterstützen ließ. Sein Eingriff in die Beziehung zwischen Sklavin und Herr wurde mit Gefängnis geahndet, aus dem sie aber des Nachts auf wundersame Weise durch ein Erdbeben befreit wurden. Nachdem sie von den örtlichen Behörden rehabilitiert worden waren, setzten sie ihren Weg gen Süden nach Thessalonich weiter.

Paulus eigene Beschreibung des Aufenthaltes in Thessalonich weicht in wesentlichen Punkten von der in der Apostelgeschichte ab. Zum einen ist er dort wohl sehr viel länger geblieben (1 Thess 2,9) und zum anderen scheinen sich keine Juden sondern nur Heiden dem neuen Glauben angeschlossen zu haben (1 Thess 1,9). Allerdings kam Paulus hier wiederum mit den Juden in Konflikt und musste erneut flüchten. So nahm er den Weg über Beröa nach Athen wo er unter den Philosophen für das Evangelium warb, doch im Grunde nur Hohn und Spott erntete. Eigentlich hatte er vorgehabt, Thessalonich noch einmal einen Besuch abzustatten, wurde aber daran gehindert (1 Thess 2,18). In Sorge um die Beständigkeit ihres Glaubens schickte er stattdessen nun Timotheus zu ihnen (1 Thess 3,1f) und blieb allein zurück in Athen. Da seine Mission hier keinen Erfolg zeitigte zog er weiter nach Korinth wo er gegen 50 n. Chr. eintraf und hier 1 1/2 Jahre bleiben sollte.

Korinth hatte in der Antike einen üblen Ruf, ein Ort von sprichwörtlicher Verderbtheit und Sittenlosigkeit. Das Verbum ‚korinthiazesthai' hatte in der griechischen Umgangssprache die Bedeutung von ‚Unzucht treiben'. Im Tempel, welcher der Liebesgöttin Aphrodite gewidmet war, gaben sich eintausend Sklavinnen als Huren der freischaffenden Liebe hin. Ihre Dienste wurden besonders von den Seeleuten gerne angenommen. Nun mag das Bild sexueller Zügellosigkeit das Image von Korinth eintrüben, doch wird hierin auch viel Übertreibung liegen. Der römische Philosoph Seneca jedenfalls glaubte, dass man das Laster nicht einem Zeitalter oder einem Ort anhängen dürfe, eher ist es eine Art genetischer Programmfehler im Menschen. Es ist allerdings auch wahr, dass Paulus in seinen Briefen an die Korinther über Aspekte sexueller Moral besonders ausführlich schrieb.

In Korinth verdingte sich Paulus zunächst als Zeltmacher bei einem judenchristlichen Ehepaar namens Aquila und Priszilla, das aus Rom geflüchtet war und das in dem lederverarbeitenden Gewerbe zu Wohlstand gekommen war. Erst nach dem Eintreffen von Silas und Timotheus in Korinth, die Gaben aus Philippi mitbrachten, konnte er sich ganz der Verkündigung widmen. Und als auch noch eine Anklage, die von den Juden gegen ihn bei dem Statthalter Gallio vorgebracht worden war, abgewiesen wurde, konnte der Gemeindeaufbau relativ ungestört voranschreiten. In Korinth führte Paulus das Herrenmahl ein, dessen Grundkonzept wahrscheinlich auf einer urkirchlichen Tradition beruht (1 Kor 11,23–26). Sein Ablauf scheint dem griechischen agape-Gastmahl nachempfunden gewesen zu sein, war es doch mit einem gemeinschaftlichen Essen verbunden. Vorsteher wurden mit der Aufgabe der Gestaltung des Gottesdienstes betraut (1 Thess 5,12). Hieraus entwickelte sich später das Amt des Bischofs. Ansonsten spricht Paulus nur von Aposteln, Propheten und Lehrern (1 Kor 12,28). Von Priestern ist niemals die Rede, warum auch, wenn das Ende so nahe war. Eine Kirche so wie wir sie heute verstehen, schwebte ihm zumindest nicht vor.

In Korinth schrieb Paulus auch seinen ersten Brief an die Thessalonicher, die älteste uns erhaltene Schrift des Neuen Testaments. Timotheus war zwar mit guten Nachrichten aus Thessalonich zurückgekehrt (1 Thess 3,6), doch die Brüder dort trieb die Sorge um, was denn nun mit den vor der Wiederkehr Jesu Verstorbenen geschehen würde. In diesem, in einem freundschaftlichen Ton gehaltenen Antwortbrief, gibt er seiner Vorstellung Ausdruck, dass die Entschlafenen am Tag der Wiederkunft Christi den Gräbern entsteigen und zusammen mit den noch Lebenden von Gott dem Herrn zugeführt und in den Himmel entrückt werden (1 Thess 4,13–18).

Nach Beendigung seines Aufenthaltes in Korinth segelte Paulus zusammen mit dem Ehepaar Aquila und Priszilla nach Ephesus. Dort wird er mehrere Jahre intensivster Schaffenskraft verbringen, aber auch persönliche Bedrängnis erfahren und mit schwersten Problemen in den von ihm gegründeten Gemeinden zu ringen haben.

Die dritte Missionsreise (53 – 56/7n. Chr.): Apg 18,23–21,14

In Ephesus kämpfte Paulus an mehreren Fronten, vor allem auch gegen die Heiden und ihre Götterverehrung. Ephesus, gelegen an der kleinasiatischen Westküste, war zur Zeit des Paulus eine weltberühmte Stadt mit etwa 150 000 Einwohnern. Mit dem Artemistempel, der zu den sieben antiken Weltwundern gehörte, besaß Ephesus eines der größten Heiligtümer überhaupt und war somit ein kulturelles Zentrum. Das kolossale Bauwerk, 356 v. Chr. in Brand gesteckt und wieder aufgebaut, maß 425 x 225 Fuß und übertraf damit noch den Herodestempel in Jerusalem. Es wurde von 127 Säulen gesäumt, jede von ihnen 60 Fuß hoch. Seinen Eindruck vom Tempel schildert ein zeitgenössischer Dichter so:

> „Babylons ragende Stadt, ich sah sie mit Mauern, auf denen
> Wagen fahren, ich hab Zeus am Alpheios gesehn,
> sah des Helios Riesenkoloss und die hängenden Gärten,
> auch den gewaltigen Bau der Pyramiden am Nil und
> des Mausolos mächtiges Mal; doch als ich dann endlich
> Artemis' Tempel erblickt, der in die Wolken sich hebt,
> blasste das andre dahin. Ich sagte: ‚Hat Helios' Auge außer
> dem hohen Olymp je etwas gleiches gesehn?"

Die griechische Göttin Artemis und die kleinasiatische Kybele waren miteinander verschmolzen und als vielbrüstige Fruchtbarkeitsgöttin durch eine Statue im Tempel dargestellt. Es gab Feste der Artemis und es gab Missionare der Artemis, die für den Kult in Kleinasien warben. Als die Region den christlichen Glauben angenommen hatte, verwandelte sich der Kult in den der Maria, Mutter Gottes. Zahllose Geschichten zirkulierten über sie wie zum Beispiel die Erzählung darüber, wie Lukas selber die heilige Jungfrau von Jerusalem nach Ephesus eskortiert hatte. Noch im 19. Jahrhundert glaubte eine deutsche Nonne, sogar das Haus der Maria gefunden zu haben, wo sie vor ihrer Aufnahme in den Himmel gewohnt hatte.

Wenn Paulus durch seine Lehren und Predigten auch viel Aufsehen in Ephesus erregt haben mag, so ist es doch schwer zu glauben, dass er und seine kleine Gemeinde des Volkes Zorn derart hatte entfachen können, dass die öffentliche Empörung, die mit dem Aufstand der Silberschmiede um Demetrius begann, sich zu einem allgemeinen Aufruhr steigerte. Tatsache aber ist, dass Paulus sich sehr wohl einer akuten Verfolgungssituation ausgesetzt sah und im Gefängnis um sein Leben bangen musste (Phil 1,21–24). Die Gemeinde in Ephesus war nicht von ihm gegründet worden aber er wirkte hier zusammen mit Apollos, einem in Alexandria in den Geisteswissenschaften und der Rhetorik ausgebildeten Judenchristen, der auch in der Schrift bewandert war. Nur hat Lukas die Reihenfolge der Tätigkeit dieses Apollos falsch herum beschrieben; denn wie 1 Kor 16,12; 3,4–9 belegen, war Apollos zunächst in Korinth tätig bevor er zusammen mit Paulus in Ephesus wirkte. Nach Lukas aber treffen sich die beiden nie (Apg 19,1).

Vor seinem Einzug in Ephesus hatte Paulus noch die Gemeinden in Galatien und Phrygien aufgesucht. Von den Auseinandersetzungen mit den Heiden abgesehen beschäftigten ihn in der nächsten Zeit vor allem Probleme mit den Gemeinden in Korinth und Galatien. Wie aus dem ersten Korintherbrief hervorgeht, hatte sich in der dortigen Gemeinde eine Art Konkurrenzdenken breit gemacht. Mitglieder brüsteten sich mit ihren Geistesgaben und fühlten sich ihren Brüdern als überlegen. Paulus bemühte sich, diesen Höhenflug der Charismen auf die Erde zurückzuholen indem er auf seinen eigenen uneigennützigen Einsatz und Christi Lebenshingabe am Kreuz verwies. Er erläuterte die Praxis der christlichen Freiheit, die ihre Grenze in der Rücksichtsnahme auf die sogenannten Schwachen in der Gemeinde finden sollte und nimmt Stellung zu innergemeindlichen Fragen wie sexuelle Moral und das Verhältnis von Mann und Frau.

Vor Absenden dieses ersten Briefes an die Korinther hatte Paulus bereits Timotheus zu ihnen geschickt, wohl in der Absicht, die nötigen Korrekturen im Gemeindeleben anzumahnen. Doch Timotheus kommt mit schlechten Nachrichten zurück und berichtet vom Eindringen fremder Missionare, die den geistlichen Enthusiasmus propagieren, also das was Paulus gerade hat dämpfen wollen. In mehreren Briefen, die im 2. Korinther zusammengefügt worden sind, reagiert Paulus, indem er unter anderem die Legitimität seines Amtes als Apostel begründet. Diese Briefe, von Titus überbracht, bringen nicht den gewünschten Erfolg und so reist Paulus kurzentschlossen selbst nach Korinth. Doch der Graben zwischen ihm und der Gemeinde vertieft sich und es kommt zu konfrontativen Auseinandersetzungen. Frustriert und enttäuscht kehrt Paulus wieder zurück nach Ephesus. Emotional aufgewühlt schreibt er den Korinthern unter Tränen (2 Kor 2,4) einen harten, polemischen Brief. In ihm setzt er sich mit dem Imponiergehabe seiner Gegner auseinander und hält diesem sein Verständnis von Christi Lebenshingabe am Kreuz entgegen. Während jene ihren falschen Ruhm auf angeblichen Machterweisen des Geistes aufbauen, rühmt er sich gerade seiner eigenen Schwachheit; denn in ihr, so ist er überzeugt, wohnt die Kraft Christi.

Während seiner Gefangenschaft in Ephesus stand Paulus in engem Kontakt mit seiner geliebten Gemeinde in Philippi. Die rührende Fürsorge, die man füreinander hegte, geht aus dem Philipperbrief hervor. Zu dieser Zeit fand sich auch ein entlaufener Sklave namens Onesimus bei ihm ein, den er aber zusammen mit einem Freundschaftsbrief an seinen Herrn Philemon zurückschickte, mit der Bitte, sich ihm doch barmherzig zu erweisen.

Die schlechten Nachrichten wollen nicht abreißen. Nun kommt ihm zu Ohren, dass fremde Missionare auch die von ihm aufgebauten Gemeinden in Galatien unter ihren Einfluss bringen wollen. Es sind dies wohl die ‚falschen Brüder' aus der Jerusalemer Urgemeinde, die er auch sogleich mit einem Fluch belegt während er die Gemeindeglieder in einem unversöhnlichen Tonfall des Abfalls beschuldigt. Anders als die Geistbegabten in Korinth sind es hier die Judaisten mit ihren Forderungen der Gesetzesobservanz, die gegen Paulus gesetzesfreie Heidenmission intervenieren. Ohne allerdings auf ihre Standpunkte einzugehen beharrt Paulus auf seiner Sicht der Wahrheit. Kompromisse gibt es nicht. Wie nun die Galater seine Replik aufgenommen haben ist nicht bekannt, doch aller Wahrscheinlichkeit nach waren diese Gemeinden für ihn verloren.

Unerwartet kam Paulus wieder aus der Haft frei. Sofort, getrieben von innerer Unruhe über die Frage, wie denn sein harter Tränenbrief von den Korinthern aufgenommen worden war, machte er sich auf den Weg nach Troas. Hier hatte er darauf gehofft, mit Titus, der den Brief überbracht hatte, wieder zusammenzukommen, doch fand er ihn nicht und reiste ihm daher nach Makedonien entgegen (2 Kor 2,12f). Erlösung! Er traf Titus und von ihm hörte er zu seiner Erleichterung, dass die Gemeinde Reue gezeigt hat und ihn wieder akzeptierte. Gut gestimmt schrieb Paulus jetzt einen Versöhnungsbrief (2 Kor 1,1–2,13; 7,5–16). Alles ist wieder gut und so nahm er die Gelegenheit wahr, für die Armenkollekte zu werben. Doch der Schein trug; denn die Judaisten ließen nicht locker. Sie waren wohl im Begriff, nach Europa überzusetzen und Paulus Wegen nachzufolgen. So warnte Paulus in einem zweiten Brief an die Philipper (Phil 3,2–21) vor den ‚Hunden' und ihrer Forderung nach Beschneidung. Seine Erregung ist verständlich; denn diese Fremdmissionare sind dabei, sein ganzes Werk in Frage zu stellen und seine Arbeit zu unterminieren. Für ihn sind es ‚Feinde des Kreuzes Christi' (Phil 3,18); denn ihre Forderung nach Gesetzlichkeit ist ein Angriff auf sein Verständnis von Christus als den einzigen Heilsweg.

Endlich, nachdem er in Makedonien überwintert hatte, kam er in Korinth an und blieb dort die nächsten drei Monate (56 n. Chr.). Hier schmiedete Paulus schon wieder Zukunftspläne. Nach der Ablieferung der Kollekte in Jerusalem plante er, über Rom zu reisen und von dort aus zu einer weiteren Mission nach Spanien und ans westliche Mittelmeer aufzubrechen (Röm 15,23–26). War dieses Vorhaben realistisch? Es gilt zu bedenken, dass im Gegensatz zu den bereits von ihm missionierten Osten man in diesen Gebieten Latein sprach und dass es hier keine größeren Judengemeinden mit Synagogen gab, die als Anlaufpunkte dienen konnten.

Im Haus des Gajus in Korinth arbeitete Paulus nun an dem Römerbrief, der von Literaten und Theologen als sein tiefsinnigstes Werk beurteilt wird, ein Stück herausragender Weltliteratur. Sein Zentrum bildet die Rechtfertigungslehre, die Lehre von der Rechtfertigung nur aus Glauben und nicht aus Werken. Es bleibt sich zu fragen, warum Paulus ausgerechnet an die ihm nicht bekannte christliche Gemeinde in Rom einen solchen ausführlichen, systematisch gegliederten Brief geschrieben hatte. Die in ihm enthaltene voll entwickelte theologische Botschaft ist aber nicht nur an die Römer sondern an die ganze Christenheit gerichtet. Es ist sein theologisches Vermächtnis das er hier formuliert hat, wohl im Bewusstsein, dass die bevorstehende Reise nach Jerusalem zur Ablieferung der Kollekte voller Ungewissheit und Gefahren war. So bat er die Gemeinde, dass man für ihn bete, „damit ich errettet werde von den Ungläubigen in Judäa und mein Dienst, den ich für Jerusalem tue, den Heiligen willkommen sei" (Röm 15,30f). Es stand für ihn alles auf dem Spiel. Es ging um sein Leben und sein Werk. Es ging bei der Kollekte auch um die Einheit der Kirche; denn sie sollte als Liebesgabe das Band der Gemeinschaft zwischen Heiden- und Judenchristen festigen.

Was Paulus seinerzeit durch den Kopf ging, als er diesen Brief aufsetzte, darüber lassen sich nur Vermutungen anstellen, aber wie aus seinen Zeilen hervorgeht, beschäftigte ihn wahrscheinlich der Gedanke, wie er wohl in Jerusalem empfangen werden würde. Hatten die ihm feindlich gesinnten pharisäischen Judenchristen inzwischen in Jerusalem die Oberhand gewonnen, womit die Entfremdung zwischen ihm und der Gemeinde dort besiegelt wäre? Auf welche Seite hatten sich der Herrenbruder Jakobus und seine Vertrauten geschlagen? Würde er wirklich noch in Jerusalem willkommen geheißen und nicht eher wie ein Abtrünniger behandelt werden?

Paulus überreichte den Römerbrief seiner Gehilfin Phöbe, die ihn der Gemeinde in Rom überbringen soll. Er selbst reiste zunächst über Makedonien zurück nach Troas wo sich der denkwürdige Zwischenfall mit dem Fenstersturz des jungen Mannes ereignete. Dann segelte er weiter nach Milet und ließ von dort die Ältesten aus Ephesus rufen, denen er eine bewegende Abschiedsrede hielt. Weiter ging es über Tyrus in Phönizien nach Ptolemais und von dort nach Cäsarea, wo er noch einmal mit dem Evangelisten Philippus und seine Familie zusammentraf und der Prophet Agabus ihm mit einer Zeichenhandlung Unheil verhieß. Dann zog er hinauf nach Jerusalem und übernachtete zunächst bei einem alten Jünger. Jakobus selbst bot ihm keine Gastfreundschaft an. Ein ungutes Zeichen?

Von Jerusalem nach Rom (Apg 21,15–28)

Lukas musste vom Tod des Paulus Kenntnis gehabt haben. Warum sonst gestaltete er seine letzte Reise nach Jerusalem wie den Zug eines Märtyrers, angereichert mit rührenden Abschiedszenen. Sicherlich, Paulus wusste um die Gefahren, die vor ihm lagen. Aber war er dem Tod zuvor nicht schon mehrere Male knapp entronnen? Immerhin hatte er noch Pläne für eine ausgreifende Mission im westlichen Mittelmeer.

Wahr ist allerdings auch, dass Paulus sich in Jerusalem mit zwei verschiedenen Gegnern konfrontiert sah. Die Feindschaft der Juden gegenüber den Christen war in den letzten Jahren eher noch gewachsen. Nur wenige Jahre später (62 n. Chr.) sollte der Herrenbruder Jakobus hingerichtet werden und nur kurz vor Paulus Ankunft war der Hohepriester Hananias ermordet worden. Die zelotische Partei schürte den Hass gegen die Römer. Aufruhr und Aufstände, angefacht durch Widerstandkämpfer, harte Übergriffe der römischen Obrigkeit, von Banden verbreitete Furcht und Angst im Lande, all dies heizte die Stimmung immer mehr auf. Die Christen mussten sich da bedeckt halten, um sich nicht unnötig des Verdachts einer anti-jüdischen Gesinnung auszusetzen.

In dieser Situation nun kam Paulus nach Jerusalem, wohl um 57 n. Chr., er, der das jüdische Gesetz für irrelevant erklärt und an seine Stelle den neuen Messias, Jesus Christus, gesetzt hatte, er, der in den Augen der Judaisten mit seiner gesetzesfreien Heidenmission praktisch die Abkehr vom Judentum betrieb. Und hatte er sie nicht in seinen Briefen verflucht und geschmäht als ‚Hunde', ‚Feinde des Kreuzes', ‚falsche Brüder' und dergleichen mehr? Sollte dies ihnen verborgen geblieben sein? Und war er nicht derjenige gewesen, der ihnen auf dem Apostelkonvent noch eine Niederlage bereitet hatte? Diesen Mann, praktisch ihr Intimfeind, sollten sie nun zusammen mit seinem Anhang in Jerusalem willkommen heißen?

Jakobus war in einer Zwickmühle. Ausschlagen konnte er den Empfang des Paulus nicht, andererseits durfte er sich auch nicht zu stark exponieren und musste sich davor hüten, in einer zu großen Nähe des Apostels gesehen zu werden, schließlich war er ja das Haupt der Urgemeinde in Jerusalem. So konnte er ihn bei sich zu Hause nicht aufnehmen, das hätte man als Kollusion interpretieren können. Doch mit seiner Kompromisslösung, dass Paulus die Kosten für das Tempelritual übernehmen sollte, konnte er beiden Seiten gerecht werden; denn damit gab er Paulus Gelegenheit, seine Gesetzestreue zu demonstrieren.

Paulus hatte schon fast das Reinigungsritual abgeschlossen, da wäre er beinahe von einer aufgebrachten Menschenmenge gelyncht worden; denn man verdächtigte ihn, einen Heiden in das Heiligtum des Tempels gebracht zu haben. Er konnte gerade noch von römischen Soldaten gerettet werden. Vom eigentlichen Grund der Jerusalemreise aber, der Abgabe der Kollekte, erfährt man bei Lukas erst später am Rande (Apg 24,17). Was nun mit der Kollekte geschah, darüber schweigt sich Lukas aus. Jedenfalls wäre eine Verweigerung der Annahme die schwerste Niederlage im Leben des Paulus gewesen und die Einheit der Kirche aufs tiefste erschüttert. So ein Ausgang hätte natürlich nicht in Lukas Bild vom glorreichen, wenn auch leidensvollen und doch von Gott geleiteten Weg des Paulus, der ihn bis nach Rom führen sollte, gepasst. Lieber pflegte er da das Image des unermüdlichen Missionars mit den diversen Verteidigungsreden des Paulus vor Volk, Hohen Rat und König.

Die Anklagen der Juden verliefen ergebnislos und zwei Anschläge gegen sein Leben gingen auch fehl. Nachdem Paulus zwei Jahre im Gefängnis geschmachtet hatte und sich einem neuen Verfahren in Jerusalem verweigerte indem er sich auf den Kaiser berief, wurde er auf ein Schiff nach Rom verfrachtet. Wie immer stand Paulus dabei im Mittelpunkt des Geschehens und er genoss auf der Reise die zuvorkommende Aufmerksamkeit seines römischen Gefangenenwärters. Typisch lukanische Tendenz: auf der einen

Seite die bösen Juden, die ihm nach dem Leben trachteten und auf der anderen die wohlwollenden und sich immer korrekt verhaltenden Römer, die Paulus Schutz gewährten.

Wenn wohl die Gefahren auch real waren, so strapaziert es doch den gesunden Menschenverstand, dass Paulus, der doch für die Römer nur ein gewöhnlicher Gefangener war, sich zur Leitfigur auf dem Schiff entwickeln konnte. Aber Lukas wollte nun mal glaubhaft herausstellen, dass nichts Gottes Plan mit Paulus verhindern konnte. Und so durfte Paulus Ratschläge geben, die Besatzung mit Hinweis auf eine Engelerscheinung ermuntern und schließlich auch noch Anweisungen für die Rettung des Schiffes geben. Zweifel an ihrer geschichtlichen Glaubwürdigkeit lässt schon die Tatsache aufkommen, dass uns die Erzählung in zwei verschiedenen Versionen überliefert worden ist.

Nach Überwinterung auf der Insel Malta, wo man gestrandet war, brachte ein anderes Schiff die Besatzung und die Gefangenen nach Puteoli in Italien, südlich von Rom. Von hier aus legte man die letzte Etappe zu Fuß zurück, nicht ohne dass Paulus einige erholsame Tage bei der hiesigen christlichen Gemeinde vergönnt waren, die Erlaubnis des römischen Hauptmannes immer vorausgesetzt. Unterwegs, als ob er sich auf einem Triumphzug befände, empfing er Abgesandte der römischen Gemeinde, von der man danach nichts wieder hört. Sodann hatte er das Privileg, in Rom in einer Privatwohnung, bewacht nur von einem Soldaten, untergebracht zu werden. Paulus war am Ziel seiner Wünsche. Leider widersetzten sich die Juden der Stadt, die er zu einem privaten Empfang einlud, wieder einmal seinen Bekehrungsversuchen und so schleuderte er ihnen die prophetischen Verstockungsworte (Jes 6,9–10) entgegen und tat ihnen kund, dass von nun an das Heil den Heiden gilt.

Über das Ende des Paulus gibt es nur Vermutungen. Einige halten es für möglich, dass Paulus nach einer gewissen Zeit aus der Haft frei kam und tatsächlich Spanien aufgesucht hatte, später aber noch einmal verhaftet wurde. Belege dafür gibt es allerdings nicht. Wahrscheinlich ist eher, dass er während der von Nero initiierten Christenverfolgungen im Jahre 64 n. Chr. seinen Tod fand, hingerichtet als römischer Bürger durch das Schwert.

Über einige Daten in Paulus Biographie haben wir Gewissheit, über andere lässt sich nur mehr oder weniger spekulieren. So lassen sich unter Vorbehalt die wichtigsten Stationen im Leben des Paulus wie folgend nennen:

5 – 10 n. Chr.	Geburt des Paulus
32 n. Chr.	Paulus Damaskusvision (Berufung)
32 – 34/5 n. Chr.	Paulus in Arabien
ab 36 n. Chr.	Paulus in Antiochia
46 – 47 n. Chr.	Erste Missionsreise (Zypern und Kleinasien)
48/49 n. Chr.	Apostelkonvent in Jerusalem
49 – 52 n. Chr.	Zweite Missionsreise (Kleinasien, Mazedonien, Griechenland)
50 – 52 n. Chr.	Aufenthalt in Korinth (Gemeindegründung) Abfassung des 1. Thessalonicher Briefes
52 n. Chr.	Ankunft in Ephesus Erste briefliche Kommunikation mit Gemeinde in Korinth (1 Kor 5,9)
53 – 56/7 n. Chr.	Dritte Missionsreise und Aufenthalt in Ephesus
54 n. Chr.	Empfang von Besuchern aus Korinth Antwortbrief auf Anfragen der Gemeinde in Korinth (1. Korintherbrief) Eindringen von Fremdmissionaren in Korinth: Paulus reagiert brieflich: (2. Kor. 3,1; 10,12–14) Rückkehr des Timotheus aus Korinth: Paulus schreibt erneut (2 Kor. 2,14–7,4) Kurzer Zwischenbesuch in Korinth, Zerwürfnis mit Gemeinde Paulus schreibt seinen Tränenbrief (2 Kor. 10–13) Aufstand der Silberschmiede in Ephesus, Paulus in Gefangenschaft
54/55 n. Chr.	Besuch durch Sklaven Onesimus, Brief an Philemon Empfang eines Gesandten aus Philippi, Brief an die Philipper (Phil. 1,1-3,1) Gegnerische Judenchristen kommen nach Galatien
55 n. Chr.	Befreiung aus Gefangenschaft und Reise nach Mazedonien Titus trifft Paulus und bringt gute Nachrichten aus Korinth Paulus schreibt Versöhnungsbrief (2 Kor. 1–8, außer 2,14–7,4)
55/56 n. Chr.	Organisation der Kollekte für die Armen in Jerusalem
56 n. Chr.	Brief an die Galater Zweiter Brief an die Philipper (Phil. 3,2–21; 4,8f) Dritter Besuch in Korinth Römerbrief
57/58 n. Chr.	Kollektenbesuch in Jerusalem
58 – 60 n. Chr.	Paulus in römischer Gefangenschaft
60 n. Chr.	Die Schiffsreise nach Rom
62 – 64 n. Chr.	Märtyrertod des Paulus?

4. Theologische Themen des Paulus

Nur relativ wenige Heiden fanden sich bereit, den letzten Schritt zum Übertritt ins Judentum zu vollziehen; denn die Hemmschwelle lag mit den Forderungen nach Beschneidung und voller Gesetzesobservanz einfach zu hoch. Diejenigen, die sich von dem hohen Ethos des Jahwe Glaubens angezogen fühlten, verharrten lieber im Status eines Sympathisanten oder Gottesfürchtigen und nahmen somit lediglich an den Gottesdiensten in den Synagogen teil. Paulus hatten nun mit seiner gesetzesfreien Mission diese Schranken eingerissen. Christ wurde man mit Bekenntnis und Taufe. Der Übergang vom Heiden- zum Christentum war eher fließend, inkorporierte letzteres doch viele Elemente wie die Praxis von Taufe, Abendmahl und der Glaube an eine getötete und wieder auferstandene Gottheit, die den Heiden aus den Mysterienkulten vertraut waren. Darüber hinaus waren die ersten christlichen Gemeinschaften charismatische Gemeinden gewesen, in denen eine betont spirituell ausgerichtete Feier des Gottesdienstes die Regel war, wie ja auch übersprudelnder Enthusiasmus und Ekstase charakteristische Erscheinungen bei den Einweihungsriten der Mysterienkulte waren. So erscheint es nicht überraschend, dass das Christentum zum Verdruss der Juden insbesondere viele Anhänger gerade unter den Gottesfürchtigen fand, hatten diese doch bereits einen Schritt hin zum monotheistischen Glauben vollzogen und fanden sich trotzdem nicht voll akzeptiert.

Paulus hatte in der Erfahrung auf dem Missionsfeld aus den ersten Ansätzen der von ihm aus Antiochia übernommenen Glaubensvorstellungen seine eigene Theologie entwickelt, die in der Form von vier Themenbereichen nachfolgend skizziert werden soll.

Erstes Thema: Gott, Christus und der Mensch

Für den Christen gibt es nur einen Gott, den Vater alles des ist und nur einen Herrn, Jesus Christus, durch den alle Dinge ihr Sein erhalten (1 Kor 8,6). Christus ist zwar an der Schöpfung beteiligt, aber hinter allem steht der allmächtige Gott, der allein die Toten wieder auferwecken kann (Röm 4,17). Demgegenüber haben die Götter der Heiden keine wirkliche Existenz, allenfalls kann man ihnen den Status von Dämonen zugestehen. Gleichwohl existiert der Satan, muss er doch erst besiegt werden (Röm 16,20), und auch die Engel werden für real gehalten (Röm 8,38).

Nun ist die Schöpfung eine gefallene Schöpfung; denn das Geschöpf hat sich von seinem Schöpfer losgesagt und sich eine eigene Wirklichkeit, von Gott getrennt, aufgebaut, und da es wahres Leben nur in Christus durch Gott gibt, ist er daher der Sünde und dem Tod verfallen. So ist menschliche Existenz durch einen Makel und Mangel gekennzeichnet, fehlt ihr doch der Geist Christi, der erst die Einheit des Menschen mit Seele und Leib herbeiführt (1 Thess 5,23). Paulus geht also von einer ganzheitlichen Sicht des Menschen aus wie er denn auch für seine Weiterexistenz nach dem Tode ein leibliches Zusammensein mit Christus voraussieht (1 Thess 4,16f). Die Menschheit aber, die sich durch die Einrichtung einer widernatürlichen, eigenen Ordnung dem Schöpfer verweigert hat, hat sich Gott zum Feind gemacht. So droht des Allmächtigen Zorn und Gericht. Doch hat Gott in seiner Gnade der gefallenen Menschheit noch einmal eine Chance zur Umkehr gegeben indem er seinen eigenen Sohn, Jesus Christus, gesandt hat. Also ist das Evangelium von Christus eigentlich nichts anderes als Gottes erneutes Rufen, verbunden mit dem Angebot der Rettung welches im Glauben an Christus nur angenommen zu werden braucht. Gott hat durch das Opfer Christi am Kreuz seine Liebe erwiesen, damit der Mensch sich mit ihm versöhne (2 Kor 5,20) und so die Feindschaft überwunden werde. Christus ist für Paulus die Zentralgestalt schlechthin; es ist das Geschick Christi, das für die Menschheit durch Gott zu Heil und Erlösung bestimmt worden ist.

Warum sollte sich Christi Tod als heilsam erweisen? Um dies zu verstehen, muss man Kreuz und Auferstehung zusammen sehen (1 Kor 15,12–19). Das Heil für die Christen wird dadurch ermöglicht, so Paulus, weil Christus stellvertretend für uns mit dem Fluch des Kreuzes (Dtn 21,22f) im Gehorsam zu Gott auch unsere Sünden auf sich genommen hat, und indem er in seiner Auferstehung den Tod besiegte und damit die Vergänglichkeit des Lebens überwand, hat er auch unsere Sünden ausgetilgt (Gal 3,13; 2 Kor 5,21). Jesu heilwirkender Tod unterscheidet sich grundsätzlich von dem jüdischen kultischen Sühneverständnis; denn während die vorgeschriebenen Opferhandlungen und der symbolische Akt der Austreibung des Sündenbockes (Lev 16) auf Wiederholung angelegt sind, werden durch Jesu Sühnetod unsere Sünden ein für allemal ausgelöscht. Jesus hat sozusagen sein Leben als Lösegeld dahingegeben, um uns aus der Knechtschaft von Sünde und Tod freizukaufen (1 Kor 7,22f).

Eine solche Auslegung wird für die meisten wohl schwerlich nachzuvollziehen sein. In alledem bleibt es aber festzuhalten, dass Paulus Gott als das eigentliche Subjekt des Handelns begreift. Gott hat das Geschick Christi inszeniert und bleibt in Christus mit der Welt verbunden; „denn Gott war in Christus und versöhnte die Welt mit sich selber und rechnete ihnen ihre Sünden nicht zu" (2 Kor 5,19). So ist zu folgern, dass, in wem Christi Geist wohnt, der hat auch Gottes Geist in sich (Röm 8,9), und wer also zu Christus gehört, der ist inwendig total verändert, so dass er eine neue Kreatur, eine neue Schöpfung geworden ist. Erst dann wird Gott „alles in allem" (1 Kor 15,28) sein. Dieses neue Leben hat Gott für uns als Gnadengeschenk in Aussicht gestellt, auf dass wir erkennen mögen, dass der Tod Jesu eigentlich eine Liebesgabe war. Bedingung ist, dass wir uns im Glauben mit Jesus Christus einlassen und ihn als unseren Herrn annehmen. Schwer vereinbar jedoch mit dieser Überzeugung, dass der Mensch sich frei für Christus entscheiden könne, ist der Erwählungsgedanke; denn gemäß diesem bestimmt Gott, wer zu ihm gehören wird oder nicht (z.B. 1 Thess 1,4; Röm 8,30).

Zweites Thema: Die Rechtfertigung des Menschen – Die Sünde und der Glauben

Glauben bedeutet Vollzug der Annahme des rettenden Evangeliums vom gekreuzigten und wieder auferstandenen Jesus Christus. Glaube ist also ein Heilsglaube, da er die Antwort auf den werbenden Gott und dessen Erwählungshandeln ist, durch das die Menschen in ihrer Zuordnung zu Christus statt Zorn Heil erlangen. Der Vorgang des zum-Glauben-Kommen ist kein langsames Reifen sondern ein spontaner Wechsel von einem inneren Zustand der Feindschaft in einen des Friedens und der Freundschaft mit Gott, bewirkt durch die Einsicht, dass Gott das Geschick der Welt in der Hand hält. So ähnlich hatte ja auch Paulus seine eigene Lebenswende empfunden. Es ist der Übertritt von einer Existenz geprägt durch Sünde und Tod in eine geformt durch Liebe, Hoffnung und Glauben, was den Eintritt in ein wirkliches Leben in Christus und Gott bedeutet. Nur in diesem Schritt, vollzogen im Glauben, kann der Mensch also gerechtfertigt werden. Werke in sich selber aber sind nichtig.

Der Glaube geht die ganze Person an; denn sie wird durch den Empfang des Geistes neu gestaltet. Der Geist aber drängt zur Liebe und führt aus der Knechtschaft der Sünde in die Freiheit des neuen Menschen (Röm 6,18–23) in Christus/Gott. Andererseits ist dieses Heil nur vorläufig; denn es garantiert nicht die Rettung vor dem drohenden Endgericht: der Mensch steht immer wieder neu in der Bewährung seines Glaubens. Gibt er ihn preis, dann droht der Rückfall in die Sünde und damit in den Tod. Doch dem Christen winkt als Lohn für seine Treue im Glauben die Erlangung des ewigen Lebens. Dieses Ziel ist Ansporn zu einer Art Wettlauf, in dem der Christ, gerüstet mit den Waffen des Lichts, dem Schutzkleid des Glaubens und den Helm der Hoffnung tragend (Röm 13,12; 1 Thess 5,8), seinen Sieg über die Verführungen und den Betrug der Sünde erringen wird (1 Kor 9,24–27).

Der Mensch trägt Verantwortung für das was er ist. Ist er aber in einem Zustand der Sünde, dann befindet er sich in einem inneren Kampf, in dem er zwar das Gute wollen will, da er aber dem Fleisch verhaftet und so der Sünde verfangen ist, das Böse tut (Röm 7,17–19); denn der Ausgang der Sünde kann nur das Schlechte sein. Die Sünde ist so mit der Person vereint, dass sie gleichsam wie ein zweites Ich in ihm waltet was in dem Menschen ein Empfinden der Fremdherrschaft hervorruft. Ein derartiges Verfallensein der Sünde kann nur Hoffnungslosigkeit bewirken. Die einzige Rettung aus diesem Zustand völliger Entfremdung vom wahren Sein vollzieht sich im Glauben an die erlösende Macht in Jesus Christus.

Glaube bedeutet ein Zusammensein mit Jesus in Gott, Sünde ihr Getrenntsein. In der Distanz zu Gott verfehlt der Mensch das Leben. Er fühlt eine innere Leere in sich, die er in einem sich ständig nährenden Zwang des Begehrens zu füllen sucht, doch das nie zu einem Ende findet, da die Begierde aus sich heraus ständig neues Begehren schafft, ein Begehren, das den Menschen auch von seinem Nächsten trennt; denn das Begehren denkt nur an sich und macht ihn zur wahren Liebe unfähig. Seine Quelle ist die Sünde, die den Menschen besetzt und einen inneren Zwiespalt hervorruft, dem er nicht entrinnen kann. Seine einzige Möglichkeit findet er in dem neuen Sein in Christus, begründet in Evangelium, Taufe und Geist. Damit aber stirbt der alte Mensch und er wird eine neue Schöpfung (Röm 6,2–6).

Ist der Mensch frei? Paulus Einstellung könnte man als einen abgeschwächten Determinismus bezeichnen. Nach ihm hat der sündige Mensch die Kontrolle über sein eigenes Tun verloren. Wie aber kann er dann für sein Handeln verantwortlich gemacht werden? Genau genommen eigentlich nur für die Verweigerung seines Glaubens an Jesus Christus. Und auch der Heide, dem Christus noch nicht bekannt war, wird schuldig gesprochen;

denn er hätte den wahren Gott ja an seinen Werken erkennen können (Röm 1,18–20). Aber Paulus denkt nicht logisch konsequent. Zum einen steht der Freiheit des Menschen der Erwählungsgedanke entgegen, doch wenn er zuweilen in das alte jüdische Denken von Tat-Ergehen verfällt, so wenn er davon spricht, dass der Mensch ernten wird, was er gesät hat (Gal 6,7), dann scheint er damit zu implizieren, dass der Mensch eben doch frei ist, zu tun oder zu lassen. Frage, bezieht er sich hier auf alle Menschen oder nur auf den Christen, dessen Freiheit ja auch den möglichen Rückfall einschließt? Wie frei also ist der Mensch wirklich in seinem Handeln?

Drittes Thema: Das Gesetz und Israel

Die Sünde und das Gesetz stehen in einem ursächlichen Zusammenhang zueinander. So ist das Gesetz die Kraft der Sünde (1 Kor 15,56); denn es zeigt klar die Grenzen zwischen gut und böse auf (Röm 3,20), und im Übertreten des Gesetzes, welches ja den Willen Gottes reflektiert, macht sich der Mensch schuldig und dies wird ihm als Sünde angerechnet (Röm 5,13). Hier also wird der Mensch für seine Tat zur Verantwortung gezogen, die damit von Paulus als willentlicher Vollzug in Freiheit des Handelns gedeutet wird. Doch Sünder sind sie alle, die Juden, die seit Mose unter dem Gesetz leben als auch die gottlosen Heiden (Röm 5,13); denn diesen ist in ihr Herz geschrieben, was das Gesetz fordert (Röm 2,15). Wieder erscheint Paulus Gedankengang widersprüchlich. Einerseits spricht er von der Sünde als die den Menschen kontrollierende Macht, andererseits bestreitet er hier ja gerade wieder, dass der Mensch keine Wahl hätte.

Ist denn „das Gesetz Sünde"? (Röm 7,7) fragt sich Paulus. Er verneint das, denn das Gesetz ist doch himmlischen Ursprungs (Gal 3,19). Auch finden wir bereits im Gesetz das Gebot der Nächstenliebe, das sich allerdings erst in der christlichen Liebe erfüllt (Röm 13,8–10). So schlecht also kann das Gesetz nicht sein. Doch Paulus hat eine höchst ambivalente Einstellung zum Gesetz. So behauptet er, dass das Gesetz nur Zorn anrichtet (Röm 4,15); denn es nährt die Sünde, da Verbote ja gerade das Begehren stärken, sie auch zu übertreten. So spricht er denn auch von dem Fluch des Gesetzes (Gal 3,13) und vom Gesetz als den Buchstaben, der tötet (2 Kor 3,6). Dem entgegen findet er, dass das Gesetz und seine Gebote „heilig, gerecht und gut" (Röm 7,12.16) sind. Was denn nun? Das Gesetz ist für Paulus quasi ein Auslaufmodell. Es hat seine Schuldigkeit getan und dem jüdischen Volk als eine Art Zuchtmeister gedient (Gal 3,24). Damit hat es aber bereits auf den kommenden Christus hingewirkt. Nun da Christus gekommen ist, hat es in ihm seine Erfüllung gefunden (Röm 7,24f). Mit einem Wort, die Tora gilt nicht mehr. Sie ist ersetzt durch das christliche Liebesgebot: „Einer trage des anderen Last, so werdet ihr das Gesetz Christi erfüllen" (Gal 6,2). Nicht unähnlich wie Sokrates fordert Paulus einen jeden Christen auf, dass er sich ständig am Guten und Vollkommenen prüfe (Röm 12,2), sich dabei fortlaufend innerlich erneuere und somit Christus immer ähnlicher werde. Wer aber in Christus lebt, der ist dem Gesetz gestorben (Gal 2,19).

Der mt Jesus hingegen betonte die weitere Gültigkeit des Gesetzes bis zum Ende der Zeiten (Mt 5,17). Zwar versichert auch Paulus, dass er nicht daran denke, das Gesetz aufzuheben sondern es aufzurichten (Röm 3,31), doch wertet er es auch massiv ab, wenn er es mit einer Knechtschaft vergleicht, die erst in der Kindschaft in Christus überwunden ist (Gal 3,19–4,7). Folglich ist derjenige nicht mehr in Christus und aus der göttlichen Gnade gefallen, der durch das Gesetz gerecht werden will (Gal 5,4). So gilt Israel weiterhin als verhärtet und von der Herrlichkeit Christi ausgeschlossen, da es sich bis heute nicht zu dem Herrn bekehrt hat (2 Kor 3,13–16). Israels Rettung liegt einzig und allein in der Annahme des Evangeliums Christi.

Nicht nur, dass die Juden Christus verleugnet haben, sie haben ihn getötet und seine Boten verfolgt und sind daher die Feinde Gottes und der Menschen (1 Thess 2,15). Darüber hinaus teilt das ungläubige Israel das Los der Knechtschaft seit den Tagen der Sklavin Hagar und damit Fluch und Verdammnis. Das Christentum hingegen steht in der Nachfolge der Freien (Sara) und ihm winkt das himmlische Jerusalem (Gal 4,21–31); denn die Verheißungen Gottes an Abraham gelten in Wahrheit seinem Nachkommen und dieser ist Christus (Gal 3,19). So kann also der wirkliche Erbe nicht der alte Bund Israels sondern nur das neue Israel, nämlich die christliche Kirche sein. Dem Mose übergebenen Gesetz klebt der Makel der Minderwertigkeit an; denn dieser erhielt es, wie Paulus dreist behauptet, nicht von Gott selber sondern aus der Hand von Engeln, um nunmehr in den Dienst des tötenden Buchstabens gestellt zu werden (2 Kor 3,6). Das Gesetz ist sozusagen aus zweiter Hand während Christus ja direkt von Gott kommt. Eigentlich sind ja die Christen auch die Einzigen, welche die Heilige Schrift richtig verstehen, da ihnen von Christus her durch den Geist dazu das rechte Verständnis gegeben worden ist. Wer aber so denkt wie Paulus, der entreißt dem Judentum das Eigentum an ihrer Schrift und übergibt es den Christen.

Dass Paulus so abwertend vom Judentum schreibt, deren glühender Anhänger er doch vormals selbst gewesen war, ist wohl auch aus seiner Erfahrung von Verfolgung und Unterdrückung durch die Juden zu verstehen. Diese verurteilten ihrerseits Paulus gesetzesfreie Heidenmission als gotteslästerlich und glaubten sich im Recht, eine solche Häresie zu unterbinden. Gerade die identitätsstiftenden Marker wie die Beschneidung oder die Speisegebote hatten den Juden das Überleben als ein Volk ermöglicht. Paulus Forderungen waren daher unrealistisch; denn mit der Aufgabe der kulturellen Identität wäre ja auch eine kollektive Selbstauflösung und das Ende des jüdischen Sonderweges verbunden. Das wäre aus jüdischer Sicht ein unverantwortlicher Weg, ja ein Verrat am göttlichen Bunde gewesen.

Da wundert es dann, dass Paulus, nachdem er Gesetz und Judentum so negativ beurteilt hat, in seinem letzten Brief, dem Römerbrief, zu einer eher positiven Bewertung gelangt. Schon in seinem Anfang lässt er einen heilsgeschichtlichen Vorrang Israels anklingen (Röm 1,16; 3,1f). Ihm wurden von Gott die Kindschaft, der Bund, das Gesetz und die Verheißungen anvertraut (Röm 9,4f). Nun aber war Israel dem Evangelium ungehorsam geblieben. Ist es daher von Gott verstoßen worden? Mitnichten, beharrt Paulus (Röm 11,1). Auch sein Ungehorsam hatte sein Gutes und diente Gott; denn durch den Fall Israels „ist den Heiden das Heil widerfahren" (Röm 11,11). Ihnen sind nun die Verheißungen Israels gegeben worden und in der Kirche sind sie erfüllt. Gerade aber die Gnadengabe Gottes an die Heiden soll die Eifersucht der Juden reizen, sodass sie durch die Annahme Christi schließlich doch noch aus dem Tode in das Leben gerettet werden (Röm 11,15). Paulus ist überzeugt, dass die jetzige Verstockung Israels nicht von Dauer sein wird. Sie wird beendet werden wenn das Evangelium alle Heiden erreicht hat und die von Gott bestimmte Zahl der Geretteten erfüllt ist. Dann wird Jesus selbst von Zion aus als der endzeitliche Erlöser kommen und alle Gottlosigkeit wird ihr Ende haben. Alle Menschen werden dann in Gottes Barmherzigkeit eingeschlossen sein (Röm 11,25f.32).

Wie sich Paulus diese Rettung vorgestellt hat, muss sein Geheimnis bleiben. Er erwähnt einen geheimnisvollen Rest, denen diese Gnade widerfahren wird (Röm 11,4f). Ausgeschlossen davon dürften davon wohl die bereits Verstorbenen sein, die das Heilsangebot ausgeschlagen hatten. Hat

Paulus vielleicht seine Hoffnung auf eine letzte und erfolgreichere Verkündigung unter den Juden gesetzt, nach Abschluss seiner geplanten Mission in Spanien? Merkwürdig ist auch sein Zitat aus Jesaja, wobei er den aus Zion kommenden Retter mit Christus identifiziert.

Doch zum einen wird Jesus nicht aus Zion sondern aus dem Himmel erwartet (1 Thess 1,10, 4,16) und zum anderen ist die Reihenfolge bei Jesaja eine ganz andere: erst wird Israel errettet und danach werden die Heiden zum Licht der göttlichen Herrlichkeit ziehen (Jes 59,20–60,3).

Viertes Thema: Kirche und Endzeit

Paulus hatte immer an das unmittelbar bevorstehende Ende der Welt geglaubt und in dieser Überzeugung sind ihm die meisten Christen gefolgt. Die Gläubigen warteten nun auf das Kommen Christi vom Himmel (1 Thess 4,15; 1,10). Sie hielten sich als von Gott erwählt (1 Thess 1,4), mit ihrem Herrn Christus am Ende der Zeit zusammen zu leben (1 Thess 4,17). Paulus fordert, dass sie als Erwählte Gottes eine Existenz in Heiligkeit zu führen haben. Das bedeutet für ihn, dass die Christen einander in brüderlicher Liebe zugetan sein sollen und weltliche Laster wie Unzucht zu vermeiden hätten. Ihren bürgerlichen Pflichten sollen sie nachkommen und dem Staat gegenüber gehorsam sein, ist dieser doch von Gott eingesetzt (Röm 13,1). Paulus propagiert nicht den Rückzug aus der Welt sondern eine gelassene Distanz zu ihr. Dabei spielen gesellschaftlicher Rang und die Ehe keine Rolle mehr; „denn die Zeit ist kurz“ (1 Kor 7,29–31). Viel wichtiger ist es, sich auf das Kommen Christi vorzubereiten und damit auch auf das drohende Gericht.

Wenn nun doch bald alles vorbei ist, welche Rolle kann dann demnach noch die Kirche spielen? Als eine übergreifende Organisationsform wird sie sicherlich nicht in der Vision des Paulus gelegen haben. Kirche spielte sich auf der Ebene der einzelnen Gemeinden ab, die sich miteinander im Geiste Christi verbunden fühlten. Das Universale, der im Evangelium wirkende Christus, konkretisierte sich somit in der Gemeinschaft der Gläubigen durch Gottesdienst und Herrenmahl in der jeweiligen Ortsgemeinde. Lediglich rudimentäre Vorläufer eines Kirchenamtes wie die des Vorstehers existierten zu Paulus Zeiten und an eine weitere organisatorische Entwicklung war auch gar nicht gedacht; denn, wie gesagt, das Ende war ja nahe. Die Idee eines priesterlichen Beamtentums wäre den Christen damals lächerlich vorgekommen.

Paulus verknüpfte mit der Gemeinde die Vorstellung eines Leibes Christi. Analog den Funktionen der Glieder eines Organismus sah er jedes Mitglied mit seinen besonderen Gaben ausgestattet, sei es in der Prophetie oder in der Lehre, im Verbund mit den anderen zum Wohle des Ganzen seinen Beitrag zu leisten. Es ist der eine Geist, dem sich ihre Gaben verdanken, und dieser Geist Christi ist das Bindemittel, das den Zusammenhalt des Ganzen gewährt.

Und dieser eine Geist, der aus Sündern Heilige macht, würde sie auch an dem Zorn Gottes, der die missratene Menschheit treffen wird, vorbei erretten (Röm 5,9); denn in Christus sind sie eine neue Kreatur geworden, die mit Gott versöhnt ist (2 Kor 5,17–20). Der alte Mensch ist durch die Taufe mit Christus gekreuzigt und zu einem neuen Leben ohne Sünde auferweckt worden (Röm 6,4). Seine innerliche Erneuerung und Reinigung prädestiniert ihn nun zu einem künftigen Zusammensein mit Christus am Ende der Zeit.

Paulus erwartete zunächst, dass die bereits Verstorbenen in ihre volle frühere Leiblichkeit konstituiert werden würden und diese dann zusammen mit den noch Lebenden in einer Wolke dem Herrn entgegen entrückt werden (1 Thess 4,13–17). Im Korintherbrief stellt er noch eine zweite, körperliche Verwandlung in Aussicht, wobei der natürliche, verwesliche Leib in einen geistlichen, unverweslichen umgestaltet werden würde (1 Kor 15,35–39) und diese Verwandlung geschieht von einem Moment zum anderen (1 Kor 15,52).

So ähnelt die Kirche in Paulus Vorstellung eher einer großen Wartehalle, wo sich die Gläubigen versammeln, sich auf die Ankunft ihres Herrn vorbereiten und bis dahin die Zeit mit weltlichen Aufgaben und Pflichten, soweit wie nötig, vertreiben. Über das weitere Schicksal der Welt verliert Paulus kein Wort. Nirgendwo wird eine Art kosmisches Drama mit Weltuntergang und Neuschöpfung auch nur angedeutet, noch ist bei ihm die Rede von einem Antichristen und Tausendjährigen Reich. Es existiert keine Hölle, somit kein endloses Leiden der Bestraften, nur Satan fällt der Vernichtung anheim (Röm 16,20). Sein Augenmerk ist allein auf die Heilsgestalt Jesus Christus gerichtet. In ihm verdichtet sich das Ziel aller christlichen Existenz, das ewige Leben.

5. Die paulinische Ethik

Vorausschickend soll betont sein, dass Paulus auch ein Kind seiner Zeit war und es daher ungerecht wäre, würden wir ihn nach heutigen moralischen Standards wie sie z.B. in der UN-Charta für Menschenrechte verankert sind beurteilen wollen. Dann müssten wir auch, um nur ein Beispiel zu nennen, Geistesgrößen wie Plato, Sokrates und Aristoteles als charakterlos verurteilen, nur weil sie sich nicht gegen herrschende gesellschaftliche Normen und soziale Praktiken wie Sklaverei und Päderastie gewandt hatten. Sicherlich aber hatte Paulus wie alle Menschen auch seine guten und seine schlechten Seiten. Beginnen wir mit letzteren.

Paulus war nicht jemand, der den Dialog mit seinen Gegnern suchte. Im Gegenteil, sie waren für ihn ‚falsche Brüder' und ‚Überapostel', die mit der List einer Schlange seine Gemeinden nur zu verführen trachteten (2 Kor 11,3f). In polemischer Weise belegt er sie mit Schimpfworten wie ‚Hunde' und ‚böswillige Arbeiter' (Phil 3,2), die im Dienste des Satans stehen. Wer so denkt, ist nicht offen für Argumente, welche den eigenen Überzeugungen entgegen stehen. Die andere Seite wird von vornherein unter einem Fluch gesehen (Gal 1,8f), wie könnte man sich da überhaupt mit ihr einlassen. Paulus vertritt eine einseitige und intolerante Sicht und ist kein wirklicher Sucher nach der Wahrheit, Zweifel kennt er nicht. Nur sein eigener Standpunkt gilt, alles andere wird als Lüge oder Verdrehung abgetan. So bleiben nur zwei Alternativen: Entweder „Unterwerfung oder Abbruch der Beziehungen" (J. Becker). Im Wettbewerb mit seinen Gegnern gibt es nur Sieg oder Niederlage.

Auch reagiert er hoch emotional. Er fühlt ‚überschwängliche Freude' und ist stolz auf seine Gemeinde (2 Kor 7,4), wirbt um sie mit einem weiten Herz (2 Kor 6,11), hofft auf göttlichen Trost „in all unserer Trübsal" (2 Kor 2,4), dies aber aus Liebe. Paulus scheint auch von Eifersucht getrieben zu sein, nämlich, dass falsche Apostel ihm seine Gemeinde abspenstig machen könnten (2 Kor 11,2ff); denn der Ruhm sollte ihm ganz allein gehören (2 Kor 11,10). Mit dem Ruhmeskranz seiner Leistungen will er ja vor den Herrn Jesus treten. So ist die Gemeinde seine „Ehre und Freude" (1 Thess 2,19f). Ist dies alles prahlerische Pose und dient als Beweis, dass er sich seinen „Siegespreis der himmlischen Berufung Gottes" (Phil 3,14) redlich verdient hat? Waren all seine Bemühungen letztlich nur daraufhin ausgerichtet, dass er sein eigenes Heil finde? Glaubte er sich in einem Wettbewerb, in dem es galt, so viele Trophäen wie möglich zu erringen, die ihm das Tor zum Himmel öffnen sollten? Andererseits betont er aber, dass sich letztlich all sein Rühmen nur Christus verdankt, dem er sich als Diener verpflichtet fühlt (z.B. Röm 15,17). In Christus gründet sich seine „Hoffnung der zukünftigen Herrlichkeit" (Röm 5,2f). Nur dessen will er sich rühmen, nicht seinen eigenen Leistungen.

Ist es da angemessen, Paulus beurteilen zu wollen? Wir mögen ihn dafür kritisieren, dass er seine Gegner so abschätzig abkanzelte, doch fallen seine Schmähungen im historischen Vergleich noch eher harmlos aus. So bezeichnete man in der frühen Kirche ihre Gegner als ‚Bestien in Menschengestalt', ‚Kinder des Teufels', ‚Erstgeborene des Satans' oder ‚giftspeiende Drachen', während ihre Lehren als Lügengespinste, Schlamm, Pest, wildes Heulen oder Geblök abgetan wurden. Kirchenlehrer Tertullian verglich die Frau mit einem Tempel, der über einer Kloake erbaut ist und bezeichnete sie als Einfallstor zum Teufel. Der heilige Augustin sah in der Frau eine Zusammenführung von Geschlechts- und Ausscheidungsorganen: ‚inter faeces et urinam nascimur'. Solcherlei Diffamierungen des anderen Geschlechts und das Denken welches solche Auswürfe produzierte haben das Bild der Frau auf Jahrhunderte beschmutzt.

Es ließe sich also argumentieren, dass Paulus mit seinen Schimpfwörtern den Boden für Verhetzung, Ächtung und Verteufelung von Widersachern und letztlich auch für die Verfolgung Andersdenkender durch die allein selig machende katholische Kirche bereitet hat. Andererseits stammt von ihm das erhebende Hohelied der Liebe als auch sein Aufruf zur brüderlichen Liebe, und wenn er schreibt, man solle Böses nicht mit Bösem vergelten und diejenigen segnen, die einen verfolgen, so befindet er sich im Einklang mit der gewaltlosen jesuanischen Ethik.

Wir können Paulus auch zu gute halten, dass er im Gegensatz zu den ihm nachfolgenden Kirchenoberen eine geradezu progressive Sicht auf die Frauen vertrat. Zwar anbefahl er den Frauen angeblich Schweigen in der Kirche (1 Kor 14,34), doch ist das wohl eine spätere Einfügung, steht dieser Text doch im Widerspruch zu 1 Kor 11,5, wo das Recht der Frau zu reden als selbstverständlich vorausgesetzt wird. Dazu passt, dass für Paulus das Verhältnis der Geschlechter auf gegenseitigen Respekt gebaut sein solle (1 Kor 11,11), wenn er auch den Mann als Abglanz des Bildes Gottes sieht (1 Kor 11,7) und ihm dann doch einen höheren Rang einräumt. Andererseits, in der christlichen Gemeinschaft glaubte er die Trennung zwischen Mann und Frau, Freien und Sklaven als aufgehoben (Gal 3,28). Allgemein schien Paulus mit den Frauen auf Augenhöhe zu verkehren. Eine Frau, Lydia, war seine erste Konvertitin. Sein Römerbrief wurde von einer weiblichen Botin namens Phoebe überbracht (Röm 16) und nebst einer in der Grußliste aufgeführten Reihe von Frauennamen wird auch eine Junias genannt, höchstwahrscheinlich ein weiblicher Apostel.

Wenn er weder die Institution Ehe besonders hoch einschätzt noch sich gegen die Sklaverei einsetzt, dann deswegen, weil in seiner Sicht die soziale Wirklichkeit sowieso bald mit dem Ende der Welt vergehen wird. Darum ist der Vorwurf, Paulus habe kein Interesse für die Gestaltung von Wirtschaft, Politik und Rechtswesen gezeigt, verfehlt. Der Kern seiner Verkündigung zielt auf die innere Erneuerung des Menschen. Die Liebe also ist das zentrale und entscheidende Merkmal christlicher Existenz; denn ohne sie ist der Glaube nichtig (1 Kor 13). Brüderliche Liebe konkretisiert sich in gegenseitiger Rücksichtsnahme und im Bemühen um die Schwachen in der Gemeinschaft. Sie zielt ab auf Harmonie und Frieden in der Gemeinde. Christliches Handeln, das sich in der Einheit von Tat und Person realisiert, muss sich auch grundsätzlich für den Nichtchristen als zustimmungsfähig erweisen (Röm 13,3). Allgemein erweist sich die rechte Lebenspraxis in der Verantwortung vor Gott als eine Art Gottesdienst, wobei der Geist Christi, der zum Guten drängt, das tragende Fundament der christlichen Liebe ist. So heiligt sich der Christ für die kommende Endzeit.

Paulus setzt die Grenze christlicher Freiheit nicht unähnlich wie Rosa Luxemburg am Wohl des Mitmenschen fest. Am hohen Ideal christlicher Existenz ist ein jeder aufgerufen, sich hinsichtlich „was Gottes Wille ist, nämlich das Gute und Wohlgefällige und Vollkommene“ (Röm 12,2; vgl. 1 Kor 11,28), zu prüfen. Paulus erwartet ständige Selbstkritik, nicht Kritik an der von ihm vorgegebenen Wahrheit des Evangeliums. Und doch wird die Urteilsfähigkeit des Menschen gefordert. Sie ist ihm als Gewissen eingeschrieben (Röm 2,15). Hier steht sich ein Ich dem Selbst kritisch gegenüber und befindet über sich als Richter. Doch menschliche Urteilsfähigkeit ist begrenzt, letztlich ist Gottes Urteil die entscheidende Instanz (1 Kor 4,3–5).

Die paulinische Ethik zielt auf individuelle Vervollkommnung und gemeindliche Integration ab. Innergemeindliche Probleme, die Paulus in seinen Briefen aufgreift, belegen, dass naturgemäß zwischen Ideal und Wirklichkeit eine erhebliche Kluft bestand. Doch sollte man auch die Schwierigkeiten der Menschen, sich von ihrem alten Leben zu lösen, zur Kenntnis nehmen. Dazu gehörte sicherlich ein gerütteltes Maß an Mut. Nicht nur die Furcht vor Verfolgung sondern auch soziale Isolation dürfte der Preis für die Annahme des neuen Glaubens gewesen sein. Dafür aber wurde man Mitglied einer zwar kleinen, aber einer auf Gedeih und Verderb verschworenen Gemeinschaft und erhielt darüber hinaus noch die Aussicht auf einen Platz im Himmel.

6. Der Mensch Paulus

„Und ein Mann namens Onesiphorus, der gehört hatte, dass Paulus nach Iconium käme, ging mit seinen Kindern Simmias und Zeno und seinem Weibe Lektra dem Paulus entgegen, um ihn bei sich aufzunehmen. Titus hatte ihm nämlich erzählt, welches Aussehen Paulus hätte. Denn er hatte ihn (bisher) nicht im Fleisch gesehen, sondern nur im Geist. Und er ging an die königliche Straße, die nach Lystra führt, stellte sich dort auf, um ihn zu erwarten, und sah sich (alle), die vorbeikamen, auf die Beschreibung des Titus hin an. Er sah aber Paulus kommen, einen Mann klein von Gestalt, mit kahlem Kopf und krummen Beinen, in edler Haltung mit zusammengewachsenen Augenbrauen und ein klein wenig hervortretender Nase, voller Freundlichkeit; denn bald erschien er wie ein Mensch, bald hatte er eines Engels Angesicht“.

Dieser Extrakt aus der Acta Pauli vom Ende des 2. Jahrhunderts ist das einzige Dokument, das Aufschluss über das Äußere von Paulus gibt. Wieweit diese Beschreibung aber zutrifft oder lediglich literarische Fiktion ist, bleibt unsicher. In seinen Briefen beschreibt sich Paulus jedenfalls selbst als schwach und kümmerlich in seiner Rede (2 Kor 10,10) und dürfte in der Tat von der äußeren Erscheinung her nicht beeindruckend gewesen sein. Zumindest geben diese Briefe uns Anhaltspunkte, die mit etwas mehr Zuversicht auf seinen Charakter schließen lassen. So lässt sich z.B. sagen, dass Paulus ein sehr mutiger Mann gewesen war, der weder Gefahr noch Mühe scheute, seine Mission voranzutreiben. Man hat errechnet, dass Paulus mehr als 17 000 km auf seinen Reisen zu Fuß, auf Schiffen oder Wagen zurückgelegt hatte. Was hatte diesen Mann zu einem solchen Einsatz motiviert?

Nun schreibt er von sich: „Alles aber tue ich um des Evangeliums willen, um an ihm teilzuhaben“ (1 Kor 9,23). Selber sieht er sich in einem Wettkampf um einen Preis: „Wisst ihr nicht (dass zwar alle laufen) ... aber (nur) einer empfängt den Siegespreis? Lauft so, dass ihr ihn erlangt“ (1 Kor 9,24). Im Wettkampf gewinnt in der Tat nur einer den Siegespreis und die anderen gehen leer aus, aber so will er es ja nicht gemeint haben; denn er fordert seine Mitstreiter auf, es ihm gleichzutun. Zwar wünscht er für die anderen den gleichen Lohn, doch ist sein ganzes Handeln eben danach ausgerichtet, um eben diesen Preis zu erhalten. Man könnte zynisch sagen, er predigt die Liebe und die Güte nicht um ihrer selbst willen sondern weil nur auf diesem Wege das ewige Leben erlangt werden kann. Ist diese Kritik gerecht?

Hinzu kommt, dass er in gewisser Weise Partizipant und Schiedsrichter ist, hat er doch die Regeln des Kampfes selbst bestimmt. Er allein glaubt sich im Besitz der Wahrheit und diffamiert alle, die diese nicht mit ihm teilen und fühlt sich persönlich beleidigt, wenn jemand eine andere Meinung vertritt. In Korinth kam es zu einem Affront zwischen ihm und einem Gemeindemitglied was zu tiefen Spannungen zwischen Paulus und der Gemeinde führte. Möglich ist es, dass er sich selbstherrlich und arrogant aufgeführt hatte und die anderen daran Anstoß genommen hatten. Vielleicht neigte er zu Jähzorn und ließ sich zu Wutausbrüchen verleiten. Zumindest wäre dies eine typische Reaktion für einen Menschen, der keinen Widerspruch duldet. Paulus bezeichnet sich zwar öfter als Diener und Sklave Christi (z.B. Röm 1,1); verfügte aber auch über ein starkes Ich (z.B. 1 Kor 7,6–12). Zumindest ist sein häufiger Gebrauch des ‚Ich‘ Ausdruck großer Willensstärke, die ihn befähigte, seinen Weg trotz aller Hindernisse unerschrocken weiterzugehen.

Nun ist er aber auch ruhmessüchtig. Nicht nur, dass er äußerst viel Wert auf seine Berufung als Apostel legt (Gal 1,11–24), aber auch sonst achtet er eifersüchtig darauf, dass ihm der Ruhm von keinem streitig gemacht wird (1 Kor 9,15) und es sind ja die von ihm gegründeten Gemeinden, die seinen Ruhm begründen (1 Kor 15,31). Ist es da ein Wunder, wenn er die Fremdmissionare, die ihm seinen Ruhm abjagen wollen, mit Schimpfworten traktiert? Doch niemals sucht er den sachlichen Dialog mit den Andersdenkenden. Alles was er tut, ist, sich gegen Vorwürfe, wie z.B. dass er zum Bleiben in der Sünde ermuntert (Röm 3,8), zur Wehr zu setzen. Die Lehre aber seiner Widersacher verdammt er in Bausch und Bogen (Gal 1,9). So kann man ihm vorwerfen, dass seine Intoleranz und sein Schwarz-Weiß-Denken dem jungen Christentum viel Konfliktpotential aufgeladen hat. Nach unserem heutigen Verständnis würden wir Paulus als einen Fanatiker und Fundamentalisten bezeichnen.

Es ist wohl fair zu sagen, dass Paulus mit dem gleichen Eifer, der gleichen Verbissenheit und gnadenlosen Härte, dem gleichen Hass mit dem er einst die Christen verfolgte nun deren Feinde angriff, wenn auch nur in schroffer Widerrede (vgl. 2 Kor 11,2ff). Und man müsste sich eigentlich fragen, wie er wohl, hätte er dazu die Macht gehabt, mit diesen, die er ja auch schon mal als in Menschengestalt verkleidete Teufel bezeichnete, umgegangen wäre. Hätte er sie öffentlich an den Pranger stellen oder sie ins Gefängnis werfen oder sie gar hinrichten lassen? Als er noch gläubiger Pharisäer war machte er mit den Christen dazumal ja auch nicht viel Federlesens. Bedenklich ist schon, dass die Kirche, nachdem sie im römischen Reich die Macht errungen hatte, eine tiefe Blutspur in der Geschichte zog.

Aber wo viel Hass ist, da ist oftmals auch große Liebe, als ob die Liebe mit dem Hass wächst, aber was für eine Qualität besitzt dann eine solche Liebe? Ein Beispiel aus dem täglichen Leben: Jemand, der (die) seine(n) Partner(in) abgöttisch liebt, wird mit brennender Eifersucht, die zuweilen von Hass nicht mehr zu trennen ist, auf Untreue reagieren und den (die) Rivalen oder Rivalin zu vernichten suchen. Paulus jedenfalls war ein hoch emotionaler und leidenschaftlich engagierter Mensch gewesen. Mit so viel Passion setzte er sich für seine Gemeinden und seinen Herrn ein, die für ihn alles bedeuteten. Die Liebe, die er für sie empfand, duldete keine Ablenkung durch eine Beziehung zu einem anderen Geschlecht und so verzichtete er, anders als z.B. Petrus auf Heirat (1 Kor 9,5). Paulus fühlte sich geradezu mystisch zu Christus hingezogen so wie es sich im Christus-Hymnus verdichtet (Phil 2,6–11). In seinen Briefen finden sich Hinweise, die es nahe legen, dass Paulus in der Tat zur Mystik neigte. Dafür spricht schon mal sein Christus-Bewusstsein. Ferner ist sein ganzes Denken ganzheitlich angelegt, typisch für die kontemplative Seinswelt eines Mystikers. Er schreibt aus der Erinnerung von „unaussprechlichen Worten", die er im dritten Himmel gehört haben will (2 Kor 12,2–4). Und über allem steht die Liebe, die sich im Tun konkretisieren will.

Zu den Früchten des christlichen Geistes zählt Paulus zwar u.a. auch Freude, Friede und Güte, aber vor allem die Liebe (Gal 5,22). Fürwahr, zu einer solch liebenden Gesinnung ruft Paulus seine Brüder immer wieder auf, mahnt sie im Geiste Christi zu leben und des anderen Last tragen zu helfen; denn, so glaubt er, wird das Gesetz Mose erfüllt, das da heißt: ‚Liebe deinen Nächsten wie dich selbst'. Zugestanden, Paulus liebte zwar die Seinen, die mit ihm auf gleicher Wellenlänge lagen, aber liebte er auch seine Feinde? Liebte er wohl die Heiden, hasste aber ihre Lebensform, die er so einseitig verunglimpfte? Sicherlich, er schreibt, dass der Rache kein Raum gegeben werden solle und man sogar seinem Feinde Gutes tun müsse (Röm 12,19–20), doch andererseits schleudert er seinen Widersachern hasserfüllte Fluchworte entgegen, die verdächtig der Schmährede des mt Jesus gegen die Schriftgelehrten ähneln (Mt 23), doch die wohl Jesus von späteren Redaktoren in den Mund gelegt worden ist. Jesus selber soll noch am Kreuz um Vergebung für seine Feinde gebetet haben. Ob dies nun historisch zutrifft oder nicht, es läge zumindest in Jesu Charakter so etwas gesagt zu haben. Bei Paulus hat man seine Zweifel.

Jesus predigte die einfache, vertrauensvolle Hingabe an einen liebenden Vater, Paulus komplizierte diese Liebe durch einen bekenntnisgebundenen Glauben. Paulus wird man wohl immer als den ersten großen Theologen ansehen und ihm den Verdienst als Baumeister des Christentums zusprechen, doch hat er uns auch einige Bürden hinterlassen, nicht zuletzt die, dass nun die Wahrheit in unveränderliche Formen gegossen war.

Kapitel 13:

Die Bibel: Eine Bilanz

Die Bibel ist offensichtlich nicht so einzigartig wie die meisten Gläubigen es glauben möchten. Historische Ereignisse wie die Zerstörung von Jerusalem und Tempel haben ein bestimmtes Verständnis von Jahwe geprägt. In der Sicht der biblischen Autoren ist es ein Gott, der ein Volk erwählt, einen Bund mit ihm schließt, dann aber eifersüchtig über die Einhaltung dieses Bundes wacht und diejenigen bestraft, die ihn nicht halten. Anfangs dürfte sich Jahwe gar nicht mal so sehr von den Göttern seiner Umgebung, so wie z.B. der babylonische Marduk, unterschieden haben. Wie auch diese glich er eher einem überirdischen Anführer einer Sippe oder eines Volkes. Erst nach langen Kämpfen konnte er seinen Führungsanspruch gegen die Konkurrenz wie sein größter Widersacher Baal durchsetzen, stieg zunächst zu eine Art Vorsitzender eines Götterrates auf (Psalm 82,1) und wurde zuletzt als nur der eine Gott, der existiert, erkannt. Mit der Behauptung, Jahwe sei der eine, einzige Gott, nimmt die Bibel in der Tat eine besondere Stellung ein, begründete sie damit doch den Monotheismus. Nur die allerdings kurzfristige religiöse Revolution des ägyptischen Pharaos Echnaton, der um 1352 v. Chr. unter Ausschaltung aller Götter die Verehrung der Sonnenscheibe einführte, lässt sich damit vergleichen. Andererseits sind altorientalische Einflüsse auf die Entwicklungsgeschichte der Bibel nicht zu übersehen. Das reicht von der am babylonischen Gilgamesch Epos angelehnten Sintflutgeschichte bis hin zur Krönungstheologie des Psalm 2, die offensichtlich ägyptischen Ursprungs ist.

Die Bibel will natürlich den Eindruck vermitteln, dass der Gang der Geschichte in Gottes Hand liegt und Er die Geschicke der Völker leitet, und diese Sicht wird wohl auch von den meisten Gläubigen geteilt. Wenn man nun dagegen hält, dass die Entstehung der Bibel selbst auf einen bestimmten historischen Kontext zurückzuführen ist, dann dürfte es für manchen wie Blasphemie klingen, stellt doch eine solche Behauptung ihre Autorität in Frage. Unbestreitbar ist natürlich, dass die Bibel einen großen Einfluss in der Geschichte der Menschheit gehabt hat und immer noch hat, doch ist sie deswegen nicht unfehlbar. Es gibt so einige Ungereimtheiten in ihrer eigenen Entwicklungsgeschichte wie z.B. der Vergleich von hebräischer Bibel und Septuaginta belegt. Nachweisbar hält sie es nicht genau mit den Fakten, so wenn sie über ein Treffen von Isaak mit den Philistern erzählt, die zu der Zeit überhaupt noch nicht existierten. Sie neigt zu Übertreibungen, so wenn sie die Zahl der wehrfähigen Männer Israels auf über 1 Million ansetzt während die historische Forschung die Gesamtbevölkerung Israels zu der Zeit auf weniger als 100 000 schätzt. Zahlreiche Fehler im Text selber sind ihren Autoren unterlaufen. Da wird Goliat einmal von David erschlagen und dann soll es nach der Chronik aber ein Elhanan gewesen sein. Erst wird erzählt, dass Saul Selbstmord begangen hat, dann aber soll ihn ein Amelekiter getötet haben. Der Prophet Jeremia nennt eine wesentliche geringere Zahl von Deportierten als das Buch der Könige. Und so weiter.

Wir dürfen uns eigentlich nicht über die vielen Unstimmigkeiten wundern, werden doch die Ereignisse wie sie in der Bibel dargestellt sind, aus der Perspektive des Glaubens geschildert. Insbesondere vermisst man bei den beiden Büchern Chronik auch nur den Ansatz von Objektivität. Da werden die Könige Judas danach beurteilt, inwieweit sie den Glauben an Jahwe beförderten oder der Abgötterei verfallen waren. Die Geschichte des Nordreiches, das ja mit seinen eigenen Heiligtümern in Konkurrenz zu dem Tempel in Jerusalem stand, wird ganz unterschlagen. Von David und Salomo erfahren wir nichts über ihre Verfehlungen wie z.B. Davids Ehebruch. In der Chronik kommen sie geradezu als Lichtgestalten daher.

Die Bibel erzählt zwar auch über Ereignisse, die tatsächlich stattgefunden haben, doch erzählt sie diese aus ihrer eigenen Perspektive was sie historisch unzuverlässig macht. Hinzu kommt, dass, was sie wie das Paradiesgeschehen als Geschichte erklärt, in Wahrheit lediglich Mythos ist, dem sich jedoch ein tieferer Sinn abgewinnen lässt. Die Geschichten der Erzväter von Abraham bis Joseph und die Erzählung über den Exodus sind bestenfalls Legenden, die sich um einen wahren Kern ranken und später zu einer Gründungsgeschichte Israels ausgestaltet wurden. Die Macht und Glorie der Königtümer David und Salomo sind pure Fiktion, wohl eine Rückprojektion aus einer sehr viel späteren Zeit, in der Israel sich zu einer Art Regionalmacht entwickelt hatte. David und Salomo sind die glorifizierten Gründergestalten der Nation, doch waren die beiden in Wirklichkeit eher eine Art besserer Häuptling gewesen. .

Diese historischen Unzulänglichkeiten wird man der Bibel nachsehen dürfen. Ihre Glaubwürdigkeit fußt aber auch auf einem moralischen Überlegenheitsanspruch und diesen kann man durchaus bestreiten. Der Gott des Alten Testaments erscheint eher wie ein auf Rache sinnender, kriegslüsterner, despotischer Gott. Man wird allerdings zugeben müssen, dass wohl aufgrund der prägenden Kraft des Faktischen das Gottesbild mit dem Einsichtsvermögen der Menschen in ihrer Zeit korrelieren wird. Auch die griechischen Götter waren ja in moralischer Hinsicht kaum besser als die Menschen, die an sie glaubten. So spiegeln sich in den Jahwe zugeschriebenen Zügen eben auch die herrschenden Verhältnisse wider. Es müsste doch einem heutigen Gläubigen auffallen, wie pauschal Jahwes Urteil ausfällt, sich undifferenziert gegen ganze Völker richtet, jung und alt, Frauen und Männer ihrem Verhängnis preisgibt. Wen unter uns sollte z.B. der folgende Bibeltext nicht mit Abscheu erfüllen: „Es sollen auch ihre Kinder vor ihren Augen zerschmettert, ihre Häuser geplündert und ihre Frauen geschändet werden“ (Jer. 13,16). Wer kann eigentlich noch einen Gott verehren, der Regierungen und Dynastien ausrotten lässt und der von sich sagt, dass er durch sein Werkzeug Babel „Völker zerschmettert und Königreiche zerstört“ hat und der dann dieses Babel dafür bestrafen will, was er selbst angeordnet hat (Jer. 51,20.35ff)? Wie gerechtfertigt erscheint es, unschuldige Kinder wie Isaak oder die des Hiob leiden oder sterben zu lassen nur einer Glaubensprüfung wegen? Geradezu kindisch mutet es an wenn die Bibel uns weismachen will, dass Jahwe durch Machterweise wie ein siegreicher irdischer Feldherr nach Ruhm und Glorie strebt, so z.B. beim Durchzug durch das Rote Meer (Ex. 14). Hat der Schöpfer des Universums das nötig? Wenn es im Alten Testament heißt, dass Mose und die Ältesten Israels den Berg Sinai erstiegen, dort Jahwe schauten und sich dann an Speis und Trank labten (Ex. 24,9–11), erinnert es eher an eine als ein Picknick gestaltete Pilgerreise an dessen Ziel ein Treffen mit Gott vereinbart war. All dies lässt eigentlich nur den Schluss zu, dass aus Texten wie diesen zumindest nicht der Geist eines erhaben-vollkommenen, gütigen und gerechten Gottes sondern der Geist der Zeit spricht. Der biblische Gott denkt und handelt wie eben auch die Menschen damals. Sein ethisches Niveau erscheint somit kaum höher. So ließe sich folgern, dass nicht Gott den Menschen nach seinem Bild formte, sondern die Menschen sich einen Gott nach ihrem Image erschufen.

Der biblische Gott fordert absoluten Gehorsam, ähnlich wie es Diktatoren von ihren Untertanen erwarten. Bei Jahwe verbindet sich Führungsanspruch mit Allmacht. Auch duldet er keine Rivalen neben sich, ist er doch ein eifernder Gott. Darf man vermuten, dass hier die Ursache für all die Gewalt- und Blutorgien liegen? Man ist versucht, dem Jahwe einen Minderwertigkeitskomplex zuzuschreiben, der ihn zu so brutalen Mitteln greifen ließ, um sich durchzusetzen anstatt mit Überzeugung zu werben. Aber es ist wohl das Gottesbild einer gebeutelten Nation, das sich zudem aus den gängigen Vorstellungen von Göttern nährte, die für ihr Volk in den Krieg zogen.

Aber haben diese grausamen Eroberungszüge, so wie sie die Bibel schildert, überhaupt stattgefunden? Hat Israel den Bann bzw. die Gottesweihe an andere Völker vollzogen was die Vernichtung alles Lebens vom Erwachsenen bis zum Säugling bedeutete? Das darf bezweifelt werden. Wahrscheinlich aber ist es, dass die Israeliten die Brutalität anderer Völker wie die der Assyrer an sich verspürt hatten. Erst ging ihr Nordreich und dann auch noch Juda unter. Die Israeliten hatten alles verloren, ähnlich wie der Hiob der Bibel: Staat, Königtum, Kult und Freiheit. Wie sollten sie da nicht an sich verzweifelt haben. Ihre Selbstachtung stand auf dem Spiel. Und ähnlich wie sich manchmal ein geschundener Mensch aus der bitteren Realität zurückzieht und sich seine eigene Traumwelt aufbaut, die ihm Erfolg und Glück verspricht, so mögen sich auch die Oberen der Israeliten in der Bibel eine alternative Realität erschaffen haben, nach der Israel eine gottgewirkte Befreiung erfahren hatte, über seine Feinde triumphierte und von Sieg zu Sieg eilte. So liess sich das Los von Leid, Verlust und Gefangenschaft besser ertragen; denn in Gedanken an ihre glorreiche Vergangenheit vermochten sie sich eine bessere Zukunft vorstellen. Der Gott, der sie einst befreite würde es wieder tun nachdem sie die Strafe für ihren Bundesbruch abgesessen und aufrichtige Reue gezeigt haben. Schließendlich, das weissagten ihnen die Propheten, werden sie sich über alle Völker erheben und in Gemeinschaft mit Gott ein friedliches Leben in Hülle und Fülle führen.

Gott hatte sich das Volk Israel erwählt, davon waren sie überzeugt. Das gab ihnen das Gefühl, eine besondere Nation zu sein. So erwärmten sich die israelitischen Entscheidungsträger im Exil an den Gedanken, dass ihnen Gott seinerzeit das Land Kanaan als ihr Erbrecht zugeteilt hatte. Das Land war zwar im Besitz anderer Völker gewesen aber der wirkliche Eigentümer war ja Gott, der Gott Israels, und der hatte alles Recht, über die Zuteilung seines Eigentums zu entscheiden. Der vorherige Eigentümer betete außerdem den falschen Gott an, und deshalb musste er gehen, entweder freiwillig oder er wurde vernichtet. So stellte man sich dann vor, wie die Besitzergreifung Kanaans vonstatten gegangen sein könnte. Die Wahrheit aber sah anders aus; denn in Wirklichkeit war die Besiedelung Kanaans ein langer entwicklungsgeschichtlicher Prozess gewesen während dessen sich Sippen, die eine ähnliche Kultur teilten, zusammenschlossen, um gegen feindliche Übergriffe besser gewappnet zu sein. In der Pflege gemeinsamer Bräuche und Überzeugungen verstärkte sich dann mit der Zeit ein sippenübergreifendes Gemeinschaftsgefühl.

Wenn wohl auch der Einzug in Kanaan und die damit verbundenen Eroberungskriege wie in der Bibel geschildert weitgehend Fiktion sein dürften, so wurden und werden sie doch als wahr geglaubt und dieser Glaube, verbunden mit dem Gedanken der Erwählung, hat eine verheerende Wirkungsgeschichte zur Folge gehabt. Man denke in dem Zusammenhang an die Verfolgung Andersgläubiger, die Kreuzzüge bis hin zur Apartheidsideologie in Südafrika. Allerdings hat die Bibel der Vorstellung einer Erwählung auch eine ganz andere Deutung gegeben und dieser radikal andere Sinn wird im Gottesknechtlied des Deuterojesaja deutlich (Jes.53). Der Knecht Gottes, zumeist mit Israel identifiziert, wird nicht zum Herrschen, sondern zum Dienen erwählt. In seinem unschuldigen Leiden für die Sünden anderer bereitet er den Weg zu Frieden, Vergebung und Versöhnung.

In den Verkündigungen der Propheten findet sich in der Bibel somit auch eine andere Stimme. Zwar reden auch sie von Strafe und Vernichtung, aber sie entwerfen auch ein alternatives, visionäres Bild von einer friedlichen und versöhnten Welt, in der die Fülle des Lebens gegeben ist. Gott hat „Gedanken des Friedens und nicht des Leides“, so der Prophet Jeremia und weiter sagt er vom HERRN: „Ich will mein Gesetz in ihr Herz geben und in ihren Sinn schreiben“ (Jer. 29,11; 31,33). Also, man tut der Bibel unrecht, wenn man nur ihre dunkle Seite sehen will. Jesaja ruft auf, die „Schwerter zu Pflugscharen“ (Jes. 2,4) zu machen und entwirft eine beeindruckende Vision vom kommenden Friedenreich (Jes. 9,1–6.11) während Hesekiel schon mal erkennen lässt, dass eine pauschale Bestrafung nicht mit dem Konzept der Gerechtigkeit vereinbar ist. Nicht länger sollen die

Verfehlungen der Väter auf die Söhne bis in die 3. und 4. Generation heimgesucht werden, sondern „jeder soll für seine Sünden sterben“ (Dtn. 24,16; vgl. Hes. 18).

Doch ach, der erhoffte Frieden blieb aus, der Zustand von Rechtlosigkeit, Ausbeutung und Unterdrückung setzte sich fort. Ein Gefühl der Enttäuschung, Hoffnungslosigkeit und von Resignation breitete sich aus und so mancher war schließlich überzeugt, dass nur noch eine dramatische göttliche Intervention helfen konnte. Als die Hellenen im zweiten vorchristlichen Jahrhundert mit dem Religionsedikt den Juden auch noch die Ausübung ihres Kultes bei Strafe des Todes untersagten und damit ihre Identität als Volk bedrohten, da reagierten die Juden unter Führung der Makkabäer mit einem Aufstand gegen ihre Unterdrücker. Den religiösen Überbau dazu lieferte Daniel mit seiner apokalyptischen Vision eines neuen Himmels und einer neuen Erde. Hatte der Prediger Kohelet (Ekklesiastes) zuvor noch zaghaft die Ausweglosigkeit der Situation beklagt, wollte sich die Generation des Daniel und der Makkabäer damit nicht abfinden. Was einzig half, so glaubte man, war die revolutionäre Umgestaltung entweder durch göttlichen Eingriff oder eigenen Aktionismus mit Gott an ihrer Seite. Der revolutionäre Widerstand führte tatsächlich zu Freiheit und Eigenstaatlichkeit, doch leider glitt die hasmonäische Dynastie später wieder ab in Despotie. Ein neues Denken musste her und dieses sollte von Jesus kommen. Er wird allen gewaltsamen Bemühen zu einer Umgestaltung der Gesellschaft eine Absage erteilen und allein auf die Macht der Liebe setzen, von der er sich eine innere Wandlung des Menschen erhofft.

Wer aber nun glaubt, dass im Neuen Testament die Gedanken des Friedens, der Vergebung und brüderlichen Liebe zu einem versöhnlichen Abschluss gebracht werden, wird doch so einige Male enttäuscht werden. Greifen wir das letzte Buch der Bibel, die Offenbarung des Johannes, auf. Es hätte sich angeboten, dieses Buch mit in unsere biblische Geschichte hineinzunehmen, handelt es sich doch dabei um Johannes Visionen vom Ende der Geschichte, aber seine ausufernde Phantasie ist dann doch zu bizarr und in Teilen regelrecht absurd. Nur um einige Beispiele zu nennen. Da fallen die Sterne auf die Erde und das Himmelsgewölbe rollt sich zusammen, doch die Erde übersteht das alles wenngleich mit regionaler Verwüstung (Offb. 6,12–17). Es wird der Satan erst gefesselt, in den Abgrund geworfen und nach einer tausendjährigen Verbannung wieder freigelassen.

Es ist zu vermuten, dass sich Gott zu dieser großzügigen Geste veranlasst sah, damit der Satan noch einmal die Völker umgarnen und zum letzten Gefecht gegen die Heiligen antreten kann (Offb. 20, 1–10), bevor er endgültig das Zeitliche segnet. Zum Schluss senkt sich auch noch wie ein überirdisches Raumschiff das himmlische Jerusalem auf die Erde, immerhin mit einer Kantenlänge von etwa 2 400 km.

Man mag dies alles als widersinnige Fantasie abtun, doch sind da auch noch die Horrorszenarien von Gewalt und Vernichtung. Da mästen sich Vögel am Fleisch der Geschlagenen (Offb. 19,17f), Gottes Boten stiften die Menschen zum gegenseitigen Abschlachten an (Offb. 6,4), und das Blut fließt in Strömen (Offb. 14,20). Der Antichrist hat die Welt in seinem Würgegriff, und die Menschen erscheinen mit löblicher Ausnahme der Christen alle vom Sog verderblicher Laster erfasst zu sein. Man gewinnt beim Lesen den Eindruck, dass den Schreiber eher Gedanken der Vergeltung und Rache beherrschen als solche an einen barmherzigen und vergebenden Gott. Insofern ist die Offenbarung wie auch z.B. der Judasbrief, in dem Hassreden dominieren, ein Rückschritt hinter die Evangelien.

Welch ein Gegensatz zu der Bergpredigt mit den Seligpreisungen, dem Wirken Jesu und seinen Gleichnissen wie die vom barmherzigen Samariter. Auch die Briefe des Paulus vermitteln einen mehr ausgewogenen Eindruck. Allerdings verhält er sich zuweilen intolerant, so wenn er seine Mitchristen als ‚falsche Brüder' oder sogar als ‚Diener des Satans' bezeichnet und sie verflucht (z.B. Gal. 1,8; 2,4 und 2. Kor. 12,14). Auch wird man es ihm vorhalten müssen, dass, indem er das jüdische Gesetz als minderwertig charakterisiert (z.B. Eph. 2,15 und Gal. 3, 23–25), er damit eine Abwertung des Judentums impliziert und so einem Antijudaismus Vorschub leistet wie übrigens auch die fatalen Blutworte im Matthäus-Evangelium oder die Schmähworte gegen die Juden im Johannes-Evangelium. Aber von Paulus stammt auch das Hohelied der Liebe, seine Vision von einer Gemeinschaft, in der alles die Menschen Trennende wie Rasse, Klasse oder Geschlecht aufgehoben ist (Gal. 3,28) und in der man im Gebot der brüderlichen Liebe füreinander einsteht. Nach Paulus soll der Christ von Vergeltung und Rache Abstand nehmen und – ganz im Sinne der jesuanischen Ethik – stattdessen das Böse mit dem Guten überwinden. Paulus gelangt zu für seine Zeit erstaunlichen psychologischen Einsichten in die Natur des Menschen wenn er wie in Römer 7 über das sich im Innern vollziehende verzweifelte Ringen um das wahre Selbst philosophiert.

Entwickelt sich moralisches Verständnis evolutionär, im Schritt mit dem Zeitgeist? Oder sollen wir darin die Handschrift Gottes erkennen? Ist also eine höhere Einsicht der Führung Gottes zu verdanken oder wandelt sich lediglich unser Verständnis von Gott im Fortschritt der Zivilisation? Ist es nicht so, dass der Glaube einer Zeit in Wechselwirkung mit der jeweiligen Gesellschaft steht? Religion und Staat beeinflussen sich gegenseitig und das um so mehr je enger sie miteinander verbunden sind. Im Vergleich der Geschichte Israels mit der von Griechenland verdeutlicht sich die Rolle der Religion. Solch ein Vergleich gibt zumindest eine vorläufige Antwort auf die Frage, welchen Unterschied es macht, ob an einen Gott geglaubt wird (Monotheismus) oder an mehrere Götter (Polytheismus). Die biblische Geschichte legt es nahe, dass der Glaube an einen Gott zu mehr Intoleranz, mehr Fremdenhass und allgemein zu einer eher geschlossenen Gesellschaft und zu Abgrenzung führt. Darüber hinaus hat im Falle Israels die zentrale Rolle der Religion und das Bilderverbot zu einer Verarmung des kreativen Denkens geführt was letztendlich auch kulturelle Rückständigkeit mit sich brachte. Im Gegensatz dazu entwickelte das polytheistische Griechenland eine Hochkultur, in der Kunst, Wissenschaft und Demokratie sich zu vollster Blüte entfalten konnten. Im Unterschied auch zu dem monotheistischen Israel gab es dort keine organisierte Priesterklasse, keine Theologie im engeren Sinne und keine religiösen Dogmen, die es zu verteidigen galt.

Natürlich lässt sich dieser Befund nicht verallgemeinern. So durchlebt heute das nationalistisch gesinnte, hinduistische Indien eine Phase der Intoleranz gegenüber anderen Religionen. Auch gab es Kriege und Gewalt unter den Hellenen. Diese nahmen nach dem sog. Goldenen Zeitalter im 5. vorchristlichen Jahrhundert, als mit dem Peloponnesischen Krieg zwischen Athen und Sparta der Abstieg Griechenlands begann, an Intensität und Brutalität zu. Doch während das Israel des Mose danach trachtete, sich im Namen Gottes ein Gebiet zu erobern und alles was sich diesem Gott widersetzte, im Sinne einer Gottesweihe zu vernichten und auszurotten, hatten die Kriege der Griechen, grausam sie oftmals gewesen sein mögen, zwar auch den Sieg über den Feind zum Ziel, doch nicht seine vollständige Vernichtung. So ging es z.B. bei dem Krieg zwischen Athen und Sparta um Macht und Prestige, darum, wer den Vorrang in Griechenland hat. Man wollte den anderen entscheidend schwächen aber nicht von der Landkarte ausradieren; schließlich braucht ein Sieger auch Besiegte, an denen man seine Macht demonstrieren kann.

Israel strebte nicht nach Hegemonie; denn sein Interesse begrenzte sich auf das heilige Land, das es von fremden Einflüssen rein zu halten galt. Sicherlich gab es Bestrebungen wie unter David und anderen Königen nach ihm, das Staatsgebiet zu erweitern, doch die realen militärischen Kräfteverhältnisse ließen eine weitergehende Machtentfaltung nicht zu. Wenn also schon der Einfluss nach außen eher gering war, dann war es umso wichtiger, ihn im Inneren zu behaupten. Da die Priester nun eine gesellschaftlich herausragende Stellung hatten, ja Priestertum und Königtum fielen zuweilen ineinander, liefen die Bestrebungen darauf hinaus, das Eindringen von fremden Götterglauben zu bekämpfen und das Land rein zu halten. Schließlich duldete Jahwe ja keine Rivalen. In der historischen Wirklichkeit war es ein Jahrhunderte währender Prozess bis sich Jahwe schließlich durchsetzen konnte und der Monotheismus in Israel fest etabliert war. Diese Entwicklung lief nicht ohne Gewalt ab; denn es galt, dem Jahwe-Glauben sein Monopol zu sichern und die Nation gegen die Umwelt fremder Götter abzugrenzen.

Das Hellenentum mit seiner Vielzahl von Göttern hatte keine Berührungsängste mit fremden Religionen. Im Gegenteil, man suchte andere Götter dem eigenen Pantheon einzugliedern. Auch unter dem Dach Roms lebten zahlreiche Völker mit ihrer je eigenen Kultur und ihrem Glauben in relativ friedlicher Koexistenz zusammen. Nur die Juden und Christen waren zeitweise Verfolgungen ausgesetzt, da man sie wegen ihrer Weigerung, dem Kaiser als Gott zu huldigen mangelnder Loyalität verdächtigte und sie als Bedrohung für die Reichseinheit empfand. Die römischen Priester waren lediglich eine Art Staatsbeamte mit einem begrenzten Aufgabenbereich, dem Opferwesen. Die Religion war neben der Innen- und Außenpolitik, dem Rechtswesen, der Erziehung und dem Finanzwesen nur ein Teil der Staatsbürokratie und die Priester demnach nicht viel mehr als Funktionäre. Im Gegensatz zu Israel übten sie keine Macht im Staat aus.

Aus der Geschichte ließ sich also folgern, dass der Polytheismus in der Tendenz weniger zu Gewalt neigt als der Monotheismus. In mancher Beziehung ist der Monotheismus wie er uns besonders im Alten Testament erscheint eher vergleichbar mit einer Ideologie oder einem krassen Nationalismus. Der Einfall in Kanaan ruft da Assoziationen auf wie z.B. der Völkermord in Rwanda oder die mörderische Kampagne der Steinzeitkommunisten in Kambodscha, denen die bürgerliche Klasse ein Hindernis im Aufbau der neuen Gesellschaft war. Man denke an die Säuberungen Maos und Stalin und nicht zuletzt den Holocaust in Nazideutschland. Immer ging es um die Idee der Reinheit, sei es die einer Weltanschauung oder die einer Rasse. Der Monotheismus aber wird zu einer Ideologie wenn der Glaube Ausschließlichkeitscharakter annimmt.

Jesus aber bewirkte nichts weniger als eine Revolution und trat damit den Beweis an, dass der Monotheismus nicht inhärent gewaltfördernd zu sein braucht. Er nahm die Religion aus der Hand seiner Interessenvertreter, den Priestern, und gab ihn als Glauben zurück an das Volk. Von nun an konnte sich jeder direkt von Gott angesprochen fühlen. Es brauchte nur eine innere Umkehr und Zuwendung an einen als barmherzig geglaubten Gott, der dem reuigen Sünder vergibt. Im Grunde genommen brauchte es nur eines, wie es der Titel eines Beatle-Songs sagt: ‚All you need is love.' Die Liebe im Zentrum einer neuen Beziehung zwischen Gott und den Menschen und den Menschen miteinander, das war der revolutionäre Beitrag Jesu. Alles ist so einfach. Keine komplizierten Dogmen, keine Kirche, aber ein neues Denken und eine neue innerliche Einstellung, die sich in einem entsprechenden Tun niederschlägt.

Doch ist das möglich? Kann ein Glaube, der sich auf solch geringem Inhalt aufbaut, Bestand haben? Allerdings wollte Jesus die Schrift ja nicht abschaffen, sondern sie erfüllen, wie er sagte, und er war davon überzeugt, dass das, was ihr noch fehlte, eine universale Liebe ist, die auch den Feind mit einschließt, und die sich in der rechten Glaubenspraxis eines geschwisterlichen Miteinanders erweisen sollte. Aber war der überlieferte Glaube überhaupt vereinbar mit seinen Vorstellungen von einer bedingungslosen, undogmatisch sich gebenden Liebe? Man möchte gerne wissen, wie Jesus selbst über die in der Schrift geschilderten Bluttaten gedacht hatte. Waren ihm Zweifel in Bezug auf die Autorität der Bibel gekommen wie man es aus seinem ‚Ich aber sage euch' herauslesen könnte? Auch ist zu bedenken, dass der traditionelle Glaube doch das Selbstverständnis und die Identität des jüdischen Volkes begründete und von daher auf Abgrenzung angelegt war.

Jesu Lehre aber hatte Sprengkraft, bestritt sie doch im Grunde genommen den Priestern ihre Rechtfertigung. So soll er gesagt haben (Joh. 4, 21–23), dass der wahre Anbeter des Geistes keiner Tempel mehr bedarf, sondern er Gott überall anbeten könne und in Lukas 17,21 heißt es: „das Reich Gottes ist mitten unter euch“ bzw. nach einer anderen Übersetzung: „Sehet, das Reich Gottes ist inwendig in euch.“ Gott ist also überall dort, wo wir ihm durch den Vollzug einer Glaubenspraxis der Liebe im Sinne Jesu Raum geben. Eine solche Lehre musste aber den Widerstand der etablierten religiösen Autoritäten herausfordern. Jesus war für sie ein Ärgernis, und so musste er sterben.

Das Dilemma seiner Nachfolger bestand darin, einerseits Jesu Idealen treu zu bleiben und andererseits den Glauben so zu verpacken, dass er an kommende Generationen weitergereicht werden konnte. Dazu gebrauchte es einer neuen Organisationsform, die der Kirche, die sich wie jede Organisation Regeln, Aufgaben und Ziele gab. Sie entwickelte Glaubenssätze um die Leitthemen von Jesu Geburt, Auferstehung und seine Beziehung zu Gott und begründete damit eine neue Religion, dessen reine Lehre es gegen Häretiker und Andersgläubige zu verteidigen galt, wenn nötig eben mit Gewalt. Und so schließt sich der Kreis. In dem Moment, wo ein neues Lehrgebäude errichtet wird, dessen Wahrheit als unumstößlich zu gelten hat, hat man zwar dem Glauben ein festes Gerüst gegeben, aber man hat letztendlich auch Verrat an Jesus selbst begangen. Denn Jesus hatte weder eine Kirche gewollt, noch Rituale und neue Dogmen, die ihn selbst zum Inhalt haben und über die nun gestritten wird.

Wie aus der Apostelgeschichte hervorgeht, war diese Entwicklung bereits embryonal in der Jerusalemer Urgemeinde eingeschrieben. Doch war sie ähnlich wie auch die von Paulus gegründeten Missionsstationen zunächst eher auf Vorläufigkeit angelegt, ging man doch von der bevorstehenden Wiederkunft Christi aus. Sie alle hatten zunächst mehr den Status einer Sammlungsbewegung von Christen, die ihrer baldigen Erlösung harrten. Als dann aber die Naherwartung abflachte, begann man sich in der Welt einzurichten und von den Christen wurde nun erwartet, „ein stilles und ehrbares Leben in aller Frömmigkeit und Ehrbarkeit zu führen“ (1 Tim. 2).

Mit zunehmender organisatorischer Verfestigung, der Einrichtung von Ämtern und dem Beharren auf ein bestimmtes Verständnis von Rechtgläubigkeit, traten dann auch die typischen Probleme menschlicher Gemeinschaft auf. So erzürnt sich im ersten Korintherbrief Paulus über Spaltungen in der Gemeinde, kritisiert „Eifersucht und Zank" unter den Christen, prangert Fälle von Unzucht an und betrübt sich darüber, dass die Christen ihre Streitereien vor heidnischen Richtern austragen. Den Begüterten hält er vor, dass sie beim Abendmahl, das gleichzeitig noch ein Sättigungsmahl war, nur an sich selbst denken und die Armen übergehen. Im zweiten Korintherbrief erregt er sich über das Eindringen fremder Missionare, die er auch mal als „falsche Apostel" und „Diener des Satans" bezeichnet. Im Galaterbrief beschuldigt er diese christlichen Missionare, ein falsches Evangelium zu verkündigen. Sogar Petrus selbst entkommt nicht Paulus Kritik. Ihm wirft er „Heuchelei" vor, weil er sich bei Ankunft von Jakobus Vertrauten aus der Tischgemeinschaft mit den Heiden zurückzieht.

Den Autor des Epheserbriefes treibt die Sorge um die aktuelle Situation der Gemeinde um. Er diagnostiziert eine einsetzende Lauheit des Glaubens, die seiner Meinung nach das Zusammengehörigkeitsgefühl der Mitglieder gefährdet. Anscheinend hat bei vielen wieder ein materielles Streben und eine genussvolle Lebensgier die Oberhand gewonnen. Der Autor des Hebräerbriefes schreibt in eine Situation allgemeiner Glaubenserschlaffung hinein und beklagt die „müden Hände" und „wankenden Knie" wie auch den Mangel an geistlicher Reife (Hebr.5) der Mitglieder. Sein Brief ist der Versuch, mit Mahnung, Drohung und Zuspruch den Christen aus ihrer Glaubenskrise zu helfen. Der Jakobusbrief hebt den Vorrang guter Werke über den Glauben hervor und kritisiert die Geschäftigkeit und das Profitstreben der Reichen, die wohl ihr Vorrecht in der Gemeinde behaupten wollen.

Wer sich also nach einem idealen Zustand der frühen Christenheit zurücksehnt, der unterliegt einer Illusion. Den hat es so nie gegeben. Andererseits wurde sogar von Nichtchristen wie dem römischen Historiker Tacitus den Christen eine vorbildliche Lebensführung bescheinigt, zumindest im Vergleich mit den meisten Heiden. Es war ja dieser Lebenswandel, verbunden mit einer praktizierten Barmherzigkeit und einem geschwisterlichen Miteinander als auch die demonstrierte Erlebnisfrömmigkeit und Glaubensstärke zusammen mit der persönlichen Hoffnung auf Erlösung, die den christlichen Gemeinden so viel Zulauf verschaffte während die traditionelle Religion schwächelte.

Wäre also eine Gemeinschaft, die sich als treue Sachwalterin des jesuanischen Erbes verstanden und sich vornehmlich an der Bergpredigt ausgerichtet und bei der Durchsetzung ihres Glaubens allein auf ihre Überzeugungskraft gesetzt hätte, realistischerweise möglich gewesen? Zu Anfang lief es doch noch überwiegend gut. Allerdings war da die Kirche noch in einer Situation der Machtlosigkeit gewesen. Aber mit der Konstanischen Wende 312 n. Chr. änderte sich das alles fast schlagartig und aus der verfolgten Kirche wurde eine, die Häretiker und Heiden verfolgte, was eine tiefe Blutspur in der Geschichte zog. Fürwahr, der eifernde Gott, der keine Rivalen duldet, war zwar in den Hintergrund getreten. Aber seine Stelle wurde nun von Dogmenbildung und dem Alleinvertretungsanspruch der Kirche mit der von ihr tradierten Wahrheit eingenommen. Dogmatische Verhärtung insbesondere über die Auslegung der wahren Natur Jesu führten zu jahrhundertelangen, oft blutigen Glaubenskämpfen, und die Kirche betrieb mit Gewalt Mission unter Andersgläubigen wie den Sachsen während sich im frühen Mittelalter gerade unter dem Klerus Vetternwirtschaft, Ämterschacherei und Sittenlosigkeit breit machte. Ist so die menschliche Natur, gefangen in den Abgründen seiner Seele, ein Spielball innerer Kräfte von Geist und Trieb, gut und böse, einmal dahin und ein anderes Mal dorthin neigend, doch sich immer verschieden in jedem Menschen manifestierend?

Den kirchlichen Dogmen liegt die Überzeugung zugrunde, dass die Bibel als das Wort Gottes unfehlbar ist, doch wir haben gezeigt, dass sich auch die Bibel irrt. Insofern geben wir Bibelkritikern wie Richard Dawkins recht, doch lehnen wir sein pauschal negatives Urteil über die Bibel ab. Sie ist zwar Menschenwerk, doch wie jeder Mensch hat sie ihre guten und ihre schlechten Seiten und kann daher allemal auch Quelle der Inspiration sein. Wir lehnen aber auch Fundamentalchristen wie Klaus Berger (Die Bibelfälscher) ab, die ihre Überzeugung von der Wahrheit der Bibel um den Preis von Manipulation und Leugnung ihrer offensichtlichen Widersprüche verteidigen. So weist Berger z.B. die Aussage der liberalen Exegese zurück, dass sich Jesus in der Naherwartung getäuscht hatte. Er stützt sich dabei auf Mk 9,1–8 und erklärt den Text dahingehend, dass es hier nicht um die Wiederkunft Jesu geht sondern um die Verwirklichung des Reiches Gottes. Wäre es Berger wirklich um Aufklärung gegangen, dann hätte er Mt 24,29–35 und Mk 13,30 hinzuziehen müssen; denn danach erwartete Jesus, dass das von ihm vorausgesagte Geschehen einschließlich seiner Wiederkunft noch im Ereignishorizont seiner Generation stattfinden würde. Wir halten es da lieber mit A.T. Robinson, der forderte: „Be honest to God". Unserer Auffassung nach reflektiert die Bibel den Geist der Zeit ihrer Entstehung. Zum Teil ist sie die Antwort, die sich Israel in bezug auf sein vergangenes und zukünftiges Schicksal selbst gegeben hat. Was die Bibel uns jedoch nicht geben kann, ist, eine verlässliche Antwort auf die Frage nach der Existenz Gottes selbst. Wer Gott sucht, wird ihn nur im Glauben finden können.

Pilatus soll Jesus beim Verhör gefragt haben: ‚Was ist Wahrheit?' Er bekam keine Antwort. Es gibt auch keine abschliessende Antwort auf die Frage nach der Wahrheit schlechthin, zumindest übersteigt dies unseren Horizont. Es gibt aber Wahrheiten, die man wissen kann und sollte, auch wenn sie nicht überall gern gesehen wird; denn in Wirklichkeit steht es überall eher schlecht um sie, gerade auch weil sie oft die Machtfrage berührt. Sie ist überall bedroht; sie wird vernebelt, verzerrt und verleugnet, das Wissen darum verboten, unterdrückt oder durch alternative ‚Fakten' in Frage gestellt. Wie auch die Freiheit der Rede, so ist auch der Zugang zur Wahrheit ein hohes Gut, eigentlich ein Menschenrecht. Aber müssen wir sie immer einfordern? Lebten wir in einer gläsernen Welt, mag es uns da nicht zuweilen wie dem biblischen Paar im Garten Eden ergehen? Als sie von der verbotenen Frucht assen, da erkannten sie, dass sie nackt waren. Fürchten wir uns nicht auch davor, nackt zu sein durch eine Wahrheit, die den Verlust unserer Überzeugungen nach sich ziehen und unser ganzes Weltbild auf den Kopf stellen könnte? Was bleibt uns dann noch? Stellen wir dadurch nicht auch unser bisheriges Leben in Frage, alles das was uns vorher wichtig und richtig erschienen war, uns Sinn und Motivation gegeben hatte?

Wenn wir die Bibel nicht mehr als Gottes Wort lesen, was dann? Welche Konsequenzen würde das für Glauben und Kirche haben? Die Daseinsberechtigung der katholischen Kirche steht nach ihrem eigenen Selbstverständnis auf zwei Pfeilern, dem der apostolischen Sukzession bzw. der Nachfolge Petri und somit Christus und dem als Hüterin der Rechtsgläubigkeit, der wahren Lehre. Stürzen aber diese Pfeiler ein, so bricht auch das ganze darauf errichtete Gebäude ein. Wollen wir das? Kann den Gläubigen eine Sicht auf die Bibel zugemutet werden, die ihnen sozusagen den Boden unter den Füssen entziehen würde? Vertragen sie schon eine solche Kost? Wird die Kirche mit ihren eingewurzelten Beharrungskräften das zulassen wollen? Sie kann sich doch nicht selbst in Frage stellen wollen. Auch begreift sie sich als Schutzherrin der Gläubigen, die sich nach der Geborgenheit einer Gemeinschaft sehnen, in der die gleichen Überzeugungen geteilt werden. Dürfen wir sie ihrer Kleidung berauben und ihre Blöße enthüllen? Dostojewskis Inquisitor glaubte, dass dies den Menschen nicht zumutbar sei und es seine Last und Aufgabe sei, den Menschen vor sich selbst zu schützen und in Ignoranz zu halten, wider die Wahrheit. Bedurfte es jemals solcher Glaubenswächter? Dienten sie nicht eher dazu, um der Kirche Macht, Einfluss und Pfründe zu sichern, auch indem sie z.B. den Gläubigen bis hinein in die Neuzeit den Zugang zu der Bibel verwehrten und damit einen möglichen Weg zur Erkenntnis verbauten? Kann man nicht heutzutage dem Gläubigen die Wahrheit über die Bibel zumuten, dass sie aus ihrer selbstverschuldeten Unmündigkeit erwachen?

Wird dann in einem zukünftigen mündigen Christentum die Bibel entbehrlich sein? Das sicherlich nicht; denn dann würde es sich ja seiner Wurzeln berauben, doch ein reifer Glaube wird den kritischen Dialog mit ihr suchen wollen. Nicht mehr und nicht weniger verlangt ja auch der Geist der Aufklärung. Jetzt – mit dem Blick auf Europa – wo die Kirche sich wieder in einer relativen Situation der Machtlosigkeit befindet, scheint dieser Geist auch weite Kreise der Christenheit zu erfassen. Es besteht also noch Hoffnung, andererseits Unsicherheit. Die Geschichte lehrt nämlich, dass mit der abnehmenden Überzeugungskraft des tradierten Glaubens auch der Zusammenhalt in der Gesellschaft schwindet was den Niedergang des Staates einläutet. Das war im antiken Griechenland und in Rom der Fall. Wird dies auch den Westen treffen, wo auch andere identitätsstiftende Werte wie Heimat und Tradition in einer globalisierten Welt zerfasern? Doch wenn der christliche Glaube tatsächlich seine Quelle in Gott hat, dann sollte das eigentlich Zuversicht für die Zukunft geben. Mit einem solchen Vertrauen in Gott werden sich schon Wege öffnen.

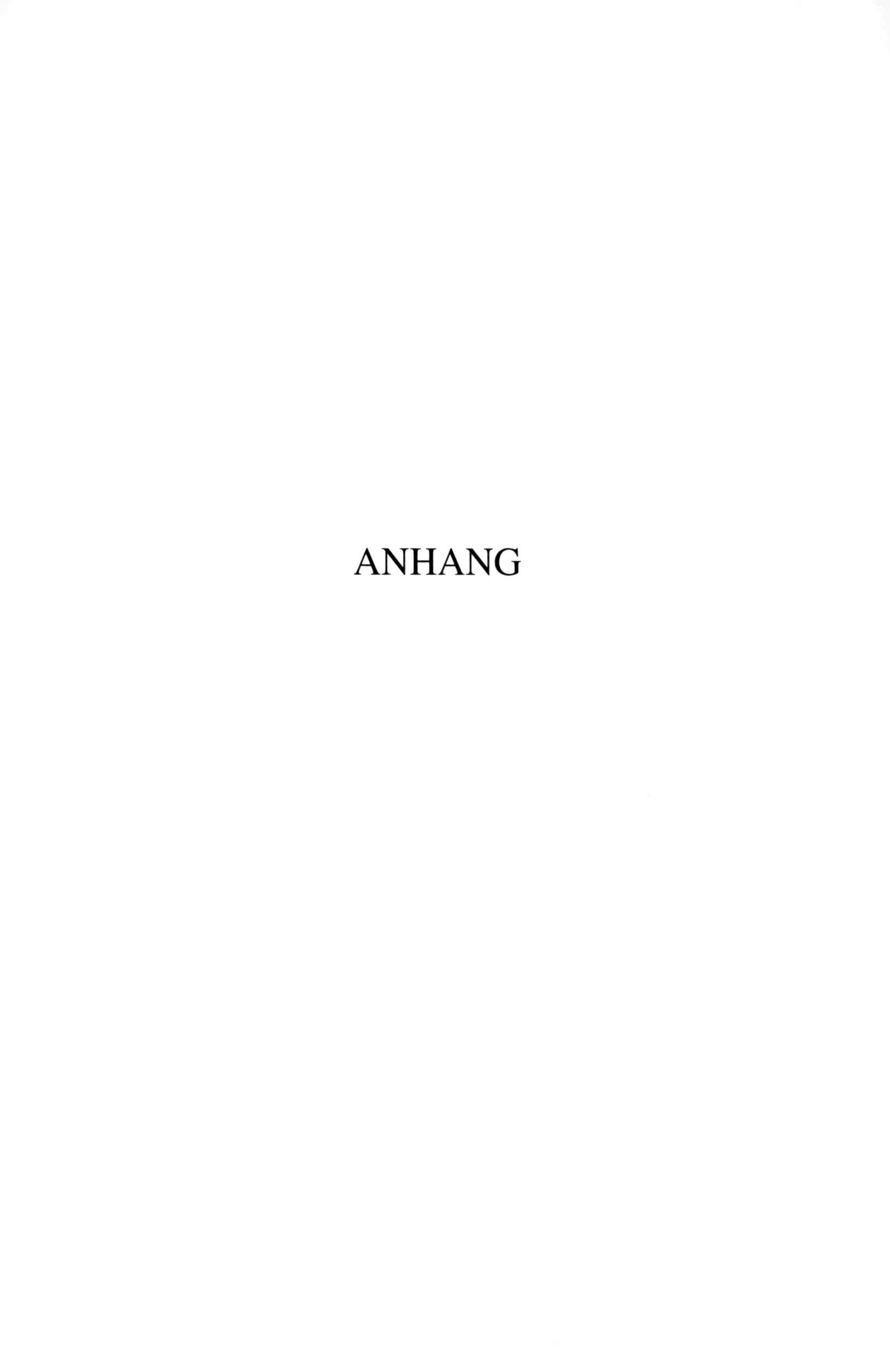

ANHANG

ANHANG 1: WIDERSPRÜCHE IN DER BIBEL

A: ALTES TESTAMENT

1. Gen. 1,11–13.27–31: Gott erschuf die Pflanzen vor dem Menschen

   Vs.

   Gen. 2,5–7: Als Gott den Menschen schuf, gab es noch keine Vegetation
2. Gen. 4,15–17: Woher kamen die Leute in der Fremde und Kains Frau?
3. Gen. 6,19f: Noah soll von allen Tieren je ein Paar auf die Arche nehmen

   Vs.

   Gen. 7,2: Noah soll je sieben Paar von den reinen aber nur ein Paar von den unreinen Tieren auf die Arche nehmen

   Vs

   Gen. 8,17–8.20 Noah soll je ein Paar der reinen Tiere zum Opfer schlachten, tut er das aber, wie sollen sie sich dann vermehren wenn er nach Gen. 6,19f je nur ein Paar an Bord genommen hat?
4. Gen. 6,3: Gott will, dass die Menschen von nun an nicht länger als 120 Jahre leben

   Vs.

   Gen. 9,29: Noah wurde 950 Jahre alt; Gen. 11,10–26: Shems Nachkommen wurden weitaus älter als 120 Jahre
5. Gen. 11,31: Terach, Abrahams Vater, zog aus Ur in Chaldäa nach Haran. Die Chaldäer sind erst im 1. Jahrtausend v. Chr. historisch nachgewiesen
6. Gen. 15,13: Israels Gefangenschaft ist 400 Jahre

   Vs.

   Ex. 12,40: Israels Gefangenschaft ist 430 Jahre
7. Gen. 24,10: Abraham (ca. 1.900 v. Chr.) besitzt Kamele als Reittiere, doch Kamele wurden erst um 1.000 v. Chr. domestiziert
8. Gen. 26,14.18: Isaak im Konflikt mit Philistern; Philister waren Abkömmlinge der Seevölker und siedelten an der Küste Kanaans erst ab 1.200 v. Chr.
9. Ex. 1,11: Israeliten verrichten Frondienst in Stadt des Ramses (1279 – 1213 v. Chr.)

   Vs.

   1 Kön. 6,1: 480 Jahre seit Exodus vergangen, dann aber hätte der Exodus im 15. Jahrhundert vor Christus stattgefunden haben müssen

10. Ex. 9,6: Alles Vieh der Ägypter starb
    Vs.
    Ex. 9,10.25: Das dahingeraffte Vieh musste noch an Blattern leiden und danach vom Hagel erschlagen werden
11. Ex. 12,31: Der Pharao selbst treibt die Israeliten außer Landes
    Vs.
    Ex. 14,5: Die Flucht wird Pharao erst mitgeteilt
12. Ex. 15,25: Gleich zu Anfang der Wanderung erhalten die Israeliten Gesetze
    Vs.
    Ex. 19ff: Die Gesetzgebung geschieht erst am Sinai
13. Ex. 16,34: Mose weist Aaron an, die Bundeslade vor dem Gefäß mit dem Manna zu Stellen, doch die Bundeslade kann zu dem Zeitpunkt noch nicht existiert haben.
14. Ex. 33,11: Mose redete mit dem Herrn von Angesicht zu Angesicht
    Vs.
    Ex. 33,20: Mose darf Gottes Angesicht nicht schauen
15. Ex. 34,1: Gott will Tafel mit den Zehn Geboten selbst beschriften
    Vs.
    Ex. 34,27f: Gott befiehlt Mose, Gottes Worte aufzuschreiben
16. Ex. 20,2–17: Dekalog (Zehn Gebote)
    Vs.
    Dtn. 5,6–21: Dekalog wiederholt, doch umgestellt (Frau vor Haus)
17. Num. 26,51: Zählung wehrfähiger Männer ergibt 601.730, also geschätzte Gesamtbevölkerung etwa 2 Millionen, doch von Levi bis Mose waren es nur 4 Generationen (Ex. 6,16–20). Wie kann eine Familie (es waren nach Gen. 46,26 66 Seelen, die nach Ägypten kamen) in nur 4 Generationen auf 2 Millionen Nachkommen anwachsen? Seltsam auch, von Levi (Jakobs Sohn) bis Mose sollen 400 Jahre vergangen sein.
18. Jos. 8: Israeliten zerstören Ai, Ai wurde aber bereits 2.350 v. Chr. zerstört
19. Jos. 10,36–38: Bann an Hebron und Debir von ganz Israel vollstreckt
    Vs.
    Ri 1,9–13: Hebron nur vom Stamm Juda erobert, Debir von Sippe des Otniel
20. Ri 10,17 – 11: Jeftah kämpft gegen König der Ammoniter: zu dieser Zeit existiert Königtum der Ammoniter noch nicht
21. 1 Sam. 13,22: Das Volk hat keine Schwerter wegen des Eisenmonopols der Philister
    Vs.

1 Sam. 14,20: Alle sind mit Schwertern bewaffnet
22. 1 Sam. 15,29: Der Herr ist nicht jemand, dem etwas gereuen könnte
Vs.
2 Sam. 24,16: Da reute dem Herrn das Übel (vgl. auch Gen. 6,6; Ex. 32,14)
23. 1 Sam. 16,18ff: David wird an den Hof Sauls gerufen
Vs.
1 Sam. 17,58: Weder Saul noch einer seiner Männer ist David bekannt
24. 1 Sam. 17: David erschlägt Goliath
Vs.
2 Sam. 21,19: Elhanan erschlug Goliath
1 Chr. 20,5: Elhanan erschlug Lachmi, den Bruder Goliaths
25. 1 Sam. 31,4: Saul begeht Selbstmord
Vs.
2 Sam. 1,10: Ein Amelekiter tötet Saul
26. 2 Sam. 5,14: Elf Söhne des David
Vs.
1 Chr. 14,4–7: Dreizehn Söhne des David
27. 2 Sam. 5,21: David und seine Männer nehmen Götzenbilder mit
Vs.
1 Chr. 14,12: David ließ die Götzenbilder verbrennen
28. 2 Sam. 6,1: Davids gesamte Mannschaft zählt 30.000 Mann
Vs.
1 Chr. 12,24–39: Es kamen zu David nach Hebron ca. 340.000 Mann
29. 2 Sam. 6,13: Man opferte einen Stier und ein Kalb
Vs.
1 Chr. 15,26: Man opferte 7 Stiere und 7 Widder
30. 2 Sam. 8,4: Man nahm gefangen: 1.700 Gespanne und 20.000 Fußvolk
Vs.
1 Chr. 18,4: David gewann 1.000 Gespanne, 7.000 Reiter und 20.000 Fußvolk
31. 2 Sam. 8,13: David erschlug die Edomiter
Vs.
1 Chr. 18,12: Abischai schlug die Edomiter
32. 2. Sam. 23,8: Ischbaal erschlug 800
Vs.
1 Chr. 11,11: Ischbaal erschlug 300

33. 2 Sam. 24,1: Der HERR reizte David gegen das Volk
    Vs.
    1 Chr. 21,1: Der Satan reizte David gegen das Volk
34. 2. Sam. 24,24: David kauft die Tenne für 50 Lot Silber
    Vs.
    1 Chr. 21,25: David kauft die Tenne für 600 Lot Gold
35. 1 Kön. 9,11: Salomo gab König Hiram von Tyrus 20 Städte
    Vs.
    2 Chr. 8,2: König Hiram gab Salomo die Städte
36. 1 Kön. 9,23: Es sind 550 Amtleute
    Vs.
    2 Chr. 8,10: Es sind 250 Amtleute
37. 1 Kön. 10: Eine Königin von Saba hatte nie existiert
38. 2 Kön. 3,6f: König Joram von Israel bittet König Joschafat mit ihm Krieg gegen Moabiter zu führen
    Vs.
    2 Kön. 1,17: König Joram wurde erst König im 2. Jahr der Regierung des Sohnes von König Joschafat
39. 2 Kön. 16,9: König von Assyrien hörte auf König Ahas und zog gegen Damaskus
    Vs.
    2 Chr. 28,20: König von Assyrien hörte nicht auf König Ahas und zog gegen ihn
40. 2 Kön. 24,14: 10.000 Israeliten wurden deportiert
    Vs.
    2 Kön. 24,16: Es waren 8.000 Deportierte
    Jer. 52,28: Es waren 3.023 Deportierte
41. 2 Kön. 24,17: Zedekia ist Oheim des Joachin
    Vs.
    2 Chr. 36,9–10: Zedekia ist Bruder des Joachin

B: NEUES TESTAMENT

1. Mt 2,1: Jesu Geburt z.Zt. Herodes des Großen. Herodes starb 4 v. Chr.
   Vs
   Lk 2,1–7: Jesu Geburt z.Zt. des Statthalters Quirinius. Quirinius trat sein Amt in Judäa im Jahre 6 n. Chr. an

2. Mt 1,1–17 vs. Lk 3,23–38: Die Ahnenlisten von Matthäus und Lukas sind nicht miteinander kompatibel
3. Lk 9,10: Speisung der 5.000 in Betsaida

   Vs

   Mk 6,45: Jesus geht erst nach der Speisung der 5.000 nach Betsaida
4. Mt 5,1: Jesu Predigt ist auf einem Berg (die Seligpreisungen)

   Vs

   Lk 6,17: Jesu Predigt ist auf einer Ebene
5. Mt 8,28: Zwei Besessene in der Gegend der Gadarener/Gerasener

   Vs

   Mk 5,1–2: Ein Besessener
6. Mt 20,30: Zwei Blinde am Wegesrande in Jericho

   Vs

   Mk 10,46: Ein Blinder
7. Mt 27,44: Beide Räuber schmähten Jesus

   Vs

   Lk 23,39–43: Einer der Räuber hatte eine innere Umkehr
8. Jesu letzte Worte:

   Mt 27,46: Mein Gott, mein Gott, warum hast du mich verlassen

   Mk 15,34: Mein Gott, mein Gott, warum hast du mich verlassen

   Lk 23,34: Vater, vergib ihnen; denn sie wissen nicht was sie tun

   Lk 23,46: Vater, ich befehle meinen Geist in deine Hände

   Joh 19,30: Es ist vollbracht
9. Szene am Grab:

   Mt 28: Es geschah ein großes Erdbeben. Ein Engel stieg vom Himmel, der den Stein wegwälzte und er setzte sich drauf. Er sprach zu den Frauen als da waren: Maria von Magdala und die andere Maria.

   Mk 16: Der Stein war bereits weggewälzt als die Frauen kamen: Maria von Magdala, Maria, die Mutter des Jakobus, und Salome. Sie sahen einen Jüngling im weißen Gewand sitzen.

   Lk 24: Der Stein war bereits weggewälzt als die Frauen kamen: Maria von Magdala, Maria, die Mutter des Jakobus, Johanna und die anderen. Es traten zu ihnen zwei Männer in glänzenden Kleidern.

   Joh 20:Maria von Magdala kommt zum Grab und sieht zwei Engel in weißen Gewändern sitzen. Dann sieht sie Jesus, den sie zunächst für den Gärtner hält.
10. Mt 27,3–10: Judas erhängte sich

Vs

Apg 1,18: Judas war vornüber gestürzt und mitten entzwei gebrochen

11. Apg 5,36: Es ist unmöglich, dass zur Zeit der Hinrichtung des Stephanus (um 32 n. Chr.) die Mitglieder des Hohen Rates über die Bewegung des Theudas informiert gewesen sein können; denn die ist auf die Jahre 44–46 n. Chr. datiert.
12. Apg 9,7: Die Männer hören die Stimme, sehen aber nichts

    Vs

    Apg 22,9: Die Männer sehen das Licht, hören aber nichts
13. Apg 9,23–26: Paulus war von Juden bedroht und flüchtete sich aus Damaskus nach Jerusalem.

    Vs

    Gal.1,17f: Paulus verließ Damaskus, ging zunächst nicht nach Jerusalem sondern

    2 Kor 11,32f nach Arabien, kehrte drei Jahre später nach Damaskus zurück und flüchtete nach Jerusalem da vom Statthalter des König Aretas verfolgt.
14. Apg 19,22: Paulus sandte Timotheus im voraus nach Mazedonien, blieb selbst in Ephesus (Provinz Asia).

    Vs

    1 Tim 1,3: Paulus zog nach Mazedonien, Timotheus blieb in Ephesus.
15. Röm 3,28: Der Mensch wird nur aus Glauben, nicht aus Werken gerecht

    Vs

    Jak 2,24: Der Mensch wird nur durch Werke, nicht allein aus Glauben gerecht
16. 2 Tim 2,25: Buße möglich nach Abfall

    Vs

    Hebr 6,4–8: Buße nach Abfall unmöglich

ANHANG 2: Eckpunkte der Geschichte

A. 10.000 v. Chr. – 4.500 v. Chr.

10.000 v. Chr.	Ende der letzten Eiszeit; Beginn des Holozän: Erde erwärmt sich, Gletscher schmelzen ab; Meeresspiegel etwa 130 m niedriger als heute; bis dahin Kultur der **Altsteinzeit**; Neolithische Revolution **(Jungsteinzeit):** Sesshaftwerden des Menschen im sog. fruchtbaren Halbmond (Ägypten, Levante, Syrien, Mesopotamien), Domestizierung der ersten Tiere und Anbau von Getreide. Bedeutung des Kulturwandels: Vorratshaltung, Werkzeugherstellung, Hierarchisierung der Gesellschaft.
8.500 v. Chr.	Gründung von Jericho (Palästina), geschätzte 2.000 Einwohner
7.000 v. Chr.	Kopfjäger in Süddeutschland
6.500 v. Chr.	Gründung von Catal Hüyük in Anatolien, ca. 7.000 Einwohner
6.000 v. Chr.	Geburt der Ostsee, Siedlungen vom Meer überflutet. Letzte Feuchtphase der Sahara mit Großwildfauna Nutzung des fruchtbaren Nilschlamms für den Ackerbau
5.500 v. Chr.	Landverbindung am Bosporus bricht ein: Entstehung des Schwarzen Meers, Überflutung von ca. 100.000 km2 innerhalb von zwei Jahren.
4.600 v. Chr.	Erste Siedlungen in Europa
4.500 v. Chr.	Einfall der Kurganvölker aus Südrussland in Europa

B. Die Entwicklung Mesopotamiens

4.500 v. Chr.	Entstehung der ersten Hochkultur im Zweistromland (Tell-Halaf Kultur)
4.200 v. Chr.	Gründung von Uruk, Metropole der Sumer, erste Großstadt der Welt, Einwohnerzahl steigt 3.500 v. Chr. bis auf 25.000 an.
4.000 v. Chr.	Erfindung von Töpferscheibe und des Segels

3.500 v. Chr.	Bewässerungssysteme, Ausweitung des Handels. Entwicklung der Keilschrift: Vorläufer: a) Kerbstock (Einritzen von Mengenangaben), b) Mythogramm (Höhlenmalereien): beide seit ca. 40.000 v. Chr., c) Zählmarke (seit ca. 10.000 Jahren, d.h. seit Beginn der Neolith. Revolution, Gebrauch für Handelsverkehr und Agrarwirtschaft). Ab ca 3.500 v. Chr.: Einführung von Tontäfelchen mit Bildsymbolen und Zeichen: Wiege der Schrift in Uruk.
3.500 v. Chr.	Aufstieg von Susa (nördl. des Persischen Golfs)
3.200 v. Chr.	Hoch entwickelte Agrarkultur, Erfindung von Rad und Pflug, Anwendung mathematischer Systeme, erste Münzprägung: Mesopotamien die fortschrittlichste Kultur der Welt.
3.100 v. Chr.	Abstieg der sumerischen Zivilisation, zunehmender Einfluss von Susa
3.000 v. Chr.	Beginn des **Bronzezeitalters**: Waffen, Werkzeuge, Schmuck
2.950 v. Chr.	Anlage erster Straßen, Einführung des Webstuhls und Stoffexporte: Stadtstaat Lagasch (sumerisch) beschäftigt ca. 15.000 Arbeiter
2.750 v. Chr.	Vielzahl von Stadtstaaten wie Uruk, Ur, Lagasch, Kisch kämpfen um Vorherrschaft, jede Stadt hat ihren eigenen Stadtgott; der legendäre König Gilgamesch lässt Stadtmauer bauen und macht Uruk wieder unabhängig
2.470 v. Chr.	Nach Sieg über Umma reißt Lagasch die Vorherrschaft über Sumer an.
2.350 v. Chr.	Einigung des Reichs unter Stadtkönig von Umma.
2.334 v. Chr.	Sargon I von Akkad (im Nordwesten Mesopotamiens gelegenes von Semiten besiedeltes Gebiet) erobert mesopotamische Kleinstaaten; Akkadisch wird Umgangssprache
2.279 v. Chr.	Erhebung der Stadtstaaten und Zerfall der Vorherrschaft Akkads
2.198 v. Chr.	Amoriter begründen Babylon
2.100 v. Chr.	Ur wird vorherrschend, Bau des Zikkurats (Turmbau zu Babel)
2.017 v. Chr.	Niedergang von Ur, amoritische Vorherrschaft
2.003 v. Chr.	Zerstörung von Ur durch Elamiten
2.000 v. Chr.	Niederschrift des Gilgamesch Epos. Erfindung des Speichenrades revolutioniert Kriegstechnik
1.830 v. Chr.	Gründung des altbabylonischen Reiches durch Amoriter, Babylon neues Machtzentrum

1.710 v. Chr.	König Hammurabi erlässt einen der ältesten und den bedeutendsten Rechtstext der Welt, den Codex Hammurabi
1.700 v. Chr.	Breites literarisches Schaffen in sumerischer und akkadischer Sprache
1.531 v. Chr.	Hethiter zerschlagen das altbabylonische Reich; Dynastie der Kassiter übernehmen für fast 600 Jahre die Vorherrschaft in Babylonien
1.350 v. Chr.	Nippur wird neue Residenz der Sumer
900 v. Chr.	Babylonien unter assyrischer Vorherrschaft
811 v. Chr.	Hängender Garten von Babylon, eines der 7 antiken Weltwunder
710 v. Chr.	Nach kurzer Unabhängigkeit Einnahme Babylons durch assyrischen König Sargon I
626 v. Chr.	Nabupolassar besiegt Assyrer
605 v. Chr.	Nebukadnezzar II. besteigt babyl. Thron; Babylon hat 300.000 Einwohner; Finanz- und Handelszentrum
573 v. Chr.	Babylon erobert phönizische Hafenstadt Tyros

C. Die Entwicklung Ägyptens

3.500 v. Chr.	Entstehung der Negade Kultur am Nilufer; befestigte Siedlungen
3.200 v. Chr.	Weitgehende kulturelle Einheit von Ober- und Unterägypten
3.000 v. Chr.	Erfindung der Glaskunst, Verarbeitung von Metallen. Entstehung der Hieroglyphen Schrift: Verwendung von Papyrus anstatt von Ton, bis zu 1.000 verschiedene Hieroglyphen, Entwicklung von Schreiber- Kaste/Beamtentum
2.900 v. Chr.	Reichseinigung unter König Menes, Memphis wird Hauptstadt Ägyptens.
2.705 v. Chr.	**Altes Reich (2,705 – 2.134 v. Chr.).** Errichtung der Stufenpyramide von Sakkara durch Pharao Djoser; Entwicklung eines Sonnenkalenders
2.600 v. Chr.	Bau der Cheopspyramide, 146.6 m hoch, bleibt höchstes Bauwerk der Welt bis 1889 (Eiffelturm); zunehmende soziale Differenzierung
2.500 v. Chr.	Jährliche Überflutungen des Nils: Zerstörung und Fruchtbarkeit
2.388 v. Chr.	Vegetationsgott Osiris wird höchster Gott der Ägypter und löst Re ab
2.254 v. Chr.	Pharao Pepi II regiert fast 100 Jahre, doch unter ihm zerfällt langsam die Zentralgewalt

2.155 v. Chr.	Erhebung der Fürsten; Chaos und Hungersnöte; Ägypten zerfällt in zwei Teilreiche
2.134 v. Chr.	Ende des Alten Reiches
2.040 v. Chr.	Pharao Mentuhotep II vereinigt Ägypten wieder und begründet das **Mittlere Reich (2.040 – 1.640 v. Chr.).**
1.640 v. Chr.	Zerstörung des Mittleren Reiches durch Hyksos (indogermanische Stämme aus Anatolien)
1.539 v. Chr.	Ende der Hyksos Herrschaft; Gründung des **Neuen Reiches**, Unterwerfung von Nubien (heutiges Sudan)
1.500 v. Chr.	Pharao Amenophis I gründet Theben als neue Hauptstadt
1.493 v. Chr.	Grausamer Kriegszug von Pharao Thutmosis I gegen die Kuschiten im Süden (Nubien)
1.479 v. Chr.	Schlacht von Megiddo (Kanaan) ; Ägypten gewinnt unter Pharao Thutmosis III. Vorherrschaft im palästinisch-syrischen Raum
1.380 v. Chr.	Bau des Tempels von Luxor, weiter ausgebaut unter Ramses II.
1.352 v. Chr.	Echnaton führt Monotheismus in Ägypten ein; Verehrung der Sonnenscheibe Aton unter Ausschaltung aller anderen Götter, doch nach seinem Tod wieder rückgängig gemacht.
1291 v. Chr.	Ramses I regiert zwei Jahre
1.290 v. Chr.	Sethos I macht Gebietsverluste in Syrien und Palästina wieder gut
1.279 v. Chr.	Ramses II besteigt Thron des Pharao, große Bauvorhaben (Abu Simbel), kämpft mit Hethitern um Vorherrschaft in Vorderasien
1.275 v. Chr.	Schlacht von Kadesch (Syrien) zwischen Ägyptern und Hethitern, kein Sieger, Syrien aufgeteilt
1.250 v. Chr.	Exodus der Israeliten?
	Einfall der Seevölker aus dem Balkan
1.213 v. Chr.	Ramses III besiegt die Eindringlinge, von denen sich einige an der Küste Palästina niederlassen (später als Philister bezeichnet)
1.190 v. Chr.	Letzter Machthöhepunkt der ägyptischen Pharaos
1.156 v. Chr.	Erster belegter Arbeitsstreik in Ägypten wegen schwieriger Lebensverhältnisse und ausstehender Entlohnung
1.100 v. Chr.	Niedergang Ägyptens, Spaltung in zwei Teilreiche von denen das südliche von Priestern regiert wird; das Land verarmt und verliert seine Vormachtstellung in Vorderasien

944 v. Chr.	Libyer Schoschenk I wird ägyptischer Pharao, Gründer einer neuen Dynastie; plündert Jerusalem
745 v. Chr.	Nubien (Kusch) erobert Ägypten, nubischer Pharao; Nubier hatten ersten schwarzafrikanischen Staat gegründet (3.500 v. Chr.); bauten Pyramiden im heutigen Sudan (Pyramiden von Meroe): deshalb genannt schwarze Pharaos, konnte Herrschaft in Ägypten ca. 100 Jahre aufrecht erhalten. Mose soll Kuschiterin zur Frau gehabt haben (Num 12,1), obwohl Gesetz Mose Vermischung mit anderen Völkern ächtet. Nach Gen. 10,6 ist Kusch der Sohn des Ham, daher Enkel des Noah und von Kusch stammt Nimrod ab, der Babel und Assur/Ninive aufbaute (Gen. 10,8–11). Kusch erwähnt in Jes. 18,1–7.
664 v. Chr.	Psammetich I führt Ägypten zu neuer Stärke, löst sich aus assyrischer Vasallenschaft, reorganisiert die Verwaltung
605 v. Chr.	Pharao Necho wird von babylonischen König in Schlacht bei Karkemisch am Euphrat besiegt
570 v. Chr.	Griechen als Söldner am Hofe des Pharaos; wirtschaftliche Förderung der Griechen durch Pharao Amasis

D. Assyrien/Syrien

3.500 v. Chr.	Gaura Kultur in Assyrien (nördl. Irak); ausgedehnte Tempelanlage; ausgedehnter Handel
2.500 – 1.500 v.Chr.	Metropole Ebla in Syrien, erste Bibliothek der Welt (auf Tontafeln); starker Einfluss der Sumerer auf einheimische Kultur; Zerstörung durch Hethiter
1.750 v. Chr.	Erstes assyrisches Großreich; zerfällt aber bald wieder.
1.115 v. Chr.	Assyrien steigt unter seinem Herrscher Tiglatpileser I zur neuen Großmacht in Vorderasien auf; Einflussbereich bis nach Kleinasien (heutige Osttürkei)
912 v. Chr.	Assyrien größtes Reich in Vorderasien, eroberte Gebiete Vasallen Assyriens
858 v. Chr.	Salmanassar III besteigt Thron, weitere Landgewinne
790 v. Chr.	Rückeroberung des aramäischen Syrien
744 v. Chr.	Tiglatpileser III konsolidiert ein geschwächtes Reich
721 v. Chr.	Sargon II. besteigt Thron, drängt Ägypten zurück, erobert Phrygien (Kleinasien)
710 v. Chr.	Einnahme Babylons
704 v. Chr.	Ninive neue Hauptstadt
684 v. Chr.	Nach Bürgerkrieg tritt Assurbanipal Alleinherrschaft an, letzte Blüte des assyrischen Reiches, gründet Bibliothek

614 v. Chr.	Assyrien zerstört von verbündeten Babyloniern und Medern, Reich zwischen Siegern aufgeteilt

E. Phönizien

1.450 v. Chr.	Die Phönizier (Palästina) entwickeln das erste Alphabet; Übergang zur phonetischen Schrift, übernahmen von Ägyptern die Konsonanten zum Aufzeichnen der semitischen Sprache und ermöglichten so das buchstabierende Schreiben wenn auch noch Zeichen für Vokale fehlten.
Um 1.100 v. Chr.	war phönizische Schrift in der ganzen Levante verbreitet, um Jahrtausendwende auch von Aramäern in Syrien und den Israeliten übernommen, woraus sich aramäische und althebräische Schrift entwickelten. Griechen verfeinerten Schrift: entwickelten Zeichen für Vokale.
969 v. Chr.	Stadtstaat Tyros steigt zum bedeutendsten Handelszentrum am Mittelmeer auf, Hiram I. neuer König
814 v. Chr.	Phönizien gründet Karthago, Föderation von Stadtstaaten
600 v. Chr.	Phönizische Seefahrer umrunden Afrika
350 v. Chr.	Phönizische Kunst stark von Griechen beeinflusst

F. Griechenland/Kreta

2.000 v. Chr.	Erste europäische (minoische) Kultur auf Kreta
1.625 v. Chr.	Naturkatastrophen in der Ägäis, minoische Kultur bricht zusammen
1.600 v. Chr.	Aufstieg der mykenischen Kultur, heroisches Zeitalter (König Agamemnon); mächtige Burg- und Grabanlagen auf dem Peloponnes
1.200 v. Chr.	Schlacht um Troja; Einfall der Dorer u. andere indogerm. Stämme, Niedergang der mykenischen Kultur, danach dunkles Zeitalter
979 v. Chr.	Gründung von Milet (Kleinasien) durch griechische Siedler
900 v. Chr.	Gründung Spartas
776 v. Chr.	Erste Olympische Spiele in Griechenland
750 v. Chr.	Homer (Ilias und Odyssee)
743–724 v. Chr.	Erster Messenischer Krieg, Sparta erobert Messenien
733 v. Chr.	Gründung von Syrakus (Sizilien)
685–668 v. Chr.	Zweiter Messenischer Krieg
682 v. Chr.	Entstehung der Poleis, Adel ersetzt Königtum, Ratsversammlung der Adligen auf Aeropag
660 v. Chr.	Gründung von Byzantion (Istanbul) durch Griechen

627 v. Chr.	Tyrann Periandros in Korinth; wirtschaftlicher Aufschwung
621 v. Chr.	Gesetzgeber Drakon in Athen, hebt Leibeigenschaft und Blutrache auf
594 v. Chr.	Der griech. Adlige Solon als Archon gewählt; weitreichende soziale Reformen
550 v. Chr.	Sparta gründet Peloponnesischen Bund
546 v. Chr.	Ionien (Kleinasien) von Persern erobert; Alleinherrschaft des Tyrannen Peisistratos in Athen, Beginn des Goldenen Zeitalters
508 v. Chr.	Kleisthenes übernimmt Staatsgewalt in Athen; erste demokratische Verfassung
494 v. Chr.	Ionischer Aufstand von Persern niedergeschlagen; danach weite Teile Griechenlands besetzt
490 v. Chr.	Griechen besiegen Perser in der Schlacht bei Marathon
480 v. Chr.	Schlacht bei Salamis: Persische Flotte besiegt und danach Heer auch zu Land
477 v. Chr.	Gründung des Attischen Seebundes
449 v. Chr.	Kallias Friede zwischen Persern und Griechen
443 v. Chr.	Perikles führt Athen zur höchsten Blüte in Wirtschaft und Kultur; Bau des Parthenon Tempels in Athen (447–438 v. Chr.)
431–404 v. Chr.	Peloponnesischer Krieg zwischen Athen und Sparta, Niederlage Athens
411 v. Chr.	Aufstand der Oligarchen in Athen, Sieg der Demokraten 1 Jahr später
404–403 v. Chr.	Gewaltherrschaft der 30 Tyrannen, beendet durch demokratische Rebellen
399 v. Chr.	Hinrichtung des Sokrates
395 v. Chr.	Korinthischer Krieg, Ausgang Schlacht Athen/Sparta unentschieden
387/6 v. Chr.	Königsfrieden in Griechenland; Kleinasien unter persischer Herrschaft
371 v. Chr.	Schlacht bei Leuktra, Sparta verliert Vorherrschaft in Griechenland, Aufstieg Thebens
356 v. Chr.	Makedonien unter Philipp II wird führende Macht in Griechenland
336 v. Chr.	Ermordung Philipp II, Nachfolger Sohn Alexander der Große
334–331 v. Chr.	Feldzug des Alexander gegen Perser, Perser besiegt bei Issos
323 v. Chr.	Alexander stirbt, Regelung der Nachfolge unter Diadochen

306/305 v. Chr.	Die Diadochen erklären sich zu Königen, Königreiche gegründet in Makedonien/Ägypten/Syrien
281 v. Chr.	Seleukos, der letzte Diadoche wird ermordet
261 v. Chr.	Athen kapituliert im Chrem. Krieg gegen Makedonien
222 v. Chr.	Machtkampf um Thron in Ägypten
215–205 v. Chr.	Erster Makedonischer Krieg, keine Entscheidung
200–197 v. Chr.	Zweiter Makedonischer Krieg, Gebietsverluste für Makedonien
196 v. Chr.	Rom gibt griechischen Städten eine Autonomieerklärung
190 v. Chr.	Seleukidenkönig Antiochus III von Römern besiegt, verliert Gebiete in Kleinasien
171–168 v. Chr.	Dritter Makedonischer Krieg, Makedonien besiegt und in 4 Provinzen aufgeteilt
148–146 v. Chr.	Makedonien römische Provinz, Achaische Bund aufgelöst, Rom herrscht über Hellas
74–63 v. Chr.	Dritte Pontische Krieg, Pontos und Seleukidenreich römische Provinz
30 v. Chr.	Kleopatra VII und Marcus Antonius begehen Selbstmord, Ende des hellenischen Ptolemäerreiches, Ägypten wird römische Provinz

G. Israel

1.012 v. Chr.	Antritt der Herrschaft Sauls, Beginn der Königszeit
922 v. Chr.	Feldzug des Pharaos Schischak in Palästina
878 v. Chr.	Feldhauptmann Omri usurpiert Thron in Israel, Baalkult gewinnt Einfluß
853 v. Chr.	Israel in Allianz mit Damaskus gegen Assyrien, Schlacht bei Karkar endet ohne Sieger
841 v. Chr.	Militärrevolte des Jehu
770 v. Chr.	Blütezeit Israels unter Jerobeam II: Ostjordanland zurückerobert
741 v. Chr.	Erste Gebietsverluste Israels unter König Jotham
733–732 v. Chr.	Assyrien besetzt Damaskus und erobert Teile Israels; erste Deportationen
722 v. Chr.	Eroberung Samarias und Ende des Königreiches Israel
710 v. Chr.	König Hiskia lässt 533 m langen Wassertunnel in Jerusalem bauen
701 v. Chr.	Belagerung Jerusalems durch assyrischen König Sanherib
697 v. Chr.	Juda assyrischer Vasall während Regentschaft des König Manasse
639 v. Chr.	König Josia löst sich aus assyrischer Fremdherrschaft

609 v. Chr.	Tod des König Josia bei Schlacht von Megiddo
597 v. Chr.	Nebukadnezzar erobert Jerusalem, erste Deportationswelle
587/6 v. Chr.	Zerstörung von Jerusalem, Palast und Tempel; zweite Deportation nach Babylon

Die Könige Israels und Juda

Zeit des geeinten Reichs

1012 – 1004	König Saul
1004 – 965	König David
965 – 927	König Salomo

Die Könige Israels		Die Könige Judas	
927 – 907	Jeroboam I	926 – 910	Rehabeam
907 – 906	Nadab	910 – 908	Abija
906 – 883	Bascha	908 – 868	Asa
883 – 882	Ela, dann Simri	868 – 847	Joschafat
882 – 871	Omri	847 – 845	Joram
871 852	Ahab	845	Ahasja
852	Ahasja	845 – 840	Atalja
852 – 841	Joram	840 – 801	Joasch
841 – 818	Jehu	801 – 773	Amazja
818 – 802	Joahas	773 – 756	Asarja/Usija
802 – 787	Joasch	756 – 741	Jotam
787 – 747	Jerobeam II	741 – 725	Ahas
747	Secharja, Schallum	725 – 697	Hiskia
747 – 738	Menahem	697 – 642	Manasse
738 – 735	Pekachja	641 – 640	Amon
735 – 732	Pekach	639 – 609	Josia
732 – 723	Hoschea	609	Joahas
722	Eroberung Samarias/ Israel	608 – 598	Jojakim
		598 – 597	Jojachin
		597 – 586	Zedekia
		587/6	Fall Jerusalems

539 v. Chr.	Einzug des Perserkönigs Kyrus in Babel
538 v. Chr.	Kyrus Edikt und erste Rückkehr der Exilanten?
520 v. Chr.	Beginn des Tempelbaus unter Statthalter Serubabbel

515 v. Chr.	Tempelweihe
445–433 v. Chr.	Nehemia, Mauerbau
332 v. Chr.	Alexander der Große in Palästina
200 v. Chr.	Palästina von Seleukiden (griech.) erobert
168 v. Chr.	Apollonius plündert und zerstört Jerusalem, Tempel entweiht
166 v. Chr.	Der Makkabäer Aufstand beginnt
164 v. Chr.	Eroberung Jerusalems durch Makkabäer und Neuweihe des Tempels
142 v. Chr.	Simon, Sohn des Mattatias übernimmt Regentschaft, erringt Unabhängigkeit Palästinas
63 v. Chr.	Ende des makkabäischen Königtums
37 – 4 v. Chr.	Regierungszeit Herod des Großen als Klientelkönig der Römer

Hasmonäer Dynastie

167 – 165 v. Chr.	Mattatias (aus dem Geschlecht Hasmons)
165 – 161 v. Chr.	Judas Makkabäus, Sohn des Mattatias
161 – 142 v. Chr.	Jonathan, Sohn des Mattatias
142 – 134 v. Chr.	Simeon, Sohn des Mattatias
134 – 104 v. Chr.	Johannes Hyrkan I, Sohn Simeons
104 – 103 v. Chr.	Aristobul I, Sohn Johannes Hyrkans: ernennt sich zum König
103 – 76 v. Chr.	Alexander Jannai, Sohn Johannes Hyrkans
76 – 67 v. Chr.	Salome Alexandra, Frau des Aristobul I
67 – 63 v. Chr.	Aristobulos II, Sohn der Salome

Die Geschichte Palästinas

6. v. Chr.	Jesu Geburt?
4. v. Chr.	Tod Herodes des Großen
6. n. Chr.	Absetzung des Archelaus, Sohn Herodes, Judäa wird römische Provinz, Volkszählung unter Quirinius (vgl. Lk 2,1f); Aufstand des Judas von Gamala (der Galiläer)
26 – 36 n. Chr.	Pontius Pilatus, Statthalter in Judäa
27/28 n. Chr.	Johannes der Täufer; Beginn des Wirkens Jesu?
29 n. Chr.	Tod Johannes des Täufers
30 n. Chr.	Prozess und Hinrichtung Jesu Christi
33 n. Chr.	Märtyrertod des hl. Stephanus
34 n. Chr.	Bekehrung des Paulus
45 – 56 n. Chr.	Missionsreisen des Paulus
48/49 n. Chr.	Apostelkonzil in Jerusalem
60 n. Chr.	Paulus Reise als Gefangener nach Rom
66 n. Chr.	Jüdischer Krieg: Aufstand der Juden gegen Rom

70 n. Chr.	Fall Jerusalems
115 n. Chr.	Diaspora Aufstände in Ägypten und Cyrenaica
132–135 n. Chr.	Bar-Kochba Aufstand

Die judäischen Herrscher

37 v. Chr. – 4 n. Chr.	Herodes der Große: Söhne Archelaus, Herodes Antipas und Philippus	
Archelaus	Herodes Antipas	Philippus (Sohn der Kleopatra)
4 v. Chr. – 6 n. Chr. Erhielt: Idumäa, Judäa, Samaria: Wurde abgesetzt und sein Territorium wurde römische Provinz	4 v. Chr. – 39 n. Chr. Erhielt: Galiläa, Transjordanien: Nachfolger ab 41: Herodes Agrippa I	4 v. Chr. – 34 n. Chr. Erhielt: Nord-Ost Provinz: 34 – 37 Teil der syrischen Provinz, 37 – 44 Agrippa I 44 – 50 Römische Provinz 50 – 100 Agrippa II

I. Rom

753 v. Chr.	Legendäre Gründung durch Romulus am Tiber
510 v. Chr.	Sturz der etruskischen Monarchie, Rom wird Republik
291/90 v. Chr.	Rom steigt zur stärksten Macht in Italien auf
264–241 v. Chr.	Rom gewinnt ersten Punischen Krieg gegen Karthago
218–201 v. Chr.	Zweiter Punischer Krieg, Hannibal besiegt Rom, wird aber anschließend in Nordafrika entscheidend geschlagen
149–146 v. Chr.	Dritter Punischer Krieg, Karthago zerstört, wird röm. Provinz
133–121 v. Chr.	Landreform der Brüder Graccus scheitert am Widerstand der Aristokraten
132 v. Chr.	Erster Sklavenaufstand blutig niedergeschlagen, 20.000 gekreuzigt
92 v. Chr.	Erste persisch-römische Krieg beginnt
73 v. Chr.	Sklavenaufstand des Spartacus scheitert
63 v. Chr.	Julius Caesar wird Pontifex Maximus
60 v. Chr.	Triumvirat Caesar, Pompeius und Crassus
49 v. Chr.	Caesar überschreitet Rubikon, besiegt Pompeius in Bürgerkrieg, zieht als Triumphator in Rom ein

44 v. Chr.	Caesar wird ermordet
40 v. Chr.	Octavian, Antonius und Lepidus teilen sich die Herrschaft in Rom
31 v. Chr.	Octavian Alleinherrscher in Rom, erhält den Ehrenname Augustus, römische Republik wird Kaiserreich

Die römischen Kaiser

31 v. Chr. – 14 n. Chr.	Augustus (Octavian)
14 n. Chr. – 37 n. Chr.	Tiberius
37 n. Chr. – 41 n. Chr.	Caligula
41 n. Chr. – 54 n. Chr.	Claudius
54 n. Chr. – 68 n. Chr.	Nero
69 n. Chr. – 79 n. Chr.	Vespasian
79 n. Chr. – 81 n. Chr.	Titus
81 n. Chr. – 96 n. Chr.	Domitian

20 v. Chr.	Friedensvertrag mit den Parthern
9 n. Chr.	Varusschlacht: Cheruskerfürst Arminius vernichtet römische Legionen
43 n. Chr.	Eroberung Britanniens
50 n. Chr.	Köln wird römische Residenzstadt
64 n. Chr.	Rom wird durch eine Feuersbrunst zerstört
79 n. Chr.	Ausbruch des Vesuv begräbt Pompej unter Lava
83 n. Chr.	Beginn des Baus des Limes

Quellen: Baker, Simon. Aufstieg und Untergang einer Weltmacht, 2008
Bild der Wissenschaft 11/2010 und 10/2012
Bringmann: Römische Geschichte, 2004
Daniel-Rops, Henri: Die Umwelt Jesu. Der Alltag in Palästina von 2.000 Jahren, 1980
Die Bibel: Deutsche Bibelgesellschaft, 1985
Die große Chronik: Weltgeschichte, Band 1–6, 2008
Kuckenburg, Martin: Wer sprach das erste Wort, 2004
Welwei, Karl-Wilhelm: Athen, 2011
Wikepedia, 2014
Zenger, Erich u.a.: Einleitung in das Alte Testament, 2008

Literaturverzeichnis

Agamben, Giorgio: Nacktheiten. Aus dem Italienischen von Andreas Hiepko. S. Fischer Verlag GmbH, Frankfurt am Main. 2009

Althaus, Paul: Der Brief an die Römer. Vandenhoeck & Ruprecht, Göttingen. 1978

Antike Tragödien: Aischylos. Sophokles. Euripides. Aus dem Griechischen von Dietrich Ebener und Rudolf Schottlaender. Anaconda Verlag GmbH, Köln. 2013

Baker, James: Rom. Aufstieg und Untergang einer Weltmacht. Reklam Taschenbuchverlag Nr. 20160, Stuttgart. 2008

Baigent, Michael und Leigh, Richard: Verschlusssache Jesus. Die Qumranrollen und die Wahrheit über das frühe Christentum. Droemer Knaur, München. 1991

Balz, H. u. Schrage, W.: Die Briefe des Jakobus, Petrus, Johannes und Judas. Vandenhoeck& Ruprecht, Goettingen. 1985

Barclay, William: Brief an die Hebraeer. Aussaat Verlag GmbH, Neukirchen-Vluyn. 2000

Barclay, William: Brief an die Römer. Aussaat Verlag GmbH, Wuppertal. 1971

Barclay, William: Briefe an Timotheus. Brief an Titus. Brief an Philemon. Aussaat Verlag GmbH, Wuppertal. 1974

Barclay, William: Brief des Jakobus. Briefe des Petrus. Aussaat Verlag, Wuppertal. 1982

Barclay, William: Briefe des Johannes. Brief des Judas. Aussaat Verlag, Wuppertal. 2000

Barth, Karl: Der Römerbrief. 1922. Theologischer Verlag, Zürich. 2012

Baumert, Norbert u. Seewann, Maria-Irma. In der Gegenwart des Herrn. Übersetzung und Auslegung des ersten und zweiten Briefes an die Thessalonicher, Echter Verlag, Würzburg. 2014

Becker, Jürgen: Paulus. Der Apostel der Völker. Wilhelm Fink Verlag, München. 1998

Becker, J. und Luz U.: Die Briefe an die Galater, Epheser und Kolosser. Vandenhoeck § Ruprecht, Göttingen. 1998

Becker, J. und Conzelmann, H. und Friedrich, G. Die Briefe an die Galater, Epheser, Philipper, Thessalonicher und Philemon. Vandenhoeck & Ruprecht, Göttingen. 1976

Berger, Klaus: Die Bibelfälscher. Wie wir um die Wahrheit betrogen werden. Pattloch Verlag GmbH & Co. KG, München. 2013

Bild der Wissenschaften: Joachim Latacz in ‚Troja-Revival'. Deutsche-Verlags-Anstalt GmbH, Stuttgart. 3/2001

Bild der Wissenschaften: Michael Zick in ‚Azteken – Die Aufsteiger‘. Konradin Medien GmbH, Leinfelden – Echterdingen. 11/2003

Bild der Wissenschaften: Michael Zick in ‚Mythos Troja‘. Konrad Medien GmbH, Leinfelden – Echterdingen. 4/2009

Biran, Pierre Maine de. Die Innere Offenbarung des ‚geistigen Ich‘. Drei Kommentare zum Johannes-Evangelium. Echter Verlag GmbH, Wuerzburg. 2010

Bomann, Thorleif: Einer namens Jesus. Wie ihn die Jünger erlebt haben. Verlag Herder, Freiburg im Breisgau. 1981

Borse, Udo: Der Brief an die Galater. Verlag Friedrich Pustet, Regensburg. 1984

Brandenburg, Hans: Der Brief des Paulus an die Galater. R. Brockhaus Verlag, Wuppertal. 1977

Bringmann, Klaus: Römische Geschichte. Von den Anfängen bis zur Spätantike. Verlag C. H. Beck, München. 2004

Brox, Norbert: Die Pastoralbriefe. Timotheus I. Timotheus II. Titus. Verlag Friedrich Pustet, Regensburg, 1969

Bruening, Gerhard: Die Apostelgeschichte. Grenzen überwinden, Gott erleben. Brunnen Verlag, Giessen. 2014

Bunyan, John: The Pilgrim's Progress. William Collins Sons & Co. Ltd., Glasgow. 1985

Burckhard, Jacob: Griechische Kulturgeschichte Band 1 – 4. Deutscher Taschenbuch Verlag GmbH § Co. KG, München. 1977

Campbell, Joseph: Myths to live by. Souvenir Press Ltd., London, 1991

Ceming, Katharina und Werlitz, Jürgen: Die verbotenen Evangelien. Apokryphe Schriften. Piper Verlag GmbH, München. 2014

Clarus, Ingeborg: Das Opfer. Archaische Riten modern gedeutet. Patmos Verlag GmbH § Co KG, Düsseldorf. 2005

Comte, Ferdinand: Mythen der Welt. Wissenschaftliche Buchgesellschaft, Darmstadt. 2008

Conolly, Peter: Das Leben zur Zeit Jesus von Nazareth. Tersloff Verlag, Nürnberg. 1984

Conzelmann, Hans: Der erste Brief an die Korinther. Vandenhoeck & Ruprecht Verlag. 1969

Dalley, Stephanie: Myths from Mesopotamia. Creation, The Flood, Gilgamesh, and Others. Oxford University Press, Oxford. 2008

Daniel-Rops, Henri: Die Umwelt Jesu: Der Alltag in Palästina vor 2000 Jahren. Dtv GmbH § Co Kg, München. 1980

Das Gesetzbuch des Hammurabi. Edition Alpha et Omega. 2014

Das Gilgamesch Epos. Der älteste überlieferte Mythos der Geschichte. In der Übersetzung von Hermann Ranke. Marixverlag GmbH, Wiesbaden. 2012

Dawkins, Richard: Der Gotteswahn. Ullstein Buchverlag GmbH, Berlin. 2008

De Boor, Werner: Die Apostelgeschichte. R. Brockhaus Verlag, München. 1979

De Boor, Werner: Der Brief des Paulus an die Römer. R. Brockhaus Verlag, München. 1982
De Boor, Werner: Die Briefe des Johannes. Evang. Haupt-Bibelgesellschaft zu Berlin. 1978
De Boor, Werner: Die Briefe des Paulus an die Philipper und an die Kolosser. R. Brockhaus Verlag, Wuppertal. 1986
De Boor, Werner: Die Briefe des Paulus an die Thessalonicher. R. Brockhaus Verlag, Wuppertal. 1979
De Crescenzo: Geschichte der griechischen Philosophie. Die Vorsokratiker. Diogenes Verlag AG, Zürich. 1990
De Crescenzo: Geschichte der griechischen Philosophie. Von Sokrates bis Plotin. Diogenes Verlag AG, Zürich. 1990
De Rosa, Peter: Der Jesus-Mythos. Über die Krise des christlichen Glaubens. Droemer Knaur, München. 1991
Deissler, Alfons: Die Grundbotschaft des Alten Testaments. Ein theologischer Durchblick. Verlag Herder, Freiburg im Breisgau. 1974
Der Spiegel. Geschichte. Jesus von Nazareth und die Entstehung einer Weltreligion. Nr. 6/2011. Spiegel-Verlag Rudolf Augstein GmbH & Co Kg, Hamburg. 2011
Der Spiegel. Geschichte. Die Bibel. Das mächtigste Buch der Welt. Nr. 6/2014. Spiegel-Verlag Rudolf Augstein GmbH § Co Kg, Hamburg. 2014
Dibelius, Martin: Die Pastoralbriefe. J.C.B. Mohr (Paul Siebeck), Tübingen. 1955
Dibelius, Martin: Der Brief des Jakobus. Vandenhoeck&Ruprecht, Goettingen. 1956
Die Bibel: Nach der Übersetzung Martin Luthers. Deutsche Bibelgesellschaft Stuttgart. 1985
Die große Chronik- Weltgeschichte. Von den Anfängen bis zur Gegenwart. Band 1 – 20. Wissen Media Verlag GmbH, Gütersloh/München. 2008
Die Zeichen der Zeit. Lutherische Monatshefte: Homann, Ursula in ‚Die Unbegreiflichkeit des Leids. 3/2000
Dittmann, Eva: Ist Gott ein moralisches Monster? Texte zur Diskussion Nr. 23; Institut für Ethik 5 Werte, Gießen
Dodd, C. H.: The Authority of the Bibel. William Collins Sons § Co. Ltd., Glasgow. 1978
Doepler E. und Ranisch, Dr. W.: Walhall. Die Götterwelt der Germanen. Martin Oldenbourg, Berlin. 1900. Nachdruck Rhenania Buchversand GmbH, Koblenz. 2013
Dormeyer, Detlev: Das Lukas Evangelium. Neu übersetzt und kommentiert. Katholisches Bibelwerk GmbH, Stuttgart. 2011
Drewermann, Eugen: Das Johannes Evangelium. Bilder einer neuen Welt. Zweiter Teil. Patmos GmbH & Co. KG, Düsseldorf. 2003

Drewermann, Eugen: Das Johannes Evangelium. In der Übersetzung von Eugen Drewermann. Walter Verlag, Zürich und Düsseldorf. 1997

Drewermann, Eugen: Das Markus Evangelium. Bilder von Erlösung. Erster Teil. Walter-Verlag AG, Olten. 1988

Drewermann, Eugen: Das Markus Evangelium. Bilder von Erlösung. Zweiter Teil. Walter-Verlag AG, Olten. 1988

Drewermann, Eugen: Das Matthäus Evangelium. Bilder der Erfüllung. Erster Teil. Walter-Verlag AG, Olten. 1992

Drewermann, Eugen: Das Matthäus Evangelium. Bilder der Erfüllung. Zweiter Teil. Walter-Verlag AG, Olten. 2000

Drewermann, Eugen: Das Matthäus Evangelium. Bilder der Erfüllung. Dritter Teil. Walter-Verlag AG, Olten. 1995

Drewermann, Eugen: Die vier Evangelien und die Apostelgeschichte. Patmos Verlag, Ostfildern. 2004

Drewermann, Eugen: Jesus von Nazareth. Befreiung zum Frieden. Glauben in Freiheit. Walter Verlag, Zürich. 1996

Droysen, Johann Gustav: Geschichte des Hellenismus Band 3. Deutscher Taschenbuch Verlag, München.1980

Dupuis, Jacques S.J.: Jesus Christ at the Encounter of World Religions. Orbis Books, New York. 1991

Durant, Will: Kulturgeschichte der Menschheit. Band 2. Übersetzt von Dr. Marion Schubert und Dr. Ernst Schneider. Verlag Ullstein GmbH, Frankfurt/M. 1981

Durant, Will: Kulturgeschichte der Menschheit. Band 1 – 32. Übersetzt von Dr. Ernst Schneider. Editions Rencontra, Lausanne.

Ebner, Martin und Schreiber, Stefan (Hrsg.). Einleitung in das Neue Testament. Band 6. Verlag W. Kohlhammer GmbH, Stuttgart. 2013

Eckey, Wilfried: Die Briefe des Paulus and die Philipper und an Philemon. Neukirchener Verlag, Neukirchen-Vluyn. 2006

Eliade, Mircea: The Sacred & The Profane. The Nature of Religion. Harcourt Brace Jovanovich, Inc., Orlando, Fl., 1959

Euripides: Bakchen. Insel Verlag Frankfurt am Main. 1999

Fabian, Frank: Die grössten Lügen der Geschichte. Wie historische Wahrheiten gefälscht wurden. Bassermann Verlag, München. 2011

Fackenheim, E. L.: What is Judaism. An Interpretation for the present Age. Macmillan Publ. Co. 1987

Feldmann, Susan: African Myths § Tales. Dell Publishing Co., Inc., New York. 1975

Fischer, Helmut: Musste Jesus für uns sterben: Theologischer Verlag Zürich, 2008

Flügge, Erik: Der Jargon der Betroffenheit. Wie die Kirche an ihrer Sprache verreckt. Kösel-Verlag, München. 2016

Fox, Robin Lane: The Unauthorized Version. Truth and Fiction in the Bible. Penguin Books, London. 1991

Gebauer, Roland: Die Apostelgeschichte. Teilband 1. Neukirchener Verlagsgesellschaft mbH, Neukirchen-Vluyn. 2014

Gebauer, Roland: Die Apostelgeschichte. Teilband 2. Neukirchener Verlagsgesellschaft mbH, Neukirchen-Vluyn. 2015

Gibran, Khalil: Jesus Menschensohn. Patmos Verlag der Schwabenverlag AG, Ostfildern. 2013

Gibran, Khalil: The Prophet. William Heinemann Ltd., London. 1964

Girard, Rene: Das Ende der Gewalt. Analyse des Menschheitsverhängnisses. Verlag Herder, Freiburg im Breisgau. 1983

Girard, Rene: The Scapegoat. The John Hopkins University Press, Baltimore. 1992

Giesen, Heinz: Johannes-Apokalypse. Verlag Kath. Bibelwerk mbH, Stuttgart. 2002

Godet, Frederic: Kommentar zu dem Evangelium des Johannes. Brunnen Verlag, Giessen. 1987

Grant, Michael: Jesus. Sphere Books Limited, London. 1978

Graesser, Erich: EKK. An die Hebraeer. Teilband 1/2, Benziger Verlag und Neukirchener Verlag. 1990

Großbongardt, A. und Pieper, D.: Jesus von Nazareth und die Anfänge des Christentums. W. Goldmann Verlag, München. 2013

Grimm, Jacob: Deutsche Mythologie. Dahlmann dem Freunde 1835. Band 1 – 3. Rhenania Buchversand GmbH, Koblenz.

Grundmann, Walter: Der Brief des Judas und der zweite Brief des Petrus. Ev. Verlagsanstalt, Berlin. 1986

Haase, Lisbeth: Als Abraham seine Frau verkaufte. R. Brockhaus Verlag Wuppertal und Zürich. 1991

Haenchen, D. Ernst: Die Apostelgeschichte. Vandenhoeck & Ruprecht, 1968

Hahn, Eberhard: Der Brief des Paulus an die Epheser. R. Brockhaus Verlag, Wuppertal. 1996

Halbfas, Hubertus: Die Bibel: Erschlossen und kommentiert von Hubertus Halbfas. Patmos Verlag der Schwabenverlag, Ostfildern. 2010

Heinen, Heinz: Geschichte des Hellenismus. Von Alexander bis Kleopatra, Verlag C.H. Beck München. 2003

Hölderlin, Friedrich: Hyperion. Empedokles. Verlag Philipp Reclam jun., Leipzig. 1990

Holden, J.L.: Jesus. A Question of Identity. SPCK, Holy Trinity Church, London. 1992

Holmer, U. und de Boor, W.: Die Briefe des Petrus und Judas. R. Brockhaus Verlag, Wuppertal. 1978

Holtz, Gottfried: Die Pastoralbriefe. Evangelische Verlagsanstalt, Berlin. 1965

Homer: Ilias. Aus dem Griechischen von Johann Heinrich Voß. Anaconda Verlag GmbH, Köln. 2009

Homer: Odyssee. Aus dem Griechischen von Johann Heinrich Voß. Anaconda Verlag GmbH, Köln. 2010

Hoppe, Rudolf: Epheserbrief/Kolosserbrief. Verlag Katholisches Bibelwerk GmbH, Stuttgart. 1987

Isermann, Gerhard: Widersprüche in der Bibel. Warum genaues Lesen lohnt, Vandenhoeck § Ruprecht, Göttingen. 2000

Jaeger, H./ Pletsch, J.: Das Neue Testament entdecken. Philipper, Kolosser, Philemon. Christliche Verlagsgesellschaft, Dillenburg. 1996

Jensen, Ad. E.: Das Religiöse Weltbild Einer Frühen Kultur. August Schröder Verlag, Stuttgart. 1948

Jaros, Karl: Das Neue Testament und seine Autoren. Eine Einführung. Boehlau Verlag GmbH & Cie, Koeln. 2008

Jörns, Klaus-Peter: Notwendige Abschiede. Auf dem Weg zu einem glaubwürdigen Christentum. Gütersloher Verlagshaus, Gütersloh. 2004

Josipovici, Gabriel: The Book of God. Yale University Press, New Haven and London. 1988

Jung, C. G.: Archetypen. Deutscher Taschenbuch Verlag GmbH § Co. KG, München. 2014

Kellner, Friedrich: Vernebelt, verdunkelt sind alle Hirne. Tagebücher 1939 – 1945. Band 1 – 2. Wallstein Verlag, Göttingen. 2013

Kierkegaard, Sören: Die Krankheit zum Tode. Furcht und Zittern. Fischer Bücherei KG, Frankfurt am Main und Hamburg. 1959

Klaiber, Walter: Das Markus Evangelium. Neukirchener Verlagsgesellschaft mbH, Neukirchen-Vluyn. 2010

Klaiber, Walter: Das Matthäus Evangelium. Teilband 1 und 2. Neukirchener Verlagsgesellschaft mbH, Neukirchen-Vluyn. 2015

Klaiber, Walter: Der Römerbrief. Neukirchener Verlagsgesellschaft mbH, Neukirchen-Vluyn. 2012

Kniesel, Werner: Zukunft und Hoffnung. Die Johannes-Offenbarung allgemein verstaendlich erklaert. Asaph-Verlag, Luedenscheid. 2012

Kremer, Jacob: Lukasevangelium. Echter Verlag, Würzburg. 1988

Kreißig, Heinz: Geschichte des Hellenismus. Akademie-Verlag, Berlin. 1982

Krüger, J. S.: Along Edges. Religion in South Africa. Bushman, Christian, Buddhist. University of South Africa, Pretoria. 1995

Kuckenburg, Martin: Wer sprach das erste Wort? Die Entstehung von Sprache und Schrift. Konrad Theiss Verlag GmbH, Stuttgart. 2010

Kuitert, Harry M.: Ich habe meine Zweifel. Eine kritische Auslegung des christlichen Glaubens. Gütersloher Verlagshaus, Gütersloh. 1993

Lang, Bernhard: Jahwe der biblische Gott. Ein Porträt. Verlag C. H. Beck, München. 2002

Lang, Bernhard: Jesus der Hund. Leben und Lehre eines jüdischen Kynikers. Verlag C. H. Beck oHG, München, 2010

Lang, Friedrich: Die Briefe an die Korinther. Vandenhoeck & Ruprecht, Göttingen. 1986

Langenberg, H.: Der zweite Thessalonicherbrief. Kurt Reith Verlag, Wüstenrot. 1948

Laub, Franz: Hebraeerbrief, Verlag Kath. Bibelwerk GmbH, Stuttgart. 1999

Laubach, Fritz: Der Brief an die Hebraeer. R. Brockhaus Verlag, Wuppertal. 1979

Leloup, Jean-Yves: Evangelium der Maria Magdalena. Die spirituellen Geheimnisse der Gefährtin Jesu. Wilhelm Heyne Verlag, München. 2008

Levin, Christoph: Das Alte Testament. Verlag C. H. Beck, München. 2001

Lietzmann, Hans: An die Korinther I/II. J.C.B. Mohr, Tübingen. 1969

Linder, Leo G.: Jesus, Paulus und Co. Was wir wissen können, was wir glauben dürfen. Gütersloher Verlagshaus, Gütersloh. 2013

Lohmeyer, Ernst: Der Brief an die Philipper. Vandenhoeck & Ruprecht, Göttingen, 1956

Lohse, Eduard: Paulus. Eine Biographie. Verlag C.H. Beck, München. 1996

Lohse, Eduard: Die Briefe an die Kolosser und an Philemon. Vandenhoeck & Ruprecht, Göttingen. 1977

Lohse, Eduard: Die Offenbarung des Johannes. Bd 11. Vandenhoeck&Ruprecht, Goettingen. 1988

Lotze, Detlef: Griechische Geschichte. Von den Anfängen bis zum Hellenismus. Verlag C.H. Beck oHG, München. 2004

Lüdemann, Gerd. Altes Testament und Christliche Kirche. Versuch der Aufklärung. Zu Klampen Verlag, Springe. 2014

Lüdemann, Gerd: Die gröbste Fälschung des Neuen Testaments. Der zweite Thessalonicherbrief. Zu Klampen Verlag, Springe. 2010

Lüdemann, Gerd. Texte und Träume. Ein Gang durch das Markusevangelium in Auseinandersetzung mit Eugen Drewermann. Vandenhoeck und Ruprecht, Göttingen. 1992

MacArthur, John: Kommentar zum Neuen Testament. 2.Korinther. Christliche Literatur- Verbreitung, Bielefeld. 2008

Mahnke, Hermann: Kein Buch mit sieben Siegeln! Die Bibel lesen und verstehen. Weißensee Verlag, Berlin. 2007

Markale, Jean: Die keltische Frau. Mythos, Geschichte, soziale Stellung. Herausgegeben und aus dem Französischen übersetzt von Wieland Grommes. Dianus-Trikont Buchverlag GmbH, München 1984

Mathews, Shailer. A history of New Testament Times in Palestine. 175 BC – 70 AD. Amazon Distribution GmbH, Leipzig

Meissner, Angelika (HG.): Und sie tanzen aus der Reihe. Frauen im Alten Testament. Verlag Katholisches Bibelwerk, Stuttgart. 2002

Merkel, Helmut: Die Pastoralbriefe. Vandenhoeck § Ruprecht, Göttingen. 1991

Modersohn, Ernst: Die Frauen im Alten Testament. Hänssler Verlag, Holzgerlingen. 2001

Mußner, Franz: Der Brief an die Epheser. Gütersloher Verlagshaus Gerd Mohn, Gütersloh und Echter Verlag, Würzburg. 1982

Neil, William: One Volume Bible Commentary. Hodder and Stoughton Ltd., Sevenoaks. 1980 Neils, Jennifer: Die Frau in der Antike. Aus dem Englischen: Bettina von Stockfleth. Konrad Theiss Verlag GmbH, Stuttgart. 2012

Niebuhr, K.-W. (Hsg): Grundinformation Neues Testament. Vandenhoeck § Ruprecht, Göttingen. 2001

Nowell, Irene: Evas starke Töchter. Frauen im Alten Testament. Aus dem Englischen übersetzt von Hans-Werner Schmidt. Wissenschaftliche Buchgesellschaft. Darmstadt. 2003

Pagels, Elaine: Das Geheimnis des fünften Evangeliums. Warum die Bibel nur die halbe Wahrheit sagt. Deutscher Taschenbuch Verlag GmbH § Co KG, München. 2006

Parrinder, Geoffry: Religion in Africa. Penguin Books Ltd., Middlesex, England. 1969

Pauly, Wolfgang: Der befreite Jesus. Unterwegs zum erwachsenen Christenglauben. Publik-Forum Verlagsgesellschaft mbH, Oberursel. 2013

Pfister, Herta: Der an uns Gefallen findet. Frauen im Alten Testament. Verlag Herder, Freiburg im Breisgau. 1986

Platon: Apologie des Sokrates. Übersetzt und herausgegeben von Manfred Fuhrmann. Philipp Reclam jun., Stuttgart. 2011

Platon: Der Staat. Aus dem Griechischen von Otto Apelt. Anaconda Verlag GmbH, Köln. 2010

Platon: Die Grossen Dialoge. Übersetzt von Friedrich Schleiermacher. Anaconda Verlag GmbH, Köln. 2013

Pohl, Adolf: Die Offenbarung des Johannes. 1. und 2. Teil. R. Brockhaus Verlag, Wuppertal. 1994

Porter, J. R.: The Illustrated Guide to the Bible. Oxford University Press, Oxford. 1995 Publik-Forum Nr. 1. 2002

Rohr, Richard: Paulus, der unbekannte Mystiker. Verlag Kath. Bibelwerk GmbH, Stuttgart. 2017

Roloff, Jürgen: Einführung in das Neue Testament. Philipp Reclam jun. GmbH & Co. KG, Stuttgart. 2012

Roloff, Jürgen: Die Apostelgeschichte. Vandenhoeck & Ruprecht, Göttingen. 1981

Roose, Hanna: Der erste und zweite Thessalonicherbrief. Neukirchener Verlagsgesellschaft mbH, Neukirchen-Vluyn. 2016

Ryrie, Charles C.: Die Offenbarung verstehen. Christliche Verlagsgesellschaft mbH, Dillenburg. 2016.
Rubel, Alexander: Die Griechen. Kultur und Geschichte in archaischer und klassischer Zeit. Marixverlag GmbH, Wiesbaden. 2012
Rubenstein, Richard L.: After Auschwitz. History, theology and contemporary Judaism (2nd ed.). J. Hopkins Univ. Press, Baltimore. 1992
Sacks, J.: Crisis and covenant. Jewish thought after the Holocaust. Manchester Univ. Press, New York. 1992
Salles, Catherine: Chronik der alten Kulturen. Aus dem Französischen von Sabine Grimm. Konrad Theiss Verlag GmbH, Stuttgart. 2009
Sandvoss, Ernst R.: Die Wahrheit wird euch frei machen. Sokrates und Jesus. Deutscher Verlag GmbH & Co KG, München. 2001
Schenke, Ludger: Das Johannesevangelium. Verlag W. Kohlhammer, Stuttgart. 1992
Schiwy, Guenther: Die katholischen Briefe. Paul Pattloch Verlag, Aschaffenburg. 1973
Schlatter, Adolf: Die Apostelgeschichte. Calwer Verlag, Stuttgart, 1962
Schlatter, Adolf: Die Briefe an die Galater, Epheser, Kolosser und Philemon. Calwer Verlag, Stuttgart. 1963
Schlier, Heinrich: Der Brief an die Galater. Vandenhoeck § Ruprecht, Göttingen. 1951
Schmitz, Barbara: Geschichte Israels. Ferdinand Schöningh, Paderborn. 2011
Schmidt, Roger: Exploring Religion. Wadsworth, Inc. Belmont, California. 1980
Schnackenburg, Rudolf/ Schweizer, Eduard: EKK. Der Brief an die Epheser. Der Brief an die Kolosser. Neukirchener Verlagsgesellschaft mbH, Neukirchen-Vluyn und Patmos Verlag. 2016
Schreiber, Mathias: Die Zehn Gebote. Eine Ethik für heute. Wilhelm Goldmann Verlag, München. 2012
Schunack, Gerd: Die Briefe des Johannes. Theologischer Verlag, Zuerich. 1982
Schweizer, Eduard: EKK. Der Brief an die Kolosser. Benziger Verlag, Zürich und Neukirchener Verlag des Erziehungsvereins GmbH, Neukirchen-Vluyn. 1976
Stephan, Manfred (Hrsg.): Sintflut und Geologie. Schritte zu einer biblisch-urgeschichtlichen Geologie. Studiengemeinschaft Wort und Wissen e.V., Holzgerlingen. 2010
Strathmann, Hermann: Der Brief an die Hebraeer. Evang. Verlagsanstalt, Berlin. 1967
Strobel, August: Der Brief an die Hebraeer. Vandenhoeck&Ruprecht, Goettingen. 1991
Theißen, Gerd: Das Neue Testament. Verlag C.H. Beck oHG, München, 2002
Theißen, Gerd und Merz, Annette: Der historische Jesus. Ein Lehrbuch. 3. Auflage. Vandenhoeck § Ruprecht, Göttingen. 2001

Tilborg, Sjef van: Das Johannes-Evangelium. Ein Kommentar fuer die Praxis. Verlag Katholisches Bibelwerk, Stuttgart. 2005
Trilling, Wolfgang: Der zweite Brief an die Thessalonicher. Benziger Verlag, Zürich und Neukirchener Verlag des Erziehungsvereins GmbH, Neukirchen-Vluyn. 1980
Urban, Martin: Die Bibel. Eine Biographie. Verlag Galiani, Berlin. 2010
Urmson, J. O. (Ed.) : The Concise Encyclopedia of Western Philosophy and Philosophers. Hutchinson § Co. (Publishers), London.1975
Weiss, Hans-Friedrich: Der Brief an die Hebraeer. Vandenhoeck&Ruprecht, Goettingen. 1991
Welwei, Karl-Wilhelm; Athen: Von den Anfängen bis zum Beginn des Hellenismus. Wissenschaftliche Buchgesellschaft, Darmstadt. 2011
Wendland, Heinz Dietrich: Die Briefe an die Korinther. Vandenhoeck & Ruprecht, Göttingen. 1964
Weser, Uwe: Der Mythos vom Matriarchat. Über Bachofens Mutterrecht und die Stellung von Frauen in frühen Gesellschaften. Suhrkamp Taschenbuch Wissenschaft, Frankfurt am Main. 1999
Wikipedia: JHWH
Wilckens, Ulrich: EKK. Der Brief an die Römer (Röm 1–5). Benziger und Neukirchener Verlag, Zürich und Neukirchen-Vluyn. 1978
Wilckens, Ulrich: EKK. Der Brief an die Römer (Röm 6–11). Benziger und Neukirchener Verlag, Zürich und Neukirchen-Vluyn. 1993
Wilckens, Ulrich: EKK. Der Brief an die Römer (Röm 12–16). Benziger und Neukirchener Verlag, Zürich und Neukirchen-Vluyn. 1982
Wilson, A.N.: Jesus. Sinclair-Stevenson Ltd., London. 1992
Yoder, John Howard: The politics of Jesus. William B. Eerdmans Publishing Company, Grand Rapids, Michigan. 1992
Zenger, Erich u. a.: Einleitung in das Alte Testament. 7. Auflage Verlag W. Kohlhammer GmbH, Stuttgart. 2008
Zimmerli, Walther: Grundriß der alttestamentlichen Theologie. Theologische Wissenschaft. Band 3. Verlag W. Kohlhammer, Stuttgart. 1978
Zingsen, Vera: Die Weisheit der Schöpfungsmythen. Wie uralte Geschichten unser Denken Prägen. Verlag Kreuz GmbH, Stuttgart. 2009
Zingsen, Vera: Freya, Induna § Thor. Vom Charme der germanischen Göttermythen. Klöpfer § Meyer, Tübingen. 2010
Zwickel, Wolfgang: Frauenalltag im biblischen Israel. Katholische Bibelanstalt, Stuttgart. 1980

Über dieses Buch

Fromme Christen sind davon überzeugt, dass die Bibel Gottes Wort und Jesus Christus sein göttlicher Sohn ist. Der Autor geht dieser Behauptung nach, indem er die Bibel auf den Prüfstand stellt. Die Kriterien seiner Prüfung sind Logik, historische Zuverlässigkeit und Ethik. Er kommt zu dem Schluss, dass die Bibel ein Produkt ihrer Zeit ist und eine schwer entwirrbare Gemengelage aus Fakt, Fiktion, Legende und Mythos darstellt.
In seinem Anliegen, die Wahrheit über die Bibel zu ergründen, schreibt er aus der soziologischen Perspektive des methodischen Zweifel, verbunden mit dem Streben nach Objektivität. Zum besseren Verständnis für den Laien bietet er zudem eine chronologisch geordnete Zusammenfassung der geschichtlichen Bücher der Bibel an.

Bibelstudien

Joel Clement Gougbadji

Der Glaube an den einen Gott im Johannesevangelium

Ausgehend von der Analyse des im Johannesevanglium häufigen Verbes „pisteúein“ zeigt die vorliegende Untersuchung, dass Theologie und Christologie im vierten Evangelium vereint sind. Das ist der christologische Monotheismus des vierten Evangeliums, der den Monotheismus des Alten Testaments annimmt, aber hinzufügt, dass Jesus der einzige Offenbarer Gottes ist. Eine Analyse der 18 Belege des „Geistparakleten“ im vierten Evangelium zeigt auch, dass sich der vierte Evangelist einer trinitarischen Gottesvorstellung bewusst ist, welche die Basis des späteren trinitarischen Monotheismus der Kirchenvätern und Konzilien darstellt.

Bd. 22, 2019, 240 S., 34,90 €, br., ISBN 978-3-643-50899-7

Cornelius Vollmer

Von der Hochzeit zu Kana zur Hochzeit unter dem Kreuz

Eine neue Perspektive auf das Johannesevangelium mit einem Identifikationsversuch des „Lieblingsjüngers“

Die Hochzeit zu Kana wirft bei intensiver Beschäftigung mit dem Text eine Vielzahl an Fragen auf. Ausgehend von diesem „Anfang der Zeichen“ und der nicht minder rätselhaften Szene unter dem Kreuz, die beide durch das Auftreten der anonymen Mutter Jesu miteinander verklammert werden, bietet der Autor anhand religionsgeschichtlicher Vergleiche sowie alttestamentlicher Vorbilder, die der Evangelist im Sinne einer relecture auf das Jesusgeschehen aktualisiert hat, einen neuen Interpretationsversuch nicht nur der genannten Perikopen, sondern davon ausgehend auch eine Hypothese zur Identifikation des sogenannten Lieblingsjüngers. Zusätzlich erlaubt die neu gewonnene Perspektive auf das Johannesevangelium eine Reihe weiterer exegetischer Versuche bis hin zu Vorschlägen bezüglich des Entstehungsortes oder der Entstehungszeit des Evangeliums.

Bd. 21, 2019, 236 S., 34,90 €, br., ISBN 978-3-643-14235-1

Karl Müller

Paulus' Gefangenschaften, das Ende der Apostelgeschichte und die Pastoralbriefe

Die Tatsache, dass die Apostelgeschichte nichts über das Ende des Paulus berichtet, führt zur Frage, ob Paulus nochmals aus der römischen Gefangenschaft freikam, wofür vor allem der 1. Clemensbrief spricht, und abermals Reisen nach Spanien und in den Osten unternehmen konnte, worauf besonders die Pastoralbriefe verweisen, deren Echtheit oft angezweifelt wird. Auch die noch nie untersuchte Reise des Crescens nach Gallien steht vor dem Leser.

Bd. 19, 2018, 116 S., 29,90 €, br., ISBN 978-3-643-13973-3

Peter Klein

Markusevangelium – Werkbericht des Autors

Neu übersetzt und kommentiert

Dieser dem Verfasser des Markusevangeliums zugeschriebene Werkbericht führt zu tiefen Einblicken in des Wesen des Evangeliums und des Christentums. Die Entstehung des Markusevangeliums und die des Christentums gewinnen durch die gründliche und phantasievolle Darstellung an Anschaulichkeit; gleichzeitig wird der Leser in unterhaltsamer und stilistisch überzeugender Weise zuverlässig auf den gegenwärtigen Stand der Wissenschaft gebracht.

Bd. 18, 2018, 144 S., 19,90 €, br., ISBN 978-3-643-13925-2

Hans-Jürgen Geischer

Das Problem der Typologie in der ältesten christlichen Kunst

Studien zum Isaak-Opfer und Jonaswunder. Herausgegeben von Bernd J. Diebner und Claudia Nauerth

In der hier erstmals in Buchform vorgelegten Dissertation von 1964 behandelt Hans-Jürgen Geischer das Problem der Typologie in der Textüberlieferung und Kunst zu antik-spätantiker Zeit.
Unter „Typologie“ ist die Interpretation neutestamentlicher Heilsereignisse zu verstehen wie etwa Passion, Tod und Auferstehung Jesu Christi durch Ereignisse, die im Alten Testament geschildert werden. Diese Art der Bezugs-Herstellung kann man „Geschichts-Typologie“ nennen.
Trotz einiger neuerer Studien zum Thema ist Geischers Dissertation noch nicht überholt.

Bd. 17, 2017, 326 S., 59,90 €, br., ISBN 978-3-643-13336-6

LIT Verlag Berlin – Münster – Wien – Zürich – London

Auslieferung Deutschland / Österreich / Schweiz: siehe Impressumsseite

Bernd Jörg Diebner
Ein Testament zum Alten Testament
Unerwartete exegetische Durchblicke
Bd. 16, 2016, 94 S., 19,90 €, br., ISBN 978-3-643-13206-2

Folker Siegert; Vadim Wittkowsky
Von der Zwei- zur Vier-Quellen-Hypothese
Vorschlag für ein vollständiges Stemma der Evangelienüberlieferungen
Bd. 15, 2014, 88 S., 24,90 €, br., ISBN 978-3-643-12914-7

Sabine Tischbein
Marc Chagall als Interpret und Vermittler biblischer Lebensdeutung
Der gekreuzigte Jesus von Nazareth als Symbol menschlichen Leidens und menschlicher Hoffnung in der Auseinandersetzung um das Essenzielle und Überzeitliche
Bd. 13, 2013, 216 S., 24,90 €, br., ISBN 978-3-643-12429-6

Hugo Willmann; Angela Willmann
Das verborgene Gewebe von T^eNaKh und Miqra᷾
Aufgezeigt nach Versen, Kapiteln und Büchern der Hebräo-Aramäischen Bibel
Bd. 12, 2014, 168 S., 34,90 €, br., ISBN 978-3-643-12284-1

Alexander Jaklitsch
Lächelnd von der Bibel zur Heiligen Schrift?!
Humor als mystagogische Hermeneutik
Bd. 11, 2012, 296 S., 29,90 €, br., ISBN 978-3-643-11841-7

Bernd Jörg Diebner
Dat Oole Testament verkloort op Platt
Plattdüütsch Opsätz in Utwohl
Bd. 10, 2012, 288 S., 24,90 €, br., ISBN 978-3-643-11763-2

Reinhard Nordsieck
Die Reich Gottes – Initiative
Fragmente zu einer Reform der Kirche. Mit Impulsen aus der Jesus-Verkündigung und Leitmotiven für einen neuen Evangelischen Katechismus
Bd. 9, 2012, 96 S., 19,90 €, br., ISBN 978-3-643-11626-0

Leoni von Kortzfleisch; Albrecht von Kortzfleisch
Szenen der Bibel
Antike holländische Fliesen sehen und verstehen
Bd. 8, 2011, 368 S., 39,90 €, gb., ISBN 978-3-643-11417-4

Hans-Joachim Seidel
Nabots Weinberg. Ahabs Haus. Israels Thron
Textpragmatisch fundierte Untersuchung von 1 Kön 21 und seinen Bezugstexten
Bd. 7, 2011, 328 S., 29,90 €, br., ISBN 978-3-643-11357-3

Theophilus Ugbedeojo Ejeh
The Servant of Yahweh in Isaiah 52:13-53:12
A Historical Critical and Afro-Cultural Hermeneutical Analysis with the Igalas of Nigeria in View
Bd. 6, 2012, 296 S., 29,90 €, br., ISBN 978-3-643-90164-4

Hugo Willmann; Angela Willmann
Im Beginnen war das Wort: Wort für Wort
Textkritische Untersuchungen zu Jes 41, 8b und Gen 1-3. Ein Vergleich der offiziellen Textausgaben in Hebräo-Aramäisch, Griechisch, Latein und Arabisch
Bd. 5, 2. Aufl. 2013, 272 S., 39,90 €, br., ISBN 978-3-643-10807-4

LIT Verlag Berlin – Münster – Wien – Zürich – London
Auslieferung Deutschland / Österreich / Schweiz: siehe Impressumsseite